U0165474

美國聯邦政府採購法規要論——與我國政府採購法之比較

Outline of Procurement Laws and Regulations under U.S. Federal Government :
Examinations in Comparison with ROC's Government Procurement Laws

唐克光——著

五南圖書出版公司 印行

自　序

　　作者曾於 1989 年服務於中華民國北美事務協調委員會採購勤務團，擔任法律顧問工作數年，因職務所需開始涉獵美國聯邦政府採購法制，深感其法制融合會計、管理、經濟等諸多學門，浩瀚無垠，頗值鑽研，後仍奉命從事涉外採購之法律服務工作，自公職退休後擔任教職，始有能力從事寫作，並將拙文陸續發表於國內專業期刊，今能倖獲五南公司之要約將累積數年之文章予以分類並出書發表，遂欣然接受，然作者才疏學淺，疏漏之處，在所難免，且部分內容已非即時，敬請先進惠賜建言，以供改進。

　　本書分成：採購契約之種類、各國政府採購之立法趨勢、採購之計畫階段、招標訂約階段、履約階段、採購行為與公平競爭等部分，其中有許多議題係國內此前未曾討論者，雖不足以一窺美國聯邦政府採購法制之全貌，然作者已竭盡所能將其中值得我國人參考之議題予以闡述，該等議題均係由美國政府、廠商及學者們以各種科學方法尋求解決之道，結果甚為合理，頗值國人參考，該等議題既已發生於美國，亦極可能發生於我國，故謹將研究之心得出版，以饗讀者。

　　本書之撰寫完成，若非內人張美齡之協助及鼓勵，實屬不能，特表謝意。

唐克光

2019 年 10 月於臺北市

目 次

第一章
概　論

第一節　美國聯邦政府採購契約之種類

　　在美國採購法規中，按照契約中給付價金方式之不同，可將採購契約主要歸類爲固定價金契約（fixed-price contracts）[1]、成本償還性契約（cost reimbursement contracts）[2]、誘因契約（incentive contracts）[3]，以及不確定交付契約（indefinitive-delivery contracts）[4]等。此外美國聯邦採購規則 Federal Acquisition Regulations（FAR）第 16.6 章尚規範期間暨原料契約（time-and-materials contracts）、工時契約（labor-hour contracts）及意思表示契約（letter contracts）等類型，其中固定價金契約又可區分爲：確定固定價金契約（firm-fixed-price contracts）[5]、隨經濟價格調整之固定價金契約（fixed-price contracts with economic price adjustment）[6]、固定價金誘因契約（fixed-price incentive contracts）[7]、固定價金日後再決定契約（fixed-price contracts with prospective price redetermination）[8]、固定上限價金回溯再決定契約（fixed-ceiling-price contracts with retroactive price redetermination）[9]及工作效率之固定價金契約（firm-fixed-price, level-of-effort term contracts）[10]等；而固定價金型契約在我國已被普遍使用多年，國人對之並不陌生，我國「採購契約要項」第 39 條亦有規範[11]。此外，期間暨原料契約、工時契約及意思表示契約等，在國內亦屬常見，

---

[1]　見 Federal Acquisition Regulations (FAR) 16.2.
[2]　FAR 16.3.
[3]　FAR 16.4.
[4]　FAR 16.5.
[5]　FAR 16.202.
[6]　FAR 16.203.
[7]　FAR 16.204.
[8]　FAR 16.205.
[9]　FAR 16.206.
[10]　FAR 16.207.
[11]　採購契約要項第 39 條：
　　契約價金依契約規定得依物價、薪資或其指數調整者，應於契約載明下列事項：
　　㈠ 得調整之項目及金額。
　　㈡ 調整所依據之物價、薪資或其指數及基期。
　　㈢ 得調整及不予調整之情形。
　　㈣ 調整公式。
　　㈤ 廠商應提出之調整數據及佐證資料。
　　㈥ 管理費及利潤不予調整。

且內容尚非複雜，不易產生糾紛，較無研究之價值，故本書討論之重點置於國人較感陌生之契約類型，詳如本章第二節內容之敘述。

第二節　成本計價型契約之體系及條款[12]

　　固定價金型及成本計價型契約均旨在以具效率性之採購，滿足政府所需。廠商於履行固定價金型契約時，應依議定之價金履約，且控制經費之支用，故負擔甚高之財務危險；但採購機關常有不能訂定精確技術規格及預估研發成本之困擾，則可考慮使用成本計價型契約，蓋該型契約之工作規範，得以較不精確之文字敘述之，政府不論廠商是否已完成履約工作，均同意支付其因履約所支付之可被允許費用，故機關負擔大部分之危險。因此，兩種契約之條款明顯不同。

　　美國自第一次世界大戰起，便大量使用成本計價型契約從事研發及製造軍事裝備，1960 年前美國國防部以成本計價型契約支出其總採購金額之比例達 40%，NASA 於 1992 年以成本加計酬金法所採購研發及管理標的之金額占全年採購預算之 76%，約 134 億美元，該型契約一直為該署最常使用之契約類型。美國國防部迄今仍使用成本計價型契約以研發主要系統，2007 年共使用 780 億美元，占國防預算 25%，該型契約條款仍為美國採購機關使用中。

　　本文主要依據美國採購法令之條文予以論述，並兼論該國法院判決及各採購申訴審議委員會之判斷，藉以研究契約主體在該型契約之義務，同時檢視美國及我國之法令及實務，最後謹提供檢討及修法建議，以求法制完備。

第一款　前言

　　成本計價型契約（cost-reimbursement contracts）亦稱之成本償還契約，係指採購機關與廠商於訂立採購契約時，僅預估廠商所需之總成本，並不具體約定契約價金，廠商不論工作完成與否，採購機關皆應依約給付其履約時所支付之合理成本。機關支付廠商之成本或利潤，非經機關另行同意，以契約規定者為限之謂[13]。成本計價型契約可使廠商負擔較少之財務危險，而大部分之財務危險則由採購機關負擔。採購機關為何要負擔較高之財務危險？其實務及理論之正當性均有待研究。

（七）逾履約期限之部分，以契約規定之履約期限當時之物價、薪資或其指數為當期資料。但逾期履約係可歸責於機關者，不在此限。

[12] 本節內容係將曾發表於「政大法學評論」2009 年 8 月第 110 期之文修改而成。

[13] Federal Acquisition Regulations, FAR 16.301-1. John Cibinic, Jr. & Ralph C. Nash, Jr., *Cost-Reimbursement Contracting* (3rd ed. Chicago: CCH INCORPORATED, 2004): 1-2.

　　成本計價型契約之所以在美國被使用已近一世紀，當然也是為了採購機關之利益而設，蓋採購機關在採購複雜且充滿不確定之標的時，如使用固定價金（fixed-price）型契約則其結果可能導致其與廠商間形成雙輸之局面，事實上廠商極可能遭遇甚多之重大困難，在固定價款之壓力下，便不得不提高價款及減少支出，如仍無法奏效，則廠商將遭受巨大之損失，甚至導致廠商聲請破產者[14]，採購機關必須面對諸多履約糾紛，卻無法獲得所需之標的以完成採購任務，然適當地使用成本計價型契約，有助於廠商全力投入採購標的之完成，可有效地解決廠商及採購機關間財務危險負擔之問題，增加廠商參與政府採購之意願，有利於機關完成採購任務。

　　再從廠商追求利潤之角度而言，成本計價型契約中，採購機關應支付廠商任何合理之成本及議定之利潤（fee），機關可以嚴格之查帳以有效控制廠商之成本，廠商與採購機關間彼此相互對立之情形，相較與採用固定價金型契約時較不嚴重，然廠商和採購機關之法律關係如何，本文將予以探究。

　　成本計價型契約之設計著重於由政府負擔廠商履約之成本、利潤及較大危險，而固定價金型契約則要求廠商負擔較大之履約中危險[15]，因此二種契約內容顯有不同，若機關以固定價金型契約為基礎之契約要項、契約範本或投標須知運用於成本計價型契約，必生違誤；同理，成本計價型契約與固定價金型契約之履約亦不相同，本文所欲探討者即成本計價型契約之履約，以供研究之參考。

　　採購機關與廠商簽訂成本計價型契約時，應支付廠商履約時所付之合理成本，如另議定應支付廠商利潤時，則向應依約計算其應得之利潤，並支付之[16]。然其契約條款如何約定？除我國政府採購法之「機關委託專業服務廠商評選及計費辦法」、「機關委託技術服務廠商評選及計費辦法」、「機關委託資訊服務廠商評選及計費辦法」及採購契約要項第 40 條規定：「契約價金以成本加公費法[17]計算者，應於契約訂明下列事

---

[14] Cibinic, Jr. & Nash, Jr., *Cost-Reimbursement Contracting*，同前註，頁 2-4。

[15] 履約中危險（risk），亦可稱履約中風險，依據 FAR 16.104 規定，機關於選擇適合的採購契約時，應考量各種因素，例如價金分析、價金競爭、各種危險…等，而所謂之危險主要指成本（cost）危險，但亦不排除減失（loss）危險及其他危險，對於需求複雜之採購案件，特別是研究及發展型案件，由於履約之不確定性及契約內容易變更，機關不易估算履約成本，故可承擔較大的危險。又對於急迫需求之採購案件，機關亦得承擔較大的危險並提供足夠誘因，以使廠商能及時完成履約。此外，FAR 15.404-4(d)(1)(ii) 規定，機關於審查廠商投標文件時，應對其所提議之契約類型及所涉相關危險予以考量，包括：成本效益、契約期限、需求急迫性、履約效率等，在機關決定使用確定固定價金型契約（firm-fixed-price contract）時，廠商應負擔最大成本危險（greatest cost risk）。Ralph C. Nash, Jr., Steven L. Schooner, Karen R. O'Brien, *The Government Contracts Reference Book* (2nd ed. Washington, D.C: George Washington University Press, 1998): 454.

[16] FAR 16.301-1.

[17] 所謂「公費法」之定義為何並不明確，採購契約要項或其他政府採購法之子法並無定義條文，「公費法」應非會計名辭，主管機關應明定其意義。龍毓聃譯，會計辭典，初版，三民書局印行，1980 年 5

項：㈠廠商應記錄各項費用並提出經機關認可之憑證，機關並得至廠商處所辦理查核。
㈡成本上限及逾上限時之處理。」規定「成本加公費法」及審計法第60條規定：「各
機關營繕工程及定製財物，其價格之議訂，係根據特定條件，按所需實際成本加利潤計
算者，應於合約內訂明；審計機關得派員就承攬廠商實際成本之有關帳目，加以查核，
並將結果通知主辦機關。」之「成本加利潤計算」外，其他中央[18]或主計法規[19]均未對
之有任何定義或解釋，然上述法規甚為簡陋，無法規範複雜的成本計價契約之法律關
係，更遑論有關成本計價型契約之契約條款，故有待自法律理論及實務面予以研究之必
要。

　　本文之所以以美國聯邦政府之採購制度為探討中心，係因其採購法已行之逾百年，
不僅體系健全更能結合科技、管理、經濟及會計等知識，使理論與實務密切結合，
充分發揮引導工商業發展及繁榮社會之效果；再者美國係世界貿易組織（World Trade
Organization, WTO）中政府採購協定（Agreement on Government Procurement, GPA）之
締約國，其採購之相關法規及實踐均須接受WTO之貿易檢視[20]，其合符GPA之規範亦
即合符世界貿易規範之正當性，實不容置疑。我國廠商如欲拓展商機，則充分瞭解美國
聯邦政府之採購制度實屬必要，故美國採購法之制度頗有參考價值，因此本文即以美國
聯邦政府之採購制度為研究中心。

　　已有許多學者從諸多複雜的經濟學角度檢視成本計價型契約，結果發現該型契約符
合經濟學的理論[21]；再就從美國聯邦政府採購機關使用該型契約之實務予以探討。百年

月。高造都主編，會計學名詞辭典，初版，國立編譯館出版，五南圖書公司印行，2005年3月。費鴻
泰、王怡心，成本會計，初版，三民書局發行，2001年2月。勞務採購契約範本第3條服務成本加公
費法之2規定：「公費，為定額＿＿＿＿元（由機關於決標後填寫），…」，該「公費」似為「利潤」
或「費用」之意，故同條款之1所規定「服務成本加公費法之服務費用＿＿＿＿元（由機關於決標後填
寫，…）似可改為「服務成本加利潤或費用＿＿＿＿元（由機關於決標後填寫，…）」，較為明確。

18　全國法規資料庫 http://law.moj.gov.tw/，查詢日期：2018年9月16日。
19　主計法規及相關規定查詢 http://law.dgbas.gov.tw/，查詢日期：2018年9月16日。
20　WTO, Trade Policy Review Mechanism ("TPRM"), *The Results of the Uruguay Round of Multilateral Trade Negotiations*, 434-7 (WTO, Switzerland, 1995).
21　著名經濟學者寇斯（Ronald H. Coase，1991年諾貝爾經濟學獎得主）曾以交易做為研究之對象，並指
　　出：不使用交易成本這個概念，實無法瞭解經濟體系之運作，也不能分析經濟體系中的許多問題或制
　　定可靠的政策。人們會和何人交易，簽訂何種契約或提供何種產品或勞務，都會受交易成本大小的影
　　響。Ronald H. Coase, *The Firm, the Market, and the Law*（Chicago: University of Chicago Press, 1988）
　　中譯本：寇斯原著，陳坤銘、李華夏譯，廠商、市場與法律，初版，源流出版公司出版，頁11、
　　17，1995年3月。但寇斯並未進一步對交易成本之要素及特性等予以分析，一直到威廉森（Oliver E.
　　Williamson）提出交易成本理論（transaction cost economics, TEC）後，始引起注意，諸多經濟學者
　　開始對此進行研究。威廉森認為交易成本之特質有三個主要構面：(1) 交易頻率（frequency），(2) 資
　　產特性（asset specificity），及 (3) 不確定性（uncertainty）等，Oliver E. Williamson, *The Economic
　　Institutions of Capitalism* (N.Y.: Free Press, 1985): 72. 威廉森自經濟學角度分析交易成本，雖有見地，
　　並引起諸多學者群起研究，影響深遠，不過仍有其缺點，且自政府採購之角度而言，卻未必完全適

用，在缺乏實證之情況下，該理論之正確性容易遭人質疑。Howard A. Shelanski, Peter G. Klein, *Empirical Research in Transaction Cost Economics: A Review and Assessment* 11, N. 2 The Journal of Law, Economics, & Organization (1993): 341。相較於交易成本理論，FAR 之規定係由實務所產生，具體可行，且合符市場機制之自由競爭基本法則，較具參考價值。FAR 1.101, 1.201-1。

又諸多經濟學者認為成本計價型契約符合經濟學理，其重要之理論如下：

一、最適化競爭

政府採購之廠商或屬於完全競爭廠商或屬獨占廠商或屬寡占廠商，但這三種廠商都將面臨潛在競爭的威脅，王鳳生，經濟學——個體生活世界之解讀，初版，滄海書局出版，2004 年 6 月，頁 8-1、10-32。Robert Ernest Hall & Marc Liberman, *Economics: Principles and Applications*（Thomson Learning, Inc. 2005）中譯本：賈昭南編譯，經濟學，初版，新加坡商湯姆生亞洲私人公司臺灣分公司出版，2005 年 1 月，頁 173-239。廠商參與政府採購的競爭程度增加時，機關之發包價格會降低，但其內部的管理或作業成本則會增加，也就是說，競標廠商越多，則發包價格將降低，而機關所支出審查投標文件、協商及開標之管理成本亦會增加。但不論政府採購協定或是我國與美國的政府採購法規均不能限制投標廠商之數目，蓋機關因廠商家數增加而增加之成本並不顯著，再者，一旦限制投標廠商之數目，必將剝奪其中若干廠商公平競爭的機會，而違反政府採購協定之不歧視原則。GPA, Article III。故採購機關於招標文件中規定使用成本計價型契約採購時，除有限制性招標中特殊情形外，均應以公開招標之方式進行採購。美國聯邦採購之法規中並無違反該理論之情形。

二、機關對成本計價型契約之需要性

採購機關使用固定價金型契約是否較使用成本計價型契約節省成本？一般認為：在廠商競爭之情形下，機關使用固定價金型契約可獲得最低的發包價格，固定價金型契約亦可較成本計價型契約節省行政管理成本，例如駐外代表之派遣等（成本計價型契約亦會使廠商增加行政管理成本），然成本計價型契約也有其優點，例如機關提供廠商使用最新科技以加速完成採購標的之誘因等，廠商為尋求利潤，便會努力降低成本，政府亦隨之降低價金之支出，故二種契約各有其優點，並不容易判斷何者絕對節省成本。再者，由於採購機關不會將廠商各項成本資料公布週知，且使用成本計價型契約之廠商亦無使用固定價金型契約之前案可供比對，因此經濟學家們很難推論何者較節省成本。David B. Johnson, *Some Problems of Cost-Plus Contracts*, Public Administration Review, Vol. XIX, No. 4, (Autumn 1959): 220-221. 機關於諸多情形下仍有使用成本計價型契約之需要，例如若干工程採購過於巨大，機關無法預估成本，廠商則因無法預判履約中的危險，而不願使用固定價金型契約；在軍事採購中，使用成本計價型契約之必要性更是明顯，其所需之標的物常屬量小未達經濟規模，且性質與普通商品有異，廠商不易估算成本；因而拒絕投標，故機關仍有使用成本計價型契約之必要性。此外，為縮短獲得時程以滿足戰備所需，同時軍事需求變更頻繁，軍事機關要求廠商應動員一切人力及物力從事生產，產品亦須不斷隨需求變更而變更，考量時程等的因素顯然較價格重要，故於契約中給予廠商加速生產等之誘因，而願採用成本計價型契約。John Perry Miller, *Military Procurement Policies: Word War II and Today*, 42 American Economic Review (May 1952): 453-5. 採購機關計畫採購須經研發之標的時，需要廠商的創新能力，或不能精確描述標的規格時，亦可使用成本計價型契約，例如機關計畫採購後天免疫缺乏症候群之治療藥品時，便難要求廠商使用固定價金型契約，蓋廠商如同意接受固定價金型契約，仍將難以解決履約之不確定性，其必須支付巨額經費從事研究，甚至迄破產止，恐亦難研發成功，退一步而言，即便廠商同意接受固定價金型契約，其在固定價金壓力下，亦可能縮減研發工作或偽造試驗結果，此顯不符合政府之利益，而若廠商使用成本計價型契約，則較能專心從事研發。Barry L. McVay, *Getting Started in Federal Contracting* (4th ed. Burke: Panoptic Enterprises, 1996): 157-8.

三、政府對成本之控制

採購機關代表國家使用公帑，不得浪費納稅義務人所納的任何金錢，故必須監督廠商於議約及履約時，不得有不合理或浪費之情形，例如廠商於執行成本計價型契約時，希望機關負責案內勞工退休金部分能含括至訂約之前的某一時間點，但採購機關則應堅持勞工退休金之給予應按勞工服案內勤務之日數，及非服案內勤務之年資，依比率由政府及廠商分擔。

來美國國力之所以強大，在科技及軍事等方面保持世界領先地位，究其因素固多，然

採購機關於計算廠商人力成本時，必須將不同的人力需求、工資予以分類，若干專業的工作，例如原子能工程，並非當地勞工所能勝任，必須由外地聘請專業人員擔任，再由於其工作可能接觸幅射危險，故工資成本較其他行業之工資為高。如政府將公有之財產交由民營，或廠商間有合併情形發生，則勞工之工資、退休金等支出均有可能增減，則機關應支付之成本及利潤亦隨之增減，由於問題較為複雜，採購機關可委請專家精算，只要政府能適當地監控廠商支出，成本計價型契約並不會造成不必要之支出。David B. Johnson, *Some Problems of Cost-Plus Contracts*，頁 220-226。廠商之各項成本支出必須經既定的審計程序（auditing process），方得推算出其合理的經濟模型。Jean-Jacques Laffont, Jean Tirole, *Using Cost Observation to Regulate Firms*, Journal of Political Economy, Vol. 94, No. 3 (1986): 634-6.

四、以誘因控制廠商履約

採購機關與廠商簽訂成本計價型契約後，如廠商能依約達成契約規定之誘因目標，經審核無誤後便應給付誘因費，然有學者指出，若廠商同時承接若干採購案（採購者可能是私法人），並於同一工廠履約時，則採購機關常不易區分各種成本與其中何者採購案之關聯性及其合理性，廠商可利用此盲點從政府多給付之成本中，獲得較高之利潤，即便廠商是獨占廠商，其生產較無效率，亦可能因此而獲得較高之利潤。但此種現象並非無解決之道，即由採購機關創造廠商間競爭之情形以獲得比較利益：如預算等條件許可，採購機關可同時發包二個獨立的、均採用成本計價型契約的研發採購案，比較何者對政府較為有利；採購機關亦可將一採購標的物之研發及生產區分為二階段，於研發階段中使用成本計價型契約，並要求廠商應將執行該購案所獲得之智慧財產權移歸政府所有，採購機關再於生產購案中使用公開招標方式，並授權得標廠商從事生產，則廠商必降低其成本及利潤之報價，政府可獲得最佳之比較及競爭利益。William P. Rogerson, *Economic Incentives and the Defense Procurement Process*, Journal of Economic Perspectives, Vol. 8, No. 4 (Fall 1994): 72-77.

五、訊息不對稱的問題

採購機關與廠商簽訂成本計價型契約後，在設計階段中契約雙方取得之訊息大致是對稱的，但此後廠商進入生產階段，則廠商必然擁有較機關多的成本訊息，換言之，廠商所知道的是採購機關並不知道的，契約雙方存在著訊息不對稱（information asymmetry），訊息不對稱將產生「逆選擇」（adverse selection）及「道德危險」（moral hazard）二個「訊息經濟學」（Information Economics）所探討的問題。廠商依約進行履約行為，其履約行為之良窳影響契約價金之給付，若機關難以確定廠商支付成本之合理性，則廠商履約與利潤間便難有明確對應關係，由於採購機關與廠商之間的訊息不對稱所引起的諸多問題，經濟學稱之為主理人─代理人模式（the principal-agent model）。王鳳生，經濟學──個體生活世界之解讀，頁 13-17、13-29。Robert S. Pindyck & Daniel L. Rubinfeld, *Microeconomics* (4th ed. New Jersey: Prentice-Hall, Inc. 1998): 632-7.

道德危險係指擁有私人訊息的資訊優勢者（例如採購機關不太可能監督廠商履約時的每一細節，廠商便是擁有資訊的優勢者），其有動機在交易契約確定後，採行損害對方而自己獲利的行為，例如廠商員工於運送物品時故意駕駛卡車多繞道，消耗汽油，冀圖能多獲得成本及利潤之給付，故道德危險會產生無效率的現象，廠商有此心理似不可避免。Jean-Jacques Laffont & Jean Tirole, *Using Cost Observation to Regulate Firms*, Journal of Political Economy, Vol. 94, No. 3 (1986): 635，經濟學者們認為要有效抑減道德危險，政府應支付廠商高額誘因，該誘因將提供訊息予廠商員工，激勵其工作士氣，提升整體效率。如廠商於其內部管理時使用效率工資（efficiency wages），則可達到遏阻員工怠工的目的。此外，採購機關亦可與廠商針對現存的道德危險，共同制定各種專業的法規以嚇阻道德危險之發生。王鳳生，經濟學──個體生活世界之解讀，頁 13-19、13-29。Robert S. Pindyck & Daniel L. Rubinfeld, *Microeconomics*，頁 629-632，而逆選擇是指廠商在交易契約之完成前，故意隱匿有益於己的私人訊息使契約得以完成，逆選擇現象會形成「劣幣驅逐良幣」的反淘汰現象，不過如採購機關使用公開競標方式選擇得標廠商，並規定嚴謹的招標文件，則逆選擇現象就不會產生，即便廠商是獨占廠商，採購機關於契約中所規定之誘因條款，可促使廠商努力節省成本，達成誘因目標，政府因而受益，逆選擇現象亦不致發生。William P. Rogerson, *Economic Incentives and the Defense Procurement Process*，頁 76。

其重視研發及生產新系統、新設備，願擔負廠商履約的危險，並給予廠商合理之誘因費，促使廠商努力達成採購目標之作法，難謂無積極之助益，事實上，美國各採購機關對於不能確知採購成本之購案，仍無法避免使用成本計價型契約，彼等機關均發現成本計價型契約於此情況下顯較固定價金型契約合宜[22]，故經美國實務之驗證，成本計價型契約應可為採購機關所使用。

　　成本計價型契約之理論及實踐所涉範圍甚為廣泛及複雜，然每一環節均關係廠商及採購機關之權利義務，影響甚大，採購機關不論在招標、決標及履約階段之行為，均有詳細研究之必要，然囿於本文篇幅有限，故並不討論成本及利潤之價金協商、決標、成本之可允許性及稽核，但將於討論成本計價型契約之體系時，敘述該型契約之種類。

　　有鑑於國內鮮少有學者探究採購中成本計價型契約之文獻，因此，引發本文探討成本計價型契約之動機。本文先探討成本計價型契約中價金之控制，再研究契約變更、遲延交運、檢驗及瑕疵擔保責任、契約終止、分包及政府提供之財產等履約問題等，不但以該國法院判決或審計長之判斷等以為借鏡，並兼從我國實務或學理面予以解釋及檢驗，最後，對我國政府採購法及其相關子法中缺漏部分提出建議，冀望能提供學術及實務界參考。

第二款　體系及沿革

第一目　體系

　　在美國採購法規中，按照契約中給付價金方式之不同，可將採購契約主要歸類為固定價金契約（fixed-price contracts）[23]、成本償還性契約（cost-reimbursement contracts）[24]、誘因契約（incentive contracts）[25]，以及不確定交付契約（indefinitive-delivery contracts）[26]等。此外美國聯邦採購規則 Federal Acquisition Regulations（FAR）第 16.6 章尚規範期間暨原料契約（time-and-materials contracts）、工時契約（labor-hour contracts）及意思表示契約（letter contracts）等類型，其中固定價金契約又可區分為：確定固定價金契約（firm-fixed-price contracts）[27]、隨經濟價格調整之固定價金契約（fixed-price contracts with

---

22 John Cibinic, Jr. & Ralph C. Nash, Jr., *Cost-Reimbursement Contracting*，同註 13，頁 6-8。
23 FAR 16.2.
24 FAR 16.3.
25 FAR 16.4.
26 FAR 16.5.
27 FAR 16.202.

economic price adjustment）[28]、固定價金誘因契約（fixed-price incentive contracts）[29]、固定價金日後再決定契約（fixed-price contracts with prospective price redetermination）[30]、固定上限價金回溯再決定契約（fixed-ceiling-price contracts with retroactive price redetermination）[31]及工作效率之固定價金契約（firm-fixed-price, level-of-effort term contracts）[32]等；而固定價金型契約在我國已被普遍使用多年，國人對之並不陌生，我國「採購契約要項」第 39 條亦有規範[33]，故本文對之不予討論。此外，期間暨原料契約、工時契約及意思表示契約等，在國內亦屬常見，且內容尚非複雜，不易產生糾紛，較無研究之價值，故亦不予討論。

至於成本償還性契約及誘因契約則共規範六種不同之契約類型：

一、成本契約（cost contract）[34]；

二、成本加固定利潤契約（cost-plus-fixed-fee contract, CPFF）[35]；

三、成本加誘因費用契約（cost-plus-incentive-fee contract, CPIF）[36]；

四、成本加酬金契約（cost-plus-award-fee contract, CPAF）[37]；

五、成本分擔契約（cost-sharing contract）[38]。

又不確定交付契約（indefinite delivery contracts）亦得以成本計價之方式予以訂立，故亦可歸類為成本償還性契約之一種，本文將一併予以分析。

---

[28] FAR 16.203.

[29] FAR 16.204.

[30] FAR 16.205.

[31] FAR 16.206.

[32] FAR 16.207.

[33] 採購契約要項第 39 條：

契約價金依契約規定得依物價、薪資或其指數調整者，應於契約載明下列事項：

(一) 得調整之項目及金額。

(二) 調整所依據之物價、薪資或其指數及基期。

(三) 得調整及不予調整之情形。

(四) 調整公式。

(五) 廠商應提出之調整數據及佐證資料。

(六) 管理費及利潤不予調整。

(七) 逾履約期限之部分，以契約規定之履約期限當時之物價、薪資或其指數為當期資料。但逾期履約係可歸責於機關者，不在此限。

[34] FAR 16.302.

[35] FAR 16.306.

[36] FAR 16.304; 16.405-1.

[37] FAR 16.305; 16.405-2.

[38] FAR 16.303.

<h1 style="text-align:center">第二目　沿革</h1>

一、美國

　　美國聯邦政府在第一次世界大戰時，曾大量使用成本加成本百分比契約（cost-plus-percentage-of-cost 或 cost-plus-a-percentage-of-cost, CPPC）以採購需求緊急之設備，然國會於戰後調查卻發現該類契約有害於美國政府，遂立法禁止使用[39]。在二次大戰時，美國又開始使用成本計價型契約，而是時最常用的是成本加固定利潤契約（CPFF）型式之契約，該型契約未曾遭國會之批評。在韓戰時期，美軍使用 CPFF 契約以推展研究及發展（research and development, R&D）工作及生產軍用裝備，到了 1950 年代後期，隨著成本加誘因費用契約（CPIF）契約之出現，採購機關大量使用 CPIF 契約以從事生產工作，在 1960 年代之前美國國防部以成本計價型契約支出其總採購金額之比例高達40%[40]。

　　當羅伯・麥納瑪拉（Robert McNamara）於 1961 年擔任國防部長時曾下令對訂約之

---

[39] 所謂成本加成本百分比契約係指以廠商履約成本之若干百分比作為決定利潤之基礎，再將成本合計利潤而成契約價金之契約。在該類型之契約中，廠商之利潤係以其履約成本之比例而定，廠商履約之成本越高，則政府應支付之價金就相對越高，這種誘因之給付方式對政府而言是危險的，故國會立法禁止使用此類型契約。見 *Muschany v. United States*, 324 U.S. 49 (1944)。美國聯邦法典 10 U.S.C. § 2306(a) 及 41 U.S.C. § 254(b) 明文規定：CPPC 之訂約方式應被禁止使用（cost-plus-a-percentage-of-cost (CPPC) system of contracting shall not be used.）由於法律條文規定凡使用類此之訂約方式（system of contracting）均被禁止，也就是不僅契約明採用 CPPC 型計價方式固屬違法，即使是實際上使用 CPPC 型計價方式亦為法之所禁。一般而言，如廠商支付更多之成本，則因此而獲得利潤者，即屬違法。美國聯邦巡迴法院曾作如下之判決：
本院自始即同意由國會審計長所發展以判斷一契約是否為 CPPC 類型之通用標準：(1) 機關之給付價金係依照一預先確定之利潤比例為之；(2) 該預先確定之利潤比例係適用於廠商之實際履約成本；(3) 廠商得向政府請求額外費用之數額於訂約之初係未確定者；(4) 廠商得向政府請求額外費用之數額與廠商所增加之履約成本係相對稱的。參看 55 審計長報告 554,562（1975）。該等標準將「CPPC 之訂約方式」具體條文化，這無疑正是國會禁止使用該型契約之原意。
見 *Urban Data Sys. Inc. v. United States*, 699 F. 2d 1147 (Fed, Cir, 1983); John Cibinic, Jr. & Ralph C. Nash, Jr., *Cost-Reimbursement Contracting*，同註 13，頁 46-7。美國審計長便依此標準檢視無數的成本計價型契約是否為違法之 CPPC 型契約，並做出甚多之處分，諸如：如在間接成本（indirect costs）上設定比例以支付利潤係屬違法；如契約係按確定之間接費用分攤率（overhead rates）計算利潤比率亦屬違法。35 Comp. Gen. 434 (B-126794) (1956); 35 Comp. Gen. 63 (B-120714) (1955)。在支付分包合約商之價金上設定比例，以支付利潤或是在物料成本上設定支付利潤之比例均屬違法。*System Eng'g. Assocs. Corp.*, ASBCA 21846, 77-2 BCA ¶ 12, 740。又縱使在契約價金上設定上限（ceilings），但支付利潤之方式卻是 CPPC，則仍為違法。*Federal Aviation Admin. Request for Advance Decision*, 58 Comp. Gen., 654 (B-195173), 79-2 CPD ¶ 34。但如契約規定在一定金額上設定固定之比例支付利潤，則不構成禁止之 CPPC 契約方式。*Muschany v. United States*, 324 U.S. 49 (1944). 我國勞務採購契約範本第 3 條服務成本加公費法下規定：「2. 公費，為定額＿＿＿＿元（由機關於決標後填寫），不得按直接薪資及管理費之金額依一定比例增加，…」以觀，政府採購法規亦禁止 CPPC 之使用。

[40] John Cibinic, Jr. & Ralph C. Nash, Jr., *Cost-Reimbursement Contracting*，同註 13，頁 3-5。

程序進行全面檢查，其中成本計價型契約之濫用被列為缺點，結果導致聯邦政府盡量使用固定價金型契約，同時，又發現 CPFF 型契約和誘因型契約之差別在於前者所給付廠商之利潤係固定不變的，這和廠商履約之良窳無關，而後者則不然。是時，美國政府之政策是鼓勵使用固定價金型及誘因型契約，然大多數之研究工作係以成本計價型契約進行，而發展型工作則使用固定價金誘因型（fixed-price-incentive）契約，軍方並於跨年度之生產案的總價金上訂定一上限以保護政府公帑。

至 1960 年後期，由於該項政策之偏差，導致美國數家主要廠商無法蒙受因簽訂固定價金型契約而遭致之損失，紛紛面臨破產及嚴重財務危機，不得不提出訴訟以求救濟，致延宕時程。美國國防部於是對於成本計價型契約之適用採取較為寬鬆之政策，其助理部長大衛·派克（David Packard）便於 1970 年 5 月 28 日所頒之「主要武器系統獲得之政策指導」[41]中指示：「在我們訂約過程中，所適用契約之種類必須按所涉及之危險而製作，成本加誘因型契約在主要系統之先導型發展期及後階段之發展期均應優先適用。」又指示採購機關在使用固定價金型契約時，應考慮廠商負擔財務危險之能力，惟有在能確實估算價金時方得適用固定價金型契約。儘管國防部的高階層指示，軍方機關仍然不管成本計價型是否適用，而繼續使用固定價金型契約。

美國的太空總署（NASA）及能源部（Department of Energy）之見解與作法則和國防部不一致，太空總署認為成本計價型契約對於研發任務是正確的選擇，而 CPFF 未必有效，於是又發明了成本加計酬金法（CPAF）型契約以利任務遂行。能源部對於成本計價型契約所持肯定之立場和太空總署大致一致。

到了 1980 年代初期，美國國防部仍然認為成本計價型契約之使用依然泛濫，所以對於若干主要之發展契約採用固定價金型契約，結果很不幸地，許多廠商無法負擔財務危險而紛紛提出訴訟[42]，又導致採購機關無法完成採購任務。有鑑於此，國會在 1988 年

----

[41] Department of Defense, "Policy Guidance on Major Weapon System Acquisition," May 28, 1970.

[42] John Cibinic, Jr. & Ralph C. Nash, Jr., *Cost-Reimbursement Contracting*，同註 13，頁 7-9。廠商對於履約中因若干成本未予預料，因而遭受損失，常以 impossibility of performance（情事變更原則，見 U.C.C. § 2-605 及民法第 227 條之 2 第 1 項）為由，要求採購機關增加給付或主張不再受契約拘束，此訴訟屢見不鮮，特別在 1970 年代之造艦契約中，訴訟案件動輒纏訟 5 年，耗盡資源，浪費時間，海軍部長 Claytor 更指出恐將再耗時 7 至 10 年之訴訟方可結案；見 *Litton Indus., Ingalls Shipbuilding Div.*, 3 ECR ¶ 120 (1978). 於 *General Dynamics Corp.*, DOTCOB 76-9A, 78-2 BCA ¶ 13,281, *recons. denied*, 78-2 BCA ¶ 13,415, *aff'd*, 229 Ct. Cl. 399,671 F.2d 474（1982）案中，廠商履行價金 1,920 萬元之固定價金加誘因（fixed-price incentive）的雷達建造契約，契約之目標成本（target cost）為 1,820 萬元，但廠商履約透支 1,450 萬元，因此要求將契約修改為成本計價型契約，法院主要認為由於政府迫切需要該雷達，採購機關無法立即尋得其他商源，因此判決廠商免除違約責任，並要求採購機關將契約修改為成本計價型契約。相似之案例尚有 *Murdock Mach. & Eng'g Co. of Utah v. United States*, 873 F.2d 1410 (Fed. Cir. 1989)。採購機關必須面對廠商因無法履行固定價金契約之協商、申訴及訴訟案件已多至不勝枚舉，該後果說明機關於進行採購之初，便已決定使用錯誤之契約種類，致使採購之進行毫無效率。

綜合撥款法（the Omnibus Appropriations Act of 1988）[43]規定：

> 第 8118 條：對於主要系統或次系統之發展，如使用固定價金型契約而價金逾一千萬美元者，則該契約不得動支任何經費。但如果國防部部長以書面作成採購決定，確認全案之風險已被降低至明確的價金可以產生之程度，且該型契約能將契約雙方之危險做一公平及顯著之安排者，不在此限。

自 1990 年後，各聯邦政府採購機關大致均能平衡地使用成本計價型契約及固定價金型契約，而成本計價型契約應適用於高度危險性之採購案，反之，固定價金型契約則適用於成本較確定及風險較小之採購案件，此政策自此定案，部分機關另要求其所屬應重視採購管理以節省成本計價型契約之預算[44]。

美國太空總署（NASA）1992 年採購預算中，以 CPAF 所採購金額占全年採購預算之 76%，約 134 億美元，CPAF 一直為該署最常使用之契約類型[45]。又美國國防部亦斥巨資使用成本計價型契約以研發及採購其所需之重要軍品，包括於 1995 年至 2005 年以 204.43 億美元研發 F-22 型戰機，以 430 億美元進行生產，及於 2013 年前以 490 億美元採購 F-35 型戰鬥機[46]。在 2007 會計年度中，以 CPAF 所採購之金額為 380 億美元，以 CPIF 所採購之金額為 80 億美元，以 CPFF 所採購之金額為 320 億美元，共 780 億美元，約共占全部國防預算 25%，自 1995 年迄 2007 年止，成本計價型契約所占金額仍持續增加中[47]。

---

[43] Section 8118. The Omnibus Appropriations Act of 1988, P. L. 100-202.

[44] 如 Department of Defense, Directive 5000.1, May 12, 2003 (Certified Current as of November 24, 2003), E 1.

[45] NASA Recommendations and Actions, NASA 01: Improve NASA Contracting Practices http://govinfo.library.unt.edu/npr/library/reports/NASA1.htm1，查詢日期：2018 年 5 月 14 日；NASA Award Fee Contracting Guide, June 27 2001, Preface, 網址：http://www.hq.nasa.gov/office/procurement/regs/afguidee.html，查詢日期：2018 年 5 月 15 日。

[46] United States Government Accounting Office, GAO, Report to Congressional Committees, March 2002, "TACTICAL AIRCRAFT F-22 Delays Indicate Initial Production Rates Should Be Lower to Reduce Risks GAO-02-298"，網址：http://www.gao.gov/new.items/d02298.pdf.，查詢日期：2018 年 5 月 14 日。
United States Government Accountability Office, GAO, Report to Congressional Committees "JOINT STRIKE FIGHTER, DOD Plans to Enter Production before Testing Demonstrates Acceptable Performance"，網址：http://www.gao.gov/cgi-bin/getrpt?GAO-06-356，查詢日期：2018 年 5 月 14 日。

[47] Center for Strategic and International Study, "Defense Industrial Initiatives Current Issues: Cost-Plus Contracts"，網址：http://www.csis.org/media/csis/pubs/081016_diig_cost_plus.pdf，查詢日期：2018 年 10 月 14 日。經查美國聯邦政府的各會計年度預算中，並未要求機關應明列各種採購契約所占政府預算之比例，但從各採購機關公布各得標廠商之網站資料中，不難發現若干採購機關仍大量使用成本計價型契約，例如：U.S. Department of Defense, Office of the Assistant Secretary of Defense (Public

二、我國

　　成本加利潤型契約在我國已行之數十年，審計法第 60 條及稽察條例第 12 條均規定機關得以成本加利潤之方式計算契約價金[48]。1997 年間，行政院所提出之政府採購法草案對於成本加利潤型契約原採取積極接受之態度，其第 50 條規定：「機關辦理採購，以限制性招標方式辦理，或以最有利標決標者，得於招標文件中規定以成本加利潤之方式計算契約價金。前項採購，以無法確實評估得標後之履約成本者為限。」第 74 條又規定：「機關辦理採購，以成本加利潤方式計算契約價金者，應查核廠商實際成本，廠商應提供相關資料。機關辦理前項查核，發現廠商成本不實者，應追回其差價。」[49] 上開二條文已規定成本加利潤型契約之適用時機，係指「以無法確實評估得標後之履約成本者為限」，且限於以「限制性招標方式辦理，或以最有利標決標者」方得使用之，又原草案條文之所以要求「機關應查核廠商實際成本，廠商則應提供相關資料」，應係認為廠商於履行契約中所支出之費用，只要法律或契約允許將其列為成本者，採購機關均應將之給付廠商，俾廠商於不必負擔財務危險的情形下，完成契約所約定事項。此種契約價格之決定，係以廠商履行契約所支用之成本為採購機關計算價金之基礎，故採購機關在廠商履約時應派員為適當之監督，以免廠商為無效或浪費之工作而增加了契約成本，如此方能順利達成採購任務。行政院所提出之政府採購法施行細則草案第 68 條規定：「機關以成本加利潤方式與廠商訂定之契約，應列明成本及利潤之項目、計算方法、金額上限及廠商應提出供查核之資料名稱。前項利潤，不得隨成本之增加而等比率提高。」由於成本加利潤之契約應規定之事項甚多，本條文規定契約中應列明之事項僅屬例示性質。總觀原草案條文之設計雖屬簡略，然尚符合成本償還型契約之理論及實踐。

　　惟立法院委員會審查採取禁止以成本加計利潤方式訂定價格，而採機會成本回饋方式訂定價格[50]。不過，此等條文在最後通過之政府採購法中均遭刪除，故成本加利潤

Affairs), Contract，網址：http://www.defenselink.mil/contracts/index.aspx，查詢日期：2008 年 5 月 14 日。至於其他非聯邦政府之採購機關亦有使用者，例如：佛羅里達州邁阿密市便使用該型契約採購維護安全勞務，City of Miami, COST REIMBURSEMENT SUBCONTRACT AGREEMENT，網址：http://egov.ci.miami.fl.us/Legistarweb/Attachments/11039.pdf，查詢日期：2018 年 10 月 14 日。德州奧斯汀市自來水及廢水委員會使用該型契約採購廢水工程，Water Wastewater Commission, City of Austin, Texas, "Notice of Regular Meeting"，網址：http://www.ci.austin.tx.us/agenda/2007/www_102407r.htm，查詢日期：2018 年 10 月 14 日。

[48] 行政院公共工程委員會，政府採購法草案相關資料彙編，1997 年 1 月，頁 31。

[49] 同前註，頁 41。

[50] 羅昌發，政府採購法與政府採購協定論析，2 版，元照出版公司出版，2004 年 10 月，頁 307；胡志浩，軍工廠維修業務委託之研究，國防大學國防管理學院法律研究所碩士論文，2002 年 5 月 31 日，頁 94。

契約並未被禁止使用，依採購契約要項第 40 條規定：「契約價金以成本加公費法計算者，應於契約訂明下列事項：㈠ 廠商應記錄各項費用並提出經機關認可之憑證，機關並得至廠商處所辦理查核。㈡ 成本上限及逾上限時之處理。」此外，「機關委託專業服務廠商評選及計費辦法」第 10 條及第 13 條、「機關委託技術服務廠商評選及計費辦法」第 13 條及第 14 條、「機關委託資訊服務廠商評選及計費辦法」第 13 條及第 16 條，均規定「成本加公費法」，成本加利潤契約之適法性自無疑慮。

第三款　定義及適用時機

第一目　定義

　　美國聯邦採購規則對於成本計價型契約主要之定義分述如下：

　　一、成本契約（cost contracts）：採購機關應依約給付廠商履行契約所支出之成本，但不得給付廠商任何利潤。本契約適用於研究及發展工作，適用之對象以非營利性教育機構及非營利組織為原則[51]。

　　二、成本分擔契約（cost-sharing contracts）：採購機關應依契約規定，就議定之部分，給付廠商履行契約所支出可被容許之成本（allowable costs），但不得給付廠商任何利潤。廠商應吸收部分成本，並可從履約之過程或結果中，期待獲得實質的回報利益[52]。

　　三、成本加誘因費用契約（cost-plus-incentive-fee contracts）：採購機關應依據與廠商所議定之給付利潤規定，給付廠商履行契約所支出可被容許之成本及利潤。該利潤應依廠商所支全部可允許之成本與目標成本（target costs）之關係，適用約定之公式而調整給付之。採購機關應於契約中規定目標成本、目標利潤、最小及最大利潤，及利潤調整公式[53]。

　　四、成本加固定利潤契約（cost-plus-fixed-fee contracts）：係成本償還契約之一種，採購機關除應給付廠商履約成本外，並應依約給付固定利潤，該固定利潤不得因廠商履約時實支成本之多寡而變更。但廠商工作之內容受採購機關指示而變更時，則可隨之調整應支付之利潤。該契約僅提供廠商履約之最低誘因[54]。

　　此種契約適用於研究工作或初期之探究，而預估廠商日後所投入之履約成本不明者；亦可適用於發展測試工作，但不適合使用成本加誘因利潤契約之情況時。如採購機

---

[51] FAR 16.302.
[52] FAR 16.303.
[53] FAR 16.304; 16.405-1.
[54] FAR 16.306(a).

關決定可適用固定價金型契約時，則不得使用本型契約。如初期之研究顯示主系統之發展係極度可行，且政府已建立明確之履行目標及時程表，則採購機關不得使用本契約以發展該主系統[55]。機關應於下列二種情形之一發生時，給付廠商成本及利潤：1.廠商已於預估成本限制內完成契約規定之工作標的、目的之報告並交付最終產品；2.廠商已依機關與廠商約定之工作範圍，於特定期間內已以特別程度之努力完成義務，按時履約完成交付，且經採購機關同意受領者[56]。

　　五、成本加酬金契約（cost-plus-award-fee contracts）：係成本償還契約之一種，採購機關除應給付廠商所支出可被允許之成本外，尚應依約給付基本利潤（其數額可為零），及由採購機關就廠商履約之品質、時程、技術成熟度及成本效益等情形，所主觀認定之優良履約酬金[57]。

　　六、不確定交付契約（indefinitive-delivery contracts）：係指採購機關於決標時，並未決定廠商應於何特定時間交付所需特定數量之採購標的，而向得標廠商訂立採購契約，約定所需標的之數量，如機關於契約有效期間內，開發訂購單訂明所需之財物及勞務時，廠商應履行依訂單指示交付標的之責任。可區分為三種類型：定量契約（definite-quantity contracts）、需求契約（requirements contracts）及未定量契約（indefinite-quantity contracts）等。該等契約可節省採購機關之倉儲成本，並可要求廠商逐行交付標的予使用者。其中未定量契約及需求契約具有可使採購機關對於日後所需之數量、交付時程及標的保有彈性指示的優點。未定量契約有限制採購機關僅須依約訂購最少數量之義務的優點，而需求契約則可節省廠商準備生產之前置期，以利提早交付標的，一般而言，當廠商確知可訂立採購契約，均願意保持一定數量之存貨以供政府所需[58]。

　　我國政府採購法、採購契約要項及採購契約範本並未規定是類契約，但基於「契約自由」之立場，政府採購給予採購機關相當之訂約自由[59]，本類型契約條文安排靈活，可有效節省採購作業時間及成本，並提高採購效率，採購主管機關可適度修改或增補相關規定，以利採購機關及廠商遵循。

　　以下分述定量、需求及未定量契約之性質：

　　㈠定量契約：指於採購契約中載明廠商應於特定期間內交付確定數量之財物或勞務，而其交付或履約之地點則依訂購單之指示而定。故若採購機關於契約有效期間可確

---

[55]　FAR 16.306(b).

[56]　FAR 16.306(d).

[57]　FAR 16.305; 16.405-2.

[58]　FAR 16.500; 16.501.

[59]　採購契約要項，壹、總則第1條第2項前段規定：「本要項內容，機關得依採購之特性及實際需要擇訂於契約。」故採購機關仍得另訂契約條文。

知所需財物或勞務之確定數量，且該等財物或勞務係現貨或生產前置期間不長者，均可適用此契約[60]。

㈡需求契約：指於採購契約中載明採購機關同意於特定時間內，以訂購單向廠商採購其所需之一切財物或勞務，廠商應按訂購單所載明之期限交付標的。故採購機關應按過去需求量，日後之消耗值及其他方式，於招標文件中載明確實之預估需求量，並載明該預估需求量僅係參考性質，採購機關並不受此拘束。在契約中應戴明廠商應交付最大數量標的之責任，及採購機關所應負之採購責任。契約中可載明每次訂購標的之最大及最小數量，但如採購機關載明將政府裝備或設施交由廠商修繕、修改或翻修，而政府卻因故不能提供該裝備或設施時，則政府不負給付價金責任。除經機關首長同意外，本契約適用於顧問及協助性質之勞務採購時，其效期不得逾 3 年，且總價金不得逾 1,150 萬美元[61]。

㈢未定量契約：指於採購契約中載明，廠商應於特定時限內並於載明之數量限制範圍內，依訂購單之指示交付不確定數量之財物或勞務。標的之數量得以單位或金錢計算之。該契約中應訂明採購機關所負採購最少標的之責任，廠商並有交付之義務，惟不得逾越最高數量之限制，而該最高數量之載明，應由採購機關依據市場調查、趨勢或其他合理之根據為之。採購機關應於訂購單中載明訂購最低數量標的之責任，以確保該契約之法律拘束性。該契約得載明採購機關在各訂購單內得訂購最大及最小數量之標的。採購機關應於招標文件中規定上列各點，並應規定包括訂購單之內容、使用時機、效力等事項，俾使契約中之權利及義務事項均適當地予以釐清，故此種契約係適用於機關不能預先確定在契約效期內所需之標的數量，及機關無欲就大於最少需求數量負責時使用之[62]。

以上三種類型之不確定交付型契約均符合契約之要件，具契約之效力，可以成本計價方式簽訂之。此外尚可由採購機關與廠商簽訂未符契約構成要件之基本訂購協議（basic ordering agreements, BOA）以縮短採購時間。FAR 16.703(a) 規定該協議係由採購機關及廠商所簽訂，其內容應包括：(1) 適用未來契約之條款；(2) 對於財物或勞務之敘述應力求明確；及 (3) 報價方式及開發訂購單之方式。基本訂購協議在我軍方已實施多年，「軍事機關採購作業規定」（民國 92.11.17 頒）稱之為「開放式買賣協議」，並定義為「係指軍事機關預就廠商提供之財物或勞務，先行以書面約定雙方未來契約可採用之各項條件與條款，使該單位均得援引該等條件與條款製定契約者。」此外，並規定適

---

[60] FAR 16.502.
[61] FAR 16.503.
[62] FAR 16.504(a)(b).

用之範圍、程序及協議書內容（見該規定第五篇特種採購）。基本訂購協議之訂購單，亦得以成本計價方式安排之[63]。

<h2 style="text-align:center">第二目 適用時機</h2>

FAR 對於契約種類之適用時機，係採客觀而且是中性的立場。當廠商在履約期間所遭受之危險，於訂約時能以相當確定之程度預判係極小，而價金又能確定者，則 FAR 16.103 規定應適用固定價金型契約，蓋此類契約能給予廠商最大的利潤誘因，但如採購機關及廠商於訂約時，無法相當精準地預估廠商在履約期間所可能遭受之危險，致無法確定成本，且不適合使用固定價金型契約時，則政府應與廠商進行磋商以選定合適的成本計價型契約[64]。美國聯邦之採購法授權採購機關除 CPPC 外得選擇其合適之契約種類[65]，FAR 16.301-3 規定：採購機關必須符合下列三種情形下，方得使用成本計價型契約：(1) 廠商之會計系統具備決定契約成本之能力；(2) 採購機關具備在廠商履約階段能進行審計及查帳之能力，以確保廠商所採取之方法具有效率，且成本控制得當[66]；(3) 成本計價型契約不得使用於商業品項（commercial items）之獲得。故如小廠商雖具有優良的研究及發展能力，但因未具備會計能力，則仍不得為得標廠商（除非於決標前將可具備足夠之會計能力）。採購機關為執行審計及查帳之工作，必須派遣會計、管理及工程專家執行是項工作，以維政府利益。

為使採購機關能正確地評估廠商及機關本身是否適宜使用成本計價型契約進行採購，FAR 16.104 規定採購機關應審查廠商下列之會計、工程及管理諸能力：

一、價金競爭之程度：有效的價金競爭可以產生真正自由市場上的價金，固定價金型契約在一般情形下符合政府利益（A fixed-price contract is ordinarily in the government's interest.）。

二、價金分析：機關可藉價金分析（不論是否經由競爭產生之價金）選擇妥適的契約種類，亦可提供發現真正自由市場上價金之標準。

三、成本分析[67]：如無法施行價金分析或價金分析的資料不足時，應即實行成本分

---

[63] 參看 FAR 16.702(b).

[64] FAR 16.301-2.

[65] 10 U.S.C. § 2306(a); 41 U.S.C. § 254(b).

[66] 在我國假發票到處有、預算不能確實控管情況下，若採購機關或其委託之機構未具備審計及查帳之能力，恐將不能確保廠商履約之品質及其成本之控制，故採購機關或其委託之機構必須具備審計及查帳之能力，方得使用成本計價型契約辦理採購。

[67] 價金分析（price analysis）和成本分析（cost analysis）之區別，在於價金分析係指審查並評估廠商之報價，但還不須要評估廠商之成本、利潤等項目，故可就其他報價進行比對，或從公開出版之價格表及市場調查…等進行分析。FAR 15.404-1(b). 而成本分析是就從廠商的投標文件中分析並評估其不同的成本項目及建議之利潤，以判斷其履約之經濟性及效率性，FAR 15.404-1(c). Ralph C. Nash, Jr., Steven L.

析，採購機關應確認並評估履約中所涉之不確定事項及其對成本之影響，以利確認廠商應負之成本責任並與廠商就契約種類採行協商措施。

四、需求之型式及複雜度：當政府之需求甚為複雜，而該需求又只有政府才有時，則常導致政府要承受較大的危險。對於履約中因不確定性或可能發生的契約變更，而使履約成本難以預估之複雜型研發契約，則應由政府負擔較多之危險。但一旦需求重現，或量產開始，則危險應移轉至廠商，機關並應考慮使用固定價金型契約。

五、緊急之需求程度：如緊急之需求係主要考量因素，則採購機關可選擇負擔較大之危險，或提供誘因以確保廠商及時履約。

六、履約期間或生產期間之長短：如日後可能發生經濟上之不確定事件，則履約期限較長之契約可依價格調整之規定辦理。

七、廠商之技術能力及財務責任。

八、充分的廠商會計能力：如採購機關決定使用非固定價金型契約，應先確認廠商之會計系統是否具備按契約規定準時製作所需成本資料之能力。不論契約雙方協商將使用何種成本計價型契約，或契約規定機關應於履約期間檢查廠商之價金資料時，廠商均應具備充足的會計能力。

九、同時履約之情形：如廠商簽訂本契約而與其他契約同時履約，則採購機關應考慮其他契約對本契約之影響，尤其是廠商對價金支用之安排。

十、使用分包廠商之本質及程度：如廠商建議使用分包廠商，則採購機關應選擇一適當的契約種類，俾將實際危險反映至得標廠商。

十一、採購之歷史：如機關已多次獲得所需之標的，則廠商的危險應逐漸遞減，機關亦應更能明確訂定財物或勞務之特性。

由於研發契約所具之危險較一般契約為高，故 FAR 特別規定，採購機關應於獲得技術人員之推薦後，方得決定選用適合之契約種類。雖然採購機關於一般情形下使用固定價金型契約較符政府之利益，但固定價金型契約惟有在目標、規格及成本預估均係充分之情形下方得使用之。為能選擇正確之契約種類，採購機關須以精確方式說明標的之目標、規格及成本預估，選定之契約應適合採購工作之推行[68]。以下將探討各採購機關使用不同契約之實踐經驗，並探討其原因，以探究各種契約最適用之時機。

一、成本契約

FAR 16.302 規定：採購機關應依約給付廠商履行契約所支出之成本，但不得給付廠

Schooner, Karen R. O'Brien, *The Government Contracts Reference Book*，同註 15，頁 139、403-4。

[68]　FAR 35.006(b).

商任何利潤，故本契約亦稱爲不含利潤之成本契約（cost-no-fee contracts）。因大多數廠商在履約實務中支付了 2% 至 3% 之不被允許成本（disallowed costs），即政府並不支付該成本，本契約實際上係一種損失型契約，鮮少使用[69]。

二、成本分擔契約

採購機關應依契約規定，就議定之部分，給付廠商履行契約所支出可被容許之成本，但不得給付廠商任何利潤[70]。本型契約之使用可使廠商及機關相互得利，廠商期待之利益包括商業、生產、教育等利益[71]，質言之，廠商可獲得包括：營業秘密、人員訓練、財物獲得及知識驗證等利益[72]。FAR 35.003(b) 規定，機關於研究及發展契約中使用成本分擔計價時，應依各機關自行訂定之程序辦理。以美國太空總署爲例，便規定本型契約僅於廠商或組織主動提出要約企劃書時方得適用之[73]，凡大學、其他教育及非營利組織，其分擔全部計畫成本之比率不得超過 10%，但其他廠商或組織之分擔比例則不受此限，有待與採購機關磋商訂定之[74]。該署並訂定成本分擔契約範本[75]，以供契約雙方使用。至於分擔成本之方式可以有多種安排，如約定由其中一方分擔直接成本，另一方分擔間接成本便是[76]。

美國聯邦法典 22 U.S.C. § 2761(e)(1)(B) 規定，美國政府以軍售案出售友邦主要防衛裝備（major defense equipment, MDE）時，其發價書應載明友邦應支付廠商研發及生產該裝備之非重現性成本（nonrecurring costs）[77]。此亦係另一種成本分擔契約之運用。

三、成本加誘因費用契約

CPIF 型契約之適用應符合下列條件：1. 不適用固定價金型（fixed-price）契約採購時；2. 廠商可以改進採購標的之交付時程或履約工法而降低其成本時；3. 可將利潤或費用分配至廠商履約過程中；4. 採購機關應建立合理的且可達成之預定目標（reasonable

---

[69] FAR 16.302. 參見註 39，John Cibinic, Jr. & Ralph C. Nash, Jr., *Cost-Reimbursement Contracting*，同註 13，頁 108。

[70] FAR 16.303(b). 參見註 52。

[71] National Aeronautics and Space Administration FAR Supplement, NFS 1816.303-70(a)(1).

[72] Health and Human Services Acquisition Regulation, HHSAR 335.070-1(a).

[73] 其他聯邦採購機關亦有相同規定，HHSAR 335.070-1(a)(1)。

[74] NFS 1816.303-70(a)(b).

[75] NFS 1816.307; 1816.307-70.

[76] *Shale Dev. Corp.*, IBCA 1256-3-79, 81-1 BCA ¶ 15, 128.

[77] 非重複成本係指廠商已支付未來不能再使用之成本，參看 Ralph C. Nash, Jr., Steven L. Schooner, Karen R. O'Brien, *The Government Contracts Reference Book*，同註 15，頁 367。22 U.S.C. § 2761(e)(2) 授權美國總統得免收取該費用。

and attainable targets）並應將之通知廠商；5. 可安排妥適之誘因以鼓勵廠商履約及預防其無效率及浪費。CPIF 契約於採購機關實施勞務、發展（development）及測試（test）採購時最爲適用，但亦可適用其他標的之採購[78]。由誘因之不同，可區分爲兩類：㈠成本節省之誘因、㈡履約及交付之誘因。

㈠成本節省之誘因

本型契約應基於廠商實際全部履約成本及目標成本之關係，依據公式客觀地計算其應得之利潤，故本型契約應規定一目標成本（a target cost）、一目標利潤（a target fee）、最小及最大利潤（minimum and maximum fees）及一利潤調整公式。該公式應規定：當可允許總成本（total allowable costs）少於目標成本時，則廠商應得之利潤在限額內應高於目標利潤，反之當可允許總成本超出目標成本時，則廠商應得之利潤應低於目標利潤，利潤之增減係提供廠商有效管理履約之誘因，當可被允許之總成本大於或小於費用調整公式適用範圍時，採購機關應給付廠商可被允許總成本再加上最小利潤或最大利潤[79]。FAR 52. 216-10 更規定該型契約適用之契約條款：

(e) 應給付之利潤 (1) 本契約應給付廠商之利潤係在全部可允許總成本少於目標成本時，於目標利潤中每一元增加_____（採購機關填入參加之廠商）分錢，或當可允許總成本超出目標成本時，於目標利潤中每一元減少_____（採購機關填入參加之廠商）分錢。但利潤不得多於目標成本之百分之_____（採購機關填入百分比）或少於百分之_____（採購機關填入百分比）。

在議價案中，由於採購契約價金及契約類型兩者相互影響，故機關應與廠商同時就該兩者進行磋商，以決定契約價金及適合之契約類型[80]。如決定使用成本加誘因費用契約，機關及廠商首須經由磋商確定目標成本，再確定目標利潤，最後考慮其他因素而完成計算公式。如在比價或公開招標案中，採購機關得將誘因公式的各點規定於招標文件中，要求廠商提供目標成本及其他各項數額，俾利審標及決標[81]。

---

[78] FAR 16.301-2; 16.405-1(a); 16.405-1(b)(1).
[79] FAR 16.405-1(a).
[80] FAR 16.103(a).
[81] 現將上述之定義及契約條款以圖例表示如下：（設目標成本爲 100 元，目標利潤爲 7%，最大利潤爲 13%，最小利潤爲 3%，替代方案節省成本之分配比例爲 80/20──政府 80，廠商 20）。

㈡履約及交付時程之誘因

　　機關應考量採購標的之特性，將技術性能之提升，包括物品重量、引擎扭力、車輛速度、飛彈射程、飛機速度等均應列為契約內給付廠商之技術提升誘因項目（technical performance incentives），並比較廠商履約結果及目標（target goals）後，依給付誘因之規定給付其利潤。該誘因對主要系統之發展及生產特別適用，蓋機關認定原型機須經測試及評估，或產製採購標的時，其性能均有提升可能且此提升係政府所需，則誘因之設計便可給予廠商極大的改進動力[82]。同理，如採購機關認有改進交付時程之必要，則得給付廠商交付時程誘因費（delivery incentives），包括提早交付及提早量產等[83]。

　　在實務上，採購機關一直將上述二種誘因設定一定之目標，並依廠商能達成該目標之程度，即正向誘因，給付其不同等級之誘因費，但若廠商未能達成約定之目標，則採購機關應依負向誘因之約定，減少誘因費之給付，並應於契約內載明機關得拒絕受領之

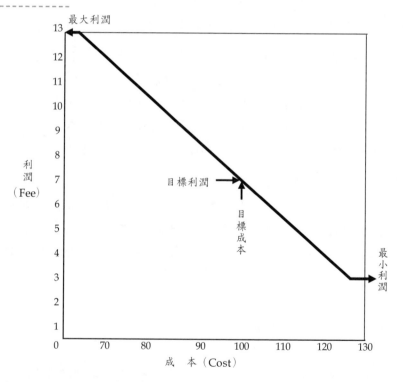

如廠商之履約成本（指採購機關允許之成本）大於 123.33 元，則採購機關應給付其利潤 3 元，若廠商之履約成本少 65 元，則其應得之利潤為 13 元，而履約成本在 65 元至 123.33 元之間，則為替代方案節省成本之分配比例範圍（range of incentive effectiveness, RIE）。有關目標成本、目標利潤、最大利潤、最小利潤之內容、計算方式及圖例等，詳見唐克光，政府採購中成本計價型契約之種類及其適用（下），軍法專刊，第 51 卷第 12 期，2005 年 12 月 1 日，頁 2-5。

[82] FAR 16.402-2(a)(c).
[83] FAR 16.402-3(a).

標準[84]。

聯邦採購法規並無訂定履約及交付時程之誘因之具體作法，僅有一般性的規定，即各技術提升誘因項目均應平衡，不得因特別重視其中一項特性，而忽略其他特性；性能測試（performance test）應明確規定測試標準，包括測試條件、工具精準度及資料解讀等均應力求精確。由於合約管理涉及諸多複雜困難，故採購機關應協調工程及財務專家共同與廠商進行磋商[85]。至於交付誘因費之設計則應包括可歸責政府事由之遲延、廠商因不可抗力事件及非因其過失所致遲延之誘因費及懲罰規定[86]。

然一採購契約內可否同時包括技術提升誘因、交付時程誘因及成本節省誘因之訂立？又彼此間關係如何？FAR 16.402-4 規定，多邊誘因之安排旨在激勵廠商努力改善各誘因事項，若機關僅特別強調其中一項，則其他履約事項恐不能達成改進目標，機關應考量採購之整體目標，包括價格及非價格因素，並採取對政府最有利之決定[87]，但有鑑於廠商可能不能達成技術提升誘因、交付時程誘因之目標，故成本節省誘因應優先列入契約條款內以保障政府利益。此外，契約內成本節省誘因與其他誘因之區分必須明確，以免混淆，例如在 *Celesco Indus., Inc.*, ASBCA 20569, 77-1 BCA ¶ 12,445, 77-2 BCA ¶ 12,585 案中，廠商為達成技術提升誘因之目標，而支付較多人力及物力，並對其內部員工採取獎勵措施，以機關支付之技術提升誘因費作為廠商內部獎勵金，結果飛彈試射成功，因而主張該誘因費 $70,500 元係屬成本，機關應另支付技術提升誘因費，美軍契約

---

[84] NFS 1816.402. 廠商在成本計價型契約之履約過程中，是否應負擔債務不履行之損害賠償責任？從下列二個法院之判例可以瞭解美國法院之態度（在該等判決之前，廠商是否應負損害賠償責任並不清楚），該等判決當然會影響採購機關之實務作法。

一、*United States v. Duggan*, 210 F. 2d 926 (8th Cir. 1954)

Duggan 係政府招標 CPFF 型契約之得標廠商，採購機關因 Duggan 公司怠忽責任，並未依照契約之規格生產及製造契約之標的物，採購機關遂終止契約並訴請法院請求廠商應負損害賠償責任，包括終止契約後之重購差價賠償，法院旋判決：「我們認為廠商不可對政府之損失免除賠償責任，政府之損失係肇因於廠商之不履約，廠商並應返還無權領取之成本及利潤。」因法院並未明確指出是否適用於其他成本計價型契約，故廠商在使用成本計價型契約時，是否應負擔損害賠償責任仍有疑問，再者，法院並未對重購後差價賠償之問題做出判決。

二、*United States v. Boyd*, 378 U.S. 39 (1964)

美國最高法院判決：「不論成本計價型契約中廠商係提供財物或勞務，該廠商應負契約責任。如該廠商已適當地履約，則應獲得利潤；反之，該廠商可能失去該契約，對因此造成之損害負賠償責任，並將負責履約之部門予以清算。」故該判決已明確規定廠商應擔負債務不履行之賠償責任。

相較於美國法院之判決，我國民法將債務不履行分類為三種：給付不能（民法第 226 條）、不完全給付（同法第 227 條）及給付遲延（同法第 229 條至第 233 條）已臻明確，況且採購契約範本亦有相對應之條文，故廠商如有債務不履行之情事，則應負損害賠償責任當無疑問。

[85] FAR 16.402-2.

[86] FAR 16.403(b).

[87] "tradeoff decisions" 意指最有利於機關之決定，Ralph C. Nash, Jr., Steven L. Schooner, Karen R. O'Brien, *The Government Contracts Reference Book*，同註 15，頁 520。FAR 16.402-4.

爭議審議委員會認為廠商對於成本之支付係屬合理,而判廠商勝訴。

四、成本加固定利潤契約

FAR 對於成本加固定利潤契約(CPFF)[88]之適用時機有若干之限制;採購機關應使用 CPIF 契約,但如有實際困難時,方得使用 CPFF 型契約。CPFF 型契約適用於初期之研究案,而且並不確定日後履約所需之努力程度時方可使用,但不適用於主要系統之發展,故本型契約僅能適用於較小金額之採購案[89]。

CPFF 中價金包括兩大部分:成本及固定之利潤,這二部分於契約中係屬分列,故應由契約雙方分別磋商。競標之程序係首先由採購機關預估履約之成本金額,再從各廠商之投標之文件中判斷其是否合理,及有無澄清之必要。至於固定利潤部分,採購機關可在招標文件中要求廠商直接將利潤數額列明,以利競標;此外採購機關亦可使用其規定之利潤計算公式,要求投標廠商分析其利潤之構成因素,並依該計算公式算出利潤之金額,在實務上,廠商在前者(廠商直接將利潤數額列明時)所報之固定利潤約為 2% 至 5%,而在後者(使用利潤計算公式時),廠商所報之利潤約 6% 至 10%。但廠商如為獨家商源,則其報價之利潤部分往往是較此為高[90]。

由於廠商於履行本契約時,未若其他成本計價型契約,並無節省其成本之誘因,為防止廠商利潤部分出現不合理的情形,10 U.S.C. § 2306(d) 及 41 U.S.C. § 254(b) 規定,成本加固定利潤契約之固定利潤不得高於預估成本 10%。但試驗、發展及研究契約之固定利潤不得高於預估成本 15%,公共設施工程中建築及土木契約之固定利潤不得高於預估成本 6%。

五、成本加酬金契約

依據 FAR 16.405-2(b)(1) 規定,CPAF 型契約適用於下列情形:

(i) 無法預估或不能有效地預估日後履約所需之成本、技術或時程及其客觀的誘因目標(incentive targets);

(ii) 有效鼓勵廠商能履行預定外的服務,亦可提供採購機關在評估廠商履約進度及其影響情況時維持彈性,以達成採購目標;

(iii) 機關可決定用來支付監督及評估廠商履約情形之行政成本是否合符政府利益。

---

[88] 有關 CPFF 之定義,詳見註 54 及本文。

[89] FAR 16.306(b). 參見註 55。

[90] John Cibinic, Jr. & Ralph C. Nash, Jr. *Cost-Reimbursement Contracting*,同註 13,頁 54-6。

　　根據美國國防部聯邦採購規則補篇（Department of Defense FAR Supplement, Procedures, Guidance and Information, DFARS PGI）216.405-2 規定 CPAF 應適用於依廠商努力程度（level-of-effort）而給付其誘因費之勞務採購，且「當無法以客觀方式評估廠商之履約情形時使用之。」CPAF 最早係由美國 NASA 於 1960 年代使用，後來美國軍方及能源部亦使用之，並將適用範圍擴展至研發性質之契約，迄今仍廣泛使用[91]。

　　成本加酬金型契約係一種成本計價型契約，其利潤部分包括：(1) 於契約成立時所約定之基本數額；(2) 廠商於履約時得賺取之全部或一部酬金，該酬金應提供廠商足以改善其履約之誘因，包括品質、合時性（timeliness）、科技創意性及成本之有效管理等。採購機關應依契約中之準據判斷應給付廠商之酬金數額，廠商不得對該判斷依照爭議處理之條款提出異議或申訴[92]。然因採購機關應判斷廠商履約之進度及良窳而分期給付酬金，故具有「主觀」誘因之性質，然該「主觀」性似易引起其客觀性不足之質疑，惟查該型契約自 1970 年代在美施行至今，特別是在無法擬定技術規格或工作條款（work statement）[93]之情況下，已被證實非常有效[94]。

　　CPAF 型契約有其本質上之優點及缺點；優點是採購機關會提供廠商詳細之評估報告，指出其缺失，以供改進，廠商如認為評估報告有誤，亦得向機關表示，可避免許多誤會。而其缺點則是機關之評估將耗費相當多之行政資源（包括人力、物力），不過，機關應評估該作業成本與預期之利益相較，是否符合政府利益，如是，則可使用本型契約[95]；又 1990 年後，NASA 發現若干機關在評鑑廠商履約良窳時，因與廠商熟識，而有放水現象，因而提高使用本型契約之要求如下：一、採購金額必須多於 200 萬美元，二、無法客觀擬定技術規格或工作條款時，方得使用本型契約[96]。

(一)酬金之結構

　　CPAF 型契約包含四個要件，即：預估成本（estimated cost）、基本利潤（base fee）、最大利潤（maximum fee）及評估期間（award periods）等，預估成本之數額多寡有待和廠商磋商後方得確定，其磋商之方式和在 CPIF 型契約並無差別，或以議價方

----

[91] NASA Award Fee Contracting Guide, June 27 2001, Part 1, 1.1. Department of Energy Acquisition Guide, Chapter 16.1, March 2008. John Cibinic, Jr. & Ralph C. Nash, Jr. *Cost-Reimbursement Contracting*，同註 13，頁 82。

[92] FAR 16.405-2(a)；參閱註 57。

[93] 工作條款，Statement of Work（SOW），係指在合約中列明之事項並由廠商應據以履約，包括：(1) 技術規格或其他最小之要求；(2) 數量；(3) 履約日期；(4) 勞務履約之期限及地點；(5) 品質要求等。見 Ralph C. Nash, Jr. 等，*The Government Contracts Reference Book*，同註 15，頁 492。

[94] John Cibinic, Jr. & Ralph C. Nash, Jr., *Cost-Reimbursement Contracting*，同註 13，頁 82-3。

[95] NASA Award Fee Contracting Guide，同註 45，Part1、1.4。

[96] John Cibinic, Jr. & Ralph C. Nash, Jr., *Cost-Reimbursement Contracting*，同註 13，頁 83-4。NFS 1816.405-270.

式敲定或以審查廠商企劃書之方式，判斷本契約之預估成本，如廠商在投標文件所載內容與規定之要件不符，最低或最高利潤不合理，則採購機關得不決標予該廠商[97]。

　　基本利潤係指廠商自採購機關所領取最低限額之酬金，故 CPAF 中之基本利潤便和 CPIF 契約中之最低利潤（minimum fee）相似，只是在 CPAF 契約中最低利潤可能是零元。美國國防部、太空總署及環境保護署（Environmental Protection Agency, EPA）等[98]規定基本利潤不得超過預估成本之 3%，其他聯邦政府部門則未規定，在實際上諸多契約規定為 2%，但 2% 至 3% 之最低利潤僅能抵銷掉遭政府剔除之支出，廠商幾無利潤可圖[99]。

　　FAR 對於 CPFF 型契約已規定其最大利潤之上限[100]，CPAF 亦不得逾越此限制[101]。美國國會審計長在 *CACI Inc.-Fed.* 一案中[102]指出機關應依據契約預估成本之若干百分比訂出契約之最大利潤數額，最大利潤並不是由採購機關從實際成本所算。在 *Holmes & Narver, Inc.* 一案中[103]，審計長支持採購機關在招標書中允許投標廠商可將最大利潤數額報價為 10%，在 *Management & Technical Servs. Co.*[104]一案中，審計長同樣支持採購機關允許投標廠商可在投標書中列明基本利潤及最大利潤之數額，並不將之列為決標評估因素。故 CPAF 型契約之最大利潤數額應由預估成本中以若干百分比算出，廠商在報價書中應戴明其數額，機關得將最大利潤之數額列為決標評估因素。

　　採購機關對於廠商履約之情形，應分期或分階段予以評估，如有缺失，並應告知以利改善[105]，然 FAR 並未規定採購機關給付廠商最低利潤或酬金之方法或時機，太空總署 FAR 補篇建議：機關宜因採購標的性質之不同而有不同安排，例如在研發案中，由於契約生效後至第一次評估期間廠商履約成果往往不明顯，可安排於契約生效後第六月進行評估，以後則每四月進行一次，但至少應於十二月進行評估一次。一般而言，採購機關對於廠商之履約狀況大概是每四至六月進行評估，以決定給付酬金之多寡。但應將評估之時間搭配於工作進度，例如，於廠商交出初期研究報告後，機關依據廠商履約情形

---

[97] *Boeing Sikorsky Aircraft Support,* Comp. Gen. Dec. B-277263.2, 97-2 CPD ¶ 91；*Management & Technical Servs. Co.,* Comp. Gen. Dec. B-209513, 82-2 CPD ¶ 571.

[98] DFARS 216.405-2(c)(2)(B); NASA FAR Supplement, NFS 1816.405-271; EPA Acquisition Regulation (EPAAR) 1516.404-273(b).

[99] John Cibinic, Jr. & Ralph C. Nash, Jr., *Cost-Reimbursement*，同註 13，頁 86。

[100] FAR 15.404-4 (c)(4)(i); 10 U.S.C. § 2306(d); 41 U.S.C. § 254(b).

[101] FAR 15.404-4 (c)(4)(i).

[102] *CACI, Inc.-Fed.,* 64 Comp. Gen. 439 (B-216516.2), 85-1 CPD ¶ 363.

[103] *Holmes & Narver, Inc.,* Comp. Gen. Dec. B-196832, 80-1 CPD ¶ 134.

[104] *Management & Technical Servs. Co.,* Comp. Gen. Dec. B-209513, 82-2 CPD ¶ 571.

[105] FAR 16.405-2(b)(3).

進行評估，而不宜按日曆天（calendar day）進行評估[106]。

(二)評估廠商之履約

採購機關應評估廠商履約之情形俾據以給付酬金，應先擇定評選項目及給付酬金之百分比等之基準，該等之基準係由採購機關單方決定，但應於評估前將上述基準告知廠商。評估基準應包括：(1) 技術，如時程之要求；(2) 管理；及 (3) 成本管理。該等基準得由採購機關於廠商履約期間修正之，但應於進行評估前告知廠商修正之情形[107]。美國太空總署於 2001 年 6 月發布「對酬金型契約之指導」文件[108]，指出評估廠商履約之項目包括結果（outcomes）、生產（outputs）、置入因素（inputs）或是三者皆有。「結果因素」係指依原採購目標評估履約之結果，例如已交付之物品品質或服務品質等，適合於評估非例行之履約工作，係判斷廠商履約效果的最佳指標；而「生產因素」係指將履約成果之數量或品質以表格、數字等紀錄方式呈現，因此適合於評估例行之履約工作，但可能耗費可觀的行政資源；「置入因素」係足以影響履約成敗之程序或技術之因素，包括：測試、工程技術、品保、維護程序、分包計畫、及預算控制等。以「結果因素」的評估方式，其優點顯而易見，應優先適用。如契約雙方並不確定研究計畫之結果時，則可適用置入因素作為評估廠商履約情形之基準，但機關不應過於重視置入因素，以免廠商忽略履約成果。

聯邦各機關訂定評估項目及子項之配分或權重，一般均以 100 分為滿分，以太空總署為例，該總署對於研發性質之採購係採二階段方式進行評估，第一階段之評估權重是：技術占 42%，企業管理占 32%，成本控制占 26%，第二階段再將技術部分區分成三個子項，其權重分別為：設計占 24%，品質占 12%，時程占 6%，同理，企業管理及成本控制亦有其子項及權重，該署並詳細規定各項目及其子項之內容，以供計算總酬金之數額，若廠商未達 61 分，則不給付其任何酬金[109]。多數採購機關均揭示其評定之結果，包括是否給付酬金及給付之數額等[110]，但若不揭示其評定作業亦未違法[111]，太空總署則更進一步允許廠商得對評定結果提出反對意見或建議避免產生誤解[112]。

---

[106] NFS 1816.405-272; NASA Award Fee Contracting Guide，同註 45，Part3、5.2。

[107] Department of Transportation Acquisition, TAR 1252.216-72; NASA Award Fee Contracting Guide，同註 45，Part3、4.1。參見最有利標評選辦法第 5 條至第 9 條，該辦法對於評選廠商之作業規定甚詳，但 DEAR 之條文內容係針對 CPAF 契約廠商履約良窳之評估，二者適用時機不同。

[108] NASA Guidance on Award Fee Contracting，同註 45，Part 3.4.1。

[109] 同前註，計畫占 26%、分包廠商占 6%；人力成本占 15%、間接成本占 11%。

[110] DFARS 216.405-2(b)(iv).

[111] *Burnside-Ott Aviation Training Ctr.*, ASBCA 43184,96-1 BCA ¶ 28,102, *aff'd,* 107 F.3d 854 (Fed. Cir. 1997).

[112] NASA Award Fee Contracting Guide，同註 45，Part 3.7.1。

六、不確定交付契約

　　不確定契約包含三種類型：定量契約、需求契約及未定量契約[113]，係採購機關於不能確定未來需求量時與廠商簽訂契約，約定廠商於收受機關訂購單（order）後[114]，廠商應依契約規定交付採購標的。FAR 16.501-2(c) 規定採購機關得依第 16 章有關成本及價格之條文適用於不確定交付型契約，故採購機關於不確定交付契約中以成本計價方式予以安排自屬適法。

　　未定量契約和需求契約之不同，在於使用前者之採購機關有義務向廠商採購至少最小數量（a minimum quantity）之財物或勞務，所謂最小數量須多於「名義上」（nominal）之數量[115]，如採購機關欲採購更多之財物勞務（不得逾越最大數量），則廠商負有交付之義務[116]。而機關認有採購標的物之需求時，可使用需求契約向廠商採購其實際（非預估）需求之財物或勞務，並另以訂購單規定交付之時間及數量等條件[117]，二者顯不相同。

　　採購機關得於不確定交付契約及基本訂購協議中選用 CPFF、CPIF 或 CPAF 之計價方式，載明利潤之數額，將之規定於訂購單中，俾廠商同意後履約。如係使用 CPIF 或 CPAF 契約，則應將計算利潤之公式規定於訂購單中，如係選用 CPFF 契約，則應於契約中規定固定利潤之百分比，或依採購標的之性質再行磋商利潤之數額，以後契約雙方僅需確定訂購之標的數量及預估成本便可完成契約之要件，一般而言，工作條款（statement of work）[118]係由機關提出，而預估成本則由廠商提出，經由磋商之程序而達成意思之合致[119]。而訂購單內容不能逾越工作條款之規定[120]，亦不能有邏輯不通之處[121]，自不待言。

第四款　契約條款

　　由於政府簽訂成本計價型契約後，係由政府支付廠商因履約所生之費用，而固定價

---

[113] 見註 58。

[114] Orders 可區分二種：一為適用採購不定量勞務之訂購單（task orders）；另一為適用採購不定量財物之訂購單（delivery orders）。FAR 16.501-1.

[115] 例如 *Ralph Constr. Inc.*, HUDBCA 83-801-C15, 84-1 BCA ¶ 16,975 案中，最小數量為 25 輛可移動屋（mobile homes），而最大數量則為 3,000 輛。

[116] FAR 16.504(a)(1)(2).

[117] FAR 16.503.

[118] 參見註 93。

[119] John Cibinic, Jr. & Ralph C. Nash, Jr., *Cost-Reimbursement*，同註 13，頁 125-7。

[120] *Westinghouse Elec. Corp.*, Comp. Gen. Dec. B-244339, 91-2 CPD ¶ 326.

[121] *Information Ventures, Inc.*, Comp. Gen. Dec. B-240458, 90-2 CPD ¶ 414.

金契約則由政府給付廠商固定價金，前者對於廠商履約標的之規範較具調整空間，而後者關於廠商履約標的之規範則較為明確，兩者契約內容顯有不同，廠商於履行成本計價型契約時，必須依約將其執行履約標的之情形通知採購機關，以請求給付。本文先就成本計價型契約之法律規定予以探討，再就各種契約條款中廠商及機關之權利及義務分別分析。

第一目　價金之控制

機關於履約過程中必須依約支付廠商履約之費用，故廠商履約及機關給付價金之關係應於採購契約中明確規定，禁止價金不足法 Anti-Deficiency Act, 31 U.S.C. § 1341 及聯邦政府獲得規則 FAR 32.702 均規定機關不得有給付不能之情形，FAR 32.702 規定：「除法律另有規定者外，機關不得負擔任何超過給付責任之義務。機關應於執行採購契約前，獲得財務部門書面確認支付廠商之能力，或依 FAR 32.703-2 規定以機關獲得分配之經費為停止條件，給付廠商價金。」而廠商必須於履約過程中製作實支成本之紀錄，以供機關查核，如已超過機關預算金額，則政府得終止契約、變更契約條款或增加契約價金。故廠商應製作及時及精確之成本紀錄，以供履約所需。

以下就成本限制條款及給付價金之限制條款說明採購機關控制價金之基本條款，機關得依採購契約係由機關於決標時負責給付全部價金或分期付價等不同約定，考量全部或部分適用下列二種條款。

一、契約條款

㈠成本限制條款

FAR 52.232-20 規定成本限制條款（limitation of cost clause, LOC），依 32.705-2(a) 規定政府訂立成本計價型契約並支付全額價金時，應將之列為契約條款，本條款之訂立旨在維持政府預算，並避免經費不足[122]：

(a) 機關及廠商應預估不含任何利潤之履約成本，廠商不得向機關請求超過下列之金額：(1) 於列舉表中（Schedule）明列之預估成本（estimated cost），或 (2) 如採購契約採用成本分擔（cost-sharing）計價[123]，於列舉表中明列政府應負擔之預估成本。廠商應同意盡一切努力（use its best efforts）履行列

---

[122] *ITT Defense Communications Div.*, ASBCA 14270, 70-2 BCA ¶ 8370.
[123] 成本分擔契約（cost-sharing contracts）：謂採購機關應依契約規定，給付廠商履行契約所支出可被容許之部分成本，但不得給付廠商任何利潤。廠商可從履約之過程或結果中，期待獲得實質的回報利益。FAR 16.303.

舉表中載明之工作，及依契約規定預估成本範圍內之義務。如契約採用成本分擔計價，廠商應同意盡一切努力履行於廠商應分擔成本內，契約規定之義務。

(b)廠商應於下列情形之一，以書面通知採購機關：

　　(1)預估依約履行之 60 日內，包括之前已支付的成本，將超過列舉表中所載明之預估成本之 75% 時。

　　(2)除利潤外，於履約所支付之總成本將超過或實質（substantially）低於先前預估之成本。

(c)廠商於依上項規定通知時，並應提供機關更新後之預估履約成本。

(d)除採購契約另有規定者外，

　　(1)機關並無義務給付廠商超過列舉表中預估成本之金額。如採購契約採用成本分擔計價，則機關並無義務給付廠商超過列舉表中機關應負擔預估成本之金額。

　　(2)除機關以書面通知廠商預估之成本業經增加，且已提供廠商更新後之預估成本外，廠商並無繼續履約之義務（包括機關行使終止契約之權利時），或支付超過列舉表所載明之預估成本之義務。

　　如採購契約採用成本分擔計價，則機關同意增加之成本應依列舉表中所載明之公式分配之。

(e)除 (d) (2) 之規定，或經機關同意者外，機關對採購契約之預估成本不因任何通知、意思表示而改變。除機關另為同意之意思表示者外，機關並無義務給付廠商超過列舉表中預估成本之金額。如採購契約採用成本分擔計價，則機關並無義務給付廠商超過列舉表中機關應負擔預估成本之金額。

　　前項超過預估成本之金額，不論發生於履約中或因終止契約而發生，均屬之。

(f)除機關為終止契約之意思表示，或指明增加之給付係供廠商使用於支付終止契約或其他費用者外，若機關同意增加列舉表中之預估成本，則廠商已支付或未來將支付超過預估成本之金額，均屬可被機關允許（allowable）之成本。

(g)若機關通知廠商變更契約，則該通知不得推定為機關已同意增加列舉表中之預估成本。但通知中載明已同意增加成本者，不在此限。

(h)若契約終止或機關不同意增加預估成本，則機關與廠商應依成本分擔比例對已產製或已採購之財產進行分配之協商，以求財產之公平分配。

㈡給付價金之限制條款

FAR 52.232-22 規定給付價金之限制條款（limitation of funds clause, LOF），依 32.705-2 規定應於政府支付全額成本計價型契約價金時將之列為契約條款，即政府於給付廠商履約成本時，應加列如下之條款：

(a) 機關及廠商應同意預估之履約成本，廠商不得向機關請求超過下列之金額：
　(1) 於列舉表中明列之預估成本；或
　(2) 如採購契約採用成本分擔計價，於列舉表中明列政府應負擔之預估成本。廠商應同意盡一切努力履行列舉表中載明之工作，及依契約規定預估成本內之義務。如契約採用成本分擔計價，廠商應同意盡一切努力履行於廠商應分擔成本內，契約規定之義務。

(b) 列舉表應載明機關已具的支付能力，及於契約內給付價金之分配情形、契約品項、及如採購契約採用成本分擔計價，機關應分擔之成本、及預估可供履約之期間。如廠商履約之範圍超過得標之金額，機關應另行以遞增方式給付金額（additional funds），至列舉表規定之預估金額止，但不含任何利潤。廠商應在機關依約已支付或應支付之金額範圍內履行契約，不得超過分配至機關之總金額。

(c) 廠商應於下列情形之一，以書面通知採購機關：
　(1) 其預估依約履約之 60 日內，機關已支付及將支付的成本將超過列舉表中預估成本之 75%；或
　(2) 如採購契約係成本分擔契約，廠商預估依約履約之 60 日內，機關應分擔之金額及廠商應分擔金額將達總額之 75%。廠商並應通知機關為符合列舉表所載明之時程，機關應另行支付之預估金額。

(d) 廠商應於列舉表規定期滿之 60 日前，以書面將履行契約所需之增加金額、依列舉表規定所需之延長履約期間、及需求經費之時間等通知機關。

(e) 如機關並未獲依列舉表分配（allotted）之預算金額，機關應於接獲廠商之通知後依約終止該契約。若廠商預估政府給付之金額尚足以支付超過原預估日期之履約所需，則廠商應通知機關修正後之履約期滿日期，機關得於該期日終止採購契約。

(f) 除採購契約另有規定者外，
　(1) 機關並無義務給付廠商超過列舉表中預估成本之金額；
　(2) 迄機關以書面通知廠商預估之成本業經增加，且已提供廠商修正後之預估成本止，廠商並無繼續履約之義務（包括機關行使終止契約之權利

時），或支付超過列舉表所載明預估成本之義務。

(g) 機關應將契約之預估金額增加至

(1) 實際分配之金額；或

(2) 於採購契約採用成本分擔計價時，機關應實際分擔金額加計廠商相對應依列舉表公式必須分擔之金額之總數，超過原預估金額之數量。如採購契約採用成本分擔計價，則機關同意增加之成本應依列舉表中所載明之程式分配之。

(h) 除 (f) (2) 之規定，或經機關同意者外，機關對採購契約之預估成本不因任何通知、意思表示而變更。除機關另為意思表示者外，機關並無給付廠商超過列舉表中預估成本金額之義務。

前項超過預估成本之金額，不論發生於履約中或因終止契約而產生之成本，均屬之。

(i) 除機關為終止契約之意思表示，或指明增加之給付係供廠商用於支付終止契約或其他費用者外，若機關同意增加列舉表中之預估成本，則廠商已支付或未來將支付超過 (1) 預估成本之金額；或 (2) 於採購契約採用成本分擔計價時，機關應實際分擔金額加計廠商相對應依列舉表公式必須分擔之金額之總數，均屬可被機關允許之成本。

(j) 若機關通知廠商變更契約，則該通知不得推定為機關已同意增加列舉表中之預估成本。但通知中載明已同意增加成本者不在此限。

(k) 本條文並不影響機關終止契約之權利。若契約終止，則機關與廠商應依成本分擔比例對已經產製或已採購之財產進行分配之協商，以求財產之公平分配。

(l) 如機關並未配置足以完成契約之經費，機關應依列舉表中之利潤比例，並依廠商履約完成之比例，給付廠商利潤。

㈢限額之約定

採購機關在成本計價型契約簽訂之初，就應在契約條款中將限額（ceiling）之相關約定明列，俾契約雙方能有所依據。機關及廠商應就各成本計價型之採購契約，約定各種不同的限額，包括：成本限額、利潤限額及成本加利潤之限額等[124]，故成本計價型之六種不同契約類型均應有限額之約定，此外另應約定廠商發生超支時之法律責任，以免

---

[124] *Lsi Serv. Corp. v. United States,* 191 Ct. Cl. 185, 422 F.2d 1334 (1970), *Urban Mgmt. Consultants of San Francisco, Inc.,* HUDBCA 75-28, 76-2 BCA ¶ 12,000, *Peterson Builders, Inc. v. United States,* 31 Fed. Cl. 650 (1994).

爭議[125]。常用以計算限額之方式有兩種：一種是總成本（overall cost）之限額，另一種是間接費用（overhead）之限額，而間接費用之限額應以金錢為計算單位或以間接費分攤率（overhead rate）[126]為計算單位[127]。限額條款應力求精確，俾使廠商在該限額內依約履行責任，亦可免除廠商要求另外給付之困擾，任一成本計價型契約之限額，不但對廠商履約之直接成本（direct costs）適用，即使對間接成本（indirect costs）亦適用之[128]。

㈣實務爭議

　　成本限制條款（LOC）與給付價金之限制條款（LOF）對於政府及廠商之保護並無不同，故於採購契約中並無同時使用該二條款之必要，採購機關得選擇其一使用[129]。值得注意的是，如機關負責成本計價型契約之履約內容與契約價金相當，且將價金分列為成本及利潤兩部分，則必須依契約中列舉表所示之預估成本及利潤給付廠商，固無爭議，但若機關決定使用遞增價金型契約（incrementally funded contracts）[130]，且報價並未分列為成本及利潤兩部分，則是否應支付廠商成本及利潤？三軍採購申訴審議委員會於 *McMullen Assocs., Inc.*, ASBCA 22459, 79-1 BCA ¶ 13,818, *recons. denied*, 79-2 BCA ¶ 13,920 案中判斷：若廠商所報之價格中並未區分成本及利潤部分，則廠商獲得超過成本部分之金額並無不當，即廠商亦得請求利潤。但在 *Allied-Signal Aerospace Co.*, ASBCA 46890, 95-1 BCA ¶ 27,462 案中，審議委員會判斷：廠商所報之價格中並未區分成本及利潤部分，則廠商僅得請求成本部分之金額。依 FAR 52.232-22(b) 規定，機關使用遞增價金型契約時，不得支付超過列舉表中預估成本之利潤，故若機關要求廠商應將成本及利潤部分予以區分，自可免除上列案件之爭議[131]。

　　LOC 及 LOF 條款僅適用於給付契約成本，至於廠商因政府違約[132]或其他政府應負

---

[125] 例如 *Aurora Optics, Inc.*, ASBCA 48766, 96-1 BCA ¶ 28,077 案中，廠商應負擔一切超出契約成本及利潤上限（$498,653）之金額。

[126] 龍毓耼譯，會計辭典，同註 17，頁 345。間接成本（overhead）並不能直接推算至個別成本單位，故應先以合於邏輯的方式彙齊至間接成本庫（pool），然後再分攤（allocate）於各個成本目標。詳見唐克光，論成本計價型契約中成本及利潤之協商——以美國聯邦政府採購為例，軍法專刊，第 52 卷第 5 期，2006 年 10 月，頁 30。

[127] John Cibinic, Jr. and Ralph Nash, Jr. *Cost-Reimbursement Contracting*，同註 13，頁 1019-24。

[128] *United Shoe Mach Corp.*, ASBCA 11936, 68-2 BCA ¶ 7328.

[129] Department of Health and Human Services Acquisition (HHSAR) 332.705-2.

[130] 「遞增價金型契約」係指機關於決標時，並無足夠支付廠商履約所需之經費，即廠商履約之範圍逾得標之金額，FAR 並未規定機關如何使用本契約，僅於 LOF 條文中規定機關給付價金應予限制。Ralph C. Nash, Jr., Steven L. Schooner, Karen R. O'Brien, *The Government Contracts Reference Book*，同註 15，頁 294。

[131] Cibinic, Jr. &. Nash, Jr., *Cost-Reimbursement Contracting*，同註 13，頁 985。

[132] *Solar Turbines, Inc. v. United States*, 23 Ct. Cl. 142 (1991).

之賠償責任[133]並不在此限。

二、廠商之通知義務

LOC 及 LOF 均要求廠商有通知之義務，通知有二種：已支付費用之通知及預估成本之通知。前者是廠商已實際支付者，後者是預估所需之經費，採購機關可藉由該二通知，得知：1.經費是否應向上或向下調整，即變更契約之預估成本；2.廠商履約標的是否應變更，即變更或終止履約標的；3.履約進度是否遲延，或超前等，以利採取行為。

㈠已支付費用之通知

依據 LOC 條款 (b) (1) 及 LOF 條款 (c) 之規定，廠商應在預判於 60 日內，將累計支付逾預估金額之 75%，或機關分配至該契約之總經費之 75% 時，以書面通知機關；該通知可使機關了解廠商實支成本已接近預估成本或分配之總經費，以利機關查證廠商履約情形，並決定是否採取法律行為。廠商對於本通知迄今並無重大爭議[134]。

㈡預估成本之通知

依據 LOC 條款 (b) (2) 之規定，廠商應於其履約所支成本將超過或實質低於先前預估成本時，以書面通知採購機關，LOF 條款 (d) 則規定，廠商應於列舉表規定期滿之 60 日前，以書面將為履行契約所需之增加金額及需求經費之時間等通知機關。故本通知可謂之為「超支」（overrun）之通知，機關於受該通知後，便有足夠時間依約採取法律行為。

廠商必須在本通知中說明契約預估成本不足支付履約所需之理由及作成各項金額數目，故僅每月交付機關發票[135]，或僅通知機關成本將增加[136]，或僅通知機關預估之間接成本分攤率（overhead rates）[137]等均非預估成本之通知。廠商在通知機關時未必能確定超支之金額，但廠商仍應盡一切努力提供精確之數目，若廠商因不能確定超支之金額而未通知機關，廠商並不因此而免責[138]，若廠商未通知機關預估成本，則機關並無給付廠商已支付成本之責任[139]。如廠商獲得最新的成本資訊，則應將該等資訊通知機關，即不斷更新該等資訊，故廠商通知機關之次數並無限制，否則機關仍應依原預估金額支付廠商[140]。又廠商不得以機關已具備廠商履約資料，理應了解廠商成本為抗辯理由，而免除

---

[133] FAR 52.228-7 Insurance-Liability to Third Persons.

[134] Cibinic, Jr. & Nash, Jr., *Cost-Reimbursement Contracting*，同註 13，頁 987。

[135] *Consulting Servs. Corp.*, ASBCA 20288, 76-2 BCA ¶ 12,124.

[136] *Carltech Assns., Inc.*, ASBCA 42576, 93-1 BCA ¶ 25,265.

[137] *Resource management, Inc.*, ASBCA 27444, 83-2 BCA ¶ 16,797.

[138] *Institute of Comparative Social and Cultural Studies*, ASBCA 32282, 87-3 BCA ¶ 20,009.

[139] *American Standard, Inc.*, ASBCA 15660, 71-2 BCA ¶ 9109.

[140] LOC(c), *International Science & Tech. Inst. Inc. v. United States*, 53 Fed. Cl. 798 (2002).

通知之責任，蓋機關並無分析及計算成本資料之義務[141]。廠商應將各種發票詳予分析，以利機關得確知超支即將發生，方善盡通知機關之義務[142]。

三、廠商超支時之機關行為

廠商支付之成本超過契約規定之預估成本時，機關並無繼續給付價金之義務，而廠商得停止履約行為，已如前述。FAR 32.704「成本或價金（funds）之限制」規定機關之行為如下：

(a) (1) 如契約內約定第 52.232-20 條之「成本限制」，或第 52.232-22 條之「給付價金限制」，機關於接受廠商有關支付之成本已接近契約規定之預估成本或已分配之金額限制的通知時，應即獲得履約所需之金額，並將下列事項以書面通知廠商：

  (i) 增加之金額已經分配，或預估成本已增加至特定數額；

  (ii) 機關不再給付任何金額，廠商應提出調整利潤之計畫書，該計畫書應依據已完成工作及應完成工作之比例訂定之；

  (iii) 機關是否終止該契約；

  (iv) (A) 機關正決定增加金額或增加預估成本，(B) 若履約之成本已達契約規定之金額或成本上限，廠商得依約停止履約，(C) 任何超過契約規定金額或成本上限之工作，應由廠商負擔危險。

(2) 若機關於與廠商簽訂由機關支付部分金額之契約，又契約內包含 (a) (1) 之規定後，發現並無金額可供支付，應即以書面通知廠商將不再支付金額之決定。

(b) 機關於簽訂成本計價型契約後，得於不增加金額條件下，通知廠商變更契約，更換或修理瑕疵品項或工作，或通知廠商終止契約。由於廠商並無於超過預估成本情形下履約之義務，機關為確保廠商能依通知履約，應於通知廠商時，確認金額之獲得無虞。機關得通知廠商任何預估成本及分配金額之增加，均應使用於終止契約或其他特定之支出。

(c) 任何政府人員明知欠缺資金仍鼓勵廠商繼續履約，已觸犯 31 U.S.C. 1341 之規定，可能負民事或刑事處罰責任。

本條文 (a)(1)(i) 至 (iii) 規定機關得為確定效果之法律行為，但機關依 (iv) 所為之法

---

[141] *Industrial Technological Assocs., Inc.*, ASBCA 16075, 72-2 BCA ¶ 9531.

[142] *Consulting Servs. Corp.*, ASBCA 20288, 76-2 BCA ¶ 12,124.

律行為則效力並未確定。以下分別就機關之給付、視為同意給付之行為及機關未回覆廠商超支之通知等，說明廠商超支時之機關行為。

㈠機關之給付

廠商應將超支預估成本之情形通知機關，機關方得裁量並決定是否允許廠商繼續履約工作，若廠商未通知機關，則機關自不必為廠商支出之費用負責[143]。廠商將超支的情形通知機關後，並不當然取得請求機關支付其超支成本之權利[144]。而機關不得恣意裁量或決定，例如明知廠商已超支預估成本，仍要求廠商繼續履約[145]，或明知廠商已低估其間接成本分攤率，但仍指示契約變更，致廠商超支預估成本[146]，則機關應給付超支部分之金額。

若廠商未將其已超支之情形通知機關，機關仍得給付廠商超支之金額[147]。機關已於過去給付廠商超支之金額，亦得於未來停止給付廠商超支金額[148]。若廠商於訂約時，情事變更，非當時所得預見（foreseeable），例如該超支成本係非廠商所能預見者，即便廠商並未即時發出通知，廠商並不須對超支之成本負責，但如該超支成本係廠商所能預見者，則機關無須支付超支之金額[149]。在 *Magnavox Co.*, ASBCA 17455, 74-1 BCA ¶ 10,495 案中，廠商通知機關其可能超支，機關仍發出數項契約變更之指示，而該等變更致使履約成本大幅增加，廠商主張其不能預見契約變更所增加之支出，但機關抗辯稱廠商於發出的通知時，應已預見支出情形，審議委員會判斷：廠商不能預見該等契約變更所生之影響，故機關應負責給付廠商超支之金額。在 *Dames & Moore*, IBCA 2553, 93-1 BCA ¶ 25,487 案中，廠商因美國與伊朗發生衝突，導致機關稽核遲延而使廠商喪失商機及成本增加，因均非廠商於訂約時所能預見，故機關應負責給付廠商超支之金額。

廠商依據 LOC 或 LOF 之規定，為使機關知悉廠商預估可能發生超支之情形，

---

[143] *Cal-Tron Sys., Inc.*, ASBCA 49159, 97-1 BCA ¶ 28,841.

[144] *Research Applications Inc.*, ASBCA 23834, 79-2 BCA ¶ 14,120.

[145] *American Elec. Labs., Inc., v. United States*, 774 F.2d 1110 (Fed. Cir. 1985); *Recon Sys., Inc.*, IBCA 1214-9-78, 80-1 BCA ¶ 14,245.

[146] *Seaco, Inc.*, DOTBCA 1686, 86-2 BCA ¶ 18,933.

[147] *ITT Defense Communications Div.*, ASBCA 14270, 70-2 BCA ¶ 8370.

[148] *Kirschner Assocs., Inc.*, ASBCA 24958, 81-1 BCA ¶ 14,834.

[149] *Cenral Elec. Co. v. United States*, 194 Ct. Cl. 678, 440 F.2d 420 (1971). 若廠商不能預見其將超支成本時，則廠商不必為超支之成本負責，即得請求機關支付其成本及利潤，故如廠商遭遇極為不合理之困難、支出、損失之事由便是，參閱美國法律整編契約法第二次彙編 *Restatement of the Law, Second, Contracts* § 261 及美國統一商典 Uniform Commercial Code, U.C.C. § 2-615，*Restatement* 並例示如下：因戰爭、禁運、當地農產欠收、或因主要供應來源因不可預見之理由停止供應等，而造成成本之大幅增加便是。但若事故僅增加困難之程度，例如工資、原物料或工程之上漲，除成本已上漲超過正常範圍外，均非廠商「不可能履約」（impossibility of performance）之理由。Nash, Schooner, O'Brien, *The Government Contracts Reference Book*，同註 15，頁 291。我國民法第 227 條之 2（情事變更原則）亦有相同之規定。

應具備會計及財務報告之能力[150]，廠商不得以其規模小，不具相當之會計或財務系統為理由，致使機關不能知悉廠商預估可能發生超支之情形，而免除其責任[151]，亦不得以更換其會計系統及會計公司為抗辯理由[152]。在 *Stanwick Corp.*, ASBCA 14905, 71-1 BCA ¶ 8777, *recons, denied*, 71-2 BCA ¶ 19,115 案中，廠商主張其所支付之間接成本（indirect costs）[153]必須到會計年度結束後方可得知，在會計年度結束前，無論其如何努力均不能計算出履約的間接成本，因此不能通知機關其超支之金額，但採購申訴審議委員會並不同意廠商主張，判斷中認為：廠商應通知機關，使機關知悉可能發生超支之情形，廠商在發出通知之時，應具備會計及財務報告之能力並應預見履約超支之情形[154]。

㈡視為同意給付之行為

　　廠商未接獲機關是否同意支付超支金額之通知，則廠商應舉證機關之行為已足使廠商相信超支之行為已獲得機關同意，若廠商無法舉證，則應負責其超支之金額[155]。

　　未經採購機關採購人員授權之技術人員所為之工作指示（work directions）或陳述，因並非由機關內經授權官員（authorized officials）所為，故非機關表示同意之行為[156]。若機關對於廠商交付之發票表示同意並支付之，則機關有使廠商繼續履行契約之意思表示，視為同意給付廠商，故應給付廠商超支之金額[157]。但機關僅表示願「看看」（take a look）廠商請求，則廠商尚不得請求其超支之金額。[158]如政府鼓勵廠商繼續履約，並保證另行分配之金額不久就會撥到，且要求廠商信賴其陳述，則機關不容否

----

[150] *Optonetics, Inc.*, ASBCA 17074, 73-2 BCA ¶ 10,174.
[151] *McLeod Corp.*, ASBCA 29568, 85-2 BCA ¶ 18,048.
[152] *Advanced Materials, Inc., v. Perry*, 108 F.3d 307 (Fed. Cir. 1997).
[153] 間接成本係指投入是指除直接投入該履約工作以外之任何成本，即同時履行兩個以上成本目標所支出的成本，故凡不能直接歸屬或立即被辨認為屬於某一物料或勞務之成本均屬之。間接成本常稱之為「overhead」。Department of Defense, *Armed Services Pricing Manual* (ASPM), Vol. 1, 6.1-2 (1st ed. Chicago: Commerce Clearing House, Inc. 1986); Nash, Jr., Schooner, O'Brien, *The Government Contracts Reference Book*，同註 15，頁 291。
[154] 廠商亦常主張應於履約完成後，方可得知間接成本，履約期間不能計算出透支之情形云云，但採購申訴審議委員會並不同意廠商主張。*General Times Corp.*, ASBCA 18962, 75-2 BCA ¶ 11,462.
[155] 民法第 161 條第 1 項規定：「依習慣或其事件之性質，承諾無須通知者，在相當時期內，有可認為承諾之事實時，其契約為成立。」
[156] *American Standard, Inc.*, ASBCA 15660, 71-2 BCA ¶ 9109.
[157] *Dynamics Concepts, Inc.*, ASBCA 44738, 93-2 BCA ¶ 25,689.
[158] *Ebasco Servs. Inc. v. United States*, 37 Fed. Cl. 370 (1997).

認（estopped）[159]其已承諾支付超支金額之聲明[160]。在 *Recon Sys., Inc.*, IBCA 1214-9-78, 79-2 BCA ¶ 14,058, *recons. denied,* 80-1 BCA ¶ 14,245 案中，內政部採購申訴審議委員會判斷：機關已受廠商通知有關契約之金額已支付告罄，但仍要求廠商依約完成最後任務，此外機關尚受領且使用廠商交付之標的物，則廠商得請求機關支付其超過預估金額之金額。

若廠商並未將其已超支之情形通知機關，則廠商與機關間對於超支部分並無意思表示之合致，即並無契約約定廠商是否應繼續履約可言，機關得不支付廠商超過預估金額之金額[161]。

㈢機關未回覆廠商超支之通知

在實務中常有廠商主張其已通知機關繼續履約之意願，然機關並未回覆，亦未要求廠商停止工作，故機關之未回覆已成爲默示同意，機關應支付廠商超支之成本云云，在 *American Standard, Inc.*, ASBCA 17039, 72-2 BCA ¶ 9568 案中，三軍採購申訴審議委員會判斷：機關未對廠商之通知作回應，並不構成同意廠商可繼續履約，廠商並無請求機關給付其超過預估金額的權利。蓋若廠商將其已超支之情形通知機關，但機關並未通知廠商任何決定，包括使契約期滿消滅或因其他事由發生而失其效力，則廠商與機關間對於超支部分亦無意思表示之合致，對於廠商是否應繼續履約，並無契約之成立可言。但若干採購申訴審議委員會常判斷，若廠商將其已超支之情形通知機關，而機關並未回覆廠商任何決定時，機關應負因政府公共利益理由而終止契約之責任，即應賠償廠商終止契約之成本[162]。

第二目　其他契約條款

由於成本計價型契約之給付價金方式與固定價金型契約方式顯有不同，前者之契約價金，依照 LOC(d) 及 LOF(f) 之規定，除採購契約另有規定外，有待機關及廠商依照契約規定中列舉表所示之預估成本，以計算廠商應得之成本及利潤，而契約條款中除前述之成本限制條款及給付價金之限制條款外，其他條款之規定內容亦影響機關的給付責任，例如機關之法律行爲是否可推定爲同意廠商的超支行爲？故應分別探討之。

---

[159] *Restatement of the Law, Second, Contracts* § 90(1) 對於「允諾禁反言」（promissory estoppel）規定如下：允諾人對其允諾所引致允諾相對人或第三人之作爲或不作爲係可合理預見，且唯有履行其允諾始可避免不公平結果產生時，該允諾具拘束力。其違反允諾之救濟方式以達到公平者爲限。楊楨，英美契約法論，修訂再版，凱侖出版社發行，1999 年 5 月，頁 134。

[160] *American Elec. Lab., Inc. v. United States*, 774 F.2d 1110 (Fed. Cir. 1985).

[161] *TEM Assocs.*, DOTBCA 2556, 93-2 BCA ¶ 25,759.

[162] *e.g. North American Rockwell Corp.*, ASBCA 14329, 72-1 BCA ¶ 9207.

一、契約變更

LOC(g) 及 LOF(j) 均規定:「若機關通知廠商變更契約,則該通知不得推定為機關已同意增加列舉表中之預估成本。但通知中載明已同意增加成本者不在此限。」故廠商於接獲機關通知變更契約後,應即通知機關其所需之金額數量,若機關通知廠商同意增加廠商所需之金額,則契約變更之程序已屬完備,但在美國聯邦採購的實務中,由於契約雙方之履約工作常未按法規處理,因此常有爭議發生[163]。

廠商與機關固可以協商方式達成意思之合致,即以修約方式將機關同意或要求的新工法或履約標的予以變更,但在實務中幾乎各機關均以單方指示方式要求廠商履行契約的變更,機關要求的方法有二種:依契約規定實施契約變更,或以實施技術指示(technical direction)行之;但由於成本計價型契約對於履約標的之敘述,本較非成本計價型契約內容廣泛,因此廠商不易證明其所履行變更之標的已非原契約所約定,故機關與廠商的協商紀錄便成為探求雙方真意之重要依據[164]。廠商常與機關對契約變更所持之見解不同,故各機關採購申訴審議委員會受理契約變更之爭議案件甚多,以下便從技術指示及契約變更分別論述之。

㈠技術指示

由於成本計價型契約之履約標的常以不具體之文字敘述,內容廣泛,機關必須因此經常發出指示以要求廠商履約,在實務中,採購機關常指派技術代表(Contracting Officer's Technical Representative, COTR)負責指導廠商履約各項事宜,但不得為契約之變更[165]。

㈡契約變更

契約變更可用下列二種方式之一達成:一、正式變更(formal changes);二、推定變更(constructive changes),如契約變更成立,廠商履行契約變更的部分是否可請求利潤?則應視契約變更之部分是否為原採購契約之部分而定,若契約變更之部分為原採購契約之一部分,則廠商可依約請求契約規定之利潤,但若契約變更之部分並非為原採購契約之一部分,則廠商可依契約之變更,另行請求利潤。以下分別就該二種情形予以分析。

----

[163] Cibinic, Jr. &. Nash, Jr., *Cost-Reimbursement Contracting*,同註 13,頁 1015。

[164] *Burns & Roe, Inc.*, EBCA 2556, 102-11-79, 81-2 BCA ¶ 15,386 案中,機關已於協商紀錄中多次通知廠商必須在原議定之契約成本範圍內完成變更的工作,故廠商不得請求機關另行給付成本及利潤。

[165] 例如 NASA FAR Supplement 1852.242-70. "TECHNICAL DIRECTORY"; Department of Justice Acquisition Regulation (JAR) 2852.201-70; Federal Aviation Administration, *Contracting Officer's Technical Representative Handbook,* October 2007. p. 2.

1. 正式變更

機關固得單方發通知要求廠商變更契約中之特定事項[166]，但FAR所規定雙方意思合致的變更，較能減少因意思不合致所產生之爭議，蓋契約主體可事先決定契約變更對成本及時程的影響，並辦理修約；而如果契約主體不能就變更對成本及時程的影響達成意思合致，則機關得單方發通知要求廠商變更契約，至於成本及時程的調整則待廠商履約後再行協商之[167]。

LOC(g) 規定，不得將契約變更推定為機關已同意增加列舉表中之預估成本，但廠商可否請求因多履行工作之利潤？因 LOC(g) 僅規定成本，並未排除廠商請求利潤之權利，故在 *Booz, Allen & Hamilton, Inc.*, IBCA 1027-3-74, 76-1 BCA ¶ 11,787 案中，審議委員會判斷：廠商可請求因履行增加工作之利潤。

機關行使契約變更之範圍僅限於「契約所約定之範圍內」（within the general scope of the work），如機關行使契約變更之範圍不在契約所約定之範圍內，則機關不得變更該範圍，廠商可主張機關已違約[168]。至於採購申訴審議委員會及法院判斷契約變更之標準為何？端視採購標的變更前後之功能是否相同而定，故如契約變更前後之功能與原契約規定之功能相同，則機關係在契約規定之範圍內行使變更之權利[169]，例如將採購標的物原瓦斯冷卻系統改為電子冷卻系統，法院認為除使用能源系統不同外，兩者基本是相同的[170]。在 *General Dynamic Corp. v. United States*, 218 Ct. Cl. 40, 585 F.2d 457（1978）案中，廠商為海軍承建核子動力潛艦，採成本計價型契約，價金為 6,000 萬美元，但海軍通知廠商應作重大設計變更，該等變更預判將另行支付一億美元，法院認為廠商應具備建造核子動力潛艦之高科技，而設計變更係在契約範圍內，海軍並未違約。

但若機關通知數量龐大之變更，致使廠商履約客觀不能，則機關不得行使該契約變更[171]。

---

166 FAR 43.201. 我國公共工程委員會發布之工程採購契約範本第 20 條、財物採購契約範本第 16 條及勞務採購契約範本第 15 條「契約變更及轉讓」中亦有相同之規定：「㈠機關於必要時得於契約所約定之範圍內通知廠商變更契約（含新增項目）。」

167 FAR 43.204.

168 *Edward R. Marden Corp. v. United States*, 194 Ct. Cl. 799, 442 F.2d 364 (1971). 但若廠商以機關所指示之契約變更並非原契約約定之事項為理由，而不進行履約，則廠商可能將負擔違約責任，參見 *Alliant Techsystems, Inc. v. United States*, 178 F.3d 1260 (Fed. Cir. 1999).

169 美國法院及採購申訴審議委員會之所以認為以採購標的變更前後之功能是否相同，作為契約變更之範圍，係顧及廠商未必具有履行功能不同標的之能力，再者機關得單方通知廠商契約變更，為避免廠商違約，故以採購標的變更前後之功能是否相同，作為契約變更之範圍。我國各採購契約範本並無相似之規定，美國法院及採購申訴審議委員會之見解應具參考價值。

170 *Keco Indus., Inc. v. United States*, 176 Ct. Cl. 983, 364 F.2d 838 (1966), *cert. denied*, 386 U.S. 958 (1967). 見 Cibinic, Jr. & Nash, Jr., *Cost-Reimbursement Contracting*，同註 13，頁 1033。

171 *Air-A-Plane. v. United States*, 187 Ct. Cl. 269, 408 F.2d 1030 (1969).

2. 推定變更

所謂推定變更，即非屬機關之正式變更，而其意思表示或行爲足以產生契約變更的法律效力，應推定其契約已變更。若廠商因履行原採購契約規定以外增加之工作，於履行固定價金契約時，機關應給付廠商價金並補償必要之費用，固無疑問[172]，若廠商履行成本計價型契約時，機關亦應給付其可被允許之成本及利潤及必要之補償費用[173]，但若廠商並未履行推定之變更，則機關不應給付其可被允許之成本及利潤[174]。

(1) 要件

推定變更之成立應符合下列條件：1. 廠商須履行原採購契約規定外增加之工作，且另行支付成本以完成該工作；2. 廠商並未與機關就變更之工作達成意思之合致；3. 機關已爲變更之通知，該等通知可推定爲機關所爲之契約變更，應由採購人員爲之，故由工程人員對廠商所爲之建議、評論或意見等均非採購人員所爲之通知，並無變更之效力[175]。至於廠商於受機關推定變更之通知後，是否準用 FAR 52.243-2 規定在正式變更中，廠商必須於 30 日內將變更對成本之影響通知機關？FAR 對此並未規定，而在實務上，機關之權利並未受損害，則廠商即便並未通知機關有關成本之影響，並不影響其請求補償費用的權利[176]。

LOC(g) 規定：「若機關通知廠商變更契約，則該通知不得推定爲機關已同意增加列舉表中之預估成本。但通知中載明已同意增加成本者不在此限。」係指正式變更而言，是否適用於推定變更？在 *Jerry Warner & Assocs., ASBCA 33056, 90-1 BCA ¶ 22,392* 案中，審議委員會持肯定見解，即不得推定機關同意增加列舉表中之預估成本。

(2) 種類

機關與廠商常因對於推定變更之事實，彼此認知及解釋不同而產生爭議，如廠商請求機關給付因契約變更而增加之成本及利潤，則應負舉證責任，由法院或採購申訴審議委員會依契約主體間之意思表示或所爲之法律行爲據以判斷。在實務中，採購契約中之「技術指導」（Technical Direction clause）條款中規定：契約變更之通知應由採購人員爲之，廠商不得以技術人員之通知作爲爾後請求調整契約利潤、預估成本及契約列舉表之依據[177]。但在 *Franklin W. Peters & Assocs., IBCA 762-1-69, 71-1 BCA ¶ 8615* 案中，

---

[172] 工程採購契約範本第 20 條 (三)、財物採購契約範本第 16 條 (三) 及勞務採購契約範本第 15 條 (三)「契約變更及轉讓」規定：「(三) 機關於接受廠商所提出須變更之事項前即請求廠商先行施作成供應，其後未依原通知辦理契約變更或僅部分辦理者，應補償廠商所增加之必要費用。」

[173] FAR 43.203.

[174] *Northrop Grumman Corp. v. United States*, 41 Fed. Cl. 645 (1998).

[175] *Industrial Research Assocs., Inc.*, DCAB WB-5, 68-1 BCA ¶ 7069.

[176] *R.R. Tyler*, AGBCA 381, 77-1 BCA ¶ 12,227.

[177] 參見註 165 及其隨附之本文。

審議委員會認爲計畫人員（project officer）所爲之通知，亦屬採購人員之通知，況且採購人員已知悉計畫之人員所爲對廠商之通知，故廠商得請求因履行契約變更而支付之成本及利潤。由政府官員（Government officials）對契約條款所爲之解釋[178]，或公務人員（Government employees）對於履約所爲之建議，均屬推定性之契約變更，廠商因此而施作及供應，可請求增加之必要費用[179]。而廠商於發現機關要求履行推定性之契約變更時，應即負有以書面通知機關之義務，蓋未獲機關之同意，廠商不得履行契約規定以外之任何工作[180]。

　　若機關依約應提供廠商履約所需之資訊，但並未提供，或機關提供之規格內含潛在瑕疵，致廠商支付增加之成本或工時，則廠商得否依其履行推定性契約變更之理由，請求機關給付其所支付之費用？在 *J. W. Hurst & Son Awnings, Inc.*, ASBCA 4167, 59-1 BCA ¶ 2095 案中，審議委員會認爲採購機關並未提供正確規格，致使廠商增加費用，應負推定變更契約的責任[181]。但在成本計價型契約中，機關通常使用廣泛性文字規定契約之目標，且不規定履約之方法，故廠商通常並無理由請求機關給付費用[182]。廠商於發現機關提供之規格內含潛在瑕疵，或未獲得履約必需之資訊時，應即負有通知機關之義務，蓋廠商於發覺機關應支付契約金額外之費用時，爲使機關得即時行爲，及避免廠商喪失請求費用之權利，廠商應即通知機關[183]。

　　機關要求廠商提前交付標的，自屬契約變更，若廠商於履約中遇有不可抗力之事件，可請求延長履約期限[184]，但若機關仍要求廠商依契約約定之時程交付標的，自屬提前交付；然在諸多訴訟案例中，機關爲求能如期獲得採購之標的，或不同意事件屬不可抗力之性質，不同意延長履約期限[185]，或雖同意事件屬不可抗力之性質，但仍要求廠商應依契約之時程表履約[186]，甚至要求廠商加快履約速度，提前完成履約者[187]，廠商依機關指示而增加支出費用，則機關之通知便成立推定之契約變更，廠商得請求因履行契約變更而支付之成本及利潤。廠商於履約中遇有不可抗力事件時，應即通知機關[188]，而廠

[178] *Triangle Elec. Mfg. Co.* ASBCA 159951, 74-2 BCA ¶ 10,783.
[179] *Lorentz Bruun Co.* GSBCA 1023, 1964 BCA ¶ 4357.
[180] *J. A .Ross & Co. v. United States*, 126 Ct. Cl. 323, 329, 115 F. Supp. 187, 190 (1953).
[181] 至於定作人（機關）不爲協力之效果，民法第507條規定，廠商「得解除契約，並得請求賠償因契約解除而生之損害。」另參看民法第496條及第497條之規定，如因可歸責於定作人之事由，致工作發生瑕疵者，承攬人，即廠商，應得請求損害賠償，包括請求機關給付其已支付之費用等。
[182] Cibinic, Jr. & Nash, Jr., *Cost-Reimbursement Contracting*，同註13，頁1040。
[183] *Axel Elecs., Inc.*, ASBCA 18990, 76-1 BCA ¶ 11,667.
[184] FAR 52.249-14.
[185] *Keco Indus., Inc.*, ASBCA 8900, 1963 BCA ¶ 3891.
[186] *Raymond Int'l of Delaware, Inc.*, ASBCA 13121, 70-1 BCA ¶ 8341.
[187] *Varo, Inc.* ASBCA 15000, 72-2 BCA ¶ 9717.
[188] *William Lagnion*, ENGBCA 3778, 78-2 BCA ¶ 13,260.

商亦應通知機關關於其所擬採取之應變方法[189]。

二、遲延

FAR 52.249-14 規定「因不可抗力遲延」（excusable delays）之定義，係指廠商對於因非其所能控制或非其故意或過失所致之遲延，免負逾期違約責任，並得展延履約期限。例如天災或敵人之行為等便是[190]，經機關查證廠商確遭不可抗力事件後，則該部分之成本應不列入「全部可允許之成本」（total allowable cost），而應另行計算之。機關應與廠商協商有關列舉表中目標成本（target cost）、目標利潤（target fee）、最小利潤（minimum fee）及最大利潤（maximum fee）等是否應予調整，以計算廠商應獲得之誘因利潤[191]。

成本計價型契約鮮少規定因政府遲延所生之法律責任。在固定價金型契約中，若因可歸責於政府之遲延導致廠商遭受損害，政府應賠償廠商所受損害中的成本，但不賠償其他利潤[192]，又 FAR 52.242-14 suspension of work（政府要求暫停履約）及 FAR 52.242-15 stop-work order（政府要求停止履約）規定，政府有權要求廠商暫停或停止履行固定價金型契約，但應賠償廠商之成本損失，不包括利潤[193]，在成本計價型契約亦應準用於固定價金型契約之規定。

三、檢驗及修補瑕疵

FAR 對於成本計價型契約之財務、勞務及研發契約分別規定檢驗條文[194]，均規定廠商應提供機關對採購標的之檢驗方法，並協助機關於廠商及其分包廠商處所進行檢查及測驗，政府對於履行成本計價型契約之廠商有進行檢查及測驗之權利，然檢查及測驗之行為須以「可行之程度」（to the extent practicable）為限。故機關不得因檢查廠商履約，而不合理地干擾廠商履約，致造成廠商履約遲延，則廠商得請求調整利潤[195]。若政府依

---

[189] *Eggers & Higgins v. United States*, 185 Ct. Cl. 765, 403, F.2d 225 (1968).

[190] 工程採購契約範本第 17 條、財物採購契約範本第 14 條及勞務採購契約範本第 13 條「遲延履約」中對於不可抗力或不可歸責於契約當事人之天災或事變等事由，亦有相同之規定，但該等條文顯係為固定價金型契約而設計，並未規定成本及利潤之調整，故並不完全適用於成本計價型契約。

[191] FAR 52.216-10, 16.307. 所謂「目標成本」係指採購契約於議定時所規定之預估成本，所謂「目標利潤」係指若廠商依據採購契約於議定時所規定之預估成本履約時，應得之利潤。至於最大利潤及最小利潤之例示，詳見唐克光，政府採購中成本計價型契約之種類及其適用（下），軍法專刊，同註 81，頁 3-4。

[192] *Meva Corp. v. United States*, 206 Ct. Cl. 203, 511, F.2d 548 (1975).

[193] *Burns & Roe, Inc.*, EBCA 102-11-79, 81-2 BCA ¶ 15,386.

[194] FAR 52.246-3 Inspection of Supplies, FAR 52.246-5 Inspection of Services, FAR 52.246-8 Inspection of Research & Development.

[195] *Herlo Corp.*, ASBCA 20859, 76-2 BCA ¶ 12125.

約應派遣檢驗人員，卻因故未派，導致廠商履約時產生損害，則政府已構成違約，應賠償廠商之損失[196]。

廠商不論履行成本計價型契約或固定價金型契約，均應修補其履約中之瑕疵，然廠商履行成本計價型契約時，其修補之成本應在預估成本之範圍內支付之，不得請求利潤[197]，而若廠商履行固定價金型契約，則其修補之成本應由其得標之價款自行支付之，不得要求機關增加契約價金[198]，兩者不同之處在於負擔履約危險之契約主體並不相同[199]。機關應要求履行成本計價型契約之廠商於機關受領採購標的後6月內修補其履約瑕疵[200]。如廠商未能於合理期間內迅速修補或更換其履約瑕疵，機關得：1. 依約修補或更換瑕疵之採購標的，並要求廠商賠償其增加之成本，或減少其固定之利潤；2. 如廠商未交付契約標的，要求廠商交付無瑕疵之標的並減少其利潤；或 3. 終止契約[201]。

廠商履行成本計價型契約，則其修補之成本應在預估成本之範圍內支付之，不得請求利潤，換言之，廠商僅於預估成本之範圍內負修補之責任，廠商不須於預估成本之範圍外，負任何修補責任，但若機關願支付廠商因修補而增加之成本者，不在此限。若廠商故意或以詐術（fraud）或非誠實信用之方法（lack of good faith）或故意為不法行為（willful misconduct）致工作產生瑕疵者，機關得要求廠商修補其瑕疵，並且不須負責支付任何廠商成本[202]。

四、終止契約

政府得終止廠商履約工作之方法有二種：1.因廠商違約事由之終止契約（termination for default）；2. 政府因公共利益之理由而終止契約（termination for convenience）[203]，以

---

[196] *Russel R. Gannon Co. v. United States*, 189 Ct. Cl. 328, 417, F.2d 1356 (1969).

[197] FAR 52.246-3(f), FAR 52.246-5(d).

[198] FAR 52.246-2(d), FAR 52.246-4(e), FAR 52.246-7(c).

[199] 工程採購契約範本第15條、財物採購契約範本第12條及勞務採購契約範本第12條「驗收」中，對於廠商履約結果經機關初驗或驗收有瑕疵者，機關得要求廠商改善、拆除、重作、退貨或換貨等均有相同之規定，廠商應自約價金中支付修補之費用，該等條文顯係為固定價金型契約而設計，並未規定廠商在履行成本計價型契約時，其修補履約瑕疵之成本應在預估成本之範圍內支付之，故該等條文並不完全適用於成本計價型契約。

[200] FAR 52.246-8(f); FAR 52.246-3(f). 但勞務採購中則無要求廠商修補瑕疵之時間限制。FAR 52.246-5.

[201] FAR 52.246-3(g)(1). 除機關減少廠商利潤之規定外，民法買賣第359條、第360條及第364條及承攬第493條、第494條及第495條有相同之規定。成本計價型契約係在廠商完成一定之工作後，機關經稽核後給付廠商價款，其性質依各契約內容之不同，可分屬買賣契約、承攬契約或買賣與承攬之混合契約。除機關減少廠商利潤之規定外，FAR之規定與工程採購契約範本第15條、財物採購契約範本第12條及勞務採購契約範本第12條之「驗收」條款規定並無不同。

[202] FAR 52.246-3(h). Cibinic, Jr. & Nash, Jr., *Cost-Reimbursement Contracting*, 同註13，頁1048-50。

[203] 工程採購契約範本第21條、財物採購契約範本第17條及勞務採購契約範本第16條「契約終止解除及暫停執行」中，亦將政府終止解除契約之原因分為二種：因廠商違約事由之終止或解除契約及政府因公

卜就二種終止契約之定義、終止程序及部分終止等分述之[204]。

㈠定義

FAR 52.249-6 規定：

(a) 政府於下列情形之一者，得隨時依約為契約之全部或一部終止：

　(1) 採購人員決定終止契約符合政府利益[205]。

　(2) 廠商於履約時違約，且於受違約之通知日起 10 日內（但經採購人員同意延長期限者，不在此限）未修補其工作或依約履行者。謂違約者，係指廠商未能履行工作致影響工作之完成[206]。

故機關得因公共利益而終止契約之理由甚廣，但應依誠實信用之原則並不得恣意為之[207]。機關應負損害賠償責任，並不因 LOC 或 LOF 價金總額之限制而免除[208]。但因廠商違約終止契約之事由則有較多限制，廠商必須未依契約規定履約，且未於受違約之通知日起 10 日內修補其工作或依約履行，機關方得終止契約[209]。在實務中，甚難發現機關以廠商違約為由而終止契約者，蓋成本計價型契約之工作內容常以較不具體或廣義之

共利益之理由而終止或解除契約，故政府終止或解除契約之理由與 FAR 規定並無不同。

[204] FAR 及工程、財物及勞務採購契約範本均規定：政府得終止廠商履約工作之方法有二種：一、因廠商違約事由之終止契約；及二、政府因公共利益之理由而終止契約。廠商於履行固定價金型契約時，因其違約事由所負損害賠償責任，及政府因公共利益之理由而終止契約，政府應補償廠商因此所生之損失，但不包含所失利益，兩者顯有不同，工程採購契約範本第 21 條、財物採購契約範本第 17 條及勞務採購契約範本第 16 條「契約終止解除及暫停執行」中規定甚詳，較無疑義。但若廠商履行成本計價型契約時，依據 FAR 52.249-6 規定，不論係因廠商違約事由之終止契約，抑或政府因公共利益之理由而終止契約，政府均應負責支付廠商一切可被允許之成本，至於利潤部分則有不同：廠商於其違約情況下，得請求機關給付其已交付且為機關受領標的之利潤，而若政府因公共利益之理由終止契約，則廠商得依已完成標的所占全部契約規定工作之比例，請求應得之利潤，FAR 52.249-6 一併予以規定，並未分述之，自有其見地，本文從之。

[205] 政府採購法第 64 條規定：「採購契約得訂明因政策變更，廠商依契約繼續履行反而不符公共利益者，機關得報經上級機關核准，終止或解除部分或全部契約，並補償廠商因此所生之損失。」此外，工程採購契約範本第 21 條㈥、財物採購契約範本第 17 條㈣及勞務採購契約範本第 16 條㈣「契約終止解除及暫停執行」亦有相似之規定，故政府因公共利益而終止或解除契約之理由與 FAR 規定相似，值得注意的是 FAR 並無解除契約之規定。

[206] 相較於 FAR 52.249-6，契約範本中並未規定廠商於受通知日起 10 日內應修補其工作或依約履行之規定。FAR 之規定較符採購機關及廠商之實需。

[207] *National Factors, Inc. v. United States*, 204 Ct. Cl. 98, 103, 492, F.2d 1383, 1387 (1974). 在 *Libertatia Assocs., Inc. v. United States*, 46 Fed. Cl. 702（2000）案中，法院認為採購人員對廠商具憎惡及侵害之意圖及行為，因此機關並未依誠實信用原則（即 in bad faith）終止契約。

[208] *A.T. Kearney, Inc.*, DOTCAB 1263, 83-2 BCA ¶ 16,835, *recons. denied*, 84-1 BCA ¶ 17,052.

[209] 若機關未通知廠商 10 日內修補其工作，而逕行終止契約，則該終止契約之行為無效，*Beeston, Inc.*, ASBCA 38969, 91-3 BCA ¶ 24,241.

內容約定，機關並不易舉證廠商未依約履行或修補其工作[210]。

然機關若能證明廠商違約，並依約終止契約，則其主張自應予以維持，在 *United States School of America, Inc.*, ASBCA 38628, 90-3 BCA ¶ 23,199 案中，廠商並未依約提出分包廠商之工作報告，機關認其違約並終止契約，廠商則辯稱分包廠商之工作報告並非履約之必需，機關終止契約之行為係權利之濫用，審議委員會認為機關依約終止契約並非藉口亦非恣意之行為，廠商之訴應予駁回。

(二)程序

1. 政府

機關終止契約時，應以書面通知廠商，FAR 49.102(a) 規定該意思表示必須載明機關決定終止之理由、終止生效日期、終止之範圍及其他特別指示，例如存貨及特殊工具之處置等，如該通知並未載明係因廠商違約事由之終止，則推定為政府因公共利益之理由而終止[211]。FAR 49.105(a) 規定機關於發出終止契約之通知後，應辦理下列事項：(1) 指示廠商應採取之行為；(2) 檢視由廠商所提交之處理建議（settlement proposal），如機關認有必要，亦應檢視其分包廠商提交之處理建議；(3) 立即與廠商就後續處理事宜進行協商，並達成意思之合致；(4) 如不能與廠商就後續處理事宜達成意思之合致，機關應就廠商之建議採行處理措施。

2. 廠商

FAR 49.104 規定廠商於收受機關發出終止契約之通知後，應辦理下列事項：

(1) 停止工作

廠商應於收受機關發出終止契約之通知後，於終止生效日起停止履約工作。如廠商應支付之成本於終止生效日起無法立即停止支付，仍須繼續一段期間者，且該成本之支付係屬合理，機關應給付之。但廠商有故意或過失不繼續履約之行為者，不在此限[212]。如機關僅部分終止契約，則廠商應依約履行未終止之工作。

(2) 通知分包廠商

廠商應於收受機關發出終止契約之通知後，立即通知其分包廠商，並與分包廠商進行協商，如分包廠商對廠商提起訴訟（分包廠商不得逕將機關提起訴訟，蓋機關與分包廠商間並無契約關係存在），則應將訴訟通知機關，廠商應於支付其分包廠商價金後，方得向機關請求支付該部分之成本及利潤[213]。

---

[210] *Emsco Screen Pipe Co.*, ASBCA 11917, 69-1 BCA ¶ 7710.

[211] *Stroud Realty*, HUDBCA 75-13, 76-1 BCA ¶ 11,770.

[212] FAR 31.205-42(b).

[213] *Atlantic, Gulf & Pac. Co.*, ASBCA 13533, 72-1 BCA ¶ 9415, *aff'd*, 207 Ct. Cl. 995 (1975).

(3) 準備財產清冊

廠商應於契約終止後 120 日內準備終止時之存貨報表（termination inventory schedules）並交付機關，以利機關將之作為支付之依據[214]，所謂終止時之存貨係指為履約之需，而已獲得之財物，由政府提供之財物亦屬之，廠商應將之區分為機密類、非機密類及政府提供之財物類等，並分別列冊[215]。廠商為履約所採購之原物料、勞務及已製成品所支付之費用，均得請求機關支付之，其中製成品縱使未能完全符合規格，例如該製成品中 15% 係瑕疵品，廠商仍得請求機關給付其已支付之成本及利潤[216]。

(4) 提交處理方案

除經機關同意延長提交處理方案（settlement proposal）之期限外，廠商必須於終止生效之日起 1 年內，提出處理方案[217]，該方案中應載明請求機關給付之終止費用，包括為處理契約終止之成本及利潤，以供機關稽核及同意[218]。

(三) 協商程序

廠商提出處理方案後，機關應即與其協商處理方案，如契約主體不能就成本或利潤達成意思之合致，則機關應依契約規定決定給付廠商之金額。機關應製作協商紀錄，載明協商主體意見不同之處、經協商後達成之意思合致及考量之因素等，以供備查[219]。若廠商處理方案未被機關接受，則不生效力[220]。FAR 52.249-6 規定機關應依下列規定決定金額：

(h) 如廠商與機關不能因契約終止，對廠商之成本及利潤達成全部或部分意思之合致，機關應本於可供利用之資訊，決定應給付廠商之金額，該金額應包括下列成本及利潤：

(1) 一切依約應給付廠商之成本，但不包括於契約終止前已給付廠商之成本。另應給付經機關同意或指示將持續一段合理期間之成本，廠商應儘速停止該等成本之支付。

(2) 為處理分包廠商因終止工作而支付之成本。但該成本必須非屬 (1) 所規定之成本。

(3) 終止工作之合理成本，包括：

---

[214] FAR 52.249-6(d).

[215] Code of Federal Regulations (CFR), 48 CFR 45.606-5(c).

[216] *Best Lumber Sales.*, ASBCA 16737, 72-1 BCA ¶ 9661.

[217] FAR 52.249-6(c)(f).

[218] FAR 49.3.

[219] FAR 49.110.

[220] *Atlantic, Gulf & Pac. Co., v. United States*, 207 Ct. Cl. 995 (1975).

(i) 爲準備終止契約之處理方案及相關資料所支付之會計、法律、事務
（clerical）及其他必要成本；

(ii) 終止及處理分包契約之成本；及

(iii) 已支付爲保存、保護或處置存貨，而支付之儲藏、運輸及其他必要成
本。因廠商違約事由之終止契約，則不得支付廠商準備處理方案之成
本。

(4) 依約應給付之利潤應依下列規定辦理：

(i) 如政府因公共利益理由而終止契約，機關應支付廠商之利潤係依廠商
已依約完成工作之比例定之。但不包括分包廠商終止契約報告中所列
之利潤，亦不包括已支付分包廠商之利潤。

(ii) 如因廠商違約事由而終止契約，機關應支付廠商之利潤係依廠商已交
付並且爲機關受領之品項（或勞務量）及全部應完成品項（或勞務量）
之比例定之[221]。

(5) 如處理方案僅包括利潤之給付，該利潤應依 (4) 項之規定辦理。

(i) 任何依本條文之成本爭議及決定，自成本計價型契約生效日起，均應
依 FAR 31 編規定之成本原則及程序辦理。

　　機關終止成本計價型之契約後，廠商得請求機關給付成本及利潤，但因廠商違約事
由之終止及政府因公共利益之理由而終止契約兩種請求給付之範圍並不相同，其主要區
別在於，廠商於前者情況下，得請求機關給付其已交付且爲機關受領工作之利潤，而若
政府因公共利益之理由終止契約，則廠商得依已完成工作所占全部契約規定工作之比
例，請求廠商應得之利潤[222]。

----

[221] 民法第 216 條規定：「損害賠償，除法律另有規定或契約另有訂定外，應以填補債權人所受損害及所失
利益為限。依通常情形或依已定之計畫、設備或其他特別情事，可得預期之利益，視為所失利益。」如
政府因公共利益之理由而終止契約，機關應支付廠商第 1 項之一切所受損害（積極的損害）及所失利益
（消極的損害），固無疑問；若因廠商違約事由而終止契約，機關則限縮其支付利潤之範圍至「廠商已
交付，並且為機關受領之品項（或勞務量）及全部應完成品項（或勞務量）之比例定之」，即將利潤之
給付限縮至機關同意受領者為限，不須支付未完成工作之利潤，以保障機關之利益。

[222] *Tri-Delta Corp.*, ASBCA 17456, 75-1 BCA ¶ 11,160. 工程採購契約範本第 21 條㈦、財物採購契約範本第
17 條㈤及勞務採購契約範本第 16 條㈤均規定：「依前款（按：機關因公共利益終止契約）規定終止
契約者，廠商於接獲機關通知前已完成且可使用之履約標的，依契約價金給付；僅部分完成尚未能使用
之履約標的，機關得擇下列方式之一洽廠商為之：1. 繼續予以完成，依契約價金給付。2. 停止製造、
供應或施作。但給付廠商已發生之製造、供應或施作費用及合理之利潤。」和 FAR 52.249-6 規定廠商
因政府之公共利益理由而終止契約時之請求範圍相同。但我國各契約範本並未規定，廠商於履行成本計
價型契約違約時，得請求機關支付其已交付且爲機關受領之履約標的之成本及利潤，故該等條文並不完
全適用於成本計價型契約。

㈣ 部分終止

　　機關得因公共利益之理由終止全部或部分契約，故機關得終止廠商於契約中可獲利之工作，廠商則仍應依約履行未終止之部分，而契約中原議定之預估成本自應減少，減少之金額有待廠商及機關協商；廠商得請求機關調整契約中已履約工作之利潤[223]。FAR 49.304-1 及 49.304-2 規定，除被終止之工作與原契約之工作中係明顯可分者，或履約工作已實質完成外，廠商得請求機關調整契約中已履約工作之利潤。廠商應於契約終止生效日起 1 年內提出終止契約之處理方案，並應對方案內容負舉證責任，但請求之調整部分僅限於利潤。除經機關同意者外，廠商之分包契約部分不得請求處理終止契約之成本[224]。

五、分包

　　FAR 52.244-5(a) 規定：「廠商應於符合契約目標及要求之情況下，以實務可行之競爭極大化為方法，選擇分包廠商。」而機關應於契約中規定，廠商與其分包廠商簽訂成本計價型契約前，須通知機關並經機關許可[225]。機關應將該通知之內容載明於招標文件及契約中[226]。通知應記載下列事項[227]：(i) 說明分包之財務或勞務性質。(ii) 分包契約之類型。(iii) 建議或推薦分包廠商得標之理由。(iv) 建議之分包價金。(v) 分包廠商的現時、完整及精確之成本或價金資料及證明書。(vi) 分包廠商具備符合成本會計標準之證明書或說明。(vii) 廠商與分包廠商之協商紀錄應載明：(A) 與分包廠商進行價金協商之要件；(B) 原始或修正後價金之最重要考量；(C) 不需成本或價金資料之理由；(D) 廠商於決定價金目標（price objective）[228] 及協商價金時，並不採信分包廠商成本或價格資料之理由；(E) 於協商中，發現分包廠商成本或價格資料並非現時、完整及正確之程度、廠商及分包廠商已採取之行動，及該瑕疵資料對全部價金之影響；(F) 廠商價金目標與達成意思合致之價金間之差距及其理由；(G) 如使用誘因費，應完整說明誘因費計畫或利潤計畫，內容包括：重要之履約內容、給付誘因費之條件及理由等。

　　故如廠商未獲機關之許可，逕行將部分履約工作交由分包廠商負責，則機關得不給

---

[223] *Lieb Bros. Inc.*, ASBCA 10007, 73-2 BCA ¶ 10,131.

[224] 工程、財物及勞務契約範本均規定機關得以廠商違約及因公共利益之理由，終止或解除部分或全部契約，但並未規定：機關部分終止時，機關應調整其預估成本及利潤，該等範本顯非為成本計價型契約而設計。

[225] 10 U.S.C. § 2306(e); FAR 52.244-2(c)(d).

[226] FAR 44.204(a)(1).

[227] FAR 52.244-2(e)(1).

[228] 詳見唐克光，論成本計價型契約中成本及利潤之協商，前註126，頁 18 及 20。*ASPM*，同註 153，頁 8-12、8-13。

付廠商分包之費用[229]。

六、政府財產

　　所謂政府財產，係指政府取得所有權或承租之動產或不動產，包括爲履行採購契約，由政府提供之財產（Government-furnished-property）及廠商獲得之財產等二種。[230] 而由政府提供之財產係指政府將其獲得或具占有權（possession）之財產，提供廠商以供履約時使用[231]。

　　由於廠商履行成本計價型契約，政府應負擔廠商履約之危險[232]。但機關發現廠商未盡保管之責時，機關得不負擔標的物危險之責任[233]。FAR 31.205-19(e)(2)(iv) 另規定，廠商於保管政府財產時，將政府財產投保，並支付合理保費，且符合下列條件者，機關應給付廠商所支付之保費：(A) 廠商應對政府財產之滅失（loss）、損害（damage）、侵害（destruction）或竊盜（theft）負責；(B) 機關仍應負擔政府財產之危險；(C) 保險事故不得包括因廠商故意爲不法行爲（willful misconduct）或缺乏誠實信用（lack of good faith）所致之滅失、損害或遭竊。即廠商因故意或缺乏誠信致政府財產滅失、損害、侵害或遭竊，則機關不得給付廠商因此所支付之保費[234]。

　　McDonnell-Douglas Corp., NASABCA 865-28, 68-1 BCA ¶ 7021 案中，NASA 採購申訴審議委員判斷：廠商於履行成本加固定利潤契約（Cost-Plus-Fixed-fee, CPFF）時，應爲其一名員工之受傷負責，廠商有重大過失（gross negligence），重大過失不同於故意爲不法行爲及缺乏誠實信用，機關應給付廠商已支付之保費[235]。

　　有鑑於航空器飛行之危險與一般財物之危險不同，故 DFARS 252.228-7002 規定，

---

[229] *McDonnel Douglas Corp.*, NASASBCA 467-13, 68-2 BCA ¶ 7316. 工程採購契約範本第 9 條㈩、財物採購契約範本第 8 條㈩及勞務採購契約範本第 8 條㈦均規定分包，但均未規定廠商及其分包廠商協商成本計價型契約之成本或利潤等事項。

[230] FAR 52.245-1. 國有財產法第 2 條規定：「國家依據法律規定，或基於權力行使，或由於預算支出，或由於接受捐贈所取得之財產，爲國有財產。凡不屬於私有或地方所有之財產，除法律另有規定外，均應視爲國有財產。」故與 FAR 52.251 之定義並無不同。

[231] FAR 52.245-1. 工程採購契約範本第 8 條㈠、財物採購契約範本第 8 條㈣及勞務採購契約範本第 8 條㈡均規定：「契約所需履約標的材料、機具、設備、工作場地設備等、除契約另有規定外，概由廠商自備。」又財物採購契約範本第 8 條㈡規定：「機關供給履約標的」等語，故政府亦得提供廠商履約所需之機具等，該等條文均規定，如政府提供之機具及設備滅失、減損或遭侵占時，廠商應負賠償責任，但對於機關應否支付廠商已給付之保險費等成本計價型契約之規定，則均付諸闕如。

[232] FAR 45.104(a)(1).

[233] FAR 45.104(b).

[234] FAR 52.245-5(g) 亦有相似之規定。

[235] 我國保險法第 29 條第 2 項規定：「保險人對於由要保人或被保險人或其代理人之過失所致之損害，負賠償責任。但出於要保人或被保險人或其代理人之故意者，不在此限。」NASA 之案例與我國保險法第 29 條第 2 項規定相同。

若政府航空器飛行之滅失或損害，並非因廠商之故意或違背誠實信用原則所致，且大於 10 萬美元或契約中預估成本之 20% 時，則機關應與廠商就契約內交付時程、預估成本及利潤之公平調整進行協商，如無法達成意思之合致，則應依採購爭議之規定處理。

七、小結

　　成本計價型契約可使廠商負擔較固定價金型契約為少的財務風險，若考量廠商無法承受因簽訂固定價金型契約，所可能遭致之損失，而面臨破產及財務危機，採購機關使用成本計價型契約可以降低廠商的履約危險。除前述廠商負擔風險不同外，成本計價型契約與固定價金型契約最明顯的差別在於契約價金之給付，採購機關於成本計價型契約中必須規定成本或給付價金之限制條款，機關依照廠商實際履約進度給付其已支付可被允許之直接及間接成本，並依約加計利潤；機關可依廠商縮減履約時間、節省成本或交付標的物品質等程度，設計契約中利潤的計算方式；而固定價金型契約則並無此規定，契約價格包括廠商的一切成本及應得利潤，雖可因物價指數等因素而調整，如工程採購契約範本第 5 條㈠、財物採購契約範本第 5 條㈠ 等所示，但並無直接成本、間接成本及利潤之計算等規定。至於其他契約條款，包括契約變更、遲延、檢驗及修補瑕疵、終止契約、分包、政府財產等亦不相同，因此成本計價型契約之內容顯與固定價金型契約之內容不同。

　　美國聯邦採購法規或法院及採購申訴審議委員會對於契約變更、遲延、檢驗及瑕疵擔保責任、終止契約、分包及政府財產等之規定及見解，與我國法律並無抵觸之處；廠商於履約過程中，應以善良管理人的注意義務，通知機關關於其支付成本及利潤等情形，以利機關同意其是否繼續履約，亦符合我國民法之規定[236]；成本計價型契約依各採購契約之不同性質，可分屬民法中承攬契約或買賣契約或承攬及買賣之混合契約[237]，自我國法律或自採購實務等各角度予以探討，成本計價型契約之適法性應無疑問。

---

[236] 民法第 220 條第 2 項。

[237] 謂成本計價型契約者，係指採購機關與廠商於訂立採購契約時，僅預估廠商所需之總成本，並不具體約定契約價金，廠商不論工作完成與否，採購機關皆應依約給付其履約時所支付之合理成本。機關支付廠商之成本或利潤，非經機關另行同意，以契約規定者為限之謂。其性質依各契約內容之不同而有異。就廠商必須依約履行工作，廠商應供給材料，然政府亦可供給材料，雙方約定於條件成就時，由機關給付報酬之性質而言，應屬民法第 490 條「稱承攬者，謂當事人約定，一方為他方完成一定之工作，他方俟工作完成，給付報酬之契約。約定由承攬人供給材料者，其材料之價額，推定為報酬之一部。」但依契約主體之意思，著重在工作物財產權之移轉，並非勞務之供給時，則為民法第 345 條所規定買賣契約之一種。採購契約亦可兼含該二種契約性質，而為承攬及買賣之混合契約。故成本計價型採購契約可分屬買賣契約、承攬契約或買賣與承攬之混合契約。

第五款　對我國政府採購之檢討

　　美國歷經第一次及第二次世界大戰，而能成為世界上至富至強之國，原因固多，但其一向重視有關軍事裝備、太空科技及其他高科技等非商業品項之研發及生產，以政府採購帶領國內廠商從事研發及生產，藏富於民，以成本計價型契約給予廠商適當的誘因，並免除其危險，廠商自樂於全力以赴以完成交付標的物之任務，反觀我國各機關採購之標的物大抵均為商業品項，鮮少有大規模非商業品項之研發性質購案，未若美國聯邦政府大量使用成本計價型採購契約，查我國採購機關之所以鮮少使用該型契約，或因不甚了解其使用要件及其他條件，或因未具備審計及查帳之能力，致使政府採購從未發揮引領國內廠商從事研發高科技之功能，若政府僅依靠公部門或其資助之財團法人從事研發工作，其效果顯然有限，政府自難取得較他國科技領先之地位，則政府主張之「國防自主」、「科技建國」等恐將徒成口號，我國終難確保國家安全，更遑論成為世界一等強國，職是之故，採購機關若能善用成本計價型契約鼓勵廠商研發或生產先進之採購標的，則對於我國力之提升當具有積極正面之效果。

　　採購機關必須符合下列條件下方可使用成本計價型契約：

　　一、機關與廠商於訂約時，無法相當精準地預估廠商在履約期間所可能遭受之危險，致無法確定成本，且不適合使用固定價金型契約時。

　　二、成本計價型契約不得使用於商業標的之採購。

　　三、廠商應具備合格之會計、工程及管理能力，包括成本分析的能力。

　　四、採購機關應具備在廠商履約階段能進行審計及查帳之能力，以確保廠商所採取之方法具有效率性，且成本控制得當。

　　政府採購法之子法「採購契約要項」已授權各採購機關得使用成本計價型契約[238]，然各種採購契約範本大抵均係為固定價金型契約設計，不能完全適用於成本計價型契約，採購機關在無法了解成本計價型契約之種類、定義及其他規定之情形下，恐難執行該類型契約[239]，廠商因此仍將負擔履約之危險。此外「機關委託專業服務廠商評選及計費辦法」第 13 條、「機關委託技術服務廠商評選及計費辦法」第 14 條及「機關委託資訊服務廠商評選及計費辦法」第 16 條內容均規定服務成本加公費法之分類方式且內容

---

[238] 採購契約要項之壹、第 1 條第 2 項前段：「本要項內容，機關得依採購之特性及實際需要擇訂於契約。」、第 40 條規定：「契約價金以成本加公費法計算者，應於契約訂明下列事項：(一)廠商應記錄各項費用並提出經機關認可之憑證，機關並得至廠商處所辦理查核。(二)成本上限及逾上限時之處理。」

[239] 成本計價型契約可分成六種，惟我採購契約要項及採購契約範本似除對成本加固定利潤契約予以規定外，其他五種契約均付諸闕如，事實上，成本加固定利潤型契約在本質上有其缺陷（無法使廠商有效地控制其成本），未若他種契約合理，詳見唐克光，政府採購中成本計價型契約之種類及其適用（下），同註 81，頁 19。

相同，惜其內容有誤，亦有語意不明者，亟待更正[240]。政府採購法之子法中，對於成本計價型契約條款之規定，可稱附諸闕如，美國聯邦政府對於成本計價型契約之相關規定，應具相當參考價值。

行政院於 1997 年間所提出之政府採購法草案對於成本加利潤型契約係採取積極接受之態度，固值肯定，但其規定之內容則有檢討之必要：

一、其第 50 條規定：「機關辦理採購，以限制性招標方式辦理，或以最有利標決標者，得於招標文件中規定以成本加利潤之方式計算契約價金。

前項採購，以無法確實評估得標後之履約成本者為限。」

本條文第 1 項之「成本加利潤之方式」已將「成本分擔」型契約排除，故宜改為「成本計價之方式」較為周延。又第 2 項之「以無法確實評估得標後之履約成本者為限」等規定並不妥適，蓋一般而言採購機關並不易查明廠商支付採購標的物之成本及利潤，故必須依照公開市場中廠商競爭之機制，比較廠商之標價等因素以決定得標廠商，也就是以價金分析之方式作為判定得標廠商之依據，廠商並不必然具備成本分析之能力，故若以「廠商無法評估得標後之履約成本」作為使用成本計價型契約之條件，則幾乎任何財物、勞務及工程之採購均得適用成本計價型契約，此不免失之浮濫。

如機關可於公開的市場內採購所需之標的物，自應依照經濟學之比較利益及競爭利益之法則，採購具商業性質之標的物以符政府利益；但機關所需之財物、勞務及工程實際上可能無法自公開的市場中獲得，例如待研發高科技物品並不存在於目前市場中，則機關得使用成本計價型契約採購其所需。

二、其第 74 條又規定：「機關辦理採購，以成本加利潤方式計算契約價金者，應查核廠商實際成本，廠商應提供相關資料。機關辦理前項查核，發現廠商成本不實者，應追回其差價。」本條文第 1 項之「成本加利潤之方式」亦宜改為「成本計價之方式」以求周延。

三、其施行細則草案第 68 條規定：「機關以成本加利潤方式與廠商訂定之契約，應列明成本及利潤之項目、計算方法、金額上限及廠商應提出供查核之資料名稱。前項利潤，不得隨成本之增加而等比率提高。」由於成本計價型契約之契約要項應規定之內容甚多，若僅例示「成本及利潤之項目、計算方法、金額上限及廠商應提出供查核之資料名稱」等，仍有漏列之情形發生，再者成本計價型契約之契約要項與固定價金型契約有諸多不同之處，故宜由主管機關定之，較為妥適。機關辦理成本計價型契約履約辦法亦宜由主管機關定之。

---

240 詳見唐克光，論成本計價型契約中成本及利潤之協商，同註 126，頁 39-42。

第六款 建議（代結論）

　　成本計價型契約在美國聯邦政府之採購實務上已行之多年，在學理上亦屬可行，在美國聯邦之採購措施中，有諸多值得參考及借鏡之處，而我國政府採購法及其子法中則有疏漏之處，謹將其中犖犖大者臚列如下列之辦法草案，建議於修法時併予考量及加列：

第一目 政府採購法修正條文（草案）

一、增訂第六十二條之一條文（使用成本計價契約之限制）

　　機關辦理採購，以限制性招標方式辦理，或以最有利標決標者，得於招標文件中規定以成本計價之方式簽訂契約。

　　前項採購，應符合下列條件才得使用之：

　　一、機關與廠商於訂約時，無法相當精準地預估廠商在履約期間所可能遭受之危險，致無法確定成本，且不適合使用固定價金型契約時。

　　二、廠商之會計系統應具備決定契約成本之能力。

　　三、採購機關具備在廠商履約階段能進行審計及查帳之能力，以確保廠商所採取之方法具有效率，且成本控制得當。

　　四、成本計價型契約不得使用於商業標的之採購。

二、增訂第六十二條之二條文（機關使用成本計價契約之查核責任）

　　機關辦理採購，以成本計價方式辦理者，應查核廠商實際成本，廠商應提供相關資料。

　　機關辦理前項查核，發現廠商成本不實者，應追回其差價。

三、增訂第六十三條之一條文（成本計價契約之要項及履約辦法）

　　機關以成本計價方式與廠商訂定之契約要項，由主管機關定之。契約中應規定廠商之利潤，不得隨成本之增加而等比率提高。

　　機關辦理成本計價型契約履約辦法，由主管機關定之。

第二目 機關辦理成本計價型契約履約辦法（草案）

第一條（訂定依據）

　　本辦法依政府採購法第六十三條之一規定訂定之。

第二條（用辭定義）

本辦法用詞定義如左：

一、成本計價型契約：採購機關與廠商於訂立採購契約時，僅預估廠商所需之總成本，並不具體約定契約價金，廠商不論工作完成與否，採購機關皆應依約給付其履約時所支付之合理成本。機關支付廠商之成本或利潤，非經機關另行同意，以契約規定者爲限之謂。

成本計價型契約包括：成本契約、成本分擔契約、成本加誘因費用契約、成本加固定利潤契約、成本加酬金契約及不確定交付契約。[241]

二、成本契約：採購機關應依約給付廠商履行契約所支出之成本，但不得給付廠商任何利潤。本契約適用於研究及發展工作，適用之對象以非營利性教育機構及非營利組織爲原則。

三、成本分擔契約：採購機關應依契約規定，就議定之部分，給付廠商履行契約所支出可被容許之成本，但不得給付廠商任何利潤。廠商應吸收部分成本，並可從履約之過程或結果中，期待獲得實質的回報利益。

四、成本加誘因費用契約：採購機關應依據與廠商所議定之給付利潤規定，給付廠商履行契約所支出可被容許之成本及利潤。該利潤應依廠商所支全部可允許之成本與目標成本之關係，適用約定之公式而調整給付之。採購機關應於契約中規定目標成本、目標利潤、最小及最大利潤，及利潤調整公式。

廠商因施行替代方案而節省成本，採購機關得按約定之比例將此節省之成本給付廠商。

採購機關得於廠商有效提升技術性能或提早交付時，依約給付誘因費。

五、成本加固定利潤契約：

指採購機關除應給付廠商履約成本外，並應依約給付固定利潤，該固定利潤不得因廠商履約時實支成本之多寡而變更。但廠商工作之內容受採購機關指示而變更時，則可隨之調整應支付之利潤。該契約應僅提供廠商履約之最低誘因。

此種契約適用於研究工作或初期之探究，而預估廠商日後所投入之履約成本不明者；亦可適用於發展測試工作，但不適合使用成本加誘因利潤契約之情況時。如採購機關決定可適用固定價金型契約時，則不得使用本型契約。如初期之研究顯示主系統之發展係極度可行，且政府已建立明確之履行目標及時程表，則採購機關不得使用本契約以發展該主系統。

機關應於下列二種情形之一發生時，給付廠商成本及利潤：

---

241 有關各成本計價型契約之定義，同註 51-58。

㈠廠商已於預估成本限制內完成契約規定之工作標的、目的之報告並交付最終產品。

㈡廠商已依機關與廠商約定之工作範圍，於特定期間內已以特別程度之努力完成義務，按時履約完成交付，且經採購機關同意受領者。

六、成本加酬金契約：

係成本償還契約之一種，採購機關除應給付廠商所支出可被允許之成本外，尚應依約給付基本利潤（其數額可為零），及由採購機關就廠商履約之品質、時程、技術成熟度及成本效益等情形，所主觀認定之優良履約酬金。

採購機關應於契約中規定廠商履約之評估標準，以決定是否給付廠商酬金。

七、不確定交付契約：

係指採購機關於決標時，並未決定廠商應於何特定時間交付所需特定數量之採購標的，而向得標廠商訂立採購契約，約定所需標的之數量，如機關於契約有效期間內，開發訂購單訂明所需之財物及勞務時，廠商應履行依訂單指示交付標的之責任。包括下列三種契約：

㈠定量契約：係指機關於採購契約中明訂廠商應於特定期間內交付確定數量之財物或勞務，而其交付或履約之地點則依訂購單之指示而定。

㈡需求契約：係指於採購契約中載明採購機關同意於特定時間內，以訂購單向廠商採購其所需之一切財物或勞務，廠商應按訂購單所列之期限交付標的。採購機關應按過去需求量，日後之消耗值及其他方式，於招標文件中載明確實之預估需求量，並載明該預估需求量僅係參考性質，採購機關並不受此拘束。契約中應載明廠商應交付最大數量標的之責任，及採購機關所應負之採購責任。契約中可載明每次訂購標的之最大及最小數量。但如採購機關載明將政府裝備或設施交由廠商修繕、修改或翻修，而政府卻因故不能提供該裝備或設施時，則政府不負給付價金責任。

㈢未定量契約：係指於採購契約中載明，廠商應於特定時限內並於載明之數量限制範圍內，依訂購單之指示交付不確定數量之財物或勞務。標的之數量得以單位或金錢計算之。該契約中應訂明採購機關所負採購最少標的之責任，廠商並有交付之義務，但不得逾越最高數量之限制，該最高數量之載明，應由採購機關依據市場調查、趨勢或其他合理之根據為之。該契約得載明採購機關在各訂購單內得訂購最大及最小數量之標的。採購機關應於招標文件中規定上列各點，並應規定包括訂購單之內容、使用時機、效力等事項。本契約適用於機關不能預先確定在契約效期內所需之標的數量，及機關無欲就大於最少需求數量負責時使用之。

採購機關得於不確定交付契約及基本訂購協議中選用成本加利潤法計算契約價金。

八、政府財產：係指政府取得所有權或承租之動產或不動產，包括由政府提供之財產及由廠商獲得之財產等二種。

九、政府提供之財產：係指政府將其獲得或具占有權之財產，提供廠商以供履約時使用。

十、目標成本：係指採購契約於議定時所規定之預估成本。

十一、目標利潤：係指若廠商依採購契約於議定時所規定之預估成本履約時，應得之利潤。

第三條（評估適用成本計價型契約之因素）

採購機關應審查廠商下列之會計、工程及管理諸能力以評估廠商及機關本身是否適宜使用成本計價型契約：

一、價金之競爭程度。

二、價金分析。

三、成本分析。

四、機關需求標的之型式及複雜度。

五、機關需求之緊急程度。

六、履約期間或生產期間之長短。

七、廠商之技術能力及財務責任。

八、廠商的會計能力。

九、同時履約之情形。

十、使用分包廠商之本質及程度。

十一、採購之歷史。

第四條（成本限制）

機關及廠商應預估不含任何利潤之履約成本，廠商向機關請求給付之金額以下列者為限：

一、於列舉表中明列之預估成本。

二、如採購契約採用成本分擔計價，於列舉表中明列政府應負擔之預估成本。

廠商應同意履行列舉表中載明之工作，及在預估成本內契約規定之義務。如契約採用成本分擔計價，廠商應同意盡一切努力履行於廠商應分擔成本內，契約規定之義務。

第五條（廠商通知義務）

廠商應於下列情形之一時，以書面通知採購機關：

一、預估依約履行之六十日內，包括之前已支付的成本將超過列舉表中所載明之預估成本之百分之七十五。

二、除利潤外，其於履約所支付之總成本將超過或實質低於先前預估成本。

廠商應另行提供機關更新後之預估履約成本。

第六條（契約主體履約不得超過預估成本之義務）

除採購契約另有規定者外，機關並無義務給付廠商超過列舉表中預估成本之金額。如採購契約採用成本分擔計價，則機關並無義務給付廠商超過列舉表中機關應負擔預估成本之金額。

除機關以書面通知廠商預估之成本業經增加，且已提供廠商更新之預估成本外，廠商並無繼續履約之義務，或支付超過列舉表所載明之預估成本之義務。

如採購契約採用成本分擔計價，則機關同意增加之成本應依列舉表中所載明之公式分配之。

列舉表應載明機關已具的給付能力，及於契約內給付價金之分配情形、契約品項，及如採購契約採用成本分擔計價，機關應分擔之成本、及預估可供履約之期間。如廠商履約之範圍超過得標之金額，機關應另行以遞增方式給付金額，至列舉表規定之預估金額止，但不含任何利潤。

廠商應在機關依約已支付或應支付之金額範圍內履行契約，不得超出分配至機關之總金額。

第七條（預估成本之變更）

除前條第二項之規定，或經機關同意者外，機關對採購契約之預估成本不因任何通知、意思表示而改變。除機關另為意思表示者外，機關並無義務給付廠商超出列舉表中預估成本之金額。如採購契約採用成本分擔計價，則機關並無義務給付廠商超過列舉表中機關應負擔預估成本之金額。

前項超過預估成本之金額，不論發生於履約中或因終止契約而產生，均屬之。

第八條（機關同意增加預估成本）

除機關為終止契約之意思表示，或指明增加之給付係供廠商用於支付終止契約或其他費用者外，若機關同意增加列舉表中之預估成本，則廠商已支付或未來將支付超過預估成本之金額，均屬可被機關允許之成本。

第九條（變更契約不得推定為增加預估成本）

若機關通知廠商變更契約，則該通知不得推定為機關已同意增加列舉表中之預估成本。但通知中載明已同意增加成本者不在此限。

第十條（契約終止時之成本之協商）

若契約終止，則機關與廠商應依成本分擔比例對已產製或已採購之財產進行分配之協商，以求財產之公平分配。

第十一條（機關無足夠經費時之利潤給付）

如機關並未獲分配足以完成契約之經費，機關應依列舉表中之利潤比例，並依廠商履約完成之比例，支付廠商利潤。

第十二條（機關給付金額超過預估之所需）

若廠商預估政府支付之金額尚足以支付超過原預估日期之履約所需，則廠商應通知機關修正後之履約期滿日期，機關得於該期日終止採購契約。

第十三條（機關於支付成本已接近預估成本時之通知義務）

機關於接受廠商有關支付之成本已接近契約規定之預估成本，或分配之資金限制時，應立即獲得履約所需之金額，並應將下列事項以書面通知廠商：

一、增加之金額業經分配，或預估成本已增加至特定數額。

二、機關不再支付任何金額，廠商應提出調整利潤之計畫書，該計畫書應依據已完成工作及應完成工作之比例訂定之。

三、機關是否終止該契約。

四、機關正決定增加金額或增加預估成本。

五、若履約之成本已達契約規定之金額或成本上限，廠商得依約停止履約。

六、任何超過契約規定金額或成本上限之工作，應由廠商負擔危險。

第十四條（機關於無金額可供給付之通知義務）

機關於與廠商簽訂由機關支付部分金額之契約，又契約內包含前條之規定後，發現並無金額可供支付，應即以書面通知廠商將不再支付金額之決定。

第十五條（機關於成本或金額限制下之權利）

機關於簽訂成本計價型契約後，得於不增加金額條件下，通知廠商變更契約，更換或修理瑕疵品項或工作，或通知廠商終止契約。

機關為確保廠商能依通知履約，應於通知廠商時，確認金額之獲得無虞。

機關得通知廠商任何預估成本及分配金額之增加，均應使用於終止契約或其他特定之支出。

第十六條（廠商遇不可抗力事件之利潤計算）

廠商對於不可抗力或非其故意或過失所致之遲延，免負逾期違約責任，並得展延履約期限。廠商對於不可抗力或非其過失所致之事件之利潤應不算入全部可允許之成本，

並應另行計算之。機關應即與廠商協商有關列舉表中目標成本、目標利潤、最小利潤及最大利潤之調整，以計算廠商應獲得之誘因利潤。

第十七條（政府遲延及要求暫停或停止履約之責任）

因可歸責於政府之遲延致廠商遭受損害，政府應賠償廠商所受損害中的成本部分。但不賠償其他利潤。

政府得要求廠商暫停或停止履行成本計價型契約。但應賠償廠商之成本損失，不包括利潤。

第十八條（廠商履約瑕疵之修補）

機關應要求履行成本計價型契約之廠商，於機關受領採購標的後六月內修補其履約瑕疵。如廠商未能於合理期間內修補其履約瑕疵，機關得請求廠商下列事項：

一、依約修補或更換瑕疵之採購標的，並要求廠商賠償其增加之成本，或減少其固定之利潤。

二、如廠商未交付契約標的，請求廠商交付無瑕疵之標的並減少其利潤。

三、終止契約。

廠商修補之成本，應在預估成本之範圍內支付之，不得請求利潤。

第十九條（機關終止契約時之通知義務）

機關終止契約時，應以書面通知廠商，載明機關決定終止之理由、終止生效日期、終止之範圍及其他特別指示。

如該通知並未載明係因廠商違約事由之終止契約，則應推定為政府因公共利益之理由而終止契約。

機關於發出終止契約之通知後，應即辦理下列事項：

一、指示廠商應採取之行為。

二、檢視由廠商所提交之處理建議，如機關認有必要，亦應檢視其分包廠商之處理建議。

三、立即與廠商就後續處理事宜進行協商，以達成意思之合致。

四、如不能與廠商就後續處理事宜達成意思之合致，機關應就廠商之建議採行處理措施。

第二十條（機關終止契約時之廠商處理程序）

廠商受機關發出終止契約之通知後，應即辦理下列事項：

一、停止工作。

二、通知分包廠商。

三、準備財產清冊。

四、提交處理方案。

如廠商依前項第一款應支付之成本，於終止生效日起無法立即停止支付，仍須繼續一段期間者，且該成本之支付係屬合理，機關應給付之。但廠商有故意或過失不繼續履約之行為者，不在此限。

前項第三款之財產清冊應載明廠商為履約之需，而已獲得之財物，由政府提供之財物亦屬之，廠商應將之區分為機密類、非機密類及政府提供之財物類等，並分別列冊。

前項第四款之處理方案應載明請求之終止費用，包括為處理終止所支出之成本及利潤。廠商應填具規定之表格，載明請求機關給付之成本及利潤。除經機關同意延長提交之期限外，廠商應於終止生效之日起一年內提出之。

前項之表格，由主管機關定之。

第二十一條（契約終止時機關應決定之給付金額）

如廠商與機關不能因契約終止，對廠商之成本及利潤達成全部或部分意思之合致，機關應基於可供利用之資訊，決定應支付廠商之金額，該金額應包括下列成本及利潤：

一、一切依約應給付廠商之成本，但不包括於契約終止前已給付廠商之成本。另應給付經機關同意或指示將持續一段合理期間之成本，廠商應儘速停止支付該等成本。

二、為處理分包廠商因契約終止而支付之成本。但該成本必須非屬前款所規定之成本。

三、處理終止工作之合理成本，包括：

　　㈠為準備終止契約之處理方案及證明資料所支付之會計、法律、事務及其他必要支出。

　　㈡終止及處理分包契約之成本。

　　㈢已支付為保存、保護或處置存貨，而支付之儲藏、運輸及其他必要成本。因廠商違約事由之終止契約，則不得支付廠商準備處理方案之成本。

四、依約應給付之利潤應依下列規定辦理：

　　㈠如政府因公共利益理由終止契約，機關應支付廠商之利潤係依廠商已依約完成工作之比例定之。但不包括分包廠商終止契約報告中所列之利潤，亦不包括已支付分包廠商之利潤。

　　㈡如因廠商違約事由而終止契約，機關應支付廠商之利潤，係依廠商已交付並且為機關受領之品項或勞務，及全部應完成品項或勞務之比例定之。

五、如處理方案僅包括利潤之支付，該利潤應依前款之規定辦理。

第二十二條（部分終止契約）

機關得部分終止契約，廠商仍應依約履行未終止部分之工作。

契約中原議定之預估成本應減少，廠商及機關應協商減少之金額。

除被終止之工作與原契約之工作中係明顯可分者，或履約工作已實質完成外，廠商得請求機關調整契約中已履約工作之利潤。

廠商應於契約終止生效日起一年內提出終止契約之處理方案，並應對方案內容負舉證責任。除經機關同意者外，廠商之分包契約部分不得請求處理終止契約之成本。

第二十三條（廠商之分包廠商）

廠商應於符合契約目標及要求之情況下，以實務可行之競爭極大化為方法，選擇分包廠商。

機關應於契約中規定，廠商與其分包廠商簽訂成本加計固定費用契約前，須通知機關並經機關之許可。機關應將該通知之內容載明於招標文件及契約中。通知應載明下列各事項：

一、說明分包之財務或勞務性質。

二、分包契約之類型。

三、建議或推薦分包廠商得標之理由。

四、建議之分包價金。

五、分包廠商的現時、完整及精確之成本或價金資料及證明書。

六、分包廠商具備符合會計標準之證明書或說明。

廠商與分包廠商之協商紀錄應載明下列各事項：

一、與分包廠商進行價金協商之要件。

二、原始或修正後價金之最重要考量。

三、不需成本或價金資料之理由。

四、廠商於決定價金目標及協商價金時，並不採信分包廠商成本或價金資料之理由。

五、於協商中，發現分包廠商成本或價格資料並非現時、完整及正確之程度、廠商及分包廠商已採取之行動，及該瑕疵資料對全部價金之影響。

六、廠商價金目標與達成意思合致之價金間之差距及其理由。

七、如契約使用誘因費計價，應完整說明誘因費計畫或利潤計畫，內容包括：重要之履約內容、給付誘因費之條件及理由等。

第二十四條（政府財產）

廠商履行成本計價型契約並使用政府提供之財產時，政府應負擔廠商履約時對該財產之危險。但機關發現廠商未盡保管之責時，得不負擔該財產危險之責任。

廠商於保管政府財產時，將政府財產投保，並支付合理保費，且符合下列條件者，機關應給付廠商所支付之保費：

一、廠商應對政府財產之滅失、損害、或竊盜負責。

二、機關仍應負擔政府財產之危險。

三、保險事故不得包括因廠商故意為不法行為，或缺乏誠實信用所致之滅失、損害或遭竊。

若政府財產係航空器，且航空器飛行之滅失或損害大於契約中預估成本之百分之二十，則機關與廠商應就契約內之交付時程、預估成本及利潤之公平調整進行協商，如無法達成意思之合致，則應依採購爭議之規定處理。

第二十五條（施行日期）

本辦法自中華民國　　　年　　　月　　　日施行。

第二章
各國政府採購之立法趨勢

第一節　示範公共採購法及政府採購協定之修法趨勢[1]

　　聯合國國際貿易法委員會（United Nations Commission on International Trade Law, UNCITRAL）於 2011 年公布「示範公共採購法」（Model Law on Public Procurement），簡稱「2011 示範法」（2011 Model Law），世界貿易組織（WTO）於 2007 年修正之「政府採購協定」（Agreement on Government Procurement, GPA），因皆面臨在世界各採購機關日益普遍將電子通訊技術運用於採購程序，特別是電子拍買方法，及所衍生之廠商標價過低等現象，由於該等現象，前未曾發生，必須即時予以規範，以符合建立公平、公開之採購程序，並提升採購效率之目標。因此 2011 示範法及 2007 年版政府採購協定乃對此現象予以規定。依據若干國外文獻顯示，電子拍買方法可節省採購時間及成本，但是卻有其缺點，此外迄今專家們已發現有諸多法律問題有待解決，例如實施電子拍買之條件、程序、防範措施等。如自我國法律層面予以分析，其是否違反我國公平交易法？是否洩露廠商秘密？對於如何判定廠商標價是否過低之規範，是否妥適？有鑑於我國現行法規中並未規範電子拍買之採購方法，我國既為 GPA 的簽字國，實有必要研究 WTO 及 UNCITRAL 之法令及實務，作為我國政府採購法之修法參考。本文擬先檢視電子拍買及廠商標價過低等相關文獻，再研究 WTO 及 UNCITRAL 之相關規定，以期能了解我國法規缺漏之處，最後謹提供建議，以供立法時併予考量及加列。

第一款　前言

　　自 2004 年起聯合國國際貿易法委員會（United Nations Commission on International Trade Law, UNCITRAL），或簡稱委員會（Commission），即著手修正 1994 年版之「國際財物、工程及勞務採購示範法」（1994 UNCITRAL Model Law on Procurement of Goods, Construction and Services），簡稱「示範採購法」（Model Procurement Law）[2]，於

---

[1]　本節內容曾發表於「軍法專刊」2012 年 8 月第 58 卷第 4 期中。

[2]　聯合國國際貿易法委員會有鑑於電子通訊方法運用於政府採購實務之現象日益普遍，遂於 2004 年 8 月間要求其下之政府採購工作組（Working Group I (procurement)）著手研擬修正 1994 年版之示範採購法之草案，見 United Nations, General Assembly (U.N. Doc.) A/CN.9/690，網址：http://daccess-dds-ny.un.org/doc/UNDOC/GEN/V10/531/91/PDF/V1053191.pdf?OpenElement，查詢日期：2010 年 9 月 20 日。

2010 年 4 月 UNCITRAL 採購工作組公布可能修正示範採購法之修正草本，簡稱「修正版示範採購法」（Revised Model Procurement Law）[3]，採購工作組賡續秉持該立法目的從事立法工作[4]，UNCITRAL 於 2011 年 7 月 1 日召開第 44 次會議時終於修正並接受該草案之條文[5]，旋於 8 月 8 日公布「示範公共採購法」（Model Law on Public Procurement）之預發稿，簡稱「2011 示範法」（2011 Model Law）[6]取代先前版本，並於 2014 年 1 月公布，並作為世界各國制定其國內採購法令之參考依據，該法之影響力及重要性不言而喻。UNCITRAL 之政府採購工作組（Working Group I (procurement)）於研擬該法時，對於現時發生於各國的採購問題及其解決方法等，有諸多值得參考的討論，可提供我國借鏡[7]。諸多討論議題中以下列為範圍：1. 電子通訊之適用於政府採購；2. 電子拍買方法（electronic reverse auctions）[8]；3. 廠商標價非正常性過低（abnormally low submissions）等最為重要[9]，政府採購工作組主要討論之內容均圍繞於此等問題，而其他議題尚包括二階段招標程序（two-stage procurement）及廠商名單之建立等[10]；由於二階段招標程序並未違反我國政府採購法，且於採購實務中頗為常見，並無爭議；而若採購機關於採購之前已建立廠商名單者，則並無必要，蓋其可能不當限制競爭，然前英國殖民地之國家常使用此方法進行採購，應予禁止，此與「採購進行中所建立之廠商名單」不同，有待進

---

[3] U.N. Doc. No. A/CN.9/WG.I/WP.73 "Possible revisions to the UNCITRAL Model Law on Procurement of Goods, Construction and Services – a revised text of the Model Law"，網址：http://www.cnudmi.org/pdf/english/workinggroups/wg_1/73E.pdf，查詢日期：2010 年 9 月 20 日。

[4] 有關採購工作組自 2005 年至 2010 年之修法進度，見 "Annotated provisional agenda for the nineteenth session of Working Group I (Procurement)", U.N. Doc. No. A/CN.9/WG.I/WP.74，網址：http://daccess-dds-ny.un.org/doc/UNDOC/LTD/V10/559/50/PDF/V1055950.pdf?OpenElement，查詢日期：2010 年 9 月 20 日。頁 4-18。

[5] U.N. Doc. No. A/CN.9/WG.I/WP.77，網址：http://daccess-dds-ny.un.org/doc/UNDOC/LTD/V11/805/15/PDF/V1180515.pdf?OpenElement，查詢日期：2010 年 9 月 20 日。頁 1。

[6] "UNCITRAL Model Law on Public Procurement" pre-release (08 August 2011)，網址：http://www.uncitral.org/pdf/english/texts/procurem/ml-procurement-2011/pre-model-2011.pdf，查詢日期：2011 年 9 月 20 日。"UNCITRAL Model Law on Public Procurement" Unite Nations, January, 2014. 網址：https://www.uncitral.org › procurem › ml-procurement-2011，查詢日期：2019 年 8 月 20 日。

[7] 由於國際間貿易日益頻繁，政府採購將日趨國際化，我國政府採購法應考量示範採購法之立法趨勢，以提升採購效率，並建立更公開及公平的採購機制。

[8] 查「auctions」係指我國民法第 391 條之「拍賣」，見 Black's Law Dictionary, 130 (1990)，依最高法院 32 年永上字第 378 號解釋，拍賣與標賣並不相同，「拍賣時，各應買人均得知悉他人之條件而有再行提出條件之機會，標賣時，各投標人均不知悉他人之條件而無再行提出條件之機會，此為其不同之點。」。由於機關以電子公告採購訊息，廠商於一定時間內完成競標，各投標人均得知悉其他廠商之條件，且有再行提出標價之機會，故應屬「拍買」，即「reverse auctions」。

[9] Christopher R. Yukins, *A Case Study in Comparative Procurement Law: Assessing UNCITRAL's Lessons for U.S. Procurement*, Vol. 35, No. 3 Public Contract Law Journal, p. 458 (2006).

[10] 參見 Don Wallace Jr., *UNCITRAL: Reform of the Model Procurement Law*, Vol. 35, No. 3, Public Contract Law Journal, pp. 458-93 (2006).

一步規範[11]。由於該二問題較無參考價值，本文不予討論，故僅討論所列之前三個議題。

　　世界貿易組織杜哈回合談判之 2007 年版政府採購協定（Agreement on Government Procurement, GPA）[12]，與烏拉圭回合談判之 1994 年版 GPA 相較，特別強調各締約國可使用電子工具（electronic means）進行採購[13]，亦可使用電子拍買（electronic auctions）方法進行採購[14]，與 UNCITRAL 2011 示範法之立法趨勢相同，然 2007 GPA 並未規範廠商標價非正常性過低時，機關處理之權利；然有鑑於該問題既常發生於聯合國各會員國或 WTO GPA 成員國之採購機關間，我國採購實務中亦可能即將出現，故本文一併研究之。

　　電子通訊之科技包括電子媒介及網際網路等，而機關及廠商必須使用網際網路進行電子拍買之行為，然廠商於進行電子標買之行為時，常為求得標而發生標價不合理地過低之情形，該等現象或問題彼此相互關聯，可謂環環相扣，且已於世界各國之採購機關逐漸發生，有鑑於該等問題正不斷影響各採購機關之採購作業，然其是否具備經濟的效率性？是否符合完全競爭及透明化的要求？如是，妥適之採購程序又應如何規範？諸如此類問題所涉層面甚為廣泛，包括經濟、法律、採購實務、會計及科技等疑問，必須逐一研究，UNCITRAL 為求解釋該等現象及解決該等問題，便邀請世界各國專家及學者們經過極其冗長且細密之討論，此可由其於網站上公布之繁瑣文件可見一斑，終於在持續研修七年後宣告完成 2011 示範法之立法工作，本文因篇幅有限，自無詳細論述其各種討論經過之必要，但仍勉力將電子拍買等所涉及之各層面予以剖析，特別與法律規定有關者，擷取其討論或辯證之重點，並對照 2007 GPA 法律條文，以求窺其全貌，但 UNCITRAL 之討論及立法必待實務及學理之實證，方可被採信及接受，本文便引用美國聯邦採購實務及學理以證明 UNCITRAL 2011 示範法及 2007 GPA 之合理性，期能完整地綜合研究該等採購措施在法律之地位、限制及意義。

---

[11] 同上註。

[12] 2007 年版政府採購協定雖為政府採購委員會於 2006 年 12 月 11 月公布，但世界貿易組織 World Trade Organization（WTO）均稱之為 2007 GPA，本文從之，見 WTO, GPA/W/297dated 11 December 2006. "[DRAFT DECISION]" p. 31. 網址：http://www.wto.org/english/tratop_e/gproc_e/gp_gpa_e.htm，查詢日期：2010 年 9 月 20 日。由於部分締約國對 2007 GPA 之部分條文仍有爭議，故迄今尚未為全體締約國所接受。

[13] 2007 GPA, Article V, 3(a)(b). Article V(3) 則對電子工具（Electronic Means）規定通盤性的要求如下：採購機關於辦理採購須使用電子工具時，應辦理下列事項：
　(a) 確保採購時於使用資訊科技系統及軟體，包括與身分鑑別（authentication）及資訊加密（encryption）之系統及軟體，係具備普遍使用之性質，且與其他通用系統及軟體具備互通性（interoperable）；且
　(b) 維持能確保廠商於要求參與及投標時之適當處理機制，包括確定受領時間及防止不當進入存取（access）之措施。

[14] 2007 GPA, Article I(e), Article XIV. GPA 之「electronic auctions」與 Revised Model Procurement Law 及 2011 示範法之「electronic reverse auctions」同意。

　　政府採購制度應依公平、公開之採購程序，提升採購效率與功能，確保採購品質（見我國政府採購法第 1 條），然我國政府採購法所規定之公開、選擇性及限制性招標方式，且原則上均以書面方式為之，縱依政府採購法第 93 條之 1 之規定以電子化方式為之，主管機關並發布「電子採購作業辦法」[15]，但該條文或辦法並未對電子拍買有任何規定。然電子拍買方法有何優點？或有缺點？如有缺點，應如何防範？電子拍買方法之程序若何？世界各國無不在奮力探討中，然對我國理論及實務界而言，均屬全然陌生；又對於如何判定廠商標價是否過低，雖於政府採購法第 58 條規定：「機關辦理採購最低標決標時，如認為最低標廠商之總標價或部分標價偏低，顯不合理，有降低品質、不能誠信履約之虞或其他特殊情形，得限期通知該廠商提出說明或擔保。」其施行細則第79 條及第 80 條中分別定義總標價偏低及部分標價偏低之情形，係以：1. 底價；或 2. 經評審或評選委員會之認定；或 3. 機關之預算金額或預估需用金額；或 4. 其他機關最近辦理相同採購決標價等作為判定之標準，然此規定是否符合國際標準？此外，國內鮮少有學者探究最新採購中電子通訊之規範、電子拍買方法及廠商標價非正常性過低之文獻，因此，引發本文探討之動機，將依序探討該等問題。

　　本文先檢視 WTO 及 UNCITRAL 之文獻，再探討世界先進國家美國及歐盟對於電子拍買之作法，並研究其是否適當，以供我國參考。本文之所以以美國聯邦政府及歐盟之採購制度為探討中心，係因彼等採購法已行之多年，不僅體系健全更能結合科技、管理、經濟及會計等知識，使理論與實務密切結合，充分發揮引導工商業發展及繁榮社會之效果；再者美國及歐盟係世界貿易組織中政府採購協定之締約國，其採購之相關法規及實踐均須接受 WTO 之貿易檢視，其合符 GPA 之規範亦即合符世界貿易規範之正當性，實不容置疑。我國廠商如欲拓展商機，則充分瞭解美國聯邦政府及歐盟之採購制度實屬必要，故美國及歐盟之採購法制頗有參考價值，因此本文即以美國聯邦政府及歐盟之採購制度為研究中心。

　　電子拍買及廠商標價過低等已成為政府採購事務中不可避免事項，2007 GPA 及 UNCITRAL 之 2011 示範法已對之研議多時，並均擬訂條文予以規範，我國終將面臨該等現象及規範，惟國內鮮少有討論電子拍買之文獻，特別是適用於政府採購之情形，目前各機關似仍未進行任何研究，一旦新版 GPA 施行，或廠商以 2011 示範法要求我國改進採購措施，我國必然急於蒐集資料及忙於建立電子拍買所需之電腦軟體，屆時恐未臻健全，又因我國的政府採購法係以 1994 GPA 年版為基礎所制定，對於 GPA 2007 年版

---

[15] 政府採購法第 93 條之 1：「機關辦理採購，得以電子化方式為之，其電子化資料並視同正式文件，得免另備書面文件。前項以電子化方式採購之招標、領標、投標、開標、決標及費用收支作業辦法，由主管機關定之。」主管機關遂發布「電子採購作業辦法」。

所規定新的採購制度甚為漠然，恐不符世界潮流，再者，若干文獻已證明電子拍買方法可有效節省政府公帑及採購時間，但有其功能上的限制，故宜及早研究，以策因應之道。本文亦從我國實務或學理面予以解釋及檢驗，最後，對我國政府採購法及其相關子法中缺漏部分提出建議，冀望能提供學術及實務界參考。

第二款　電子通訊之適用於政府採購

由於電子標買之行為係以電子通訊的方法進行的，即由競爭廠商透過網路投標或連續投標，則廠商以網際網路投標所為之意思表示其法律效力如何，首應查明。

因電子通訊科技日新月異，大多數國家採購機關已逐漸並普遍使用電子媒介（electronic media）及網際網路（Internet）等方法進行採購行為，而已開發國家中更是使用頻繁，各會員國咸認此為事實，2011 示範法因此必須對此現象予以規範以符合潮流，並供各會員國作為依循依據，國際貿易法委員會於 1996 年接受電子商務示範法（UNCITRAL Model Law on Electronic Commerce）並要求其下之各工作組研究訂立統一規則之可行性[16]，政府採購工作組便開始研擬應如何修正示範採購法，於 2005 年 11 月提出「可能之示範法修正案──強調使用電子通訊於政府採購」報告（Possible revisions to the UNCITRAL Model Law on Procurement of Goods, Construction and Services-drafting materials addressing the use of electronic communications in public procurement）[17]，首先說明凡於電子商務示範法已予以定義及規範者，例如書寫（writing）、原始（original）文件及電子簽章等係屬電子商務之全面性問題，除非示範採購法認有必要再予規定外，否則均不再重複規定，另解釋基於電子商務示範法規定之通訊、出版、交換或儲存資訊的功能同等性（functional equivalence）原則，電子通訊與書面意思表示（paper-based instrument）[18]應具備相同的意思表示的法律效力，而且採購資訊之公告、交換、投標文件之交付、資訊及資料之儲存、散布等行為均有此原則之適用[19]。但電子通訊將衍生之通訊、文件及資料之認證（authenticity）、保密（confidentiality）及完整性（integrity）等問題，由於各國可能因資訊設備昂貴等因素以致能推行之程度不一，宜由各國自行斟

----

[16] UNCITRAL, LEGAL GUIDELINES ON ARBITRAL PROCEEDINGS, ELECTRONIC COMMERCE, ADOPTED THIS YEAR, UNCITRAL CHAIRMAN TELLS SIXTH COMMITTEE, GA/L/3000 dated 23 September 1996, 網址：http://www.un.org/News/Press/docs/1996/19960923.gal3000.html，查詢日期：2010 年 9 月 20 日。

[17] U.N. Doc. No. A/CN.9/WG.I/WP.38. 網址：http://daccess-dds-ny.un.org/doc/UNDOC/LTD/V05/868/01/PDF/V0586801.pdf?OpenElement，查詢日期：2010 年 9 月 20 日。

[18] 同上註，頁 6、10。

[19] 同上註，頁 12。參照我國電子簽章法第 2 條對於電子文件、電子簽章及數位簽章之定義。

酌之，但不得造成部分廠商因無法進入（access）該採購資訊系統，而產生歧視現象[20]，為防止歧視現象產生，有必要於示範採購法規定「進入標準」（Accessibility standards）之條款，即要求採購機關應確保其使用電子通訊係以提升採購程序之經濟性及效率為目標，不得造成採購程序中之障礙，亦不得造成廠商競爭之限制[21]。此外，電子通訊不得妨礙採購中基於社會經濟目標（socioeconomic policy goals）之達成[22]。

2011 示範法第 7 條將採購中之通知或意思表示歸納成一條文，該條文規定如下：

第 7 條　採購中之通知或意思表示

(1) 採購機關於採購中所使用或依本法應使用之文件、通知、決定或資訊，包括第 8 章規定之審視程序或第 25 條規定之會議，或採購文件之任何部分，均應以可記錄之訊息方式呈現，並使其處於可被進入（accessible）及能依下列規定而被使用之狀態。

(2) 若採購機關依本法第 16 條、第 17 條 (1)(d)、第 18 條 (6) 和 (9)、第 41 條 (2)(a)、以及第 50 條 (2) 至 (4) 之規定於通知廠商後，並立即與受通知者確認，而該受通知者可進入該通知者，則對廠商之通知及意思表示得不以可記錄之訊息方式呈現。

(3) 採購機關於公布招標文件中應規定：
　　(a) 格式之要求（form）；
　　(b) 如採購係屬機密性質，且機關認有必要者，其保密之措施及要求；
　　(c) 機關與廠商相互通知之方法及機關公布訊息的方法（means）；
　　(d) 依據本法將資訊予以書寫或簽章之方法；
　　(e) 與廠商舉行會議的方法。

(4) 機關得使用廠商於通常辦理採購所使用之通知方法。機關與廠商舉行會議時，應確保該廠商皆可完全並同時參與該會議。

(5) 機關應採取適當措施確保相關資訊之認證、完整及保密性。

就本條文內容以觀，其係接受採購工作組於 2005 年提出「可能之示範法修正案——強調使用電子通訊於政府採購」之報告內容，即以貫徹廠商之充分競爭及提高採購效率為立法目的，亦與 2007 GPA, Article V, 3(a)(b) 之規定相符。

在美國聯邦採購實務中，機關大都仍限於使用網站（websites）公布資訊或以電子

---

[20] 同上註，頁 8-12。
[21] 同上註，頁 15-6。
[22] 同上註，頁 8-9。

郵件收受資訊，並未對資訊加密，迄今廠商因政府使用電子採購系統而申訴或聲請訴訟遭歧視或被不公平對待者並不多見[23]，然若採購機關決定使用電子簽章方式將文件加密，則在辦識及確認電子文件時，受件者必須使用公開金鑰加以驗證，然此程序甚為複雜且昂貴，並非全體廠商皆能勝任，如機關進行採購行為時決定使用電子簽章，則確有可能造成廠商間之不公平競爭，故機關不能僅計算使用電子保密技術的直接成本，而忽略了因廠商充分競爭而節省之成本，政府若能發展一種普遍可行的電子加密技術供各機關使用，或各機關自行依技術的中立性原則，謹慎選擇通訊的方法，或可免除不公平競爭的問題[24]。

　　將 2011 示範法第 7 條條文與我國政府採購法相關規定相較，政府採購法第 93 條之 1 規定：「機關辦理採購，得以電子化方式為之，…」主管機關於民國 91 年公布「電子採購作業辦法」，經核其內容除規範電子採購之作業程序、電子簽章、電子招標、開標、決標及電子資料之傳輸方式等，尚已包括修訂版示範採購法及 2011 示範法之內容，並無缺漏或相異之處[25]，惟對電子拍買方法則並無規定；廠商參與電子拍買既係以網路進行競標之行為，其與書面意思應具相同之法律效力。我國已成為 GPA 的締約國，對於其他締約國廠商的電子通訊能力宜審慎評估，以防止不公平競爭之困擾。

第三款　電子拍買

　　2007 GPA Article I(e) 對電子拍買（electronic auctions）定義如下：指廠商得藉以提出新價格或對投標文件中與評審基準相關之可量化非價格因素提出新價值，或廠商得同時提出新價格及新價值，致使所投之標得被評定序位或再被評定序位之重複程序[26]。又 Article XIV 對電子拍買補充規定如下：

　　如採購機關意圖使用電子拍買方式以進行採購行為，應於使用電子拍買方式
　　前，提供廠商下列資訊：

----

[23] Yukins, *A Case Study in Comparative Procurement Law*，同註 9，頁 460-3。

[24] 同上註。

[25] 電子採購作業辦法第 3 條規定，機關及廠商以電子化方式辦理採購，依規定應簽名或蓋章者，應以電子簽章為之，雖未規範電子訂約應依電子簽章法第 4 條、第 6 條及第 9 條規定「…應公平、合理，並不得為無正當理由之差別待遇」辦理，但機關採購本應依政府採購法第 6 條之「對廠商不得為無正當理由之差別待遇」辦理採購，自不待言；參看經濟部，電子商務法律實戰 Easy Go（光碟版），網址：http://stlc.iii.org.tw/eclaw/publish/book9/06.htm，查詢日期：2011 年 2 月 10 日。

[26] 2007 GPA Article I(e): electronic auction means an iterative process that involves the use of electronic means for the presentation by suppliers of either new prices, or new values for quantifiable non-price elements of the tender related to the evaluation criteria, or both, resulting in a ranking or re-ranking of tenders.

(a) 自動評選之方法，包括基於招標文件中載明之評審基準所產生之數學演算法，該演算法將於自動評定序位或再評定序位中適用；

(b) 採最有利標評選方式者，其起初之評選項目；及

(c) 與拍買行為相關之其他資訊。

UNCITRAL 2011 示範法第 2 條第 (d) 項對於電子拍買（electronic reverse auctions）之定義大致與 2007 GPA Article I(e) 定義相同[27]，但對電子拍買使用之範圍則侷限於最低標。電子拍買之所以被重視並被規範，係因若干歐盟（European Union）國家及巴西、澳洲及加拿大等政府以此方法進行政府採購，即機關將採購資訊於電腦網路中公開，由廠商競爭提供較低之標價，再由機關決標，歐盟甚至發布指令（directives）規範此行為，然此電子採購方法是否符合競爭、透明化及其他要件？又若廠商標價過低，機關是否得不決標予該廠商？等問題頗具爭議性，UNCITRAL 於 2005 年 1 月開始就各國實務及理論方面討論電子拍買（electronic reverse auctions, ERA）[28]之性質及規範方法，是時各國作法不一，除歐盟有指令予以規定外，WTO 並未規定，其他國家亦未規定，故不得不參考當時世界唯一的歐盟的見解及規定[29]，至於在美國則仍未有法令規定此行為，然採購機關使用此方法之現象日益增加，然賓夕法尼亞州及堪薩斯州發生立法禁止於工程採購中使用電子拍買方法，於是出現了各採購機關作法及見解不一之現象，例如美國陸軍部認為電子拍買方法可適用於各種採購案件，而海軍則認為此方法適用於：1. 高價格、高數量及規格明確之採購；2. 至少有 2 家以上廠商同意參加競爭；3. 機關應保留足夠訓練廠商使用此採購方法的時間[30]。美國國會議員 Tom Davis 為遏止此亂象，曾於 2006 年提出法案並要求機關儘量使用此方法進行採購，然國會僅作出本案應予研究之決論[31]。故應如何規範電子拍買，實應先了解其在實務中運用方式，本文主要依據美國

---

[27] Article 2(d)：「電子拍買」係指機關用以選擇成功標案的連線的即時（online real-time）採購技術，該技術包括評選廠商於表定的時間內所投之較低標，及使用自動評選廠商所投標之技術。

[28] UNCITRAL, "Comparative study of practical experience with the use of electronic (reverse) auctions in public procurement", U.N. Doc. No. A/CN.9/WG.I/WP.35/Add.1. 網址：http://daccess-dds-ny.un.org/doc/UNDOC/LTD/V05/812/02/PDF/V0581202.pdf?OpenElement，查詢日期：2010 年 9 月 20 日。UNCITRAL 之用詞「electronic (reverse) auctions」與 2007 GPA Article I(e) 定義之「electronic auctions」內容相同，均係指電子拍買之行為。

[29] U.N. Doc. No. A/CN.9/WG.I/WP.35, 網址：http://daccess-dds-ny.un.org/doc/UNDOC/LTD/V05/811/33/PDF/V0581133.pdf?OpenElement，查詢日期：2010 年 9 月 20 日。頁 5。

[30] U.N. Doc. No. A/CN.9/WG.I/WP.35，同上註，頁 7。

[31] Yukins, *A Case Study in Comparative Procurement Law*，同註 9，頁 460-3。Tom Davis 除主張各級聯邦、州及其他採購機關可用電子標買方法採購外，並主張各級採購機關可彙集同一採購標的進行採購，以降低採購成本，David C. Wyld, *Transforming Procurement: The Potential of Auctions, in* The Procurement Revolution 383 (2003).

聯邦採購實務並參考 UNCITRAL 之立法討論及其所提出之條文作爲論述基礎，由於電子拍買方法所涉法律層面甚廣，可歸納爲下列幾個問題[32]：

第一目　實務中運作方式

採購機關首先應考量採購之標的性質、其所涉科技層次之高低及廠商資格等以設計拍買程序，如必須與廠商進行協商，則應由廠商提出企劃書後，再由機關決定評審廠商競爭的範圍，並排定實施拍買之期日及時間，通常於公告文件中載明機關保留得不經拍買程序逕行決標之權利，機關應於進行拍買程序前先予廠商訓練的機會，另實施拍買程序後，機關應即予以分析並決標[33]。

機關應於拍買進行中將授予各廠商代名或代號，並要求廠商應使用該代名或代號投標，以避免其知悉其他廠商名稱，唯有機關知悉其真實身分。機關應參考採購標的之過去價格訂立拍買的開始價格（the opening price），實施拍買之時間必須確定，通常爲30 至 60 分鐘，但機關得公告於結束前一定時間內（例如結束前 5 分鐘內），如有廠商投標者，機關得延長實施拍買之時間，參與競標廠商於該時間內均得另提出新標價，亦即以新標價換取時間[34]。又機關實施拍買之當時，是否應公告其他投標者經評審後之名次？又應否使投標廠商知悉自己之名次？依據美國聯邦公平貿易委員會（U.S. Federal Trade Commission）公布之幕僚研究報告，在高度集中的產業（highly concentrated industry），爲避免若干廠商可能以不正當，但尚不致於違法的方法（gamesmanship）妨礙公平競爭之風險，機關得使投標廠商知悉自己所投之標價及名次，但不應使其知悉其他投標者之標價及名次，以防止競爭者知悉過多並於未來通知其他競爭者（"to prevent suppliers from learning enough to signal each other in the future"）[35]。

第二目　招標方式之歸類

電子拍買係一種不同於現制的採購方法，抑或可歸屬於現行的招標方式（公開招標、選擇性招標或限制性招標）？此誠爲 UNCITRAL 首須解決應如何將之分類的問題，將電子拍買規定爲一不同於現制的採購方法的國家包括奧地利、巴西、中國大陸及波蘭

---

[32] Yukins, 同上註，頁 467-75。

[33] Susan L. Turley, *WIELDING THE VIRTUAL GAVEL-DOD MOVES FORWARD WITH REVERSE AUCTIONS*, 173 Military Law Review, pp. 6-7 (2002).

[34] 同上註。

[35] U.S. Fed. Trade Commission, Staff Report, Entering the 21st Century: Competition Policy in the World of B2B Electronic Marketplaces 10-11(2000), 網址：http://www.ftc.gov/os/2000/10/b2breport.pdf，查詢日期：2010 年 10 月 20 日。Yukins, *A Case Study in Comparative Procurement Law*，同註 9，頁 473。

等國,均規定電子拍買應適用特別的決標程序,而奧地利除同意將廠商之價格列為評選項目外,亦同意機關得將廠商之非價格評選項目,例如技術及財務之要求等,列為決標之評選項目。採用後者(電子拍買可歸屬於現行的招標方式)的國家則有歐盟及美國等國,通常以標價之高低作為決標之依據,但若機關將非價格因素納入決標條件者,則應於電子拍買程序之後方可決標[36]。UNCITRAL 則認為電子拍買係一種有別以往採購方法(a distinct method),若將電子拍買視為招標方式的一種階段,則可能影響採購的競爭性及透明化,故並非屬於招標方式的任何一種階段(phase)[37]。

第三目　限用於規格明確之採購標的

依據歐盟於 2004 年 3 月 31 日頒布之 2004/18/EC 指令(Directive)[38]第 54 條第 2 項規定,電子拍買可適用於公開、限制性及協商性的招標方式(negotiated procedures),但應適用於契約規格明確之採購標的(when the contract specifications can be established with precision),澳洲及巴西採購機關規定限制電子拍買方法僅能適用於部分規格明確之財物或簡易勞務的採購[39],蓋若採購契約之規格不明確,則恐將妨礙競爭之公平性,然若採購機關採購之標有待機關與廠商協商以技術解決其困難,或機關預期將面臨諸多契約變更(modification),或機關並非以最低價作為決標標準者,則電子拍買方法因受限於契約規格必須明確的特性,並非最佳的採購方式[40]。美國陸軍工兵隊(U.S. Army Corps of Engineers)亦持相同見解,該隊於其研究報告中指出電子拍買方法較適用於一般簡單商品(simple commodities)之採購,而工程之規格複雜,廠商間之工法亦可能不一,因此電子拍買方法並不適合於工程採購[41]。

---

[36] U.N. Doc. No. A/CN.9/WG.I/WP.35,同註 29,頁 8。

[37] U.N. Doc. No. A/CN.9/590 - Report of Working Group I (Procurement) on the work of its eighth session. 網址:http://daccess-dds-ny.un.org/doc/UNDOC/GEN/V05/901/25/PDF/V0590125. pdf?OpenElement,查詢日期:2010 年 10 月 20 日。

[38] Directive 2004/18/EC OF THE EUROPEAN PARLIAMENT AND OF THE COUNCIL of 31 March 2004 on the coordination of procedures for the award of public works contracts, public supply contracts and public service contracts. 網址:http://www.dkom.si/util/bin. php?id=2004121408020465,查詢日期:2010 年 10 月 20 日。

[39] U.N. Doc. No. A/CN.9/WG.I/WP.35,同註 29,¶ 20-32(查詢日期:2010 年 10 月 20 日)。不同於巴西政府採購規定,2011 示範法並未規定電子拍買僅能適用於部分商品的採購。

[40] U.S. House Report 109-360, at 769-70. 網址:http://frwebgate.access.gpo.gov/cgi-bin/getdoc. cgi?dbname=109_cong_reports&docid=f:hr360.109.pdf,查詢日期:2010 年 10 月 20 日。

[41] 美國陸軍工兵隊於 2004 年 7 月向國會提出其施行電子拍買方法的報告,於報告中指出:該方法與傳統的秘密投標方式(sealed bidding process)有別,採購機關宜於不能使用秘密投標方式進行採購時,方可使用電子拍買方法。電子拍買方法適用於確定固定價金型契約(firm-fixed-price contracts),但與傳統招標方式相較,電子拍買方法較不利用機關及廠商間之意見聯絡,此外,並未發現電子拍買方法較能節省採購成本。但美國颶風防護辦公室(Hurricane Protection Office, HPO)則持相反意見,見 Letter

第四目　確保適當競爭

　　機關實施電子拍買方法時，應至少有多少廠商競標方足以達到適當競爭之要求？UNCITRAL 採購工作組於 2005 年討論此問題時，部分工作組成員認為至少應有 10 家以上廠商競爭，蓋有此數目之廠商競爭便可降低廠商標價不合理過高或非正常過低的風險，但仍有其他成員並不同意此見解，並認為：機關應主觀判斷該採購案件是否存在適當之廠商競爭，若要求至少應有 10 家以上廠商競爭方可決標，恐將產生採購的困難；採購工作組最後決定刪除草案中至少應有 10 家以上廠商競爭之要求，改規定為：機關應確認有足夠廠商參與競爭以維持有效競爭[42]。

　　採購工作組之決定符合美國聯邦採購的法規，依美國聯邦獲得規則 Federal Acquisition Regulations, FAR15.403-1(c)(1) 規定「適當的競價」（adequate price competition）係指符合下列情形之一者：(i) 2 家以上獨立競爭之廠商其已投標之文件，能符合機關之要求，且其中任一投標廠商之報價並無不合理之情事；或 (ii) 依據市場調查，可合理地期待 2 家以上獨立競爭之廠商，將交出能符合機關要求之投標文件，縱其後僅 1 家廠商投標，亦屬適當的競價；或 (iii) 經考量市場情況、經濟情況、採購數量或契約條款之改變並經價格分析後，證實廠商之報價與現時或最近之同類標的價金相當。故採購工作組之決定應屬允當。

第五目　投標廠商之基本資格

　　投標廠商之資格審查究應於電子拍買之前實施，抑或於拍買之後實施？UNCITRAL 於 2005 年開始討論之初便考量此問題[43]，如機關於電子拍買之前審查廠商之資格，並規定審查合符規定者方可獲得進入決標資格，例如中國大陸；而亦有於拍買之同時便將廠商資格列為得標資格審查項目之一者，例如奧地利[44]；2011 示範法第 57 條第 (2) 項採納後者方法，即機關得於電子拍買之後才審查廠商資格，亦得依同法第 18 條於電子拍買之前即審查廠商資格，依第 57 條第 (2) 項規定，若機關決定於電子拍買之後審查廠商資格，得依招標文件中規定之條件及程序要求最可能的得標廠商證明其資格，若該最可

----

of Stephen E. Sandherr, Chief Executive Officer, the Associated General Contractors of America to Lt. Gen. Robert L. Van Antwerp, Commander and Chief of Engineers, U.S. Army Corps of Engineers dated August 6, 2008, 網址：http://www.mbionline.com/files/public/documents/ngineers_and_White_Paper_on_Reverse_Auctions.pdf，查詢日期：2010 年 10 月 20 日。

[42] U.N. Doc. No. A/CN.9/590 - Report of Working Group I (Procurement) on the work of its eighth session，同註 37，¶ 75. 修正條文見修正版示範採購法第 28 條 (b) 及 2011 示範法第 31 條 (b)。

[43] U.N. Doc. No. A/CN.9/WG.I/WP.40. 網址：http://daccess-dds-ny.un.org/doc/UNDOC/LTD/V05/871/11/PDF/V0587111.pdf?OpenElement，查詢日期：2010 年 10 月 20 日。

[44] U.N. Doc. No. A/CN.9/WG.I/WP.35，同註 29，¶ 20-32，查詢日期：2010 年 10 月 20 日。

能的得標廠商不能證明其資格或機關認為其資格不符合招標文件中新規定之條件，則機關應不決標予該廠商並應要求次低標廠商或次最有利標之廠商證明其資格，若該廠商能證明其資格，則機關應決標予該廠商。若無廠商符合資格條件，則機關得依第 19 條第 (1) 項之規定撤銷該採購案。

第六目　評選運作之模式

機關於實施電子拍賣系統時，機關應否提供以前採購相同標的之評選試算項目？廠商於投標後是否可得知其評比後之排序？等由於各國作法不一，採購工作組將之歸納為下列三種[45]：1. 模式一：機關將各項評選之項目在實施電子拍賣方法時予以公開，通常以最低標廠商為得標廠商，投標廠商不論於機關實施電子拍賣方法中或結束時，均可得知其標價之排序。2. 模式二：機關將以前各項評選之項目，包括廠商投標後依該評選標準經評比後之試算排序，在實施電子拍賣方法之前便予以公開，各項評選之項目均以數字比率計算之，廠商可得知其投標後之實際排序，故投標廠商不論於機關實施電子拍賣措施中或結束時，均可得知其標價之排序。3. 模式三：機關並不會將以前各項評選之項目，在實施電子拍賣方法之前予以公開，廠商依機關公布於電子拍賣中的評選規定（通常依標價）投標並被排序，廠商並不知其投標後之實際得標者，故投標廠商不論於機關實施電子拍賣方法中或結束時，均不知其標價之排序。

在上述三種模式中，模式一符合採購充分及公平競爭之法理，採購工作組各成員國對之並無異議，最值得採行；至於模式二的電子拍賣系統雖正在歐盟各成員國實施中[46]，然而若干採購工作組成員國對於模式二之採購作業透明度及競爭公平性提出質疑，蓋廠商可能並不了解其試行評選結果之排序是否影響投標後之實際排序，若機關不能將前後排序之關係予以明確及詳細規定，則該質疑並非全無理由；而其中模式三之採購程序最不透明，機關有可能將非公布於電子拍賣中的評選項目逕行以之評選，然廠商始終處於瞎子狀態，無從提出異議及申訴，雖仍為若干美國採購機關使用，但不為 UNCITRAL 之採購工作組所建議[47]。

第七目　招標文件

機關辦理電子拍賣必須公告之招標文件與傳統招標文件並不完全相同，2007 GPA Article VII 2 規定機關於公布招標文件（notice of intended procurement）時，除應載明採

---

[45] U.N. Doc. No. A/CN.9/WG.I/WP.35，同上註，¶ 33。

[46] U.N. Doc. No. A/CN.9/WG.I/WP.35，同上註，¶ 31-2。

[47] Yukins, *A Case Study in Comparative Procurement Law*，同註 9，頁 470-3。

購之主體、客體、交付口期或期限、投標之時間及地點、使用語文、投標文件及所需證明，投標廠商之基本資格…等外，並應列明採購方法是否使用電子拍賣或須以協商方式爲之，而歐盟 2004/18/EC 指令第 54 條第 3 項規定，以電子拍賣採購之標的應以可量化或可以數字或百分比說明其價值者爲限，機關並應公告其發布資訊之電子設備（equipment）及連線（connection）之規格等，至於 UNCITRAL 2011 示範法第 53 條則對邀請廠商參與採購有甚爲詳細的規定，較 GPA 及歐盟指令更具體且實用，其部分內容已包括 GPA 及歐盟指令之內容，內容摘要如下：機關應於邀請廠商參與採購程序之通知中包括下列事項：(a) 採購機關之名稱及住所；(b) 對採購標的之敘述及期待或要求該標的之交付之時間及地點；(c) 機關所知悉的採購契約條款及應由雙方簽署之任何契約表格；(d) 機關遵守不歧視原則之聲明；(e) 用以確定廠商資格之標準及程序，及廠商依第 9 條規定爲證明其資格而必須交付之書面證明或其他資料；(f) 機關檢查廠商投標文件之標準及程序；(g) 機關依第 11 條條文之要求，評定廠商投標文件之標準及程序，包括將在拍賣之評選程序中使用之數學公式；(h) 廠商說明及表示標價的方法，包括標價是否包含採購標的成本以外之要素，例如運輸及保險費、關稅及其他稅項；(i) 制定及表示標價之一種貨幣或數種貨幣；(j) 爲確保有效競爭，機關爲舉行拍賣而要求登記參與拍賣之最低廠商數目；(k) 如機關依本條第 2 項規定得限制廠商參與拍賣之數目，則允許最多能邀請登記參與拍賣之廠商數目，及選擇該數目廠商之標準及程序；(l) 廠商參與拍賣程序之進入方法，包括聯接該拍賣程序之適當資訊；(m) 廠商得登記參與拍賣之要求及截止期日；(n) 開啓拍賣程序之期日及時間及開啓時認證投標廠商之要求；(o) 規定結束拍賣程序之標準；(p) 其他規範電子拍賣行爲之規定，包括投標者於拍賣程序進行中可獲得之資訊，可使用之語言及投標廠商可投標之條件；(q) 與本法及與採購程序直接相關之採購行政命令及其他法令，包括適用於機密採購之法令，及查詢該等法令之地點；(r) 廠商得尋求有關澄清採購程序資訊之方法；(s) 廠商就本採購程序得聯絡之採購官員姓名、職銜及地址；(t) 依本法第 64 條規定，廠商得提出異議之規定及提出異議之期限及應附之理由等訊息；(u) 爲使廠商所得之標產生效力所應踐行之程序，包括第 57 條規定機關審查廠商資格及投標文件之規定及第 22 條規定應簽署之採購契約；(v) 由採購機關依據與投標有關或與採購程序相關之本法及採購法規所制定之任何其他要求。

　　2011 示範法第 53 條及其他條文對於有意參加電子拍賣之投標廠商提供甚爲詳盡且實用的規定，可供我國政府採購法主管機關於修正「投標須知範本」[48]時作爲參考。

----

48 現行投標須知範本之內容並不能完全適合電子拍賣之情況，行政院公共工程委員會提供該範本之網址爲 http://www.pcc.gov.tw/pccap2/TMPLfronted/ChtIndex.do?site=002，查詢日期：2010 年 10 月 20

第八目　得標廠商因故不能履約

得標廠商因故不能簽約時，例如廠商人格消滅，機關究應決標予次佳之廠商，抑或重新啓動招標程序，包括使用電子拍買方法或其他採購方法？UNCITRAL 已注意次佳之廠商有可能已知得標廠商因故不能履約，而故意拉大其與得標廠商決標價格之價差而獲利，故考慮機關應重新啓動招標程序，即不應決標予次佳之廠商，但修正版示範採購法第 51 條 (3) 規定機關應決標予次佳或價格次低之廠商，2011 示範法第 57 條 (2) 有相同之規定[49]。

第九目　檢討

拍買方法係各國於最近十年內發生並盛行的採購方法，各國採購機關應徹底研究拍買之實務運作情形、理論基礎及改進方法等，以免發生未公平對待廠商，違反法令或錯誤設計電腦系統等現象，在各國討論電子拍買方法之相關文獻中，以討論美國聯邦政府之文獻數量較爲豐富，研究內容亦較爲深入，本文即以之做爲主要研究對象，藉收參考及策進之效果。

一、美國政府之經驗

美國賓夕法尼亞州率先於 1999 年使用電子拍買方法採購燃煤及供車牌使用之鋁料等財物，共節省 850 萬美元，2001 年 1 月德州聖安東尼市（San Antonio）以此法採購急救設備，共節省了 40% 的支出，2001 年 6 月明尼蘇達州以此法採購鋁料，拍買程序只費時 45 分鐘，卻節省 17 萬 5,000 元，等於節省了累積 5 年的總額，美國國防部有鑑於此法可節省巨額公帑，其所屬之採購機關亦逐漸使用此方法進行採購[50]，部分採購機關則委請廠商設計其辦理電子拍買採購程序所需之電腦軟體以採購財物，亦委請廠商以

日。

[49] U.N. Doc. No. A/CN.9/590，同註 37，¶ 92。機關重新啟動招標程序，就理論而言，將增加採購之成本，但可防止次佳廠商故意抬高價格，故本文認爲若機關確認次佳廠商無故意抬高價格之情形，則決標予次佳廠商可節省採購之成本。

[50] 例如陸軍電子通訊指揮部（Communications-Electronics Command, CECOM）於 2000 年 5 月以此法採購電傳機，結果較總務署（General Service Administrative, GSA）所列價格便宜 20%，其後又採購二台電腦共 3,280 美元，較 GSA 所列價格便宜 50%。又如美國海軍採購修理核子裝備所使用的手套，依傳統採購方式之價格是每只 75 分，後海軍擬使用電子拍買方法採購，結果廠商之竟以每只 19 分報價，海軍認爲此價格已不可能再低，遂最後決定未用電子拍買方法採購。Susan L. Turley, *WIELDING THE VIRTUAL GAVEL*，同前註 33，頁 4-5。麻薩諸塞州於 2001 年以電子化採購共節省 72% 的採購時間，M. Jae Moon, *State Government E-Procurement in the Information Age: Issues, Practices, and Trends*, in The Procurement Revolution 280 (2003).

電子拍買方法代為採購所需之財物，採購機關亦以此方法採購其所需之勞務[51]。

　　電子拍買之所以節省公帑，乃因廠商之報價係處於動態狀況，又因廠商可多次報價，所以願意在市場允許情況下盡力分次降低其報價以求得標，又機關使用電子拍買方法時，通常僅需數日或數小時便可決標，相較於傳統採購方法，需數周或數日方可決標，可有效縮短決標時間。

　　電子拍買方法固然有其優點，但與傳統書面作業方式，甚至是以電子化採購相較，係全新的採購方法，再者美國並無聯邦法規明確規範電子拍買之行為，導致各機關對之認知及作法並不一致，美國國防部部長辦公室於 2001 年發布採購商業品項之手冊（*Commercial Items Handbook*）中，肯認電子拍買可促進廠商競爭，並有效降低採購成本，然僅予以原則性的敘述，並無具體規範[52]。以美國國防部所屬之陸、海、空軍為例，陸軍自行設計以網路及軟體為基礎的電子拍買系統，以利於分散於全球的採購機關使用，並排除委外辦理以電子拍買採購之可行性；海軍原先委請廠商辦理，後則決定自行建立系統辦理，其採購之標的物自電燈泡至冷凍馬鈴薯等，甚為廣泛，由於電子拍買可節省巨額公帑，海軍希望能擴大辦理；空軍於採用陸軍所提供之軟體，並以電子拍買方法自行辦理若干採購案後，並不認為電子拍買的採購方法能節省政府公帑，因此決定其所屬之機關得委請總務署（General Service Administrative, GSA）或海軍以電子拍買的採購方法代為採購，亦得自行辦理之[53]。

　　因機關使用電子拍買之成效良好，美國國防部亦嘗試以電子拍賣（forward auctions）取代傳統拍賣方式，以處理其剩餘、報廢及捕獲之物資[54]。

二、法律分析

　　由於美國各採購機關逐漸使用電子拍買之方法辦理採購，在實務中即發生影響其合法的效力兩個法律問題：一、電子拍買是否合法？二、電子拍買是否易引起廠商圍標，而有不公平競爭之情事？分別說明如下：

---

[51] 例如 GSA 曾於 2000 年 12 月建立 Buyers.Gov 網站，以電子拍買方法採購資訊產品，見 U.S. General Service Administration, "DFAS Gets 'Best Buy' Through Federal Government's Largest Ever On-Line Reverse Auction General Services Administration Officials Estimate Cost Avoidance in Excess of $2.2 Million" dated September 26, 2000. 網址：http://www.gsa.gov/portal/content/100610，查詢日期：2010 年 11 月 27 日。2001 年 GSA 委請 5 家廠商以同樣方法採購資訊產品。Susan L. Turley, *WIELDING THE VIRTUAL GAVEL*，同前註 33，頁 8-10。

[52] The Office of the Secretary of Defense, Acquisition, Technology, and Logistics (Acquisition Initiatives), *Commercial Items Handbook* (version 1.0), November 2001, 網址：http://www.acq.osd.mil/dpap/Docs/cihandbook.pdf，查詢日期：2010 年 12 月 27 日。

[53] Susan L. Turley, *WIELDING THE VIRTUAL GAVEL*，同前註 33，頁 11-14。

[54] David C. Wyld, *Transforming Procurement*，同前註 31，頁 394。

(一)電子拍買是否合法之質疑

　　美國聯邦採購政策辦公室法（Office of Federal Procurement Policy Act）之採購正直條款（procurement integrity provisions）[55]禁止任何代表政府之人員故意於決標前將廠商投標文件洩漏於他人，然查機關於實施電子拍買時，應將廠商（以匿名方式處理）所投之標價公布於網路上，任何參與電子拍買的廠商立即知悉投標廠商之標價，機關是否不當洩漏廠商標價？由於聯邦獲得規則（FAR）對於電子拍買方法缺乏明確、具體之規範，因此電子拍買的合法性難免受到質疑，本質疑一直到審計長（Comptroller General）於 *MTB Group, Inc.* B-295463, Feb. 23, 2005, 2005 CPD ¶ 2 案中有明確判斷[56]，始有統一見解，爭議乃告終結，原告主張採購機關於使用電子拍買進行採購有關住屋檢查之勞務時，將其所投之標價公布於網路上，已違反採購正直條款，審計長認為機關公布廠商之報價於網路上，實為進行拍買程序之所必須，再就 FAR 之規定而言，FAR § 1.102(d) 規定凡未被禁止之採購程序均屬合法，拍買方法符合 FAR 第 13 章所要求簡化採購程序之規定，並具有適當、效率、經濟及創新等特性，機關可考量採購案件之性質，儘可能使用電子商務進行採購，故機關之行為並無不當；再就採購正直條款之規定而言，41 U.S.C. § 423(a) 並非絕對禁止公布廠商之標價，41 U.S.C. § 423(h)(1) 授權各機關得另訂行政命令，可公布廠商之標價或投標文件，又 41 U.S.C. § 423(h)(2) 並不禁止廠商公布其標價或投標文件，亦不禁止廠商接受其他廠商標價或投標文件等訊息，此為聯邦巡迴上訴法院於 *DGS Contract Serv., Inc. v. United States*, 43 Ct. Cl. 227, 236（1999）案中所肯認，故原告之請求應予駁回。

　　自我國法律而言，機關於實施電子拍買時，應將廠商所投之標價公布於網路上，是否違法？政府採購法第 34 條第 4 項規定：「機關對於廠商投標文件，除供公務上使用或法令另有規定外，應保守秘密。」先就廠商之標價是否為「秘密」而言，機關於網路上公告某廠商報價，該廠商之競爭地位並未受實質侵害，機關於未來獲得投標文件之能力亦不受侵害，機關並無將之認定為秘密之理由。再就採購契約之本質本應公開而言[57]，機關公布廠商之報價，應無侵害廠商隱私資訊之可言；由於電子拍買方法在我國尚無法律規範，但該方法具有適當、效率、經濟及創新等特性，符合同法第 1 條規定「提升採購效率與功能」之目的，故機關應可依「供公務上使用」之理由公布廠商報價。則我國營業秘密法第 9 條第 1 項規定：「公務員因承辦公務而知悉或持有他人之營

---

[55]　41 U.S.C. § 423(a), FAR 15.608(a) 亦有相似之規定。

[56]　United States Government Accountability Office, 網址：http://www.ago.noaa.gov/ago/acquisition/docs/reverse_auction_decision_gao_B295463.pdf，查詢日期：2010 年 11 月 27 日。

[57]　政府資訊公開法第 7 條第 1 項第 8 款規定：「下列政府資訊，除依第十八條規定限制公開或不予提供者外，應主動公開：八、書面之公共工程採購契約。」

業秘密者，不得使用或無故洩漏之。」及刑法第132條第1、2項規定：「公務員洩漏或交付關於中華民國國防以外應秘密之文書、圖畫、消息或物品者，處三年以下有期徒刑。因過失犯前項之罪者，處一年以下有期徒刑、拘役或三百元以下罰金。」應均無適用之餘地。

　　由於機關對於廠商所投之標價有承諾與否之權利，即機關於開標後決定不與全體投標廠商訂約，或與標價較高，但其他條件較符合機關要求之廠商訂約，均無不可，故決標應解釋為承諾，招標之通知為要約之引誘。至於競標廠商所投之標，依民法第95條規定何時到達機關？由於機關之電子標買程序並不若電子佈告欄系統（Bulletin Board System）或線上及時通訊軟體（Internet Messenger），當事人之意思可為對方立即了解，故電子標買程序中廠商投標之意思表示應為「非對話意思表示」，依電子簽章法第7條之規定，該意思表示送達機關之時間，以機關處於能夠知道，或已在機關所能支配範圍為要件，即以到達機關伺服器時為到達時間；而機關所發出廠商得標與否之通知，以機關之意思表示電子文件進入廠商資訊系統之時間為收文時間。電子簽章法第4條第2項規定：「依法令規定應以書面為之者，如其內容可完整呈現，並可於日後取出供查驗者，經相對人同意，得以電子文件為之。」即機關與廠商間之意思表示必須可完整呈現，且具可讀性，否則意思表示即未生效力[58]。又若因機關意思表示之內容有錯誤，或機關若知其事情即不為意思表示者，機關得將其意思表示撤銷之，但以其錯誤或不知事情，非由機關自己之過失者為限[59]。

(二)電子拍賣是否易引起廠商圍標之質疑

　　電子拍賣系統因係藉由電腦網路進行投標及決標，競標廠商固可能因網路之普及而增加，但亦可能因廠商不熟悉操作方法而減少數目，如果參與之廠商數目過少，是否容易引起價格的操縱，即圍標[60]，而有不公平競爭之情事？雖然電子拍賣之競爭與傳統招標方式的競爭並無本質上的不同，廠商在電子拍賣的程序中，可能因資訊更公開及更公平的競爭，而有展開類似肉搏戰的激烈競爭情形，且目前並無證據顯示電子拍賣將妨礙競爭，但如果參與之廠商數目過少，則廠商之間犯意聯絡之情形將增加，此憂慮將非空穴來風。機關為預防廠商圍標，除可於招標文件中敘明圍標之禁止規定外，亦可要求廠商於投標前必須切結，承諾不得圍標，雖然可預期的嚇阻效果有限，但卻足以作為認定

58　經濟部，電子商務法律適用解析，頁1-2，2004。
59　民法第88條。
60　政府採購法第87條第4項規定：「意圖影響決標價格或獲取不當利益，而以契約、協議或其他方式之合意，使廠商不為投標或不為價格之競爭者，處六月以上五年以下有期徒刑，得併科新臺幣一百萬元以下罰金。」

廠商具有圍標犯意之證明[61]。

三、窒礙難行之疑慮

電子拍買方法係近年因拜科技之賜而發展出的採購方式,各國採購機關、廠商皆在摸索中,雖然有諸多採購機關開始使用此方法,但相較於全部採購金額而言,以電子拍買方法採購之金額仍屬少數,其原因則甚多且複雜,例如:廠商擔心該方法是否將降低其利潤,小廠商是否適合使用此方法?機關亦可能並不了解此方法與社會經濟政策之關連性,又該方法可否適用最有利標之評選?如何設計電腦資訊系統?等,均可能是潛在的窒礙難行之處,有待一一探討。

(一)廠商擔心該方法將降低其利潤

廠商憂慮機關於實行電子拍買方法時,有可能將其商號名稱洩露,亦有部分廠商認為電子拍買之採購方法很容易使其陷入不理智情況而降低其報價,導致降低其利潤,而影響其從事研究的投資,廠商報價過低對機關而言亦有不良影響,蓋廠商可能降低其履約品質,終止契約,或提出訴訟,影響採購任務,則縱使使用電子拍買方法可節省採購時間及成本,亦將喪失其意義[62]。然應如何判定廠商所標價格是否合理?是否能為廠商、機關及市場所接受?亦即如何判定廠商標價是否過低,應有一套完整且合符科學的方法予以解釋及解決[63]。

(二)採購機關疏於訂定周全的競標規則

由於電子拍買方法係一種非傳統的採購方法,各機關於訂定競標規則時,可能疏於注意或缺乏經驗,致訂定不妥適的競標規則,影響採購之進行,例如在 *Pacific Island Mover*, Comp. Gen. B-287643.2, July 19, 2001 CPD ¶ 126 案中,採購機關(美國海軍)訂定之競標規則是:競標過程共 60 分鐘,自當地時間 2001 年 4 月 18 日下午 14:00 開始,但如有競標者於競標程序最後 5 分鐘內投標者,則競標時間將延長 15 分鐘,結果

---

[61] Susan L. Turley, *WIELDING THE VIRTUAL GAVEL*, Susan 並認為若要求廠商於投標前簽定其了解並同意機關於施行拍買程序時,將公開廠商之標價,即廠商有同意之明示,藉以免除機關必須證明廠商具有「默示同意」(implied consent)公開其標價而徹底免除違法之虞,同前註33,頁62。此見解甚為可採,蓋若機關公布廠商各品項之價格,多數法院普遍認為各品項價格係採購契約的一部分,故應公開之,並無損害賠償的問題,例如 *Martin Marietta Corp. v. Dalton*, 974 F. Supp. 37(D.D.C.1997),但在 *McDonnell Douglas Corp. v. NASA*, No. 98-5251(D.C. Cir. 1999)案中,廠商主張若將人造衛星發射的各品項(line item)計價資訊公開,則其他競標廠商將容易以更低標價得標,再者,也容易使得其顧客能有效地議價並將價格向下修正,而其他競標者亦很容易精算出其成本,所以將造成廠商競爭力之實質侵害,故不應公開之,法院同意廠商主張,判決機關不應公開各單價。唐克光,政府公開採購資訊之研究——我國及美國聯邦法制之比較,軍法專刊,第 53 卷第 6 期,2007 年,頁 26-7、40。

[62] Susan L. Turley, *WIELDING THE VIRTUAL GAVEL*,同前註33,頁4-5。

[63] 有關廠商標價過低,見前註 9 及其隨附之本文,本文第肆部分再予分析。

該程序竟一直延長至次日，機關不得不發布修正招標文件之通知，規定競標時間將於 4 月 19 日下午 15：00 結束，未得標廠商認為競標程序有瑕疵，蓋採購機關不應擅自恣意地結束競標程序，審計長雖駁回該廠商之申訴，卻批評本競標程序係屬「欠缺技巧的電子拍賣程序」（an inept reverse auction）[64]。又於 *Royal Hawaiian Movers, Inc.* Comp. Gen. B-288653, October 31, 2001 CPD ¶ 2 案中，採購機關（美國海軍）訂定之競標規則是：競標過程共 60 分鐘，自當地時間上午 09：00 開始，應於 14：00 結束，但如有競標者於競標程序最後 5 分鐘內投標者，則競標時間將延長 5 分鐘，延長次數以 50 次為限，結果 *Royal Hawaiian Movers, Inc* 於 14：09 時 49 秒投出最低標，並經機關判定為得標廠商，引起未得標廠商申訴，海軍事後檢討認為競標程序正確的結束時間為 14：10，於是撤銷招標行為，改以傳統招標方式辦理，卻又引起得標廠商不服，最後審計長駁回得標廠商之申訴，卻強調機關訂定競標程序中基礎競標規則的重要性（importance of having unambiguous ground rules in reverse auctions）[65]。

㈢電腦的正常角色

　　若無電腦作為工具，則電子拍賣是不可能運作的，但電腦在採購中所涉及的層面頗多，可歸類如下：

　　1. 電腦故障

　　一旦廠商已參與電子拍賣程序，卻因故無法連線，或電腦發生故障或因其他事由，致電子拍賣程序被迫中止時，機關宜重新開始該程序。為協助廠商能處理電腦及連線時可能發生的問題，美國陸軍部遂設置專責服務單位，回答廠商的詢問並提供廠商練習該採購方法的機會[66]。

　　2. 電腦自動決標之適法性

　　若採購機關將諸如評選、決標、履約及判斷廠商成本之合理性等工作交由電腦處理，是否違反了美國聯邦採購政策辦公室（Office of Federal Procurement Policy, OFPP）發布第 OFPP 92-1 指令[67]所揭櫫的應由採購機關行使公權利之指示？事實上，電腦可以在拍賣程序完成後 1 分鐘時間內，完成下列動作：1. 由全部的投標電子文件中判斷廠商資格是否合格及標價合理性；2. 以電子郵件通知得標廠商；3. 要求廠商簽約等，以電腦

---

[64] United States Government Accountability Office, 網址：http://archive.gao.gov/legald425p10/a02364.pdf，查詢日期：2010 年 11 月 27 日。

[65] United States Government Accountability Office, 網址：http://archive.gao.gov/legald425p10/a02467.pdf，查詢日期：2010 年 11 月 27 日。

[66] Susan L. Turley, *WIELDING THE VIRTUAL GAVEL*，同前註 33，頁 34-6。

[67] OFPP Policy Letter 92-1 TO THE HEADS OF EXECUTIVE AGENCIES AND DEPARTMENTS, "SUBJECT: Inherently Governmental Functions". 網址：http://wdr.doleta.gov/directives/attach/UIPL/UIPL12-01a2.pdf，查詢日期：2010 年 11 月 27 日。

處理例行性的採購案件技術上並無困難，如此便可省下採購機關大量時間，因此採購人員得以有更多時間專注於處理複雜的採購案件，但這樣的採購作業方式有違法之虞，蓋FAR 1.602-1(a) 規定惟有採購官員（contracting officers）方得訂約，FAR 15.303(c) 亦規定惟有採購官員方得決標，OFPP 92-1 指令認為儘管電腦已先進到具備運算標價合理性之功能，但電腦機器仍未具備價值判斷或行使裁量權的能力，因此自不得自行行使公權力[68]，但這問題並非難以解決，若將上述電腦功能僅侷限於機關內部使用，非經採購機關同意不得對外聯絡，換言之，公權力仍由採購機關行使，機關並未移轉其權利，電腦只是採購機關使用之工具，便可避免違法之疑慮[69]。

3. 電腦處理最有利標的可行性

電子拍賣的採購方法除以目前最常見的最低標作為決標的標準外，可否依最有利標的評選標準，經綜合評量廠商之技術性能及過去履行經驗（past performance）等項目，而以非最低標廠商為得標廠商？部分廠商對此曾有強烈懷疑，但依法理而論，電子拍賣不應排除最有利標的評選方法，亦即並不應侷限於最低標的決標方式，再就實務而言，美國廠商 FreeMarkets 公司在以電子拍賣方法採購的 17,000 案件中，約半數案件並非以最低標決標，又美國空軍於 2000 年曾發表研究報告[70]，指出其採購機關在使用電子拍賣方法時，已經以最有利標的方法評選得標廠商，足徵電子拍賣可依最有利標方式決標。

機關依最有利標方式使用電子拍賣辦理採購時，應先訂立評選的項目，包括價格及非價格的項目，並決定廠商的資格條件，再訂立最有利標的得標評選方法，而電子拍賣只是機關與廠商一種協商價格的工具，以美國空軍在 2001 年採購飛機零件案為例，空軍要求廠商必須提出過去履約經驗的證明文件，若廠商未能提出證明文件，則機關便不予其使用者姓名（user name）及密碼（password），該廠商自不能參與電子投標之程序，經檢討此採購方法仍較以書面為主的傳統採購方法快速而且有效。但若機關能在各評選項目設定權重，再交由電腦自動依該權重評定其電子投標文件，豈不更快速而且更具效率？但如此採購方法是否由電腦自行行使公權力？是否違反電腦未具備價值判斷或行使裁量權能力之前提？恐怕不無違法之疑慮，蓋電腦只是供採購官員使用的機器，採購機關不可過分依賴電腦機器，採購官員仍應自為決標等採購行為，故採購機關應妥適地設

---

[68] 同上註。92-1 指令應以維持公眾對採購機關的信賴為目的而設計，蓋由電腦自動決標的系統未必能處理最有利標中非最低標廠商為得標廠商之情形，故公權利應由採購機關行使，而非機器行使。

[69] Susan L. Turley, *WIELDING THE VIRTUAL GAVEL*，同前註 33，頁 37-9。

[70] Memorandum from Assistant Secretary, U.S. Air Force, Subject: Reverse Auction Guidance (19 Feb. 2001) cited by Susan L. Turley, *WIELDING THE VIRTUAL GAVEL*，同前註 33，頁 40。

計及行使電子拍買方法，以免違法[71]。

　　4. 電腦處理社會經濟政策的可行性

　　基於社會經濟（socioeconomic）之理由，政府採購中之若干規定係保障國內廠商[72]，或取得政府認可之環境保護標章使用許可之產品[73]，或保障身心障礙者及原住民者[74]；機關以傳統採購方法辦理採購時，實踐上述的保障措施並無困難，但機關以電子拍買辦理採購時，應如何實踐上述的保障措施？機關應於廠商投標前就先准予依權值調整其標價？亦或於電子拍買程序結束後再調整其標價？其實這兩種方法皆無不可，都應於招標文件中說明，但若機關採用後者方法，則應於招標文件中特別說明，競標廠商於螢幕前所見其他廠商之標價可能不是最終確定的標價，蓋機關尚未依規定調整廠商標價之數額，以避免競標廠商產生誤會[75]。

㈣**將電子拍買勞務轉包之可行性**

　　美國海軍曾委託 eBreviate 公司辦理電子拍買之採購案，對於簡單型採購案，eBreviate 公司收取契約價金 1% 至 2% 的酬金，以 500 至 10,000 美元為限，對於複雜型採購案，則收取每案 20,000 至 25,000 美元的酬金，總務署（General Service Administration, GSA）亦曾委託 Buyers.Gov 公司辦理電子拍買，GSA 須支付每案 2% 至 9% 的酬金[76]。但機關將電子拍買之採購案完全委託廠商辦理，包括契約文件、決標措施等採購行為亦均委託廠商辦理，是否妥適？OFPP 92-2 指令明白指出：若採購行為之本質專屬政府之功能者（inherently governmental functions），例如核准廠商提供之契約文件、評選委員會之評選、決標、履約及判斷廠商成本之合理性等，係屬於行使公權利之性質，則基於公共利益之原則，皆應由採購機關為之，不應委託廠商辦理[77]。

㈤**電子拍買對小廠商的影響**

　　電子拍買對小型廠商將產生何種影響？可為其開拓新商機？抑或易使其遭受大廠商的排擠，而不利於競爭，甚至自市場消滅？欲解答此問題，宜先自電子拍買必備的網際網路（internet）探究，網際網路之發展使得全體企業間更容易及更廉價地交換資訊及進行交易，大廠商固然受益，小廠商亦然，小廠商甚至在電子拍買競標時因其成員較少，容易聚集，並針對投標情況容易快速投標或再投新標價，不若大廠商分散各地，內部之決策或投標程序較慢，小廠商甚至因此較大廠商易取得競爭優勢；再就裝置網際網

----

[71] Susan L. Turley, *WIELDING THE VIRTUAL GAVEL*，同前註 33，頁 43。

[72] 政府採購法第 44 條第 1 項：「…，優先決標予國內廠商。」

[73] 政府採購法第 96 條第 1 項。

[74] 政府採購法第 98 條。

[75] Susan L. Turley, *WIELDING THE VIRTUAL GAVEL*，同前註 33，頁 49-51。

[76] 同上註。

[77] OFPP Policy Letter 92-1，同前註 67。

路之成本及設備而言並非昂貴，小廠商應可負擔，大廠商雖財力較雄厚，但在電子拍買的採購程序中，並未因此而占有優勢；再查電子拍買係一種公平而且公開的採購方法，參與廠商皆可從電腦螢幕中得知自己得標或未得標之理由，小廠商可相信自己已被公平地對待，這種採購方法可增加小廠商對機關的信任，故對小廠商並無不利的影響；在美國陸軍採購實務中，約 60% 至 65% 的得標廠商係小型企業，又美國陸軍曾採購數頭山羊時，甚至有許多牧農參與電子拍買，事實證實彼等牧農對於電子拍買的程序非常熟稔，由此可證電子拍買對小廠商並無不利的影響[78]。

四、適合電子拍買的採購標的

機關使用電子拍買方法採購商業性產品，例如大批衛生紙，由於一般商業品項具有可替代性，所以以電子拍買方法採購並無窒礙難行之處，但若採購之標的物係構造複雜，或特別為機關設計之非商品，例如飛行員之緊急逃生彈射椅，則可否以電子拍買方法採購之？此誠引起爭論，有認為以電子拍買方法採購該採購之彈射椅恐有安全顧慮者，但亦有人持反對意見，並主張只要該彈射椅能通過檢驗，不論以電子拍買方法採購或以傳統方法採購，所獲得之標的物並無不同，另尚有主張機關可使用電子拍買方法採購特別為機關設計之非商品，但不宜採購具研發性的標的物[79]。目前尚無統一定論[80]。

電子拍買方法是否適合勞務採購，例如：訓練、保全、車輛保養、印刷、住宿等勞務？蓋機關於採購勞務時，是否常由於勞務內容甚為複雜或機關不能精確地訂立規格，而恐有降低採購品質之虞？2002 年美國國防授權法（2002 National Defense Act）曾要求國防部於採購勞務時應建立與採購財物相同之管理架構（management structure）[81]，然此要求可否經由電子拍買方法實現？欲解決此疑問，應先確定採購機關完成採購任務的幾個基本要件：1. 機關能訂立完整而精確的規格；2. 廠商應在充分及公平的情形下競爭，機關能達成此二基本要件，方可採購其所需的勞務，電子拍買是一種採購方法，與規格之訂立是否完善與否係兩件不同事情，若機關不能訂立精確的規格，縱使以傳統方法辦理採購，仍可能降低採購品質，反之，機關若能訂立精確的規格，則仍可以電子拍

---

[78] Susan L. Turley, *WIELDING THE VIRTUAL GAVEL*，同前註 33，頁 47-9。

[79] 本文認為機關於採購構造複雜之標的物時，常須與廠商協商規格、功能及特性等，此於採購研發性標的時最為常見，故應先進行協商，再以電子拍買方法辦理廠商價格之競爭，至於廠商是否專為機關設計，似與使用電子拍買方法與否無關。

[80] Susan L. Turley, *WIELDING THE VIRTUAL GAVEL*，同前註 33，頁 43-5。

[81] 該條文要求各機關之負責人員應蒐集廠商資訊，並將之詳予分析，為美國之利益而訂立採購契約，SEC. 801. MANAGEMENT OF PROCUREMENT OF SERVICES, NATIONAL DEFENSE AUTHORIZATION ACT FOR FISCAL YEAR 2002, PUBLIC LAW 107-107-DEC. 28, 2001. 網址：http://www.dod.gov/dodgc/olc/docs/2002NDAA.pdf，查詢日期：2011 年 1 月 27 日。

買方法採購勞務。

第十目　小結

　　電子拍賣係電子商務所衍生的一種全新採購方法，可用以彌補傳統採購方法之不足，由於越來越多的機關及廠商均認可此種採購方法，由理論及實務證明該採購方法並無 UNCITRAL 於早期所憂慮之情形發生，實證結果包括：電子拍賣可適用於最有利標、並無妨害競爭的問題、可促使機關訂立更爲精確的規格、程序可予以妥適規範等，證實其可行性，各國諸多採購機關已逐漸使用電子拍賣方法，此實爲世界趨勢，我國必須因應此潮流，及早蒐集各國經驗、UNCITRAL[82] 及 GPA 2007[83] 等文獻，訂頒相關法令及

---

[82] UNCITRAL 修正版示範法第六章規定電子標買，自第 53 條至第 57 條共 5 條文，分別摘錄如下。其中第 53 條 (1) 共臚列 22 項邀請廠商參與電子拍賣時應公告事項，已如前述，本條文第 2 項至第 4 項及其他條文仍有諸多關於電子拍賣之規定，具有參考價值，本文摘錄重點於下：

第 53 條（機關以電子拍賣為單一採購方法）

(1) 機關得考量其所能提供廠商參與電子拍賣之負荷能力，限制最多可辦理登記參與廠商之數目。機關於選取參與廠商時，不得有差別待遇之行為。機關應說明其限制參與廠商數目之事實情況及理由。

(2) 機關得考量採購案件之特性，決定廠商於參與應參與電子拍賣之前應先經機關對其初始標（initial bids）之檢查或評定，機關發出之邀標文件中除包括 (1) 項所列之事項外，尚應包括下列事項：

　(a) 廠商投初始標之邀請及廠商應如何準備初始標之說明。

　(b) 廠商投初始標之方式、地點及截止時間。

(3) 機關決定先審查或評選廠商所投之初始標，再進行電子拍賣程序時，應於完成審查及評選廠商所投之初始標後，立即完成下列事項：

　(a) 通知其初始標被拒絕之廠商，並載明拒絕之理由。

　(b) 如廠商所投之初始標係合格標，機關應邀請其登記參與電子拍賣，並應提供其參與電子拍賣之一切必要訊息。

　(c) 如機關已進行評選廠商所投之初始標，應於邀請廠商登記參與電子拍賣之通知中載明評選之結果以供廠商參考。

第 54 條（機關於決標前實行電子拍買之措施）

(1) 如機關於其他採購方法中，例如限制性招標、二階段開標等，先使用電子拍買方法後再行決標時，應於招標時通知廠商本採購將以電子拍買方法進行，及下列事項：

　(a) 於拍買之評選程序中所使用之數學公式。

　(b) 進入電子拍買之方法，包括連線之資訊。

(2) 機關應於拍買之前，邀請仍在採購程序之廠商參與電子拍買，並應通知下列事項：

　(a) 廠商為參與電子拍買必須先登記之要求，及登記之截止期限。

　(b) 拍買開始日期及時間及拍買開始時對投標廠商身分辨別的要求。

　(c) 拍買結束所適用之標準。

　(d) 電子拍買之其他行為規定，包括應在拍買程序中機關將提供投標廠商之資訊及廠商得投標之條件。

(3) 如機關已進行初始標之評選，應將評選結果通知各受邀請參與電子拍買之廠商以供其參考。

第 55 條（廠商登記參與電子標及機關保留拍買之時機）

(1) 機關應分別將登記拍買之事實立即通知已辦理登記參與拍買之廠商。

(2) 機關認為登記參與拍買之廠商數目不足以確保有效競爭時，得撤銷該電子拍買。機關應立即將撤銷該電子拍買之行為分別通知已登記之廠商。

(3) 機關基於其合理之需求，應訂定自發出邀請廠商參與拍買之通知起至拍買止充足之時間，以利廠商

作業手冊或準則，作為機關及廠商依循之依據，但由於電子拍買畢竟是全新的採購方法，世界各國仍處於摸索階段，究應詳細規定諸多細節？或僅原則性地規範以保留適用餘地？則尚有商榷之餘地。

政府採購法第 93 條之 1 規定：「機關辦理採購，得以電子化方式為之，其電子化資料並視同正式文件，得免另備書面文件。前項以電子化方式採購之招標、領標、投標、開標、決標及費用收支作業辦法，由主管機關定之。」[84]似可加列「廠商得以電子化投標方法參與電子拍買。電子拍買之作業辦法，由主管機關定之。」先賦予電子拍買之合法性，即廠商可連續以電子化方式投標之合法性，再由主管機關研究訂立完善之作業辦法後，機關便得實施電子拍買。

由於廠商於參與電子拍買程序時，機關可公布其標價，其他廠商皆可得知彼此標價，採購機關之行為雖不致觸犯刑法、營業秘密法及政府採購法之罪，但卻有可能構成民事侵權，又為避免參與廠商有價格的操縱，即圍標之行為，故機關宜要求廠商於投標之初，應填寫放棄一切向機關求償權之書面同意，並切結絕不從事圍標之行為，以確保

準備拍買事宜。

第 56 條（拍買進行中之要求）

(1) 電子拍買應依據下列事項辦理：

　　(a) 價格，如機關以最低標決標。或

　　(b) 如機關以最有利標決標，依第 53 條及第 54 條之規定，對投標廠商所規定之價格及其他標準進行評選。

(2) 於拍買進行中：

　　(a) 全體投標廠商應有平等及連續投標之機會。

　　(b) 機關應依第 53 條及第 54 條所規定之標準、程序及程式，建立對一切所投之標自動評選之機制。

　　(c) 廠商於投標時應可立即、連續受取充分訊息，使其能確定其標價與其他廠商標價之位置。

　　(d) 除 (a) 及 (c) 之規定外，機關與廠商間或廠商彼此間不得有聯絡情事。

(3) 機關於拍買程序中不得洩露任何廠商之身分。

(4) 機關應依第 53 條及第 54 條對投標廠商所規定之標準，結束拍買程序。

(5) 機關遇有其通信系統故障並危及拍買之正常進行，或有其他規範電子拍買行為所列之理由時，應暫停或終止電子拍買程序。機關暫停或終止電子拍買程序時，不得洩露任何廠商之身分。

第 57 條（拍買程序後之要求）

(1) 廠商於拍買結束時所投之最低標或最有利標，以適用者為準，為得標廠商。

(2) 機關於拍買前未審查廠商所投之初始標者，應於拍買結束後審查得標廠商所投之標是否符合規定及廠商是否符合資格，如廠商所投之標不合符規定或廠商不否符合資格，機關得撤銷其得標資格，並在不影響機關依第 19 條 (1) 規定撤銷採購權利之情形下，選擇次低標或次最有利標之廠商為得標廠商，但以該次低標或次最有利標之廠商所投之標符合規定且廠商資格符合規定者為限。

(3) 機關於拍買程序結束後，認為廠商之標價有非正常過低之情形並引發對其履約能力之虞者，得採行第 20 條所規定之程序。如機關依第 20 條規定以廠商標價偏低，拒絕其為得標廠商者，得選擇次低標或次最有利標之廠商為得標廠商。本條文之規定並不影響機關依第 19(1) 所規定撤銷採購之權利。

[83] GPA 2007 Article I(e) 對電子拍買之定義、Article V3 電子工具之使用、Article VII 通知、Article XIV 電子拍買之要求等，已於本文中敘述或其內容與 2010 修正版示範採購法重複，故不再贅述。

[84] 主管機關於 2002 年訂定「電子採購作業辦法」。

電子拍賣程序之合法性。

　　機關應防止電腦自動決標並通知廠商得標與否之現象，政府採購法第 95 條第 1 項規定：「機關辦理採購宜由採購專業人員爲之。」故電子拍賣之各項行爲亦宜由採購專業人員爲之，我國法律雖無行政處分必須由公務員方得爲之的規定，行政程序法第 92 條第 1 項規定：「本法所稱行政處分，係指行政機關就公法上具體事件所爲之決定或其他公權力措施而對外直接發生法律效果之單方行政行爲。」亦未規定電腦機器不得爲行政機關爲行政處分，但招標、投標、開標及決標等行爲，包括判斷廠商之「相當經驗、實績、人力、財力、設備等之廠商」（政府採購法第 36 條）等，則甚難由電腦機器獨立完成判斷，而「行政機關爲處分或其他行政行爲，應斟酌全部陳述與調查事實及證據之結果，依論理及經驗法則判斷事實之眞僞」（行政程序法第 43 條前段），應由採購專業人員爲之方爲妥適，換言之，電腦機器僅爲採購專業人員所使用之工具，非經人員同意，電腦機器不得對外代表機關爲處分行爲。

第四款　廠商標價非正常過低

　　依據 UNCITRAL 2011 示範法（2011 Model Law）第 20 條「機關拒絕廠商非正常過低之標價」（Rejection of abnormally low submissions）規定[85]：

(1) 若機關決定廠商之報價及其他組成要素事項（in combination with other constituent elements of the submission）對採購之標的有價格過低之情形，認有影響其履約能力之虞，且已完成下列事項者，得拒絕其爲得標廠商：

　(a) 機關已以書面通知廠商，認爲其投標文件中有影響履約能力之虞，並請廠商說明之；

　(b) 機關已考量廠商之說明及投標文件之記載事項，但仍認有影響其履約能力之虞；

(2) 機關應將其虞慮及理由併同與廠商之一切聯絡紀錄，於採購紀錄中登載，並應即將拒絕該廠商爲得標廠商之決定及理由登載於採購紀錄中並即通知該廠商。

　　2011 示範法並未定義「非正常過低」（abnormally low）之標價，然政府採購工作組於 2005 年 11 月於立法說明中指出[86]，機關認爲廠商之標價似「非實在」（unrealistic），即其標價低於成本，或廠商依此價格以獲得一般利潤並非可行

85　"UNCITRAL Model Law on Public Procurement" pre-release (08 August 2011), 同註 6。

86　U.N. Doc. No. A/CN.9/WG.I/WP.40/Add.1, pp. 10-11, 網址：http://daccess-dds-ny.un.org/doc/UNDOC/LTD/V05/871/17/PDF/V0587117.pdf?OpenElement，查詢日期：2011 年 1 月 27 日。

（feasible），則可懷疑該標價係非正常過低之標價。廠商之上述標價可能肇因於誤解或其他錯誤。自機關的立場而言，廠商之非正常過低之標價將產生致使其不能履約，或必須另行增加其成本，或遲延履約進度等危險，機關因此有必要採取方法以避免該危險。GPA 2007 中第 15 條「投標文件之處理及契約決標」（Treatment of Tenders and Contract Awards）之第 6 項亦有相似規定，但並未定義「非正常過低」之標價，似授權由機關認定之。

2011 示範法第 20 條條文僅要求機關進行各廠商價格資料之比較，是否有意排除成本資料[87]之要求及比較？政府採購工作組於 2005 年於其工作報告中認為機關應以價格實現分析法（a price realism analysis）判斷廠商標價是否過低[88]，又此問題之解決可自政府採購工作組 2005 年 11 月於立法說明中一見端倪，若機關認為廠商標價係非正常過低，得要求廠商於接獲通知後，以書面詳細說明其標價各項組成要素事項（details of constituent elements of tenders），包括[89]：

(a)財物製造程序或工程施工方法或提供勞務之方法及經濟性（economics）；
(b)廠商所選定之技術性解決方案及／或任何於執行工程、財物或勞務時所可預期非常有利之情況；
(c)廠商所提出工程、財物或勞務之原始性。

該立法說明係源自於歐盟於 2004 年 3 月 31 日所發布「協調各提供水、能源、運輸及郵務之機關的採購程序」之 2004/17/EC 指令第 57 條的規定[90]，一般學者均認為所謂

---

[87] 價金分析（price analysis）和成本分析（cost analysis）之區別，在於價金分析係指審查並評估廠商之報價，但還不須要評估廠商之成本、利潤等項目，故可就其他報價進行比對，或從公開出版之價格表及市場調查…等進行分析，FAR 15.404-1(b)。而成本分析是就從廠商的投標文件中分析並評估其不同的成本項目及建議之利潤，以判斷其履約之經濟性及效率性，FAR 15.404-1(c). 詳見唐克光，政府採購中成本計價型契約之種類及其適用——以美國聯邦政府為中心，軍法專刊，第 51 卷第 11 期，2005 年，頁 15。

[88] U.N. Doc. No. A/CN.9/590, ¶ 109, 網址：http://daccess-dds-ny.un.org/doc/UNDOC/GEN/V05/901/25/PDF/V0590125.pdf?OpenElement，查詢日期：2011 年 1 月 27 日。

[89] (1)…Those details may include:
(a) the methods and economics of the manufacturing process for the goods or of the construction methods or of the services provided;
(b) the technical solutions chosen and/or any exceptionally favourable conditions available to the tenderer for the execution of the construction or for the supply of the goods or services;
(c) the originality of the construction, supplies or services proposed by the tenderer. U.N. Doc. No. A/CN.9/WG.I/WP.40/Add. 1, pp.10-11, 網址：http://daccess-dds-ny.un.org/doc/UNDOC/LTD/V05/871/17/PDF/V0587117.pdf?OpenElement，查詢日期：2011 年 1 月 27 日。

[90] DIRECTIVE 2004/17/EC OF THE EUROPEAN PARLIAMENT AND OF THE COUNCIL of 31 March 2004 coordinating the procurement procedures of entities operating in the water, energy, transport and postal services sectors, 網址：http://eur-lex.europa.eu/LexUriServ/LexUriServ.do?uri=OJ:

「各項組成要素事項」（constituent elements）係指價金分析，但似亦有包括成本分析的可能性，但由於成本分析所涉程序甚為繁瑣，故仍應以價金分析為主較妥，UNCITRAL顯已參考了美國聯邦獲得規則（FAR）之立法例而訂定[91]。由於 FAR 對價格分析及成本分析皆有甚詳盡之規定，對於機關判定廠商標價是否有非正常過低之情形頗具參考價值，分別摘要說明如下。

<h2 style="text-align:center">第一目　價金分析</h2>

FAR 15.404-1(b) 對價金分析規定可歸類如下：

一、定義

價金分析係指審查並評估廠商之報價，但尚不須評估其各別成本要素及利潤。機關於具充分價格競爭性的市場中採購時，不得要求廠商提交成本資料。機關為評估廠商之報價之合理性，於必要時得對廠商之成本或價金資料進行價金分析。但機關除要求廠商交付成本或價金資料外，已無其他方法判定其標價是否公平及合理時，得要求廠商交付成本或價金資料以外之資料。

二、方法

機關得使用各種不同之價金分析技術及程序以評估廠商之報價公平之合理性，價金分析技術例示如下：

1. 將機關所受領之各廠商標價進行比較，於正常情況下，具充分價格競爭性的市場應可產生公平及合理之標價。
2. 將廠商之標價與機關或其他非機關已支付相同或相似標的之價金進行比較，此技術可適用於同類商業品項之採購。但若該前後之採購時間相距相當久遠，使用之契約條款相當不同，先前採購之價金是否合理尚無法確定，則先前採購之價金不得作為比較之基礎。若前後採購之契約條款、數量、市場及經濟環境不同，機關應調整先前採購之不同情況至相同基礎，再行比較。機關應徵求技術專家提供意見。
3. 使用參數估計法（parametric estimating methods）或約略尺度（application of rough

---

L:2004:134:0001:0113:EN:PDF，查詢日期：2011 年 1 月 27 日。Yukins, *A Case Study in Comparative Procurement Law*，同註 9，頁 475-9.

[91]　Yukins, *A Case Study in Comparative Procurement Law*，同註 9，頁 480。有關成本分析的學理及實務，見唐克光，論成本計價型契約中成本及利潤之協商——以美國聯邦政府採購為例，軍法專刊，第 52 卷第 5 期，2006 年，頁 14-46。

yardsticks），例如每磅元或每一馬力或其他單位，以比較廠商標價之不同。

4. 將相同或相似標的之已出版之價目表、市場上之商品價格或折扣等進行比較。

5. 將由政府預估之成本（Government cost estimates）與廠商標價進行比較。

6. 對相同或相似標的經市場研究所得之價格，與廠商標價進行比較。

7. 將廠商所提供之其他非成本或價金資料與廠商標價進行比較。

以上七個方法中，以前二者較佳。但若機關無法取得前採購之標價或契約價金，或不能確定前採購之價金係公平且合理，則得使用其他方法進行比較。

第二目　成本分析

一、定義

FAR 15.404-1(c)(1) 將成本分析定義如下：

成本分析是指對廠商投標文件之各別成本要素及利潤予以檢視及評估（包括成本或價金資料或其他資訊），及在尋求合理經濟性及效率性之目標下，對於廠商所報成本表現至契約成本之良窳予以判斷。

由此定義可知採購機關係從廠商所提供之資料中，使用成本分析之方法以判斷其成本之真實性。

二、使用時機

FAR 15.305 規定如採購時廠商係於充足競爭的情況下，採購機關於使用確定固定價金型（firm-fixed-price）或隨經濟價格調整之固定價金型（fixed-price with economic price adjustment）契約時，除認有須對價金之合理性瞭解之必要外，並不須進行成本分析，但應施行價金分析。如機關之契約係以成本計價（on a cost-reimbursement basis）[92]，則應對廠商投標文件中之成本部分進行成本─實現分析（cost-realism analysis）[93]，以判斷廠商

---

[92] 成本計價型契約（cost-reimbursement contracts）亦稱之成本償還契約，係指採購機關與廠商於訂立採購契約時，僅預估廠商所需之總成本，並不具體約定契約價金，廠商不論工作完成與否，採購機關皆應依約給付其履約時所支付之合理成本。機關支付廠商之成本或利潤，非經機關另行同意，以契約規定者為限之謂。FAR 16.301-1。有關成本計價型契約之體系及條款，見唐克光，論成本計價型契約之體系及條款──以美國聯邦政府採購為例，政大法學評論，第 110 期，2009 年，頁 115-211。

[93] 所謂成本─實現之分析法是指機關對於廠商投標文件中的各要素進行獨立之分析及評估，以判斷所報之成本要素（例如：物料成本、製造的人力成本、製造的間接成本、工程人力成本、間接成本等，見 FAR 15.408, table 15-2）在履約中是否切合實際（realistic）？是否充分瞭解招標文件的要求？是否符合報價中對履約及物料之陳述？機關於使用成本計價型契約時，均應進行此分析以判斷廠商在履約中可能發生的成本，並作為決標之依據。採購機關於使用固定價款加誘因型契約（fixed-price incentive

之履約成本、對招標文件之瞭解程度及廠商之履約能力。FAR 15.403-1(c)(i)(B) 亦規定，機關於發現可能得標之廠商其標價有不合理之情形時，亦得對其標價進行成本分析。

三、基本方法

FAR 15.404-1(c)(2) 規定成本分析之基本指導如下：

(2) 政府得於各種獲得之情形下，使用不同之成本分析技術及程序以確保價金之公平及合理性，各種技術及程序包括但不限於下列各種情形：

(i) 對成本或價金資料予以證實或對各成本要素予以評估，包括

　　(A) 廠商所報成本之必要性及合理性，包括對於偶發事件所支付之費用；

　　(B) 以廠商現時及過去成本或價金之資料，研判未來廠商的成本趨勢；

　　(C) 以適當校準及適法之媒介變數模式（appropriately calibrated and validated parametric models）研判其預估之合理性，或以成本與預估關係，研判其預估之合理性；及

　　(D) 使用已查核或協商之間接成本率、人工率、及資金成本或其他成本因素。

(ii) 評估以廠商現行之實務上作法對於未來成本之影響。採購官員於進行此評估時，應確保廠商過去實務中不合效率或不具經濟之效應不得於未來發生。採購官員於評估最新研發複雜裝備之生產價金時，不論其價金穩定與否均應對其基本人工及物料進行趨勢分析（a trend analysis）。

(iii) 將廠商所報之各種成本要素與下列進行比較

　　(A) 同類廠商支付之實際成本；

　　(B) 該廠商或其他廠商過去對相同或相似品項之成本預估數額；

　　(C) 其他因政府要求而提供之成本預估數額；

　　(D) 由工程人員所預估之政府成本數額；及

　　(E) 對計畫性支出之預判。

(iv) 證實廠商之成本資料及報告係符合 FAR 第 31 章所規定之契約成本原則及程序，及如情況許可，符合 48 CFR 第 99 章所規定之要求及程序（為 FAR 活頁版之附件）。

----

contracts）或固定價金型契約（fixed-price-type contracts）時亦得進行此種分析。FAR 15.404-1(d)(2). Ralph C. Nash, Jr., Steven L. Schooner, Karen R. O'Brien, The Government Contracts Reference Book 146 (1998). 除成本—實現之分析法外，FAR 15.407-4 尚規定應列成本（Should-cost）之分析方式，詳見唐克光，論成本計價型契約中成本及利潤之協商，軍法專刊，同前註91，頁33。

(v) 檢視廠商是否已以書面提交一切使其投標文件具精確性、完整性及現時性之成本或價金資料，如廠商仍有未提交之情形，則採購機關於使用或考量該等不完整資料時，應盡力獲得完整之資料。

(vi) 在評估分包廠商成本（見 FAR 15.407-2）時，分析自行產製或向外採購之效果。

四、成本或價金資料

誠實協商法（Truth in Negotiations Act, TINA）10 U.S.C. § 2306a(h) 規定：所謂「成本或價金資料」係指除契約另行約定外，於契約訂立之時，能有意義地（significantly）影響謹慎的出賣人或買受人價金協商之一切事實（facts）而言，但不含主觀判斷之訊息（judgmental information），然主觀判斷事實所源自之訊息則不在此限。FAR 15.204-5(b) 規定成本或價金資料均規定於 FAR 15.408 中的表 15-2。

有鑑於誠實協商法在定義中所規定之事實及主觀判斷之訊息不易區分，因此已經廠商記載之成本均屬事實，可區分為成本或價金資料二大類，包括人工率（labor rates）[94]，工時（labor hours）[95]及間接成本（indirect costs）[96]，亦包括物料（materials）[97]之買受等[98]。廠商最近履行相同購案標的之成本會計資料，亦得將之列為成本或價金資料[99]。

如某一訊息同時含有事實資料及主觀判斷之訊息，而成本之預估係基於事實的資料，則該訊息縱使含有主觀判斷之部分，仍屬成本或價金資料[100]。但如資料皆為主觀判斷之訊息則非成本或價金資料[101]。

五、分析程序

FAR 9904.401-20 規定成本會計準則（Cost Accounting Standard, CAS）之目的，係規範廠商所提出之預估成本應與其成本會計實務相符，均須符合成本會計準則之規定。採購機關應依其所報告之預估成本與其成本會計實務比較二者是否相符，以判斷其財務管制能力。該會計準則非但有利於廠商提供可靠之成本資料，亦可改進其對預估成本的

---

[94] *Boeing Co.*, ASBCA 32753, 90-1 BCA ¶ 22,270, *Kaiser Aerospace & Elecs. Corp.*, ASBCA 32098, 90-1 BCA ¶ 22,489.

[95] *Grumman Aerospace Corp.*, ASBCA 35188, 90-2 BCA¶ 22,842.

[96] *Norris Indus., Inc.*, ASBCA 15442, 74-1 BCA ¶ 10,482.

[97] *Grumman Aerospace Corp.*, ASBCA 35188, 90-2 BCA ¶22,842.

[98] John Cibinic, Jr. & Ralph C. Nash, Jr., Cost-Reimbursement Contracting, 530 (2004).

[99] *Hardie-Tynes Mfg. Co.*, ASBCA 20717, 76-2 BCA ¶ 12,121.

[100] *Aerojet-General Corp.*, ASBCA 12264, 69-1 BCA ¶ 7664; *Grumman Aerospace Corp.*, ASBCA 27476, 86-3 BCA ¶ 19,091.

[101] *Litton Sys., Inc.*, ASBCA 36509, 92-2 BCA ¶ 24,842.

能力。廠商應依 SF 1411 標準表格填具各項成本及利潤資料。以下從物料成本（material costs）、直接勞工成本（direct labor costs）、其他直接成本（other direct costs）及間接成本（indirect costs）等分別分析：

㈠物料成本

　　FAR 15.408 之表 15-2（table 15-2）詳列廠商應提出的物料及人力等各項成本要素，廠商應附送各項成本要素之明細表及其資料及文件，各項物料成本包括品項、數量、單價、總價等。此外，廠商應說明其參與競標之程度及所報價金的合理性。如有分包情形，則廠商應說明分包廠商競標情形，亦須提出分包廠商投標價金部分之價金分析，各分包廠商之成本或價金資料必須合符正確、完整及即時性之要求。ASPM[102]第 5 章之 5.1 節對物料成本的分析技術列有詳細之規定。

　　廠商應提出所購物料的報告（a bill of materials）[103]以供採購機關作為檢視其成本資料之主要依據[104]，亦應提出分包廠商的各項成本資料，並說明該項成本資料與本採購案件之關連性，如未說明兩者之關連性，則法院將判斷廠商並未善盡提出成本資料之義務[105]。在 *Conrac Corp. v. United States*, 214 Ct. Cl. 561, 558 F.2d 994（1977）一案中，法院判決如廠商因時間急迫未能提出所購物料的報告，則至少應提出原始資料（raw data），方盡其責任。廠商應依設計圖提出所購物料的報告，不得有以少報多的情形，採購機關應自契約價款中扣除不實部分之價金[106]。採購機關應依廠商實支之價金，而非廠商所收報價單上之價金，覈實支付廠商之成本[107]，然廠商應向採購機關報告為買受物料所收之報價資料，以判斷廠商是否以最經濟之價金購入物料[108]。如廠商所履行係從無前例之嶄新標的時，則該廠商或其他廠商過去支付相同或類似標的物的物料成本資料，便應提送採購機關作為預估成本及覈實支付廠商成本之依據[109]。

㈡直接人工成本

　　所謂直接人工成本是指直接投入該履約（履行單一成本目標，cost objective）工作，而不同時履行其他契約標的之人力，故廠商從事案內製造類之製造、組裝、檢查、測試

---

[102] Department of Defense, Armed Services Pricing Manual (ASPM), Vol. 1 (1986).

[103] 物料報告（a bill of materials）係指廠商為其為履約所需而購入之各種物料而提出的報告。Ralph C. Nash, Jr., Steven L. Schooner, Karen R. O'Brien, The Government Contracts Reference Book，同前註 93，頁 63。

[104] *Sylvania Elec. Prods., Inc. v. United States*, 202 Ct. Cl. 16,479 F.2d 1332 (1973).

[105] *Lockheed Aircraft Corp. v. United States*, 193 Ct. Cl. 86,432 F.2d 801 (1970).

[106] 41 U.S.C. § 254d(a).

[107] *Etowah Mfg. Co.*, ASBCA 27267, 88-3 BCA ¶ 21, 054.

[108] *Bell & Howell Co.*, ASBCA 11999, 68-1 BCA ¶ 6993.

[109] *Hardie-Tynes Mfg. Co.*, ASBCA 20717, 76-2 BCA ¶ 12,121；*Grumman Aerospace Co.*, ASBCA 35188, 90-2 BCA ¶ 22,842.

等工作，及工程類之可靠度、品質控制、設計及其他工作的人力均屬之[110]。廠商應依時段方式計算人工成本以符 SF 1411 標準表格的要求。

1. 工時（labor hours）

廠商應於協商採購契約時，向採購機關具實提出其曾履行相同或相似工作之工時資料[111]，如廠商從未記錄工時情形，則亦應提交導引的數據資料[112]，如廠商使用其預估系統推算工時，則該預估系統亦應一併提出[113]，廠商或用學習曲線（a learning curve）或用標準工資（standard costs）以推算政府應支付之人工成本，其他對人工成本的分析規定均詳載於 ASPM 第 5 章之第 5.2 節、第 5.3 節。

2. 人工率（labor rates）

決定人工成本之因素有二：一是人工數量，另一則是勞動工資；而人工率則是用以計算未來工資率之方法。人工率係指工資增減的比率，從實際成本資料與履約時間長短的比率可推算出應支出之工時及工資，一般均以預估履約期間之中間點為基準予以推算，而該中間點之推算則應由廠商履約期間之人工率導出，在採購契約中可規定長期經濟狀況改變與人工率調整之方法，採購機關應評估廠商期待僱傭之勞工數目是否合理，如勞工數目增加則人工率通常下降，反之，如勞工數目減少則人工率通常上升[114]，ASPM 第 7 章對人工率的分析技術列有詳細之規定。廠商提出之價金及成本資料中應包括人工率之資料。

(三)其他直接成本

廠商為求成本之償還，均依其方式將成本予以歸類（allocation），致各廠商對於其他的直接成本界定範圍不一，有將之歸類為直接成本者，然亦有將之歸類為間接成本者，常見者包括：特別保險、特殊差旅支出、儲存包裝、工廠調整、生產準備期成本（preproduction costs）、顧問費、若干辦事員薪資、運輸成本、工廠保全、權利金、電腦支出、特殊工具成本、電話及電報支出等，採購機關應審查廠商支付該類成本之必要性及其金額之合理性，亦應審查廠商對於該類成本之歸顯是否前後一致，當廠商將該類成本歸類為直接成本，則不得將相似之成本歸類為間接成本，以免廠商溢領金額，詳見 ASPM 第 5 章之第 5.4 節、第 5.5 節。

---

[110] FAR 31.202(a). Ralph C. Nash, Jr., Steven L. Schooner, Karen R. O'Brien, The Government Contracts Reference Book，同前註 93，頁 192-3。

[111] *Grumman Aerospace Corp.*, ASBCA 35118, 90-2 BCA ¶ 22, 842.

[112] *Lambert Eng'g Co.*, ASBCA 13338, 69-1 BCA ¶ 7663.

[113] *Texas Instruments, Inc.*, ASBCA 23678, 87-3 BCA ¶ 20,195.

[114] John Cibinic, Jr. & Ralph C. Nash, Jr., Cost-Reimbursement Contracting，同前註 98，頁 588-91。

㈣間接成本

　　間接成本係指投入是指除直接投入該履約工作以外之任何成本，即同時履行兩個以上成本目標所支出的成本，故凡不能直接歸屬或立即被辨認爲屬於某一物料或勞務之成本均屬之。簡言之，間接成本係支援主要成本（直接成本）之工作，且不能將之直接歸屬於單一契約者。直接成本加間接成本之和便是全部成本[115]。間接成本並不能直接推算至個別成本單位，故應先以合於邏輯的方式彙齊至間接成本庫（pool），然後再分攤（allocate）於各個成本目標[116]。廠商彙集間接成本至帳目聚散中心之方式應合符邏輯的要求，然其方式則無限制[117]，較常見的彙集可分爲：物料（material）、工程（engineering）、製造（manufacturing）等間接製造成本（overhead）、一般及行政支出（general and administrative expenses, G&A）等四種[118]。

㈤利潤

　　FAR 15.404-4(c)(4) 規定：採購機關所協商之價金或利潤不得超過下列限制：(A) 以成本加固定利潤（cost-plus-fixed-fee contract, CPFF）型所簽訂之試驗、發展或研究工作契約，其利潤不得超過契約預估成本，不含利潤的 15%。(B) 對於公共建築及工程之設計、規劃、草圖及規格等之生產及交付之契約價格或預估成本及利潤，不得超過該工程預估成本之 6%。(C) 其他成本加固定利潤型契約，其利潤不得超過契約預估成本，不含利潤之 10%。[119]但成本加誘因費用契約（cost-plus-incentive-fee contract, CPIF）則不受此限；又上列規定係以契約預估成本，而非廠商實支成本，爲計算之基礎，故如廠商實支成本超過預估金額時，則廠商所獲得之利潤將超過法規所定 10% 或 15% 之限制[120]。

　　採購機關應自行推算利潤目標，不得要求廠商提出利潤資料，但廠商如志願提出資料，則機關得考量之[121]。各機關均制定標準表格以利推算，採購機關應分別填繕各因子（factors）之數字，再依該等表格所列明得將利潤加權計算之範圍（profit weight ranges），便可計算出成本、利潤及價金之數值。

　　FAR 規定之一般利潤分析因子（profit-analysis factors）共六種：廠商努力程度（contractor effort）、契約成本危險（contract cost risk）、聯邦社會經濟計畫（federal socioeconomic programs）、資本投資（capital investments）、成本控制及其他過去成就

----
[115] FAR 31.203(a)(b). ASPM 6.1. 龍毓耼譯，會計辭典，1980 年，頁 342-3、359。
[116] Ralph C. Nash, Jr., Steven L. Schooner, Karen R. O'Brien, The Government Contracts Reference Book，同前註 93，頁 298.
[117] FAR 31.203(b).
[118] ASPM 6.1-2.
[119] 41 U.S.C § 254(b)；10 U.S.C § 22306(d).
[120] *Yosemite Park & Curry Co. v. United States,* 217 Ct. Cl. 360, 582 F.2d 552 (1978).
[121] FAR 15.404-4(c).

（cost-control and other past accomplishments）及獨立發展（independent development）等，除該六項因子外，各採購機關得視各契約情形加入其他分析因子以分析廠商的利潤[122]。

第三目　小結

UNCITRAL 2011 示範法第 20 條所規定，若機關決定廠商之報價及其他組成要素事項對採購之標的有價格過低之情形，認有影響其履約能力之虞，得拒絕其為得標廠商。機關得使用價金分析或成本分析法評估廠商之標價是否有非正常過低之情形或廠商所附之價格或成本資料是否合理，但 UNCITRAL 並未規定價金分析或成本分析的詳細施行程序，而有意援引美國聯邦採購法制之相關規定，應係著眼於該國採購法制體系健全，且結合經濟、會計、科技及管理等知識，UNCITRAL 之見解應屬正確。

價金分析主要適用於確定固定價金型契約或隨經濟價格調整之固定價金型契約，由於我國採購契約絕大部分係該等類型契約，對我國而言最為實用，政府採購法第 46 條第 1 項規定：「機關辦理採購，除本法另有規定外，應訂定底價。底價應依圖說、規範、契約並考量成本、市場行情及政府機關決標資料逐項編列，由機關首長或其授權人員核定。」其施行細則第 52 條規定：「機關訂定底價，得基於技術、品質、功能、履約地、商業條款、評分或使用效益等差異，訂定不同之底價。」同細則第 53 條前段規定：「機關訂定底價，應由規劃、設計、需求或使用單位提出預估金額及其分析後，由承辦採購單位簽報機關首長或其授權人員核定。」第 54 條第 3 項規定：「限制性招標之議價，訂定底價前應先參考廠商之報價或估價單。」上列條文幾已包括 FAR 15.404-1(b) 對價金分析之規定，故我國對價金分析之規範大致完備。

至於成本分析部分，主要適用於機關辦理非確定固定價金型契約（主要為成本計價型契約），或採購非商業性標的，或認為廠商標價有不合理等情形時使用之，FAR 之相關規定甚為繁瑣，但在我國並非無適用之可能，採購契約要項第 40 條「以成本加公費法計算契約價金」規定：「契約價金以成本加公費法計算者，應於契約訂明下列事項：㈠廠商應記錄各項費用並提出經機關認可之憑證，機關並得至廠商處所辦理查核。㈡成本上限及逾上限時之處理。」又「機關委託專業服務廠商評選及計費辦法」、「機關委託技術服務廠商評選及計費辦法」、「機關委託資訊服務廠商評選及計費辦法」、「機關辦理設計競賽廠商評選及計費辦法」均對「服務成本加公費法」予以規範，採購機關認有必要時，仍有了解廠商成本合理性之必要。

商業會計法第 2 條第 2 項規定：「商業會計事務，謂依據一般公認會計原則從事商業會計事務之處理及據以編製財務報表。」而「一般公認會計原則」，其範圍包括財團

---

[122] FAR 15.404-4(d).

法人中華民國會計研究發展基金會財務會計準則委員會所公布之各號財務會計準則公報及其解釋、國際會計原則、會計學理及權威機構發布之會計文獻等，其適用次序為財務會計準則公報、公報解釋、國際會計原則、會計學理及權威機構發布之會計文獻[123]，同法第 27 條第 1 項第 5、6 款規定：「會計科目，除法律另有規定外，分左列九類：五、營業成本類：指銷貨成本、勞務成本、業務成本、其他營業成本等項。六、營業費用類：指推銷費用、管理及總務費用等項。」同法第 41 條第 2 項：「所稱實際成本，…，以至適於營業上使用或出售所發生之直接成本及應分擔之間接費用。」商業會計處理準則第 32 條則分別對銷售成本、勞務成本、業務成本、其他營業成本等予以定義，故我國對成本分析之規範亦大致完備。

政府採購法第 58 條[124]及其施行細則第 79 條及第 80 條中規定，機關應將廠商總標價或部分標價與底價相比較，或廠商之標價經評審或評選委員會認為偏低者，或將廠商之部分標價與其他機關最近辦理相同採購決標價相比，或與可供參考之一般價格相比較，將之列為總標價或部分標價過底之依據，應可視為實行 UNCITRAL 2011 示範法第 20 條之具體規定。

第五款　對我國政府採購之檢討及建議

政府採購法第 93 條之 1 已規定機關辦理採購，得以電子化方式為之，主管機關並訂定電子採購作業辦法，然對電子拍賣則未有任何規範，又機關於廠商之標價有非正常過低之情形時，得以成本分析法檢視其標價之合理性，在我國並非無適用之可能，故建議於修法時，應參考 UNCITRAL 2011 示範法及 GPA 2007 之規定，本文謹將其中犖犖大者臚列如下列之辦法草案，以補正我國政府採購法制之不足：

第一目　政府採購法修正條文（草案）

增訂第九十三條之一第三項：即於原政府採購法第九十三條之一規定：「機關辦理採購，得以電子化方式為之，其電子化資料並視同正式文件，得免另備書面文件。前項以電子化方式採購之招標、領標、投標、開標、決標及費用收支作業辦法，由主管機關定之。」之後加列「廠商得以電子化投標方法參與電子拍賣。電子拍賣之作業辦法，由主管機關定之。」

----
[123] 經濟部 87.7.27 經 (87) 商字第 87217988 號函。
[124] 由於採購實務中對於標價是否偏低及顯不合理易生爭議，行政院工程會以工程企字第 89036737 號函發布「依政府採購法第五十八條處理總標價低於底價百分之八十案件之執行程序」，以供各機關辦理採購時之依據。行政院公共工程委員會，政府採購爭議處理事件案源及問題類型分析，2003 年 12 月，頁 28-32。

第二目　電子拍買之作業辦法（草案）

第一條（訂定依據）

本辦法依政府採購法（以下簡稱本法）第九十三條之一第三項規定訂定之。

第二條（用詞定義）

本辦法所稱電子拍買，係指機關用以選擇成功標案的連線的即時採購技術，廠商得藉以提出新價格或對投標文件中與評審基準相關之可量化非價格因素提出新價值，或廠商得同時提出新價格及新價值，致使所投之標得被評定序位或再被評定序位之重複程序。

第三條（邀請廠商參與採購程序之通知內容）

機關應於邀請廠商參與採購程序之通知中包括下列事項：

一、採購機關之名稱及住所。

二、對採購標的之敘述及期待或要求該標的交付之時間及地點。

三、機關所知悉的採購契約條款及應由雙方簽署之任何契約表格。

四、機關遵守不歧視原則之聲明。

五、用以確定廠商資格之標準及程序，及廠商依本法第三十六條規定為證明其資格而必須交付之書面證明或其他資料。

六、機關檢查廠商投標文件之標準及程序。

七、機關依本法第五十一條之要求，評定廠商投標文件之標準及程序，包括將在拍買之評選程序中使用之數學公式。

八、廠商說明及表示標價的方法，包括標價是否包含採購標的成本以外之要素，例如運輸及保險費、關稅及其他稅項。

九、制定及表示標價之一種貨幣或數種貨幣。

十、為確保有效競爭，機關為舉行拍買而要求登記參與拍買之最低廠商數目。

十一、如機關限制廠商參與拍買之數目，則允許最多能邀請登記參與拍買之廠商數目，及選擇該數目廠商之標準及程序。

十二、廠商參與拍買程序之進入方法，包括聯接該拍買程序之適當資訊。

十三、廠商得登記參與拍買之要求及已確定之截止期日。

十四、開啟拍買程序之期日及時間及開啟時認證投標廠商之要求。

十五、規定結束拍買程序之標準。

十六、其他規範電子拍買行為之規定，包括投標者於拍買程序進行中可獲得之資訊，可使用之語言及投標廠商可投標之條件。

十七、與本法及與採購程序直接相關之採購行政命令及其他法令，包括適用於機密採購之法令，及查詢該等法令之地點。

十八、廠商得尋求有關澄清採購程序訊息之方法。

十九、廠商就本採購程序得聯絡之採購官員姓名、職銜及地址。

二十、依本法第七十五條規定，廠商得提出異議之規定及提出異議之期限及應附之理由等訊息。

二十一、為使廠商所得之標產生效力所應踐行之程序，包括機關於拍買程序後審查廠商資格及投標文件之規定及招標文件中規定應簽署之採購契約。

二十二、由採購機關依據與投標有關或與採購程序相關之法令所制定之任何其他要求。

機關得考量其所能提供廠商參與電子拍買之負荷能力，限制最多可辦理登記參與廠商之數目。機關於選取參與廠商時，不得有差別待遇之行為。機關應說明其限制參與廠商數目之事實情況及理由。

第四條（機關使用初始標之採購方法）

機關得考量採購案件之特性，決定廠商於參與應參與電子拍買之前應先經機關對其初始標之檢查或評定，機關發出之邀標文件中除包括前條所列之事項外，尚應包括下列事項：

一、廠商投初始標之邀請及廠商應如何準備初始標之說明。

二、廠商投初始標之方式、地點及截止時間。

機關決定先審查或評選廠商所投之初始標，再進行電子拍買程序時，應於完成審查及評選廠商所投之初始標後，立即完成下列事項：

一、通知其初始標被拒絕之廠商，並載明拒絕之理由。

二、如廠商所投之初始標係合格標，機關應邀請其登記參與電子拍買，並應提供其參與電子拍買之一切必要訊息。

三、如機關已進行評選廠商所投之初始標，應於邀請廠商登記參與電子拍買之通知中載明評選之結果以供廠商參考。

第五條（機關於決標前實行電子拍買之措施）

如機關於其他採購方法中，包括限制性招標、二階段開標等，先使用電子拍買方法後再行決標時，應於招標時通知廠商本採購將以電子拍買方法進行，及下列事項：

一、於拍買之評選程序中所使用之數學公式。

二、進入電子拍買之方法，包括連線之資訊。

機關應於拍買之前，邀請仍在採購程序之廠商參與電子拍買，並應通知下列事項：

一、廠商為參與電子拍賣必須先登記之要求，及登記之截止期限。

二、拍賣開始日期及時間及拍賣開始時對投標廠商身分辨別之要求。

三、拍賣結束所適用之標準。

四、電子拍賣之其他行為規定，包括應在拍賣程序中機關將提供投標廠商之資訊及廠商得投標之條件。

如機關已進行初始標之評選，應將評選結果通知各受邀請參與電子拍賣之廠商以供其參考。

第六條（廠商登記參與電子標及機關保留拍賣之時機）

機關應分別將登記拍賣之事實立即通知已辦理登記參與拍賣之廠商。

機關認為登記參與拍賣之廠商數目不足以確保有效競爭時，得撤銷該電子拍賣。機關應立即將撤銷該電子拍賣之行為分別通知已登記之廠商。

機關基於其合理之需求，應訂定自發出邀請廠商參與拍賣之通知起至拍賣止充足之時間，以利廠商準備拍賣事宜。

第七條（拍賣進行中之要求）

電子拍賣應依據下列事項之一辦理：

一、價格，如機關以最低標決標。

二、如機關以最有利標決標，對投標廠商所規定之價格及其他標準進行評選。

三、機關使用自動評選系統時，應經機關確認評選結果之程序後，方得通知廠商[125]

機關於拍賣進行中，應依下列事項辦理：

一、全體投標廠商應有平等及連續投標之機會。

二、機關應依第三至第五條所規定之標準、程序及程式，建立對一切所投之標自動評選之機制。

三、廠商於投標時應可立即、連續受取充分訊息，使其能確定其標價與其他廠商標價之位置。

四、除第一款及第三款之規定外，機關與廠商間或廠商彼此間不得有聯絡情事。

機關於拍賣程序中不得洩露任何廠商之身分。

機關應依第三條至第五條規定之標準，結束拍賣程序。

機關遇有其通信系統故障並危及拍賣之正常進行，或有其他規範電子拍賣行為所列之

---

[125] 本款訂立之旨係因電腦系統自動評選之結果仍有發生故障或錯誤之可能，若機關採用半全自動化機制處理廠商之決標事情，多了人為之審核機制，較可避免因機關之過失而發生錯誤，或因系統操作發生錯誤所生之爭執。為避免爭議，機關不應由系統將評選結果自動通知廠商，而應由機關確認評選結果後，方得通知廠商。

理由時，應暫停或終止電子拍賣程序。機關暫停或終止電子拍賣程序時，不得洩露任何廠商之身分。

第八條（拍賣程序後之要求）

廠商於拍賣結束時所投之最低標或最有利標，以適用者為準，為得標廠商。

機關於拍賣前未審查廠商所投之初始標者，應於拍賣結束後審查得標廠商所投之標是否符合規定及廠商是否符合資格，如廠商所投之標不合符規定或廠商不符合資格，機關得依本法第五十條撤銷其得標資格，選擇次低標或次最有利標之廠商為得標廠商。但以該次低標或次最有利標之廠商所投之標符合規定且廠商資格符合規定者為限。

機關於拍賣程序結束後，認為廠商之標價有非正常過低之情形並引發對其履約能力之虞者，得依本法第五十三條規定辦理。如機關依本法第五十三條規定以廠商標價偏低，拒絕其為得標廠商者，得選擇次低標或次最有利標之廠商為得標廠商。

本條規定不影響機關依本法第五十條規定撤銷廠商採購之權利。

第九條（施行日期）

本辦法自中華民國　　年　　月　　日施行。

第六款　結論

電子通訊之科技包括電子媒介及網際網路等，而機關及廠商必須使用網際網路進行電子拍賣之行為，然廠商於進行電子標買之行為時，常為求得標而發生標價不合理地過低之情形，該等現象或問題彼此相互關聯，且均已於世界各國之採購機關逐漸發生，此等問題正是 2011 年版示範公共採購法及世界貿易組織 2007 年版政府採購協定所亟欲解決者。

隨著科技的不斷進步，電子商務日益興盛，但若採購機關決定於進行電子化採購時使用電子簽章，則應注意該電子簽章不得造成廠商間之不公平競爭；已有諸多國家之採購機關逐漸使用電子拍賣的採購方法，電子拍賣經實踐後，證實其較傳統之採購方式更能激發廠商競爭之心理，確可降低採購價金，節省採購成本，並縮短採購時程，此正是各國採購機關逐漸擴大使用之主因，對於國債日益龐大之國家具有正面積極意義，但電子拍賣並非萬靈丹，對於規格並不明確之採購標的，例如研發型採購案，則不易收其預期效果，甚至窒礙難行，此外，機關不宜完全信賴自動評選之方法與結果，而應由採購專業人員為之方為妥適，換言之，電腦機器僅為採購專業人員所使用之工具，非經人員同意，電腦機器不得對外代表機關為處分行為。

電子拍賣的採購方法所涉層面廣泛，曾引起諸多繁瑣且冗長的討論，包括：經濟（例如：廠商利潤之減少、轉包之可行性、廠商規模與競爭優勢）、法律問題（例如：

電子拍賣之合法性、電子拍賣與公平交易之關聯、自動決標之適法性）、採購實務中的運作方式（例如：審查廠商資格之方法、招標文件之內容、競標規則之訂定、評選運作之模式、最有利標之處理、採購標的之限制）、會計問題（廠商標價非正常過低之處理）及電腦科技（例如：電腦故障、電子加密技術）等，UNCITRAL 2011 示範公共採購法及 WTO 2007 政府採購協定已累積諸多實務現象及專家見解，逐一討論以解決上述的問題，終於證實電子拍賣方法之可行性，其立法經過及結果堪稱周延及成熟，該等法律已成為世界各國制定其國內採購法令之重要參考依據。由於該等文件已足證明電子拍賣是世界各國採購方法的新發展趨勢，然我國尚缺乏電子拍賣之理論及實務經驗，故應積極參考該等文件以利及早因應，但電子拍賣畢竟是全新的採購方法，將來各國的發展及檢討仍待持續觀察及研究。

　　若廠商之報價及其他組成要素事項對採購之標的有價格過低之情形，機關可以使用價金分析及成本分析之方法判斷廠商報價之合理性，政府採購法及商業會計法之相關規定，應可視為實行 UNCITRAL 2011 示範法第 20 條之具體規定。

第二節　美國與他國國防採購之透明度和公平性之比較[126]

　　世界貿易組織之政府採購協定因國防採購係屬國家安全之理由，而排除規範，聯合國之示範公共採購法則規定除該法有特別規定外，機關於採購國防物品時應遵守採購透明化之要求。歐盟防衛局公布之參與該局之各成員國國防採購行為守則提供若干關於國防採購之行為準則，包括各簽署成員國應公平且平等地對待投標廠商，而美國政府與其盟邦於冷戰時期所簽訂之雙邊國防採購協定亦要求簽字國應確保國防採購之不歧視原則，故不歧視原則及採購程序透明化實已成為確保國防採購公平及競爭之基石。

　　有鑑於美國政府每年經由軍事售予程序出售我國所需之國防物品價格達數 10 億美元，軍事售予之相關規範對我國之利益至為重要。然軍事售予程序是否符合傳統的經濟理論及國際間政府國防採購之規範？我國可否參與美國政府與廠商間之談判？本文將檢視美國的法令藉以研究我國之權利及義務，以求保障我國利益。

第一款　前言

　　在現時我國所需之武器、彈藥及作戰物資不克完全自製之情況下，採購機關在採購所需之軍用財物、勞務及工程時，常有必須直接向外國廠商採購或經由政府對政府之管道以簽訂協定方式採購，若經由政府對政府之管道以簽訂協定方式採購，則該外國政府

126　本節內容曾發表於「軍法專刊」2014 年 8 月第 60 卷第 4 期中。

為我國所採購之程序是否有不符合國際間認可規範之處？或其程序是否有使我國利益受損之情況？等疑問實有待探討，以維護我國利益。

　　由於我國基於國防安全之原因，必須自美國採購及輸入諸多國防物資，而美國政府依據臺灣關係法第 3 條第 2 款規範：「美國總統和國會將依據他們對臺灣防衛需要的判斷，遵照法定程序，來決定提供上述防衛物資及服務的種類及數量。對臺灣防衛需要的判斷應包括美國軍事當局向總統及國會提供建議時的檢討報告。」則有提供我國所需防衛物資及勞務之義務，美國政府常以軍售案（Foreign Military Sales, FMS）售予我國所需之國防財物、勞務及工程，每年耗費金額甚為龐大[127]，對我國財政影響甚巨，如我國決定採用軍售案程序採購國防物品，則美國政府之採購程序是否有不符合國際規範之處？因此引發本文之研究動機。本文先探討我國政府採購法之規定及世界上重要之採購協定，以檢視美國軍售程序之適法性。政府採購法第 105 條第 1 項第 4 款規定：「機關辦理下列採購，得不適用本法招標、決標之規定。四、依條約或協定向國際組織、外國政府或其授權機構辦理之採購，其招標、決標另有特別規定者。」同條文第 2 項規定：「前項之採購，有另定處理辦法予以規範之必要者，其辦法由主管機關定之。」主管機關遂發布「特殊軍事採購適用範圍及處理辦法」，但該辦法及其他條文[128]對於本文上述諸多疑問，仍缺乏明確規定，而自重要之國際規範的角度而言，

---

[127] 我國自 1950 年至 2011 年經由 FMS 向美國共採購 240 億 7,931 萬 4 千美元軍品，其中最近於 2010 年採購 1 億 2,121 萬 9 千美元，2012 年採購 19 億 3,950 萬 1 千美元，詳見 Security Cooperation Agency, Department of Defense, Historical Facts Book, 2 (September 30, 2011)，網址：http://www.dsca.osd.mil/programs/biz-ops/factsbook/Historical%20Facts%20Book%20-%2030%20September%202011.pdf，查詢日期：2013 年 2 月 16 日。上述金額並不包括我國政府直接向美國廠商採購之方法所支付之金額，例如安翔計畫之執行便是，該等採購必須依據國際武器輸出入管制規定（International Traffic in Arms Regulations, ITAR）（Code of Federal Regulations, Title 22, Chapter 1）之拘束，即美國政府得核發許可輸出許可以管制其軍事物資及勞務之出口。Wikipedia 網站，http://en.wikipedia.org/wiki/International_Traffic_in_Arms_Regulations，查詢日期：2014 年 6 月 26 日。

[128] 政府採購法第 104 條規定：「軍事機關之採購，應依本法之規定辦理。但武器、彈藥、作戰物資或與國家安全或國防目的有關之採購，而有下列情形者，不在此限。
一、因應國家面臨戰爭、戰備動員或發生戰爭者，得不適用本法之規定。
二、機密或極機密之採購，得不適用第二十七條、第四十五條及第六十一條之規定。
三、確因時效緊急，有危及重大戰備任務之虞者，得不適用第二十六條、第二十八條及第三十六條之規定。
四、以議價方式辦理之採購，得不適用第二十六條第三項本文之規定。
前項採購之適用範圍及其處理辦法，由主管機關會同國防部定之，並送立法院審議。」；第 106 條規定：「駐國外機構辦理或受託辦理之採購，因應駐在地國情或實地作業限制，且不違背我國締結之條約或協定者，得不適用下列各款規定。但第二款至第四款之事項，應於招標文件中明定其處理方式。
一、第二十七條刊登政府採購公報。
二、第三十條押標金及保證金。
三、第五十三條第一項及第五十四條第一項優先減價及比減價格規定。
四、第六章異議及申訴。

例如世界貿易組織（World Trade Organization, WTO）之政府採購協定（Agreement on Government Procurement, GPA）、聯合國國際貿易法委員會（United Nations Commission on International Trade Law, UNCITRAL）於 2011 年公布「示範公共採購法」（Model Law on Public Procurement），簡稱「2011 示範法」（2011 Model Law）[129]、歐盟（European Union, EU）所屬歐盟防務局（國防局，European Defense Agency, EDA）公布之參與該局之各成員國國防採購行為守則（the Code of Conduct on Defense Procurement of the EU Member States Participating in the European Defense Agency）[130]及美國與其各盟國之雙邊國防採購協定（Reciprocal Defense Procurement Agreements, RDPs）等，是否對國防物品及武器之採購有規範之處？如是，該規定是否合符法理？本文將藉以比對及檢討美國軍售案之採購程序，以確保我國權利。

　　本文之所以以美國政府出售國防物品之作業程序作為探討中心，係因有鑑於我國主要之國防物資及勞務大致來自美國所致。本文先探討重要之國際規範，再自現行的國際協定，包括歐盟及美國有關國防物資或勞務之協定中探求是否存在普遍被世界各國所接受之法律，本文再檢視美軍採購法令，冀望美國之採購法令及措施能確保我國的利益。如果美國之採購法令及措施顯不能確保我國的利益，則可再研究以直接向美國廠商採購之方法以滿足我國所需，此為本文之研究範圍。至於 WTO 或 EU 的佐證案例部分，由於 GPA 排除國防物品及武器採購之適用，EU 各成員國國防採購行為守則不具拘束力，因此幾無公開之資訊（包括於網站公布之資訊）可供查閱，蒐集文獻不易，誠為研究之限制。又軍售案中尚存有的其他法律問題，例如美國政府於發價書（Letter of Offer and Acceptance, LOA）標準條款中訂定若干免責條款，是否仍應對買受國負損害賠償責任等[131]？由於本文篇幅有限，則不在本文研究範圍。

第二款　採購透明度之意義

　　何謂採購之透明化原則（the principle of transparency）？一般係指可使廠商進入市場之採購規範，換言之，凡妨礙廠商進入市場之採購措施便有違透明化之原則，學者們對

前項採購屬查核金額以上者，事後應敘明原由，檢附相關文件送上級機關備查。」

[129] "UNCITRAL Model Law on Public Procurement" (01 July 2011), 網址：http://www.uncitral.org/ pdf/english/texts/procurem/ml-procurement-2011/ML_Public_Procurement_A_66_17_E.pdf，查詢日期：2013 年 2 月 15 日。

[130] 網址：http://www.eda.europa.eu/docs/documents/CoC.pdf，查詢日期：2013 年 2 月 16 日。

[131] 例如美國政府於發價書（Letter of Offer and Acceptance）標準條款中訂定若干免責條款，是否仍應對買受國之損害負賠償責任？詳見劉世興，美軍售發價書之研究，國防大學國防管理學院法律研究所碩士論文，2002 年，頁 139。

此類措施有諸多分類[132]，但 GPA 條文則並未予以定義或分類，在政府採購實務中，政府可能制定具歧視性之政策，而採購機關亦可能採用具歧視性之措施，而違背自由貿易及比較優勢的理論，故採購之透明化及歧視性措施實相互關連，可謂一體之兩面，不能分隔敘述[133]。以下分別從理論基礎、政府採購中歧視性之措施及國際規範等研究國防採購案件之透明度及公平性。

第一目　理論基礎

1776 年亞當・史密斯（Adam Smith）主張國家應盡力從事於生產，並將其產品出口，而進口其他國家生產較便宜之產品，以儲存黃金[134]，大衛・李嘉圖（David Ricardo）證實即便一國所生產之產品具有絕對的價格優勢，仍應與他國從事貿易，該國可進口具有比較劣勢的產品，國家與國家如有機會貿易，則可以從中互相得益。該理論稱之為比較優勢理論（theory of comparative advantage）[135]，國際間自由貿易便符合該理論，自由貿易可提升國家效率，創造全球的財富[136]，現時此種自由貿易及比較優勢理論已為現時世界上大多數學者所接受[137]，但一國為保護其本國產業，於辦理政府採購時，常保存或實行若干貿易保護措施以致於妨礙自由貿易，例如在美國自 1933 年起迄今仍施行之購買美國貨法（Buy American Act）[138]要求美國政府於採購物品時，應優先採購美國生產之物品，此法律實行之結果非但違背自由貿易及比較優勢理論，在實務上亦證實此法律傷害美國產業，1988 年美國國防部部長於國會就購買美國貨法之施行成效作證時[139]，即主張應立即廢止該法，其理由如下：

> 最近數年內購買美國貨法之頻繁修正，其目的係在強化美國產業，但實施結果因減少了廠商間的競爭反而使之弱化，購買美國貨法經常提供美國產業若干保

----

[132] Sue Arrowsmith, Reviewing the GPA: The Role and Development of the Plurilateral Agreement After Doha, in The WTO and GOVERNMENT PROCUREMENT (Simon J. Evenett & Bernard Hoekman eds., 2006).

[133] Drew B. Miller, "Is It Time to Reform Reciprocal Defense Procurement Agreements?" Vol. 39, No. 1, Public Contract Law Journal, p. 96 (2009).

[134] Adam Smith, The Wealth of Nations, Book 4, Chapter 2 in Kathryn Sutherland (ed.) An Inquiry into the Nature and Causes of the Wealth of Nations, pp. 288-301 (Oxford University Press, 1993)

[135] David Ricardo, "The Principle of Political Economy and Taxation" Chapter 7 in P. Sraffa (ed.), The Works and Correspondence of David Ricardo, Vol. 1 (Cambridge University Press, 1953).

[136] G. Richard Shell, "Trade Legalism and International Relations Theory: An Analysis of the World Trade Organization" Duke Law Journal, Vol. 44, p. 854 (1995).

[137] Ibid.

[138] 41 USC § 10a-10d.

[139] US Department of Defense, The Impact of Buy American Restrictions Affecting Defense Procurement, Report to the Congress by the Office of the Secretary of Defense, 1989.

護及商業保障，但卻未要求該產業應具備相對應之現代化及競爭性之誘因，這可降低廠商在競爭時之經濟優勢，特別是降低了成為堅強產業基礎所必備之效率性及創新性。

購買美國貨法規定之限制對於國防部的採購具有負面影響，亦使得採購成本增加，曾經有人認為該法之限制所增加之成本就長遠而言係屬合理，並認為該等限制將保護及鼓勵當地產業，並刺激產業對於新科技之投資，增強其效率及競爭性。但事實上，該等可使產業具有競爭優勢之想法並不必然發生，該法所規定之限制常導致成本增加及缺乏經濟上之效率性，卻未有如預期對產業有正面保護之效果，故必須另謀更具效率及較低成本之其他方法以達成強化國防產業之目標。

經濟合作及發展組織（Organization for Economic Cooperation and Development, OECD）於 1982 年曾綜合各種研究報告並嚴謹提出結論：保護國內產業之作法並不會帶給國家任何益處，該作法將增加相當之成本，無助於增加就業率，卻對具備最佳優勢之廠商產生懲罰的後果，導致購買成本之增加[140]。故 OECD 與美國國防部部長之見解並無軒輊。又世界貿易組織（WTO）成立之目的便是要減少關稅及貿易障礙，並消除國際貿易中的歧視性待遇[141]，同時將政府採購之各種措施予以透明化[142]，政府採購本此原則可收經濟利益之極大化利益，節省公帑[143]。

在採購實務中應如何落實自由貿易或比較優勢理論？簡言之，採購機關應給予廠商公平競爭的機會，此非但可確保採購程序的正直性、有效防止貪瀆腐化情事，亦可維持採購之經濟效益，況且自憲法或行政法所規範之平等原則而言，採購機關自應給予廠商公平競爭的機會，以遵守此普世之法理價值[144]。

以下分述政府採購中歧視性之措施。

第二目　政府採購中歧視性之措施

在政府採購實務中，對外國廠商之歧視性作法可分二部分：一、歧視性之政策，二、歧視性之措施[145]。

---

[140] OECD, Cost and Benefits of Protection, pp. 10-11 (Paris: OECD, 1985).

[141] WTO, the Result of the Uruguay Round of Multilateral Trade Negotiations, p. 6 (1995).

[142] WTO, "Preamble" Agreement on Government Procurement (GPA).

[143] Denis Lemieux, "Legal Issues Arising from Protectionist Government Procurement Policies in Canada and United States" Les Cahiers de Droit 29 C. de D. 369, p. 375 (1988).

[144] Omer Dekel,"THE LEGAL THEORY OF COMPETITIVE BIDDING FOR GOVERNMENT CONTRACTS"Vol. 37, No. 2, Public Contract Law Journal, pp. 237-68 (2008).

[145] Robert E. Baldwin, Nontariff Distortions of International Trade, pp. 59-70 (1970). Kenneth W. Dam,

一、歧視性之政策

　　若干政府制定法令將若干採購契約保留給其國內產業，例如美國政府對小型企業之保護[146]，政府亦可能制定法令要求採購機關於採購財物及勞務時，使用本國產品，例如購買美國貨法規定，機關於採購外國財物及勞務時，得於其價格加乘一定之百分比例後，再與國內廠商所報價格相比較[147]，造成廠商之間不公平競爭，此外，政府採購機關亦可能要求外國廠商提供補償性交易（offsets）作為決標之條件，政府採購中之補償交易係指藉本國品項、技術授權、投資要求、相對貿易或類似之要求，以鼓勵當地發展或改善收支平衡帳之措施[148]，補償性交易違背自由貿易及比較優勢的理論，造成較無效率的經濟效果及自由貿易之扭曲，常見於開發中國家使用之，例如中國大陸[149]。

二、歧視性之措施

　　採購程序可分四個階段：1. 招標；2. 廠商投標；3. 投標、開標、審標及決標；4. 公布採購法令及異議申訴之機制等，若機關於採購程序中採用歧視性之措施，則外國廠商將永無得標之可能[150]。在招標程序中，採購機關無正當理由拒絕使用公開招標方式進行採購，或機關限制採購訊息之公告，或機關辦理選擇性招標時，未給予經資格審查合格廠商平等受邀的機會，致使部分廠商不能投標[151]；在廠商投標程序中，機關未將採購標的之訊息充分揭露，或加諸廠商諸多更嚴格之資格要求；在投標、開標、審標及決標程序中，機關常以最有利標方式進行決標，但對於非價格之評分項目，例如品質、交付日期、售後服務、零附件之供應等評分項目欠缺明確規定；又政府應將採購法令予以公布，機關並應備有廠商得提出異議及申訴之機制[152]，以免廠商喪失公平競爭之機會。該等歧視性之措施將妨礙機關能以最有效率的方式進行採購，造成資源的浪費，亦違背自由貿易及比較優勢的理論，故機關應禁止使用該等歧視性之措施，以求節省公帑。

The GATT: Law and the International Economic Organization, pp. 202-205 (1977).

[146] 15 USC § 631.

[147] 41 USC § 10a-10d.

[148] WTO, Agreement on Government Procurement (GPA) note 7.

[149] Robert F. Dodds, Jr., "Offsets on Chinese Government Procurement: The Partially Open Door", Law and Policy in International Business, Vol. 26, pp. 1122-1123, 1133 (1995).

[150] Lemieux, "Legal Issues Arising from Protectionist Government Procurement Policies", 前揭註 143，頁 376-378。

[151] Mark L. Jones, "The GATT-MTN System and the European Community as International Frameworks for the Regulation of Economic Activity: the Removal of Barriers to Trade in Government Procurement" Maryland Journal of International Law and Trade Vol. 8, pp. 64-67 (Spring/Summer 1984).

[152] Baldwin, Nontariff Distortions，前揭註 145，頁 62-70。

第三目　國際規範

本文分別探討政府採購協定、示範公共採購法、歐盟國防局公布之參與該局之各成員國國防採購行為守則及美國與其各盟國之雙邊軍售協議等，冀望能分析出國防採購之基本法理，以期解決國防採購之潛在問題。

一、政府採購協定

世界貿易組織（WTO）於 1994 年公布之政府採購協定（The Agreement on Government Procurement, GPA）第 23 條「本協定除外事項」（Exceptions to the Agreement）第 1 項及第 2 項規定：

一、本協定內之任何規定不得解釋為禁止任何締約國，為保護其基本安全利益，而對採購武器、彈藥或戰爭物資，或對國家安全或國防目的所不可或缺之採購，採取任何其認為必要之行動或不公開任何資料。

二、本協定內之任何規定不得解釋為禁止任何締約國基於保護公共道德、秩序或安全、人類及動植物生命或健康、智慧財產權所必要；或與殘障人士、慈善機構或服刑人生產之產品或服務有關，而實施或執行之措施。但以該等措施之適用方式，不致成為對具有相同條件之國家予以武斷或不合理歧視之手段，或成為對國際貿易隱藏性限制者為限。

世界貿易組織（WTO）於杜哈回合談判之 2007 年版之政府採購協定[153]則將上開條文第 1 項移至第 3 條第 1 項，內容不變，第 2 項移至第 3 條第 2 項，略作修正，但內容大致相同。故 GPA 僅將機關之採購武器、彈藥或戰爭物資等措施係基於國家安全或國防目的之理由，允許不受 GPA 之規範，但對於機關採購武器之行為應否遵行自由貿易及比較優勢的理論？採購程序應否透明化？等核心問題則並未規定。

二、示範公共採購法

聯合國國際貿易法委員會（United Nations Commission on International Trade Law, UNCITRAL），或簡稱委員會（Commission），自 2004 年起即著手修正 1994 年版之「國際財物、工程及勞務採購示範法」（1994 UNCITRAL Model Law on Procurement of

---

[153] 2007 年版政府採購協定雖為政府採購委員會於 2006 年 12 月 11 日公布，但世界貿易組織 World Trade Organization（WTO）均稱之為 2007 GPA，本文從之，見 WTO, GPA/W/297dated 11 December 2006. "[DRAFT DECISION]" p. 31，網址：http://www.wto.org/english/tratop_e/gproc_e/gp_gpa_e.htm，查詢日期：2013 年 9 月 20 日。後由於各締約國於 2012 年 3 月 30 日對 GPA 之修正條文達成共識，但 GPA 1994 年版仍為 WTO 公布之合法版本。

Goods, Construction and Services），簡稱「示範採購法」（Model Procurement Law）[154]，歷經反覆討論及決議，於 2011 年 7 月 1 日召開第 44 次會議時終於修正並接受該草案之條文[155]，並公布「示範公共採購法」（Model Law on Public Procurement），簡稱「2011 示範法」（2011 Model Law）[156]以取代先前版本，並作為世界各國制定其國內採購法令之參考依據，該法之影響力及重要性不言而喻。該法於制定之初即與政府採購協定有諸多之比較及分析[157]，其立法之目的在提升採購之經濟性及效率性、促進廠商間之競爭、公平對待各廠商、確保採購程序之正直性及公平性、達成採購透明化之目標[158]，此則與 GPA 2007 之立法目的並無二致[159]，惟 2011 示範法規範內容甚為詳盡，此由共 69 條條文之內容可見一斑，然 GPA 2007 內容則較為簡略，全部條文僅 22 條。

2011 示範法第 1 條「適用範圍」（Scope of application）規定：本法適用於一切政府採購。第 3 條「本國所承擔的與採購有關的國際義務和本國之內的政府間協定」規定：

> 本法與本國依據或由於下列任何條約或協定而承擔的義務發生衝突時，以該衝突為限，應適用該條約或協定之規定，但在其他所有方面，採購事宜仍應由本法管轄：
> (a) 本國與一國或多國簽訂的條約或其他形式的協定；
> (b) 本國與一政府之國際金融機構訂立的協定；或
> 〔(c)〔聯邦制國家名稱〕聯邦政府與〔聯邦制國家名稱〕任何一個或多個地方政府之間訂立的協定，或者任何兩個或多個此種地方政府之間訂立的協定。〕

故如該政府與他國政府所簽訂之條約或協定與本法未有衝突時，應適用本法之採購規定，即應遵守本法之立法目的及其他規定事項，然國防採購可能與本法衝突之事項為何？本法並未規定，應係保留由各會員國自行裁量。例如美國政府受我國委託辦理軍品採購，美國基於該採購必須以秘密方式行之，或為因應我國緊急需求，必須壓縮採購時

---

[154] 聯合國國際貿易法委員會有鑑於電子通訊方法運用於政府採購實務之現象日益普遍，遂於 2004 年 8 月間要求其下之政府採購工作組（Working Group I (procurement)）著手研擬修正 1994 年版之示範採購法之草案，見 United Nations, General Assembly(U.N. Doc.) A/CN.9/690，網址：http://daccess-dds-ny.un.org/doc/UNDOC/GEN/V10/531/91/PDF/V1053191.pdf?OpenElement，查詢日期：2013 年 9 月 20 日。

[155] "Report of the United Nations Commission on International Trade Law Forty- fourth Session"，網址：http://unctad.org/en/docs/a66d17_en.pdf，查詢日期：2013 年 9 月 20 日。

[156] "UNCITRAL Model Law on Public Procurement"，前揭註 129。

[157] 詳細之比較內容見 "Guide to Enactment of the UNCITRAL Model Law on Public Procurement"，網址：http://www.uncitral.org/pdf/english/texts/procurem/ml-procurement-2011/pre-guide-2012.pdf，查詢日期：2013 年 9 月 20 日。

[158] Preamble of UNCITRAL LAW ON PUBLIC PROCUREMENT.

[159] Preamble of GPA 2007.

程，或美國必須以議價辦理採購時，並與我國完成簽訂條約或協定之程序，則美國可排除 2011 示範法中相衝突部分之適用，但仍應遵守未相衝突部分之規定。我國與美國簽訂條約或協定時，自應要求美國政府於採購時，應遵守採購透明化之要求，以收經濟利益之極大化利益，節省我國公帑；美國於辦理採購時，仍應遵守本法之立法目的（提升採購之經濟性及效率性、促進廠商間之競爭、公平對待各廠商、確保採購程序之正直性及公平性、達成採購透明化之目標）[160]及其他規定（各種採購透明化）事項，以求確保採購品質。

　　2011 示範法與 GPA 條文相比較，前者明確指出若該政府與他國政府所簽訂之條約或協定與本法未有衝突時，仍應適用本法之採購規定，聯合國國際貿易法委員會於制定 2011 示範法之初，應已肯認機關於辦理國防採購時，除有例外之規定，仍應遵守該法之立法目的及採購透明化之要求，亦即採購國防物品原則上仍不脫離一般採購之理論及實踐，採購機關於採購國防物品時，可有較為明確且可行之法令依據，故 2011 示範法第 3 條條文較 GPA 第 23 條，更為合理且可行。

三、參與歐盟防務局之各國國防採購行為守則

　　歐盟國防局於 2005 年 11 月 21 日批准參與該局之各成員國國防採購行為守則，該守則係由參與該局之各成員國（participating Member States, pMS）中之同意簽署國（subscribing Member States, sMS）所同意締結，其目的係強化歐洲之防務科技和工業基礎，而依據建立歐洲共同體條約（Treaty establishing the European Community）第 296 條[161]規定所同意設立之自願性、不具拘束力及基於互惠為基礎的政府間制度（regime），該守則應適用於採購金額歐元 100 萬以上且符合第 296 條規定之採購案件，但研究及技術採購、協同採購（collaborative procurement）、核武器和核推進系統之採購、化學性、細菌性及放射性財物及勞務、及加密設備的採購等不在此限[162]。本文謹將該守則中重要之處臚列於下以供參考：

　　各簽署國得於緊急需求、後續維修或財物及勞務之供應、基於國家安全之特殊
　　理由等情形，辦理非競爭性之採購，但應將其理由向防務局（EDA）提出報
　　告，以利該局進行監督。本制度之主要原則如下：
　　1. 本制度不具拘束力。各簽署國得於加入本制度後，隨時撤銷加入之行為，

---

[160] 2011 示範法之立法目的詳如前揭註 156。

[161] 依據第 296 條 (b) 之規定，各成員國得為保護其國家安全之重大利益，從事武器、彈藥及戰爭物資之生產或交易，而採取必要之措施。但該措施不得妨礙用於非軍事目的之產品之共同市場之競爭。

[162] The Code of Conduct on Defense Procurement of the EU Member States Participating in the European Defense Agency, 前揭註 130。

如有違反本守則之規定者，其他簽署國不得施予制裁，但決標之權力仍屬
於各簽署國。

2. 公平及平等地對待廠商。本制度之目的在提供廠商最大之競爭機會，故採
購程序應透明化，資訊應公開化，各簽署國應將國防採購之訊息於單一之
管道予以發布，並聯接至全國性之網路或其他網路，以利廠商獲得全部文
件，而招標文件則統一由本局發布。簡短之「手冊」（vade mecum）將有
利於使廠商了解該國國防採購之主管機關及程序。該等通知應簡略敘明競
爭及審標之要求、程序及時程表，決標應依標準格式公布之。為確保競爭
之公平及平等待遇，各簽署國應確保下列措施：

(1) 選擇標準：機關應本於透明化及客觀標準之基礎上對廠商進行評估，例
如所擁有安全檢查證明，要求應具備的營業秘密和履約經驗。

(2) 規格及需求的說明：各簽署國應盡可能以功能及性能說明其需求。技術
規格並在可能的情況下，應納入國際標準，而非國家的技術規格或與特
定公司相關的要求。

(3) 決標標準：各簽署國應於採購程序開始時即確定決標標準並公布之。評
選廠商之基準在於廠商能否以最經濟有利之方法解決特殊之需求，評選
項目特別包括成本（採購成本及壽期成本）、符合要求之程度、標的之
品質及安全性及補償交易（offsets）[163]。

(4) 決標結果之公告：未得標廠商得請求機關說明其未得標之理由，機關應
說明之。

3. 相互的透明度要求及究責性（accountability）：有鑑各簽署國都希望定期
檢討全面的數據，這表明本制度是在實踐中如何影響國防採購的作法和成
果。本制度將明確規範採購制度之例外情形。如各簽署國都希望能有一
個解釋及被解釋的機會，可於本局所屬之指導委員會（the Agency Steering
Board）中辯論。本局將負責實現這種相互的透明度及究責性。雖然沒有任
何簽署國希望本局承擔獨立調查事務的角色，但本局認為本局仍應建立監
督及報告機制以確保相互之可信度。因此，各國主管機關之官員應提供本
局指導委員會所需之資料以確保本守則之執行。

---

[163] GPA 第 16 條「補償交易」規定：一、機關在資格審查及選擇可能之供應商、產品或服務，或者在審標
及決標時，不得強制要求、尋求或考慮補償交易。GPA 註 7 規定：政府採購中之補償交易係指藉本國
品項、技術授權、投資要求、相對貿易或類似之要求，以鼓勵當地發展或改善收支平衡帳之措施。但由
於 GPA 並不適用於國防武器之採購，故各國政府於辦理國防武器採購時得要求廠商必須符合補償交易
之要求。前揭註 162。

4. 相互支持：各國應善盡彼此責任，方可求得進入他國國防市場及改進之機會。在國防採購中，這不僅僅是一個商業問題——它尚涉及政府以及產業的角色。

本局認為本制度之充分有效的運作有賴於強而有力的相互信任和相互依存。各國應盡一切可能，於符合國家法律和國際義務之條件下，協助並加快彼此承包的國防需求，特別是在緊急作戰的情況下。各國應努力增加相互信任之程度，尤其是改進法規及政策的可預見性和可靠性。所有簽署國應努力簡化彼此間國防物品及科技的轉移和傳遞。

5. 互惠互利：若各簽署國未能體認簽署本守則之利益，則本制度將不克持續。這利益是來自歐洲各地的小型及中型規模的廠商在歐陸市場的擴張機會。在國防採購中，這些公司的客戶可能是一個主要的承包商，而非最終使用者。因此本局將設法確保此供應鏈中公平競爭和本制度的利益。主承包商應於公平及公正的基礎上評估及選擇其供應商。

我們相信隨著時間的推移，相互透明度及究責性將支持信心之增長及制度更有效率的運作。本局將賡續審視此制度之運行並尋求政策及實踐之並行不悖[164]。

綜觀該採購行為守則之內容，該守則規定各國軍事採購機關除有例外情形外，應使用公開競標方式辦理採購，各機關應遵守採購程序透明化之要求，即招標資訊、廠商資格、評選標準、決標結果之公告等措施必須符合公平及平等原則辦理，使廠商有充分參與競爭之機會，該等規定符合傳統之比較優勢理論，與 GPA 及 2011 示範法之內容相較，並無違背之處，故縱使國防採購不受 GPA 之拘束，但仍不得違反比較優勢理論及採購程序透明化之要求。

至於該守則並無拘束力之事實，歐盟國防局期待其能具有監督及匯整報告之授權，否則該守則及制度恐將喪失有效執行之重要支持，國防局之期待應為創舉，其主張及理由誠屬合理，唯歐盟國防局之執行成效及各簽署國之意願則有待未來觀察，就政府採購協定既經世界各主要工業國家之努力迄今僅 28 國加入以觀[165]，歐盟國防局期待之國防採購協定成立之日恐將遙遙無期。

綜合國際實踐，縱使國防採購不受 GPA 之拘束，但 2011 示範法第 3 條規定：「本

---

[164] The Code of Conduct on Defense Procurement of the EU Member States Participating in the European Defense Agency, 前揭註 130。

[165] "UNDERSTANDING THE WTO: THE AGREEMENTS Plurilaterals: of minority interest" 網址：http://www.wto.org/english/thewto_e/whatis_e/tif_e/agrm10_e.htm#govt，查詢日期：2013 年 9 月 20 日。

法與本國依據或由於下列任何條約或協定而承擔的義務發生衝突時，以該衝突為限，應適用該條約或協定之規定，但在其他所有方面，採購事宜仍應由本法管轄…」即各締約國於辦理國防採購時，除「本國與一國或多國簽訂的條約或其他形式的協定」外，仍應遵守採購透明化之要求；而參與歐盟防務局之各國國防採購行為守則規定各簽署國應遵守採購透明化之原則，足徵聯合國及歐盟咸認各簽署國於辦理國防採購時，除有特殊理由外，皆應遵守採購透明化之原則。我國雖非聯合國成員國，不受 2011 示範法之拘束，但仍不宜違反該法之規定以免遭受他國之指責或抵制，損害國家利益。

四、美國簽訂之雙邊國防採購協定

雙邊國防採購協定可由一國與另一國政府簽訂，當然不限於美國所簽訂者，但由於美國畢竟是現存之少數超級軍事強國且為我國所需軍事物資及勞務之最大供應國，故本文僅以美國與其盟邦所簽訂之雙邊國防採購協定為研究範圍。

美國於 1970 年代為因應冷戰情勢，促使軍事部門能與各國國防工業合作，共與其 21 個盟邦[166]簽訂雙邊國防採購協定（Reciprocal Defense Procurement Agreements, RDPs），迄今仍具效力，該等協定規定美國及他方簽字國應於辦理國防採購時確保非歧視原則，以期能建立彼此間國防採購之自由化，加速彼此國防採購之流通，但因雙邊國防採購協定未若其他協定係以增加政府採購之國際貿易為主要機制，在雙邊國防採購協定中並無採購程序之規範[167]，故協定之諸多條文均規定雙方政府應就未來履行採購程序時可能發生之議題，進行磋商及合作，期使簽訂採購協定國家之廠商於參與美國國防部之採購案件時，其所受之待遇與美國廠商廠全相同，反之亦然[168]。

為求貫徹國民待遇之要求，美國及他方簽字國皆應禁止「購買國貨」之法令適用，因此美國國防聯邦獲得規定補篇（Defense Federal Acquisition Regulation Supplement, DFARS）第 225.872-1 條禁止購買美國貨法（Buy American Act）適用於來自上述 21 個

---

[166] 21 個盟邦為澳洲、奧地利、比利時、加拿大、丹麥、埃及、芬蘭、法國、德國、希臘、以色列、義大利、盧森堡、荷蘭、挪威、葡萄牙、西班牙、瑞典、瑞士、土耳其及英國。Drew B. Miller, "Is It Time to Reform Reciprocal Defense Procurement Agreements?" 前揭註 133，頁 96。

[167] 例如美國與西德之雙邊國防採購協定並無採購程序之規範。Memorandum of Understanding between the Federal Minister of Defense of the Federal Republic of Germany and the Secretary of Defense of the United States of America Concerning the Principles Governing Mutual Cooperation in the Research and Development, Production, Procurement and Logistic Support of Defense Equipment, U.S.-F.R.G. Art. I., 1.8(a)-(b), Oct. 17, 1978, 網址：http://www.acq.osd.mil/dpap/Docs/mou-germany.pdf，查詢日期：2013 年 9 月 20 日。

[168] Drew B. Miller, "Is It Time to Reform Reciprocal Defense Procurement Agreements?" 前揭註 133，頁 96-7。

簽字國[169]之成品（end products）。該等採購協定另亦規定雙方政府不得對進口之成品課予任何進口關稅[170]。

　　美國與盟邦簽署雙邊國防採購協定之效益可由美國國防部及國務院發布之統計數字可見一斑，依美國國防部向國會所提出之報告，2007 年美國向外國採購物品之金額為 186 億美元，而美國國防採購之總金額為 3,160 億美元，故向外國採購物品之金額約占美國國防採購之總金額之 5.9%，而與盟邦簽署雙邊國防採購協定之採購金額約 2 億1,600 萬，所占比例甚微，國防部報告甚至解釋此數字有高估之可能。又依國務院（State Department）之報告，美國核發之國防設備及勞務之商務出口許可部分：國防設備約245 億，勞務約 643 億，但並無美國廠商依據雙邊國防採購協定出口之金額。由該等統計之資料實難判斷雙邊國防採購協定之明確經濟效益[171]。但該等協定可禁止簽署國採取歧視性之政策，亦可禁止各簽署國之採購機關實施歧視性之措施，應可對資源之合理配置及國防經費之節省有所助益。

　　綜觀美國與盟邦簽署雙邊國防採購協定之內容，其目的係因應冷戰之因素，為加強與簽署國之國防合作而簽訂，自全球貿易自由化之角度而言有其合理性，由於皆未規定透明化之採購程序，因此有待各簽署國之同意補充之，以利未來可更有效率地執行。該等購協定所規定之非歧視原則、建立彼此間國防採購之自由化、禁止適用「購買國貨」之法令及不得對進口之成品課予任何進口關稅等，將有利於一國廠商開啟他方簽字國之國防採購市場，或將原本二個國防採購市場合併成為一個市場，可降低生產過剩的問題以強化經濟效能[172]，且依比較優勢理論，在廠商得較前更能充分且公平競爭之情形下，各國國防採購經費當可有效地撙節。然其所帶來的經濟效益由於數據欠缺，目前並不易精確評估。

第三款　檢驗我國自美國政府獲得國防物品之作業程序

　　我國所需之國防物品如能自產自足，當可不必外購，但如不能自行產製，則必須向外尋獲我國之所需，我國亟需之潛艦及戰機等仍需向外國採購，但由於中共之處處阻撓，使我國遭受諸多困難及挫折，雖然我國曾向荷蘭及法國分別採購柴油潛艦及幻象戰機，然在國際現實情況下美國仍為我國所需國防物品之主要來源，我國獲得所需國防物品之方法除購買外，尚可以請求贈與、出租及借貸等方法達成之，然事實上我國仍以購

---

[169] DFARS225.872-1 稱之為「合格國家」（qualifying countries）。

[170] Memorandum, U.S.-F.R.G. 前揭註 167。

[171] Drew B. Miller, "Is It Time to Reform Reciprocal Defense Procurement Agreements?" 前揭註 133，頁98-9。

[172] 同前註，頁 105。

買（採購）爲最主要的獲得方式，自1950年至2011年我國向美國經由軍事售予（Foreign Military Sales, FMS）[173]方式採購之金額位居全球第4名[174]，政府爲此投入大量經費，甚至產生預算排擠的效應，該等採購案件的重要性不言可喻。美國國防部於接受我國軍事售予之採購案後，爲我國進行採購之法令及措施是否有違反比較優勢理論？與歐盟防務局之各國國防採購行爲守則相較是否有抵觸之處？與美國與盟邦簽署雙邊國防採購協定相較，我國權益在軍售案中是否有保障不足之情形？爲免我國權益遭受損失，上列疑問頗值研究。故宜先釐清軍售之體系、法律依據及其採購程序，再將之與國際規範進行比對及檢驗，冀望發現制度或法令不足及錯誤之處，以確保我國權益。

第一目　軍售之體系、法律依據及其採購程序

一、軍售之體系

美國軍售之機制係屬美國政府安全合作（Security Cooperation）行動複雜體系中之一環，安全合作可區分爲安全合作計畫（Security Cooperation Programs）及安全援助計畫（Security Assistance Programs）二種，二種法源不同，前者係由國防部長（the Secretary of Defense）主要依國會通過之年度國防授權及撥款法（National Defense Authorization and Appropriations Act）之授權，依照法令及行政命令對外國政府提供國防物品、軍事訓練及其他國防勞務以達成美國國家安全之目標；而後者則主要由國防部（Department of Defense, DoD）依據對外國援助法（the Foreign Assistance Act of 1961, FAA）、武器出口管制法（the Arms Export Control Act of 1976, AECA）及年度國撥款法之相關規定等法律，在國務院指導及監督下，以贈與、貸款、使用借貸、出售或租賃等方式對外國政府提供國防物品、軍事教育及訓練其他與國防相關之勞務以符合美國最佳利益，由國防部所屬之國防安全合作局（Defense Security Cooperation Agency, DSCA）等13個機關另加商務部（Department of Commerce, DoC）共同執行。[175]

---

[173] Foreign Military Sales 之定義為「依據1961年對外國援助法及1976年武器出口管制法所規定之美國對外安全援助之一部分，該援助與軍事援助計畫（the Military Assistance Program）及國際軍事教育及訓練計畫（the International Military Education and Training Program）不同，由買受國付費採購國防軍品（defense articles）及勞務（services）」Department of defense Dictionary of Military and Associated Terms, 111（2010）。網址：http://www.dtic.mil/doctrine/new_pubs/jp1_02.pdf，查詢日期：2013年9月20日。

[174] 以金額最高者依序排列分劃為沙烏地阿拉伯、以色列、埃及及我國，見 US Department of Defense, Defense Security Cooperation Agency, Historical Facts Book, 15 (2012). 網址：http://www.dsca.mil/programs/biz-ops/factsbook/Historical%20Facts%20Book%20-%2030%20Sep%202012.pdf，查詢日期：2013年9月20日。

[175] US Defense Security Cooperation Agency, Security Assistance Management Manual (SAMM), Chapter 1.1, 1.2 (2012) 網址：http://www.dsca.mil/samm/ESAMM/C01/1.htm，查詢日期：2013年

外國政府得逕行與美國廠商以「直接商業售予」（Direct Commercial Sales）方式採購所需之國防物品，美國政府對於外國政府決定以軍事售予或以直接商業售予採購並未持特定立場，一般而言，直接商業售予採購常見於外國政府欲採購非標準品或有特殊要求時使用之，常限於使用固定價金型契約（firm-fixed price contracts）[176]，以商務部為主管機關；而軍事售予係由美國政府以「要約及承諾書」（Letter of Offer and Acceptance, LOA）[177]（一般稱之為「發價書」，本文從之）標準作業方式進行，由美軍負責與廠商訂約及履約，所提供的價格可能較為便宜[178]。

二、法律依據

美國與軍售案買受國之法律依據係雙方簽署之發價書，發價書固然有一定格式，但其內容並非絕對不可改變，例如買受國可指示美軍必須指廠採購，即不以完全及公開競爭之方式採購，並在發價書中載明，則該部分有法律上之效力[179]。Letter of Offer and Acceptance 之格式如「安全援助管理手冊」（Security Assistance Management Manual, SAAM）第 5 章表 F4 所示，共七條文：美國政府之責任、一般買受國同意事項、賠償及風險承擔、財務之契約條款、運送及不符條款、保固、爭議處理等，包含各契約要項，然其內容並非一成不變，主管機關得因應事實之變化而修正之[180]，值得注意的是 LOA 全文內並無「出賣人」或「出賣國」（Seller）一詞，而使用「美國政府」（United States Government, USG）為契約主體，美國政府軍售案之責任係基於無償之基礎（on a non-profit basis）採購、交運成品、並移轉所有權至買受國，而買受國則應支付美國政

---

9 月 20 日。

[176] 除固定價金型契約外，尚有成本計價型契約（cost-reimbursement contracts），採購機關常有不能訂定精確技術規格及預估研發成本之困擾，則可考慮使用成本計價型契約，蓋該類型契約之工作規範，得以較不精確之文字敘述之，政府不論廠商是否已完成履約工作，均同意支付其因履約所支付之可被允許費用，故機關負擔大部分之危險，常見於研發型或特殊考量（例如交運時程急迫）之契約。唐克光，論成本計價型契約之體系及條款——以美國聯邦政府採購為例，政大法學評論，第 110 期，2009 年 8 月，頁 115-211。

[177] 48 CFR 225.7301 規定 LOA 之格式詳如 DoD 5105.38-M, Security Assistance Management Manual。一般實務工作者稱之為發價書，劉世興，美軍售發價書之研究，前揭註 131，頁 77；衛龍生，美國對華軍售法律問題之研究（上冊），國防大學國防管理學院法律研究所碩士論文，2002 年，頁 231。

[178] US Defense Security Cooperation Agency, "Frequently Asked Questions" (August 15, 2012). 網址：http://www.dsca.mil/pressreleases/faq.htm，查詢日期：2013 年 9 月 20 日。詳細之差別可見 "A Comparison of Foreign Military Sales and Direct Commercial Sales"（August 15, 2012）全文，資料來源相同。

[179] 48 CFR 225.7304(a).

[180] 例如 SAMM（2012）Figure C5.F4 LOA Standard Terms and Conditions 與 SAMM（2000）LOA 內容相較，前者新增第 1.3. 條文。劉世興，美軍售發價書之研究，前揭註 131，頁 163-4；衛龍生，美國對華軍售法律問題之研究（上冊），前揭註 177，頁 269，（下冊），頁 583。

府的一切成本[181]。至於 LOA 第 6.1.2 條保固條款規定：「美國政府同意代表（on behalf of）買受國在保固範圍內辦理保固事宜，以確保為買受國採購之品項有瑕疵時，能獲得更換或修補。」美國政府並不直接負擔物之瑕疵擔保責任[182]，與我國民法第 354 條所規定，物之出賣人應擔保物之瑕疵責任不同，故軍售案之 LOA 其法律性質應為民法第 528 條之委任[183]，而非第 345 條之買賣。

LOA 第 1.2. 條對於美國國防部為買受國應進行之採購程序有明確規定，條文內容如下[184]：

第 1.2. 條：美國政府將以其庫存品及資源或依美國國防部法規與程序相同之條款辦理採購，以供應案內之品項。除非買受國要求且經美國國防部同意並於發價書內載明，否則美國國防部將使用美軍自己採購相同之契約條款、相同之履約及相同之品保及審計程序為買受國採購。除非買受國已以書面要求指定獨家廠商且經美國國防部同意並載明於發價書內，否則買受國了解選商以履行要求之事項係美國政府權責，美國政府將依與其自己相同之選商程序執行本案之選商程序。買受國另同意，美國國防部為唯一負責發價書契約條款磋商的機關。

美國國防聯邦獲得規定補篇 DFARS 第 225.7304 條之規定與 SAMM C5.F4 表第 1.2. 條文內容相同，DFARS 225.7304 及發價書第 1.2. 條均要求美軍應依自己選商之程序執行軍售案件，而美國諸多法令均要求各採購機關於辦理採購時，除有法令另有規定外，應遵守「充分及公開競爭」（full and open competition）之程序辦理[185]，軍事採購機關於辦

---

[181] Section 3.1, 4.1 of LOA.

[182] Section 6.1 of LOA: The USG does not warrant or guarantee any of the items sold pursuant to this LOA except as provided in section 6.1.1…

[183] 民法第 528 條：「稱委任者，謂當事人約定，一方委託他方處理事務，他方允為處理之契約。」

[184] 1.2. The USG will furnish the items from its stocks and resources, or will procure them under terms and conditions consistent with DoD regulations and procedures. When procuring for the Purchaser, DoD will, in general, employ the same contract clauses, the same contract administration, and the same quality and audit inspection procedures as would be used in procuring for itself; except as otherwise requested by the Purchaser and as agreed to by DoD and set forth in this LOA. Unless the Purchaser has requested, in writing, that a sole source contractor be designated, and this LOA reflects acceptance of such designation by DoD, the Purchaser understands that selection of the contractor source to fill requirements is the responsibility of the USG, which will select the contractor on the same basis used to select contractors for USG requirements. Further, the Purchaser agrees that the U.S. DoD is solely responsible for negotiating the terms and conditions of contracts necessary to fulfill the requirements in this LOA.

[185] 依據美國採購契約競爭法（the Competition in Contracting Act of 1984, CICA）規定：「行政機關於採購財物或勞務時，應依本法及聯邦獲得規則（Federal Acquisition Regulations）之規定，使用競爭程序以獲得完全及公開之競爭（full and open competition）。」41 U.S.C. § 253(a)(1)(A). 此外，10 U.S.C.

理軍售案之採購案時應遵守 FAR 及 DFARS 之規定，即除有法令另有規定外，亦應以公開競爭方式辦理軍售案[186]。

三、買受國參與採購程序

買受國可否參與軍售案之招標訂約及履約之機會？如是，參與之範圍如何？如買受國要求違反美軍採購機關應遵守充分及公開競爭之程序時，應如何規範？如為否定，是否將使買受國喪失一切要求變更之權利，致使買受國毫無特殊需求之餘地？似失之過當。故美國採購機關及買受國代表之行為規範應實應予釐清，以利雙方遵守。DFARS 225.7304 對於買受國及其派遣代表參與美軍採購機關的採購程序有詳盡規定，重點摘錄如下。

1. FMS 買受國得要求自一個特定廠商以獲得國防物品或國防勞務。於此情形下，FAR 6.302-4 規定軍售契約得以不完全及不公開競爭的方式簽約。FMS 買受國亦得要求特定廠商必須接受分包契約，但惟有當 LOA 或其他書面指示充分符合 FAR 之要求時，採購人員方得實行 FMS 買受國之要求。

2. 機關應鼓勵 FMS 買受國參與美國政府採購人員與廠商討論下列事項：
   (1)制定技術規格；
   (2)制定交運時程；
   (3)確認為特定 FMS 買受國而制定之特殊性保固條款或其他要求；
   (4)審查不同替代品及數量之價格及得調整價格及履約之選項（price-performance tradeoffs）。

3. 機關不得向 FMS 買受國散布任何屬於廠商智慧財產之訊息，包括成本或價格訊息[187]。但經廠商授權散布者不在此限。

4. 除本節 (5)(3) 另有規定外，FMS 買受國得參與契約協商之程度係屬採購人員於廠商後協商後的裁量權。如 FMS 買受國之參與應受限制，則採購人員應向買受國提供解釋。可能會限制 FMS 買受國參與之因素包括下列情況：
   (1)該契約包括一個 FMS 買受國以上的要求；
   (2)該契約包括美國特殊的要求；或

----

§ 2304, FAR 6.1, DFARS 206.001 亦有相同規定。

[186] DFARS 201.104.

[187] 5 U.S.C. § 552(b)(4) 規定：「本法（按：資訊自由法，Freedom of Information Act, FOIA）之規定並不適用於：由自然人、法人或團體（a person）所獲得之經授權或屬秘密性質之營業秘密及商業或財務資訊。」政府若公布或洩漏廠商財務資訊，則可能造成廠商競爭力之受侵害，政府應負損害賠償責任。唐克光，政府公開採購資訊之研究──我國及美國聯邦法制之比較，軍法專刊，第 53 卷第 6 期，2007 年 12 月，頁 23-51。

　(3)廠商所有的資料財產權係屬協商之內容。

5. 機關不得同意 FMS 買受國代表從事下列行為：

　(1)直接從招標過程中排除特定或不特定廠商（買受國可能會建議將某些廠商列入招標名單中）；

　(2)干涉廠商分包其採購契約；

　(3)觀察或參與美國政府與廠商涉及成本或價格之協商，但本節另有規定者不在此限。

6. 機關不得接受 FMS 買受國有關選商之決定或契約條款（但採購人員受 FMS 買受國即時之要求時，得請求獲得任何特別契約條款、保固或其他特別要求）。

7. 機關不得承諾 FMS 買受國任何拒絕廠商投標或要約之要求。

8. 如 FMS 買受國請求有關 FMS 契約價格的更多信息，採購人員應與廠商協商後，提供足夠訊息以證明價格的合理性，並應提供有關契約價格問題的合理回應。
　本訊息應

　(1)包括經審酌後之回應、最高計價之摘要（top-level pricing summaries）、歷史價格或任何實際契約價格與在初始時 LOA 估計價格間顯著差異的解釋；

　(2)採購人員得以口頭、書面或以任何其他可以接受之方式提供訊息。

　　美軍採購機關有條件允許買受國參與軍售案之招標及訂約程序是否有不當之處？此或可從我國法律予以檢驗，美國政府與我國約定，我國委託美國政府並以美國政府名義處理採購事務，美軍允為處理，應屬民法第 528 條之委任關係，受任人（美國政府）之權限，依發價書規定之條款辦理（民法第 532 條），又民法第 535 條規定：「受任人處理事務，應依委任人之指示，並與處理自己事務為同一之注意，其受有報酬者，應以善良管理人之注意為之。」美軍採購機關必須依委任人之指示之情形包括：若買受國指示以限制性招標進行採購，則因限制性招標所產生之不利益由買受國自行負責，此尚在美國政府可允許之範圍；而機關不得依委任人之指示之情形包括：直接從招標過程中排除特定或不特定廠商、干涉廠商分包其採購契約、觀察或參與美國政府與廠商涉及成本或價格之協商、接受買受國有關選商之決定或契約條款等，其原因不外涉及廠商成本或價格之智慧財產，美國政府當然不得侵害其財產，或因買受國之指定廠商或排除特定或不特定廠商採購，將根本違反競爭之法理或將使履約工作困難重重，故機關不得依買受國之指示辦理採購；至於機關可增加軍售案之透明度作法，包括：買受國可於若干情形下參與美國政府採購人員與廠商討論、採購人員應向買受國解釋為何應限制其參與討論之理由等，該等規定亦可謂已善盡受任人之責任。故尚難謂 DFARS 225.7304 有不當之處。

四、買受國採用軍售之效益評估

　　經檢視我國曾發生重大流弊之國防採購案，大抵均發生於以商業售予（Commercial Sales）的作業流程中，例如尹清楓命案之發生，一般咸認為係我國於契約向法國採購拉法葉軍艦時，在契約中訂有排除佣金條款，然佣金代理商為謀求巨大之佣金利益，不惜發生命案，舉世震驚[188]；在以商業售予之軍品採購案中，弊案有可能在政府採購法所規範採購程序前的計畫（Acquisition Planning）[189]階段時即已發生，採購機關於計畫階段中應完成下列之工作，包括：市場調查、評估成本[190]及危險、訂定最有利於政府的評審標準、遵守充分且公開之競爭等[191]，惜我國政府採購法對於採購計畫並無規劃，而採購計畫與行政法學上之行政計畫性質差異甚大，致使我國地方首長常有為選舉考量，濫蓋蚊子館，浪費國家資源之情事發生，若政府採購法能對採購計畫予以明確規範，則採購機關能有所遵循[192]，不肖廠商或採購人員甚難有謀求不法利益之可能，弊案亦可能發生於其後之採購程序中，採購機關可能於採購程序中採用歧視性之措施，例如：機關限制採購訊息之公告、評分項目標缺明確規定、綁標、圍標等，造成廠商間不公平競爭，而違反普世之法理價值，影響採購之效益，致浪費公帑；相較於美國之軍事售予方式，由於美軍自採購計畫及其後之採購程序皆係依循其採購法令辦理市場調查、成本及風險評估、招標、審標、訂約及履約事宜，幾乎未曾發生因其採用歧視性之措施而遭受買受國抗議之情事，故我國之國防採購案如循軍事售予方式進行，則理論上較不易發生弊端，事實上迄今亦尚未聞有重大流弊之情事發生。至於發價書之價格是否真較「直接商業售予」便宜？因涉及複雜之人力及物力成本及其他因素，有待我國有關機關之精細計算及評估，此則不在本文之研究範圍。

第二目　與國際規範之比對及檢驗

　　政府採購協定既將國防物品之採購排除適用，故只能從示範公共採購法、參與歐盟防務局之各國國防採購行為守則及美國與其諸多盟國簽訂之雙邊國防採購協定檢視美國政府之軍售作業程序。示範公共採購法規定若該政府與他國政府所簽訂之條約或協定與

---

[188] 維基百科網站，拉法葉軍購案，http://zh.wikipedia.org/wiki/%E6%8B%89%E6%B3%95%E8%91%89%E8%BB%8D%E8%B3%BC%E6%A1%88，查詢日期：2014 年 06 月 26 日。

[189] Code Federal Regulations, Title 48, Chapter 1, Part 7.

[190] 所謂成本係指政府應支出之全部成本，採購機關應規定具體的採購成本目標，以及達成此項目標的理由，包括：產品全週期成本（life-cycle cost）、設計成本（design-to-cost）、應列成本（should cost）等。FAR 7.105(a)(3).

[191] 詳見唐克光，論技術性資料、電腦軟體及資料庫之採購方法及法律保護——以美國聯邦政府採購為例（下），智慧財產權月刊，2009 年 10 月，第 130 期，頁 81-89。

[192] 羅昌發，政府採購法與政府採購協定論析，2 版，元照出版，2004 年，頁 44-49。

本法未有衝突時，仍應適用該法之採購規定，即應遵守該法之立法目的（提升採購之經濟性及效率性、促進廠商間之競爭、公平對待各廠商、確保採購程序之正直性及公平性、達成採購透明化之目標）及其他規定（各種採購透明化）事項，以求確保採購品質。

歐盟防務局之各國國防採購行為守則僅揭示國防採購之基本原則，各成員國應本公平及平等之基礎辦理採購，落實於評選廠商、開立規格、決標標準及公告決標結果等程序，然並未對如何將採購程序的透明度予以規範，而美國簽訂之雙邊國防採購協定規定之內容與採購行為守則相較，可謂相去無幾，簽署國應確保採購時遵守非歧視原則，以期能建立彼此間國防採購之自由化，加速彼此國防採購之流通，但對於採購程序亦欠規定，留待爾後之協商，然 DFARS 規定軍售作業則之詳盡程度則完全不同，不僅規定採購機關應依充分及公開競爭之原則辦理，更臚列詳細的法令依據及作業程序，並有條件地允許買受國參與採購程序，增加買受國對於採購作業的了解及信心，故軍售作業之程序顯較歐盟採購行為守則及雙邊國防採購協定完備及可行，其規範堪稱完備。

第四款　結論

自亞當‧史密斯及大衛‧李嘉圖證實比較優勢理論後，世界各國普遍接受該理論，並逐步共同協商消除貿易障礙，而政府採購中廠商不公平競爭現象便是一種貿易障礙，將為政府帶來經濟方面之不利益，換言之，若採購機關能使廠商充分且公開競爭，則政府可收因競爭而產生的比較利益及競爭利益。此理論不僅適用於一般之財物、勞務及工程採購，對於國防物品之採購亦應適用，雖然政府採購協定規定國防物品之採購係屬國家安全之範疇，並將之排除適用，然聯合國之示範公共採購法則規定除該法有特別規定外，機關於採購國防物品時應遵守採購透明化之要求。歐盟防務局之各國國防採購行為守則已要求成員國應本公平及平等之基礎辦理採購，落實於評選廠商、開立規格、決標標準及公告決標結果等程序，雖然該行為守則並無拘束力，但已證明採購機關於採購國防物品時，應遵守之原則與辦理一般採購案件並無不同。而美國與其盟邦簽訂之雙邊國防採購協定規定之內容與採購行為守則相較，可謂內容相去無幾，但對於採購程序皆欠缺規定，而留待美國及簽訂國爾後協商。雖然歐盟防務局之各國國防採購行為守則及美國與其盟邦簽訂之雙邊國防採購協定規定欠缺詳細之採購程序規定，但均已揭櫫採購機關於辦理軍品採購之原則，即應遵守採購透明化之要求。

我國外購所需之國防物品時由於受中共之處處阻撓，而產生困難，在國際現實情況下美國仍為我國所需國防物品之主要來源，事實上我國仍以購買（採購）為最主要的獲得方式，而政府每年為編列軍售案預算常發生預算排擠之效應，軍售案預算之龐大及重要性可見一斑，然我國委託美國政府負責採購，其採購程序包括招標、決標及履約等，是否皆能使廠商充分且公開競爭？此攸關我國（買受國）之利益，不

可不慎，美國國防聯邦獲得規定補篇 DFARS 225.7304 及發價書第 1.2. 條均要求美軍應依自己選商之程序執行軍售案件，而美國諸多法令均要求各採購機關於辦理軍事物資及勞務採購時，除有法令另有規定外，應遵守「充分及公開競爭」之程序辦理，基本上美國政府辦理軍售案之一切措施與美國政府辦理自己之採購案件相同，DFARS 並有條件地允許買受國參與其採購程序，美國政府規範之內容完全基於比較優勢理論，並力求採購程序之透明化，堪稱合理及完備之規定，然我國相關政府官員仍應注意承辦軍售案之美國採購人員難免偶有違反上述規定之情形，則我國官員可利用參與採購程序之權利，力主美國採購機關應恪遵採購透明化之法令規定，以保障我國利益。

　　經檢視我國曾發生重大流弊之國防採購案，大抵均發生於以商業售予的作業流程中，弊案有可能在政府採購法所規範採購程序前的計畫階段時即已發生，惜我國政府採購法對於採購計畫並無規範，致使我國地方首長常有浪費國家資源之情事發生，採購機關亦可能於採購程序中採用歧視性之措施，相較於美國之軍事售予方式，由於美軍自採購計畫及其後之採購程序皆係依循其採購法令辦理，幾乎未曾發生因其採用歧視性之措施而遭受買受國抗議之情事，故我國之國防採購案如循軍事售予方式進行，則理論上較不易發生弊端，事實上迄今亦尚未聞有重大流弊之情事發生。至於發價書之價格是否真較「直接商業售予」便宜？因涉及複雜之人力及物力成本及其他因素，有待我國有關機關之精細計算及評估。

第三章
政府採購計畫階段

　　政府採購事務經緯萬端、錯綜複雜，無論是產、官、學各界對於政府採購中之措施已有許多討論，然獨對採購計畫階段甚少研究。本文報告謹就我國之立法情形與美國聯邦政府之立法例中擷取相關之規範及實務之作法，以供爾後立法或修法時之參考。

　　美國聯邦政府獲得規定（Federal Acquisition Regulations, FAR）之第七部分「獲得計畫」（Acquisition Planning）中已將政府採購應如何避免浪費，應如何在最有效率、最經濟，且最符合時效性之情況下滿足政府之需求，規定甚為詳細。經比較美國聯邦政府與我國之政府採購法令後，不難發現我國之立法確有不足之處，包括：(1) 市場調查之要求；(2) 以使用商業成品及非研發性之財物或勞務為原則；(3) 成本分析之要求（包括壽期成本、設計成本、應然成本）；(4) 風險評估（包括技術、成本、時程等風險）；及 (5) 競爭極大化之要求等均漏未規定，應有修法予以補正之必要。

第一款　前言

　　由於世界各國之政府採購規模均甚為鉅大，其對國家整體經濟發展之重要性實屬重要。政府採購之目的是以較低的價格獲取較高品質之商品或服務，亦即以公共資源購得價廉物美之工程、財物及服務。因此如何以有限之資源在自由競爭市場中，藉由比較利益及競爭利益之法則，以合理之價金獲得我方所需之物品實為一值得深討之問題。進一步而言，即政府之採購程序，從招標公告、技術規範、供應商資格之審查至決標方式等等措施，應如何設計，方可使採購機關得以最經濟之價格獲商品式服務，不致浪費公帑。又在各採購程序中，如何藉由競爭機制之推動，以公開、公平及透明化之方式，在最符合經濟原理之情況下，使購案得以順利推動，均值得仔細研究。

　　世界貿易組織（WTO）之政府採購協定（Agreement on Government Procurement, GPA）[1]對於政府採購之各階段包括招標、審標、決標以至履約管理等事項均有較為明確之規範，政府採購協定公開化、透明化與不歧視之規範準則，除可供為各國改進採購法制之師法對象，亦提供學者們諸多之研究及討論之空間。本文自以該協定作為政府採購之最高指導原則。我國是政府採購協定之簽署國，因此各種採購措施必須恪遵該協定之規範，美國亦係 GPA 之簽署國，其採購規範自不得例外，而美國聯邦政府究如何於「獲得計畫」中規範以實踐 GPA 之要求，實值得注意與研究。本文將以我國及美國聯邦政

---

[1]　"Revised Agreement on Government Procurement" World Trade Organization，網址：https://www.wto.org/english/docs_e/legal_e/rev-gpr-94_01_e.htm#_ftnref1，查詢日期：2019 年 8 月 26 日。

府之採購法為基礎，整理美國相關國會審計長之判斷以及學說論述，以美國法制上之基礎與法理，探究並評估美國之「獲得計畫」立法條例是否有值得師法之處，以供參考。

有鑑於政府採購事務經緯萬端、錯綜複雜，無論是產、官、學各界對於政府採購中之招標、決標、履約管理、驗收及爭議處理等已有許多討論，然獨對採購計畫階段甚少研究。計畫階段應否立法予以規範？應如何規範？便是本文研究之範圍。本文報告謹就我國之立法情形與美國聯邦政府之立法例中擷取相關之規範及實務之作法，以供爾後立法或修法時之參考。本文特透過邏輯演繹，提供我國採購法制另一新的視野，並且以實證之精神探討「獲得計畫」規範在我國落實的可行性，並作為未來法制充實以及採購實務運作，提供具體之參考與指導。

第二款　政府採購計畫階段之規範介紹

本文分三部分予以分析及比較：首先要探討的是我國的法制，再就 GPA 之角度予以觀察，其次要研究是美國聯邦政府的採購法令，最後作一比較及建議。

第一目　立法例之比較

在我國辦理採購之根本大法是「政府採購法」，然在該法中並無採購計畫之規定，而在實務上則普遍接受與承認此階段。目前我國之法規中，對於計畫階段有較為明確規範的是「軍事機關財務勞務採購作業規定」，現分此二領域分別予以探討。

一、我國法制

㈠政府採購法

政府採購法將其條文分別總則、招標、決標、履約管理、驗收、爭議處理、罰則及附則等章，然未見有「計畫」專章或文字。所謂「計畫」應係指自計畫發起至公告為止，採購機關應有之作為。雖有學者在立法院審議政府採購法其間所召開之公聽會中建議在政府採購法「第一章與第二章之間增列一章，專門處理採購規劃之問題」，然未獲採納[2]。其未被採納之理由係當時立法機關認定政府將制定「公共工程基本法」時將會把規劃部分納入，故未對此予以規範，但本文認為工程僅為採購標的——財物、勞務、工程中之一部分，「公共工程基本法」既認規劃部分有立法之必要，卻又不於政府採購法中採取應有相同之立法，實令人不解[3]。立法院之立法考量顯有不周延之處。

---

[2]　羅昌發，政府採購法與政府採購協定論析，初版，元照出版公司，2000 年 1 月，頁 45。
[3]　「公共工程基本法」迄今尚未完成立法，無法判斷其文內容。

(二)軍事機關勞務財務採購作業規定

各採購機關得自行規定其所需之採購作業規定，但從未有任何機關所訂立之規定較「軍事機關勞務財務採購作業規定」更為週延、詳盡者。該作業規定對於計畫階段立有專章（第 2 章），其規定事項大致有：

1. 採購機關應編訂採購計畫，俾利招標訂約單位製作招標文件，辦理採購，凡未具採購計畫，則不得採購。[4]
2. 年度採購計畫中屬年度施政計畫籌購項目者，應於年度開始 3 個月前一次編訂，其他非屬年度預劃籌購項目（臨時或緊急需求），應於年度第 9 個月前完成申購作業。

   年度專案採購計畫應於專案工作計畫核定後 10 天內編訂之。而先期籌購計畫則應於生產前 6 個月申編內購案，18 個月前申編外購案。[5]
3. 訪價之作業方式。[6]

綜合該採購作業規定之內容，不難發現其中若干條文係直接引用政府採購之母法——政府採購法之條文。另外若干條文則係規範編製採購計畫之作業方式（包括使用沖銷貿易、優惠國內廠商、統包、共同投標等重大採購作為之使用時機及步驟），最後，該採購作業規定再將計畫作為分成內購案及外購案二大部分，而分別規定其申請、核轉、核定之細節事宜。

二、政府採購協定（GPA 2007）

GPA 之未特別規定計畫階段之措施，應係 GPA 旨在規範全般採購之作為要求，至於各國之採購作為如何達到 GPA 之要求標準，GPA 並不過問。

三、美國聯邦採購法令

美國聯邦獲得規定（FAR）明列「獲得計畫」之目標為陳述政府之需求、明列潛存之商源、決定能最有效率滿足政府需求之獲得策略。其 7.101 條便包含下列之定義：

> 「獲得計畫」指所有負責獲得之人員，經由完整之計畫，協調並整合出一套計畫以滿足採購機關得以在符合時效性之方式，且在合理的成本內滿足其需求的程序。計畫之內容包括發展整體策略俾利管理獲得事務。[7]

---

4 軍事機關勞務財務採購作業規定（以下簡稱採購作業規定）第 33 條。網址：http://www.rootlaw.com.tw/LawArticle.aspx?LawID=A040060150002300-0000101，查詢日期：2019 年 8 月 26 日。

5 同前註，第 34 條。

6 同前註，第 46 條。

7 FAR 7.101: "Acquisition planning" means the process by which the efforts of all personnel responsible

第 7.102(b) 規定：此計畫之目標係在確保採購機關得以最有效率、最經濟及最省時之情況下滿足所需。[8]

至於具體之作法，可分下列各點予以闡述：

(一)計畫之進行

FAR7.102-2 條文中明列獲得計畫之履行標準（performance standards）應由所有參與採購之人員共同擬訂，此標準係：[9]

(a) 擬具能滿足需求或使用單位如何獲得財物、勞務之成本、品質、及時程之文字；

(b) 將行政作業成本降至最低之程度；

(c) 以正直、公平及公開之方式從事採購交易，俾獲得公眾之信任；

(d) 實踐公共政策目標。

(二)市場調查

FAR7.102(b) 要求採購機關應履行採購計畫及實施市場調查（market research）以促進及提供商業成品，如商業成品不能滿足採購機關之需求，則應儘可能使用非研發性之成品。採購機關應以使廠商能在充分及公開競爭之方式進行採購。此外，10 U.S.C § 2305(a)(1)(a) 及 41 U.S.C § 253a(a)(1) 均規定採購機關之首長應於釐訂需求規格及發出招標文件之前實施市場調查。

FAR10.002(a) 規定所有政府之需求均須能實施市場調查之文字表達。FAR10.002(a) 另要求市場調查之目的係在發覺更多具供應能力之廠商。然市場調查之本質將因採購之情況及複雜程度不同而有異，[10]市場調查之方法可以正式或非正式之方法行之。若採購機關未實施市場調查，而市場中仍有可供應所需物品之廠商，則本採購作為將被認定為

----

for an acquisition are coordinated and integrated through a comprehensive plan for fulfilling the agency need in a timely manner and a reasonable cost. It includes developing the overall strategy for managing the acquisition.

[8]　FAR 7.102(b): ...The purpose of this planning is to ensure that the government meets its needs in the most effective, economical, and timely manner.

[9]　FAR1.102-2:

　(a) Satisfy the customer in terms of cost, quality, and timeliness of the delivered product or service.

　(b) Minimize administrative operating costs.

　(c) Conduct business with integrity, fairness, and openness.

　(d) Fulfill public policy objectives.

[10]　FAR10.002(b)(1) 然美國國會之審計長認為若採購機關已於近期日內做過市場調查，確認只有惟一廠商可提供所需之產品，則可免於再實施市場調查。*Lister Bolt & Chain, Ltd.*, Comp. Gen. Dec. B-224473, 86-2 CPD ¶ 305.

不合法。[11]

(三)以使用商業成品及非研發性之財物或勞務爲原則

FAR12.101 要求採購機關應 (a) 進行市場調查以明瞭是否其需求可由商業成品或非研發性之產品得到滿足；(b) 採購商業成品或非研發性之成品，如該等成品能滿足採購機關之所需；(c) 要求各層級之合約商及次合約商應將商業成品及非研發性之成品納入爲所供應之零組件。[12]所謂「商業成品」係指已向一般公眾出售、出租、授權使用之品項，或已向一般公眾要約以出售、出租、授權使用之品項。[13]而所謂「非研發性之產品」係指已合約商已爲政府採購機關所研發出之產品。[14]

(四)採購計畫之要件

1. 成本

所謂成本係指政府應支出之全部成本，採購機關應規定具體的採購成本目標，以及達成此項目標的理由，並討論相關所使用之成本概念，包括：[15]

(1) 壽期成本（life-cycle cost）。在計畫中應討論如何將壽期成本納入考量；若未納入考量，其理由何在。如果可能的話，應討論該壽期成本所使用之成本模式；[16]

(2) 設計成本管理（design-to-cost）。在計畫中應說明設計成本管理之目標及其所根據的假設，包括：品質、學習曲線以及經濟調整因素等基礎。並應說明相關目標係如何適用、追蹤及執行。計畫中另應說明招標及訂約所將納入的要求。[17]

(3) 應然成本（Should cost）之適用。採購計畫應對「應然成本」之適用於採購予以分析及說明。[18]

2. 風險

FAR 7.105(a)(7) 要求：在採購計畫中應討論技術、成本、時程等風險，並應說明所採取減低風險之計畫，以及未能達成減低風險的結果。若採購計畫中同時進行研發與生

---

[11] *Rocky Mountain Trading Co.*, GSBCA 9569-P, 89-1 BCA¶21, 216. *TMS Bldg. Maintenance*, 65 Comp. Gen. 222 (B-220588), 86-1CPD¶68. *BFI Medical Waste Sys. Of Arizona, Inc.*, Comp. Gen. Dec. B-270881, 96-1 CPD ¶ 239.

[12] Ralph C. Nash, Jr., John Cibinic, Gr., Karen R. O'Brien, Competitive Negotiation-The Source Selection Process (2nd ed., The George Washington University, 1999) p.19-31.

[13] FAR 2.101

[14] FAR 2.101

[15] FAR 7.105(a)(3)，原 FAR15.803(b) 要求採購機關應預估採購成本（Acquisition Cost），但於 1997 年後已刪除此要求。FAR 未說明理由，應和採購成本之估算困難有關，見董珮娟，由政府採購協定及美國政府採購法論我國公共工程採購制度——以競爭促進爲核心，國立臺灣大學法律研究所碩士論文，1997 年 5 月。

[16] 參看 *Department of Defense Life Cycle Costing Procurement guide(interim)*（July 1970）第 1-1 段。

[17] 定義見 FAR 7.101。

[18] 定義見 FAR 15.407-4(a)。

產，則應討論其對成本及時程的影響。

3. 考慮相關之妥協與平衡（trade-offs）

FAR 7.105(a)(b) 規定：採購機關應討論各種成本、功能及時程目標間，相互妥協的預期結果。[19] 依據美國國防部所頒布之第 5000.2-R 規則第 3.3.3.1 條規定：減少壽期成本的最佳時機是在採購進行程序之早期階段。在採購完成之前，機關應將成本之降低連同成本／效能一併考量。[20]

4. 採購的效率化（Acquisition Streamlining）

所謂採購之效率化係指辦理採購過程中，消除非不必要之程序及作法以節省成本之謂。換言之，就是以更有效率之方式使用資源俾創造、或產生質量之系統。[21]

FAR 7.105(a)(8) 規定：

採購之效率化。若需求單位明確指定該採購案應納入採購效率化之規範，則在採購計畫中應探討下列計畫與程序，俾利：
(I) 利用招標草案、招標前會議以及其他方法，鼓勵廠商在設計畫發展的階段即行參與，以建議最適當的引用及修訂契約條款。
(II) 選擇與修訂必要且符合成本效益的契約條款。
(II) 說明原屬於指導性的技術規格與標準，將會被認定為屬強制性之技術規格與標準的時程（timeframe）。[22]

採購機關應利用各種機會（包括公聽會、產業會議、市場調查、招標文件草案、招標前會議、一對一之會議及現場訪問）瞭解廠商之意見及困難，俾化解採購措施中之阻礙。[23]

5. 充分且公開之競爭[24]（full and open competition）

FAR 7.105(b)(2) 規定：

競爭：
(i) 應說明如何在整個採購過程中，尋求、促進及維持競爭。若不採取公開競爭，則應依第 6.302 條說明授權依據，以及說明適用該規定之理由，確認

19　參看羅昌發，政府採購法論析，同註 2，頁 50。
20　Nash, Cibinic, O'Brien, *Competitive Negotiation*，同前 12 註，頁 52。
21　FAR 15.201.
22　參看羅昌發，政府採購法論析，同註 2，頁 50。
23　FAR 15.201
24　FAR 7.105(b) 將採購計畫中之要項歸納為 21 個要點，但其中若干部分係針對美國之特殊國情所設計，另有部分條文所規範之事項已含括在政府採購法中，且過於瑣碎，故本文不另討論。

之商源及無法進行公開競爭之理由。

(ii) 確認主要組件（Components）或次系統，應說明如針對組件或次系統、尋求、促進及維持競爭。

(iii) 應說明如何針對備份或備份零件（parts），尋求、促進及維持競爭。應確認主要影響競爭之後勤時程（milestones）。

(iv) 若有效的分包可促使競爭，應說明如何在全部採購過程中，尋求、促進及維持競爭。如次合約商之競爭出現了障礙，則應說明克服障礙的方法。

第三款　結論

經比較我國與美國聯邦之採購制度，不難發現我國之「軍事機關勞務財務採購作業規定」之規範內容大抵偏重於軍事機關內部之採購管理，缺乏全盤、總體之視野，部分內容則係沿用政府採購法之條文，對於採購之基本作為缺乏規範，實有待改進之處。美國聯邦政府對採購計畫之下列規範在我國之政府採購法規中漏列之處計有：

(1) 市場調查之要求

(2) 以使用商業成品及非研發性之財物或勞務為原則

(3) 成本分析之要求（包括壽期成本、設計成本、應然成本）

(4) 風險評估（包括技術、成本、時程等風險）

(5) 競爭極大化之要求

按 WTO 設立之宗旨係消弭關稅及非關稅之貿易障礙，以提倡自由貿易，而自由貿易的基礎係建立在比較利益及競爭利益之原理，政府採購自不例外，故應於政府採購法規中明訂競爭極大化之要求[25]。而競爭之實施前提便是進行市場調查，以確認所有可能之供應商均有被邀請競標之可能。此外採購的目標係以低價或合理價購得所需之標的，則成本分析、風險評估自有其必要性；以上各點均應有修法以補正之必要，該等疏漏確將危及採購之整體措施或全盤作為，為彌補此立法之缺失，試擬具政府採購法之修正條文如下，以供之參考：

第六條　機關辦理採購，應以維護公共利益及公平合理之原則，降低行政作業成本，並確保競爭之機制，對廠商不得為無正當理由之差別待遇。[26]

---

[25] David B. Yoffie, *International Trade and Competition* (McGraw-Hill, 1990) p. 245. 董珮娟，由政府採購協定及美國政府採購法論我國公共工程採購制度，同註 15，頁 124。

[26] 將原「…合理為原則…」改為「…合理之原則…」以確定語意。另加列「降低行政作業成本，並確保競爭之機制」等語，至於其含意及具體作法則宜於政府採購法施行細則中規定。機關應力求降低行政作業成本，在現行政府採購法條文中並未見類此之規定，至於採購及行政作業成本之關係，見董珮娟，由政府採購協定及美國政府採購法論我國公共工程採購制度，同註 15，頁 124。

第十七條之一　機關於辦理採購之前,應製作採購計畫並實施市場調查以確定可能之
　　　　　　　商源。
　採購計畫應包括對採購之成本分析及風險評估等,其內容由主管機關定之。
　市場調查係發現市場有無所需之商業成品及非研發性質之標的,以節省採購之成本,
提升採購功能。

第四章
採購之招標訂約階段

第一節　採購機關對廠商所報價格之分析[1]

　　我國採購機關在評定得標廠商，不論採用固定價金型或成本計價型契約，除採最有利標時得將價格不納入評分外，皆應將廠商所報價格列為評選項目，採用固定價金型契約時，應判斷廠商所報價格是否過低或是否合理，而採用成本計價型契約時，則應判斷廠商所報價格中之成本及利潤是否合理及具備效率性，故採購機關應依據有關價格或成本分析之作業規定，對廠商所報資料進行公正之分析及評定，以決定得標廠商，則該等規定自應妥適規範，以避免差別待遇及不當限制競爭之爭議。

　　然我國對於分析廠商所報成本或價格資料之規定雖有若干原則性之規定，但仍未臻健全，故應以理論基礎檢視相關法律及實務，再研究其是否有應予以修正之處。本文主要依據美國聯邦法規及審計長之判斷予以論述。本文首先檢視美國及中華民國於辦理政府採購時，自法律及會計層面研究採購機關對廠商所報價格妥適之評定方式，及其有待釐清及修訂之處，本文同時檢視兩國內國法令及實務，俾能了解我國法規疏漏之處，最後謹提供建議，以供修法時併予考量及加列。

第一款　前言

　　政府採購法第 6 條第 1 項規定：「機關辦理採購，應以維護公共利益及公平合理為原則，對廠商不得為無正當理由之差別待遇。」該法均規定政府採購契約之締結必須透過廠商競爭程序為之，惟有促進並提供完全且公開之競爭，方符合公共利益。採購機關代表國家使用公帑，不得浪費納稅義務人所納的任何金錢，故必須監督廠商於議約及履約時，不得有不合理或浪費之情形，以免造成不必要之支出，而機關採用廠商間完全且公開之競爭方式可避免浪費公帑，最符合政府利益。另就廠商而言，廠商於投標文件中所載標價之高或低，係採購機關決定其是否為得標廠商之重要依據[2]。機關於採購一

---

[1]　本節內容係將曾發表於「軍法專刊」2006 年 10 月第 52 卷第 5 期中「論成本計價型契約中成本及利潤之協商──以美國聯邦政府採購為例」修改而成。

[2]　政府採購法第 52 條第 1、2 項規定：「機關辦理採購之決標，應依下列原則之一辦理，並應載明於招標文件中：

　　一、訂有底價之採購，以合於招標文件規定，且在底價以內之最低標為得標廠商。

　　二、未訂底價之採購，以合於招標文件規定，標價合理，且在預算數額以內之最低標為得標廠商。

般商業成品之標的時，由於該標的必須經由廠商間競爭的方式，由機關決標與最低標或最有利標之廠商，則廠商為求得標，自將精算其標的之成本及利潤，並將其標價儘量壓低，故符合政府的利益，然若採購係非處於適當競爭（adequate competition）或處於毫無競爭之情況下[3]，則其標價之合理性便有探討之必要；又若機關使用成本計價型契約（cost-reimbursement contracts）[4]進行採購時，面對廠商所報諸多複雜之成本或價格資料，又如何判定其標價之合理性[5]，以使機關順利決定得標廠商並獲得所需之標的？應有探究之必要。例如，政府欲採購後天免疫缺乏症後群（愛滋病）治療藥品，由政府承擔成敗風險，採用成本計價型契約並以最有利標方式評選，廠商必須投入相當研發成本以滿足政府採購所需，則政府可於招標文件中規定將價格納入評分，設定配分（不得低於20%）[6]，並「考量該價格相對於所提供標的之合理性，以決定其得分」，政府亦可於招

三、以合於招標文件規定之最有利標為得標廠商。

四、採用複數決標之方式：機關得於招標文件中公告保留採購項目或數量選擇之組合權利，但應合於最低價格或最有利標之競標精神。

機關採前項第三款決標者，以異質之工程、財物或勞務採購而不宜以前項第一款或第二款辦理者為限。」

另「最有利標評選辦法」第16條第3項規定：評定最有利標涉及評分者，價格納入評分者，其所占總滿分之比率，不得低於20%，且不得逾50%。第17條第3項亦規定：評定最有利標涉及序位評比者，價格納入評比者，其所占全部評選項目之權重，不得低於20%，且不得逾50%。

[3] Federal Acquisition Regulations, FAR15.403-1(c)(1) 規定「適當的競價」（adequate price competition）係指符合下列情形之一者：(i) 2 家以上獨立競爭之廠商其已投標之文件，能符合機關之要求，且其中任一投標廠商之報價並無不合理之情事；或 (ii) 依據市場調查，可合理地期待 2 家以上獨立競爭之廠商，將交出能符合機關要求之投標文件，縱其後僅 1 家廠商投標，亦屬適當的競價；或 (iii) 經考量市場情況、經濟情況、採購數量或契約條款之改變並經價格分析後，證實廠商之報價與現時或最近之同類型的價金相當。

[4] 成本計價型契約（cost-reimbursement contracts）亦稱之成本償還契約，係指採購機關與廠商於訂立採購契約時，僅預估廠商所需之總成本，並不具體約定契約價金，廠商不論工作完成與否，採購機關皆應依約給付其履約時所支付之合理成本。機關支付廠商之成本或利潤，非經機關另行同意，以契約規定者為限之謂。FAR 16.301-1. 可區分為：成本契約（cost contract）、成本加固定利潤契約（cost-plus-fixed-fee contract, CPFF）、成本加誘因費用契約（cost-plus-incentive-fee contract, CPIF）、成本加酬金契約（cost-plus-award-fee contract, CPAF）、成本分擔契約（cost-sharing contract）等共 5 種。FAR 16.302-6. 有關成本計價型契約之體系，見唐克光，論成本計價型契約之體系及條款──以美國聯邦政府採購為例，政大法學評論，第 110 期，2009 年，頁 118-55。John Cibinic, Jr. & Ralph C. Nash, Jr., *Cost-Reimbursement Contracting*, 3rd ed. 1-2 (2004); Ralph C. Nash, Jr., John Cibinic, Jr., Karen R. O'Brien, *Competitive Negotiation- The Source Selection Process*, 2nd ed., p. 566 (1999).

[5] 影響廠商所報成本或高或低之動機往往是複雜的，廠商為考量於履約過程中可能遭受危險，需要適當的資金支付，故常將成本數額報高，再者，廠商支付之成本高，則利潤亦隨之調高，合乎廠商的利益，故廠商有高報成本之動機，但從另一方面而言，廠商則願低報成本數額，在有其他競爭廠商的情況下，或是希望採購機關能核准該採購案之推行時，為能獲得採購契約，廠商便須將所報之成本數額儘量壓低，但機關應注意其合理性，過低之成本將使廠商因經費不足導致不能依約履行。John Cibinic, Jr. & Ralph C. Nash, Jr., *Cost-Reimbursement Contracting*，同註 4，頁 533-4。

[6] 行政院公共工程委員會編印，最有利標作業手冊，2016 年，頁 5-10。

標文件中規定將價格不納入評分，則政府必須考量各廠商之整體表現，而「綜合考量廠商之總評分及價格，以整體表現經評選委員會過半數之決定最優者為最有利標」係評選之方式[7]，故不論採用上述二方法中之任何一方法，機關均須考量廠商價格之合理性；然我國目前法規對於機關應如何評估廠商價格之完整性及合理性是否完備？因此引發本文研究動機，冀望能解決我國法制之缺漏。

依我國政府採購法之規定，在審查廠商所載之標價並非毫無困難，固然對廠商投標文件之內容有疑義時，得通知投標廠商提出說明[8]，又第58條規定：「如認為最低標廠商之總標價或部分標價偏低，顯不合理，有降低品質、不能誠信履約之虞或其他特殊情形，得限期通知該廠商提出說明或擔保」，雖然政府採購法施行細則第79條及第80條分別定義總標價偏低及部分標價偏低之情形，係以：1. 底價；或 2. 經評審或評選委員會之認定；或 3. 機關之預算金額或預估需用金額；或 4. 其他機關最近辦理相同採購決標價等作為判定之標準[9]，然此規定是否符合學理及實務之標準？政府採購法第46條第1項雖規定：「機關辦理採購，除本法另有規定外，應訂定底價。底價應依圖說、規範、契約並考量成本、市場行情及政府機關決標資料逐項編列，由機關首長或其授權人員核定。」該法施行細則第52條亦規定：「機關訂定底價，得基於技術、品質、功能、履約地、商業條款、評分或使用效益等差異，訂定不同之底價。」然該等底價之規定是否有具體規範？，是否過於簡略？該規定影響廠商權利甚巨，實有一併探討並研究改進之必要。

底價、預算金額、預估需用金額及最近的決標資料等制度之設立，係用以防止行政機關編列預算和民意機關審查預算之浮濫行事[10]，而政府採購法將之作為判定廠商之

7　同上註。

8　政府採購法第51條第1項規定：「機關應依招標文件規定之條件，審查廠商投標文件，對其內容有疑義時，得通知投標廠商提出說明。」

9　政府採購法第58條：「機關辦理採購採最低標決標時，如認為最低標廠商之總標價或部分標價偏低，顯不合理，有降低品質、不能誠信履約之虞或其他特殊情形，得限期通知該廠商提出說明或擔保。廠商未於機關通知期限內提出合理之說明或擔保者，得不決標予該廠商，並以次低標廠商為最低標廠商。」
政府採購法施行細則第79條：「本法第五十八條所稱總標價偏低，指下列情形之一：
一、訂有底價之採購，廠商之總標價低於底價百分之八十者。
二、未訂底價之採購，廠商之總標價經評審或評選委員會認為偏低者。
三、未訂底價且未設置評審委員會或評選委員會之採購，廠商之總標價低於預算金額或預估需用金額之百分之七十者。預算案尚未經立法程序者，以預估需用金額計算之。」
政府採購法施行細則第80條：「本法第五十八條所稱部分標價偏低，指下列情形之一：
一、該部分標價有對應之底價項目可供比較，該部分標價低於相同部分項目底價之百分之七十者。
二、廠商之部分標價經評審或評選委員會認為偏低者。
三、廠商之部分標價低於其他機關最近辦理相同採購決標價之百分之七十者。
四、廠商之部分標價低於可供參考之一般價格之百分之七十者。」

10　行政院公共工程委員會，政府採購法立法院預算、財政、法制、司法、內政及邊政五委員會聯席審查會

總標價是否偏低，及是否決標之標準，故該等金額之計算影響政府施政及廠商權益甚巨，自應有詳細規範之必要，並應將之公布以供廠商及機關辦理，俾符合廠商間充分及公開競爭之要求，即機關對於廠商未依規範辦理或機關評定廠商所投之標為總標價偏低或過高，而認定其為不合格標，或給予其不利之評分時[11]，方不致於對該廠商為正當理由之差別待遇；惜該規範迄今尚不完備，致機關訂定底價時實施時常生困難[12]，則政府採購法制中對於貫徹公平競爭之目標仍有規範不足現象，有待改進。本文因此擬就理論及實務之層面予以研究，並嘗試自經濟及會計理論研擬妥適之價格及成本分析方法，以解決理論及實務之困擾。

　　本文之所以以美國聯邦政府之採購制度為探討中心，係因其採購法已行之逾百年，不僅體系健全更能結合科技、管理、經濟及會計等知識，使理論與實務密切結合，充分發揮引導工商業發展及繁榮社會之效果；再者美國係世界貿易組織（World Trade Organization, WTO）中政府採購協定（Agreement on Government Procurement, GPA）之締約國，其採購之相關法規及實踐皆須接受 WTO 之貿易檢視[13]，其合符 GPA 之規範亦即合符世界貿易規範之正當性，實不容置疑。我國廠商如欲拓展商機，則充分瞭解美國聯邦政府之採購制度實屬必要，故美國採購法之制度頗有參考價值，因此本文即以美國聯邦政府之採購制度為研究中心。

　　有鑑於價格分析在聯合國國際貿易法委員會（United Nations Commission on International Trade Law, UNCITRAL）於 2011 年後所新修訂的「公共採購示範法」（UNCITRAL Model Law on Public Procurement）版本中受到重視及強調，以價格分析做為判定廠商標價是否過低之方法，此勢將影響聯合國各會員國爾後的採購理論及實

議紀錄逐條彙編，主席發言，1998 年，頁 181-3。

[11] 機關依最有利標作業方式辦理採購時，不論採用總評分法、單價法或序位法，價格均係評比之重要因素。行政院公共工程委員會，最有利標作業手冊，2016 年，頁 5-11。

[12] 機關訂定底價之方式，大多引用過去採購紀錄，例如：市場估算、歷史價格推估…等，並無標準模型可循，然底價之訂定並不能單憑主觀印象及過去的底價或決標紀錄，否則既不客觀亦不合理。王麗華，底價的訂定與決標金額預測之研究——以 X 機關未達公告金額購案為例，國防大學國防管理學院後勤管理研究所碩士論文，2006 年，頁 3。在政府採購法施行前，政府採購之決標制度曾有數次變革，在 1979 年以前採最低標，1979 年引進工程「八折標」，實施至 1989 年時，又恢復最低標，自 1990 年試採工程「合理標」，至 1992 年廢止，該等制度均以底價之訂定作為判斷決標之依據，但均有其弊端，因此不得不停止實施，蓋如何訂定底價？如何判定合理標？等基本問題並未從根本解決。徐孝利，政府採購最有利標機制之研究，政治大學社會科學學院行政管理碩士學程碩士論文，2008 年，頁 14-17；陳照炯，採購最有利標與價格標之研究——以軍事機關採購為例，國防大學國防管理學院後勤管理研究所碩士論文，2002 年，頁 18-22。

[13] Article XXI Institutions, Revised Agreement on Government Procurement (2014). 網址：https://www.wto.org/english/docs_e/legal_e/rev-gpr-94_01_e.htm，查詢日期：2017 年 7 月 1 日。

務，已成爲具拘束力的立法趨勢[14]；而美國法院亦曾受理未得標廠商控告得標廠商之標價過低，係企圖將其他廠商逐出採購的市場爲目的，具掠奪性（predatory pricing），則未得標廠商應舉證得標廠商之標價已低於其成本（cost）且得標廠商於未來因此行爲而受利益（或回收所「投資」之利益），法院方同意原告之請求[15]，故法院必須具備成本分析能力方可爲適法之判決。然可惜國內鮮少有學者探究採購中對廠商所報價格予以分析及評論，並將相關規定予以法制法之文獻，因此，引發本文探討之動機。本文先探討美國聯邦採購制度中價格之分析方法，再研究其成本分析內容，以該國法院判決或審計長之判斷等以爲借鏡，再從會計及統計層面予以解釋及檢驗，並探討其法規之有待改進之處，最後，從我國實務或學理面予以比較，冀望能提供學術及實務界參考。

　　美國聯邦採購實務中，其法令已融合諸成本會計等學門，以研究社會科學的方法改進政府採購方法並提升其效率，且行之多年，頗具參考價值，由於本文研究篇幅有限，對於浩瀚之採購法制或可期收拋磚引玉之效果。

第二款　分析價格之方法

　　政府採購法第 58 條及其施行細則第 79 條及第 80 條雖定義總標價偏低及部分標價偏低之情形，係以底價、或經評審或評選委員會之認定等作爲判定之標準，然並未規定建立該等標準之核心分析方法，其他條文對於該分析方法亦付諸闕如，則美國聯邦採購法制對於廠商所報價格的分析方法是否合理？可否適用於我國？便頗值得研究。依據美國聯邦獲得規則 Federal Acquisition Regulations（FAR）[16]之規定，機關應使用價格分析（price analysis）或成本分析（cost analysis）以判斷廠商所報價格的合理性[17]；所謂價格分析係指審查並評估廠商之報價，但還不須要評估廠商之成本、利潤等項目，故可就其

---

[14] UNCITRAL Model Law on Public Procurement 2011 爲求降低採購機關因廠商標價有非正常過低（abnormally low）情形，而遭受履約風險，因而增訂第 20 條（Rejection of abnormally low submissions）規定：機關發現廠商標價有非正常過低之情形，且已完成下列程序者，得拒絕該廠商之投標：1. 機關已以書面要求廠商解釋其履約能力；2. 機關已考量廠商所提供的資料，認爲其處置並無違誤；3. 機關已將其處置以書面記錄，並通知廠商處置情形，網址：http://www.uncitral.org/pdf/english/texts/procurem/ml-procurement-2011/2011-Model-Law-on-Public-Procurement-e.pdf，查詢日期：2017 年 7 月 1 日。UNCITRAL 之採購工作小組（procurement working group）工作小組認爲該條文並不會造成新進廠商的不公平待遇，然應如何判斷廠商標價是否非正常過低？工作小組認爲機關應實施價格分析，如機關已將其處置以書面記錄，並通知廠商該處置情形，則機關已達成採購程序透明化的要求，並無歧視之疑慮。Christopher R. Yukins, "A Case Study in Comparative Procurement Law: Assessing UNCITRAL's Lessons for U.S." *Public Contract Law Journal*, 475-93 (2006).

[15] Diane P. Wood, "The WTO Agreement on Government Procurement, An Antitrust Perspective," *Law and Policy in Public Purchasing*, pp. 261-72 (1997).

[16] 網址：https://www.acquisition.gov/far/，查詢日期：2017 年 7 月 1 日。

[17] FAR 15.305(a)(1).

他報價進行比對，或從公開出版之價格表及市場調查報告，或從相同或相似標的之報價等進行分析，以判斷廠商之報價是否為公平及合理之價格[18]，採購機關應評估並決定廠商所報之價格是否過高[19]。而成本分析是指對廠商投標文件之各別成本要素及利潤予以檢視及評估（包括成本或價格資料或其他資訊），及在尋求合理經濟性及效率性之目標下，對於廠商所報成本表現至契約成本之良窳予以判斷[20]。所謂契約價格係指成本及利潤之和[21]。價格分析適用於固定價金型契約（fixed-price contracts）[22]，而成本分析則主要適用於成本計價型契約（cost-reimbursement contracts）[23]。

本文依照機關採購之處理順序予以論述，即先分析機關對廠商提供成本或價格資料之要求，再依序就價格分析及成本分析予以探討。

第一目　要求廠商提供價金及成本資料

一、對廠商提交資料的要求

美國國防部聯邦獲得規則補篇（Defense Federal Acquisition Regulation Supplement, DFARS）DFARS 215.805-70(b) 有如下之規定：

(a) 機關應於招標文件中載明何種資料係成本—實現分析所必需，並要求廠商應提供，但政府已具備該等資料者，不在此限。

　　(1) 機關僅得要求必要之資料；且

　　(2) 不得僅要求廠商提供保證而免要求廠商應提供成本資料[24]。

---

[18] FAR 15.404-1(b). Ralph C. Nash, Jr., Steven L. Schooner, Karen R. O'Brien, *The Government Contracts Reference Book*, 2nd ed. Washington, D.C: George Washington University Press, pp. 403-4 (1998).

[19] FAR 15.402(a).

[20] FAR 15.404-1(c).

[21] FAR 15.401.

[22] FAR 16.2. 固定價金契約（fixed-price contracts），係指當事人同意價金係固定之契約。又可區分為：確定固定價金契約（firm-fixed-price contracts）、隨經濟價格調整之固定價金契約（fixed-price contracts with economic price adjustment）、固定價金誘因契約（fixed-price incentive contracts）、固定價金日後再決定契約（fixed-price contracts with prospective price redetermination）、固定上限價金回溯再決定契約（fixed-ceiling-price contracts with retroactive price redetermination）及工作效率之固定價金契約（firm-fixed-price, level-of-effort term contracts）等共 6 種。FAR 16.202-7. 固定價金型契約在我國已被普遍使用多年，我國「採購契約要項」第 39 條亦有規範。

[23] FAR 15.404-1(d)(2).

[24] 相較政府採購法第 22 條所規定之限制性招標情形中，包括第 1 項第 2 款「屬專屬權利、獨家製造或供應、藝術品、秘密諮詢，無其他合適之替代標的者。」非屬完全競爭之情形下，則廠商之報價是否合理？便缺乏判斷之依據，再者，同法第 46 條第 1 項規定：「機關辦理採購，除本法另有規定外，應訂定底價。底價應依圖說、規範、契約並考量成本、…逐項編列，由機關首長或其授權人員核定。」採購機關未具成本資料，何能「考量成本」？故可考量於該法中規定採購機關得要求廠商提供成本分析之資料，俾利訂立底價，以節省公帑並有利於達成採購目的。

　　美國誠實協商法 Truth in Negotiations Act（TINA）[25]規定：對非以秘密標（sealed-bid）程序進行之採購[26]，且金額在門檻之上者，皆應要求廠商提供成本或價格資料。

　　誠實協商法 10 U.S.C. § 2306a 規定：1. 採購機關於 1990 年 12 月 5 日後與廠商簽訂價金逾 50 萬美元之契約，或因使用契約修訂、工程變更條款，該價金逾 50 萬美元，應於招標文件中要求廠商以提供企劃書之方式，於決標前提供成本或價格資料；2. 機關與廠商簽訂契約後，因契約變更，該部分價金逾 50 萬美元，應要求廠商於決標前提供成本或價格資料；3. 廠商與其分包廠商之契約價金，如逾 50 萬美元，廠商應於決標前提供該部分成本或價格資料；4. 分包廠商與其分包廠商之契約價金，如逾 50 萬美元，準用之。機關應要求廠商出具保證書證明其所提供係正確、完整及合時（accurate, complete, and current）的資料[27]，並應填具規定之表格[28]。如廠商提供錯誤或有瑕疵之資料，則應賠償採購機關溢領之金額，並加計利息，為求資料之正確、完整及現時性，機關首長得檢視廠商之各項紀錄。但符合下列 4 種情形之一者，得免要求廠商提供資料：

(1) 議定之價金係基於適當的競價（based on adequate price competition）情況下產生的；或

(2) 議定之價金係基於法令之規定；或

(3) 採購商業品項（commercial items）；或

(4) 機關首長決定免要求廠商提供資料，但該決定必須載明理由，並以書面方式為之。

　　所謂「商業品項」係指可對一般大眾或非政府組織出賣、租賃或授權之動產而言，如現時於市場尚無該商品，然能於契約所定之交付時滿足招標文件要求者，亦屬之。如對商業品項施以變更，然並不影響其可供一般大眾利用之情況下，仍屬商品。機關於採購商品時，為維持該商品之運作，而必須於當時或以後於公開競價市場中採購之安裝、維護、修理、訓練或其他勞務，皆屬商品[29]。如採購機關認定某動產並非商品，則應要求廠商提供成本或價格資料[30]。美國國防部於第 5000.1 號指令（Directive）規定因商業品項具備較低壽期成本、較佳可靠度、較新科技及較好的維修等性質，為滿足作戰需求，採購機關應優先（preferred）使用商業品項[31]。

----

[25]　41 U.S.C. § 254d, 10 U.S.C. § 2306a.

[26]　參照政府採購法第 55 條（最低標之協商措施）及第 56 條（最有利標之協商措施），非秘密標應指後者，蓋前者仍屬秘密標，於無法決標時，方得採行協商措施。

[27]　參見 41 U.S.C. § 254d(a)(1)。

[28]　FAR 15.406-2 明列規定之表格。

[29]　FAR 2.101.

[30]　FAR 15.403-1(c)(3).

[31]　Office of the Deputy under Secretary of Defense For Acquisition Reform, *Commercial Item Acquisition:*

如機關首長決定廠商投標之價金係屬公平且合理（fair and reasonable），則可免要求廠商提供資料，例如廠商已於先前之生產購案中提供充分的成本或價格資料，且符合現時之情況，則機關首長得決定免要求廠商提供資料；如廠商免提供資料，除採購機關另有要求外，則其分包廠商皆免提供資料[32]。

「適當的競價」在固定價金型契約中固屬存在，例如美國國會之審計長 Comptroller 於 *Alan Scott Indus.*, 63 Comp. Gen. 610 (B-212703), 84-2 CPD ¶ 349 案中，認定 8 個投標文件中 4 個屬合格標，係符合適當的競價要求，太空總署採購申訴審議委員會（Board of Contract Appeals, BCA）判斷縱使僅一家廠商投標，然該投標廠商係處於競標之情況下投標，即該投標廠商認尚有其他廠商競標，且價金合理，則亦符合適當的競價要求[33]，均得免要求廠商提供資料。若「適當的競價」在成本計價型契約中亦屬存在時，亦得免要求廠商提供資料，在 52 Comp. Gen. 346 (B-176217) 1972 案中，審計長認定採購機關在使用成本加酬金契約（cost-plus-award-fee contracts, CPAF）時，共收到 12 家廠商投標，其中 6 個係合格標，符合適當之競價要求；同理，機關在使用成本加固定利潤契約（cost-plus-fixed-fee contracts, CPFF）時，3 家投標廠商中，其中 2 家願按成本價金型契約承作，亦符競價之要求[34]。在 *Serv-Air, Inc.*, 58 Comp. Gen.362 (B-189884) 79-1 CPD ¶ 212 案中，審計長判斷適當之競價現象可發生於任何契約類型，包括成本型（cost type）之契約，而法院在 *Sun Ship, Inc., v. Hidalgo,* 484 F. Supp. 1356（D.D.C. 1980）造船案中，判決採購機關收受 6 個成本計價型契約的合格標，亦符競價之要求。總務署採購申訴審議委員會（General Services Administration Board of Contract Appeals）判斷：適當的競價現象亦可能發生於固定價金型及成本計價型混合使用之購案[35]。

採購機關於採行協商措施時，其協商之方式或是口頭或為書面，皆不影響適當之競價要求[36]，總務署採購申訴審議委員會於 *International Sys. Marketing, Inc.*, GSBCA 7948-P, 85-3 BCA ¶ 18,196 案中判斷：即便採購機關進行非完全及非公開之採購時，亦可有適當之競價情形發生[37]。

採購機關首長得決定免要求廠商提供資料，此權利係機關首長所專屬，其他採購官

Considerations and Lessons Learned (1st ed., Washington, D.C.: Defense Acquisition University Press, 2001), p. 1.

[32] FAR 15.403-1(c)(4).

[33] *ABA Electromechanical Sys., Inc.*, NASABCA 1081-13, 85-3 BCA ¶ 18,225.

[34] *U.S. Nuclear, Inc.*, 57 Comp. Gen. 185 (B-187716), 77-2 CPD ¶ 511.

[35] *Hughes Advanced Sys. Co.*, GSBCA 9601-P, 89-1 BCA ¶ 21,276. John Cibinic, Jr. & Ralph C. Nash, Jr., *Cost-Reimbursement Contracting*，同註 4，頁 540。

[36] *UTL Corp.*, Comp. Gen. Dec. B-185832, 76-1 CPD ¶ 209.

[37] 政府採購法第 22 條規定得採限制性招標之情形，可以比價或議價方式進行（同法第 18 條第 4 項），如採比價方式，即可能有適當的競價情形發生。

員（contracting officers）則無此權利[38]，機關首長得要求獨家商源之廠商提供成本或價格資料[39]。

誠實協商法 10 U.S.C. § 2306a(c) 規定：採購機關於與廠商簽訂 50 萬美元門檻以下之契約，除有同條所列 4 種免提供資料之情形外，如認有要求廠商提供包括其分包廠商或契約變更之成本或價格資料，以判斷其報價合理性之必要時，亦得要求廠商提供資料，但該要求必須載明理由，以書面方式爲之。

二、價格及成本資料之定義

誠實協商法 10 U.S.C. § 2306a(h) 規定：所謂「成本或價格資料」係指除契約另行約定外，於契約訂立之時，能有意義地（significantly）影響謹慎的出賣人或買受人價金協商之一切事實（facts）而言，但不含主觀判斷之訊息（judgmental information），然主觀判斷事實所源自之訊息則不在此限。FAR 15.204-5(b) 規定成本或價格資料均規定於 15.408 中表 15-2 內。

有鑑於誠實協商法在定義中所規定之事實及主觀判斷之訊息不易區分，因此已經廠商記載之成本皆屬事實，可區分爲成本或價格資料二大類，包括人工率（labor rates）[40]、工時（labor hours）[41]及間接成本（indirect costs）[42]，亦包括物料（materials）[43]之買受等[44]。廠商最近履行相同購案標的之成本會計資料，亦得將之列爲成本或價格資料[45]。

如某一訊息同時含有事實資料及主觀判斷之訊息，而成本之預估係基於事實的資料，則該訊息縱含有主觀判斷之部分，仍屬成本或價格資料。例如在 *Lambert Eng'g Co.*, ASBCA 35188, 90-2 BCA ¶ 22,842 案中申訴審議委員會判斷：基於事實之訊息以預估工時數，係屬成本或價格資料。在 *Aerojet-General Corp.*, ASBCA 12264, 69-1 BCA ¶ 7664 及 *Grumman Aerospace Corp.*, ASBCA 27476, 86-3 BCA ¶ 19,091 案中申訴審議委員會判斷：公司內部對於分包廠商報價之分析報告內所含之重要事實訊息，係屬成本或價格資料。如使用電腦分析事實之訊息以預估未來工作之成本，亦屬成本或價格資料[46]。

----

[38] *M-R-S Mfg. Co. v. United States,* 203 Ct. Cl. 551, 492 F.2d. 835 (1974); *Numax Elecs., Inc.,* ASBCA 29186, 85-3 BCA ¶ 18,396.

[39] *Telectro-Mek, Inc.,* Comp. Gen. Dec. B-185892, 76-2 CPD ¶ 81.

[40] *Boeing Co.,* ASBCA 32753, 90-1 BCA ¶ 22,270, *Kaiser Aerospace & Elecs. Corp.,* ASBCA 32098, 90-1 BCA ¶ 22,489.

[41] *Grumman Aerospace Corp.,* ASBCA 35188, 90-2 BCA¶ 22,842.

[42] *Norris Indus., Inc.,* ASBCA 15442, 74-1 BCA ¶ 10,482.

[43] *Grumman Aerospace Corp.,* ASBCA 35188, 90-2 BCA ¶ 22,842.

[44] John Cibinic, Jr. & Ralph C. Nash, Jr., *Cost-Reimbursement Contracting*，同註 4，頁 546-557。

[45] *Hardie-Tynes Mfg. Co.,* ASBCA 20717, 76-2 BCA ¶ 12,121.

[46] *Texas Instruments, Inc.,* ASBCA 23678, 87-3 BCA ¶ 20,195.

如資料皆為主觀判斷之訊息則非成本或價格資料。在 *Litton Sys., Inc.*, ASBCA 36509, 92-2 BCA ¶ 24,842 案中申訴審議委員會判斷：由工程人員預估之「預估標準工時」（estimated standard labor hours, ESLH），藉以判斷製造零件所需之工時，然其中並未含有任何事實資料，故應屬主觀判斷之訊息，並非成本或價格資料。

如廠商未提交無意義資料，就不須負責任，例如廠商因出賣人報價過高予以拒絕，申訴審議委員會認該出賣人報價資料並無意義，廠商毋須提交無意義之資料[47]，同理，如廠商提交之資料已不符時宜，例如數年前之間接成本資料，便可認為係屬無意義資料[48]。

三、提交資料之技術性規定

FAR 15.408 之表 15-2 要求廠商於提出成本或價格資料時，應連同已填具之 SF 1411 標準表格一併提交採購機關，廠商除應將各項報告書、紀錄、或其他文件予以標示外，並應允准採購機關人員於決標前得隨時檢視所需之事實資料（若廠商投標文件內並未包含機關所需之事實資料時），廠商於標示各項文件時，應明確指出資料與預估成本之關聯性，並製作目錄以供檢查，若廠商僅提供各項文件而未予任何說明或標示，則不符提交資料之要求。廠商應於決標前更新成本或價格資料，各種補充之資料亦應標示之，俾利採購機關辦理決標[49]。

廠商應標示成本或價格資料至何種程度方符規定？FAR 並未規定，三軍訂定價格手冊（*Armed Services Pricing Manual, ASPM*）[50]則有如下之指導：廠商應提出所有可得之成本或價格資料，如廠商一時不能取得標示之資料，則應於取得該資料後，立即提交採購機關。所有資料可區分成數層次，下層資料應較上層資料更為詳細。採購機關得要求廠商對某資料提出特別說明，以利明瞭其內容及評選得標廠商[51]。

四、解釋資料意義之義務

廠商應解釋資料與預估成本間之關聯性，於資料複雜時，廠商更應詳細說明，然各採購案件之複雜性各異，故對廠商說明之要求亦有不同，在 *Grumman Aerospace Corp.*, ASBCA 35188, 90-2 BCA ¶ 22,842 案中，委員會認為廠商在所提交的電腦製作格式內

---

[47] *Plessey Indus., Inc.*, ASBCA 16720, 74-1 BCA ¶ 10,603.

[48] John Cibinic, Jr. & Ralph C. Nash, Jr., *Cost-Reimbursement Contracting*，同註 4，頁 563。

[49] Table 15-2, Note 1, 2, I. B.

[50] Department of Defense, *Armed Services Pricing Manual (ASPM)*, Vol. 1 (Chicago: Commerce Clearing House, Inc. 1986) 8-1 to 34.

[51] *ASPM*，同註 50，頁 3-39。

並未說明工時資料之意義，因此廠商不符提交資料之要求。但在 *Boeing Co.*, ASBCA 32753, 90-1 BCA ¶ 22,270 案中，委員會認爲廠商已提出人工率之原始資料，雖然廠商並未予以解釋，然政府採購機關應已瞭解原始資料的意義，廠商並無解釋之必要，因此廠商符合提交資料之要求。

廠商於提出更新資料時，亦應解釋資料與預估成本間之關聯性。在 *Singer Co. v. United States*, 217 Ct. Cl. 225,576 F.2d 905（1978）一案中，法院認爲廠商每月向機關所提出之報告內，雖列明已支付之工時數，然並未說明該等資料和預估成本間之關聯性，因此採取嚴格態度，判決廠商不符提交資料之要求，同理，在 *Sylvania Elec. Prods., Inc. v. United States*, 202 Ct. Cl. 16,479 F.2d 1342（1973）一案中，法院判決廠商亦未說明該等資料和預估成本間之關聯性，不符提交資料之要求[52]。

第二目　價金分析

FAR 15.403-1(b)(1) 規定，除市場已存有適當的價格競爭，或價金係基於法令之規定，或採購商業品項，或機關首長另有正當理由之決定等情形外，仍得要求廠商提供非成本或價格資料以查證其價格之合理性，則機關不得要求廠商提供成本或價格資料，故唯有機關認爲使用該法可獲較快速之評估結果，且不需過於詳細資料進行評估時，方得使用此分析法。FAR 15.404-1(b)(2) 規定：

機關爲確保公平且合理之採購價格（a fair and reasonable price），如採購情形許可，得使用各種價格分析之方法，例示如下：
(i) 將各廠商投標文件中所載之價格予以比較。
(ii) 將廠商對相同或相似標的之過去及現在所報價格予以比較。但以該比較係非無效且屬合理者爲限。
(iii) 使用特點估算法或度量衡估算法（parametric estimating methods/application of rough yarksticks），例如使用每磅或每一馬力或每一其他單位之金額，將廠商所報價格資料中之有違事理及不符事實者予以辯明。
(iv) 將已出版之價格表、市場商品價格、相似指數及折扣率等予以比較。
(v) 將廠商所報之價格與政府預估之成本（Government cost estimates）予以比較。
(vi) 將廠商所報之價格與機關對相同或相似標的進行市場研究所獲得之價格予以比較。

52　John Cibinic, Jr. & Ralph C. Nash, Jr., *Cost-Reimbursement Contracting*，同註 4，頁 568。

(vii)　對投標廠商所提供價格資料予以分析。

　　價格分析所依據之資料來源主要係依據自機關與廠商的協商或訂約中所獲得，因此並不限於廠商所提供者，機關欲證明廠商的報價是否合理，則必須依據多種資料來源，方可進行完整的價格分析。然機關裁量廠商所報價格合理性之權利究有多廣？迄今美國聯邦政府審計長大抵均維持機關之裁量，蓋審計長認為機關對於價格分析之深度若何，乃係基於其職權的裁量，故均應予以尊重[53]，惟不得有不合理裁量之情形[54]。在聯邦政府的採購實務中，各種價格資料之來源可歸納為下列幾種方式：

一、競爭性價格

　　廠商必須是在競爭情形下所報的價格方具採信價值，該價格係依據規格而訂定，並反應當時的經濟環境，蓋廠商欲得標，基於比較利益的基本經濟理論或實踐，必須精算其成本及利潤，以求在諸多競爭者中勝出，故其標價的合理性應值採信，在機關使用固定價金契約或隨經濟價格調整之固定價金契約進行採購時，特別適用[55]。

　　故若機關已將各廠商之報價逐項比對，並與機關預估金額相比較，縱使僅使用有限之成本資料，或並未使用成本資料，均不得謂機關所為之價格分析有違失之處[56]，同理，機關亦得本此理論判斷若干廠商之標價是否有不尋常偏低及不合理的情形[57]。

　　然若廠商間存有競爭之情形，則其標價是否必然公平及合理？未必也，蓋參與競爭的廠商不足，則廠商之標價未必具合理性，此時機關得檢視廠商過去履約實績等以判斷其標價之合理性，又若廠商於過去履約時，因具備正當理由免於競爭而得標[58]，則其標價亦值得商榷。

二、廠商過去標價

　　機關得從廠商曾參與政府採購時之標價，藉以判斷廠商之現時標價是否合理，故機

---

[53] *Family Realty*, Comp. Gen. Dec. B-247772, 92-2 CPD ¶ 6.

[54] *Crawford Labs.*, Comp. Gen. Dec. B-277069, 97-2 CPD ¶ 63.

[55] Nash, Cibinic and O'Brien, *Competitive Negotiation*，同註 4，頁 568。

[56] *HSG-SKE*, Comp. Gen. Dec. B-274769, 97-1 CPD ¶ 20, *Cube Corp.*, Comp. Gen. Dec. B-277353. 97-2 CPD ¶ 92.

[57] *McCarthy Mfg.*, 56 Comp. Gen. 369 (B-186550), 77-1 CPD ¶ 116. 機關不僅得將國內廠商之標價予以比較，亦得將外國廠商之標價予以比較，以發現廠商之標價是否合理，*General Metals, Inc.*, Comp. Gen. Dec. B-248446.3, 92-2 CPD ¶ 256.

[58] 公平交易法第 19 條第 2 項：「有左列各款行為之一，而有限制競爭或妨礙公平競爭之虞者，事業不得為之：二、無正當理由，對他事業給予差別待遇之行為。」機關是否因給與廠商免於競爭之要求，而構成差別待遇？須視其有無正當理由及是否妨礙公平競爭而論，即依公平交易法施行細則第 26 條規定，應審酌：1. 市場供需情況；2. 成本差異；3. 交易數額；4. 信用風險；與 5. 其他合理之事由。

關除檢視契約價金外，亦應檢視其他有關價金的資訊，例如機關從契約價金及銷售資料中判斷契約中所附數量選項（option quantity）及契約價金的合理性[59]，機關可從廠商最近曾參與競爭性採購之標價證明本次採購之標價係屬合理[60]，同理，機關亦可從廠商過去參與競爭性採購之標價，證明本次採購之標價顯非合理[61]。

機關檢視廠商曾參與政府採購時之標價及現時標價之合理性時，應考量下列的變數：1. 最常發生者，即過去採購與現時採購中經濟環境的差異性，例如在 *Honolulu Disposal Serv., Inc.- Recons.*, 60 Comp. Gen. 642 (B-200753.2), 81-2 CPD ¶ 126 案中，審計長認為廠商將標的物之價格與去年相較，提高 14%，而採購機關主張之 3% 的通貨膨脹率並無不當，故廠商之標價過高，並不合理；2. 採購之數量，一般而言，採購之數量越大，則成本將降低，價格亦將下降，故如廠商同時為採購機關及其他顧客其提供勞務或財物，則其價格可能下降，但若超出其生產能力時，不在此限；3. 廠商標價是否應含非循環性成本（nonrecurring costs）[62]？在 *General Fire Extinguisher Corp.*, 54 Comp. Gen. 416 (B-181796), 74-2 CPD ¶ 278 案中，廠商因過去履行政府採購契約時遭要求終止，則重新啟動的成本（startup costs）應可列為新契約的成本中。

若機關不能獲得相同的廠商採購資料，則可以廠商參與相似採購之標價資料做為比對的依據，並因兩者間之差異而據以計算出價格之不同，並判斷廠商現時之標價是否合理[63]。

三、參數的成本預估法

參數的成本預估法（Parametric cost estimating）係指以使用一種或數種成本預估關係（one or more cost estimating relationships, CERs）以預估與發展、製造或修改品項之成本的方法[64]。機關得自若干產業所普遍彙整及使用有關於重量、電路、或其他計量方法

---

[59] *Motorola, Inc.*, Comp. Gen. Dec. B-277862, 97-2 CPD ¶ 155.

[60] *TAAS Israel Indus., Ltd.*, Comp. Gen. Dec. B-260733, 95-2 CPD ¶ 23.

[61] *Western Filter Corp.*, Comp. Gen. Dec. B-247212, 92-2 CPD ¶ 436.

[62] 非循環性成本係指已由廠商支出，但不能從未來履約過程中返回之成本，即指廠商通常的一次性支出（incurred on a one-time basis），包括：工廠及裝備的位置調整、工廠重新安排、特殊工具、特殊測試儀器、生產前工程（preproduction engineering）、初始之破壞及重做（spoilage and rework）及特殊人力的訓練等，如政府已支付非循環性成本，則得要求廠商於出賣、租賃或授權他人該由政府所支付之產品或技術時，應支付政府補償金（recoupment）。FAR 35.001, 35.003. FAR 17.103. Nash, Schooner, O'Brien, *The Government Contracts Reference Book*, 同註 18，頁 367。

[63] *Family Realty*, Comp. Gen. Dec. B-247772, 92-2 CPD ¶ 6.

[64] CER 係指某一系統成本及其他系統可變因素中基於成本或技術本質間數量的關係，用以預判獨立可變因素（成本）的方法。(A CER expresses a quantifiable correlation between certain system costs and other system variables either of a cost or technical nature. CERs are said to represent the use of one or more independent variables to predict or estimate a dependent variable (cost).) 故機關可對廠商所提

之計價資料中，判斷廠商之標價是否合理，該等資料對於航空製造業甚為實用，蓋業者常以人工之工時計算飛機的製造成本[65]，但美國官方文件中對此計算方式並無明確之規範，僅美國國防契約稽查局（Defense Contract Audit Agency, DCAA）發布之契約稽查手冊（DCAA Contract Audit Manual DCAAM 7640.1）中第 9-1003.2（2016 年 9 月版）條對此規定[66]，採購機關於判斷廠商的參數資料時，應注意下列 5 個問題：

(1) 如使用參數成本預估的方法係正確，該使用程序是否已清楚建立了指導方針？
(2) 機關於使用參數成本預估的方法時，是否尚有其他並行不悖的估算價格方法？
(3) 機關於發展參數成本預估的方法時，是否能確認資料之來源、預估方法及理論之基礎？
(4) 機關於使用參數成本預估的方法時，是否已確認相關人員均具備充足的訓練、經驗及指導，能依據廠商之作業程序進行價金之估算？
(5) 機關於使用參數成本預估的方法時，是否對此方法已設有內部的檢視及會計機制？該機制應具備可比較預估結果及實際結果之差異及分析之能力。

簡言之，若機關能符合此 5 項要求，則機關便可使用參數成本預估法對廠商的標價進行價格分析。

四、公開之價格

廠商欲將財物、勞務或工程於公開的競爭性市場中出售，常將其價格或計價方式予以公布，藉以證明其售價之合理性，故廠商於一般商場中所提供之型錄內記載之價格，具有價格分析之價值[67]。然值得注意的是機關在評估廠商標價之可信度時，應將採購之數量納入考量的範圍，一般而言，在競爭市場中採購的數量越大，則該公開之價格越具可信度，反之，採購的數量越小，則該公開之價格之可靠度將越低，故若廠商答應給予機關折扣，但經此折扣後之標價卻仍較公開之價格高，則該標價顯不合理[68]。若機關僅能蒐集與採購標的相似產品之公開價格，則必須判斷兩者之差異性及價格之調整方法，故該相似之產品仍具有價格分析之價值[69]。

供之最小零組件或標的之價格與其標價進行分析，以判斷其標價是否合理，機關亦可將該標的或標物之過去價格與廠商之標價進行分析，並判斷其標價是否合理。Paragraph 9-1002.1 of DCAA Contract Audit Manual.
[65] Nash, Cibinic and O'Brien, *Competitive Negotiation*，同註 4，頁 571-2。
[66] 參見網址：http://www.dcaa.mil/cam.htm，查詢日期：2017 年 6 月 17 日。
[67] *Sea-Land Serv., Inc.*, Comp. Gen. Dec. B-246784.6, 93-2 CPD ¶ 84.
[68] *Interscience Sys., Inc.*, 59 Comp. Gen. 658 (B-195773), 80-2 CPD ¶ 106.
[69] *Eclipse Sys., Inc.*, Comp. Gen. Dec. B-216002, 85-1 CPD ¶ 267.

五、政府估算之成本

　　FAR 並未要求採購機關應為每一採購進行獨立之成本預估，惟有美國國防部於 2001 年 6 月 10 日發布之「主要國防獲得計畫及至自動資訊系統獲得之強制程序」[70]（*Mandatory Procedures for Major Defense Acquisition Programs (MDAPs) and Major Automated Information System (MAIS) Acquisition Programs*）第 C.4.5.1 條規定，機關於採購主要標的時應預估其全壽期成本（life-cycle cost）。但在採購實務中，各機關常自行實施成本之估算，而且法院及審計長對各機關的預估報告均予以尊重，並依法就各案判斷其合理性等，例如在 *Northern Va. Van Co., v. United States, 3* Cl. Ct. 237（1983）案中，法院認為各廠商標價均與政府估算的成本比較相差甚遠，機關為節省公帑而撤銷招標公告之行為應屬正當[71]；然在 *Mid-Atlantic Forestry Servs., Inc.,* Comp. Gen. B-217334, 85-2 CPD ¶ 279 案中，審計長認為經與其他廠商之標價及政府估算的成本比較，廠商之標價不僅合理而且甚低[72]。

第三目　成本分析

　　廠商之成本及利潤之和即為其價格[73]，機關應將其成本及利潤予以分析，美國聯邦政府對此分析方法有詳細規定，本文先從成本分析之定義及使用時機、方法及利潤之分析等予以探究。

一、成本分析之定義及使用時機

　　FAR 15.404-1(c)(1) 將成本分析定義如下：

　　成本分析是指對廠商投標文件之各成本要素及利潤予以檢視及評估（包括成本或價格資料或其他資訊），及在尋求合理經濟性及效率性之目標下，對於廠商所報成本表現於契約成本之良窳予以判斷。

　　由此定義可知採購機關係從廠商所提供之資料中，使用成本分析之方法以判斷其成本之真實性。以下從美國聯邦政府之相關法規探討成本分析之基本方法。

　　FAR 15.404-1(c)(2) 規定成本分析之基本指導如下：

---

[70] Department of Defense Regulation 5000.2-R. 網址：http://www2.mitre.org/work/sepo/toolkits/risk/references/files/DoD5000.2R_Jun01.pdf，查詢日期：2017 年 6 月 17 日。

[71] 同理，在 *Clark Bros. Contractors,* Comp. Gen. Dec. B-189625, 78-1 CPD ¶ 11 案中，獨家廠商之報價較政府預估價高 13.67%，故機關撤銷招標公告亦屬正當。

[72] 其他相似案件尚有 *Francis & Jackson, Assocs.,* 57 Comp. Gen. 244 (B-190023), 78-1 CPD ¶ 79.

[73] FAR 15.401.

(2) 政府得於各種獲得之情形下，使用不同之成本分析技術及程序以確保價金之公平及合理性，各種技術及程序包括但不限於下列各種情形：

　(i) 對成本或價格資料予以證實或對各成本要素予以評估，包括

　　(A) 廠商所報成本之必要性及合理性，包括對於偶發事件所支付之費用；

　　(B) 以廠商現時及過去成本或價格之資料，研判未來廠商的成本趨勢；

　　(C) 以適當校準及適法之媒介變數模式（appropriately calibrated and validated parametric models）研判該預估之合理性，或以成本與預估關係，研判該預估之合理性；及

　　(D) 使用已查核或協商之間接成本率、人工率、及資金成本或其他成本因素。

　(ii) 評估以廠商現行之實務上作法對於未來成本之影響。採購官員於進行此評估時，應確保廠商過去實務中不合效率或不具經濟之效應不得於未來發生。採購官員於評估最新研發複雜裝備之生產價格時，不論其價格穩定與否，均應對其基本人工及物料進行趨勢分析（a trend analysis）。

　(iii) 將廠商所報之各種成本要素與下列進行比較

　　(A) 同類廠商支付之實際成本；

　　(B) 該廠商或其他廠商過去對相同或相似品項之成本預估數額；

　　(C) 其他因政府要求而提供之成本預估數額；

　　(D) 由工程人員所預估之政府成本數額；及

　　(E) 對計畫性支出之預判。

　(iv) 證實廠商之成本資料及報告係符合 FAR 第 31 章所規定之契約成本原則及程序，及如情況許可，符合 48 CFR 第 99 章所規定之要求及程序（為 FAR 活頁版之附件）。

　(v) 檢視廠商是否已以書面提交一切使其投標文件具精確性、完整性及現時性之成本或價格資料，如廠商仍有未提交之情形，則採購機關於使用或考量該等不完整資料時，應盡力獲得完整之資料。

　(vi) 在評估分包廠商成本（見 FAR 15.407-2）時，分析自行產製或向外採購之效果。

採購機關依此方法進行成本分析，並應要求廠商應於投標文件中填具第 1411 號標準表格（Standard Form 1411, SF 1411）[74]，將契約價金區分為成本及利潤二大部分，並應

---

[74] Standard Form 1411, Contract Pricing Proposal Cover Sheet（Cost or Pricing Data Required），廠商應於該表明列物料、人工、間接成本、權利金及其他成本，廠商亦應明列主觀判斷之因素（judgmental

列明各品項之明細、契約類型等，由廠商之負責人簽字[75]。

FAR 15.305 規定採購機關於使用確定固定價金型（firm-fixed-price）或隨經濟價格調整之固定價金型（fixed-price with economic price adjustment）契約時，除認有須對價金之合理性瞭解之必要外，並不須進行成本分析，但應施行價格分析（price analysis）。如機關使用成本計價型契約，則應對廠商投標文件中之成本部分進行成本－實現分析，以判斷廠商之履約成本、對招標文件之瞭解程度及廠商之履約能力。

DFARS 215.805-70 有如下之規定：

(b)縱使採購係在適當（adequate）競爭的情況下，然為確保廠商所報之成本資料和其履約能力相符，機關

(1) 應於下列情形下進行成本分析：

(i) 使用成本計價型契約；

(ii) 招標文件中包含若干廠商不能充分瞭解之部分；

(iii)對品質有特別要求；

(iv) 廠商之履約經驗顯示其成本資料已導致履約不良。

(2) 機關得於其他採購進行成本－實現分析。

二、成本分析之方法

依據美國聯邦行政命令法典 48 Code of Federal Regulations, CFR 9904.401-20 規定成本會計準則（Cost Accounting Standard, CAS）之目的係規範廠商所提出之預估成本應與其成本會計實務相符，且皆須符合成本會計準則之規定。採購機關應依其所報告之預估成本與其成本會計實務比較二者是否相符，以判斷其財務管制能力，故成本會計準則係機關評估廠商所提出之預估成本之基本規範。

FAR 規定成本分析的方法有兩種：成本－實現法（cost-realism analysis）及應列成本法（should-cost analysis）[76]。所謂成本－實現之分析法是指機關對於廠商投標文件中的各要素進行獨立之分析及評估，以判斷所報之成本要素[77]在履約中是否切合實際（realistic）？是否充分瞭解招標文件的要求？是否符合報價中對履約及物料之陳述？機

---

factors）及偶發費用等，見 FAR 14.408, table 15-2.

[75] 有關廠商之成本或價金資料之提交義務，攸關機關進行成本或價格分析之成敗，詳見唐克光，論成本計價型契約中成本及利潤之協商——以美國聯邦政府採購為例，軍法專刊，第 52 卷第 5 期，2006 年，頁 14-46。

[76] FAR 15.404-1(d)(1).

[77] 例如：物料成本、製造的人力成本、製造的間接成本、工程人力成本、間接成本等，見 FAR 15.408, table 15-2。

關於使用成本計價型契約時，皆應進行此分析以判斷廠商在履約中可能發生的成本，並作為決標之依據[78]。

應列成本法的方析方式，係假定廠商在符合經濟性及效率性的作業情況下，由機關估計廠商應該支付的生產成本，該種成本分析法係用以評估廠商在現有的，而非過去的，勞動力、方法、物料、設施、作業系統及管理之經濟性及效率性；採購機關應派遣具備採購、履約、會計、審監及工程等專長之代表到廠商的工廠內，實地發掘其生產方式的改進方法，俾廠商更能符合經濟性的及效率性，並降低成本，機關應將其所發現之事實以數字量化，同時建立協商時之價金目標[79]，至於此種分析方式所檢視的範圍可大可小，可大至檢視全部工廠的生產流程及其間接成本、主要分包廠商，亦可小到僅限於檢視其某項的作業情形[80]。DFARS 215.810-2規定凡在美元1億元以上之主要系統採購案，皆應實施此種成本分析。

以下分別從成本會計準則之規定、成本─實現分析及應列成本分析予以分析。

(一)成本會計準則之規定

成本會計準則非但有利於廠商提供可靠之成本資料，亦可改進其對預估成本的能力。廠商應依 SF 1411 標準表格填具各項成本及利潤資料。以下從物料成本（material costs）、直接人工成本（direct labor costs）、其他直接成本（other direct costs）及間接成本（indirect costs）等分析：

1. 物料成本

FAR 15.408 之表 15-2（table 15-2）詳列廠商應提出的物料及人力等各項成本要素，及填繕 SF 1411 標準表格之寫法，廠商應附送各項成本要素之明細表，及其資料及文件，各項物料成本包括品項、數量、單價、總價等。此外，廠商應說明其參與競標之程度及所報價金額的合理性。如有分包情形，則廠商應說明分包廠商競標情形，亦須提出分包廠商投標價金部分之價格分析，各分包廠商之成本或價格資料必須合符正確、完整及即時性之要求[81]。ASPM 第 5 章之第 5.1 節對物料成本的分析技術列有詳細之規定。

廠商應提出所購物料的報告（a bill of materials）[82]以供採購機關作為檢視其成本資

---

[78] 採購機關於使用固定價款加誘因型契約（fixed-price incentive contracts）或固定價金型契約（fixed-price-type contracts）時亦得基於採購之情況，決定進行此種分析。FAR 15.404-1(d)(2). Ralph C. Nash, Jr., Steven L. Schooner, Karen R. O'Brien, *The Government Contracts Reference Book*, 同註 18，頁 146。

[79] 詳見唐克光，政府採購中成本計價型契約之種類及其適用——以美國聯邦政府為中心（下），軍法專刊，第 51 卷第 12 期，2005 年，頁 2-3。

[80] FAR 15-407-4.

[81] Table 15-2, Note 1, 2, I. B.

[82] 物料報告（a bill of materials）係指廠商為其為履約所需而購入之各種物料而提出的報告。Ralph C. Nash, Jr., Steven L. Schooner, Karen R. O'Brien, *The Government Contracts Reference Book*，同註 18，頁 63。

料之主要依據[83]，亦應提出分包廠商的各項成本資料，並說明該項成本資料與本採購案件之關連性，如未說明兩者之關連性，則法院將判斷廠商並未善盡提出成本資料之義務[84]。在 *Conrac Corp. v. United States*, 214 Ct. Cl. 561, 558 F.2d 994（1977）一案中，法院判決如廠商因時間急迫未能提出所購物料的報告，則至少應提出原始資料（raw data），方善盡其責任。廠商應依設計圖提出所購物料的報告，不得有以少報多的情形，採購機關應自契約價款中扣除不實部分之價金[85]。採購機關應依廠商實支之價格，而非廠商所收報價單上之價格，覈實支付廠商之成本[86]，然廠商應向採購機關報告為買受物料所收之報價資料，以判斷廠商是否以最經濟之價格購入物料[87]。如廠商所履行係從無前例之嶄新標的時，則該廠商或其他廠商過去支付相同或類似標的物之物料成本資料，便應提送採購機關作為預估成本及覈實支付廠商成本之依據[88]。

2. 直接人工成本

所謂直接人工成本是指直接投入該履約（履行單一成本目標，cost objective）工作，而不同時履行其他契約標的之人力，故廠商從事案內製造類之製造、組裝、檢查、測試等工作，及工程類之可靠度、品質控制、設計及其他工作的人力皆屬之[89]。廠商應依時段方式計算人工成本以符 SF 1411 標準表格的要求。

(1) 工時

廠商應於協商採購契約時，向採購機關具實提出其曾履行相同或相似工作之工時資料[90]，如廠商從未記錄工時情形，則亦應提交導引的數據資料[91]，如廠商使用其預估系統推算工時，則該預估系統亦應一併提出[92]，廠商或用學習曲線（a learning curve）或用標準工資（standard costs）以推算政府應支付之人工成本，其他對人工成本的分析規定皆詳載於 *ASPM* 第 5 章之第 5.2 節、第 5.3 節。

(2) 人工率（labor rates）

決定人工成本之因素有二：一是人工數量，另一則是勞動工資；而人工率則是用以

---

[83]　*Sylvania Elec. Prods., Inc. v. United States*, 202 Ct. Cl. 16,479 F.2d 1332 (1973).

[84]　*Lockheed Aircraft Corp. v. United States*, 193 Ct. Cl. 86,432 F.2d 801 (1970).

[85]　41 U.S.C. § 254d(a).

[86]　*Etowah Mfg. Co.*, ASBCA 27267, 88-3 BCA ¶ 21,054.

[87]　*Bell & Howell Co.*, ASBCA 11999, 68-1 BCA ¶ 6993.

[88]　*Hardie-Tynes Mfg. Co.*, ASBCA 20717, 76-2 BCA ¶ 12,121；*Grumman Aerospace Co.*, ASBCA 35188, 90-2 BCA ¶ 22,842.

[89]　FAR 31.202(a). Ralph C. Nash, Jr., Steven L. Schooner, Karen R. O'Brien, *The Government Contracts Reference Book*，前註 18，頁 192-3。

[90]　*Grumman Aerospace Corp.*, ASBCA 35118, 90-2 BCA ¶ 22, 842.

[91]　*Lambert Eng'g Co.*, ASBCA 13338, 69-1 BCA ¶ 7663.

[92]　*Texas Instruments, Inc.*, ASBCA 23678, 87-3 BCA ¶ 20,195.

計算未來工資率之方法。人工率係指工資增減的比率,從實際成本資料與履約時間長短的比率可推算出應支出之工時及工資,一般皆以預估履約期間之中間點為基準予以推算,而該中間點之推算則應由廠商履約期間之人工率導出,在採購契約中可規定長期經濟狀況改變與人工率調整之方法,採購機關應評估廠商期待僱傭之勞工數目是否合理,如勞工數目增加則人工率通常下降,反之,如勞工數目減少則人工率通常上升[93],ASPM 第 7 章對人工率的分析技術列有詳細之規定。廠商提出之價金及成本資料中應包括人工率之資料。

3. 其他直接成本

廠商為求成本之償還,皆依其方式將成本予以歸類(allocation),致各廠商對於其他的直接成本界定範圍不一,有將之歸類為直接成本者,然亦有將之歸類為間接成本者,常見者包括:特別保險、特殊差旅支出、儲存包裝、工廠調整、生產準備期成本(preproduction costs)、顧問費、若干辦事員薪資、運輸成本、工廠保全、權利金、電腦支出、特殊工具成本、電話及電報支出等,採購機關應審查廠商支付該類成本之必要性及其金額之合理性,亦應審查廠商對於該類成本之歸類是否前後一致,當廠商將該類成本歸類為直接成本,則不得將相似之成本歸類為間接成本,以免廠商溢領金額,詳見ASPM 第 5 章之第 5.4 節、第 5.5 節。

4. 間接成本

間接成本係指投入是指除直接投入該履約工作以外之任何成本,即同時履行兩個以上成本目標所支出的成本,故凡不能直接歸屬或立即被辨認為屬於某一物料或人工之成本皆屬之。簡言之,間接成本係支援主要成本(直接成本)之工作,且不能將之直接歸屬於單一契約者。直接成本加間接成本之和便是全部成本[94]。間接成本並不能直接推算至個別成本單位,故應先以合於邏輯的方式彙齊至間接成本庫(pool),然後再分攤(allocate)於各個成本目標[95]。廠商彙齊間接成本至帳目聚散中心之方式應合符邏輯的要求,然其方式則無限制[96],較常見的彙集可分為:物料(material)、工程(engineering)、製造(manufacturing)等間接製造成本(overhead)、一般及行政支出(general and administrative expenses, G&A)等 4 種[97]。

較值得注意的是 G&A 支出,所謂 G&A 支出是指廠商一般及行政辦公室的一切支

---

[93] John Cibinic, Jr. & Ralph C. Nash, Jr., *Cost-Reimbursement Contracting*,同註 4,頁 588-9。

[94] FAR 31.203(a)(b). *ASPM* 6.1. 龍毓聃譯,會計辭典,三民書局,頁 342-3、359 (1980)。

[95] Ralph C. Nash, Jr., Steven L. Schooner, Karen R. O'Brien, *The Government Contracts Reference Book*,同註 18,頁 298。

[96] FAR 31.203(b).

[97] *ASPM* 6.1-2.

出，包括法律、會計、公關、財務、及其他服務支出。銷售支出（selling expenses）得列爲 G&A 項下，亦得列爲非 G&A 項下。G&A 人員於履約期間所應得的給予包括工資、紅利、獎金、員工保險、福利（fringe benefits）、退休金、年金等皆屬之[98]。在 *PAE Int'l,* ASBCA 20595, 76-2 BCA ¶ 12,044 案中，廠商將直接成本歸類於 G&A 項下，便爲委員會判定爲違反廠商應提交完整成本資料之規定，在 *Norris Indus. Inc.,* ASBCA 15442, 74-1 BCA ¶ 10,482 案中，廠商未提出過去間接成本的資料亦屬違反規定。

　　廠商彙齊之基期，通常以廠商的會計年度爲準。如廠商能有效控制間接成本，則該成本應被控制在一定範圍之內。採購機關應評估廠商所報間接成本支出及分擔之合理性及必要性，並應檢視其分擔的數據基礎（bases）及方法（methods）之合理性。至於詳細的分攤方法則規定於 *ASPM* 第 6 章及成本會計準則（Cost Accounting Standards, CAS）CAS 410 及 CAS 418。

(二)成本─實現分析

　　成本─實現分析法是採購機關用以分析廠商投標文件中所提出成本計價型契約之成本預估是否切合實際的分析方法[99]，如採購機關認爲廠商所提出之價格與機關預估之數目不符，則兩者必須進行書面或口頭協商以期解決成本數額調整的問題，如所有問題皆已解決，則參與之廠商應於最終報價書中載明最新經調整成本之標價[100]，如該廠商爲得標廠商，則簽訂之採購契約應載明目標成本（target cost）[101]及預估成本（estimated cost）[102]以作爲爾後機關給付價金之依據[103]。採購機關通常要求參與之廠商減少成本預估值，但各廠商因其履約之技術或工法不一，則所提出之預估成本亦可能不同，但皆應達機關所認切合實際之標準[104]。然採購機關究可否建議廠商提高成本預估值？美審計長認爲並無不可[105]。但一般機關皆以廠商最低成本之標價爲決標價[106]。

----

[98] 同上註。

[99] FAR 15.404(d)(2).

[100] 政府採購法第 53 條及其施行細則第 72 條規定機關辦理減價及比減價格，參與之廠商應載明減價後之標價。

[101] 目標成本係指廠商於履行誘因型契約（incentive contract）時，用以計算並調整固定價金加誘因契約（fixed-price-incentive contract）之目標利潤（target profit）或成本加誘因費用契約（cost-plus-incentive-fee contract）之目標費用（target fee），並作爲最低數額。FAR 16. 401(a)(2). 有關目標成本之詳細規定，見唐克光，政府採購中成本計價型契約之種類及其適用（下），註 79，頁 2-7。

[102] 預估成本係指廠商於履行成本加固定利潤契約（cost-plus-fixed-fee contract）、成本加報酬契約（cost-plus-award-fee contract）或成本契約（cost contract）時所預期之成本。FAR 15.3-4. 有關預估成本之詳細規定，見唐克光，政府採購中成本計價型契約之種類及其適用（下），同上註。

[103] *ERC Envtl. & Energy Servs. Co.,* Comp. Gen. Dec. B-241549, 91-1 CPD ¶ 155.

[104] *GE Gov. Servs.,* Comp. Gen. Dec. B-235101, 89-2 CPD ¶ 128.

[105] *Mandex, Inc.,* Comp. Gen. Dec. B-241841, 91-1 CPD ¶ 253.

[106] John Cibinic, Jr. & Ralph C. Nash, Jr., *Cost-Reimbursement Contracting*，同註 4，頁 570-6。

採購機關應從廠商投標文件中分析其成本合理性,則其前提是機關應將廠商應提交之資料詳載於招標文件中,在 *GE Gov. Servs.,* Comp. Gen. Dec. B-235101, 89-2 CPD ¶ 128 一案中,審計長要求招標文件應詳列廠商必須提交之成本資料以利機關進行成本 - 實現分析,包括:直接人工率、人工費用、人工費用自動加價公式(Escalation on labor)、其他直接成本、所有間接成本、投資不動產設施之資金成本(facilities capital cost of money factors)、對專業勞工的報酬(compensation)計畫、爲支援本契約所應支付之設施及設備(equipment)成本及擴張能力等。

採購機關審查廠商成本資料之標準何在?審計長在 *Science Applications Int'l Corp.,* Comp. Gen. Dec. B-238136, 90-1 CPD ¶ 517 一案中判斷:採購機關對廠商成本資料進行分析時,應以「實現」論("realism")方法對其成本及技術方法予以判斷,並應瞭解廠商成本資料中可能存有若干瑕疵,將導致契約價金過高的不合理現象,機關對實施成本—實現分析之評估標準具有相當充分之裁量權利,但必須基於合理(reasonable)之要求,故應有一定深度的分析[107],不得實際僅實施價格分析,卻稱已完成了成本分析[108]。機關並無必要對每一品項實施成本—實現分析[109]。若廠商預估成本包括其生產力及學習曲線皆屬合理,則機關並無刪減其預估成本數值之權利[110],若廠商所提出之成本資料存有錯誤,但該錯誤並不明顯,即便與其他廠商投標文件進行比對亦無法發現,則採購機關於進行成本—實現分析時並無不當[111]。以下就各成本要素之成本—實現分析予以討論。

1. 物料成本

即對於廠商的物料進行成本—實現分析,一般於實務上最常見者,係機關亦應對其投標文件所報之分包廠商之成本資料予以分析,檢視分包廠商之成本資料是否合理,例如機關發現應履行成本計價契約之分包廠商的物料成本過低,即廠商之成本預估並不確實[112];又若發現其物料成本過底,則機關應要求廠商解釋,以求發現廠商所報物料成本之合理性[113]。

2. 直接人工成本

機關所檢視廠商的直接人工應包括兩部分:工時及人工率,皆由廠商提供,由機關

---

[107] *Science Applications Int'l Corp.,* Comp. Gen. Dec. B-238136.2, 90-1 CPD ¶ 517.

[108] *Tidewater Constr. Co.,* Comp. Gen. Dec. B-278360, 98-1 CPD ¶ 103.

[109] *Allied-Signal Aerospace Co.,* Comp. Gen. Dec. B-249214.4, 93-1 CPD ¶ 109.

[110] *Raytheon Support Servs. Co.,* 68 Comp. Gen. 566 (B-234920), 89-2 CPD ¶ 84.

[111] *PAE GmbH Planning & Constr.,* 68 Comp. Gen. 358 (B-233823), 89-1 CPD ¶ 336.

[112] *Electronic Data Sys. Fed. Corp.,* Comp. Gen. Dec. B-207311, 83-1 CPD ¶ 264:*General Marine Indus. of New York, Inc.,* Comp. Gen. Dec. B-240059, 90-2 CPD ¶ 311.

[113] *GEC-Marconi Electronic Sys. Corp.,* Comp. Gen. Dec. B-276186, 97-2 CPD ¶ 23.

藉以判斷以後應支付的直接人工費用。

(1) 工時

採購機關常發現廠商於投標文件中所載之人工時數與其中技術文件所載之工時數有不同之處，故必須經由比對以發現其中差異，而應以後者為基準重新檢視前者是否有誤[114]。如廠商於履約過程中需要新人手，則機關可允許廠商增加工時[115]；如依廠商過去履約經驗，其現有人力將不堪負荷履約工作時，亦可允許廠商增加工時[116]；如採購機關之專業技術人員認有必要同時調整參與廠商之工時，則審計長判斷該機關有權作此調整[117]。相反地，如採購機關決定廠商爾後履約所需之工時應較過去減少時，則審計長判斷該機關有權減少廠商的工時數[118]。

(2) 人工率

採購機關認廠商所報之人工率並不切實際時，應調整其人工率，故如機關依廠商現時履行與過去曾履行相似契約之人工率相較，認為廠商所報之人工率過低，而調高其履行本採購案之人工率，審計長認為機關之作為應屬正確[119]；同理，若機關認為廠商所報之人工率與其他正履行相似契約之廠商相較顯然較低，亦得要求其調高人工率[120]；如機關於廠商履約 1 年後，發現其應調高人工率，卻未調高，因而依人工費用自動加價公式而調高其人工率，亦屬正確[121]；然機關於調整廠商人工率時，應將其履約之特殊方式及未來受雇人等因素一併予以考量及分析，不得僅以廠商過去履約經驗作為唯一之判斷標準，而以機械式方法調整之[122]。又採購機關應瞭解廠商計算其人工率之會計實務，並得請審計員（auditor）協助之，在 *Compuware Corp.*, GSBCA 9533-P, 88-3 BCA ¶ 21,109 一案中，機關認為應調高廠商人工率，然審計員則認為廠商於履約第 1 年期間，工作完成量很高，故應減少人工率，二者意見相左，後申訴審議委員會認為機關無法證明審計員之意見係錯誤，因而不准機關調高廠商之人工率[123]。此外，由於廠商的會計制度將影響其人工率的計算，若廠商已依規定載明於各種成本或計價資料，則機關應尊重其會計制度，依其會計制度計算人工率[124]。

---

[114] *Techdyn Sys. Corp.*, Comp. Gen. Dec. B-237618, 90-1 CPD ¶ 264.

[115] *TRW, Inc.*, Comp. Gen. Dec. B-234558.2, 89-2 CPD ¶ 560.

[116] *Range Technical Serves, 68* Comp. Gen. 81 (B-231968), 88-2 CPD ¶ 474.

[117] *Fairchild Weston Sys., Inc.*, Comp. Gen. Dec. B-229568.2, 88-1 CPD ¶ 394.

[118] *Research Analysis & Maintenance, Inc.*, Comp. Gen. Dec. B-239223, 90-2 CPD ¶ 129.

[119] *Associates in Rural Dev., Inc.*, Comp. Gen. Dec. B-238402, 90-1 CPD ¶ 495.

[120] *A. T. Kearney, Inc.*, Comp. Gen. Dec. B-237731, 90-1 CPD ¶ 305; *Computer Sciences Corp.*, Comp. Gen. Dec. B-210800, 84-1 CPD ¶ 422.

[121] *NKF Eng'g, Inc.*, Comp. Gen. Dec. B-232143, 88-2 CPD ¶ 497.

[122] *United Int'l Eng'g, Inc.*, Comp. Gen. Dec. B-245448.10, 92-1 CPD ¶ 122.

[123] John Cibinic, Jr. & Ralph C. Nash, Jr., *Cost-Reimbursement Contracting*，同註 4，頁 591。

[124] *General Research Corp.*, Comp. Gen. Dec. B-241569, 91-1 CPD ¶ 183.

3. 其他直接成本

如廠商的其他直接成本有調整必要時，則機關得同意其調整之，例如在 *Amtec Corp.*, Comp. Gen. Dec. B-240647, 90-2 CPD ¶ 482 一案中，廠商於履約期間無法獲得旅行之折價，機關便同意調整廠商的旅行成本。同理，在 *Centra Technology ,Inc.*, Comp. Gen. Dec. B-274744, 97-1 CPD ¶ 35 一案中，機關同意依廠商實支的旅行成本調整契約價金，皆無不當。

4. 間接成本

採購機關如有正當之理由，便得調整廠商的間接成本。例如廠商雖有其對間接成本調整之理論，但審計長認其理論缺乏證據支撐，不足採信，則判斷機關沿用過去幾年的間接成本率並無不妥[125]；在 *Polars, Inc.*, Comp. Gen. Dec. B-220066, 85-2 CPD ¶ 669 案中，採購機關採納國防契約查核局（Defense Contract Audit Agency, DCAA）之建議，認為廠商所提出逐年調降其間接成本率之方案，不足採信，因而調高其間接成本率，審計長判斷機關作法應屬正確[126]；但如廠商因履約需要，而僱用不同種類之勞工，各應乘以不同乘數（multipliers）以求出間接成本率，機關不得悉以最高間接成本率相乘而將之調高。[127]機關對於稽查人員之報告固可採信，但若有正當理由，認其不正確時，亦得拒絕採信其報告[128]。

(三)應列成本（**Should-cost**）之分析

FAR 15.407-4 將應列成本定義如下：

(1)應列成本分析是一種專業型式的成本分析，應列成本分析不同於傳統的評估方法，因為應列成本分析方法並不認為廠商之履約成本必然係有效及經濟的作業方式，而應審視廠商現行的工作人力、方法、物料、設施、作業系統及管理，該等審視應由政府的訂約、契約管理、計價、查核及工程等代表共同完成，應列成本分析之目標係改進廠商的經濟性及效率性以節省其履行政府採購契約之成本。此外，藉由提供廠商建議及量化對成本之影響，採購機關將更能發展出切合實際的協商目標。

(2)應列成本分析可區分為兩種——計畫型應列成本分析法（program should-cost review）及間接費用應列成本分析法（overhead should-cost review），採購機關得獨立或同時使用上列兩種成本分析方法。

---

[125] *Purvis Sys., Inc.*, Comp. Gen. Dec. B-245761, 92-1 CPD ¶ 132.

[126] 參見相似之案件 *Signal Corp.*, Comp. Gen. Dec. B-241849, 91-1 CPD ¶ 218。

[127] *Aurora Assocs., Inc.*, Comp. Gen. Dec. B-215565, 85-1 CPD ¶ 470.

[128] *Booz-Allen & Hamilton, Inc.*, Comp. Gen. Dec. B-275934.2, 97-1-1 CPD ¶ 222.

　　所謂計畫型應列成本分析法係用於評估直接成本的要素，例如物料及人工、及其隨附相關間接成本，常於生產主要系統時使用之。採購機關於審查投標文件使用本分析法時，應併附查核報告。計畫型應列成本分析法主要於下列情形下使用之：廠商係獨家製造或供應，或系統生產係跨年度採購案且機關有充足時間進行本成本分析等[129]。而所謂間接費用應列成本分析法係用於評估間接成本的要素，例如福利、運送及收受、設施及設備、折舊、工廠維護及保全、租稅及一般及行政費用等，採購機關於審查投標文件使用本分析法時，亦應併附查核報告。機關於使用間接費用應列成本分析法應考慮下列事項：廠商之合併、分割、政府參與程度、會計系統及管理之改變等[130]。

三、利潤之分析

(一)利潤上限

　　依 FAR 15.404-4(c)(4) 規定：採購機關所協商之價金或利潤不得超過下列限制：(A) 以成本加固定利潤（cost-plus-fixed-fee contract, CPFF）型所簽定之試驗、發展或研究工作契約，其利潤不得超過契約預估成本之不含利潤的 15%。(B) 對於公共建築及工程之設計、規劃、草圖及規格等之生產及交付契約之利潤，不得超過該工程預估契約價格之 6%。(C) 其他成本加固定利潤型契約，其利潤不得超過契約預估成本之不含利潤之 10%[131]。

　　值得注意的是上列規定僅 CPFF 受限制，成本加誘因費用契約（cost-plus-incentive-fee contract, CPIF）則不受此限；除此之外，上列規定係以契約預估成本，而非廠商實支成本，為計算之基礎，故如廠商實支成本超過預估金額時，則廠商所獲得之利潤將超過法規所定 10% 或 15% 之限制[132]。

(二)分析步驟

　　FAR 15.404-4 規定聯邦政府各機關在進行成本分析時，應遵守結構分析步驟（structured approach），俾建立利潤的期先協商目標（profit prenegotiation objectives）與廠商進行利潤之協商，但契約價金未滿 10 萬美元，或採購係在廠商競爭情形下進行者，不在此限。各機關得自行訂定其結構分析步驟及不適用該步驟之條件[133]。美國國防部除遵守 FAR 之規定外，另於美國國防部聯邦獲得規則補篇 DFARS 215.404-4 中，規

---

[129] FAR 15.407-4(b).

[130] FAR 15.407-4(c).

[131] 41 U.S.C § 254(b)；10 U.S.C § 22306(d).

[132] *Yosemite Park & Curry Co. v. United States*, 217 Ct. Cl. 360, 582 F.2d 552 (1978).

[133] FAR 15.407-4(b). 由於廠商大抵皆係在非競爭情況下與採購機關簽訂成本計價型契約，故機關於實施成本分析時，必須按結構分析步驟研究廠商成本資料，以判斷契約之利潤目標，並據以與廠商進行協商。John Cibinic, Jr. & Ralph C. Nash, Jr., *Cost-Reimbursement Contracting*, 同註 4，頁 604。

定國防部各機關應按加權指導程式（Weighted Guidelines formula）與廠商協商利潤。以下分別予以分析。

1. 協商之目標

利潤的先期協商目標並不表示係給付廠商之淨收入，蓋談判目標是廠商因完成履約所可能獲得的全部酬勞，故廠商可能獲得的酬勞及機關預估應支付廠商成本之相加數，便是機關的先期協商目標。機關支付廠商的實支成本可能異於預估成本，故機關支付廠商的利潤亦可能異於預估利潤。

機關及廠商皆應認知利潤係用以提升廠商履約之效率性，如機關僅將要求廠商不斷降低價格及利潤列為協商目標，而不瞭解利潤之功能，則並不符政府之利益，故機關給付廠商極低之利潤，或按廠商以往之利潤給付標準，或按預定成本之百分比給付利潤，皆不能達到提升廠商履約效率之目標[134]。

2. 分析步驟

採購機關應自行推算利潤目標，不得要求廠商提出利潤資料，但廠商如志願提出資料，則機關得考量之[135]。各機關皆制定標準表格以利推算，例如美國國防部制定 DD Form 1547、太空總署之 NASA Form 634、總務署之 GSA Form 1766、能源部之 DOE Form F 4220.23 及運輸部之 DOT Form 4220 等，採購機關應分別填繕各因子（factors）之數字，再依該等表格所列明得將利潤加權計算之範圍（profit weight ranges），便可計算出成本、利潤及價金之數值。

FAR 規定之一般利潤分析因子（profit-analysis factors）共 6 種：廠商努力程度（contractor effort）、契約成本危險[136]（contract cost risk）、聯邦社會經濟計畫（federal socioeconomic programs）、資本投資（capital investments）、成本控制及其他過去成就（cost-control and other past accomplishments）及獨立發展（independent development）等，除該 6 項因子外，各採購機關得視各契約情形加入其他分析因子以分析廠商的利潤[137]。

所謂「廠商努力程度」是指如廠商之專業、設施及管理技巧等能滿足複雜的履約工作所需，且能有效率地及經濟地達成履約目標，則機關應給付廠商較高利潤；機關應至少考量下列的因素以判斷廠商努力程度之高低：1. 物料之獲得：機關應考量物料是否需

---

[134] FAR 15.404-4(a).

[135] FAR 15.404-4(c).

[136] 「risk」在經濟名詞係「風險」之意，而在我國民法用詞則係「危險」，此可由民法第 150、175、191-3、328、354、373、374、375、497、508、963 等條文皆規定「危險」文字可證，自經濟學觀點而言，「危險」通常對應英文字「hazard」，故自經濟及我國法律名詞而言，「risk」之翻譯並不相同，本文兼用「危險」及「風險」。但論及廠商及政府機關之權利及義務時，仍將「risk」譯為我國法律規定之「危險」。

[137] FAR 15.404-4(d).

經複雜的分包方可獲得、品項之複雜度及訂單之數量等，此外尚應考慮是否需要特殊工具、是否須要拓展新供應來源及可否以一般之訂單購得所需之物料。2. 直接人工：機關應考量廠商從事直接工程、製造之人工，將原物料、資料及分包標的物轉換成契約標的物之情形，機關亦應考量廠商實施監督及協調工作之數量及品質。3. 相關間接成本：機關應考量間接成本對於履約之貢獻度，如廠商投入之間接成本所從事之工作皆屬例行性，則所得之利潤應較低，反之，如廠商投入之間接成本所從事之工作對履約具有積極之貢獻，則所得之利潤應較高。4. 一般管理等：指廠商之一般及行政支出（general and administrative expenses, G&A）之各細項及其對於履約之貢獻度等，如該費用能提供非常有意義之貢獻，則應給付較高之利潤[138]。

　　所謂「契約成本危險」是廠商因採用不同類型契約及按照採購機關的成本預估所承擔之成本危險，如廠商使用確定固定價金契約（firm-fixed-price contracts）且從事複雜之履約工作，則其成本危險最高，但如廠商使用成本加固定利潤契約（cost-plus-fixed-fee contracts）則其成本危險最低[139]。本要項是用以鼓勵廠商藉降低成本之方法承擔較高之責任[140]。

　　所謂「聯邦社會經濟計畫」是指如廠商購買小型企業、身心障礙者、受刑人個人、監獄工廠、退役軍人及婦女所有之小型企業所提供之產品或勞務，則採購機關應給付較高之利潤。

　　所謂「資本投資」是指廠商為能有效率地及經濟地達成履約目標所投資之行為，機關應將之列為給付利潤數額多寡之考量。本要項是用以鼓勵廠商投資以獲得新設施，並降低對政府所提供設施之依賴[141]。

　　所謂「成本控制及其他過去成就」是指廠商在後續契約中能否採取較原有採購契約，更能增加生產力及降低成本之具體措施，如是，則應另行給付其利潤。

　　所謂「獨立發展」指廠商能不藉政府之協助，獨立發展契約標的物之行為，如是，則應另行給付其利潤，故採購機關應注意廠商是否直接或間接地以政府資源從事發展[142]。

　　三軍訂定價格手冊（ASPM）中第 4 章——「利潤分析」中對於每一因子所占的利潤百分比皆詳予規定，例如：物料之獲得一項占利潤百分比為 2%、直接人工為 9% 至 15%、相關間接成本為 5% 至 15%、一般管理為 4% 至 8%、製造類契約成本危險為

[138] FAR 15.404-4(d)(i).
[139] FAR 15.404-4(d)(ii).
[140] ASPM 4.4.
[141] ASPM 4.5.
[142] FAR 15.404-4(d)(iii)-(vi).

0 至 8%、研發類契約成本危險為 0 至 7%、服務類契約成本危險為 0 至 4%、資本投資為 16% 至 20%、獨立發展為 1% 至 4% 等，至於其他非軍事採購機關得依其情況訂立不同之利潤百分比，以能源部為例：物料之獲得為 1% 至 3%、直接人工之科技人員為 10% 至 20%、管理及行改人員為 8% 至 20%、製造人員為 4% 至 8%、支援服務人員為 4% 至 14%、相關間接成本為 5% 至 8%、一般管理為 5% 至 7%、契約成本危險為 0 至 8%、資本投資為 5% 至 20%、聯邦社會經濟計畫為 -5% 至 5%、成本控制及其他過去成就為 -5% 至 5%、獨立發展為 5% 至 7% 等[143]。

第三款　檢討

第一目　對價金分析之檢討

FAR 規定成本─實現的分析方法，但在國會所屬之總會計辦公室（General Accounting Office, GAO）受理之若干固定價款的契約訴願案件中，常有機關遭抗議得標廠商之標價並不符合實現（unrealistically），換言之，即廠商標價過低之情況，則機關是否應實施「價金實現分析」（price realism analysis）並以之作為抗辯之理由？由於 FAR 並未對價金實現分析有明確規定，甚至並未出現有此名詞，FAR 15.404-1(d) 僅規定成本─實現分析法得適用於固定價款的契約，特別在機關加列新需求於購案中，廠商有可能未能充分了解該需求而有降低履約品質之虞時，使用此分析法分析廠商之報價，藉以判斷廠商履約之危險及責任歸屬，則相關聯邦採購法令是否有必要對此予以規範？又應規範之內容為何？價金實現分析與成本─實現分析之區別何在？常引起學術界及實務界的討論，並曾提議於 1997 年修正版本中加入有關價金實現分析之條文，但由於修法委員們對於編排之方式及內容，並無共識，迄今尚未見具體之修正條文，因此如欲探求解決之方法，或可從採購爭議的申訴或訴願之案件中探討之言。

自採購爭議的案件中可歸納出價金實現分析法適用於下列情形：1. 廠商之履約人力是否不足[144]？2. 廠商於投標文件中所列之薪資是否足以吸引適格之勞動人力[145]？3. 廠商之標價是否符合招標文件中所列的技術要求[146]？4. 廠商所列之直接及間接成本是否足以完成交付財物及勞務之義務[147]？機關應將上列或其他要求詳載於招標文件中，如廠商未能符合要求，將被列為不合格標[148]，並得將評估的

---

[143] DOE Form 4220.23.

[144] Gen. Dynamics One Source, LLC, B-400340.5 et al., 2010 CPD ¶ 47, at 14-17 (Comp. Gen. Jan. 20, 2010).

[145] Trauma Serv. Grp., B-242902.2, 91-1 CPD ¶ 573, at 4 (Comp. Gen. Jan. 17, 1991).

[146] Rust Consulting, Inc., B-406410, 2012 CPD ¶ 173, at 4 (Comp. Gen. May 18, 2012).

[147] CR Associates, Inc. v. United States, 95 Fed. Cl. 357, 379 n. 22 (2010).

[148] Department of Air Force, Solicitation/Contract/Order for Commercial Items No. FA8105-05-R-0014

結果分別列載於廠商擔負責任能力、履約風險評估、對履約工作之了解或全盤負責任能力等項目之中[149]，但在實務中卻發生上級法院機與下級法院對於機關是否已善用價金實現分析法之見解不同之情況，例如美國空軍於 2006 年為其 KC-135 空中加油機辦理廠級維修採購案，在其招標文件中規定廠商應將價格予以分析及說明，Pemco Aeroplex, Inc. 主張得標廠商 Boeing Company 之標價並不符合實現之要求，不為總會計辦公室（GAO）所採[150]，案經 Pemco Aeroplex, Inc.（後改名為 Alabama Aircraft Industries, INC., AAII）遂向美國聯邦索賠法院（Court of Federal Claims, COFC）提起訴訟，該法院認為美國空軍在招標文件中並未敘明案內飛機老舊狀況，亦未對原告之主張有深入研究及回應，空軍所作的價金實現分析結果非但專斷而且多變，違反 5 U.S.C. § 706(2)(A) 規定[151]，因此廠商主張有理由，案經上訴至美國聯邦巡迴法院[152]，該法院則判決美國空軍雖下未揭露老舊飛機之訊息，但在使用價金實現分析法分析廠商之報價之作法顯屬合理，並無不當，因此判決空軍勝訴；兩法院見解不一之情形實肇因於政府並未公布有關價金實現分析法之規定，造成採購機關無法可依循的困擾，此外，若機關於招標文件中僅載明廠商標價之合理性（reasonableness）將成為決標時考量的一項因素（漏未規定招標機關將以價金實現分析法審查其投標文件），則標價之合理性與價金實現分析法有何差別？機關可否以價金實現分析法分析廠商之投標金額？在 CAE Constr., B-291268.2, 2002 CPD ¶ 207, at 4（Comp. Gen. Dec. 16, 2002）案中，機關應考量 CAE Construction 公司之低價並不影響其履約之責任，機關未能將其列為得標廠商，顯有不當。各種實務上之爭論顯示政府缺乏規範作為裁判基準，故價金實現分析法之規定實不可或缺。

　　在缺乏規範之現況下，如機關計畫將以價金實現分析法審查廠商之投標文件，則宜在招標文件中載明審查之內容及標準，以免爭議[153]。

第二目　對成本分析之檢討

　　採購機關於實行成本分析時，如未考慮機關應支付數值之準確性（accuracy）及精密度（precision）[154]，而完全信賴以成本—實現分析的數值，則機關將陷入「點估計之謬

(Aug. 19, 2005).

[149] Alexis F. Bernstein, "Price Realism Analysis in Fixed-price Contracting: Improving the Evaluation Process" *Public Contract Law Journal*, pp. 793-798 (2013).

[150] Pemco Aeroplex, Inc. (Pemco I), B-310372, 2008 CPD ¶ 2, at 3 (Comp. Gen. Dec. 27, 2007).

[151] Ala. Aircraft Indus.,-Birmingham v. United States, 83 Fed.Cl. 666, 675 (2008).

[152] Ala. Aircraft Indus.,-Birmingham v. United States, 586 F.3d 1372 (Fed. Cir. 2009).

[153] Alexis, "Price Realism Analysis in Fixed-price," 同註 149，頁 798-825。

[154] 準確度與精密度是在統計學一個重要概念。準確度是每一次獨立的測量之間，其平均值與已知的數據真值之間的差距（與理論值相符合的程度）。例如：多次實驗結果其平均值接近於已知的數據真值（理論值），可知道數據「準確」，或是數據具有「高準確度」；反之，平均值與已知的數據真值差距較大，

誤」（Point-Estimate Fallacy）[155]，機關若未能對成本有精準的計算，則恐有溢支廠商價金之風險，甚至差額有高達數百萬美元之鉅[156]，精密度是指機關在可獲得實證資料之前提下，從事一定範圍之估算，例如某廠商報價可以 100 美元完成某一成本計價型契約，機關蒐集廠商完成相同契約的價格範圍在 95 至 120 元間，則機關溢支之風險為 20%；而準確性是指機關的估算應與廠商最終履約成本具相關聯性，理論上機關於廠商履約完成後，方可得知點估計值與契約之關聯性，然機關必須於廠商履約完成前完成預估值，此實需要依循經驗性質之指導（empirical guidelines）方可完成，影響準確性之因素有四：成本計算之方法、實證資料之種類、分析的完整性及合併實證資料以計算可能發生成本之方法[157]，機關應於履約前應要求廠商提出完整的實證成本資料，並將一切可獲得實證成本資料以最佳之評估方法，包括：要求廠商載明其成本計算之誤差值（error calculations）、禁止廠商使用預估成本範圍（evaluated cost ranges），例如自 98 至 103 美元，說明其成本，等方法完成準確性及精密度之預估，以免廠商產生不當得利之期待，並溢領價金[158]。

第四款　兩國法制之比較──我國對價格規範之不足

依據政府採購法及其子法之規定，機關對廠商價格合理性之評定係機關重要之採購行為，影響廠商權利重大，若機關能對廠商價格的合理性予以客觀及公正評定，則於編

　表示實驗數據不準確，或準確度不高。而精密則是當實驗數據很精準時，會要求實驗有高度的再現性，表示實驗數據是可信的，也就是實驗數據需要具有高精密度（多次量度或計算的結果的一致程度）。一個結果必須要同時符合準確與精密這兩個條件，方可謂為精準。維基百科，https://zh.wikipedia.org/wiki/%E6%BA%96%E7%A2%BA%E8%88%87%E7%B2%BE%E5%AF%86，查詢日期：2017 年 2 月 2 日。

[155] 點估計係統計學之專用名詞，也稱定值估計，有別於區間估計（Interval Estimation）係利用樣本統計量估計出一個區間去估計母體參數。點估計是以抽樣得到的樣本指標作為總體指標的估計量，並以樣本指標的實際值直接作為總體未知參數的估計值的一種推斷方法。簡言之，就是用樣本統計量推估母體參數的方法。但由於在實際抽樣調查中一次只是隨機抽取一個樣本，導致估計值會因樣本的不同而不同，甚至產生很大的差異。因此點估計是一種的估計或推斷，其缺點是既沒有解決參數估計的精確問題，也沒有考慮估計的可靠性程度，只有區間估計才能解決這兩個問題。不過，由於點估計直觀、簡單，對於那些要求不太高的判斷和分析，可以使用此種方法。MBA 智庫百科，http://wiki.mbalib.com/zh-tw/%E7%82%B9%E4%BC%B0%E8%AE%A1，查詢日期：2017 年 2 月 2 日。

[156] Per David Midboe, " Sidestepping the Point-estimate Fallacy: How to Improve the Quality of Government Procurement Decisions by Evaluating the Predictive Value of Cost Realism Analyses," *Public Contract Law Journal*, 252 (2013).

[157] Per David Midboe, " Sidestepping the Point-estimate Fallacy"，同上註，頁 256-271。

[158] Per David Midboe, " Sidestepping the Point-estimate Fallacy"，同上註，頁 271-280。

定預算數額[159]、訂定底價[160]及決標[161]時，方可正確決定得標廠商及得標金額；然機關應如何評定廠商價格？政府採購法之規定大致上可區分為價金分析及成本分析兩類：

價金分析主要適用於確定固定價金型契約或隨經濟價格調整之固定價金型契約，由於我國採購契約絕大部分係該等類型契約，對我國而言最為實用，政府採購法第 46 條第 1 項規定：「機關辦理採購，除本法另有規定外，應訂定底價。底價應依圖說、規範、契約並考量成本、市場行情及政府機關決標資料逐項編列，由機關首長或其授權人員核定。」其施行細則第 52 條規定：「機關訂定底價，得基於技術、品質、功能、履約地、商業條款、評分或使用效益等差異，訂定不同之底價。」同細則第 53 條前段規定：「機關訂定底價，應由規劃、設計、需求或使用單位提出預估金額及其分析後，由承辦採購單位簽報機關首長或其授權人員核定。」同細則第 54 條第 3 項規定：「限制性招標之議價，訂定底價前應先參考廠商之報價或估價單。」上列條文幾已包括 FAR 15.404-1(b) 對價金分析之規定，故我國對價金分析之雖可稱規範大致完備。但該等底價之規定究屬原則性質，過於簡略，若能更具體規範，則機關當易於執行，故應有補正之必要，以求建立完備的法制。

至於成本分析部分，主要適用於機關辦理非確定固定價金型契約（主要為成本計價型契約），或採購非商業性標的，或認為廠商標價有不合理等情形時使用之，FAR 之相關規定甚為繁瑣，但在我國並非無適用之可能，採購契約要項第 40 條「以成本加公費法計算契約價金」規定：「契約價金以成本加公費法計算者，應於契約訂明下列事項：㈠廠商應記錄各項費用並提出經機關認可之憑證，機關並得至廠商處所辦理查核。㈡成本上限及逾上限時之處理。」又「機關委託專業服務廠商評選及計費辦法」、「機關委託技術服務廠商評選及計費辦法」、「機關委託資訊服務廠商評選及計費辦法」、「機關辦理設計競賽廠商評選及計費辦法」皆對「服務成本加公費法」予以規範，採購機關仍有了解廠商成本合理性之必要。

商業會計法第 2 條第 2 項規定：「本法所稱商業會計事務之處理，係指商業從事會

---

[159] 政府採購法第 52 條第 1 項第 2 款規定：「機關辦理採購之決標，應依下列原則之一辦理，並應載明於招標文件中：二、未訂底價之採購，以合於招標文件規定，標價合理，且在預算數額以內之最低標為得標廠商。」

[160] 政府採購法第 46 條第 1 項規定：「機關辦理採購，除本法另有規定外，應訂定底價。底價應依圖說、規範、契約並考量成本、市場行情及政府機關決標資料逐項編列，由機關首長或其授權人員核定。」該法施行細則第 52 條亦規定：「機關訂定底價，得基於技術、品質、功能、履約地、商業條款、評分或使用效益等差異，訂定不同之底價。」

[161] 政府採購法第 52 條第 1 項第 1 款規定：「機關辦理採購之決標，應依下列原則之一辦理，並應載明於招標文件中：一、訂有底價之採購，以合於招標文件規定，且在底價以內之最低標為得標廠商。」政府採購法第 58 條規定：「機關辦理採購採最低標決標時，如認為最低標廠商之總標價或部分標價偏低，顯不合理，有降低品質、不能誠信履約之虞或其他特殊情形，得限期通知該廠商提出說明或擔保。」

計事項之辨認、衡量、記載、分類、彙總，及據以編製財務報表。」，同法第 27 條規定：「會計項目應按財務報表之要素適當分類，商業得視實際需要增減之。」，商業會計處理準則亦對會計憑證、會計帳簿、會計項目及財務報表之編製等詳予規範，故我國對成本分析之規範雖可稱規範大致完備，但該等規定究屬會計法規，政府採購法中並未規範，若能於政府採購法中更具體規範，則機關當易於執行，故亦應有補正之必要，以求建立完備的法制。

第五款　我國法制之檢討

第一目　採購實務

　　就我國政府採購中廠商申請調解或申訴案件觀察，廠商確有因其總標價或部分標價偏低，遭通知應提出說明或擔保者，或廠商標價合理，廠商卻認為其標價偏低，要求退還押標金，行政院公共工程委員會採購申訴審議委員會因而就單價或總標價之成本予以分析，並依法審議判斷者，然並未計算廠商之人工率、鮮少論及間接成本，更遑論使用成本─實現分析的方法，其計算方法及結論顯有過於粗糙之疑慮[162]，亦有政府要求停工或機關未能訂立精確圖說，致廠商遭受損害而請求賠償者[163]，該等賠償金額之計算自應以價格分析或成本分析方法為之，就行政院公共工程委員會公布之研究報告[164]中予以分析，實務中發生之爭議大抵係事實認定或法律適用問題，例如：1. 廠商如主張標單計算錯誤，是否影響招標機關判定標價有無顯不合理之情事；2. 縱使廠商發生標價偏低之情形時，招標機關對於是否可命該最低標廠商提出說明或擔保抑或逕決標予次低標廠商，本具有裁量權，但不得恣意裁量[165]。在實務中尚未見有機關訂定底價合理與否之爭議，但底價之訂定攸關廠商是否得標，及是否應提出擔保，然機關訂定底價是否依循會計準則？是否切合實際？實有檢討之必要。

第二目　採購法規

　　政府採購法之子法「機關委託專業服務廠商評選及計費辦法」第 13 條、「機關委託技術服務廠商評選及計費辦法」第 26 條及「機關委託資訊服務廠商評選及計費辦法」

---

162 行政院公共工程委員會，政府採購申訴案例彙編（一），2000 年 12 月，頁 366-375；政府採購申訴案例彙編（二），2002 年 12 月，頁 347-359、392-402、403-410、430-435、448-467，政府採購申訴案例彙編（四），2007 年 4 月，頁 142-148、181-187、191-197、239-243，行政院公共工程委員會，政府採購暨促參申訴案例彙編（五），2008 年 5 月，頁 157-165。
163 行政院公共工程委員會，政府採購履約爭議處理案例彙編（一），2001 年 1 月 12 日。
164 行政院公共工程委員會，政府採購爭議處理事件案源及問題類型分析，2003 年 12 月。
165 行政院公共工程委員會，政府採購申訴案例彙編（二），2002 年 12 月，頁 347-359。

第 16 條內容均規定服務成本加公費法之分類方式且內容相同，該等條文規定：

服務成本加公費法，適用於計畫性質複雜，服務費用不易確實預估或履約成果不確定之服務案件。

前項服務費用，得包括下列各款費用：

一、直接費用：

　　㈠直接薪資：（註：以下略）

　　㈡管理費用：（註：以下略）

　　㈢其他直接費用：（註：以下略）

二、公費：（註：以下略）

三、營業稅。

…

第二項第二款公費，應為定額，不得按直接薪資及管理費之金額依一定比率增加，且全部公費不得超過直接薪資及管理費用合計金額之 25%。

宜改為下列較妥：

服務之成本計價法，適用於計畫性質複雜，服務成本及利潤不易確實預估或履約成果不確定之服務案件。

前項服務成本及利潤，得包括下列各款：

一、物料成本：廠商為履約所購入之物料及人力，如有分包情形，則分包廠商競標或議比價之得標價。

二、直接成本：

　　㈠直接人工成本：（以下略）

　　㈡其他直接成本：（以下略）

三、間接成本：包括未在直接人工成本項下開支之管理及會計人員之薪資、…（以下略）

四、利潤：（以下略）

五、營業稅。

前項第四款利潤，不得按直接人工成本及間接成本之金額依一定比率增加，且全部利潤不得超過直接人工成本及間接成本合計金額之 25%。

其修正之理由如下列各點：

一、原條文所稱之直接「費用」、管理「費用」及其他直接「費用」之「費用」一詞易與價金混淆，語意比較不明，為與採購契約要項第 40 條第 2 款之「成本」相符，

不如使用「成本」一詞。

　　二、原條文所稱之管理費用應屬間接成本。蓋原條文僅規定直接成本卻漏列間接成本，非但邏輯不通、不合理，且恐與實務相違（與美國聯邦政府之規定不符），換言之，既不合理論又不合實務，故應予更正。

　　三、「公費」一語應改為「利潤」，蓋公費係指政府或採購機關共有之費用？顯屬誤謬，且亦非會計或法律名詞，再者，原條文既規定公費包括利潤及風險等，公費之內容顯係利潤（profit）或費用（fee），如使用「利潤」一詞，非但語意明確，且有美國聯邦政府之規定及實務可供參考[166]，並與採購契約要項第39條第6款之「利潤」相符，故應使用「利潤」一詞為妥。

　　四、「服務成本加公費法」應改為「服務之成本計價法」。

　　五、就原條文所規定「前項第二款公費，應為定額，不得按直接…」一語，似採成本加固定利潤契約，然於其後條文卻又規定「…得依其情形給付廠商獎勵性報酬」[167]，似採成本加誘因費用契約或成本加酬金契約，其利潤並非固定，則本服務性質成本計價型契約之利潤究係固定？抑為非固定？顯然前後矛盾，故「應為定額」一語應予刪除，以免二條文內容相互衝突。

第六款　修法之建議

　　價格分析及成本分析在美國聯邦政府之採購實務上已行之多年，在學理上雖有更精確計算方法之建議，但其全盤機制仍屬可行，在美國聯邦之採購措施中，有諸多值得參考及借鏡之處，而我國政府採購法及其子法中則有疏漏或錯誤之處，謹將其中犖犖大者臚列如下列之辦法草案，建議於修法時併予考量及加列：

---

[166] FAR 15.404-4.
[167] 「機關委託專業服務廠商評選及計費辦法」第14條、「機關委託技術服務廠商評選及計費辦法」第27條及「機關委託資訊服務廠商評選及計費辦法」第17條內容均相同。

第一目　政府採購法修正條文（草案）

增訂第 46 條第 3 項條文（價金及成本分析辦法）

政府採購法修正草案條文對照表		
修正條文	現行條文	說明
第四十六條第三項　機關辦理價格分析及成本分析辦法由主管機關擬訂，報請行政院核定後發布之。	無此條文。	本項條文新增：法規命令之法源依據。

第二目　機關辦理價格分析及成本分析辦法（草案）

條　文	說　明
第一條（訂定依據） 　本辦法依政府採購法第四十六條第三項規定訂定之。	本條規定本辦法之訂定依據。
第二條（用辭定義） 　本辦法用辭定義如左： 一、成本分析：謂對廠商投標文件之各別成本要素及利潤予以檢視及評估（包括成本或價格資料或其他資訊），及在尋求合理經濟性及效率性之目標下，對於廠商所報成本表現至契約成本之良窳予以判斷。可區分為成本—實現之分析法及應列成本之分析法。 二、價格分析：謂審查並評估廠商之報價，並就其他廠商報價進行比對，或從公開出版之價格表、市場調查或其他方法進行分析。 三、成本—實現之分析法：是指機關對於廠商投標文件中的各要素進行獨立之分析及評估，以判斷所報之成本要素在履約中是否切合實際、是否充分瞭解招標文件的要求、是否符合報價中對履約及物料之陳述等。 四、應列成本之分析法：謂審視廠商現行的工作人力、方法、物料、設施、作業系統及管理，以改進廠商履行採購契約的經濟性及效率性，並發展出切合實際的協商目標之成本分析法。 五、成本要素：指如物料成本、製造的人力成本、製造的間接成本、工程人力成本、間接成本等成本分析之基本要素。 六、成本計價型契約：謂採購機關與廠商於訂立採購契約時，僅預估廠商所需之總成本，並不具體約定契約價金，廠商不論工作完成與否，採購機關皆應依約給付其履約時所支付之合理成本之契約。機關支付廠商之成本或利潤，非經機關另行同意，以契約規定者為限之謂。可區分為：成本契約、成本加固定利潤契約、成本加誘因費用契約、成本加酬金契約、成本分擔契約等共五種。	一、本條明定對於成本分析、價格分析…等加以定義。 二、參考 FAR 15.404-1(c)、15.404-1(b)、15.404 (d)(2)、15.407-4、*GE Gov. Servs.*, Comp. Gen. Dec. B-235101, 89-2 CPD ¶ 128、FAR 16.301-1、16.2、10 U.S.C. § 2306a(h)、FAR 31.202(a)、31.203(a)(b)、2.101 之規定。

七、固定價金契約：係指當事人同意價金係固定之契約。可區分為：確定固定價金契約、隨經濟價格調整之固定價金契約、固定價金誘因契約、固定價金日後再決定契約、固定上限價金回溯再決定契約及工作效率之固定價金契約等。 八、成本或價格資料：謂除契約另行約定外，於契約訂立之時，能有意義地影響採購機關或廠商價金協商之一切事實性資料，但不得包含主觀判斷之訊息，然主觀判斷事實所源自之訊息則不在此限。 九、直接人力成本：謂直接投入該履約（履行單一成本目標）工作，而不同時履行其他契約標的之人力，故廠商從事案內製造類之製造、組裝、檢查、測試等工作，及工程類之可靠度、品質控制、設計及其他工作的人力皆屬之。 十、間接成本：謂直接投入該履約工作以外之任何成本，即同時履行兩個以上成本目標所支出的成本，故凡不能直接歸屬或立即被辨認為屬於某一物料或勞務之成本皆屬之。間接成本係支援主要成本（直接成本）之工作，且不能將之直接歸屬於單一契約者。 十一、全部成本：謂直接成本加間接成本之總和。 十二、商業品項：謂一般大眾或非政府組織出賣、租賃或授權之動產而言，如現時於市場尚無該商品，然能於交付時滿足招標文件之要求者，亦屬。如對商業品項施以變更，然並不影響其可供一般大眾利用之情況下，仍屬商品。機關於採購商品時，為維持該商品之運作，而必須於當時或以後於公開競價市場中採購之安裝、維護、修理、訓練或其他勞務，皆屬之。 十三、適當之競價：謂指符合下列情形之一者： 　　　㈠ 二家以上獨立競爭之廠商其已投標之文件，能符合機關之要求，且其中任一投標廠商之報價並無不合理之情事。 　　　㈡ 依據市場調查，可合理地期待二家以上獨立競爭之廠商，將交出能符合機關要求之投標文件，縱其後僅一家廠商投標，亦屬適當的競價。	
第三條（成本或價格資料之要求） 機關應將廠商應提交之資料詳載於招標文件內，並要求廠商出具保證書證明其所提供係正確、完整及合時的資料，同時應填具規定之表格。如廠商提供錯誤或有瑕疵之資料，則應賠償採購機關溢領之金額，並加計利息。機關首長得檢視廠商之各項紀錄。 凡採購金額在查核金額以上者，機關應要求廠商提供成本或價格資料。但符合左列四種情形之一者，不在此限： 一、議定之價金係基於適當的競價情況下產生的。 二、議定之價金係基於法令之規定。 三、採購商業品項。 四、機關首長決定免要求廠商提供資料，但該決定必須載明理由，並以書面方式為之。 廠商應記錄各項費用並提出憑證，機關得至廠商處所辦理查核。	參考 41 U.S.C. § 254d(a)(1)、FAR 15.406 之規定。

第四條（機關查證之義務） 採購機關認有進行成本分析之必要，應對廠商之投標文件予以分析及比對，機關得以其他財物或勞務採購之人力及物力成本研判其文件是否可採信，如認有不合理情形，得通知廠商提出說明。	參考 ASPM 49,3-39 之規定。
第五條（採購協助） 採購機關對於已收受之資料，不能判斷廠商之計價是否為公平及合理時，應由主（會）計人員及監辦人員提供協助。	本條明定基於採購任務之達成，採購機關、主（會）計人員及監辦人員應相互協助。
第六條（成本分析適用條件） 採購機關於使用確定固定價金型或隨經濟價格調整之固定價金型契約時，除認廠商未有適當競爭之情形或有須對價金之合理性瞭解之必要外，得不實施成本分析，但應施行價格分析。 為確保廠商所報之成本資料和其履約能力相符，不論採購是否係在適當競爭的情況下，機關應於下列情形之一進行成本分析： 一、使用成本計價型契約； 二、招標文件中包含若干廠商不能充分瞭解之部分； 三、對品質有特別要求； 四、廠商之履約經驗顯示其成本資料已導致履約不良。 機關得於其他採購進行成本分析。	參考 DFARS215.805-70、FAR 15.305 之規定。
第七條（成本分析之目的） 機關應以成本—實現之分析法對於廠商投標文件中的各要素進行成本分析。 機關應以應列成本分析法進行成本分析，以改進廠商的經濟性及效率性並節省其履行政府採購契約之成本。 機關應進行前二項分析以判斷廠商在履約中可能發生的成本，並作為決標之依據。 機關辦理查核金額以上採購案件時應實施成本分析。	參考 FAR 15.404-1(c)(2) 之規定。
第八條（成本分析之列載要求） 廠商應提出物料及人力等各項成本要素，並應附送各項成本要素之明細表，資料及文件，各項成本應包括品項、數量、單價、總價等。 廠商應說明其參與競標之程度及所報價金額的合理性，並說明該項成本資料與本採購案件之關連性。如有分包情形，則應說明分包廠商競標情形，並須提出分包廠商投標價金部分之價格分析。	參考 ASPM 49,3-39 之規定。
第九條（價格分析之原則） 機關辦理價格分析，應依下列原則辦理： 一、將各廠商投標文件中所載之價格予以比較。 二、將廠商對相同或相似標的之過去及現在所報價格予以比較。但以該比較係非無效且屬合理者為限。 三、使用特點估算法或度量衡估算法，例如使用每磅或每一馬力或每一其他單位之金額，將廠商所報價格資料中之有違事理及不符事實者予以辯明。	參考 FAR 15.404-1(b)(2) 之規定。

四、將已出版之價格表、市場商品價格、相似指數及折扣率等予以比較。 五、將廠商所報之價格與政府預估之成本予以比較。 六、將廠商所報之價格與機關對相同或相似標的進行市場研究所獲得之價格予以比較。 七、對投標廠商所提供價格資料予以分析。	
第十條（成本分析之原則） 　機關辦理成本分析，得使用不同之成本分析技術及程序以確保價金之公平及合理性。 　機關辦理成本分析，應依下列原則辦理： 一、對成本或價格資料予以證實或對各成本要素予以評估。 二、以廠商現時及過去成本或價格之資料，研判未來廠商的成本趨勢。 三、以適當校準及適法之媒介變數模式研判該預估之合理性，或以成本與預估關係，研判該預估之合理性； 四、使用已經查核或磋商之間接成本率、人工率、及資金成本或其他成本因素進行成本分析。 五、評估以廠商現行之實務上作法對於未來成本之影響。廠商過去實務中不合效率或不具經濟之效應不得於未來發生。 六、將廠商所報之各種成本要素與下列進行比較：同類廠商支付之實際成本、該廠商或其他廠商過去對相同或相似品項之成本預估數額、其他因政府要求而提供之成本預估數額、由工程人員所預估之政府成本數額及對計畫性支出之預判。 七、檢視廠商是否已於投標文件提交精確、完整及現時之成本或價格資料，如廠商仍有未提交之情形，則採購機關於使用或考量該等不完整資料時，應盡力獲得完整之資料。 八、於評估分包廠商成本時，分析自行產製或向外採購之效果。	參考 FAR 15.404-1(c)(2) 之規定。
第十一條（利潤之上限） 　機關得制定標準表格並要求廠商提交填報，以利推算利潤。 　全部利潤不得超過全部成本金額之百分之十五。但公共建築及工程之設計、規劃、草圖及規格等之生產及交付等契約之利潤，不得超過該工程預估契約價格之百分之六。	參考 FAR 15.404-4(c)(4) 之規定。
第十二條（利潤之標準） 　機關給付廠商利潤之標準，應以左列各項情形定之： 一、廠商努力程度。 二、契約成本危險。 三、廠商參與協助社會弱勢團體之程度。 四、資本投資。 五、成本控制及其他過去成就。 六、獨立發展。 　機關得視各契約情形加入其他分析因子以分析廠商的利潤。	參考 FAR 15.404-4(d) 之規定。

第十三條（成本分析之內容） 　　成本分析法，適用於計畫性質複雜，成本及利潤不易確實預估或履約成果不確定之採購案件。 　　前項成本及利潤，得包括下列各款： 一、物料成本：廠商為履約所購入之物料及人力，如有分包情形，則分包廠商競標或議比價之得標價。 二、直接成本： 　　㈠直接人工成本：包括契約所載直接從事專業履約工作人員之實際薪資，另加百分之三十作為工作人員公假與特別休假等之薪資、保險費及退休金等費用。 　　㈡其他直接成本：包括執行委辦案件工作時所需直接薪資以外之各項直接成本。如差旅費、加班費、資料蒐集費、專利費、外聘顧問之報酬、電腦軟體費、圖表報告之複製印刷費及有關之各項稅捐、會計師簽證費用等。 三、間接成本：包括未在直接人工成本項下開支之管理及會計人員之薪資、保險費及退休金、辦公室費用、水電及冷暖氣費用、機器設備及傢俱等之折舊或租金、辦公事務費、機器設備之搬運費、郵電費、業務承攬費、廣告費、準備及結束工作所需費用、參加國內外專業及技術會議費用、業務及人力發展費用、研究費用或專業聯繫費用及有關之稅捐等。但全部間接成本不得超過直接人工成本之百分之一百。 四、利潤：指廠商提供採購財物、勞務及工程所得之報酬，包括風險、利潤及有關之稅捐等。 五、營業稅。 　　前項第四款利潤，不得按直接人工成本及間接成本之金額依一定比率增加，且全部利潤不得超過直接人工成本及間接成本合計金額之百分之二十五。	一、參考「機關委託專業服務廠商評選及計費辦法」第13條並予修正。 二、參考 FAR 15.408、31.202(a) 及 ASPM 第5、7 章之規定。
第十四條（施行日期） 　　本辦法自中華民國　　年　　月　　日施行。	本條明定施行日期。

第七款　結論

　　政府採購行為之本質係將具市場經濟價值之財物、勞務或工程為政府獲得之行為，而機關依政府採購法應編列預算、訂定底價及決標，若未經公正客觀之成本分析或價格分析，則必然不能獲得精確數額以為依據，非但不能節省公帑，尚且侵害廠商公平競爭的權利，則政府採購法第6條第1項所規定之「機關辦理採購，應以維護公共利益及公平合理為原則，對廠商不得為無正當理由之差別待遇。」恐將徒成具文，遑論我國的採購程序係公平之採購程序，政府採購法之子法中對於成本分析或價格分析之規定，並非具體明確，而美國聯邦政府對於價格分析及成本分析之相關規定，縱部分規定仍有改進之空間，即價金之分析應包括價金實現分析法，然價金實現分析法之內容尚待進一步討論，迄今仍未有條文規範，而成本─實現分析法之使用，若非有足夠之實證資料，使

用者容易陷入點估計之謬誤，致使採購機關遭受溢付金額之風險，但總而言之，美國聯邦政府對於價格分析及成本分析之相關條文規定內容遠較聯合國國際貿易法委員會（UNCITRAL）於 2011 年後所新修訂的「公共採購示範法」（UNCITRAL Model Law on Public Procurement）版本中條文詳盡及進步，美國聯邦政府對於價格分析及成本分析之相關規定其基本規範則符合會計原理及法理，應具相當參考價值。職是之故，採購機關若能善用價格分析及成本分析確保公平競爭之機制，則對於我國採購效率與功能之提升，及採購品質之確保當具有積極正面之效果。

此外，「機關委託專業服務廠商評選及計費辦法」第 13 條、「機關委託技術服務廠商評選及計費辦法」第 26 條及「機關委託資訊服務廠商評選及計費辦法」第 16 條內容皆規定服務成本加公費法之分類方式且內容相同，可惜其內容有誤，亦有語意不明者，亟待更正，併此敘明。

第二節　政府之公開採購資訊[168]

第一款　前言

採購機關之各項採購資訊依據政府資訊公開法第 7 條第 1 項第 8 款規定：「下列政府資訊，除依第十八條規定限制公開或不予提供者外，應主動公開：八、書面之公共工程及採購契約。」均應主動公開之，但同法第 18 條第 1 項第 1、3、7 款則為限制公開或不予提供之例外情形，[169] 即機關對於依法律、內部擬稿準備作業、他人營業上秘密等應限制公開或不予提供採購資訊，則政府採購資訊之公開與廠商資訊自決間，係處於彼此互為關連之情形，[170] 採購機關與廠商所持之見解可能完全相反，機關可能並不願意公開資訊，而廠商則對資訊之需求日益殷切，[171] 因此如何求得彼此間之衡平，殊值探

---

[168] 本節內容曾發表於「軍法專刊」2007 年 12 月第 53 卷第 6 期中。

[169] 政府資訊公開法第 18 條第 1 項第 1、3 及 7 款規定：「政府資訊屬於下列各款情形之一者，應限制公開或不予提供之：
一、經依法核定為國家機密或其他法律、法規命令規定應秘密事項或限制、禁止公開者。
三、政府機關作成意思決定前，內部單位之擬稿或其他準備作業。但對公益有必要者，得公開或提供之。
七、個人、法人或團體營業上秘密或經營事業有關之資訊，其公開或提供有侵害該個人、法人或團體之權利、競爭地位或其他正當利益者。但對公益有必要或為保護人民生命、身體、健康有必要或經當事人同意者，不在此限。」

[170] 資訊公開旨在求滿足人民「知的權利」，而資訊自決則旨在維護個人、法人或團體之隱私資訊，也就是「不為人知的權利」，同時可以有效利用關於自己的資訊。陳東輝，論政府資訊公開與個人資訊自決之衡平，中央警察大學法律研究所碩士論文，2002 年，頁 153。

[171] 以美國為例，其資訊自由法 Freedom of Information Act（FOIA）於 1967 年生效後，聯邦政府的人員

討。此外政府採購法施行細則第 76 條第 2 項規定：「本法第五十七條第一款應保密之內容，決標後應即解密。但有繼續保密之必要者，不在此限。」所謂「有繼續保密之必要者」，究何所指？機關判斷公開與否之標準為何？本文將一併予以探討。

政府之公開採購資訊有諸多值得探究者，例如：政府為什麼要公開採購資訊？申請資訊公開者是否有憲法之基礎？資訊公開與個人資訊自決間之衡平標準為何？機關於採購時可否公開廠商投標文件中每一品項之單價（是否造成營業秘密之侵害）？可否公開廠商之利潤？企劃書內容？等涉及學理及實務等問題，包羅甚廣，在美國聯邦政府採購歷史中已有諸多的法院判例、審計長之決定及行政機關之指令等予以闡釋，而我國政府資訊公開法係於民國 94 年 12 月 28 日公布，施行迄今時間有限，政府公開採購資訊之函釋或判決尚屬罕見，因此，參考美國聯邦採購之相關判例、決定或規章自有其價值。

本文主要參考之文獻係以我國及美國為主，亦兼論其他國家之法律或文獻，但囿於篇幅有限，無法深入探討其他外國文獻。本文之所以以美國聯邦政府之法制為主要研究內容，係基於下列三理由：第一、其採購法已行之逾百年，不僅體系健全更能結合不同法律領域，且使理論與實務密切結合，充分發揮引導工商業發展及繁榮社會之效果。[172]第二、美國早在 1967 年便施行資訊自由法 Freedom of Information Act（FOIA），由於該法之理論嚴密建全，且施行迄今多年，已累積許多寶貴經驗，成為諸多國家模仿及學習之對象。[173]第三、美國係世界貿易組織（World Trade Organization, WTO）中政府採購協定（Agreement on Government Procurement, GPA）之締約國，因採購之相關法規及實踐均須接受 WTO 之貿易檢視，[174]其合符 GPA 之規範亦即合符世界貿易規範之正當性，實不容置疑。我國廠商如欲拓展商機，則充分瞭解美國聯邦政府之採購制度實屬必要，故美國資訊公開與採購法間之制度頗有參考價值，因此本文即以美國聯邦政府之採購制度為研究中心。

欲瞭解政府公開採購資訊之法制，則應首先明白其理論基礎，包括：知的權利、不為人知的權利、衡平原則等，再進入我國及美國有關資訊公開與採購間法制之研究，本

即找出許多方法及理由以抑留資訊，包括：拖延、要求申請人支付高價、要求申請人詳細描述、自認具專業知識、認定資訊應永久保密等。1974 年國會預估該年度資訊公開之成本為 5 萬元，此後五年每年 10 萬元，依法申請案件皆在 15 萬件以上，然而到 1987 年申請資訊之人數超過 375,000 人，至 1990 年躍升至 50 萬件，回覆成本近 6,000 萬元。葉俊榮、許宗力，政府資訊公開制度之研究，行政院研究發展考核委員會，1996 年 5 月，頁 165-7。陳東輝，論政府資訊公開與個人資訊自決之衡平，同上註，頁 15。

[172] 匡乃俊，美國採購法上之契約種類，軍法專刊，第 28 卷第 1 期，1982 年 1 月，頁 7。

[173] 曾志強，政府資訊公開之政策與立法，國防大學國防管理學院法律研究所碩士論文，2004 年 6 月，第 66 頁。葉俊榮等，政府資訊公開制度之研究，前註 171，頁 XXI。

[174] Trade Policy Review Mechanism ("TPRM"), *The Results of the Uruguay Round of Multilateral Trade Negotiations,* WTO, Switzerland, 1995, pp. 434-7.

文重點則放在政府可豁免公開的情形，至於救濟方式及收取費用等問題，由於兩國行政救濟制度不同或過於瑣碎，較無研究價值，因此均省略之。有鑑於學界已有諸多從憲法或行政法之角度探討政府資訊公開之文獻，[175]憲法或行政法乃確立政府資訊公開之基礎，固屬重要，但如何以立法方式實現人民請求政府資訊公開之作法，自亦有其積極之意義，職是之故，本文研究之重點放在政府公開採購資訊之相關法律規定，也就是主要研究政府資訊公開制度與廠商的資訊權利間之調和或衡平作法。最後部分再就我國政府採購法及其相關子法缺漏部分提出建議，冀望能提供學術及實務界參考。

第二款　資訊公開之理論基礎

政府資訊公開之理論可從其功能性、衡平原則、保障密度之差別及憲法之基礎等幾方面予以探討。

第一目　功能

因政府為資訊之最大擁有者，政府之資訊本屬公共財，即應由全民共享，故政府原則上應主動公開資訊。資訊公開之功能包括：㈠增進人民對政府之瞭解、信賴及監督；[176]㈡保障人民知的權利（People's right to know）[177]；㈢促進民主參與；㈣增加國家競爭力等。[178]不過由於廠商間相互競爭激烈，已有若干廠商依資訊自由法，向美國政府提出申請，企圖從行政機關獲得其他廠商之相關資料，以作為取得競爭優勢的手段，[179]則與美國政府公開資訊之原立法意旨有間，此似乎為不可避免之現象，因此政府應於公開政府資訊時，強化廠商權利之保護，以免產生侵權行為或不公平競爭現象。

---

[175] 例如陳愛娥，政府資訊公開法治的憲法基礎，月旦法學雜誌，第 62 期，臺北：元照出版公司，2000 年 7 月，頁 24-35。林子儀，權力分立與憲政發展，臺北：月旦出版社，1993 年 10 月，頁 173-220。

[176] 如美國先賢詹姆士‧麥迪遜 James Madison 於 1822 年致 W. T. Barry 信中所言：「一個全民政府若未提供全民資訊或獲得資訊之方法，只不過是一場鬧劇或悲劇，或也許是兩者皆是的序幕。知識將永遠主宰無知，凡希望自己成為主宰者之人民，必須以知識所賦予的武裝自己。」U.S., Congress, House, *A Citizen's Guide on Using the Freedom of Information Act and the Privacy Act of 1974 to Request Government Records*, H. R. 102-146, 102nd Congress, July 10, 1991, p. 2.

[177] 美國聯邦憲法並未明文規定「人民知的權利」，一般係指人民對政府活動知的權利，依美國學者認為該權利屬於憲法第 1 條及第 9 條修正案的隱匿之權利（implied right）。焦興鎧，行政機構資訊之公開及限制──美國現行資訊自由法之研究，政大法學評論，第 29 期，1984 年 6 月，頁 97-104。

[178] 政府資訊公開法第 1 條。立法院於審查資訊公開法時，立法委員陳其邁、郭榮宗、黃昭順及蔡同榮各提出不同版本草案，但彼等對於政府資訊公開法目的之敘述則大同小異，與立法院通過條文相似，曾志強，政府資訊公開之政策與立法，前註 173，頁 19-20。參見 President Clinton, *Memorandum on the Freedom of Information Act* (Oct. 4, 1993), 2 Pub. Papers 1685 (1993)，美國克林頓總統亦有相似之說明。

[179] 陳東輝，論政府資訊公開與個人資訊自決之衡平，前註 170，頁 15-6。

第二目 衡平原則

政府資訊之公開可能侵害國家、社會及個人利益，例如洩漏國家機密，因而妨害國家安全；或洩漏政府資訊，因而妨害社會秩序及廠商的秘密，因此世界各主要國家雖然均主張政府資訊應公開，但都考量資訊公開之利益及不利益，而規定於若干情況下免除資訊公開之條文，然究應於何種程度與範圍公開政府資訊方為適法？以美國公開政府資訊之經驗為例，應以「利益衡量」及「比例原則」或「利益衡量原則」（balancing test）為判斷依據，面對利益之衝突，機關必須衡量私權受侵害之程度，與請求資訊公開之理由及目的之公益性等作比較衡量，以判斷可否公開政府資訊。[180]政府公開資訊如侵害其他法益，則未必居於優勢地位，為免侵害其他法益之情形發生，應將各種政府豁免公開資訊之情形具體化，並求取各法益之衡平，方能落實政府資訊公開之本旨。[181]

美國法院大多採用利益衡量原則以判斷政府資訊應否公開。[182]機關在裁量資訊公開與私權保護之衡平時，不應依據申請人對資訊之利益多寡而決定是否公開資訊，端視系爭之資訊是否合符法律資訊公開之規定作為判斷標準，如資訊公開之申請合符公開之規定，則機關必須公開該資訊，故申請人於申請時並不需要解釋申請之理由。[183]美國最高法院曾多次判決，每位申請人接近資訊之基本權利（access rights）是相同的，其資訊自由法（Freedom of Information Act, FOIA）並不因申請人對資訊有特別利益而擴張或限縮其申請資訊公開之權利，換言之，法律並不因申請人對資訊之特別利益而增強其權利。[184]

德國聯邦憲法法院於「1983 年人口普查法」之判決中，亦認為「只於為重大公共利益時，才允許限制資訊自決權。」[185]然何謂「重大公共利益」？仍不免實質上採取利益衡量之作法。[186]國內部分學者認為公益與隱私權之保護相對立時，應以公益為優

---

[180] 周悅儀，美國保護隱私權法制之研究，法務部法律事務司八十二年研究發展報告，法務部，1993 年 12 月，頁 26-7、40-6；范姜真媺，政府資訊公開與個人隱私之保護，法令月刊，第 52 卷第 5 期，2001 年 5 月，頁 35。

[181] 除各種法益之平衡外，立法者尚應考量民主原則、平等共享資訊及配合資訊科技之發展，促進資訊流通等各項因素，葉俊榮、許宗力，政府資訊公開制度之研究，前註 171，頁 215-6。

[182] 焦興鎧，行政機關資訊之公開及限制——美國現行資訊自由法之研究，政大法學評論，第 29 期，1984 年 6 月，頁 126。

[183] *NARA v. Favish*, 124 S. Ct. 1570, 1580 (2004).

[184] 例如 *NLRB v. Sears, Roebuck & Co.* 421 U.S. 132, 143 n.10 (1975); *United States Department of Justice v. Reporters Comm. for Freedom of the Press*, 489 U.S. 749, 771 (1989); *EPA v. Mink*, 410 U.S. 73, 86 (1973).

[185] 所謂「資訊自決權」（Recht auf informationelle Selbstbestimmung）亦稱「資訊自主權」，係指每人基本上有權自行決定，是否將其個人資料交付與供利用之權。至於何時與何種限制內公開其個人生活事實則非所問。人民依此權利可進而要求國家注重對人民資料蒐集之限制、資料之精確、查詢及更正其資料之權利。陳東輝，論政府論資訊公開與個人資訊自決之衡平，前註 170，頁 83-4。

[186] 蕭文生譯，關於「1983 年人口普查法」之判決——聯邦憲法法院判決集第 65 集，司法週刊雜誌社發行，

先，[187]但應作明確規範，例如：於有何種情形、以何種方式、對何種權利予以限制，且皆應符合明確性原則（Bestimmbarkeit）或可測量性原則（MeBbarkeit），[188]而非恣意地以公益為理由，不經衡量而得逕行公開資訊，故機關須依據比例原則以為憑斷，且可能影響公益之事始足當之。[189]

第三目　保障密度之差別

德國聯邦憲法法院於「1983 年人口普查法」之判決中，認為並無所謂不重要資料，所有資料均應受保護，但是否應在保護密度上予以差別處理？目前德國實務及學理界已有對同一基本權之保護區分成不同保護密度之作法，例如，報業若報導若具有公共利益性質之事務，謹慎而且針對事理加以評論，並貢獻於公共意見之形成，與僅滿足大小讀者膚淺娛樂之需要者，則兩者保護之密度便不同。國家對於個人資料之蒐集或處理亦應為不同程度的差別保障，如果資料之公開對社會可能產生一定程度之利益，亦可能產生一定程度之不利益，則國家必須於利益及風險中衡量其價值，但若資料之公開對於個人或社會並無任何利益，則該公開或資料之處理便應予以禁止。資料處理與保護的規範密度，應與資料處理的風險成正比，故國家對於風險特別高的資料處理方式，包括網際網路的資料處理，應予特別立法規範，而對於由電腦處理的個人資料，相較於傳統上的文書，較易與其他資料結合及使用，屬於較高風險的資料，亦應予較高密度之保護。[190]

第四目　憲法之基礎

國內外自憲法或行政法探討政府資訊公開之文獻已達汗牛充棟之情況，本文僅能討論其中最重要之論點，以下就民主原則、表現自由及知的權利兩個層面予以討論。

一、民主原則

政府為達成國家目的必須建立及蒐集龐大的各種資訊，由政府依法動支國民所繳付之租稅以建立及蒐集該等資料，而「中華民國之主權屬於國民全體」[191]，該等資訊

1995 年 4 月再版，第 288 頁摘自陳東輝，同上註，頁 162-3。

[187] 如黃瓊枝，論公務員之守密義務與國民知的權利，國立中興大學法律研究所碩士論文，1986 年 6 月，頁 119。

[188] 李建良，從公法學之觀點論公益之概念與原則，國立中興大學法律研究所碩士論文，1986 年 6 月，頁 288。司法院大法官釋字第 313、390、426、443 號及以後之諸多解釋均一再申重授權之內容、範圍及目的均應合符具體明確之要求。

[189] 陳東輝，論政府論資訊公開與個人資訊自決之衡平，前註 170，頁 164-5。

[190] 司法院大法官釋字第 414 號解釋亦指出對於言論自由的保障有密度上的差異存在。陳東輝，同上註，頁 165-8。

[191] 憲法第 2 條。

既由國民全體支付費用，自屬於公共財，則國民應可利用該等資訊，例如美國聯邦政府於 1909 年通過著作權法（Copyright Act），並規定：任何屬於公共財（in the public domain）之著作，包括美國政府的出版物，均不受著作權保護便是。[192]政府公開資訊符合責任政治、施政公開及資源共享的民主原則。[193]

　　日本政府資訊公開法第 1 條規定：「本法基於國民主權之理念，務期因行政文書公開請求權利之規定等，增進行政機關保有資訊之公開，以促使政府對國民善盡其所爲各種行政活動之說明義務，並於國民適切之理解與批評之基礎上，促進民主行政之公正爲目的。」[194]，我國行政程序法第 1 條亦開宗明義地說明立法目的在於「爲使行政行爲遵循公正、公開與民主之程序」等語，足徵政府資訊公開之民主功能。[195]

二、表現自由

　　憲法第 11 條規定：「人民有言論、講學、著作及出版之自由。」即人民可將內心思想表現於外之自由，而各種媒體、出版品應使人民可以取得充分資訊，此乃爲民主之必要機制，國家應給予最大限度的保障，爲保障表現自由，資訊公開誠屬必要之條件，然依此條文尚難謂憲法課予政府有公開資訊之直接義務，換言之，人民亦難依憲法條文有主張政府應公開資訊之權利；人民所享有者，爲因請求政府而接近資訊（access to information）之權利。[196]

三、知的權利

　　德國基本法第 5 條第 1 項規定：「任何人均有以語言、文字及圖畫自由發表及散布意見之權利，並有不受阻礙自一般可以接近之來源，獲得資訊之權利。出版自由及廣播、影片播放自由應予保障，審查制度不得設置。」所謂人民有「不受阻礙自一般可以接近之來源，獲得資訊之權利」意指人民向政府要求資訊之權（Recht auf Informationszugang），相當於一般所謂知的權利。日本則並未於條文中規定知的權利，

---

[192] 17 U.S.C. § 105.

[193] 李震山，論人民要求政府公開資訊之權利與落實，月旦法學雜誌，第 62 期，臺北市：元照出版公司，2000 年 7 月，頁 36。

[194] 陳東輝，論政府論資訊公開與個人資訊自決之衡平，前註 170，頁 31。

[195] 政府資訊之公開應屬行政程序法之一部分，美國聯邦的行政程序法，Administrative Procedure Act 之 5 U.S.C. § 552 即爲資訊自由法（FOIA），此外，行政程序法尚包括陽光法（Government in the Sunshine Act）（5 U.S.C. § 552b）及隱私權法（Privacy Act）（5 U.S.C. § 552a）等，行政程序法包括了政府資訊公開的全盤性基礎。

[196] 葉俊榮、朱柏松，建立各機關公報發行制度之研究，行政院研究發展考核委員會委託研究，1995 年 4 月，頁 27-8。德國憲法學界及實務均否定人民有直接依憲法規定而公開請求政府公開資訊之權利，陳愛娥，政府資訊公開法治的憲法基礎，前註 175，頁 25。

最高裁判所迄未承認政府資訊公開請求權屬於知的權利，但多數學者主張應將「知的權利」明文規定，少部分學者認為應如何限定不公開之情形方是重點。[197]

　　1948 年 12 月 10 日第 3 屆聯合國大會決議通過的世界人權宣言（Universal Declaration of Human Rights）[198]第 19 條：「任何人皆有主張和發表意見的自由；此項權利包括持有主張而不受干涉的自由，以及藉由任何媒介和不論國界尋求、接受和傳播消息和思想的自由。」1950 年 11 月 4 日通過的之歐洲人權保護暨基本自由公約（European Convention for Protection of Rights and Fundamental Freedoms）[199]第 10 條第 1 項規定：「任何人皆有自由表達意見之權利，此權利包括意見自由及接受與傳達訊息及思想之自由，不受政府機關干預，不受國界限制之自由。國家得對廣播、電視或電影企業採取許可制。」足徵知之權利應為普世肯定的價值。[200]

　　我國憲法並無規定資訊公開之權利或義務。不過依照司法院大法官釋字第 509 號解釋理由書中明確將「滿足人民知的權利」歸屬於言論自由的功能之一，故「知的權利」應已取得憲法法源。憲法第 22 條之基本權之補充條文作為政府資訊公開請求權之基礎已為國內學者普遍接受，[201]請求資訊公開之權利係屬憲法基本權利的一種，如同生存權及財產權等；部分學者認為人民只具有消極排除國家干涉的防禦功能，而積極的給付請求權部分則有賴立法者以立法方式實現憲法之意旨；[202]但亦有學者認為：既然政府所掌理之資訊為全民所共有，則政府負有提供人民一定資訊之義務，並確保人民得以平等接近國家資訊之程序。[203]以上兩種見解各有其見地，本文從政府之效能角度認為：憲法所保障的各種基本權，不論是屬於消極性地防止公權力侵害之防衛權，抑或為積極性地要求國家提供給付之受益權，國家均負有使之實現之任務，亦即國家應就各個權利之性質，依照社會生活之現實等情況，提供適當制度性的保障，以建立各基本權利之保障範圍，唯有如此積極之作法方能符合國家之任務及達成為人民尋求福祉之目的。[204]

　　即使人民有知的權利，但國家得基於憲法第 23 條所列之理由包括：「維持社會秩

---

[197] 陳東輝，論政府論資訊公開與個人資訊自決之衡平，前註 170，第 36-8 頁。

[198] 聯合國全球資訊網站：http://www.un.org/Overview/rights.html，查詢日期：2007 年 7 月 12 日。

[199] U.N.T.S. vxi; U.S.T.S. 993; ETS 155. 歐洲理事會全球資訊網站：http://conventions.coe.int/Treaty/Commun/QueVoulezVous.asp?NT=005&CL=ENG，查詢日期：2007 年 7 月 12 日。

[200] 陳東輝，論政府論資訊公開與個人資訊自決之衡平，前註 170，頁 34-9。

[201] 憲法第 22 條規定：「凡人民之其他自由及權利，不妨害社會秩序公共利益者，均受憲法之保障。」李震山，論人民要求政府公開資訊之權利與落實，前註 193，頁 36-7；法治斌，知的權利，收錄於氏著，人權保障與釋憲法制——憲法專論（一），臺北市：月旦出版公司，1985 年 5 月，頁 272-3。

[202] 陳愛娥，政府資訊公開法制的憲法基礎，前註 175，頁 29。

[203] 李震山，論人民要求政府公開資訊之權利與落實，前註 193，頁 36-7；李建良，基本權利體系之構成及其思考層次，收錄於氏著憲法理論與實踐（一），1999 年 7 月，臺北市：學林文化出版，頁 66-8。

[204] 曾志強，政府資訊公開之政策與立法，同註 173，頁 22；林明鏘，資訊公開與行政程序，月旦法學雜誌，第 62 期，臺北市：元照出版公司，2000 年 7 月，頁 47-9。

序，或增進公共利益所必要者」等，即依基本權的法律保留原則及比例原則，將知的權利作適當的限制，亦即得豁免公開政府的資訊。

第三款　資訊自決的理論基礎

人民有決定是否將其資料交付與提供利用之權利，此即「資訊自決」權。[205] 例如廠商自願將其企劃書之資料交付政府使用便是。政府公開資訊固為滿足人民知的權利，但亦須顧及個人、法人或團體之私權及營業秘密等例外，而限制公開或不予提供資訊。個人、法人或團體對其營業秘密或經營事業有關之資訊當然亦得放棄法律的保護，[206] 美國聯邦法典 U.S.C. § 552a(b) 對於個人資訊之公開便採取上述的原則，該條文規定：除檔案紀錄關係人提出書面申請，或事先以書面表示同意者外，任何行政機關不得以任何之溝通方法，向任何人或其他行政機關公開包括在檔案紀錄系統中的任何檔案紀錄。我國電腦處理個人資料保護法第 23 條第 4 款亦有相同規定。隱私權與資訊自決權固然有重大之關聯性，雖然一般而言隱私權主要對自然人適用，[207] 而政府採購之廠商可能是自然人，亦可能是法人或團體，然政府應尊重廠商自決權利並應保護其交付資料之法理，並無不同。

第四款　我國政府資訊公開法與美國聯邦資訊自由法之比較

我國政府資訊公開法與美國聯邦資訊自由法均賦予人民請求政府資訊公開之權利依據，而政府採購之資訊則係諸多政府資訊中的一部分，我國政府機關對於作成或取得之訊息除有政府資訊公開法第 18 條第 1 項共九款所列之情形外，均應依法公開之，而美國行政機關則應依申請之內容是否　資訊自由法 5 U.S.C. § 552(b) 所規定九種豁免公開（exemptions）之情形，如是，則機關或應不予提供之（withhold），或應於判斷是否合符公共利益後決定公開（disclose），如否，則應公開之。採購資訊中何種應予公開？何種應豁免公開？由於美國是資訊公開之先進國家，其法制及判例之發展，至為豐富及嚴謹，故本文先就被請求之機關及申請人請求之標的予以分析，再就機關豁免公開之情

---

205 陳東輝，論政府論資訊公開與個人資訊自決之衡平，同註 170，頁 153-163。
206 政府資訊公開法第 18 條第 1 項第 6、7 款。
207 以美國隱私法（The Privacy Act of 1974, 5 U.S.C. § 552a）為例，該法主要係規定保護「個人」"individual"，即指美國公民或被合法核准之永久居民之隱私權（§ 552a(a)），該法對政府契約商 "Government Contractors" 之權利亦提供保護，§ 552a(m)。再以歐洲共同體（European Community）之歐洲理事會（European Council）及歐洲議會（European Parliament）於 1995 年 10 月通過之「有關個人資料自由流通之保護指令」（Directive on the protection of individuals with regard to the processing of personal data on the free movement to such data, Directive 95/46/EC）中前言 (2) 規定本指令適用之主體係自然人（natural persons）或人（man）。

形作比較，最後再探討機關得提供豁免資訊之行政裁量權，俾利作爲我國修訂採購法規之參考。

第一目　被請求之機關

　　5 U.S.C. § 551 之行政程序法（the Administrative Procedure Act, APA）將「機關」定義爲任何政府當局，不論是否受其他機關之監督均屬之，但國會及法院不在此限。資訊自由法（FOIA）並規定任何行政部門、軍事部門、政府所屬公司（Government corporation）、政府控制之公司、或由政府建立之其他行政分支單位、或任何獨立之特別行政機關（independent regulatory agency）均屬之。但僅負責提供總統諮詢意見及協助，隸屬於總統執行辦公室（the Executive Office of the President）中若干僅具協助總統功能之單位則非 FOIA 之機關，FOIA 亦不適用於州政府等機關。[208]在實務中較具困難性及爭議性的問題是與政府簽訂契約之廠商是否是機關？部分學者認爲若廠商能爲政府作決定，則該廠商爲機關，若廠商僅能爲政府作建議，則該廠商並非爲機關，[209]不過法院並不以決定之下達作爲區分是否爲機關之判斷標準，而首先以該廠商必須實質在政府控制及監督下爲前提，[210]再從其公司之組織、締約之自由、廠商所作決定之本質等因素，判斷其是否爲機關。[211]就上述美國法律規定或法院判決對於機關之定義，和我國政府資訊公開法第 4 條第 2 項規定「受政府機關委託行使公權力之個人、法人或團體，於本法適用範圍內，就其受託事務視同政府機關。」相較，我國政府資訊公開法之規定較明確，而且合符法理。

第二目　被請求之標的

　　政府資訊公開法第 3 條：「本法所稱政府資訊，指政府機關於職權範圍內作成或取得而存在於文書、圖畫、照片、磁碟、磁帶、光碟片、微縮片、積體電路晶片等媒介物及其他得以讀、看、聽或以技術、輔助方法理解之任何紀錄內之訊息。」主管機關對於本條文並無立法說明，[212]不過從本條文可得知政府資訊之要件有三：一、須爲紀錄；二、由政府機關於職權範圍內作成或取得；三、紀錄不得爲個人紀錄。FOIA 對於適用

---

[208] United States Department of Justice, *Freedom of Information Act Guide,* "Procedure Requirements" (May 2004). 美國司法部網站：http://www.usdoj.gov/oip/procereq.htm，查詢日期：2007 年 7 月 1 日。

[209] Anne Harvey Wright, The Definition of "Agency" under the Freedom of Information Act as Applied to Federal Consultants and Grantees, 69 *Georgetown Law Journal* (1981), p. 1223.

[210] *Public Citizens Health Research Group v. HEW*, 449 F. Supp. 937 (D.D.C. 1978).

[211] *Irwin Memorial Blood Bank v. American Nat'l Red Cross*, 640 F.2d 1051 (9th Cir. 1981).

[212] 法務部全球資訊網站：http://www.moj.gov.tw/public/Attachment/611816342378.doc，查詢日期：2007 年 7 月 15 日。

標的之範圍則未予以規定，因此僅能從其他法律規定或法院判決等明瞭其範圍，[213]以下便從資訊之要求探討紀錄的內容。

一、紀錄的物質

44 U.S.C. § 3301 將「紀錄」定義如下：

本章所指之「紀錄」是由政府機關依聯邦法律或委託他人行使公權力，就機關之組織（organization）、功能、政策、決定、程序（procedures）、作業或其他政府行為所作成或取得，而存在於包括一切書籍、紙張、地圖、照片、機器可閱讀之物質、或其他文件物質之資訊。資訊所存附之物質不受其物質形態（physical form）或特性之限制。但圖書館及博物館為展覽目的所獲得或保存，且供參考之文件重製物、庫存出版品（stocks of publications）及經照相製版之文件（processed documents）則不在此限。

上列條文雖非 FOIA 之規定，但 FOIA 應適用該條文。[214]故法院於審理 *Baizer v. Department of the Air Force*, 887 F. 225（N.D. Cal. 1995）案時，便依上列條文認定供機關決定之資訊係紀錄，而僅供參考者則非機關之紀錄。

各法院判決中：記錄訊息之電影是紀錄，[215]X 光片亦是紀錄，但子彈、來福槍及外衣等證物則不是。[216]於 1996 年修訂之電子資訊公開法 Electronic Freedom of Information Act Amendments of 1996[217]將原 FOIA 之「紀錄」除保留原定義外，另增訂：機關以任何格式（format）所維護之訊息，包括電子化格式均屬之，機關應提供申請人紀錄之影本以供其重製之。[218]另要求如機關具備重製申請人所申請之形態（form）或格式之能力，則機關應按申請之形態或格式提供之。[219]

美國法院認為機關之紀錄應與其組織、作業或決定有關，方符 FOIA「紀錄」之要件，故使用於遠距會議之軟體並非紀錄，[220]用於搜尋相關資訊之電腦磁帶（tapes）亦非紀錄。[221]基於此理由，能源部（Department of Energy）於審議廠商申訴時，判斷如

---

[213] 詳見 United States Department of Justice, *Freedom of Information Act Guide,* "Procedure Requirements," 前註 208。

[214] *Goland v. CIA*, 607 F.2d 339 (D.C. Cir. 1978), *cert. Denied*, 445 U.S. 927 (1980).

[215] *Save the Dolphins v. Department of Commerce*, 404 F. Supp. 407 (N.D. Cal. 1975).

[216] *Nichols v. United States*, 325 F. Supp. 130 (D. Kan. 1971).

[217] Public Law No. 104-231, 110 Stat. 3048.

[218] 5 U.S.C. § 552(a)(2)(D).

[219] 5 U.S.C. § 552(a)(3)(B).

[220] *Gilmore v. United States Department of Energy*, 4 F. Supp. 2d 912, 922 (N.D. Cal. 1998).

[221] *SDC Dev. Corp. v. Mathews*, 542 F.2d 1116 (9th Cir. 1976).

下：由廠商所生產的電腦程式中來源碼（source code），因申請人於申請時該來源碼並非機關所能控制，故非紀錄，[222]至於由來源碼所控制之電腦程式，例如 WordPerfect 軟體，係使機器能閱讀文件，是機關用以處理文件之軟體，故被處理之資料檔是檔案，而處理文件之軟體則並非為檔案，至於使用者手冊（User's Manual）及程式設計者參考手冊（Programmer's Reference Manual）則為紀錄。[223]如電腦軟體程式係資料庫之構成基礎，則該程式應為機關之紀錄。[224]但如電腦程式係供位於不同地理位置之工作人員，藉由電腦產生一起工作之效果，則該電腦程式僅為一種工具，而非處理或保存資料庫內之訊息，故非紀錄。[225]

　　機關可否以其資訊，包括程式、設計、圖說、研究資料等，係由政府出巨資而獲得之貴重財產（valuable property）為理由，而不予提供？[226]在 *Siemens Corp. v. DOD*, No. 78-0385（D.D.C. March 3, 1978）案中，法院駁回機關之主張。[227]故各機關於是均未將其貴重財產不予公開之主張規定於其頒布之行政規則中，但似乎都按 5 U.S.C. § 552(b)(4) 規定「本法（按：FOIA）之規定並不適用於：由自然人、法人或團體（a person）所獲得之經授權或屬秘密性質之營業秘密及商業或財務資訊。」而主張豁免公開，即不公開資訊。[228]

二、紀錄之取得及控制

　　在 *United States Department of Justice v. Tax Analysts*, 492 U.S. 136（1989）案中，美國最高法院判決「政府紀錄」應符合二個前提要件：一、機關必須作成或取得（create or obtain）被申請之訊息；二、申請人於申請時，機關須能控制（control）被申請之訊息。在實務中第一個要件並無疑義，蓋機關能作成訊息，自能取得該訊息。但第二個要件中，何謂「控制」？亦即「持有」（in the possession of）該訊息？則有討論之必要。

㈠由政府機關持有

　　在 *Tax Analysts* 案中，法院將「控制」定義為：機關應於法定職掌之範圍內持有系爭之訊息，故機關必須取得訊息的無限制使用（unrestricted use）權利，方可謂已控制

---

[222] *Milton L. Loeb*, 1992-1993 *Energy Mgmt* (CCH) ¶ 80,180 (Feb. 17, 1993).

[223] *Milton L. Loeb*, 1993 Energy Mgmt (CCH) ¶ 80,555 (June 1, 1993).

[224] *Cleary v. HHS*, 884 F. Supp. 770 (D.D.C. 1993).

[225] *John Gilmore*, D.O.E. No. LFA-0388 (June 29, 1994).

[226] 美國司法部曾有如此之主張，Attorney General Memorandum on the Public Information Section of the Administrative Procedure Act, June 1967 摘自 Ralph C. Nash, Jr., Leonard Rawicz, *Computer Software, Information, and Contract Remedies* (Riverwoods: CCH INCORPORATED, 2001), p. 143.

[227] 其他相似之判決：*Consumers Union v. VA*, 301 F. Supp. 796 (S.D.N.Y. 1969).

[228] Nash, Jr., Rawicz, *Computer Software, Information, and Contract Remedies*，前註 226，頁 144。5 U.S.C. § 552(b)(4) 和政府資訊公開法第 18 條第 1 項第 7 款前段之規定相同。

該訊息。例如廠商對於電子搜尋資料庫（data base）或電腦軟體已取得專利權或著作權，而僅授權機關可依「政府目的權利」（Government purpose rights）[229] 使用該軟體，則機關並未控制該訊息，即非紀錄，不應公開之。[230]

　　法院對於國會之立法紀錄及司法機關之紀錄，認爲其性質特殊，不應適用 FOIA 之「紀錄」要件，蓋憲法賦予國會享有秘密之特權，且負有監督之角色，如將國會之紀錄公開將造成上述特權及角色之傷害，故除獲國會同意放棄對該訊息之「控制」外，國會之立法紀錄並不公開。[231] 而最高法院判決對於法院所控制之訊息亦可豁免公開。[232] 職是之故，FOIA 之「紀錄」應侷限於行政機關作成或取得之訊息，並不包括國家立法機關及法院所作成之紀錄。

　　然在訴訟實務上，紀錄大都非由被訴之機關作成，則法院必須衡量該紀錄是否合符 FOIA 之立法政策（policy），而判決應否將該訊息公開。[233] 例如法院於審理 *McGehee v. CIA*, 697 F.2d 1095（D.C. Cir. 1983）案中，認爲行政機關 CIA 既非國會、法院，亦非總統個人幕僚，相較於美國務院（State Department）及 FBI 彙整編輯之紀錄均適用 FOIA 之規定，CIA 並無豁免公開之情形，自應適用 FOIA 之規定，若行政機關欲逃避公開訊息之義務，而將該訊息移轉至其他機關，並藉口已無控制該紀錄，因此豁免公開云云，已違背 FOIA 之立法宗旨，顯不足探。

　　若機關持有第三人（廠商）之訊息，該訊息是否是紀錄而應公開？在 *Xerox Corp.*, 67 F.C.C. 2d 447（1978）案中，未得標廠商 Honeywell 主張：聯邦通訊委員會（Federal Communications Commission, FCC）將部分非機密之 Honeywell 投標文件交付得標商 Xerox，因 Honeywell 控制該投標文件，具有財產權，且該投標文件對 FCC 而言並無財產價值，故 FCC 不應公開該投標文件，FCC 已違反 FOIA 之規定云云。但 FCC 於審議判斷中駁回 Honeywell 之主張，認其主張違背公共政策，任何交付 FCC 之文件均應按照 FOIA 之規定辦理。同理，於 *RCA Global Communications, Inc. v. FCC*, 524 F. Supp. 579（D. Del. 1981）案中，法院詳查廠商投標文件之用途及功能，藉以判決是否由廠商控制

---

[229] 有關「政府目的權利」之定義，詳見美國國防部聯邦獲得規則補篇 Defense Federal Acquisition Regulation Supplement, DFARS 227.7103-5(b)。機關於行使政府目的權利之期間，不得自行或授權他人將列有政府目的權利記號之資料供作商業使用，但他人於政府交付或洩露資料前，同意簽訂依約定使用並不得散布資料之承諾，或係政府採購之履約廠商已使用該資料者，不在此限。拙著，政府採購中智慧財產權之研究——以美國聯邦政府爲例（上），軍法專刊，第 53 卷第 2 期，2007 年 4 月，頁 90-92。

[230] *Tax Analysts v. United States Department of Justice*, 522 U.S. 931 (1997); *Gilmore v. United States Department of Energy*, 4 F. Supp. 2d 912 (N.D. Cal. 1998).

[231] *Goland v. CIA*, 607 F.2d 339 (D.C. Cir. 1978), *cert. Denied*, 445 U.S. 927 (1980).

[232] *GTE Sylvania, Inc. v. Consumers Union*, 445 U.S. 375 (1980).

[233] Nash, Jr., Rawicz, *Computer Software, Information, and Contract Remedies*，前註 226，頁 145。

該文件，最後法院認為 FOIA 之立法目的就是要政府機關（FCC）之決定交付公眾檢視，FCC 既已依據該文件作為判斷之依據，其依法辦理並無違誤，廠商之投標文件應屬政府紀錄，亦即應予公開。[234]

㈡非由政府機關持有

在 *Forsham v. Harris*, 445 U.S. 169（1980）一案中，美國衛生、教育及福祉部（Department of Health, Education and Welfare (HEW)，現更名為 Department of Health and Human Services, HHS）以政府預算支助受贈人，由受贈人製作研究報告，而衛生部則有權自受贈人獲得所需之訊息，事實上衛生部從未索取任何訊息。原告主張衛生部雖從未索取任何訊息，但該訊息確在衛生部之監控下，況且衛生部所屬之食品及藥物管理局（Food and Drug Administration）已使用受贈人所製作之報告，故該訊息應屬機關之紀錄，應予公開云云，最高法院認為 FOIA 之所指機關之紀錄係機關已事實取得者（have been in fact obtained），並不包括應該取得，但尚未取得者（could have been obtained），法院並無命令衛生部必須行使索取訊息之權利，申請人於申請紀錄公開時，衛生部並未取得該紀錄，故毋須公開之。但若機關對紀錄取得「所有權」（owns），並未持有（possession），則機關不得將紀錄保存於他處，而藉故免除應依 FOIA 規定公開資料之義務。[235]

㈢移轉申請

如被申請公開紀錄之機關並非作成或取得該紀錄者，通常都將該申請移轉至原作成或取得該紀錄之機關。[236]此與我國政府資訊公開法第 17 條規定：「政府資訊非受理申請之機關於職權範圍內所作成或取得者，該受理機關除應說明其情形外，如確知有其他政府機關於職權範圍內作成或取得該資訊者，應函轉該機關並通知申請人。」相符。[237]

三、非政府機關之紀錄

美國最高法院在 *United States Department of Justice v. Tax Analysts*, 492 U.S. 136（1989）案中，判決「政府紀錄」應符合二個前提要件，已如前述，不符合該二要件者均非政府紀錄。由於各行政機關對於政府紀錄解釋的用詞不一，其中以美國國防部於所發布之 5400.7-R 行政規則 DOD Regulation 5400.7-R 列舉最為詳細，[238]且將上列最高法院

---

[234] 相似之案件尚包括：*Hercules, Inc. v. Marsh*, 839 F.2d 1027 (4th Cir. 1988).

[235] *Gilmore v. United States Department of Energy*, 4 F. Supp. 2d 912 (N.D. Cal. 1998).

[236] 詳見 United States Department of Justice, *Freedom of Information Act Guide*, "Procedure Requirements: Referrals and Consultations," 前註 208。*British Airport Auth v. CAB*, 531 F. Supp. 408 (D.D.C. 1982).

[237] 參看 Department of defense, DOD Freedom of Information Act Program, C5.2.7. DoD 5400.7-R（Sep., 1998）之規定，與我國政府資訊公開法第 17 條規定相似。

[238] Department of Defense, DOD Freedom of Information Act Program, DoD 5400.7-R (Sep., 1998). Nash,

之判決規定於規則中，最具參考價值，故將非紀錄之情形摘錄如下：

C.1.4.3.2. 下列情形不包括於「紀錄」定義之範圍內：

C.1.4.3.2.1. 物體或物件，例如建築物、家具、車輛與儀器，不論其歷史價值或證據價值如何，均非紀錄。

C.1.4.3.2.2. 非屬具體或文獻性之紀錄，例如個人回憶或口語聯繫。

C.1.4.3.2.3. 主要為機關內人員作成並持有之個人紀錄，且未散布於其他機關人員供其公務使用。個人紀錄應屬下列情形之一：於進入政府機關前所作成者；於辦公處所被帶入、作成或收受之個人紀錄，且與公務無關者；與工作相關人員的紀錄，且與政府公務無關者。[239]

C.1.4.3.3. 申請人依 FOIA 申請公開紀錄時，該紀錄必須已存在，且在國防部之持有及控制中。機關並無為滿足申請人申請而作成、編輯或獲得紀錄之義務。

　　該規則另規定：凡已經由既成之發布系統，或經由政府公報（Federal Register）或網際網路所公布之紙本或電子紀錄均非機關之紀錄。但國防部及其所屬各機關應指導申請人獲得該訊息。[240]

第三目　豁免公開之情形

　　如同美國資訊自由法 5 U.S.C. § 552(b) 規定共九種豁免公開之情形，我國政府資訊公開法第 18 條第 1 項亦規定「政府資訊屬於下列各款情形之一者，應限制公開或不予提供之：… 」共九種情形。FOIA 並未規定機關於九種豁免公開之情形應全部禁止公開，[241]故機關遇有豁免公開之情形，仍可謹慎考量並妥適地公開資訊，以達成 FOIA 的立法目的。而法院對於豁免公開之情形則對機關之主張採取嚴格解釋的方式，以「揭開行政秘密的面紗」（pierce the veil of administrative secrecy）。[242]以下就較與政府採購相關的三種豁免公開之規定，討論機關仍得將資訊公開之情形，即：一、依法規或命令；二、營業秘密及商業或財務資訊；三、政府內部單位之作業。

Jr., Rawicz, *Computer Software, Information, and Contract Remedies*，前註 226，頁 153。

[239] 美國法院曾作出諸多區分個人紀錄及政府紀錄之標準，詳見 United States Department of Justice, *Freedom of Information Act Guide*, "Procedure Requirements: Agency Records," 前註 208。

[240] C.1.4.3.2.5. of DOD Regulation 5400.7-R. 參照政府資訊公開法第 8 條第 1 項第 1、2 款：「政府資訊之主動公開，除法律另有規定外，應斟酌公開技術之可行性，選擇其適當之下列方式行之：一、刊載於政府機關公報或其他出版品。二、利用電信網路傳送或其他方式供公眾線上查詢。」政府資訊公開法之立法應屬允當。

[241] S. Rep. No. 854, 93d Cong., 2d Sess. 6（1974）摘自 Nash, Jr., Rawicz, *Computer Software, Information, and Contract Remedies*，前註 226，頁 157。

[242] *Rose v. Department of the Air Force*, 425 U.S. 352 (1976).

一、依法規或命令

政府資訊公開法第 18 條第 1 項第 1 款規定：「政府資訊屬於下列各款情形之一者，應限制公開或不予提供之：一、經依法核定為國家機密或其他法律、法規命令規定應秘密事項或限制、禁止公開者。」核其內容與 FOIA(b)(3) 規定大致相同，FOIA(b)(3) 規定：

> 依據國會制定法律之規定，而特別免除公開者（但本章第 552b 之規定除外），且此類法律必須 (A) 對於一般公眾應予以抑留（withheld）之事項，係未授予機關任何行政裁量之方式者，或 (B) 另立特別之標準以抑留某些資訊紀錄，或規定某些特殊類型之事項應予以抑留者。

以下分別檢視我國及美國與政府採購有關之法律規定，並研究其與政府資訊公開之關係。

㈠營業秘密法

我國營業秘密法第 9 條第 1 項規定：「公務員因承辦公務而知悉或持有他人之營業秘密者，不得使用或無故洩漏之。」刑法第 132 條第 1、2 項規定：「公務員洩漏或交付關於中華民國國防以外應秘密之文書、圖畫、消息或物品者，處三年以下有期徒刑。因過失犯前項之罪者，處一年以下有期徒刑、拘役或三百元以下罰金。」而美國聯邦法典 18 U.S.C. § 1905 對於公務員刑罰亦有相似之規定，該條文規定：任何擔任政府機關的公務人員，於未經法律許可之範圍內（to any extent not authorized by law），於服務公職或執行公務時，將任何人、合夥之營業秘密、製程、作業、工作型式、或器械或機密統計資料中有關收入、利潤、損失之數量或來源、或支出之報告或紀錄出版、洩露、公開、或使第三人得以知悉者，應處一年以下有期徒刑、或科或併科本章所規定之罰金，並應調離現職。

由於本條文係規定公務人員於「未經法律許可之範圍內」洩漏紀錄應受刑事處罰，若於法律許可之範圍內便有阻卻違法之理由，然機關可否公開廠商的營業秘密？法解釋方法應該是如下：除非有 5 U.S.C. § 552(b)(3) 之「豁免公開」適用，否則機關應依 FOIA 規定公開之，簡言之，營業秘密法（Trade Secrets Act）是否是 5 U.S.C. § 552(b)(3) 所規定之「國會制定之法律」？如是，則機關不得公開廠商營業秘密；如不是，則機關於法律許可時得公開廠商營業秘密。美國法院對於 18 U.S.C. § 1905 是否是 5 U.S.C. § 552(b)(3) 所規定之「國會制定之法律」，判決並不一致，大多數法院持否定之判決，[243]

---

[243] United States Department of Justice, *Freedom of Information Act Guide*, "Exemption 3: Additional Considerations," 前註 208。*Gen. Elec. Co. v. NRC*, 750 F.2d 1394, pp. 1401-2 (7th Cir. 1984); *Acumenics Research & Tech. v. United States Department of Justice*, 843 F.2d. 800, p. 805 (4th Cir. 1988).

少數法院則持肯定判決，[244]美國最高法院在 *Chrysler Corp. v. Brown*, 441 U.S. 281, 319（1979）中，並未給予肯定或否定答案，僅建議機關得依 18 U.S.C. § 1905 條文，抑留（withhold）政府之資訊，並發回聯邦巡迴法院更審，聯邦巡迴法院僅要求受理申請之機關自行判斷 18 U.S.C. § 1905 是否是豁免公開之理由。[245]迄 1987 年聯邦華盛頓特區巡迴上訴法院於 *CNA Fin. Corp. v. Donovan*, 830 F.2d 1132, 1137（D.C. Cir. 1987）案中判決，由於營業秘密法並無不准機關行政裁量公開之規定，再者營業秘密之內容甚為廣博，故並非 5 U.S.C. § 552(b)(3) 所規定之「國會制定之法律」，換言之，機關仍得決定是否公開廠商之營業秘密。[246]

㈡貿易法

我國貿易法第 25 條規定：「業務上知悉或持有他人貿易文件或資料足以妨礙他人商業利益者，除供公務上使用外，應保守秘密。」同法第 28 條第 1 項第 7 款規定：「出進口人有左列情形之一者，經濟部國際貿易局得予以警告或處新臺幣三萬元以上三十萬元以下罰鍰或停止其一個月以上一年以下輸出、輸入或輸出入貨品：七、違反第二十五條規定，妨害商業利益。」而美國出口行政法（Export Administration Act of 1979）於 50 U.S.C. app. § 2411(c)[247]對於出口貨品亦有相似之規定，該條文規定：自 1980 年 6 月 30 日以後，機關依本法取得之資訊得依法律之規定抑留之，但關於依本法提出執照之申請者，不在此限。非經商務部部長基於國家利益考量決定公開資訊，機關不得公開訊息。在訴訟實務中，第九巡迴法院於 *Lessner v. United States Department of Commerce*, 827 F.2d 1333（9th Cir. 1987）案中，認為出口行政法之規定符合 5 U.S.C. § 552(b)(3)「國會制定之法律」之規定，亦即出口資訊符合豁免公開之規定，機關不應公開之。

㈢著作權法

美國聯邦法典第 17 編之著作權法（Copyright Act）是否為 5 U.S.C. § 552(b)(3) 豁免公開之法律？迄今尚未明朗，在 *Weisberg v. Department of Justice*, 631 F.2d 824, 207 U.S.P.Q. 1080（D.C. Cir. 1980）案中，被告機關主張著作權法並非 5 U.S.C. § 552(b)(3) 豁免公開之法律，機關為執行資訊自由法之義務，固不應禁止政府資訊之公開，然可

---

[244] *Westinghouse Elec. Corp. v. Schlesinger*, 542 F. 2d 1190 (4th Cir. 1976).

[245] Nash, Jr., Rawicz, *Computer Software, Information, and Contract Remedies*，前註 226，頁 160。

[246] 美國司法部認為華盛頓特區巡迴上訴法院之判決合符 FOIA 之立法宗旨，機關欲公開廠商營業秘密或商業或財務資訊時，應依 5 U.S.C. § 552(b)(4) 之規定判斷其是否應公開，而非依 5 U.S.C. § 552(b)(3) 之規定。United States Department of Justice, *Freedom of Information Act Guide*, "Exemption 3: Additional Considerations," 前註 208。

[247] Export Administration Act 已於 2001 年 8 月 21 日失效，由美國總統發布緊急命令取代之。見美國商務部工業及安全局網站（Department of Commerce, Bureau of Industry and Security）：http://www.bis.doc.gov/eaa.html，查詢日期：2007 年 8 月 18 日。

允許原告 *Weisberg* 閱覽受著作權保護之訊息，但不同意原告重製之，然該法院並未釐清著作權法與資訊自由法間之關係。在 *St. Paul's Benevolent Edu. & Missionary Inst. v. United States*, 506 F. Supp. 822（N.D. Ga. 1980）案中，法院判決著作權法並非為 5 U.S.C. § 552(b)(3) 豁免公開之法律，機關得依法公開政府資訊。[248]

相較於美國法院前後判決並不明確，政府資訊公開法第 18 條第 1 項第 6 款規定：公開或提供有侵害著作權人之公開發表權者，機關應限制公開或不予提供該政府資訊。顯較美國法制明確，又政府資訊公開法認為政府資訊影響著作權人之權利者，固得限制公開或不予提供，但僅以公開發表權為限，似有過於偏狹之嫌，蓋著作財產權包括專有重製權、公開口述權、公開播送權、公開上映權、公開演出權、公開展示權、改作或編輯權及專有出租權等諸多權利，[249] 公開發表權究竟僅為受侵害權利之一部分而已，無法充分保障著作權人，實不如參考美國國防部第 5400.7-R 行政規則（DOD Regulation 5400.7-R, Sept. 4, 1998）中 C.3.2.1.4.7. 之規定將「公開或提供有侵害著作權人之公開發表權者」改為「其公開或提供將對著作的未來潛在市場價值產生有害影響者」較為周延及妥適。

㈣專利法

我國專利法第 16 條規定：「專利專責機關職員及專利審查人員對職務上知悉或持有關於專利之發明、新型或新式樣，或申請人事業上之秘密，有保密之義務。」而美國聯邦法典 35 U.S.C. § 122(a) 對於專利之保密亦有相似之規定，該條文規定：「除依據國會通過的法律規定或於特殊情況，或由主管機關之最高行政主管（Director）決定者外，非經專利申請人或所有權人同意，專利及商標辦公室應對專利之申請保守秘密，並不得洩漏任何與申請有關之訊息。」此外 35 U.S.C. § 205 亦規定機關對於聯邦政府取得之發明專利於申請時亦應保密；機關向美國專利及商標辦公室申請專利，或向外國專利辦公室申請專利時，均不得洩漏任何文件之影本。

在 *Irons & Sears v. Dann*, 606 F.2d 1215, 1220（D.C. Cir. 1979）案中，巡迴法院認為 35 U.S.C. § 122 條文符合 FOIA(b)(3) 法律之規定，即機關不應公開專利申請之資訊。但兩年後同一法院於審理 *Irons v. Diamond*, 670 F.2d 265, 214 U.S.P.Q. 265（D.C. Cir. 1981）案中，則修正其原判決，表示法院不反對機關得將申請中或遭駁回之專利申請案於移除不受保護之部分後公開之。但法院仍認為第 122 條符合 FOIA(b)(3) 豁免公開中法律之規定，機關對於申請之資訊應保守秘密。[250]

---

[248] Nash, Jr., Rawicz, *Computer Software, Information, and Contract Remedies*，前註 226，頁 161。

[249] 著作權法第 22 條至第 29 條。

[250] Nash, Jr., Rawicz, *Computer Software, Information, and Contract Remedies*，前註 226，頁 162-3。

㈤**投標文件**

　　所謂投標文件或廠商提出之企劃書（proposals），係指採購機關採行協商措施的採購案中，廠商為回應採購機關所發出之要約之引誘，即招標文件（solicitation），而向採購機關交付的要約（an offer）。[251]廠商之投標文件是否是豁免公開之訊息？美國國會於 1997 年訂定 41 U.S.C. § 253b(m) 則明確規定：

　　(m) 禁止廠商投標文件之洩漏
　　　　(1) 除本項第 (2) 款之規定外，行政機關應依第五編（title）第 552 條規定，不得將所持有或控制之投標文件供任何人使用。
　　　　(2) 凡廠商之投標文件已包括於採購契約中，成為契約之一部分者，不適用第 (1) 款之規定。
　　　　(3) 本項之「投標文件」，係指由廠商為回應機關之招標文件而提出任何之企劃書，包括技術、管理、或成本企劃書等。

　　10 U.S.C. § 2305(g) 要求美國國防部對於廠商投標文件亦應按上述規定辦理。由該上開二條文之規定，不難瞭解 FOIA 之基本立法政策是除有豁免公開之事由外，政府機關應主動公開公共工程及採購契約，但若廠商之投標文件並非為契約之一部分，則應禁止公開，相較於政府採購法第 34 條第 4 項規定：「機關對於廠商投標文件，除供公務上使用或法令另有規定外，應保守秘密。」及政府資訊公開法第 7 條第 1 項第 8 款規定：「下列政府資訊，除依第十八條規定限制公開或不予提供者外，應主動公開：八、書面之公共工程採購契約。」我國法制之規定與 41 U.S.C. § 253b(m) 相較並無二致。

㈥**行政規則之立法例**

　　在美國國防部所頒布之第 5400.7-R 行政規則（DOD Regulation 5400.7-R, Sept. 4, 1998）中，規定國防部執行 FOIA 之政策及程序，其中對於依法規或命令等不應公開之範圍，有詳細規定，謹歸納其中具參考價值者於下：凡法律規定應豁免公開，且機關除必須依照規定辦理外並無行政裁量權者，則機關不得公開該資訊。機關不應公開之情形例示如下：C3.2.1.3.1. 專利秘密，35 U.S.C. § 181-188（reference (h)）。C3.2.1.3.2. 限制性資料及先前（formerly）限制性資料，42 U.S.C. § 2162（reference (i)）。C3.2.1.3.4. 授權機關禁止公開之技術資料 10 U.S.C. § 130 及國防部第 5230.25 指令（DoD Directive 5230.25）（reference (k) and (I)）。C3.2.1.3.8. 對廠商投標文件之保護 10 U.S.C. § 2305(g)

---

[251] 有別於廠商於未受招標文件所限，而主動提出之企劃書，稱之為「未經招標之企劃書」（unsolicited proposals）。Ralph C. Nash, Jr., Steven L. Schooner, Karen R. O'Brien, *The Government Contracts Reference Book* (2nd ed. Washington, D.C: George Washington University Press, 1998), p. 419-20.

（reference (p)）。

二、營業秘密及商業或財務資訊

　　政府資訊公開法第18條第1項第7款規定：「政府資訊屬於下列各款情形之一者，應限制公開或不予提供之：七、個人、法人或團體營業上秘密或經營事業有關之資訊，其公開或提供有侵害該個人、法人或團體之權利、競爭地位或其他正當利益者。但對公益有必要或爲保護人民生命、身體、健康有必要或經當事人同意者，不在此限。」核其內容與 FOIA(b)(4) 規定大致相同，5 U.S.C. § 552(b)(4) 規定：「本法（按：FOIA）之規定並不適用於：由自然人、法人或團體（a person）所獲得之經授權或屬秘密性質之營業秘密及商業或財務資訊。」[252]故本豁免公開之規定可分爲兩類：一、營業秘密，及二、商業或財務訊息，以下便從這二類分別分析。

㈠營業秘密

　　我國營業秘密之定義規定於營業秘密法第2條，與美國 1979 年全國統一州法委員會議（The National Conference of Commissioners on Uniform State Law）通過並推薦各州訂定統一營業秘密法（Uniform Trade Secrets Act, UTSA）[253]之 1985 年修正版第 1 條所規定之定義相較並無二致，實務上法院對於適用於豁免公開的營業秘密定義則有不同看法，部分法院[254]曾引用美國侵權行爲法整編第 757 條（*Restatement of Torts § 757*）comment b 之「營業秘密」定義：

> 營業秘密可由使用於該企業之任何處方、樣式、裝置（device）或資訊彙集所組成，該等秘密可使所有人與他人競爭時取得競爭優勢，該等秘密包括化學組成之處方、一種製造、處理或保存物質的程序，一種機器或其他裝置之樣式，或客戶名單。

　　但亦有法院認爲如將營業秘密作過廣的定義，將造成營業秘密與秘密的商業或財務訊息間並不容易區分，營業秘密已包含秘密的商業或財務訊息，故爲適用 FOIA 豁免公開，營業秘密有限縮解釋之必要，[255]在 *Public Citizen Health Research Group v. FDA*, 704 F.2d 1280（D.C. Cir. 1983）案中，法院將營業秘密定義爲：「一種秘密，具

---

[252] 5 U.S.C. § 552(b)(4): trade secrets and commercial or financial information obtained from a person and privileged or confidential.

[253] UTSA 現已獲三十六州及哥倫比亞特區通過立法。詳見拙著，*政府採購中智慧財產權之研究——以美國聯邦政府爲例（上）*，軍法專刊，第 53 卷第 2 期，2007 年 4 月，頁 74-75。

[254] *Kewanee Oil Co. v. Bicron Corp.*, 416 U.S. 470, 181 U.S.P.Q. 673 (1974).

[255] Nash, Jr., Rawicz, *Computer Software, Information, and Contract Remedies*，前註 226，頁 166-7。

有商業價值（commercially valuable）的，使用於製造、預備、組成或處理商業用品（commodities）之計畫、處方、程序或方法。該商業用品係創新或實質努力之最終產品（end product）。」與侵權行為法整編第 757 條規定不同之處，即營業秘密與製造程序必須具備直接因果關係，該判例後為其他法院引用。[256]法院在判決中將「商業價值」列為營業秘密定義中之一部分，故與 UTSA 之定義相較，兩者並無不同，也與我國營業秘密法第 2 條第 2 款規定之「經濟價值」定義大致相同。

(二)商業或財務資訊

自資訊自由法公布迄今，美國法院受理許多對於政府取得之商業或財務的資訊是否應公開，及如何認定資訊具秘密性的案件，最著名之案件當屬 *National Parks & Conservation Ass'n v. Morton*, 498 F.2d 765 (D.C. Cir. 1974)，聯邦華盛頓特區巡迴上訴法院判決：為符合資訊自由法之立法目的，所謂「秘密」的商業或財務資訊應符合下列情形之一：1. 使政府於未來獲得資訊之能力受侵害；或 2. 被取得資訊者之競爭地位受實質侵害。只要機關認有任一種情形發生，便得禁止公開資訊。1992 年同法院於審理 *Critical Mass Energy Project v. NRC*, 975 F.2d 871 (D.C. Cir. 1992) 案中，除維持 *National Parks* 之理由外，更進一步認為：申請人申請政府資訊的公開時，如該資訊係提供者被機關要求而提供，自應有上述二項「秘密」要求之適用，至於提供者係志願提供政府資訊者，且如提供者習慣地（customarily）抑留該訊息，則機關負有證明廠商習慣之義務（若資訊係提供者被機關要求而提供者，政府機關並無證明廠商習慣之義務）。此乃因廠商被機關要求提供資訊時，政府之利益在於確保廠商對政府之信賴，而廠商自願交付機關資料者，政府之利益在於應維持資訊之可利用性，政府對二者基本利益並不相同，舉證責任亦不相同。由於 *Critical Mass* 案之見解已為諸多其他法院所引用，美國司法部於是於發布之第 12,600 行政命令中（Executive Order 12,600）[257]要求各機關依所規定之程序以判定廠商習慣地對待資訊之標準，若機關並不明瞭廠商習慣地對待資訊之標準時，應要求廠商說明其對待資訊之標準及該資訊公開之時機。[258]

但何謂廠商「志願」提供資訊？又何謂廠商被機關「要求」而提供？聯邦華盛頓特區地方法院認為廠商因為針對招標文件所要求之事項，所作成的資訊均屬被「要求」的事項，反之，如所提交者並非招標文件所要求之事項，則屬「志願」提供資訊。[259]

以下就討論 *National Parks* 案中，廠商被要求提供資訊時，該資訊應符合「秘密」

---

[256] *Anderson v. HHS*, 907 F.2d 936, 944 (10th Cir. 1990).

[257] 3 C.F.R. 235.

[258] United States Department of Justice, *Freedom of Information Act Guide,* "Exemption 4, the Critical Mass Decision and Applying Critical Mass", 前註 208。

[259] 例如 *Martin Marietta Corp. v. Dalton*, 974 F. Supp. 37 (D.D.C. 1997).

之要求，即豁免公開的兩個要件：1. 使政府於未來獲得資訊之能力受侵害；2. 被取得資訊者之競爭地位受實質侵害。

1. 侵害機關未來獲得資訊之能力

若競標廠商在機關決標前能獲得其他廠商的資訊，自己便有可能獲得有利的競爭地位，而申請政府公開資訊便是有效的方法，若機關公開其中若干廠商之資訊，則其他廠商為保護自己利益或不願投標，或不願在投標文件中投入創新的概念或思想，則政府收受其他廠商投標文件之可能性將逐漸喪失，機關亦難將政府採購案件交由最佳廠商得標，因而對政府採購產生不良影響。故在 *Orion Research, Inc. v. EPA*, 615 F.2d 551（1ˢᵗ Cir. 1980）案中，第一巡迴法院認為，惟有競標廠商肯公正地並且不憂心其資訊外洩之情況下投標，環保署（EPA）方可獲得最佳的競爭利益。為免未得標廠商假借要求機關公開得標廠商的技術資訊，以獲得得標廠商的資訊，且為維護機關未來獲得資訊之能力，該法院因而同意機關豁免公開之處分，維持地方法院之判決，並拒絕未得標廠商之請求。

在 *Washington Post Co. v. HHS*, 690 F.2d 269（D.C. Cir. 1982）案中，法院認為若機關公開廠商之資訊，必須達到「重大」（significant）侵害機關未來獲得資訊之能力，機關方得不公開資訊，若僅屬輕微（minor）程度，機關仍應公開資訊。故機關必須衡量資訊公開之利益及不利益，即滿足公眾知的權利及是否侵害機關未來獲得資訊之能力等尋求平衡點。

2. 造成廠商競爭力之受侵害

在 *National Parks* 案中，豁免公開的第二個要件是被取得資訊者之競爭力受實質之侵害。[260]主張禁止公開之機關不須證明廠商的競爭力是否受侵害，[261]只須由廠商證明廠商間確有競爭存在，且資訊之公開有可能造成廠商競爭力受侵害已足，[262]廠商競爭力之受實質侵害可從成本計算受侵害之程度及受侵害紀錄之種類等二方面予以分析：

(1) 公開資訊的成本影響

在 *Worthington Compressors, Inc. v. Costle*, 662 F.2d 45（D.C. Cir. 1981）案中，聯邦華盛頓特區巡迴上訴法院認為因廠商資訊被公開而侵害其競爭力，及申請人因資訊之公開而受益，可用廠商另覓資訊之支出成本予以計算，故如廠商使用還原工程（reverse engineering）以獲得資訊，則使用該還原工程之成本，便是廠商競爭力受侵害之損失，但法院必須考慮兩個要件：一、被請求之資訊是否具有商業價值，如果該資訊是一般公

---

[260] 「競爭力受實質之侵害」（substantial competitive harm）與政府資訊公開法第 18 條第 1 項第 7 款「侵害個人、法人或團體之競爭地位」同義。

[261] Nash, Jr., Rawicz, *Computer Software, Information, and Contract Remedies*, 前註 226，頁 172。*Public Citizen Health Research Group v. FDA*, 704 F.2d 1280 (D.C. Cir. 1983).

[262] *Gulf & Western Indus., Inc. v. United States*, 615 F.2d 527, 530 (D.C. Cir. 1976).

眾皆可免費或可以低價獲得者，則並無商業價值，唯有資訊具商業價值，方可進入第二要件：計算由其他方法獲得資訊之成本，而該成本是指廠商從事再生產資訊所支出之成本。為避免申請人不勞而獲，妨礙公平競爭，法院應以商業性可行方法（commercial practicability）查明獲得該資訊的成本，如成本昂貴（而非申請資訊公開之相對低廉成本），則該資訊應予保護，並應豁免公開。法院並認為此計算方式對於審理違反資訊自由法案件（reverse-FOIA）時非常簡便，該判例便為其他法院所引用，例如 *Gilmore v. United States Department of Energy*, 4 F. Supp. 2d 912（N.D. Cal. 1998）案中，聯邦加州北區地方法院認為被申請公開的資訊是廠商用以授權他人使用，並收取相當權利金者，故公開該資訊將造成廠商競爭力的侵害，原告之請求應予駁回。

(2) 受侵害紀錄之種類

在法院判決中，認定廠商競爭力被侵害的紀錄，不限於各種經濟資訊，尚包括廠商之其他各種資訊，其種類繁多，包括：1. 顯示資產、利潤、市場占有率、計價、運送人、進口商、分包廠商、原物料成本及折扣政策及庫存量之資料；2. 未發表之產品、詳細的設計概念及程序之報告；3. 智慧財產、實施借貸或藉由資助所完成研究之資訊；4. 敘述公司人力，包括人力配置及人員履歷之資料，此外，若干法院判決契約內的各品項單價亦應豁免公開。[263]

第 1 類案件中，廠商的利潤比率（profit rate）、人工學習曲線（learning curves）及一般之行政支出率（G&A expense rate）等，法院判決均免於公開；[264]出賣價格及利潤盈餘（profit margins）亦屬秘密的商業資訊；[265]但若競標廠商可從已公開的，但卻過時的價格資訊中計算出得標廠商之利潤及間接製造成本（overhead），則機關並未不當地公開廠商秘密的利潤或行政管理費之資料。[266]

在第 2 類案件中，法院認為自動資料處理系統（Automatic Data Processing System）中之推薦設計方案、程序、困難之預判等均屬豁免公開之範圍；[267]未得標廠商申請其他競標廠商之技術企劃書（technical proposals）者不應允准，[268]但若公眾可從他處免費或以低價取得該資訊者，則機關公開該資訊並未侵害廠商之競爭力，故機關應公開該資

[263] Nash, Jr., Rawicz, *Computer Software, Information, and Contract Remedies*, 前註 226，頁 173；United States Department of Justice, *Freedom of Information Act Guide*, "Exemption 4, Commercial or Financial Information", 前註 208。

[264] *Gulf & Western Indus., Inc. v. United States*, 615 F.2d 527（D.C. Cir. 1979）.

[265] *Braintree Elec. Light Co. v. Department of Energy*, 494 F. Supp. 287, 288（D.D.C. 1980）.

[266] *J.H. Lawrence Co. v. Smith*, Civ. Nos. J-81-2993, J-82-361（D.D.C. 1982）.

[267] *Audio Technical Servs., Ltd. v. Department of the Army*, 487 F. Supp. 779（D.D.C. 1979）.

[268] *CACI Field Servs., Inc. v. United States*, 12 Cl. Ct. 440（1987）.

料。[269]

在第 3 類案件中，法院認為將公司的貸款紀錄及放款實施情形予以公開，將造成廠商競爭力之實質侵害，故不應公開之。[270]同理，有關準備研究基金之來源及獲得法律服務之成本亦應不予公開。[271]

在第 4 類案件中，法院認為凡能使競標廠商演繹出勞力成本、競爭弱點及能使競標廠商預估產品及製程改變的資訊，均應豁免公開，[272]而公開詳細的人員履歷及人力配置則將造成廠商競爭力之實質侵害，故均不應公開之。[273]

比較有爭議的是廠商在採購契約中的各品項價格是否應予公開？多數法院普遍認為各品項價格係採購契約的一部分，故應公開之。[274]但在 *McDonnell Douglas Corp. v. NASA*, No. 98-5251（D.C. Cir. 1999）案中，廠商主張若將人造衛星發射的各品項（line item）計價資訊公開，則其他競標廠商將容易以更低標價得標，再者，也容易使得其顧客能有效地議價並將價格向下修正，而其他競標者亦很容易精算出其成本，所以將造成廠商競爭力之實質侵害，故不應公開之，法院同意廠商主張，判決機關不應公開各單價。

(3) 由第三人獲得之資訊

5 U.S.C. § 552(b)(4) 既規定：「本法（按：FOIA）之規定並不適用於：由自然人、法人或團體所獲得之經授權或屬秘密性質之營業秘密及商業或財務訊息。」則機關必須從自然人、法人或團體取得訊息，外國政府所提供之訊息亦屬本條文規定之範圍。[275]至於政府自行製作之資料則不在豁免公開之範圍，[276]但若政府將廠商提供之資訊予以整理或製作摘要，則仍應豁免公開。[277]

(三)行政規則之立法例

在美國國防部所頒布 DOD Regulation 5400.7-R 行政規則中，規定國防部執行 FOIA 之政策及程序，其中對於營業秘密及秘密的商業或財務訊息等不應公開之範圍，有詳細且具前瞻性的規定，謹摘錄於下以供參考：

---

[269] *Frazee v. U.S. Forest Service*, 97 F.3d 367 (9th Cir. 1996).

[270] *Westinghouse Elec. Corp. v. Schlesinger*, 392 F. Supp. 1246 (E.D. Va. 1974), *aff'd*, 542 F.2d 1190 (4th Cir. 1976).

[271] *BDM Corp. v. SBA*, 2 G.D.S. (P-H) 81,189 (D.D.C. 1981).

[272] *Union Oil Co. v. FPC*, 542 F.2d 1036 (9th Cir. 1976).

[273] *Fidell v. United States Coast Guard*, 2 G.D.S. (P-H) 81,144 (D.D.C. 1981).

[274] 例如 *Martin Marietta Corp. v. Dalton*, 974 F. Supp. 37 (D.D.C.1997).

[275] *Stone v. Export-Import Bank*, 434 U.S. 1012 (1978).

[276] *Allnet Communication Servs. v. FCC*, 800 F. Supp. 984, 988 (D.D.C. 1992).

[277] *Mathews v. USPS*, No. 92-1208-CV-W-8, slip op, at 6 (W.D. Mo. Apr. 15, 1994).

C3.2. 公開之豁免

C3.2.1. 資訊自由法之公開豁免

…

C3.2.1.4. 第 4 種（5 U.S.C. § 552(b)(4)）國防部對於來自部外由第三人或組織所受收之營業秘密或商業或財務訊息，於收受時應依廠商習慣處理該等訊息之方式，並應依秘密及授權方式處理之。依本條文不得公開之紀錄必須包括營業秘密，或商業或財務訊息，公開該等資訊將可能導致提供資訊之來源受損害，妨礙其競爭地位，使政府於未來獲得必要資訊之能力受損害，或損害其他合法的政府利益。國防部對於廠商自願交付，即非經政府以任何指定方式要求其提出之商業或財務資訊，應予保護。機關不得要求其必須有妨礙競爭地位之結果方予保護。如機關認有第四種豁免公開之資訊，則不得洩漏或公開之。機關不應公開之情形例示如下：

C.3.2.1.4.1. 國防部所屬各機關與提交投標文件之廠商所簽訂契約中有關借貸、標案、契約或企劃書之商業或財務資訊，且該等商業或財務資訊係由機關秘密收受者或被許以特別權利者。其他由機關秘密收受或被許以特別權利之營業秘密、發明、發現或其他智慧財產資料亦屬之。參看本規則 C.5.2.8.2. 以下。如資訊符合 10 U.S.C. § 2305(g) 及 41 U.S.C. § 423 之要件，則機關得依 5 U.S.C. § 552(b)(3) 之規定，[278]禁止公開之。

C.3.2.1.4.2. 關於契約履約、收入、利潤、損失及支出之統計資料及商業或財務訊息，且該等資訊係由廠商秘密投標且由機關秘密收受者。

C.3.2.1.4.3. 個人於實施檢查、調查、或稽核時所提出之個人陳述，且該等陳述與營業秘密或具秘密性質之商業或財物資訊有關，且由機關秘密收受及保存者。

C.3.2.1.4.4. 由私營企業主所秘密提供，與調查當地工資有關之財務資料，且該資料係用以調整及確立國防部內員工之工資率者。

C.3.2.1.4.5. 科學、製造程序及發展相關之科技資料或其他申請研究補助之資訊，或正執行研究之報告。

C.3.2.1.4.6. 由廠商或其分包廠商以自費獨立發展之科技資料，與部分由聯邦政府預算及部分由非政府支出所發展之科技資料，且廠商及其分包廠商依 10 U.S.C. § 2320-2321 及國防部聯邦採購補篇（DFARS）第 227.71-227.72 節，48

---

[278] 5 U.S.C. § 552(b)(3) 規定第三種豁免公開之情形（即依法規或命令之情形）。10 U.S.C. § 2305(g) 規定禁止機關洩漏廠商投標文件，41 U.S.C. § 423 亦規定除法律另有規定外，機關不得洩漏廠商投標文件。

C.F.R. 第 2 章，已取得合法權利者。凡由聯邦政府預算獨立完成之技術資料符合 10 U.S.C. § 130 及國防部第 5230.25 指令（DoD Directive 5230.25）之要件者，機關得依 5 U.S.C. § 552(b)(3) 之規定，禁止公開之。

C.3.2.1.4.7. 依 1976 年著作權法（17 U.S.C. § 106）規定，受著作權保護之電腦軟體，將其公開將對軟體的未來潛在市場價值產生損害影響（an adverse impact）者。

C.3.2.1.4.8. 由廠商自願提交具財產價值之資訊，而非基於政府權力所要求者，所謂基於政府權力所要求者，例如依據法律、行政命令、行政規則、招標文件（invitations for bids）、要請企劃書（requests for proposals）[279] 及契約等，而要求廠商提供者。

又政府資訊公開法第 18 條第 1 項第 7 款前段規定：「個人、法人或團體營業上秘密或經營事業有關之資訊，其公開或提供有侵害該個人、法人或團體之權利、競爭地位或其他正當利益者。」等，然何謂「秘密」？美國勞工部（Department of Labor）之定義頗為具體，[280] 值得參考，亦摘錄於下以供參考：

(b)(4)「秘密」資訊應合符下列條件之一：(i) 資訊之公開將侵害政府於未來獲得必需資訊之能力；(ii) 資訊之公開將實質侵害提交資訊廠商之競爭地位者；(iii) 資訊之公開將侵害其他政府利益者，例如計畫之效率及一致性；或 (iv) 資訊之公開將侵害其他私人利益者。

則政府資訊公開法第 18 條「其公開或提供有侵害該個人、法人或團體之權利、競爭地位或其他正當利益者。」等所列條件，顯較美國勞工部之定義非但粗糙且不具體。

三、政府內部單位之作業

政府資訊公開法第 18 條第 1 項第 3 款規定：「政府資訊屬於下列各款情形之一者，應限制公開或不予提供之：三、政府機關作成意思決定前，內部單位之擬稿或其他準備作業。但對公益有必要者，得公開或提供之。」核其內容與 FOIA(b)(5) 規定大致相同，5 U.S.C. § 552(b)(5) 規定：「機關依法不得提供未具行政機關地位，且與機關正發生訴

---

[279] 招標文件（invitations for bids）、要請企劃書（requests for proposals）均屬要約之引誘（solicitation），其區別在於前者於秘密標（sealed bidding）時適用，而後者於採購機關使用協商措施（negotiated procurements）時適用之。美國聯邦獲得規則 Federal Acquisition Regulations, FAR 14.101, 15.203.

[280] 29 C.F.R. § 70.2(h).

訟之對造者，有關該機關與其他機關間或機關內部各單位間之備忘錄或信函。」[281]

美國國會參議院在 1965 年的報告中曾說明：[282]

已有諸多的機關指出，如要求機關將內部書面資料悉數公開以供全民檢視，則不可能會有坦白的法律或政策事務之討論，政府處理法律或政策事務之效能將大受影響，行政機關將被貿然地侷限於「玻璃魚缸內運作」。

故資訊必須符合兩要件方得豁免公開：第一、資訊應屬研議性質（deliberative in nature）；第二、資訊應於機關作成決定前完成，故就該二要件分別分析之。[283]

(一)資訊應屬研議性質

在 *NLRB v. Sears, Roebuck & Co.*, 421 U.S. 132（1975）案中，最高法院認為機關在研議、諮詢及決定過程中之建議、意見等均應豁免公開。但若資訊屬事實性質或調查性質者，則機關應公開之。[284] 在 *Ryan v. Department of Justice*, 617 F.2d 781（D.C. Cir. 1980）案中，機關所作成有關事實之紀錄均應公開，但若和豁免公開者係不可分割（inextricably intertwined）者，則不在此限。[285] *Vaughn v. Rosen*, 484 F. 2d 820, 827（D.C. Cir. 1973），*cert. denied*. 415 U.S. 977（1974）案則要求機關應將不公開資訊之內容條列成項，並說明其所主張豁免公開之理由，以供法院審理。[286]

機關作成且取得之紀錄應區分成二類：事實性質之紀錄及研議性質紀錄，凡對於事實之客觀性、結論性之分析者，屬事實紀錄；凡對於機關特定案件所作成之未來性評估，屬研議紀錄。在 *Ethyl Corp. v. EPA*, 25 F.3d 1248（4th Cir. 1994）案中，法院認為：若資訊屬於政策朝向之判斷（policy-oriented judgment）或與政策之形成有關者，則係研議性質之資訊，應受豁免公開之保護，而若資訊係屬事實性或調查性質者，則應予公開。但若在研議過程中包含事實或統計的資訊，則該等事實或統計的資訊均屬研議之內容，皆豁免公開，例如在 *SMS Data Prods. Group, Inc. v. United States Department of the*

---

[281] U.S.C. § 552(b)(5): inter-agency or intra-agency memorandums or letters which would not be available by law to a party other than an agency in litigation with the agency;

[282] U.S. Congress, Senate Report No. 813, 89th Cong., 1st Sess., 1965, p. 9. 摘自 Nash, Jr., Rawicz, *Computer Software, Information, and Contract Remedies*，前註 226，頁 178。

[283] United States Department of Justice, *Freedom of Information Act Guide*, "Exemption 5: Deliberative Process Privilege". 前註 208。

[284] 自 FOIA 立法施行後，舉證責任由申請人移轉至政府，此即「人民需要知道」（need to know）已被「人民有知的權利」（right to know）原則所取代。U.S., Congress, *A Citizen's Guide on Using the Freedom of Information*，前註 176，頁 3。

[285] 參見 *Army Times Pub. Co. v. Department of the Air Force*, 998 F. 2d 1067 (D.C. Cir. 1993).

[286] Nash, Jr., Rawicz, *Computer Software, Information, and Contract Remedies*，前註 226，頁 179；United States Department of Justice, *Freedom of Information Act Guide*, "Introduction", 前註 208。

Air Force, No. 88-481, 1989 WL201031, at 1-2（D.D.C. Mar. 31 1989）案中，法院認為機關對廠商投標文件中技術資料之評分及排序均係研議紀錄，且屬於作成決定前之資訊，故屬豁免公開之範圍。在 *National Wildlife Federation v. United States Forest Service*, 861 F.2d 1114（9th Cir. 1988）案中，法院強調法律所應保護的是機關內部的研議過程，蓋機關於決定前常已進行大量的假設、模擬及暫時性結論，而暫時性結論又時時變更，法律必須保護自由且充分的研議過程。故在 *Cleary v. HHS*, 844 F. Supp. 770（D.C. Cir. 1993）案中，法院認為機關之電腦軟體僅為作者心智之過程，機關得不公開該資訊。若資訊之公開將有害機關時，則機關得不公開該資訊。[287]

　　法院在審理 *Parke, Davis, & Co. v. Califano*, 623 F.2d 1（6th Cir. 1980）案時，判決行政機關得不公開所取得之技術資料，因為研發者之科學的研討意見已與事實部分無法分割。在 *Chemical Mfrs. Ass'n v. Consumer Prod. Safety Comm'n*, 600 F. Supp. 114（D.D.C. 1984）案中，法院則認為若將機關所取得之技術資料公布，則對於智慧財產有重大不利的影響，故機關得不公開所取得之技術資料。[288]

　　同理，機關評估廠商投標文件之紀錄，應屬研議性質紀錄，機關得不公開之。[289]機關調查事實之資料及其摘要均屬事實部分，機關應公開之。[290]由非屬機關之顧問所提供有關人體暴露於鉛環境之報告，係屬機關於內部研議性質之文件，機關亦得不公開之。[291]空軍幕僚於協商契約時，對廠商之不同意見表達，縱然並未提出具體建議，然法院認為此誠為機關內部研議過程中必然現象，空軍得不公開其研議之文件。[292]

㈡機關於作成決定前完成資訊

　　在 *NLRB v. Sears, Roebuck & Co.*, 421 U.S. 132（1975）及 *Renegotiation Bd. v. Grumman Aircraft Eng'g Corp.*, 421 U.S. 168, 184-85（1975）案中，最高法院認為 FOIA 之立法目的是保護機關之決定品質不致受傷害，故機關在決定前作成之文件應豁免公開，而決定後之文件則應公開之，其理由有二：一、確保機關內各級人員之充分溝通；二、確保資訊於決定形成前不得外漏，以免公眾因不正確之資訊而產生誤會。[293]機關具備法律拘束性質之秘密法律（secret law），不論係命令或解釋，由於機關人員必

---

[287] United States Department of Justice, *Freedom of Information Act Guide*, "Exemption 5: Deliberative Process Privilege" footnote 67 及其隨附之本文，前註 208。

[288] Nash, Jr., Rawicz, *Computer Software, Information, and Contract Remedies*，前註 226，頁 180。

[289] *Audio Technical Servs., Ltd. v. Department of the Army*, 487 F. Supp. 779 (D.D.C. 1979).

[290] *Texas Instruments, Inc. v. United States Customs Serv.*, 479 F. Supp. 404 (D.D.C. 1979).

[291] *Lead Indus. Ass'n v. OSHA*, 610 F.2d 70 (2nd Cir. 1979).

[292] *Mead Data Central, Inc. v. Department of the Air Force*, 566 F.2d 242 (D.C. Cir. 1977).

[293] United States Department of Justice, *Freedom of Information Act Guide*, "Exemption 5: Deliberative Process Privilege", footnote 64-5 及其隨附之本文，前註 208。

須遵從，並非決定前之文件，而是既成（established）之政策或決定，故應公開之。[294] 故若機關內屬建議性質之討論及未成熟之決定，均得不公開之。[295] 在 *Schlefer v. United States*, 702 F.2d 233（D.C. Cir. 1983）案中，法院認為應判斷機關內的文件究屬命令性（authoritative）抑或研議性（deliberative），若屬前者，則應公開之；若屬後者，則可豁免公開。但事實二者並不易區分，法院常使用決策鏈的方法予以判斷，例如下級機關對上級長官之文件就常被判定為決定前文件，得豁免公開。[296]

機關審查廠商投標文件之資料是否應公開？美國能源部聽證及審議辦公室 Department of Energy Office of Hearings and Appeals（OHA）在受理 *Holmes & Namer, Inc.*, 1982 *Energy Management*（CCH）¶ 80,140（1982）案中，認為遴選委員會 Source Evaluation Board（SOB）之各委員名單、投標文件、廠商工作要項、評估標準表、包含評估權重之空白表格等均屬委員會已使用之文件，係屬事實性質紀錄，並非研議性之紀錄，亦非決定前之紀錄，故均應公開，但各投標文件之權重計算方式及各遴選委員之評估陳述等則豁免公開，及得標者之契約總價金因涉及其營業秘密，均不公開。[297]

我國政府採購法第 57 條第 1 款規定：「機關依前二條之規定採行協商措施者，應依下列原則辦理：一、開標、投標、審標程序及內容均應予保密。」及政府採購法施行細則第 76 條第 2 項：「本法第五十七條第一款應保密之內容，決標後應即解密。但有繼續保密之必要者，不在此限。」所謂「有繼續保密之必要者」，例如資訊之公開將侵害廠商的營業秘密等便是，上列規定與美國法院之判決相同。

(三)行政規則之立法例

在美國國防部所頒布之 DOD Regulation 5400.7-R, Sept. 4, 1998 中，其中對於政府內部業單位之作業等豁免公開之規範，頗具參考價值，謹摘錄於下：

C.3.2.1.5. 第 5 種　凡屬於訴訟中應受特別保護之資訊，主要指內部的研議程序（deliberative process）之資訊。凡與事實對照（as contrasted with）之內部建議及主觀之評估，經記載於機關內部與決定下達有關之研議文件中者，均屬之。故紀錄必須具備機關內部之研議之性質且屬於決定下達程序之一部分，方可免於對外公開。僅係內部文件尚不足以構成不公開之理由，律師及其當事人間之關係亦應受到特別豁免公開的保護，機關得決定其資訊是否公開。

C3.2.1.5.1. 研議程之程序例示如下：

---

[294] *Calton v. Department of Interior*, No. 97-2105, at 15 n.7 (D.D.C. Sept. 3, 1998).

[295] *Wolfe v. HHS*, 839 F.2d 768, 775 (D.C. Cir. 1988) (en banc).

[296] *Nadler v. United States Department of Justice*, 955 F.2d 1479, 1491 (11th Cir. 1992).

[297] Nash, Jr., Rawicz, *Computer Software, Information, and Contract Remedies*，前註 226，頁 182。

C3.2.1.5.1.1. 幕僚人員製作文件中之非事實部分，包括行動後報告、應記取之教訓、情況報告包括幕僚評估、勸言、意見或建議。

C3.2.1.5.1.2. 由顧問、董事會、委員會、法律顧問、小組、研議會議、商談會議、調查團（commissions）、專案小組或其他相似為獲得其建議或勸言而組成之團體所作成之勸言、建議或評估。

C3.2.1.5.1.3. 由國防部所屬人員對於廠商及其產品所作成之評估中非事實部分。

C3.2.1.5.1.4. 凡屬建議採購、承租或以其他方式獲得及處分物資、不動產、設施或功能之純理論性（speculative）及暫時性（tentative）之資訊，而該資訊將對他人產生不正當或不公平競爭利益或將妨礙合法之政府功能者。

C3.2.1.5.1.5. 由政府取得所有權之營業秘密或其他具秘密性質的研究發展或商業資訊，且未達成熟階段之公開將可能影響政府協商之地位或其他商業利益者。

C3.2.1.5.1.6. 主計長（Inspector Generals）[298]對於國防部各單位或機關之安全或內部管理、行政或作業所作成之官方檢查報告，且該等報告依實務經驗將由法院裁定豁免公開者。

C3.2.1.5.1.7. 涉及國防計畫及資源分配程序之計畫、程式及預算資訊。

…

C3.2.1.5.3. 機關內部或機關相互間之備忘錄或信函中事實部分，或與不公開部分係可分割之事實部分，均應對申請人公開之。但該事實部分之資訊係豁免公開，或與豁免公開之訊息密不可分，或因其片斷性不具資訊效果者，或屬贅文不具資訊價值者，不在此限。

C3.2.1.5.4. 上級機關給予下級之指導或命令，如已成為政策之指導或決定者，雖屬內部之聯絡性質，亦應對申請者公開之。

前項之政策之指導或決定應有別於對事務之初步討論或決定前之研議。

C3.2.1.5.5. 機關應對申請者公開其內部聯絡中關於決定形成之過程，但以該決定已成為公共紀錄，且該決定業經採納或已成為紀錄之參考者為限。

第四目　機關得提供豁免公開之資訊

5 U.S.C. § 552(b) 規定「本條不適用資訊公開之情形如下」及同條文 (b)(3) 規定之豁免公開「exempted」，則機關是否有公開資訊之裁量權？由於條文並未明確規定，易生

---

[298] 依法由美國總統提名，經國會同意，派至政府各主要部門獨立行使稽核及調查權之官員，the Inspector General Act of 1978, 5 U.S.C. app. § 2.

困擾，應從司法判決及機關行政規則研析。

　　美國最高法院於 *Chrysler Corp. v. Brown*, 441 U.S. 281（1979）案中，判決 FOIA 並未限制機關行政裁量允許資訊公開之權利，機關應依照其他法律以確定其裁量之範圍，例如，機關取得廠商的營業秘密後，究應依 FOIA 將之公開？抑或依營業秘密法 Trade Secrets Act（TSA）, 18 U.S.C. § 1905 規定，將之抑留（不公開）？最高法院認為首先應依照行政程序法（the Administrative Procedure Act, APA, 5 U.S.C. § 706(2)(A)）之規定，判斷機關之結論或行為是否「專斷、反覆無常、濫用裁量權或違法」（arbitrary, capricious, an abuse of discretion, or otherwise not in accordance with law），在不違反上述規定下，機關有行政裁量權利。再者 TSA 係由國會通過的法律，而被告機關——勞工部所訂定行政規則雖允許資訊公開，但行政規則位階不若法律，故機關不得公開營業秘密。又如 *J.H. Lawrence Co. v. Smith*, 545 F. Supp. 421（D. Md. 1982）案，法院亦援引最高法院審理 *Chrysler Corp.* 案之判例，判決雖然被告機關——太空總署依照聯邦行政規則 41 C.F.R. § 2.402.1（1979）應公布廠商投標文件內之各工作單項及價金表，但太空總署仍不得公開廠商的營業秘密。[299]由於各級法院審理違反 FOIA 之案件日益增多，上級法院審理該等之案件具有實質拘束力，故下級法院常以上級法院之判決，作為判斷機關是否具有行政裁量之依據。

　　美國國防部所頒布之 DOD Regulation 5400.7-R 中，C1.5.5 規定國防部執行 FOIA 豁免公開之方式：國防部之政策是各機關應在其裁量範圍內盡可能公開訊息。但對於依法規或命令應豁免公開者，及因營業秘密及商業或財務資訊應豁免公開者，行政機關不宜（not appropriate）行使行政裁量權；對於政府內部單位之作業資訊，因其性質有待各機關裁量是否允許公開，國防部及其所屬各機關應盡可能（whenever possible）鼓勵該等資訊之公開。DOD Regulation 5400.7-R 規定各機關應針對不同種類的資訊，再決定應否公開之作法，與美國司法部 2004 年公布之資訊自由法指導（Department of Justice, *Freedom of Information Act Guide*, "Discretionary Disclosure and Waiver, Discretionary Disclosure" May 2004）內容相同，洵值肯定，而規定內容亦符合理論及司法實務作法，頗值參考。

　　機關於行使資訊公開之裁量權時，誠如美國司法部部長 Ashcroft 所言：「機關應於充分及謹慎地考量資訊公開對機關、商業及個人隱私利益的影響後，採取妥適的決定。」[300]

---

[299] Nash, Jr., Rawicz, *Computer Software, Information, and Contract Remedies*，前註 226，頁 187-9。

[300] Attorney General Ashcroft's FOIA Memorandum, reprinted in *FOIA Post* (posted 10/15/2001), 參見美國司法部網站：http://www.usdoj.gov/oip/foiapost/2001foiapost19.htm，查詢日期：2007 年 8 月 5 日。

第五款　對我國政府採購之檢討

由於政府已於民國94年12月28日公布施行政府資訊公開法，人民可依法申請機關公開政府採購之資訊。然國內鮮少有政府資訊公開之司法判例或實務研究之文獻可供參考，而政府採購法及其子法並無申請採購資訊公開之規定，適值廠商競爭日趨激烈之今日，本國及外國廠商要求機關公開採購資訊之機會將大增，則其中所產生的採購資訊公開問題將不容忽視，主管機關宜及早規定之。

對於資訊公開之執行，除行政院各級機關所發布之「機關提供政府資訊收費標準」外，對於資訊公開法與營業秘密法、貿易法、著作權法及專利法之關係如何？及如何判定侵害廠商之營業上秘密或其商業或財務資訊？又政府內部作業之資訊應如何定義及處理？均未有詳細之規定，政府採購法及其子法亦缺漏之，故應有訂定行政規則以規定政府採購資訊公開之必要。

第六款　建議（代結論）

經由資訊公開之理論基礎觀點檢視美國對於政府採購資訊公開之作法，不論自衡平原則，或達成民主原則、保障表現自由、滿足人民知的權利等各角度分析，尚難發現有違反學理之處。經歸納機關公開政府採購資訊所涉及之法律問題可分為下列三部分：依法規或命令不得公開之資訊、廠商之營業秘密或商業或財務訊息及政府內部單位之作業資訊等。而有關政府公開採購資訊之規定，在美國聯邦之採購法制中，有諸多值得參考及借鏡之處，謹將其中犖犖大者臚列如下列之政府資訊公開法第18條第1項第6款修正草案及政府公開採購資訊要點草案，建議主管機關考量及加列：

第一目　政府資訊公開法第十八條第一項第六款修正草案

將現行條文：「公開或提供有侵害個人隱私、職業上秘密或著作權人之公開發表權者。」修正為：「公開或提供有侵害個人隱私、職業上秘密或對著作的未來潛在市場價值產生損害影響者。」

第二目　政府公開採購資訊要點（草案）[301]

第一條（立法目的）
　　為使各採購機關依據政府資訊公開法（以下簡稱本法），公開採購資訊有所依據，特訂立本要點。

---

[301] 政府公開採購資訊宜依行政程序法第159條規定以行政規則訂之。

第二條（非紀錄之規定）

本法第三條之紀錄不包括下列情形：

一、物體或物件，例如建築物、家具、車輛與儀器，不論其歷史價值或證據價值如
　　何，均非紀錄。

二、非屬具體或文獻性之紀錄，例如個人回憶或口語聯繫。

三、主要為機關內人員作成並持有之個人紀錄，且未散布於其他機關人員供其公務使
　　用者。

四、申請人依本法申請公開紀錄時，該紀錄必須已存在，且在機關之持有及控制中。
　　機關並無為滿足申請人申請而作成、編輯或獲得紀錄之義務。

前項第三款之個人紀錄應屬下列情形之一：

一、於進入政府機關前所作成者。

二、於辦公處所被帶入、作成或收受之個人紀錄，且與公務無關者。

三、與工作相關人員的紀錄，且與政府公務無關者。

凡已經由既成之發布系統，或經由政府機關公報或電信網路所公布之紙本或電子紀錄
均非機關之紀錄。但機關應指導申請人獲得該訊息。

第三條（不應公開採購資料之例示規定）

凡法律規定不得公開資訊，且機關並無行政裁量權者，則機關不得公開該資訊。[302]機
關不得公開採購資料之情形，例示如下：

一、廠商之專利秘密。

二、限制性資料及先前限制性資料。

三、廠商授權機關禁止公開之技術資料。

四、廠商投標文件。

五、廠商貿易文件或資料足以妨礙廠商之商業利益者。

前項第四款於供公務上使用或法令另有規定者除外。

第四條（機關不得公開廠商之營業秘密或商業或財務訊息）

機關對於由機關外第三人或組織所受收之營業秘密或商業或財務訊息，於收受時應依
廠商習慣處理該等訊息之方式，並應依秘密及授權方式處理之。

----

[302] 營業秘密是否為禁止公開之資訊？我國營業秘密法第9條第1項禁止公務員使用或「無故」洩漏已知悉
　　或持有之他人營業秘密，故本文認為機關應有裁量是否公開廠商的營業秘密之權利，因此未將營業秘密
　　列為「機關不應公開採購資料之情形」。參看美國聯邦華盛頓特區巡迴上訴法院認為營業秘密法並非5
　　U.S.C. § 552(b)(3) 所規定之「國會制定之法律」，即機關仍得決定是否公開廠商之營業秘密，前註246
　　及隨附之本文。

若機關公開廠商資訊將可能導致提供資訊之來源受損害，妨礙其競爭地位，使政府於未來獲得必要資訊之能力受損害，或損害其他合法的政府利益者，機關得不公開該資訊。

機關對於廠商自願交付，即非經政府以任何指定方式要求其提出之商業或財務資訊，應予保護。機關不得要求其必須有妨礙競爭地位之結果方予保護。

第一項之營業秘密或商業或財務訊息，係指下列各款情形之一者：

一、機關與提交投標文件之廠商所簽訂契約中，有關借貸、標案、契約或企劃書之商業或財務資訊，且該等商業或財務資訊係由機關秘密收受者或被許以特別權利者。其他由機關秘密收受或被許以特別權利之營業秘密、發明、發現或其他智慧財產資料亦屬之。

二、關於契約履約、收入、利潤、損失及支出之統計資料及商業或財務訊息，且該等資訊係由廠商秘密投標且由機關秘密收受者。

三、個人於實施檢查、調查、或稽核時所提出之個人陳述，且該等陳述與營業秘密或具秘密性質之商業或財物資訊有關，並由機關秘密收受及保存者。

四、由私營企業主所秘密提供，與調查當地工資有關之財務資料，且該資料係用以調整及確立機關內員工之工資率者。

五、科學、製造程序及發展相關之科技資料或其他申請研究補助之資訊，或正執行研究之報告。

六、由廠商或其分包廠商以自費獨立發展之科技資料，與部分由政府預算及部分由非政府支出所發展之科技資料，且廠商及其分包廠商已取得合法權利者。凡由政府預算獨立完成之技術資料，機關得依契約之規定，禁止公開之。

七、受著作權保護之電腦軟體，將其公開將對軟體的未來潛在市場價值產生損害影響者。

八、由廠商自願交付具財產價值之資訊，而非基於政府權力所要求者，所謂基於政府權力所要求者，例如依據法律、行政命令、行政規則、招標文件、要請企劃書及契約等而要求廠商提供者。

第五條（機關得不公開內部的討論程序）

凡屬於機關內部的研議程序尚未作成意思決定前之紀錄，機關得限制公開或不予提供之。

前項之機關內部的研議程序，係指與事實對照之內部建議，及主觀之評估，並經記載於機關內部與決定下達有關之研議文件中者。機關不得僅以內部文件為理由，決定不公開政府採購資訊。

第一項之機關內部的研議程序例示如下：

一、採購人員製作文件中之非事實部分，包括行動後報告、應記取之教訓、情況報告包括幕僚評估、勸言、意見或建議。

二、由顧問、董事會、委員會、法律顧問、小組、會議、調查團、專案小組或其他相似為獲得其建議或勸言而組成之團體所作成之勸言、建議或評估。

三、由機關所屬人員對於廠商及其產品所作成之評估中非事實部分。

四、凡屬建議採購、承租或以其他方式獲得及處分物資、不動產、設施或功能之純理論性及暫時性資訊，而該資訊將對他人產生不正當或不公平競爭利益或將妨礙合法之政府功能者。

五、由政府取得所有權之營業秘密或其他具秘密性質的研究發展或商業資訊，且未達成熟階段之公開將可能影響政府協商之地位或其他商業利益者。

六、主計及監辦人員對機關之安全或內部管理、行政或作業所作成之官方檢查報告，且不適合公開者。

七、涉及國防計畫及資源分配程序之計畫、程式及預算資訊。

第六條（機關應公開信函中事實部分）

機關應對申請者公開機關內部或機關相互間之信函中事實部分，或與不公開部分係可分割之事實部分。但該事實部分之資訊係不得公開，或與不得公開之資訊具不可分性，或因其片斷性不具資訊效果者，或屬贅文不具資訊價值者，不在此限。

第七條（機關應公開上級機關之指導命令）

機關應對申請者公開其上級機關給予下級之指導或命令。但以該指導或命令已成為政策之指導或決定者為限。

前項之政策之指導或決定應有別於對事務之初步討論或決定前之研議。

第八條（機關應公開其決定過程）

機關應對申請者公開其內部聯絡中關於決定形成之過程，但以該決定已成為公共紀錄，且該決定業經採納或已成為紀錄之參考者為限。

第九條（施行日期）

本要點自公布之日起施行，修正時亦同。

第三節　政府採購中智慧財產權之規範[303]

第一款　前言

　　採購機關以契約採購所需的財物、勞務、工程及製造財物所需之方法及技術等，採購機關亦提供公私法人財務支援，以授權或訂立合作契約方式使其從事研究及發展工作，亦即廠商或機關均可能為智慧財產權之所有人，以授權或訂立契約方式，使他方履行義務並提供所需之契約標的，上述之行為均涉及智慧財產權，則採購機關及廠商的權利義務有待釐清。

　　採購契約要項第 56 條（智慧財產權之歸屬）規定：「廠商履約結果涉及智慧財產權者，機關得視需要於契約規定取得部分或全部權利或取得授權。」故權利之範圍係屬部分或全部或取得授權，採購機關應於契約內明確規定。然該條文並未規定機關取得部分或全部權利之條件，或取得廠商授權之作法；此外，智慧財產權之種類及其內容若何？何種智慧財產權之保護應由法令規定，以利採購機關遵守？政府的立法政策為何？應如何在招標文件及契約內規定採購機關及廠商之權利及義務？等諸問題攸關政府的法律責任及廠商的權益，更影響國內產業創新之動能，在政府採購過程中良好的智慧財產權規定非但可激勵創新、防止不當競爭，亦可保護智慧財產權人之人格與財產利益。[304] 詎政府採購法及其子法除採購契約要項第 56 條外則別無任何規定，則政府採購法有無另行規定子法之必要？等均有全盤探究之必要。

　　本文擬從美國聯邦採購法制對於智慧財產權之規範，及其審計長之決定或法院判決以探究智慧財產權之本質，並以之作為我國政府採購法制之借鏡。本文之所以以其為探討中心，係因美國保護智慧財產及採購之法令已行之逾百年，不僅體系健全，更經其行政機關之實踐，[305] 兼具理論與實務基礎，我國近年來屢屢修正保護智慧財產權的法律，其中參考美國立法例者甚多；再者美國係世界貿易組織（the World Trade Organization, WTO）之締約國，必須遵守「與貿易相關之智慧財產權協定」（Agreement on Trade-

---

[303] 本節內容曾發表於「軍法專刊」2007 年 4 月第 53 卷第 2 期及 6 月第 53 卷第 3 期中。

[304] 以廠商之專利權為例，專利制度之本質為何？便有創新報酬說、發明激勵說、秘密公開說、不當競爭防止說、及公權與私權結合說（綜合說）等學說。陳智超，專利法——理論與實務，2 版，五南圖書公司出版，2005 年 5 月，頁 4-6。美國對於專利權之本質，在實務中兼採二種理論，即契約理論及誘因理論。Ralph C. Nash, Jr. and Leonard Rawicz, *Intellectual Property Rights* (5th ed. Riverwoods: CCH INCORPORATED, 2001), p. 3. 本文認為自保護智慧財產權之本質而言，以上各說均有見地，蓋專利權本質係多層面的，如以單一學說以解釋複雜的專利權，恐有偏頗之虞，見美國聯邦獲得規則 Federal Acquisition Regulations（FAR）27.302.

[305] FAR 1.104.

Related Aspects of Intellectual Property Rights, TRIPS）之規定，此外，美國係 WTO 中政府採購協定（Agreement on Government Procurement, GPA）之簽字國，其採購之相關法規及實踐均須接受 WTO 之貿易檢視，[306]其符合 GPA 之規範亦即符合世界貿易規範之正當性，實不容置疑。我國廠商如欲拓展商機，則充分瞭解美國聯邦政府之採購制度實屬必要，故美國採購法之制度頗有參考價值，因此本文即以美國聯邦政府之採購制度為研究中心。

　　以美國聯邦政府之採購制度為例，採購機關較常遇見的智慧財產權問題分別是專利、營業秘密及著作權，[307]因此本文論述之範圍即以上述三者為限；又世界各國對智慧財產權法律變動均甚為頻繁，本文省略對其歷史沿革之敘述，僅就我國及美國現行之法令、學說或判決等予以探討。

　　有鑑於國內鮮少有學者探究採購機關使用廠商之智慧財產權的文獻，因此引發本文探討政府採購與智慧財產權間關係之動機。坊間固有諸多有關專利法、營業秘密法及著作權法之書籍或期刊專論，然尚未見有從政府採購中，機關或廠商使用對方智慧財產權之角度探究者，前者（坊間之書籍及專論）大抵著重在：介紹智慧財產權之內容及保護；至於後者（採購機關與廠商智慧財產權之關係）則研究採購機關或廠商取得智慧財產權之要件為何？如何授權對方使用？採購機關為維護所購得之財物，或辦理後續零配件供應、更換或擴充，或招標文件必須使用廠商智慧財產權時，應如何規定，方可滿足使用之需求且不致侵犯廠商權利？等領域，兩者之研究內容並不盡相同，但具有相輔相乘之功能，不可偏廢，由於本文篇幅有限，故將研究之重點置於後者。最後，對我國政府採購法及其相關子法缺漏部分提出建議，冀望能提供學術及實務界參考。

第二款　總論

　　廠商之智慧財產權涉及其巨大的經濟利益，故無不保護其利益，而美國為保護其廠商的智慧財產權，動輒以特別 301 條款威脅我國，特別在政府成為 GPA 的簽字國後，外國廠商參與國內政府採購之機會將急劇增加，爭訟事件亦必隨之增多，則政府在辦理招標、訂約及履約工作時，必須謹慎處理廠商及政府的智慧財產事宜，以維雙方之權益並免爭訟，政府機關尤應以身作則，遵守對於智慧財產權之保護，不得侵犯廠商之智慧財產權。以下就從智慧財產權之意義、內容及特色等予以探討。

----

[306] Trade Policy Review Mechanism ("TPRM"), *The Results of the Uruguay Round of Multilateral Trade Negotiations,* WTO, Switzerland, 1995. pp. 434-7.

[307] FAR Part 27.

第一目　智慧財產權之意義及內容

　　智慧財產權（intellectual property, IP or intellectual property rights, IPR）因各國國情及文明發展不同，故儘管均保護智慧財產權，但對於其種類、範圍及保護方法則各不相同。隨著時代進步及使用者不同，智慧財產權之範圍日益擴大，產業界對其認定較爲寬鬆，泛指一切研究成果及其他原創的觀念，然法律界則認爲智慧財產權一詞已獲國際承認，有其嚴格之意義，產業界的認定較法界認定的範圍爲廣，可能不符法律的要件。[308]

　　與智慧財產權概念相似，但逐漸被「智慧財產權」一詞所取代的「工業財產權」（industrial property），依照巴黎保護工業財產權公約之規定，其保護的內容包括專利、實用型、工業設計、商標、服務標章、商業名稱、來源地表記及不公平競爭的限制，該詞常包括營業秘密，但不含著作權，工業財產權一詞現似已不再流行。[309]智慧財產權一詞最早出現於 19 世紀，1893 年於瑞士成立之「保護智慧財產權聯合國際局」（BIRPI 即「世界智慧財產權組織」World Intellectual Property Organization, WIPO 之前身），便已使用智慧財產權一詞，其之所以被普世所接受，係因關稅暨貿易總協定（General Agreement on Tariffs and Trade, GATT）於 1986 年展開之烏拉圭回合談判將之列爲談判及協定內容，美國及其他國家中紛紛使用該詞，故智慧財產權已成爲熱門課題及用語。[310]

　　TRIPS 規定智慧財產權的內容包括：一、著作權（copyright）及相關權利；二、商標（trademarks）；三、產地表記（geographical indications）；四、工業設計（industrial designs）（類似於我國專利法的「新式樣」）；五、專利（patents）；六、積體電路之電路布局（layout-designs (topographies) of integrated circuits）；七、未揭露資訊之保護（protection of undisclosed information）（指我國營業秘密法的營業秘密）；八、契約授權中反競爭（anti-competitive practices）之控制等，此外，TRIPS 亦規定智慧財產權的有效執行，其內容包括：一、一般義務；二、民事及行政程序及救濟；三、假處分（provisional measures）；四、關於邊境措施之特別要求；五、刑事程序等執行層面的事項。[311]我國公平交易法對於不公平競爭已有禁止之規定，又爲符合 WTO 的要求，業

---

[308] 趙晉枚、蔡坤財、周慧芳、謝銘洋、張凱娜，智慧財產權入門，四版，元照出版公司出版，2005 年 5 月，頁 4；不過 "industrial" 一字所指並不限於「工業」，所有產業均會涉及各種財產權，宜稱之為「產業」，在德文稱之為 "gewerblich" 較為明確。謝銘洋，智慧財產權之基礎理論，4 版，翰蘆出版公司總經銷，2006 年 5 月，頁 9。

[309] 趙晉枚、蔡坤財等，智慧財產權入門，同上註。

[310] 同上註，頁 4-5。

[311] Agreement on Trade-related Aspects of Intellectual Property Rights, Annex 1 C, *The Results of the Uruguay Round of Multilateral Trade Negotiations*, WTO, Switzerland, 1995, pp. 365-403.

經立法程序修訂相關法律，包括：專利法、商標法、著作權法、營業秘密法及積體電路電路布局保護法等以符合 TRIPS 之規定。由於世界各國已簽訂多項條約，故對於智慧財產權的基本規定已達成共識，我國雖未加入其中多數的條約，但既已爲 WTO 之成員國，則我國相關法令必須跟隨 TRIPS 之規定。

政府採購所涉及之智慧財產權甚爲龐雜，理論上與貿易相關之智慧財產權法律均有適用之可能，然究以專利、著作權及營業秘密爲常見，其他型式之智慧財產權尚包括積體電路電路布局（semiconductor mask works）、數位記錄（digital recording）及船體設計（vessel hull design）等，[312]然本文限於篇幅有限，僅能就主要三者予以論述。

第二目　智慧財產權之特質

智慧財產係出自心智的無形的創作，通常是原則、概念、想法或點子（ideas）的應用，且可排除他人利用該財產。不過從人類進步的角度而言，人類的文明是因爲抄襲而進步的，抄襲原則上應予鼓勵，故個人的智慧結晶原則上屬公眾所有（public domain），在浩瀚的智慧結晶中，受保護者畢竟有限，智慧財產權只是一項例外，職是之故，權利人必須符合嚴格的法律規定，方得主張智慧財產權。[313]

採購機關依此邏輯，應鼓勵廠商於履約過程中依約定使用新發明，對於廠商自費研發之智慧財產權應予以尊重，非依法律規定不得使用或獲得該等智慧財產權，但機關爲達成政府之目的，得限制廠商對於該財產權的要求。機關原則上不得因廠商可能侵害他人專利權而不予其得標。[314]

各種智慧財產權或有其重疊之處，例如電腦程式可能同時受專利（技術內容）及著作權（表達）的保護；商標與著作權亦可能發生爭議，例如將他人之著作登記爲商標；廠商要以營業秘密或請求專利來保護其資訊技術；未來亦可能發生營業秘密與著作權互動等新問題，各智慧財產權間的互動將成爲複雜之問題。但各智慧財產權各有其不同的法律要件與法律效果，其間並不當然互相排斥，若要有效保護各種智慧財產權，則應於經營管理層面採取並不斷強化智慧財產權之措施，以發揮其最大的效益。[315]

世界各主要國家爲解決智慧財產權保護所產生的問題，曾利用關貿總協定 GATT 談判的機會，以簽定 TRIPS 協定使智慧財產權與貿易及 WTO 產生相關聯，使得各國對於智慧財產權的重要事項獲得共識，同時智慧財產權的保護機制得以建立，故各國對

---

[312] Nash, Jr. and Rawicz, *Intellectual Property Rights*，同註 304，頁 56-63。

[313] 趙晉枚、蔡坤財等，智慧財產權入門，同註 308，頁 15-9。

[314] FAR 27.104 - General Guidance.

[315] 馮震宇，了解營業秘密法——營業秘密法的理論與實務，2 版，永然文化出版公司出版，1998 年 6 月，頁 195-200。

於智慧財產權的立法具有普遍性。[316]其後之世界智慧財產權組織（WIPO）各締約國於1996年簽署了「世界智慧財產權組織著作權條約」（WIPO Copyright Treaty, WCT）及「世界智慧財產權組織表演與錄音物條約」（WIPO Performances and Phonograms Treaty, WPPT）及2000年「專利法條約與其施行細則」（Regulations under the Patent Law Treaty）等條約，使智慧財產權之保護更臻完善。[317]

第三款　營業秘密

營業秘密[318]相關之事項甚為繁瑣，且國內外論述甚多，本文僅能就其中與政府採購較有直接關係之部分予以探究。

第一目　法令依據

美國最高法院於1970年代初期認為營業秘密有別於專利及著作權，有訂立營業秘密法律之需要，1979年美全國統一州法委員會議（The National Conference of Commissioners on Uniform State Law）通過並推薦各州訂定統一營業秘密法（Uniform Trade Secrets Act, UTSA），現獲三十六州及哥倫比亞特區通過立法，依據委員會議於1985年所推薦之修正版，[319]對於營業秘密之重要規定包括：定義（第1條）、侵害（第1條）、法院保留營業秘密之義務（第5條）、侵害營業秘密之民事責任（第7條(b)）和我國營業秘密法相關條文內容比較並無二致，其他條文則大同小異，[320]然UTSA規定損害賠償請求權之請求期間係3年（第6條），而我國營業秘密法則規定為2年（第12條第2項）。值得吾人注意的有下列三點：

一、「正當方法」之定義[321]

該委員會議對UTSA之官方評論（Comments on the Act）中明確定義取得營業秘密

---

[316] 馮震宇，智慧財產權發展趨勢與重要問題研究，初版，元照出版公司，2003年10月，頁28。

[317] 在WTO架構下仍有若干未能解決的重要問題，包括藥品專利保護與人命保護的問題等。同上註，頁13-21。

[318] 有關營業秘密之定義，我國營業秘密法第2條係採美國立法例，並確定營業秘密之要件。該條文規定：「本法所稱營業秘密，係指方法、技術、製程、配方、程式、設計或其他可用於生產、銷售或經營之資訊，而符合左列要件者：一、非一般涉及該類資訊之人所知者。二、因其秘密性而具有實際或潛在之經濟價值者。三、所有人已採取合理之保密措施者。」美國統一營業秘密法（Uniform Trade Secrets Act, UTSA）第1條。

[319] Nash, Jr. and Rawicz, *Intellectual Property Rights*，同註304，頁39。

[320] 詳見馮震宇，了解營業秘密法，同註315，頁80。

[321] 營業秘密法第10條第1項第1款規定：「有左列情形之一者，為侵害營業秘密：一、以不正當方法取得營業秘密者。」換言之，如以正當方法取得營業秘密者，便未侵害營業秘密。同條第2項規定：「前項所稱之不正當方法，係指竊盜、詐欺、脅迫、賄賂、擅自重製、違反保密義務、引誘他人違反其保密

之「正當方法」（proper means）包括：

　　1. 經由獨立發明所獲之發現。

　　2. 經由「還原工程」方法（reverse engineering）所獲之發現。[322]

　　3. 已獲營業秘密所有人授權所為之發現。

　　4. 由公開播送或供公眾使用之物品中所做之觀察。

　　5. 經由已公開發行之刊物中所獲得之資訊。

二、秘密性

　　營業秘密一旦遭公開後便喪失，故秘密性為營業秘密的要件之一，美國侵權行為法整編第 757 條（*Restatement of Torts* § 757）規定：判斷一種資訊是否為營業密秘之要件有六：1. 該資訊於企業外為人所知悉之程度；2. 該資訊在企業內部為員工或其他相關人員所知悉之程度；3. 企業為維護該資訊秘密性所採取的保護措施；4. 該資訊對於企業或其競爭者之價值；5. 企業為開發該資訊所支出之努力及金錢；6. 該資訊可被他人獲得或複製之難易程度。[323]

　　營業秘密之部分秘密被侵害就可能構成營業秘密之侵害，法院應依事實認定之。全國統一州法委員會議對 UTSA 之官方評論中載明：企業已努力維護資料秘密性之作法包括：1. 如企業已告知員工應保護營業秘密；2. 限制只有必要之員工方得知悉營業秘密；3. 控制員工進入工廠等。將資料以公開發表於刊物、宣傳、公開演出或其他過失行為等散布方式均未盡保護措施。但法院並不認為企業必須完成極度昂貴且極不適當（extreme and unduly expensive）之程序以防範產業間諜方盡保護之責任，如企業依當時情況採取合理的保護措施便符合保護營業秘密之要求。[324]

三、新穎性

　　新穎性及可專利性並非是營業秘密之必備要件，[325]但就資料之秘密性而言，一般均認為資料必須具備至少一定程度的新穎性，[326]雖法院均認為營業秘密不若專利將新穎性

義務或其他類似方法。」

[322] 亦有譯為逆向工程者，指將他人之產品分解後，分析其產品之組件、設計或營業秘密，以獨立之研究，開發出相同或類似的資料。廠商為保護其營業秘密，可否防止他人運用還原工程之方法，開發出相同或類似的資料？於美國法院對還原工程之態度，可自 *Chicago Lock Co. v. Fanberg* 案中瞭解，還原工程並未侵害他人之營業秘密，美國實務上亦採此見解。詳見馮震宇，了解營業秘密法，同註315，頁 195-200。

[323] 參閱馮震宇，了解營業秘密法，同註315，頁 166-7。

[324] Nash, Jr. and Rawicz, *Intellectual Property Rights*，同註 304，頁 45。

[325] *Rivendell Forest Prods., Ltd. v. Georgia-Pacific Corp.*, 28 F. 3d 1042, 31 U.S.P.Q. (*United States Patents Quarterly*) 2d 1472 (10th Cir. 1994).

[326] *Kewanee Oil Co. v. Bicron Corp.*, 416 U.S. 470, 181 U.S.P.Q. 673 (1974).

列為必要條件，但資訊必須具備若干獨有性（uniqueness）。

營業秘密具非周知性、非顯而易知性或秘密性，依 UTSA 第 1 條將營業秘密之定義為：「非一般涉及該類資訊之人所知者…」，如被因其秘密性而具有實際或潛在之經濟價值者所知悉者，則非營業秘密，例如金屬之鑄造技術並非為公眾所知悉，但已為鑄造業者所熟稔者，則該技術並非營業秘密。

第二目　營業秘密與專利申請之關係

由於專利申請人於申請專利時必須公開創作之內容，故申請書、說明書及必要圖式所載之營業秘密將被公開。如申請權人提出專利申請，則專利專責機關有保密之義務。如申請人於申請後放棄申請，申請權人仍保留資料應予保密之權利。如申請人申請專利，而授權他人使用營業秘密之契約仍存續，則使用營業秘密者於創作發明之內容被公開後，是否仍應依據契約規定有保密之義務？美國各巡迴法院之判決見解並不相同，有認為使用營業秘密者仍須依約負保密義務者，但亦有法院認為不須再負保密義務者。[327]

第三目　營業秘密關係之發生

營業秘密所有權之歸屬可由契約約定，如契約當事人未以契約約定時，則應依法律規定其歸屬。契約當事人包括雇用人與受雇人、出資人與受聘人、授權者與被授權者、出賣人與買受人、本人與代理人、製造商與代辦商等之關係，依據美國侵權行為法整編第 757 條之評論規定，接受訊息者應已知所接受之訊息係營業秘密才負保密之義務。又依據美國不公平競爭法整編第 41 節（*Restatement of Unfair Competition*）規定，如知悉營業秘密者已表示願保守秘密之承諾，或依事實可得推定知悉營業秘密者應已知悉該訊息係屬秘密者，或可得推定其他人已表示願履行保密之承諾者，均應對營業秘密之所有人負保密義務。[328]

第四目　保護智慧財產權方式的選擇

各種智慧財產權的法律提供不同的保護，智慧財產權人於決定以何種法律保護其發明或技術之前，應瞭解專利法、著作權法及營業秘密之本質，包括其不同的法律要件及法律效果等，智慧財產權人得同時選擇兩種以上法律之保護。

---

[327] Nash, Jr. and Rawicz, *Intellectual Property Rights*，同註 304，頁 46。至於營業秘密與其他智慧財產權（包括著作權等）之關係，參閱馮震宇，了解營業秘法，同註 315，頁 38-49。

[328] Nash, Jr. and Rawicz, *Intellectual Property Rights*，同註 304，頁 47-8。至於營業秘密之歸屬，參閱馮震宇，了解營業秘密法，同註 315，頁 81-3。

　　營業秘密之秘密性與價值性並不須經國家審查，營業秘密並無期限，權利人不須提出申請，但必須採取保密措施以防止其具經濟價值之資訊技術洩漏，一旦該資訊技術遭公開或洩漏，則營業秘密將永遠喪失，再者，如他人以獨立創作、還原工程方式或其他公平、誠實方法發展出相同之資訊技術，則原營業秘密所有人並不能獲得法律的保護，惟有他人係以不正當方法取得營業秘密時，營業秘密所有人方可獲得法律的保護。雖然營業秘密規定之範圍較專利權爲廣，但保護的程度則較之爲弱，誠如美國最高法院在 *Kewanee Oil Co. v. Bicron Corp.*, 416 U.S. 470, 181 U.S.P.Q. 673（1974）一案中所言：「專利法之功能好比一個障礙物，而營業秘密法之功能相較之下則如篩子。」實屬的論。

　　如智慧財產權人之創作發明符合專利所要求之新穎性、進步性及實用性，經過申請並通過審查，則可取得 20 年專利權，並可透過授權以收取權利金，但權利金收取之期限不得超過專利權期限。專利權人得排除他人製造、使用或販賣其發明創作，即便他人係獨立發展其發明創作，專利權人亦得排除其權利，但專利權人不得利用其專利權之優勢而爲不公平之競爭，總之，其保護性較營業秘密或著作權爲佳，不過申請專利涉及技術性，且應繳納昂貴的申請費用及年費，增加成本之支出，故仍待智慧財產權人綜合考量，決定是否是採行專利之保護。

　　至於著作權保護之內容是作者之表達，著作權人並不能防止他人使用其著作。未經著作權人的同意，他人不得重製著作，不得公開播送、演出或展示其著作，如他人之獨立創作相似於著作之原件，則並無侵害著作權之可言。故營業秘密之保護較著作權爲佳。[329]

第四款　著作權

　　著作權是由法律保護著作人所完成之創作（works），著作人具有排他可以重製、出版、販賣、公開展示、出租、散布、無形傳達，包括口述、公開播送、上映、演出及傳輸的權利及基於原著作，改作成衍生著作的權利。[330]創作權所保護者不僅限於著作人之創作，尚且及於公眾之利益，蓋「自經濟的角度而言，由法律所賦予著作人或專利權人之保護，可使其發揮對科學及有用的（useful）文學或藝術之才能，此實爲增進公共利益最佳的方法。」[331]況且著作權並非是毫無限制的或完全爲保護私人利益所設計的，著作權是用以鼓勵著作人發揮創作力的特殊權利，並允許公眾於著作財產權存續期間期

---

[329] 17 U.S.C. § 106. Nash, Jr. and Rawicz, *Intellectual Property Rights*，同註 304，頁 53-5。

[330] 17 U.S.C. § 106. 謝銘洋、馮震宇、陳家駿、陳逸南、蔡明誠，著作權法解讀，2 版，元照出版公司出版，2005 年 5 月，頁 23。

[331] 美國最高法院 *Mazer v. Stein*, 347 U.S. 201, 100 U.S.P.Q. 325 (1954).

滿後得利用之權利。[332]

美國於 1994 年 4 月成為關貿總協定（GATT）中與貿易相關之智慧財產權協定（TRIPS）簽字國，並於同年 12 月 8 日完成內國烏拉圭回合協定法（Uruguay Round Agreement Act）將有關著作權法予以修正以符合 WTO 之規定。而我國亦為 TRIPS 之締約國，美國之立法例可值參考。

第一目　保護著作之標準

美國將受保護著作之種類規定於美國聯邦法典 United States Code 17 U.S.C. § 102(a)，和我國著作權法第 5 條之規定並無差別，但其保護之標準則有研究之必要。

一、原創性（Originality）

著作既為創作，必須具備創造性（creativity）或原創性（originality），作者方可取得著作權，所謂原創性係指由作者獨立創造，並非從其他著作物重製者，此已為各國之一致見解，[333]但與專利法所要求之「新穎性」（novelty）相較並不相同，故如一創作在實質上與他作者之創作相似，仍可取得著作權，[334]因此，兩位詩人獨立創作出相同之詩，均不具新穎性，但均具原創性，皆取得著作權，但原創性必須具備至少一定程度的創造性，即便是極小的創造性便符合著作權之要求，故如電話簿的排列方法及內容即便非常辛苦，但卻欠缺原創性，便不得取得著作權保護，[335]反之，若排列方法及內容具原創性，便受著作權的保護。[336]

二、附著於實體物

不論文字著作或其他形式之著作皆在著作權法保護的範圍，但必須隱固的且可存續一段期間的附著（fixed）於某實物，並可供知覺、重製、傳輸，故如聲音或影像皆必須附著於實體物。[337]

----

[332] *Sony Corp. of Am. v. Universal City Studios, Inc.*, 464 U.S. 417, 220 U.S.P.Q. 665 (1984).

[333] 謝銘洋等，著作權法解讀，同註 330，頁 4。

[334] *Sheldon v. Metro-Goldwyn Pictures Corp.*, 81 F.2d 49, 28 U.S.P.Q. 330 (2d Cir. 1936) cited by Nash, Jr. and Rawicz, *Intellectual Property Rights*，同註 1，頁 70。學說稱之為「重複創作」，謝銘洋等，著作權法解讀，同註 330，頁 5。

[335] *Feist Pubs., Inc. v. Rural Tel. Serv. Co.*, 499 U.S. 340 (1991).

[336] *Bellsouth Advertising & Pub. Corp. v. Donnelley Info. Pub. Inc.*, 999 F.2d 1436, 28 U.S.P.Q.2d 1001 (11th Cir. 1993).

[337] 17 U.S.C. § 101.

二、首次創造

當著作附著於實體時，該著作必須是第一次被創造，故不同版本之著作因創作時間不同，皆為不同之著作。[338]

四、原件、重製物及錄音物

創作首次附著之物為原件，該物可被直接閱讀或經由機器協助予以知覺，聲音或影像等著作應附著於實體物。重製則係指重複製作之行為，[339]一首歌係著作，受著作權法保護，可藉由錄音方法成為錄音物，書本或微縮片等則為重製物。著作權與著作物所有權不同，具著作物所有權者，如未經著作權人同意，不得有重製或其他侵害著作權之行為。[340]

第二目　不受保護之著作

單純為傳達事實所作成之語文著作通常並不受著作權之保護，因其缺乏著作之原創性，但若傳達事實之著作具原創性，則受著作權的保護，故如歷史學者於研究某書時發現某事件，該事件之發現並不受著作權保護，但如以文學創作表達之，則應受著作權保護。依據美國著作權辦公室所發布之第 1 號通告，下列著作包括全然的訊息，未具原創性，應屬公共財，不受著作權保護：標準日曆、身高及體重對照表、卷尺及公文書或其他普通來源所附之圖表等。[341]

第三目　「結合著作」與「共同著作」之區別

結合著作（a collective work）在我國著作權法並無規定，係指由數個獨立的著作組成，各創作人均為著作人，例如定期期刊及百科全書，而共同著作（a compilation）係指由各創作人所完成的創作，經過選擇、協調或安排等方式，共同組成一具原創性，且不能分離利用之著作，為我國著作權法第 8 條所規定。[342]在 *Triangle Pubs., Inc. v. New England Newspaper Pub. Co.*, 46 F. Supp. 198（D. Mass. 1942）一案中，法院認為原告所作的種族關係表，發表於報紙，係由作者將各種資訊組成、連結及分類而成，創造各事實間的新關係，為一受著作權保護之著作。

---

[338] 同上註。

[339] 重製之定義如著作權法第 3 條第 1 項第 5 款之規定。

[340] 17 U.S.C. § 202.

[341] Copyright Office Circular 1, Copyright Basics 摘自 Nash, Jr. and Rawicz, *Intellectual Property Rights*，同註 304，頁 75。

[342] 17 U.S.C. § 101.

第四目　政府著作

美國聯邦政府於 1909 年通過著作權法（Copyright Act），並規定：任何屬於公共財（in the public domain）之著作，包括美國政府的出版物，均不受著作權保護。但何謂「美國政府的出版物」？當時的法律並未規定，於是實務界及學術界產生許多爭議，例如：政府出版之私人著作，政府授權廠商出版之物，廠商因履行政府採購契約所製作之著作，公務員於下班時間為政府所作之演講，公務員於上班時間利用政府資源所作之法規設計（但未出版），是否均無著作權？該等爭議迄1976年修正著作權法後始告平息。

一、政府著作無著作權

1976 年著作權法對於政府著作有明確規定，依據 17 U.S.C. § 105 條文：任何美國政府之著作均不受著作權保護，但美國政府得因指定、請求或其他原因取得著作權。17 U.S.C. § 101 定義美國政府之著作係指「由美國政府辦公室或雇員基於其公務職責所製作之著作。」故不論政府著作係出版物或非出版物均無著作權；如公務員非職務之著作，即便涉及政府工作或其專業，仍由該公務員取得著作權；私人著作經政府出版，並不妨害其著作權。[343] 但於例外情形下，政府仍取得著作權：

1. 依據郵政組織再造法 Postal Reorganization Act of 1970, 39 U.S.C. § 405 規定，政府為提供郵政服務，應印製郵票，郵政人員因公務所印製之郵票不適用 17 U.S.C. § 105 之規定，即美國政府取得郵票之著作權。

2. 依據標準參考資料法 Standard Reference Data Act, 15 U.S.C. § 290 之規定，為貫徹將與貿易有關之科技資訊公告於公眾，以強化美國科學及技術能力，美國商務部應將已知之物質的物理或化學成分等標準參考資料，以計量方式公布，該資料應受著作權保護。

---

[343] Nash, Jr. and Rawicz, *Intellectual Property Rights*，同註 304，頁 78-9。在我國政府機關內部人員自行研究，其研究成果之著作權歸屬於誰？依著作權法第 11 條規定：「受雇人於職務上完成之著作，以該受雇人為著作人。但契約約定以雇用人為著作人者，從其約定。
依前項規定，以受雇人為著作人者，其著作財產權歸雇用人享有。但契約約定其著作財產權歸受雇人享有者，從其約定。
前二項所稱受雇人，包括公務員。」行政機關認為「著作權法第 11 條規定中之法人，並未特別排除公法人，故不論公法人或私法人，均有該條之適用。」（見民國 81 年 9 月 30 日法 (81) 律字第 14674 號函，載法令月刊第 44 卷第 3 期，頁 50）若創作之人為聘僱人員，其與國家間之關係為僱傭關係，自可適用著作權法第 11 條規定，若創作人為公務員，其地位如同私法上之受雇人，應類推適用受雇人職務上創作之規定。在專利法中公務員取得發明之理由相同。德國專利法規定，公務上之受雇人、公務員或軍人所享有之地位，除另有規定外，原則上均與私人僱傭關係中之受雇人相同。謝銘洋，智慧財產權之基礎理論，前註 308，頁 15-7、28-9。

二、政府契約及授權

　　如政府以契約委託廠商辦理事務（a commissioned work），則廠商對於因委辦所作之著作取得著作權，縱使廠商使用政府經費完成委辦著作，仍取得該著作之著作權。如廠商獲得政府之授權，則廠商取得著作權。[344]但如越南退伍軍人協會之民間機構將一雕像讓與政府（內政部），由於協會並非政府機構，該雕像並非政府著作，故仍受著作權保護。[345]

　　美國政府著作並無著作權之立法意旨，係將政府之著作歸屬於公共財，就經濟角度言，有其可採之處，事實上不僅政府之著作，政府之其他智慧財產都應考慮由公眾使用，方符效益。[346]我國著作權法第9條第1項第1、2款及第2項規定：「下列各款不得為著作權之標的：一、憲法、法律、命令或公文。二、中央或地方機關就前款著作作成之翻譯物或編輯物。」「前項第一款所稱公文，包括公務員於職務上草擬之文告、講稿、新聞稿及其他文書。」又政府將其所有之智慧財產權授予他人使用，是否違反國有財產法第2條第1項：「國家依據法律規定，或基於權力行使，或由於預算支出或由於接受捐贈所取得之財產，為國有財產。」之規定？依據科學技術基本法第6條規定，對於政府補助、委辦或出資之科學技術研究發展，其所獲得之智慧財產與成果，得將全部或一部分歸屬於研究機構或企業所有或授權使用，並不受國有財產法之限制。值得注意的是同條文第2項及第3項之規定：「前項智慧財產權及成果之歸屬及運用，應依公平及效益原則，參酌資本與勞務之比例及貢獻，科學技術研究發展成果之性質、運用潛力、社會公益、國家安全及對市場之影響，就其要件、期限、範圍、比例、登記、管理、收益分配、資助機關介入授權第三人實施或收歸國有及相關程序等事項之辦法，由行政院統籌規劃訂定；各主管機關並得訂定相關法規命令施行之。」

　　公立學校、公立研究機關（構）、法人或團體接受第一項政府補助辦理採購，除我國締結之條約或協定另有規定者外，不適用政府採購法之規定。但應受補助機關之監督；其監督管理辦法，由相關中央主管機關定之。」

第五目　專屬權

　　依據17 U.S.C. § 106之規定，著作權人享有專有或授權他人為下列行為之權利：
　　1. 重製原著作為重製物或錄音物。

---

[344] *Schnapper Affairs Press v. Foley,* 667 F.2d 102, 212 U.S.P.Q. 235 (D.C. Cir. 1981); *Rubin v. Boston Magazine Co.,* 645 F.2d 80, 209 U.S.P.Q. 1073 (1st Cir. 1981).

[345] *Hart* v. *Sampley,* 1992 Copyright Law Decisions (D.D.C. 1992).

[346] 學者謝銘洋同意此見解，見謝著，智慧財產權之基礎理論，同註308，頁59。

2. 以原著作爲基礎，將之改作成衍生著作（derivative works）。
3. 以販賣、讓與所有權、租賃或借貸方式，公開散布（distribute）重製物或錄音物。
4. 公開演出（perform）文學、音樂、戲劇及舞蹈著作、啞劇、電影及其他視聽著作。
5. 公開上映（display）文學、音樂、戲劇及舞蹈著作、啞劇及圖畫、平面繪畫或雕刻著作，包括電影中或其他視聽著作中之個別圖像。

上列各專屬權利稱之「一束權利」（a bundle of rights），得分別享有。17 U.S.C. § 107-120 分別規定上列各權利之限制及例外情形。17 U.S.C. § 106A 則規定視覺藝術之著作權人的權利。其中「改作成衍生著作」（preparation of derivative works) 之權利範圍和重製權範圍有重疊情形，但前者之範圍較後者爲廣，衍生著作不須固定於實物，例如未經原著作權人同意，而公開表演其巴蕾舞著作，便侵害原著作權人之著作權。[347]

依 17 U.S.C. § 104 及 301 規定未經公開出版之著作應受著作權之保護。美國最高法院在 *Harper & Roe v. Nation Enter., 471 U.S. 539, 225 U.S.P.Q. 1073*（1985）案中，判決被告未經合法授權而使用福特總統未經出版之文件，超越合理使用之範圍，已構成著作權之侵害。

著作權人雖享有專有之權利，但應受限制。我國著作權法第 44 條至第 66 條有相同之規定，其中第 60 條規定，著作原件或其合法著作重製物之所有人，得出租該原件或重製物。但錄音及電腦程式著作，不適用之，等規定和 17 U.S.C. § 109 相同，即所謂的「第一次銷售理論」（First Sale Doctrine）。[348]

第六目　損害賠償責任

侵害著作權者指侵害著作權人之專屬權。[349]著作權人對於侵害其權利者，得請求排除之，有侵害之虞者，得請求防止之。[350]著作權人請求損害賠償之範圍包括：因他人侵害著作財產權所遭受的實際損失及被害人依通常情形可得預期之利益。[351]

第七目　採購法規中有關著作權之規定

美國聯邦獲得規則 Federal Acquisition Regulations（FAR）及美國國防部聯邦獲得規

---

[347] Nash, Jr. and Rawicz, *Intellectual Property Rights*，同註 304，頁 82-4。
[348] 德國著作權法第 17 條有相同規定，謝銘洋等，著作權法解讀，同註 330，頁 27。
[349] 17 U.S.C. § 501.
[350] 17 U.S.C. § 502.
[351] 17 U.S.C. § 504. 我國著作權法第 88 條係為貫徹「有損害斯有賠償」的民法基本原則，參照商標及專利法規定，而設計出較精密的計算方式。謝銘洋等，著作權法解讀，同註 330，頁 104。

則補篇（Department of Defense FAR Supplement, DFARS）對於著作權之發生及種類均有詳細規定，然著作財產權人因屬機關或廠商之差異，而有不同規定，又電腦程式著作係屬著作之一種，[352]然其保護之規定和一般著作不同，故均另行規定，本文依序探討之。

一、政策

政府各機關為達成其目標，必須依據契約由履約過程中獲得各種資料。[353]機關獲得上述各種資料俾使：廠商充分競爭，適當地散布機關活動之訊息，確保研究、發展及實證結果之被利用，公布科技訊息以培養未來的科技發展，及依法令行使職權。機關為達成國防之目的，應獲得上述之資料以滿足特殊採購之所需並確保後勤補給。

各機關應明瞭廠商對於自費發展之資料享有合法財產利益（例如財產權或其他合法之經濟利益），保護廠商之資料並防止廠商的商業利益被妨害，為確保廠商的財產權及經濟利益之必要條件，且可避免機關不當地使用資料，亦可鼓勵合格之廠商參與政府採購並運用創新之概念於採購事務，故機關應於政府需求及廠商合法財產利益之間求得平衡。[354]

二、機關為著作人

㈠著作權之發生

1. 發生於履約過程中

著作權發生於廠商履約過程中，由於機關支付契約價金，故機關享有著作權。除契約另有規定者外，廠商不需政府同意，對於履約過程中公開發表之著作享有著作權，但如契約有特別規定者，廠商應以書面徵求機關同意其享有政府著作權，政府非有必要之理由應同意之。[355]但如廠商係依約從事獨立基礎或應用研究之大學或學院，機關應同意廠商不需機關同意便可享有著作權。廠商應於資料中依契約規定載明著作權所屬機關，廠商應讓與機關或其指定之人已付費（paid-up）、非專有（nonexclusive）、不可撤銷、世界通行之著作權（但如著作係電腦程式，機關不得將重製物公然散布）。廠商於採購過程中得提出不需機關同意便可享用著作權之申請，機關得同意廠商之申請。[356]

352　我國著作權法亦規定電腦程式著作，其第5條第1項第10款規定，本法所稱著作包括電腦程式著作。

353　所謂資料「data」係指經記錄之訊息（information），不論以何種形式或工具記錄之方法均屬之，可分為技術性資料（technical data）及電腦程式（computer software）。但不包括隨附於履約之資料，例如財務、行政、成本或計價或管理之訊息。FAR 27.401.

354　FAR 27.402.

355　FAR 27.404(f)(1) 列舉不同意廠商所請之情形包括：僅供政府內部使用之資料，代表政府官方立場之報告，機關將自行發布者，為國家利益所需之限制及資料應予散布者。

356　參看我國著作權法第36條。FAR 52.227-14 Alternate IV.

　　廠商以書面向政府提出申請時，應載明欲享有著作權之範圍、理由及公開播送或傳輸之方法，並於資料明顯處記明係由政府資金完成，著作權人為政府等通知，於決標前或履約中申請之。機關受理廠商申請時，應考量政府之情況，給予其不同授權或限制其享有之範圍，廠商應將機關授權之種類及範圍於資料的封面明顯處記載之，如資料係電腦程式，則廠商應將機關授權之種類及範圍於資料的最明顯處記載之。[357]

　　2. 發生於履約過程外

　　如廠商著作發生於履約過程之外，則廠商並無交付資料之義務。如廠商依約必須交付政府部分權利資料或限制性權利資料時，應記明「本資料係未公開發表之著作，全部權利均受著作權法保護」等文字，如廠商未作如此之記載，機關應予其補正機會。如資料中並無上述文字之記載，該資料得視為已公開發表之著作，並得公開散布之。[358]

㈡招標文件及採購契約中對智慧財產權利之規定

　　採購機關應將同意廠商對政府智慧財產權之產製、供應、獲得及機關取得之權利及其他等要求，規定於招標文件及採購契約之中，以拘束採購機關及廠商。[359]若廠商並未經機關招標程序，而係主動提出企劃書（unsolicited proposals），依據 FAR 15.608 之規定，機關不得於招標文件或於廠商協商時，使用企劃書內之任何資料（data）、觀念（concept）、點子（ideal），以保護廠商之營業秘密、程序、作業、創作、工具及其他事項，但經廠商同意機關使用者，不在此限。此外，FAR 15.609 規定，機關對於廠商未經招標程序，且主動交付之資料，得因評估之目的，而交付政府外之人員使用。[360]

㈢廠商行使著作權

　　廠商履行採購契約，需要由政府提供部分權利資料、限制性權利資料，或代表政府履行契約時，則廠商應獲政府同意並依照資料中對於著作權說明之記號規定，行使著作權，但經機關特別授權者，不在此限。廠商行使著作權時，不得違反出口管制及國家安全之法令。[361]

---

[357] FAR 27.404(f)(1).

[358] FAR 27.404(f)(2).

[359] FAR 27.201-2; 27.409(a). FAR 對於不同採購標的，如現貨、工程，及不同採購情形，如在內國採購、政府全額出資發展、政府部分出資發展等均另有規定。FAR 27.409(a). FAR 52.227-14 及 DFARS 252.227-7013 則對雙方在契約及招標文件中有關智慧財產權之權利及義務等有詳細之規定。

[360] 政府採購法第 34 條第 4 項規定：「機關對於廠商投標文件，除供公務上使用或法令另有規定外，應保守秘密。」則機關保守秘密之範圍僅限於廠商的投標文件，但對於廠商並未經機關招標程序，而係主動提出企劃書之情形，則並未規定，FAR 15.608, 15.609 之立法例可值參考。

[361] FAR 27.404(g).

三、廠商為著作人

廠商為保護其智慧財產權,得不授權(withholding)政府使用其資料。但若廠商同意授權政府使用其資料,則可採取保護資料之措施,包括:在文件上加列權利之說明(with proprietary legends)、加列其他限制性之記號及依不同性質資料予以分類及授權等,以下分別分析之。

㈠不予授權

廠商為保護其智慧財產權,得不授權採購機關使用其智慧財產權,但絕對契約自由的情況恐將導致採購機關因缺乏數據資料或電腦程式,而使裝備或設施無法運作或維護,顯有違公益之原則,[362]故美國聯邦獲得規則 FAR 52.227-14(g)「部分權利資料(limited rights data)及限制性(restricted)電腦程式之保護」,[363]便規定:「廠商為保護其智慧財產權,得不授權採購機關使用其智慧財產權,但廠商應明確告知採購機關不予授權之智慧財產權,並應提供具形式、適當及功能性之資料(form, fit, and function data)以替代未予授權之智慧財產。」而所謂形式、適當及功能性之資料是指與品項、組件或製法相關之資料,該資料應足以使其物質性及功能性互換(physical and functional interchangeability),亦應明確指出來源、尺寸、結構(configuration)、配對(mating)及附件特徵(attachment characteristics)、功能特徵及效益要求。廠商所提供之電腦程式則應明確指出來源、功能特徵、效益要求等資料,但不含程式之來源碼(source code)、演算法(algorithm)、處理程序(process)、公式(formulae)及流程圖(flow

---

[362] 有別於私法著眼於規範個人的利益,公法是規範國家與人民間的權利義務,而「公益原則」係屬公法概念,劉倩玟,政府採購之救濟制度——以政府採購之法律性質為中心,國立政治大學法律研究所碩士論文,1997 年 6 月,頁 32-3。政府採購之行為究屬公法抑為私法性質或可採行「雙階理論」?詳見拙著,政府採購中成本計價型契約之種類及其適用——以美國聯邦政府為中心,軍法專刊,第 51 卷第 11 期,2005 年 11 月 1 日,頁 2、10-12。本文認為政府採購行為性質複雜,各種公法或私法理論均有偏狹之虞,尚難稱政府採購係完全屬公法或完全屬私法性質,雙階理論亦有其矛盾之處(依該理論,訂約後之採購行為屬私法行為,則應如何解釋廠商遭受停權處分之行為?)比較妥適之見解應為:政府為達成公益及平等原則等目的,大量地介入並規範原屬私法性質之政府採購措施,故政府採購兼含公法及私法之性質。至於應如何設計政府採購之立法?則宜參考 FAR 1.102 規定,從經濟等層面著眼,例如規定政府採購之目的應包括:1. 促進廠商競爭;2. 節省採購作業成本;3. 以使用商業財物或勞務為原則;4. 達成公共政策目的;5. 以正直、公平及公開方式採購等,則學者及實務從事者方可針對各採購措施予以妥適之設計及立法,總之,政府採購難免有公法及私法並存之現象。此外,我國政府採購法第 1 條及第 6 條雖規定「為建立政府採購制度,依公平、公開之採購程序,提升採購效率與功能,確保採購品質,爰制定本法。」「機關辦理採購,應以維護公共利益及公平合理為原則,對廠商不得為無正當理由之差別待遇。」但並未載明政府採購之目的尚應包括:廠商競爭極大化、節省採購作業成本、以使用商業財物或勞務為原則等規定,實有補正之必要。

[363] 「部分權利資料」有別於「限制性電腦程式」,前者係指廠商自費開發之有關品項、配方或製程之營業秘密。FAR 52.227-14(a)。營業秘密之定義則與我國營業秘密法第 2 條之營業秘密內容相同。後者係具營業秘密性質的電腦程式。

charts）。[364]

（二）**保護資料之方法**

1. 在文件上加列權利之說明（legends）

除廠商同意機關取得全部權利外，若同意機關所取得者係部分權利或限制性權利，而未於交付之資料中載明權利種類之記號，則美國國防部規定機關對於未載明記號之資料取得全部權利，[365]故廠商必須依規定載明記號，以免喪失權利。以下就 DFARS 及 FAR 的規定說明之。

(1) 美國國防部之規定

依據美國國防部聯邦獲得規則補篇 DFARS 252.227-7013(f)[366]規定：廠商或其分包廠商得於資料載明權利之種類共分五種：一、一般標示之指導：廠商及其分包廠商應於資料儲存之容器上或文件內之每頁上，以明顯文字列明權利之種類。二、政府目的權利之記號（Government purpose rights markings）[367]。三、部分權利之記號（limited rights markings）[368]。四、特殊授權之記號（special license rights markings）[369]。五、先前已授權之記號（Pre-existing data markings）等[370]。為政府目的權利之記號應包括：契約號碼、名稱、廠商地址、期滿日及權利之內容，限制性權利之記號應包括：契約號碼、名稱、廠商地址及權利之內容，特殊授權記號應包括：契約號碼、授權證號碼及任何重製物均應標示該記號。[371]

(2) 聯邦獲得規則之規定

FAR 27.403 規定機關或其指定之人應依照契約及記號之規定使用資料。契約內應

---

[364] FAR 27.401.

[365] DFARS 227.7103-10(c).

[366] DFARS 252.227-7013 Rights in Technical Data-Noncommercial Items 係規定非商業性品項之智慧財產權，至於商業性品項之智慧財產權的獲得，可經由招標文件中規定廠商及採購機關之權利及義務，不若非商業性品項之智慧財產權的複雜及困難。

[367] 所謂「政府目的權利」係指美國政府得於無限制之情況下，於政府內使用、改作、重製、散布、演出、上映或發行之權利，或政府得對政府外經授權者同意其使用、改作、重製、散布、演出、上映或發行之權利。美國政府與外國政府或組織進行軍事合作或售予時，得行使此權利，但不得用作商業用途或授權他人用作商業用途。此權利之行使，除另有協定規定外，自廠商開始履行契約之日起存續期間不得超過5年。DFARS 252.227-7013(a).

[368]「部分權利」是指機關在部分權利資料如其通知上所享受之權利，權利之範圍如資料上之通知所示。FAR 27.401. DFARS 則定義為：於機關得於政府內使用、改作、重製、散布、演出、上映或發行，但非經授權者同意，政府不得於政府外使用、改作、重製、散布、演出、上映或發行之權利。DFARS 252.227-7013(a).

[369] 指採購機關和廠商經協商程序後，同意採購機關對於資料之特別授權。

[370] 指原先廠商和採購機關簽訂之前契約中已限制採購機關之使用授權，而該等限制仍可適用於現行有效之契約，則原先契約中的限制記號仍應繼續沿用。

[371] DFARS 227.7103(f).

約定著作之使用、重製及散布等權利及義務，但機關以秘密標方式採購現存資料且不需重製權者，不在此限。機關及廠商得於契約中載明 FAR 52.227-14 所規定之選項二（Alternate II）（適用於部分權利資料），或選項三（Alternate III）（適用於限制性權利資料）等條款，契約內應約明廠商應交付之資料。[372]FAR 27.404(d)(1) 規定採購機關非經廠商之同意，不得將部分權利資料以生產為目的而使用之，亦不得散布於機關之外。但政府為達特殊目的者不在此限，政府的特殊目的包括：(i) 負責維修工作之廠商有使用之需要時，但不得有製造之行為。(ii) 非政府機關或組織進行評估時。(iii) 其他廠商因履行政府採購契約而將該廠商所履行之契約列為履約之一部分時，但不得有製造之行為。(iv) 緊急維修或翻修。(v) 美國政府認有交付資料或程式予外國政府或組織以供其進行評估、緊急維修或翻修之需要時。採購機關並應要求使用者不得散布該資料。[373]

　　政府可否於招標文件中使用廠商的部分權利資料，得標廠商並得據以從事生產？美國國會之審計長 Comptroller 於 49 Comp. Gen. 471（1970）一案中，判斷廠商在文件上載明權利之說明可區分成兩種：財產權資料（proprietary data）及製造性資料（manufacturing data），採購機關在使用後者時，應受更嚴格的限制，審計長並檢視財產權資料是否過於詳細以致可用以製造零件，採購法規並未禁止採購機關得使用限制性權之資料進行招標等工作，自 1970 迄今，雖有許多廠商認為其他競標廠商可輕易地獲得該部分權利資料，並不公平，但審計長在諸多之採購爭議案件中仍維持本判斷之理由。[374]

　　FAR 52.227-14，選項二（Alternate II）規定：如機關要求廠商應交付部分權利資料時，廠商得於資料中載明「部分權利之通知」以使採購機關據以遵守，「部分權利之通知」內容應包括：廠商依據政府採購契約或分包契約號碼＿＿＿＿＿＿＿交付部分權利資料，政府應經廠商之同意，使用或重製所列之部分權利資料；非經廠商同意，機關不得以之從事生產行為，或向政府外人員洩露。但政府遇有 FAR 27.404(d)(1)所列舉之情形者，得不經廠商之同意逕行將部分權利資料從事生產或散布於機關之外。任何重製之資料或程式內均應載明本通知。

　　FAR 52.227-14，選項三（Alternate III）規定：如機關要求廠商應交付限制性電腦程

[372] FAR 27.404(b). 選項一（Alternate I）是廠商為保護其營業秘密或商業或財務等資料，而將之歸類於部分權利資料時使用之條款。FAR 之所以將限制性電腦軟體權利予以特別規定，乃因電腦軟體與部分權利資料性質有別，電腦軟體除有特別規定外，不得重製或散布，若廠商決定不予政府授權，而僅交付具形式、適合及功能性之資料，則作業系統乃無法作用，故有另行規定之必要。
[373] 美國聯邦法典 10 U.S.C. § 2320(a)(2)(d) 和 FAR 27.404(d)(1) 之規定相同。
[374] *Curtiss Wright Corp.*, 55 Comp. Gen. 1289, 76-2 CPD ¶ 54; *Garrett Corp.* Comp. Gen. Dec. B-182991, 76-1 CPD ¶ 20. Ralph C. Nash, Jr. and Leonard Rawicz, *Technical Data Rights* (5th ed. Riverwoods: CCH INCORPORATED, 2001), p. 43.

式時，廠商得於資料中載明「限制性權利之通知」以使採購機關據以遵守，「限制性權利之通知」內容應包括：廠商依據政府採購契約或次契約號碼＿＿＿＿＿＿＿＿，交付限制性權利之資料，政府應經廠商之同意，使用、重製或發表所列之限制性電腦程式，但政府遇有下列之情形，得不經廠商之同意逕行使用或重製所列之部分權利資料：(i) 使用或重製隨附於電腦使用之軟體。(ii) 為備用電腦之使用而重製軟體。(iii) 為安全或備用存擋目的而重製電腦程式。(iv) 因配合機關所使用機器之需要，而修改、調整或結合電腦程式並限於機關內使用。[375](v) 負責維修工作之廠商有使用之需要時。(vi) 替換電腦時，使用或重製電腦軟體。任何對於電腦程式之使用限制，均應於採購契約中明確規定之，又任何電腦程式重製物內均應載明本通知。

　　載明權利之說明可以劃上圓圈、底線或註解等方式為之。最能保障廠商權利之作法係於資料的每一頁均予以說明，而非僅於封面為之。[376]美國審計長曾判斷：在廠商所交付之若干圖說中並未載明部分權利之記號，則廠商對於未載明記號之圖訖不得主張其權利。[377]一般而言，廠商均於資料空白處載明權利之說明，註明採購契約編號、廠商之名稱及部分權利之終期等。[378]

　　2. 其他特別授權之記號

　　依據 DFARS 252.227-7013(f)(4) 規定，如採購機關和廠商經由協商結果，廠商同意給予機關特別之授權，則應於資料上記明：「機關之使用、改作、重製、散布、公開表演、上映、發表等行為應受依契約號碼＿＿＿＿＿及授權證號碼＿＿＿＿＿之限制。任何技術資料之重製物內均應載明本記號」。特別授權有別於政府目的授權，兩種授權應分別使用。法院認為僅標示商標尚不能說明授權之種類及範圍，而應依契約條文規定之。[379]但美國三軍採購爭議申訴委員會（Armed Services Board of Contract Appeals, ASBCA）則認為：如採購機關認為文件或器具上之專利記號於招標時，將產生不良影響時，得予去除之。[380]

　　3. 錯誤記號之處理

　　若廠商交付資料中標示錯誤限制政府權利之記號，FAR 及 DFARS 均授權機關得將之退還廠商或將記號更正或刪除之，機關不受錯誤記號之拘束，然 FAR 規定僅適用於主要系統或主要系統之支援，[381]DFARS 則無此限制，此外，DFARS 和 FAR 規定尚有其

---

[375] 著作權法第 59 條第 1 項有相同之規定。

[376] 17 U.S.C. § 401, Nash and Rawicz, *Technical Data Rights*，前註 374，頁 41。

[377] *The Source*, Comp. Gen. Dec. B-266326, 96-1CPD ¶ 48.

[378] Nash, Jr. and Rawicz, *Technical Data Rights*，前註 374，頁 41。

[379] *Scanwell Labs., Inc. v. F.A.A.*, 484 F.2d 1385, 179 U.S.P.Q. 238 (C.C.P.A. 1973).

[380] Teledyne Continental *Motors*, ASBCA 16516, 75-2 BCA ¶11,553.

[381] FAR 27.404(h).

他不同之處。

　　FAR 規定：機關發現廠商錯誤記號後，應以書面通知廠商，要求廠商於 30 日內以書面說明其所作記號之理由，若廠商未於 30 日內以書面說明，或機關認其理由不正當，則機關首長應以書面通知廠商，並得更正或刪除錯誤之記號，但廠商於接獲通知後 90 日內提出訴訟或仲裁，則機關不得更正或刪除錯誤之記號，應受記號之拘束，並應依法院判決或仲裁判斷處理廠商之資料。[382]

　　DFARS 和 FAR 不同規定之處，尚包括：DFARS 將廠商錯誤記號區分為兩種[383]：不一致之記號（nonconforming markings）及不正當之記號（unjustified markings），前者係指記號之格式不符規定及內容不符合 DFARS 252.227-7013 規定之情形，後者係指廠商未能正確地記載政府使用、修改、重製、表演、上映或散布權利之記號，例如機關證實廠商交付之資料並非完全由其獨立經費發展，而係由政府出資或政府與廠商共同出資發展之情形。機關均得將之退還廠商，廠商自接獲通知之日起，60 日內未能更正錯誤之記號，則機關得自行更正錯誤，並請求廠商支付更正之費用。[384]

㈢政府取得之權利

　　FAR 27.4 規定廠商為著作人時，政府取得之權利共三種，即全部權利（unlimited rights）、部分權利（limited rights）及限制性權利（restricted rights），然美國國防部卻因其任務與一般機關有別，並不適用 FAR 之規定，[385]不論 FAR 及 DFARS 均有其立法之理由，皆值得探究。

1. FAR 之規定

　　採購機關於採購資料時，應於契約內規定採購之種類、數量及品質及所需資料之權利範圍，如機關所採購者係現存之資料（有別於部分權利及限制性權利資料）且不需要重製權，則機關可以秘密標（sealed bidding）方式採購所需之資料。但如機關所採購者係非現存之資料，則必須於契約內詳細規定機關及廠商使用、重製及散布之權利及義務，機關應依照 FAR 規定之契約要項訂定契約。[386]

　　FAR 對於「部分權利資料」定義如下：指政府依據契約，對納入營業秘密或具商業性或財務性之秘密或特別授權資料之權利，政府之部分權利僅及於廠商完全自費發展之品項、組件或製法，包括對於該資料非屬重大之修改亦屬之。[387]

---

[382] FAR 27.404(h).

[383] DFARS 227.7103-12(a)(b).

[384] 同上註。

[385] DFARS 227.400.

[386] FAR 27.403.

[387] FAR 27.401.

FAR 對「限制性權利資料」定義如下：指政府依據契約，對廠商完全自費發展，已納入營業秘密或具商業性或財務性之秘密或特別授權，或公開發行具著作權之電腦程式的權利，包括對於該電腦程式非屬重大之修改亦屬之。[388]

FAR 27.404(a) 規定：廠商為保護資料，得不予機關授權，但應交付機關具形式、適當及功能性之資料。如機關確有使用部分權利及限制性權利資料之需要，得依所需使用本條文規定之選項二（用以規定部分權利資料）或選項三（用以規定限制性權利資料）（Alternates II or III）。[389]機關得將選項二或選項三之要求列為招標文件內容，廠商應依機關要求提出投標文件，如廠商另行提出有關智慧財產權保護或授權之企劃書，廠商仍應依選項二或選項三之要求提出投標文件，機關應與廠商就其所提出的內容協商之。機關得依所需而修改選項三之內容。如廠商所提交之部分權利資料係儲存於電子資料庫中，則該資料仍為部分權利資料，並非限制性權利資料。[390]

FAR 對於「全部權利」定義如下：指政府得以任何方式、為任何目的，而使用、散布、重製、改作成衍生性著作、向公眾散布複製品、公開表演及公開展示，並同意他人如此行為之權利。[391]依據 FAR 27.404(a) 規定全部權利係指下列資料：(1) 廠商在履約過程中所產生的資料。(2) 廠商依約所交付之具形式、適當及功能性之資料。(3) 廠商為安裝、操作或例行保養維修零附件，而依約交付之手冊或具指導性及訓練性質之資料。(4) 其他非屬於部分權利或限制性電腦程式以外之資料。

2. DFARS 之規定

DFARS 對於部分權利定義如下：指完全由廠商自費（exclusively at private expense）發展（developed）之品項、組件或製法（items, components or processes），並經加記為部分權利記號者；或契約並未要求廠商應發展、製造、營建品項、組件或製法，而廠商於履約過程中所自費創作之資料。採購機關應通知部分權利資料的使用者，若已完成緊急修理，則應立即銷毀上述資料並通知廠商。廠商及其分包廠商依約並無交付部分權利資料以外資料之義務，但如機關另需要部分權利以外之權利時，則廠商應同意立即與機關進行協商。[392]

同時 DFARS 亦對限制性權利（restricted rights）定義如下：僅限於非商業性質的電腦程式適用之。機關於一部電腦使用一電腦程式之權利。非經權利人同意，機關不得於數終端機或中央處理機同時使用該一電腦程式；機關得不經授權者之同意，將該電腦程

---

[388] FAR 27.401.
[389] 參閱前註 372 及隨附之本文。
[390] FAR 27.404(d)(2); (e)(3).
[391] FAR 27.401.
[392] DFARS 252.227-7013(b).

式移轉至其他政府機關使用，但移轉之機關應將該電腦程式及其重製品銷毀之，被移轉之程式仍適用本規定。如機關爲安全（檔案）、備份或修改理由而需重製該電腦程式時，應以最少之份數重製之。機關得因配合其所使用機器之需要，修改其程式。但限於該機關自行使用。非經廠商之同意，機關不得將修改之程式散布於他人。機關得爲因應緊急戰術需求，或以適應、結合其他電腦程式爲目的，同意廠商或其分包廠商爲診斷或更正電腦程式缺失，而修改其程式。但應將散布於他人之情形立即通知授權廠商。機關得爲緊急維修財物或所採購之標的物，而同意廠商或其分包廠商修改電腦程式，但機關應要求承包廠商或其分包廠商不得將電腦程式散布於他人，亦不得使用還原工程分解電腦程式。[393]

　　DFARS 有鑑於一般技術資料與電腦軟體程式之保護方法有別，故依採購標的不同，而區分爲一般技術資料及電腦軟體程式二類，分別規定政府的權利。[394]凡廠商所交付具商業性質（commercial）之品項、組件或製程，推定由廠商自費發展，機關得於機關內部使用、修改、重製、散布、公開展示資料。非經廠商同意，機關不得製造資料，亦不得將資料交付第三人，但緊急修繕者則不在此限。[395]以下所分析之技術性資料係指具非商業（noncommercial）性質者。

　　(1) 技術性資料

　　a. 全部權利

　　DFAR 227.7103-5(a) 規定機關應取得廠商全部權利之情形共九種，包括：

　　1. 完全由政府經費所發展。

　　41 U.S.C. § 418a(b) 規定：如關於品項、零組件或製法之資料已經或將完全以政府經費完成，則機關對於技術資料得獲得全部權利，得授權廠商或其分包廠商爲政府目的使用上述技術資料。10 U.S.C. § 2320(a)(2) 及 DFARS 227.7103-5(a) 均列有相同之規定。10 U.S.C. § 2320(a)(2)(G) 另規定：如美國政府爲達成政府目的（包括政府使用競標程序採購）被授權免費使用或散布技術資料，國防部長得依本法限制使用者使用技術資料之權利。

　　然採購機關與廠商簽訂成本分擔契約（cost-sharing contract）[396]且雙方對於履約標的物，包括：品項、零附件、製法或電腦程式等並未明確約定彼此成本分擔比例，則政府

---

[393] DFARS 252.227-7014(b).

[394] DFARS 將著作權分爲二類：一般技術資料及電腦軟體程式之著作權。分別規定於 DFARS 227.7103-9 及 DFARS 227.7203-9。

[395] DFARS 227.7102.

[396] 詳見拙著，政府採購中成本計價型契約之種類及其適用——以美國聯邦政府爲中心，軍法專刊，第 51 卷第 11 期，2005 年 11 月，頁 3。

之權利如何？此時採購機關得限制該採購。但應以確保能達成政府之目的爲原則而訂立契約條款，並得同意約訂機關可享有較完全授權爲少之權利。FAR 並未規定機關使用成本分擔契約時，政府應有何種權利之標準契約條款，僅要求機關應以機關得有完全授權之契約條款爲基礎，針對該採購之特性予以修正以符實需。[397]

2. 採購契約中規定廠商應實施研究、分析、測試，則廠商於履約過程中所產生之研究、分析、測試資料或相似之資料。

若廠商爲履行契約義務，以自費或以成本分擔方式進行契約規定之研究、分析、測試，則廠商對於所產生之資料並未喪失智慧財產權，採購機關對於資料享有全部權利。[398]

3. 契約並未要求發展、製造、營建，或生產品項、零附件、製法，但廠商於履行採購契約過程中，完全使用政府經費所創作之資料。

4. 具形式、適當及功能性質之資料。

FAR 27.401 及 DFARS 252.227-7013(a)(10) 均對「具形式、適當及功能性之資料」予以定義，兩個定義內容大致相同。[399]如廠商交付具備該性質之資料，則採購機關得依此資料擬定技術規格，[400]或繼續辦理原採購，或向其他廠商採購，以求競爭利益。廠商不得在資料上載明權利之記號。[401]

5. 爲安裝、操作、維護或訓練目的所必需之資料（但詳細之製造或製程之資料除外）。

該等資料即爲一般所稱之手冊或技術手冊，審計長認爲機關享有全部的權利，並不限於條文規定之「安裝、操作、維護及訓練目的」，既然政府取得全部權利，則可以任何目的而散布及使用該等資料；[402]但在實務上，特別是爲維修軍事裝備，廠商所提供之手冊必須包含十分詳細之內容，該等內容悉由廠商自費發展，於是產生廠商自費發展之資料必須交付政府，由政府取得全部權利，政府甚至可將該資料交付其他廠商，該等廠商便有從事製造可能之不合理現象，故廠商常於協商契約時，限縮手冊之內容，但若機關仍認該等資料是維修財物所必需，則廠商幾乎無不同意之可能，故廠商僅能將其中資

---

[397] FAR 27.408.

[398] *Varian Assoc. Inc.* Comp. Gen. Dec. B-236238, 89-2 CPD ¶ 487.

[399] 參閱前註 364 及其隨附之本文。

[400] 參看政府採購法第 26 條第 2 項。

[401] 若機關以具功能、適當及功能性質之規格採購標的物，則原廠商必須與其他廠商競爭，對政府有利。Comp. Gen. Dec. B-167365, Nov. 14, 1969, *Unpub.* cited by Nash, Jr. and Rawicz, *Technical Data Rights*，前註 374，頁 78。

[402] *Howell Instruments, Inc.*, 52 Comp. Gen. 773,178 U.S.P.Q. 413 (1973).

料改成限制性資料，方可有效保護資料。[403]

6. 廠商將機關交付之技術資料予以改正或變更之部分。

廠商常於依約從事製造政府所需之財物時，必須改正或變更政府所交付之技術資料以符實際需求，即便廠商自費發展該等資料，機關仍取得全部權利。故廠商為保護其自費發展之智慧財產，便可能於變更契約時，[404]將其發展之資料刪除後，再交付機關。[405]

7. 一般公眾可取得或由廠商及其分包廠商所散布，並無使用限制之資料。[406]

8. 機關經由協商程序與廠商簽訂之其他採購契約中，已取得該資料全部權利者。

9. 廠商或其分包廠商依契約規定交付機關之資料中，所規定之政府目的使用權利或部分權利及限制性權利之期間已期滿。

所謂「全部權利」是指政府得以任何方式、為任何目的，而使用、散布、重製、改作成衍生性著作、向公眾散布重製物、公開表演及公開展示並同意他人如此行為之權利。但若機關因行使全部權利而將廠商之營業秘密洩漏，例如將其營業秘密列為招標文件並辦理招標，則實質上已消滅了其營業秘密。[407]但有諸多廠商認為政府的全部權利不應包括得向公眾散布之權利，即廠商得與其他廠商簽訂保護資料之契約，俾保護廠商的營業秘密，並以美國聯邦最高法院之判決證明其理由，該法院在 *Aronson v. Quick Point Pencil Co.* 440 U.S. 257（1979）案中，判決授權廠商於簽訂契約，同意被授權者使用其營業秘密後，授權廠商旋即申請專利，但未獲通過，被授權者仍應受營業秘密契約之拘束，蓋被授權者因行使被授權之營業秘密而先占有銷售市場，故即使授權廠商未獲專利許可，營業秘密契約應屬有效。同理，機關與廠商簽訂契約後，非經廠商同意，不得散布其營業秘密，以避免廠商因營業秘密之被洩漏而遭受損失。[408]

廠商同意機關使用其智慧財產，該財產權仍歸廠商所有，蓋廠商所同意機關取得者為全部權利（unlimited rights），並非專有（exclusive）之權利，故廠商在同意機關使用其權利之時，仍得繼續享有所有權。[409]

---

[403] Nash, Jr. and Rawicz, *Technical Data Rights*，前註 374，頁 79-80。

[404] 參看採購契約要項第 20 條（機關通知廠商變更契約）及第 21 條（廠商要求變更契約）。

[405] Nash, Jr. and Rawicz, *Technical Data Rights*，前註 374，頁 80。

[406] 即非廠商之營業秘密，參看我國營業秘密法第 2 條所規定營業秘密之要件，若為公眾皆可取得者，顯不符營業秘密之要件。

[407] 38 Comp. Gen. 667 (1959). 營業秘密具有「一旦喪失，永遠喪失」之性質，廠商必須謹慎選保護其智慧財產之方法，營業秘密是諸多保護方法之一種，但有其缺失，包括：廠商必須採取昂貴的保密措施，無法防止他人以獨立創作方式為相同之發明，無法對抗還原工程等。馮震宇，了解營業秘密法，同註 315，頁 164。

[408] Nash, Jr. and Rawicz, *Technical Data Rights*，前註 374，頁 71。本文認為若廠商對資料具著作財產權，則政府非經廠商同意，不得將其營業秘密散布之。

[409] *Regents of the Univ. of Colo. v. K.D.I. Precision Prods., Inc.*, 488 F.2d 261 (10th Cir. 1973).

b. 政府目的權利

政府有下列情形之一者，應取得資料之政府目的權利（Government purpose rights）：一、政府與廠商共同出資發展品項、組件或製法，但不包括政府享有全部權利之資料；二、契約並未要求發展、製造、營建或生產品項、組件或製法，廠商與政府共同出資於履約期間所發展之資料。機關取得政府目的權利以使用資料之期間原則上係5年，自履行契約時起算，但得另以契約訂之。機關於5年之期間過後，應取得資料之全部權利，機關得將資料交付他人，故廠商為保護資料，可提出延長5年期間之請求，經機關同意延長之。

機關於行使政府目的權利之期間，不得自行或授權他人將列有政府目的權利記號之資料供作商業使用，但他人於政府交付或洩露資料前，同意簽訂依約定使用並不得散布資料之承諾，或係政府採購之履約廠商已使用該資料者，不在此限。故機關於行使政府目的權利之期間，得授權其他廠商將列有政府目的權利記號之資料，供作履行採購契約時使用。但該廠商應於政府交付資料前，簽訂依約定使用並不得散布資料之契約。

機關應將廠商必須簽訂依約定使用並不得散布資料契約之要求，於相當於我國政府採購公報之每日商訊（*Commerce Business Daily*）公告之。機關不得將資料交付或洩露予未簽署不得散布資料契約之廠商。機關或廠商應確認政府目的權利資料，並於資料載明政府目的權利之記號。[410]

c. 部分權利

機關有下列情形之一者，取得對資料之部分權利：一、廠商自行出資發展品項、組件或製法，但不包括政府已取得全部權利之資料；二、契約並未要求廠商必須進行發展、製造、營建或生產品項、組件或製法，而廠商以自費於履約中，所發展之資料。非經廠商之同意，機關於機關外不得使用、交付或洩露部分權利資料。但有下列情形之一者，機關得不受此限制：一、為緊急維修所需；二、美國政府為國家利益及為達成評估或訊息目的之所必需，而將非製造或製法之資料交付外國政府。如政府欲將部分權利之資料洩露或授權他人使用時，應即通知廠商。享有智慧財產權之廠商授權政府對資料享有部分權利時，政府應要求使用者簽訂不得散布資料之契約。[411]

d. 經特別協商所取得之授權（specially negotiated license rights）

如廠商之全部權利、政府目的權利或部分權利不能滿足機關需求，或機關欲取得更多之授權者，則機關與廠商得經特別協商，獲得所需之授權，但機關所需之授權不得低於部分權利。授權之內容應包括機關得使用、交付或洩露資料予他人之權利，或授權他

---

[410] DFARS 227.7103-5(b).
[411] DFARS 227.7103-5(c).

人使用資料之權利。機關與廠商進行協商以獲得特別授權時，如採購成本超出預期獲得之效益時，應考量：一、該特別授權由廠商交付之具形式、適當及功能性之資料所取代。二、獲得廠商以書面保證機關可以公開招標或選擇性招標方式採購所需資料。三、使用還原工程（reverse engineering）或請其他廠商以還原工程方式獲得所需的資料。[412]

(2) 電腦程式

採購機關對於所獲電腦程式之授權因其來源不同，可分為二種：[413]商業類及非商業類（noncommercial）。對於商業類的電腦程式或其文件，DFARS 227.7202-1 及 -3 規定機關應依照廠商授權公眾之規定行使，如授權之內容與機關所需者相異，則機關與廠商應進行協商。機關採購商業類的電腦程式應使用確定固定價金（firm-fixed-price）[414]契約，並原則上經由廠商以競價方式採購。機關不得要求廠商提供非供應公眾之商業電腦程式或文件，但廠商依招標文件由政府提供經費修改商業電腦程式者不在此限。非經廠商同意，機關不得要求廠商提供修改、重製、公開表演、展示、發表商業電腦程式或文件之權利。

針對非商業類之電腦程式需求，機關應於招標文件或契約中詳列廠商應交付之品項、價金、時程表、機關的受領程序、所獲授權之內容等。機關不得將廠商應交付已自費發展之電腦軟體列為決標條件，亦不得將之列為招標文件中的要求項目之一，但政府已取得全部權利之電腦程式不在此限。[415]機關之權利區分為下列五種：[416]

a. 全部權利

全部權利係指政府享有以任何方式，全部或部分使用、修改、重製、散布、公開演出、公開發表、公開展示或散布電腦程式或電腦程式文件之權利，或授權他人使用、修改、重製、散布、公開演出、公開發表或公開展示電腦程式或電腦程式文件之權利。[417]

政府有下列情形之一者，取得全部權利：1. 完全由政府經費所發展之電腦程式；2. 廠商依採購契約應交付之電腦程式文件；3. 廠商將機關交付之電腦程式或電腦程式文件予以改正或變更之部分；4. 廠商或其分包廠商已將其電腦程式或電腦程式文件公開發表，並未對其使用、散布予以限制者；5. 機關經由協商程序與廠商簽訂之其他採購契約中，已取得電腦程式或電腦程式文件之全部權利者；6. 廠商或其分包廠商交付機關之電

---

[412] DFARS 227.7103-5. 還原工程之合法性，參見前註 322 及其隨附之本文。
[413] DFARS 227.7200.
[414] 有關固定價金契約，詳見拙著，政府採購中成本計價型契約之種類及其適用，前註 396，頁 2。
[415] DFARS 227.7203-1 Policy.
[416] DFARS 227.7203-5 Government rights.
[417] DFARS 252.227-7014(a)(15).

腦程式或電腦程式文件中，所規定之政府目的權利或部分權利或限制性權利之期間已期
滿。

　　b. 政府目的權利

　　「政府目的」是指美國與國際或多國國防組織簽訂合作協議所採取之措施，政府在
行使此權利時，不得從事商業目的之行為，亦不得授權他人有商業目的之行為。「政
府目的權利」係指下列權利：一、政府於政府內享有無限制地使用、修改、重製、散
布、公開演出、公開發表或公開展示電腦程式或電腦程式文件之權利。二、為達成政府
目的，於政府外交付或散布電腦程式，或授權他人使用、修改、重製、散布、公開演
出、公開發表或公開展示電腦程式或電腦程式文件之權利。[418]

　　政府與廠商共同出資發展電腦程式時，政府取得該電腦程式之政府目的權利。政府
目的權利之存續期間原則上是 5 年，自採購契約履約之日起算，但機關得視需要與廠
商另以特約約定之，期滿後政府對該電腦程式取得全部權利。廠商應於電腦程式或電腦
程式文件中載明政府目的權利之記號，再由機關或廠商確認之。機關於行使政府目的權
利之期間，不得將列有政府目的權利記號之電腦程式供作商業使用或授權他人作商業
使用。非經他人同意簽訂不得散布電腦程式之約定者，機關不得將電腦程式交付該他
人。機關於行使政府目的權利之期間，得授權其他廠商將列有政府目的權利記號之電腦
程式，供作履行採購契約時使用。但該廠商應於政府交付電腦程式前，簽訂不得散布之
承諾。機關應將廠商必須簽訂不得散布電腦程式或電腦程式文件之要求，於採購公報中
公告之。

　　c. 限制性權利

　　機關對於廠商應交付且自行出資發展之非商業性電腦程式享有限制性權利。當機關
需要電腦程式之其他授權時，應與廠商協商之。機關應於契約中詳列機關對電腦程式享
有之權利。

　　機關於使用限制性電腦程式或其文件時，應於一部電腦使用一電腦程式，不得於數
終端機或中央處理機同時使用該一電腦程式；機關得不經授權者之同意，將該電腦程式
移轉至其他政府機關使用，但移轉之機關應將該電腦程式銷毀之。[419]

　　d. 經特別協商所取得之授權

　　機關與廠商同意變更標準授權，或機關欲取得原未獲授權之電腦程式時，應於契
約內明定廠商授權之內容。授權契約中應規定機關使用、修改、重製、散布、公開演
出、公開發表或公開展示電腦程式或電腦程式文件之權利及授權他人行使等之權利。

------

[418] DFARS 252.227-7014(a)(11), (12).
[419] 詳如前註 393 及隨附之本文。DFARS 252.227-7014(a)(14).

e. 衍生電腦程式及其文件之權利

機關對於廠商依約交付之電腦程式或其文件中未變更部分，仍享有契約規定之權利。[420]

㈣廠商資料受保護之要件

歸納 FAR 及 DFARS 對於政府取得之部分權利及限制性權利之定義，廠商資料要能獲得智慧財產權的保護，則必須符合下列三要件：一、凡交付機關之資料均係以「自費」發展之品項、組件或製法；二、廠商必須「發展」其資料；三、資料應具秘密性。自 1950 年後美國法院及審計長對該三要件有許多判決及判斷，已儼然構成一套理論，以下分別探究之：

1. 發展

美國聯邦法典 10 U.S.C. § 2320(a)(3) 規定美國國防部部長應明確規定「發展」、「完全以聯邦政府費用」、「完全自費」之定義，並規定支用間接成本之方法，廠商所支出備標的費用，不得由聯邦經費項下支出。DFARS 252.227-7013(a)(6) 於是定義「發展」如下：

> 「發展」意指一個品項、組件或製法是現時存在（exists）且可用的（workable）。亦即該品項、組件必須已建造完成或該製法是已通過實踐程序。可用性是指該品項、組件或製法業經充分的分析及測試，並經專業人士認同，可達到預期之作用。是否或如何進行可用性的分析及測試，端視該品項、組件或製法之本質而定。「發展」並非意指一個品項、組件或製法在商場上已可購得……

在 *Applied Devices Corp.*, Comp. Gen. Dec. B-187902, 77-1 CDP ¶ 362 案中，審計長判斷：廠商接受空軍給付之價金，將其原已為海軍所完成之面板設計，改進並製造或為可供空軍使用之雷達系統，空軍認廠商自費完成之面板設計係廠商之智慧財產，但廠商接受機關經費僅將原面板設計改進而製成成品，尚不符法規之「發展」規定，因此空軍主張應屬正確。

2. 自費

在 41 U.S.C. § 418a(c) 規定：下列因素應予考量…是否發展該技術資料（technical data）之品項或製法是使用：(A) 完全（exclusively）的聯邦經費；(B) 完全自費；或 (C)

---

[420] DFARS 252.227-7014 及 227.7203-5(e) 對於衍生電腦程式之權利有相同之規定。我國著作權法第 6 條規定：「就原著作改作之創作為衍生著作，以獨立之著作保護之。衍生著作之保護，對原著作之著作權不生影響。」故除契約另有約定者外，衍生著作應屬廠商之權利。

部分聯邦經費及部分自費。DFARS 227.7103-5 亦有「完全使用政府經費」、「完全使用自費」及「混合經費」之規定,所謂完全即是 100%,故如廠商經費之來源完全來自政府,則機關方得有智慧財產之全部權利;如經費之來源如是完全自費,則機關方得有智慧財產之部分權利。[421]

美國審計長在 *Chromalloy Am. Corp.*, 56 Comp. Gen. 537, 77-1 CPD ¶ 262 案中判斷,雖廠商自費發展修理方法,但其他重要之程序步驟則係由政府經費支付,故廠商對於該機具之修理方法並無智慧財產權。然在 *Applied Devices Corp.*, Comp. Gen. Dec. B-187902, 77-1 CPD ¶ 362 案中審計長判斷,美國空軍必須投入大量的政府財務支援(massive Government-financed development efforts)以發展廠商之程式,方可取得全部權利,然在本案中空軍僅對發展系統中之部分零件作小數額的投資,故空軍不得主張智慧財產權。審計長在 *Megapulse, Inc.*, Comp. Gen. Dec. B-194986, 80-1 CDP ¶ 42 案中,判斷:如廠商所交付之資料係不可分割,且機關為發展目的已支付相當重要數量(a significant portion)之價金,則機關對於全部資料應有全部權利。如廠商以自費發展組件,則機關對於該部分資料應有部分權利。案內廠商未能證明系爭之品項、組件及製法係以其自費發展完成,故判斷廠商敗訴。

如廠商已以自費發展出之資料,後又接受機關之給付改進原資料,則究應認定為廠商自費抑或機關支付?如係廠商自費,則機關應依部分權利之規定行使權利,如係機關支付,則機關得依全部權利之規定行使權利。在 52 Comp. Gen. 312(1972)案中,廠商自費發展出火箭引擎的化學分子式,並建造原型機,但隨後依約接受美國空軍之給付並改進該等化學分子式,審計長認為:美國空軍不得散布廠商自費發展之資料,但該等化學分子式既經大幅度地修改,經改進之化學分子式和未經改進者之構造已不相同,則空軍對於被修改部分之資料並非無故散布。[422]

3. 資訊之秘密性

廠商交付之資料必須具備秘密性方受法律之保護,在 *Agent Chem., Inc.*, 59 Comp. Gen. 134, 79-2 CPD ¶ 410 案中審計長有如下之判斷:「具智慧財產價值之資訊,其價值在於所有者具排他性,一旦該資訊成為眾所周知之事情時,該資訊便喪失其智慧財產之價值。…當營業秘密已成為公眾知識或一般涉及該類資訊之人所知時,便不應再受保護。」在 *Porta Power Pak, Inc.*, Comp. Gen. Dec. B-196218, 80-1 CPD ¶ 305 案中,審計長判斷:採購機關雖然於連續數個公開招標之採購案件中,在發出的招標文件內,使用後來被廠商主張為其所有智慧財產之資訊,包括設計圖等,然廠商在機關發出招標文件之

---

[421] DFARS 227.7103-5(a), (b), (c).

[422] Nash, Jr. and Rawicz, *Technical Data Rights*,前註 374,頁 59-60。

初，便應主張其中何者爲其所有之智慧財產，廠商額未採致合理之保密措施，機關既已將該等資訊列爲招標文件並發送各廠商，則其已成爲公眾週知之資訊，便不應受到保護。在 *Control Data Corp.,* Comp. Gen. Dec. B-197944, 81-2 CPD ¶ 7 案中，採購機關於連續數個公開招標之採購案件中，於發出的招標文件內，使用了廠商並未加記智慧財產記號之資料，審計長判斷該等資料不應受到保護。在 *Richard Frodge v. United States,* 204 Ct. Cl. 812, 180 U.S.P.Q. 583（1974）案中，法院判決廠商主張之廢物傾倒閥之設計已爲一般人所知，故其設計並不需保護。同理，若廠商所發展之刀鋒修理技術僅爲一般廠商技術之延伸而已，亦無營業秘密之可言。[423]

但在 *Chromalloy Div.*, 56 Comp. Gen. 537, 77-1 CPD ¶ 262 案中，審計長則認爲採購機關之代表於參觀廠商工廠及其後之口頭討論中，洩漏廠商之秘密，即便廠商未明確告知該等訊息係應受限制者，機關仍應負洩密之責任。[424]

綜上所述，美國聯邦政府對於受保護資料之規定大抵係從保護廠商的營業秘密層面予以規範，我國營業秘密法第 2 條有相同之規定。該條文規定：「本法所稱營業秘密，係指方法、技術、製程、配方、程式、設計或其他可用於生產、銷售或經營之資訊，而符合左列要件者：一、非一般涉及該類資訊之人所知者。二、因其秘密性而具有實際或潛在之經濟價值者。三、所有人已採取合理之保密措施者。」

四、招標文件及採購契約中對智慧財產權利之規定

機關應將欲取得之權利及其他等要求，規定於招標文件及採購契約之中，以拘束採購機關及廠商。廠商應於投標時，通知機關有關資料之權利種類及範圍，並將之列爲投標文件之附件，若廠商並未提交該附件或未完成該附件，機關應給予其在限定期間內補正或更正之機會，如廠商投標文件內容仍不符合招標文件之規定，則不得決標予該廠商。[425]

五、分包廠商

採購機關與廠商簽訂採購契約，並同意交付智慧財產後，如廠商並無應交付之智慧財產，則廠商自應向其分包廠商獲得所需之標的物，並依約交付政府該採購之標的

---

[423] *Chromalloy Am. Corp.*, 56 Comp. Gen. 537, 77-1 CPD ¶ 262, *recons. denied*, 77-2 CPD ¶ 275.

[424] 我國營業秘密法第 9 條第 1 項規定：「公務員因承辦公務而知悉或持有他人之營業秘密者，不得使用或無故洩漏之。」同法第 10 條第 1 項第 2 至 3 款：「有左列情形之一者，爲侵害營業秘密：二、知悉或因重大過失而不知眞爲前款之營業秘密，而取得、使用或洩漏者。三、取得營業秘密後，知悉或因重大過失而不知其爲第一款之營業秘密，而使用或洩漏者。」

[425] DFARS 227.7103-10(a)，參見政府採購法第 50 條第 1 項第 1、2 款。

物，FAR 對此著墨不多，然 DFARS 則不同於 FAR，非但有較多之規定，且不採由上（廠商）而下（分包廠商或供應商）之規定，而改採由下而上之規定，並著重於分包廠商或供應商之智慧財產保護，使其權利獲得保障。

DFARS 252.227-7013(k) 規定：[426] 1. 廠商應確保其授予分包廠商或供應商之權利係合法且受保護之權利。2. 廠商為成交付政府具非商業品項性質之技術資料，而向其分包廠商或供應商獲得上述之資料時，應於與其分包廠商或供應商契約中使用相同之條款。機關、廠商、較高層次分包廠商（higher-tier subcontractor）或供應商不得有任何其他增減在該分包廠商或供應商權利之行為。3. 分包廠商通常均將智慧財產交付較高層次之廠商、分包廠商或供應商。但如分包廠商於其主契約中約定，應交付機關限制性權利或部分使用權利之資料，則該分包廠商得依約逕將資料交付機關。[427] 4. 廠商及其較高層次分包廠商或供應商不得利用決標之權利，從分包廠商或供應商之技術資料中獲得商業性之權利。[428] 5. 廠商不得以保護其分包廠商或供應商智慧財產之義務為理由，而免除其對機關之責任。

六、檢查權

FAR 27.404(j) 及 52.227-14(g)(1), (j) 規定：機關得於招標文件中要求廠商同意由機關派員至廠商處所，檢查廠商對於不予授權之資料、部分權利資料或限制性權利資料之主張是否屬實，或檢查其履約情形。但契約中另有特別規定不應檢查之品項者，不適用之。[429] 前項檢查之權利應於機關自受領全部資料之日起 3 年內為之。若廠商證明檢查之人員有應利益迴避之虞時，則機關應另派遣人員進行檢視。

----

[426] DFARS 227.7103-15 Subcontractor rights in technical data 有相似之規定。

[427] DFARS 允許分包廠商逕行交付機關智慧財產，而不須經由廠商再交付資料予機關，其目的不外避免資料遭侵犯之可能性，並改善分包廠商與廠商間之關係，但在實務上該規定甚難實行，蓋廠商為確保能符合契約要求，必須檢視其分包廠商所準備之資料，並整合各分包廠商之資料及廠商之資料。Nash, Jr. and Rawicz, *Technical Data Rights*，前註 374，頁 101。

[428] 公平交易法第 19 條第 5 款規定：「有左列各款行為之一，而有限制競爭或妨礙公平競爭之虞者，事業不得為之：五、事業不得以脅迫、利誘或其他不正當方法，獲取他事業之產銷機密、交易相對人資料或其他有關技術秘密之行為。」同法第 36 條規定，於經中央主管機關命其停止其行為而不停止者，處行為人二年以下有期徒刑、拘役或科或併科新台幣 5,000 萬元以下罰金。不當使用智慧財產權基本上涉及妨礙自由競爭，大多涉及公平交易法施行細則第 25 條第 1 項的搭售、獨家交易、地域、顧客或使用的限制及其他限制事業活動的情形。趙晉枚、蔡坤財等，智慧財產權入門，同註 308，頁 294-9。而有關公平交易法對營業秘密之保護規定、以公平交易法保護營業秘密之缺失及公平交易法所面臨之營業秘密挑戰等之討論，詳見馮震宇，了解營業秘密法，同註 315，頁 203-215。

[429] 若機關將檢查之權利明列於招標文件之中，而廠商同意投標，自亦產生契約之效力。參看採購契約要項第 3 條，招標文件及投標文件均為契約文件之部分。

第五款　專利權

專利在政府採購中涉及之層面甚為廣泛及複雜，就專利之要件而言，包括產業上利用性、新穎性及進步性，另須符合專利說明書「充分揭露」專利技術內容等，此外專利之申請、專利案之審查等均涉及機關及廠商之權利，誠與政府採購相關，必先瞭解上述專利法之基本概念，方可探究專利在政府採購中之問題及解決方法，然因本文篇幅有限，故將研究之重點著重與政府採購較有密切關連者。

依據 35 U.S.C. § 201(d), (e) 規定，所謂「發明」（subject invention）係指廠商在政府契約之財務支持下（under a funding agreement），於履約過程中（in the performance of work）所為之發現（discovery）或首次轉化成具產業上實施性（conceived or first actually reduced to practice）之發明，[430]則該發明或發現之專利權屬政府。故廠商於履約期間因履行契約若有發現，或首次轉化成產業上具利用性之發明，則專利權屬於政府，若廠商能舉證發現或首次轉化成產業上具利用性之發明係於發生於非履約期間，則政府不得主張專利權。以下便研究廠商或政府依法或依約為取得專利權之發明程序。

第一目　專利權之取得

一、發明

由於 35 U.S.C. § 201(e) 規定區別專利權屬於廠商或政府之關鍵，在於發現或轉化成利用性發明之時間，若發生於廠商履約期間，則由政府取得專利權，若發生於履約期間之外，則由廠商取得專利權，法院便依此標準判決專利權之歸屬。[431]

在實務中，判斷專利權之歸屬並非以契約之性質是否屬政府採購契約為標準，亦即政府出資之多寡為標準，法院均採用事件定位法（an events-oriented test）以判定發明與採購契約之關係，如廠商之發現或轉化成利用性發明之時間發生於履約期間，則專利權屬於政府。專利權之歸屬與政府或廠商出資之多寡並無關連，如政府對於廠商創作之產生已出資，即便甚微，而由廠商自費將該思想轉化成具利用性之發明，則該發明應依採購契約規定歸屬政府所有。但若廠商主動於企劃書中（並非應招標文件之要求而提出企劃書，即 unsolicited proposal）載明某種創作，而由政府出資發展該發明，但政府未能完全出資將該創作轉化成實際利用，則政府不得主張專利權。[432]

---

[430] 相較於我國專利法第 21 條規定：「發明，指利用自然法則之技術思想之創作。」，第 22 條第 1 項、第 94 條第 1 項、第 110 條規定發明或創作必須具備「新穎性」，第 22 條第 4 項規定必須具備「進步性」，35 U.S.C. § 201(d), (e) 對發明之定義較我國專利法第 21 條規定周延。

[431] 例如 *Standard Mfg. Co. v. United States*, 25 Cl. Ct. 1 (1991).

[432] Nash, Jr. and Rawicz, *Intellectual Property Rights*，同註 304，頁 240-1。

　　若廠商之發現及首次將該創作轉化成實際利用之發明均發生於採購契約訂立之前，則政府無專利權。[433]若發現發生於決標前，但將創作轉化成實際利用之發明行為發生於履約期間之後，則政府亦無專利權。[434]若發現或將創作轉化成實際利用之發明行為，其一發生於履約期間，則該發明應依採購契約之規定屬於政府。[435]若廠商之發現發生於契約前，但首次將該創作轉化成實際利用之發明行為發生於履約期間，則該發明應依採購契約之規定屬於政府。[436]

　　專利權之發明可分成兩階段：廠商之發現屬心智階段，及將發現付諸實施之具體行動階段。發現在先，實施在後。在 *Mergenthaler v. Scudder*, 11 App. D.C. 264（D.C. Cir. 1897）一案中，法院認為「發明是心智上的創新行為，至於其他待完成的工作則屬建設部分，並非發明，故發明是發明人將確定的、永久的、完整的、可驗證的、可據以實施的想法形成有價值的思想。」該判決一直被法院所遵循。[437]

二、轉化為具產業上利用性之發明

　　專利權之發明可分成兩階段：廠商之發現屬心智階段，及將發現付諸實施之具體行動階段。法院則以發明是否達到付諸實施之程度（workability）以判斷其可否取得專利權。[438]廠商將發現轉化成實用之形態，往往不易驗證，例如在無重力狀態下之發明便是，[439]如發明之本質係屬機械或電子類，則應以儀器建立或操作之。[440]

　　法律要求發明必須可據以實施，即其製造方法可據以測試，其功效及利用性可完全被實證，「轉化成實施」（reduction to practice）係指「轉化為成功的實施」（reduction to successful practice），發明者之發明必須採取心智的（mentally）及實行的（physically）措施方告完成。[441]美國法院對於發明必須接受檢視之立場從未改變，但對於如何進行審查發明之方法則不斷演變，在 *Sydeman v. Thoma*, 32 App. D.C. 362（D.C. Cir. 1909）一案中，法院認為審查之方法可區分為三種：1. 為本質簡單之發明，不需審查便可判定其實施性；2. 為必須於實驗室進行檢視，方可判定其實施性；3. 為必須於指定之環境下，方可判定其實施性。但上述見解於 *Sinko Tool & Mfg. Co. v. Automatic Devices Corp.*, 157

---

[433] *Alford v. United States*, 179 Ct. Cl. 938, 151 U.S.P.Q. 416 (1967).

[434] *Eastern Rotocraft Corp. v. United States*, 184 Ct. Cl. 709, 397 F.2d 978, 158 U.S.P.Q. 294 (1968).

[435] *Technical Dev. Corp. v. United States*, 220 Ct. Cl. 128, 597 F.2d 733 (1979).

[436] *McDonnell Douglas Corp. v. United States*, 229 Ct. Cl. 323, 670 F.2d 156 214 U.S.P.Q. 857 (1982).

[437] 例如 *Technitrol, Inc. v. United States*, 194 Ct. Cl. 596, 440 F.2d 1362, 169 U.S.P.Q. 732 (1971).

[438] *Eastern Rotocraft Corp. v. United States*, 181 Ct. Cl. 299, 384 F.2d 429, 155 U.S.P.Q. 729 (1967).

[439] *Williams v. NASA*, 463 F.2d. 1391, 175 U.S.P.Q. 5 (1972).

[440] *Rosen v. NASA*, 152 U.S.P.Q. 757 (1966).

[441] *Robinson on Patents* (1890), § 127，摘自 Nash, Jr. and Rawicz, *Intellectual Property Rights*，同註 304，頁 245。

F.2d 974, 71 U.S.P.Q. 199（2d Cir. 1946）一案中被修正，法院認爲，發明應以實施的標準（practical standard）予以判斷，亦即以發明本身的特殊性爲考量，而非以司法的標準（not a judicial standard）予以判斷，本案判決影響深遠，以後之判決均支持此見解，例如：成功的實施並不等同合於商業用途；[442]若發明經檢驗能達成原設計之目的而不致失敗，便可符合實施之要求。[443]

　　如檢視結果證明發明經實際履行（actual performance）能達到原設計之功能，則應符合實施之要求。法院可由發明運作之品質、程度及特性等判斷是否符合實際運作。[444]法院於判定發明是否符合實施的標準時，必須考量各案件的特殊情形，[445]事實上不僅法院採取這種分析審查方法，美國三軍採購爭議申訴委員會（Armed Services Board of Contract Appeals, ASBCA）亦採同樣的審查方法。[446]故如發明在本質上屬簡單者，法院可用目視進行審查，[447]但若發明在本質上屬複雜者，法院必須於實驗室或以實作測試的方法進行審查。[448]

三、發明人與廠商關係

　　發明人得申請發明之專利，但如發明人於發明時僱傭或聘請他人提供協助以完成該發明（包括轉化成實施），則上述之協助應屬於發明人之財產，視爲發明之一部分。但如受雇人或協助之人提供發明性之思想，則專利權應由提供發明思想之人取得。[449]同理，如廠商提供發明性之思想，應由該廠商取得專利權。在 *Polaroid Corp. v. Horner*, 197 F. Supp. 950, 131 U.S.P.Q. 102（D.D.C. 1961）案中，海軍欲研發幅射放射量測定器，由 Polaroid 公司得標，該公司曾與海軍人員討論，由海軍人員提供發明性之思想並將之列爲圖式，該圖式並不含機械細部，案件經專利事務委員會（the Board of Patent Interference）判定，得標廠商和海軍之關係是僱傭關係，Polaroid 公司係居於協助者的地位，故應適用 *Agawam Co. v. Jordan* 之判例，[450]專利權由海軍取得。法院維持委員會之審定，駁回 Polaroid 公司之聲請。

　　Agawam Co. v. Jordan 及 *Polaroid Corp. v. Horner* 之判決理由不外從經濟角度出發，

---

[442] *Minnesota Mining & Mfg. Co. v. Van Cleef*, 139 F.2d 550, 60 U.S.P.Q. 115 (7th Cir. 1943).

[443] *Taylor v. Swingle*, 136 F.2d 914, 58 U.S.P.Q. 468 (C.C.P.A. 1943).

[444] *Lavin v. Pierotti*, 120 F.2d 883, 54 U.S.P.Q. 400 (C.C.P.A.1942).

[445] *Eastern Rotocraft Corp. v. United States*, 181 Ct. Cl. 299, 384 F.2d 429, 155 U.S.P.Q. 729 (1967).

[446] *General Dynamics Corp.*, ASBCA 14466, 73-1 BCA ¶9960.

[447] *Buchanan v. Lademann*, 54 F.2d 425, 12 U.S.P.Q. 28 (C.C.P.A.1932).

[448] Nash, Jr. and Rawicz, *Intellectual Property Rights*，同註304，頁 247-53。

[449] *Agawam Co. v. Jordan*, 74 U.S. 583 (1868).

[450] 同上註及其隨附之本文。

希望以專利權之授予作為誘因以鼓勵發明創作，故如受雇人有創作之事實，由受雇人取得專利權，則受雇人自會為自己利益而全力創作發明，帶來全民之福祉，而我國專利法第 7 條第 1 項規定：「受雇人於職務上所完成之發明、新型或新式樣，其專利申請權及專利權屬於雇用人，雇用人應支付受雇人適當之報酬。但契約另有約定者，從其約定。」固有理由，和美國國家航空暨太空法（The National Aeronautics and Space Act, the Space Act）第 305(a)(1) 條之規定相同，[451]但較不能鼓勵受雇人積極創新發明。又我國專利法第 8 條第 1 項規定：「受雇人於非職務上所完成之發明、新型或新式樣，其專利申請權及專利權屬於受雇人。但其發明、新型或新式樣係利用雇用人資源或經驗者，雇用人得於支付合理報酬後，於該事業實施其發明、新型或新式樣。」和太空法第 305(a)(2) 條之規定相較，太空法較保護政府利益，規定專利權及專利申請權仍屬於政府。但 FAR 52.227-13 並不採用太空法的規定，FAR 52.227-13 規定如廠商或受雇人係發明人，則專利權由發明人取得，但專利權人得授予政府全部權利，或予政府部分權利，如政府取得廠商讓與之專利權，則政府同意予廠商部分權利。美國能源部採購規則（Department of Energy Acquisition Regulation, DEAR）952.227-13 對於專利權歸屬之規定與 FAR 52.227-13 相同。[452]又 DEAR 952.227-13 及 FAR 52.227-13 規定，廠商以書面通知政府其發明，並應定期提供詳細創作之報告。[453]

　　如廠商聘請分包廠商（次合約商）從事創作發明工作，例如擔任顧問，則政府可否取得專利權？廠商或分包廠商是否有向政府報告發明之義務？在 *Technical Dev. Corp. v. United States*, 202 Ct. Cl. 237, 179 U.S.P.Q. 180（1973）一案中，廠商及其分包廠商於契約中約定，由雙方共同出資發展噴射引擎燃料控制系統，並共享利益，但廠商於契約中規定於履約過程中的任何發明專利，應歸屬政府，分包廠商與政府並未簽訂契約；法院判決廠商及其分包廠商為合夥關係，故分包廠商應依契約中專利權歸屬之約定，由政府取得專利權。

---

[451] Section 305(a)(1) of the Space Act 規定由政府僱傭或聘請之人於職務內所作之創新發明，該專利發明屬美國政府。雇用人之所以依法取得專利權，是因為雇用人必須承擔開發及市場之風險，為保障雇主權益，故我國專利法第 7 條第 1 項規定由雇用人取得專利權。謝銘洋，智慧財產權之基礎理論，同註 308，頁 102。

[452] Nash, Jr. and Rawicz, *Intellectual Property Rights*，同註 304，頁 258-9。我國專利法第 7 條第 3 項規定：「一方出資聘請他人從事研究開發者，其專利申請權及專利權之歸屬依雙方契約約定；契約未約定者，屬於發明人或創作人。但出資人得實施其發明、新型或新式樣。」與 FAR 52.227-13 及 DEAR 952.227-13 規定相符，較合符經濟原理。

[453] 參照我國專利法第 8 條第 2 項規定：「受雇人完成非職務上之發明、新型或新式樣，應即以書面通知雇用人，如有必要並應告知創作之過程。」但並未規定被出資聘請從事研究開發者有提出創新發明報告之義務。

第二目　契約中關於發明之規定

若廠商之發明與採購契約並無關連時，則政府不得取得該發明之專利，在採購實務中，廠商發明與採購契約之關連性並不易區分，法院於判斷專利權之歸屬時，應先依照相關法律條文辦理，如太空法，42 U.S.C. § 2457(a)，聯邦非原子能源研究及發展法 Federal Nonnuclear Energy Research and Development Act, 42 U.S.C. § 5908(a) 及 35 U.S.C. § 200 等，法院另將契約區分為三種：供應契約、研究契約及發展契約而採用不同標準；在供應型契約中幾乎無專利權歸屬之爭議，在研究型契約中，由於廠商及機關間已注意研究成果之專利權歸屬，況且契約中的工作論述條件（statement of the work, SOW）內容廣泛，故廠商之發明與採購契約之關連性尚不難判斷，最著名之判例為 *Mine Safety Appliances Co. v. United States,* 176 Ct. Cl. 777, 364 F.2d 385, 150 U.S.P.Q. 453（1966），廠商與政府簽訂航空醫藥契約，依約廠商必須研究人體加速的效果，廠商因此研究出防撞頭盔，並獲專利，政府認為頭盔係研究的一部分，且廠商發明人之薪資是由政府支付，況且契約規定研究的範圍廣泛，包括生化、心理…等諸多醫學科別，故頭盔之研究係屬履約行為之一部分，政府應取得專利權。至於發展型契約，由於其 SOW 內容較研究型契約之 SOW 更為確定，故較研究型契約更容易判斷其關連性，法院於 *Rel-Reeves, Inc. v. United States*, 209 Ct. Cl. 595, 534 F.2d 274, 198 U.S.P.Q. 384（1976）案中，從契約中對「技術人員」之定義發現發明人之身分，發明人並非利用利用職務之資源完成發明，其發明與政府所交付之工作無關，況且政府不能證明採購契約與發明人之關連性，而 *Mine Safety Appliances Co.* 案之判決理由，由於研究契約及發展契約性質不盡相同，故並不能完全適用於發展型契約，因而判決政府敗訴。[454]

第三目　採購法規中有關專利權之規定

本文擬參照 FAR 之規定，將有關專利分二部分予以分析：第一部分先從政府之法律責任、權利金之支付及申請專利之機密資料的保護予以探究，第二部分則探討在採購契約中之專利權。

一、專利

(一)政策

FAR 規定機關對於專利之政策如下：

1. 機關應鼓勵廠商於履行採購契約時以商業目的使用發明。

---

[454] Nash, Jr. and Rawicz, *Intellectual Property Rights*，同註 304，頁 260-78。

2. 機關不得因廠商有侵害專利權之虞，而剝奪其得標之機會。

3. 如採購機關於開放之商業市場中採購財物或勞務時，廠商應負責使機關免於在履約中負侵害專利之賠償責任。但採購機關將所採購之財物或勞務作重大修正者，不在此限。

4. 機關應依法律之規定使用或採購專利權。

5. 如機關為專利權人，則應鼓勵廠商於履的過程中使用該發明，並以契約授權廠商使用之。[455]

㈡授權及同意

　　機關授權或同意廠商使用發明專利而遭受侵害專利之訴訟時，應由機關依據契約規定處理之。機關為確保被授權之廠商不因侵害專利而停止契約之履行，應依本規定授權廠商使用專利。任何請求政府負侵害專利之賠償責任，均應依據採購契約之規定移轉由廠商負責。機關於招標文件或契約中，不得同意賠償廠商因侵害專利所生之損害。機關不得於美國境外進行專利權之授權或同意。[456]

　　除採購機關使用簡化獲得程序（simplified acquisition procedures）[457]或於美國境外採購並履約外，機關應於採購工程及勞務之招標文件及契約中規定：一、機關同意並授權廠商於履約時依契約規定使用已獲得美國專利之發明；二、如機關與廠商之契約中訂有侵害專利之損害賠償責任條款規定，則機關應依契約規定，負擔因侵害專利之損害賠償責任，如機關另同意承擔其他損害賠償責任，則機關應依契約負責之。[458]

㈢通知及協助

　　除採購機關使用簡化獲得程序或於美國境外採購並履約外，機關應於招標文件及契約中規定廠商之通知及協助政府之義務。[459]機關應將下列事項列入招標文件中：「廠商於履約中知悉機關於履約過程中，有任何侵害著作權或專利之訊息或主張時，應立即以書面詳實通知機關。如機關被訴侵害著作權或專利時，經機關要求廠商提供證據，則廠商應提出一切與侵害著作權或專利有關之證據及訊息。除廠商同意負責賠償侵害著作權或專利外，機關應支付廠商提供證據之費用。廠商應於其與分包廠商之契約中，規定分包廠商之通知及提供證據之義務。」[460]

[455] FAR 27.104.
[456] FAR 27.201-1.
[457] 係指採購金額美元 3,000 以上，100,000 以下之案件。FAR 13.003(b).
[458] FAR 27.201-2; 52.227-1.
[459] FAR 27.202.
[460] FAR 27.202-1; 52.227-2.

㈣**廠商對於政府侵害專利之賠償責任**

　　機關於公開商業市場（in the commercial open market）採購財物、勞務及工程，而被請求負侵害專利之損害賠償責任時，機關應請求提供財物、勞務及工程之廠商賠償機關之損失。機關有下列情形之一者，得於契約中免列機關請求提供財物、勞務及工程之廠商賠償機關損失之條款：[461]

　　一、機關所需之財物或勞務係在非公開商業市場採購者。但機關以秘密標（sealed bid，即不經與廠商協商過程）方式採購特定之零附件、組件或勞務者，不在此限。

　　二、廠商於美國境外履約且交付者。但採購標的物輸入美國境內者，不在此限。

　　三、機關使用簡化獲得程序決標者。

　　四、機關採購建築工程（architect-engineer work）者。

㈤**權利金（royalties）**

　　機關為避免因廠商之發明或專利申請，而支付廠商過高或不適當之權利金，應要求廠商提供權利金資料及報告。機關並應採取減少或降低權利金之措施。除機關認有維護政府利益之必要外，得於採用秘密標時免要求廠商提供權利金資料。機關認有必要時，應於招標文件中要求廠商之分包廠商提供權利金資料及報告。機關應徵詢專利之主管機關或管理機關有關權利金之意見。

　　機關依契約規定應支付專利權人權利金，且於將來仍將使用該專利時，機關應公開該專利之相關資訊，以維護政府及投標廠商之利益，並應於招標文件中訂明專利授權之通知、專利證書號數及權利金收費比率等。機關並應要求投標廠商提供是否為該專利之被授權人的資料，俾利機關評估廠商報價時將等同權利金之金額加入報價中，或於報價廠商自專利權人獲得較低專利授權金時，要求報價廠商降低報價。[462]

　　如機關具充分理由認為已支付或尚未支付之權利金額過高、不適當或不符合政府利益，應迅速向專利之主管機關或管理機關提出報告，接受報告之機關應依程序檢視報告，提供建議或採取適當之措施。機關發現有權利金係免費、權利金收費比率過高，或權利金之費用並不適當之情事，應立即停止付款以維護政府利益。機關經徵詢專利之主管機關或管理機關之意見後，應要求廠商退還機關為權利金支付之價金，或與廠商協商降低權利金之金額。

　　機關於使用固定價金型契約（fixed price contract）時，得允許廠商於投標文件中將專利權利金列為契約價金或目標價金（target price）之部分，但如廠商並未支付專利權

----
[461] FAR 27.203-1(b).
[462] FAR 27.204.

人專利權利金，或廠商契約約定有不公平競爭之情事[463]，或廠商為專利之合法性訴訟時，廠商應依契約規定將該權利金規定退還機關。[464]

㈥**申請專利之機密資料**

　　機關於收受廠商申請專利之機密資料後應採取保密措施，並應將機密資料交付專利之主管機關或管理機關，以維護政府及廠商專利權。[465]

二、採購契約中之專利權

㈠**政策**

　　各行政部門之首長在執行以全部或部分政府經費支付之研究發展案件時，應以促成商業化為宗旨，同意依照法律之規定，由廠商取得專利權，以換得免費使用專利之權利。[466]該政策旨在促進因執行政府採購案件所完成之發明之被使用，鼓勵廠商在公平競爭情形下參與政府之研發案件，確保政府所需得以滿足，降低機關行政成本，並避免公眾不使用或不合理使用該發明。[467]

　　1. 廠商選擇取得專利權

　　廠商依採購契約之約定於履約中完成發明者，得於向機關提出專利之說明後，選擇取得該發明之專利權，但各機關依法令另有不同之政策、程序或契約條文規定者，從各機關之規定。機關得於採購契約中規定，廠商有下列各情形之一者，不得選擇取得專利權：

　　(1) 廠商在美國國境內並無住所或營業地，或廠商應由外國政府管轄。

　　(2) 機關決定限制或免除廠商取得專利權之措施更能促進政府政策之執行。

　　(3) 政府依法令實施外國情報或反情報行為，且決定限制或免除廠商取得專利權之措施係屬保障國家安全所必需者。[468]

　　2. 政府取得專利授權之範圍

　　政府應至少取得非專屬、不可讓與、不可撤銷且已全部清償之授權（license）實

[463] 參見專利法第 60 條規定：「發明專利權之讓與或授權，契約約定有下列情事之一致生不公平競爭者，其約定無效：一、禁止或限制受讓人使用某項物品或非出讓人、授權人所供給之方法者。二、要求受讓人向出讓人購取未受專利保障之出品或原料者。」

[464] FAR 27.206.

[465] 參見專利法第 36 條所規定專利專責機關不公開專利申請之情事。FAR 27.207.

[466] 參見專利法第 7 條第 3 項規定：「一方出資聘請他人從事研究開發者，其專利申請權及專利權之歸屬依雙方契約約定；契約未約定者，屬於發明人或創作人。但出資人得實施其發明、新型或新式樣。」美國聯邦政府同意由發明人或創作人取得專利權，但政府有免費使用專利之權利。

[467] FAR 27.302(a).

[468] FAR 27.302(b).

施（to practice），[469]實施之地域不限於國內，應及於國外。如契約約定政府依國際協定或條約得授權外國政府或國際組織實施者，政府得授權外國政府或國際組織實施專利權。[470]

3. 政府取得專利權之情形

採購契約載明 FAR 27.302(b) 所列各項廠商不得選擇取得專利權之情形發生者，則機關依約定取得發明之專利權。又機關有下列情形之一者，得取得發明之專利權：

(1) 如廠商未於契約規定之時限內揭露發明者。

(2) 廠商不欲於任何國家取得專利，或未能於契約規定之時限內選擇取得專利權。

(3) 廠商並未於任何國家依契約規定之時限內提出專利申請。

(4) 廠商並未於任何國家繼續專利之申請、未支付專利年費或未能於再審查或訴訟程序中為自己專利權辯護。

(5) 廠商於任何國家放棄專利權。[471]

4. 利用報告（Utilization reports）

機關得要求使用專利權之廠商或其被授權人，按時提出利用專利權的報告，機關對於載明機密記號之利用報告應予以保密，非經廠商同意，機關不得向機關以外之人洩露，廠商應持續載明機密記號以免機密外洩。[472]

5. 政府之強制授權實施（March-in rights）

機關得知申請人曾以合理之商業條件在相當期間內不能與專利權廠商或被授權人協議授權時，而有下列情形之一者，得依申請人之申請，特許申請人實施專利權：：[473]

(1) 廠商或被授權人在相當合理期間內仍未提出實施之申請者。

(2) 為滿足健康或安全之需求，而專利權人或被授權人顯不能完成者。

(3) 為滿足公眾使用之要求，而專利權人或被授權人顯不能完成者。

(4) 具專屬權之被授權人在美國境內使用或出賣該發明係違約之行為者。

機關應於提供廠商足夠時間，由其解釋事實及不能協議之理由後，方得特許該申請人實施專利權。

6. 廠商最低之權利

政府取得發明之專利權後，原則應予廠商可撤銷、非專屬的、免權利金、可行使國

---

[469] 專利法第五節實施：第 76 條至 79 條。

[470] FAR 27.302(c).

[471] FAR 27.302(d).

[472] FAR 27.302(e).

[473] 35 U.S.C. § 203. FAR 27.302(f). 專利法第 76 條第 1 項有相同規定。強制授權實施之案例在美國實務中尚未發生。Ralph C. Nash, Jr., Steven L. Schooner, Karen R. O'Brien, *The Government Contracts Reference Book* (2nd ed., Washington, D.C: George Washington University Press, 1998), p. 339.

際之授權，廠商取得之授權及於其國內之同一法人。非經機關同意，廠商不得將專利授權讓與他人，但廠商有合併或繼　情事者，不在此限。

　　政府依據申請人實施專屬的專利權，爲於期間內完成廠商申請實施之程序，得依法令撤銷或修改廠商國內之專利權。如廠商已提出實施之申請且已有增進公益之效果，則政府不得撤銷其申請。[474]

(二)程序

1. 廠商申請較多權利

　　政府取得發明之專利權後，廠商或其僱用之發明人得於規定期限內向政府提出申請取得較原申請更多之權利。如機關首長決定廠商之申請符合美國利益及可增進公益，得同意其申請。機關首長於決定同意廠商申請時，應考量之目標包括：[475]

(1) 可促進發明之被利用。

(2) 確保發明之使用可促進充分及公平競爭（full and open competition）及自由企業（free enterprise）。

(3) 可促進由美國產業及勞力所爲之發明可供公眾利用。

(4) 可確保政府之需求得以滿足，並應避免該發明不被使用或不當地被使用。

2. 爲發明者保留專利權

如廠商放棄選擇取得專利之權利，機關得於與其協商後，同意發明人申請專利。[476]

3. 政府於公務人員發明時之專利權讓與

　　政府公務員（Government employees）於執行採購契約時係共同發明人，且廠商爲內國小型企業或非營利組織，公務員所隸屬之機關得將其專利權讓與廠商。[477]

4. 其他要求

廠商取得專利權後，機關認有必要，得要求廠商提供下列文件或履行下列事項：

(1) 於履約期間將所有應予揭露之發明定期向機關提出報告。

(2) 於履約期間屆滿前將所有發明列冊，並向機關提出報告。

(3) 提供專利申請書影本、專利證書號數、核准日期及在外國之申請日及受理該申請之國家。

(4) 如政府公務員於執行採購契約時係共同發明人，則廠商同意機關得派員檢查並

---

[474] FAR 27.302(i).

[475] FAR 27.304-1(b). FAR 27.304-1(b) 符合 TRIPS, Article 31(b) 之規定，但 TRIPS, Article 31 尚要求各締約國在實施智慧財產權時應遵守之其他規定，故各國政府在辦理政府採購時，自亦不得違反之。

[476] FAR 27.304-1(c).

[477] FAR 27.304-1(d). 我國專利法第 7 條第 1 項規定：「受雇人於職務上所完成之發明、新型或新式樣，其專利申請權及專利權屬於雇用人，雇用人應支付受雇人適當之報酬。但契約另有約定者，從其約定。」故政府可依法律取得專利權。

抄錄專利申請書。

機關認有必要，得要求廠商提供其分包廠商之上列文件或履行上列事項。

廠商應將政府可取得之專利權造具清冊向機關提出報告，並同意機關得檢查並抄錄專利申請書。廠商應於提出專利申請書後 6 個月內向機關提出報告。[478]

5. 對廠商最低權利之撤銷或修正

機關得因授權實施而撤銷或修正廠商最低之專利授權，[479]但機關應予撤銷或修正所予廠商之授權前，以書面通知廠商並予其於 30 日內說明其授權實施不應被撤銷或修正之理由，廠商並得依法提起救濟。[480]

6. 專利實施之作法

機關於實施專利權時，應以書面通知廠商，如廠商於 30 日內未表示異議，則機關得實施專利權，如廠商於 30 日內表示異議，則機關得於收受廠商異議後 60 日內決定是否實施專利權。機關實施專利權之作法如下：

(1) 採購機關首長應以書面通知廠商及其被授權人，說明機關使用專利權之理由、範圍及法令依據及程序。

(2) 如廠商於收受機關之通知後 30 日內對通知之理由表示異議，則機關應進行事實調查，以期發現真實。

(3) 機關應依公布之規定調查事實，廠商得請求機關核發紀錄之謄本，製作謄本費用由廠商負擔。機關對於調查程序應予保密，但經廠商或其被授權者同意揭露者，不在此限。

(4) 機關應於調查結束後 90 日內作成是否特許實施專利權之處分，並將處分書送達廠商。[481]

7. 由其他機關訂立採購契約

機關請求其他機關代辦採購時，得要求代辦機關將對廠商所要求之專利事項列為採購契約條款。委託機關應以書面將欲修改、拋棄、或刪除之專利事項條款通知代辦機關，並於徵詢代辦機關之意見後委請代辦機關為之。代辦機關非經請求機關之同意，不得逕為專利契約條款之修改、刪除或拋棄權利。除經代辦機關之同意者外，委託機關應負責專利之公開措施，包括專利之申請、監督及授權等。[482]

----

[478] FAR 27.304-1(e). 專利法第 5 條第 2 項規定：「專利申請權人，除本法另有規定或契約另有約定外，指發明人、創作人或其受讓人或繼承人」。所謂「契約另有約定」應指有專利法第 7 條或第 8 條所述之契約另約定。故廠商為政府機關提出專利申請書於我國依法並無不可。

[479] FAR 27.302(i)(2).

[480] FAR 27.304-1(f).

[481] FAR 27.304-1(g).

[482] FAR 27.304-2.

8. 工程契約

機關於辦理具試驗、發展或研究性質之工程，或工程之測試、評估，或政府設施之設計，或新穎結構、機器、產品、材料、程序或裝備之設計時，應於採購契約中載明政府專利權之條款。若廠商所實施者僅係「標準工程式樣」（standard types of construction），或僅係沿用已發展工程建築物之形狀、僅規模或容量不同、使用傳統性結構、僅係藝術或美學之建築配置（architectural configurations）或群集（groupings）且不具受新式樣專利（design patent）或著作權法保護之新穎性或價值性（sufficiently novel or meritorious）者，則不需於採購契約中載明政府專利權之條款。[483]

9. 分包廠商

得標廠商之分包廠商，或分包廠商之各級分包廠商於執行試驗、發展或研究工作時，均應使用本規則所規定之專利權契約條款以符合專利權之政策及程序。[484]

第六款　對我國政府採購之檢討

政府採購法之子法「採購契約要項」已規定各採購機關得視需要於契約內取得之專利權利或取得授權，可惜其規定過於簡略，採購機關既無法瞭解所涉智慧財產權之種類，亦無處理之依據，[485]致政府與廠商之權利均無保護規定，更遑論拓展人類知識及增進全民福祉之目標，而美國聯邦政府對於智慧財產權之規定，非但符合國際協定，且有健全之理論及實務基礎，應具相當參考價值。適值科技日益進步之今日，政府採購研發標的之機會大增，則其中所產生的智慧財產權歸屬、保護及其他問題將不容忽視，主管機關宜及早規定之。

我國政府各部門一向重視由國人自行發展研製之能力，然相較於美國各聯邦機關對於智慧財產權之綿密現定，我政府仍有努力改進之空間。我國國防部於民國90年發布「國防部科技工業機構與法人團體從事研發產製維修辦法」授權其所屬各科技工業機構可委託國內外法人或團體，依委託人提供之規範或要求從事研發或產製工作，[486]委託人應依政府採購法採選擇性招標或限制性招標辦理，[487]該辦法第15條第1項第1款規定科技工業機構與法人團體間智慧財產權之授權，國防部之作法應值肯定，惟對於諸如：廠商於履約中之發明專利的歸屬、政府取得專利之要件、使用廠商智慧財產權之限制、廠商資料加記權利記號、廠商的分包廠商之義務等均未規定，如能參考美國國防部

[483] FAR 27.304-3.
[484] FAR 27.304-4.
[485] 採購契約要項之壹、第1條第2項、第56條。
[486] 國防部科技工業機構與法人團體從事研發產製維修辦法第4條、第5條及第7條。
[487] 同辦法第19條、第20條。

對於智慧財產權之作法，使政府及廠商之智慧財產權獲得明確之保障，廠商亦必更樂於及更努力地從事研發等工作，政府及全民均因此獲益，此乃可長可久之完善作法。

第七款　建議（代結論）

智慧財產權之保護在政府採購實務上已行之多年，在學理上亦屬可行，在美國聯邦之採購措施中，有諸多值得參考及借鏡之處，而我國政府採購法及其子法中則有疏漏之處，謹將其中犖犖大者臚列如下列之辦法草案，建議於修法時併予考量及加列：

機關辦理智慧財產權歸屬及保護辦法（草案）

第一章　總則

第一條（訂定依據）

本辦法依政府採購法第　　　條規定訂定之。

第二條（用詞定義）

本辦法用詞定義如左：

一、資料：謂經記錄之訊息，不論以何種形式或工具記錄之方法屬之，可分為技術性資料及電腦程式。但不包括隨附於履約之資料，例如財務、行政、成本或計價或管理之訊息。

二、具形式、適當及功能性之資料：謂與品項、組件或製法相關之資料，該資料應足以使其物質性及功能性互換，該資料亦應明確指出其來源、尺寸、結構、配對及附件特徵、功能特徵及效益要求。廠商所提供之電腦程式則應明確指出來源、功能特徵、效益要求等資料，但不含程式之來源碼、演算法、處理程序、公式及流程圖。

三、全部權利：謂得以任何方式、為任何目的，而使用、散布、重製、改作成衍生性著作、向公眾散布複製品、公開表演及公開展示，並同意他人如此行為之權利。

四、部分權利：謂機關在部分權利資料如其通知所上所享受之權利，權利之範圍如資料上之通知所示。亦即於機關得於政府內使用、改作、重製、散布、演出、上映或發行，但非經授權者同意，政府不得於政府外使用、改作、重製、散布、演出、上映或發行之權利。

五、部分權利資料：謂政府依據契約，對納入營業秘密或具商業性或財務性之秘密或特別授權資料之權利，政府之部分權利僅及於廠商完全自費發展之品項、組件或製法，包括對於該資料非屬重大之修改亦屬之。

六、限制性權利：謂機關對於廠商應依約交付，並由其自費發展之非商業性質的電腦

程式資料所取得之權利。

七、限制性權利電腦軟體：謂政府依據契約，對廠商完全自費發展，已納入營業秘密或具商業性或財務性之秘密或特別授權，或公開發行具著作權之電腦程式的權利，包括對於該電腦程式非屬重大之修改亦屬之。

八、政府目的權利：謂政府得於無限制之情況下，於政府內使用、改作、重製、散布、演出、上映或發行之權利，或政府得對政府外經授權者同意其使用、改作、重製、散布、演出、上映或發行之權利。

九、經協商所取得之特別授權：謂如廠商之全部權利、政府目的權利或部分權利不能滿足機關需求，或機關欲取得更多之授權者，則機關與廠商得經特別協商，獲得所需之授權。

十、發明：謂廠商在政府契約之財務支持下，於履約過程中所爲之發現或首次轉化成具產業上實施性之發明。

第三條（政策）

機關應鼓勵廠商於履行採購契約時以商業目的使用發明或創作。

機關不得因廠商有侵害專利權之虞，而剝奪其得標之機會。

採購機關於開放之商業市場中採購財物或勞務時，廠商應負責使機關免於在履約中負侵害專利之賠償責任。但採購機關將所採購之財物或勞務作重大修正者，不在此限。

如機關爲專利權人，則應鼓勵廠商於履的過程中使用該發明，並以契約授權廠商使用之。

第二章　專利

第四條（授權及同意）

機關授權或同意廠商使用發明或創作專利[488]而遭受侵害專利之訴訟時，應由機關依據契約規定處理之。

機關爲確保被授權之廠商不因侵害專利而停止契約之履行，應依本辦法授權廠商使用專利。

任何請求政府負侵害專利之賠償責任，均應依據採購契約之規定移轉由廠商負責。機

---

[488] 美國聯邦法典 35 U.S.C. § 171, 173 將「設計」亦納入專利法規定之範圍，但 FAR 及 DFARS 均將專利之範圍限定於「發明」（見前註 430 及其隨附之本文），顯然美國政府著重在廠商發明，並予規範；我國亦將新式樣之保護併入專利法中規範，但學者謝銘洋認爲，相較於德國認爲工業設計在本質上係屬文化性，其與技術上之創新爲出發點之發明並不相同，故德國對於工業設計之保護係以單獨立法之方式加以規範，我國專利法的規範方式並不妥當，見謝銘洋，智慧財產權之基礎理論，前註308，頁26。但本文在我國專利法規範方式未改變之前，仍將發明及創作一併規範。

關於招標文件或契約中，不得同意賠償廠商因侵害專利所生之損害。機關不得於中華民國境外進行專利權之授權或同意。

第五條（通知及協助）

除採購機關辦理未達公告金額採購或於中華民國境外採購並履約外，機關應於招標文件及契約中規定廠商之通知及協助政府之義務。

第六條（廠商對於政府侵害專利之賠償責任）

機關於公開商業市場採購財物、勞務及工程，而被請求負侵害專利之損害賠償責任時，機關應請求提供財物、勞務及工程之廠商賠償機關之損失。機關有下列情形之一者，得於契約中免列機關請求提供財物、勞務及工程之廠商賠償機關損失之條款：

一、機關所需之財物或勞務係在非公開商業市場採購者。但機關以秘密標方式採購特定之零附件、組件或勞務者，不在此限。

二、廠商於中華民國境外履約且交付者。但採購標的物輸入中華民國境內者，不在此限。

三、機關辦理未達公告金額採購者。

四、機關採購建築工程者。

第七條（權利金）

機關為避免因廠商之發明或創作或專利申請，而支付廠商過高或不適當之權利金，應要求廠商提供權利金資料及報告。機關並應採取減少或降低權利金之措施。

除機關認有維護政府利益之必要外，得於採用秘密標時免要求廠商提供權利金資料。機關認有必要時，應於招標文件中要求廠商之分包廠商提供權利金資料及報告。機關應徵詢專利之主管機關有關權利金之意見。

機關依契約規定應支付專利權人權利金，且於將來仍將使用該專利時，機關應公開該專利之相關資訊，以維護政府及投標廠商之利益，並應於招標文件中訂明專利授權之通知、專利證書號數及權利金收費比率等。機關並應要求投標廠商提供是否為該專利之被授權人的資料，俾利機關評估廠商報價時將等同權利金之金額加入報價中，或於報價廠商自專利權人獲得較低專利授權金時，要求報價廠商降低報價。

如機關具充分理由認為已支付或尚未支付之權利金額過高、不適當或不符合政府利益，應迅速向專利之主管機關或管理機關提出報告，接受報告之機關應依程序檢視報告，提供建議或採取適當之措施。機關發現有權利金係免費、權利金收費比率過高，或權利金之費用並不適當之情事，應立即停止付款以維護政府利益。機關經徵詢專利之主管機關或管理機關之意見後，應要求廠商退還機關為權利金支付之價金，或與廠商協商降低權利金之金額。

機關於使用固定價金型契約時，得允許廠商於投標文件中將專利權利金列爲契約價金或目標價金之部分，但如廠商並未支付專利權人專利權利金，或廠商契約約定有不公平競爭之情事，或廠商爲專利之合法性訴訟時，廠商應依契約規定將該權利金規定退還機關。

第八條（申請專利之機密資料）

機關於收受廠商申請專利之機密資料後應採取保密措施，並應將機密資料交付專利之主管機關或管理機關，以維護政府及廠商專利權。

第九條（廠商選擇取得專利權）

廠商依採購契約之約定於履約中完成發明或創作者，得於向機關提出專利之說明後，選擇取得該發明或創作之專利權，但各機關依法令另有不同之政策、程序或契約條文規定者，從各機關之規定。機關得於採購契約中規定，廠商有下列各情形之一者，不得選擇取得專利權：

一、廠商在中華民國國境內並無住所或營業地，或廠商應由外國政府管轄。

二、機關決定限制或免除廠商取得專利權之措施更能促進政府政策之執行。

三、政府依法令實施外國情報或反情報行爲，且決定限制或免除廠商取得專利權之措施係屬保障國家安全所必需者。

第十條（政府取得專利授權之範圍）

政府應至少取得非專屬、不可讓與、不可撤銷且已全部清償之授權實施，實施之地域不限於國內，應及於國外。如契約約定政府依國際協定或條約得授權外國政府或國際組織實施者，政府得授權外國政府或國際組織實施專利權。

第十一條（政府取得專利權之情形）

採購契約廠商不得選擇取得專利權之情形發生者，則機關依約定取得發明或創作之專利權。又機關有下列情形之一者，得取得發明或創作之專利權：

一、如廠商未於契約規定之時限內揭露發明或創作者。

二、廠商不欲於任何國家取得專利，或未能於契約規定之時限內選擇取得專利權。

三、廠商並未於任何國家依契約規定之時限內提出專利申請。

四、廠商並未於任何國家繼續專利之申請、未支付專利年費或未能於再審查或訴訟程序中爲自己專利權辯護。

五、廠商於任何國家放棄專利權。

第十二條（利用報告）

機關得要求使用專利權之廠商或其被授權人，按時提出利用專利權的報告，機關對於

載明機密記號之利用報告應予以保密，非經廠商同意，機關不得向機關以外之人洩露，廠商應持續載明機密記號以免機密外洩。

第十三條（政府之授權實施）

專利專責機關得知申請人曾以合理之商業條件在相當期間內不能與專利權人廠商或被授權人協議授權時，而有下列情形之一者，得依申請人之申請，特許申請人實施專利權：

一、廠商或被授權人在相當合理期間內仍未提出實施之申請者。

二、爲滿足健康或安全之需求，而專利權人或被授權人顯不能完成者。

三、爲滿足公眾使用之要求，而專利權人或被授權人顯不能完成者。

四、具專屬權之被授權人在中華民國境內使用或出賣該發明或創作係違約之行爲者。

專利專責機關應於提供廠商足夠時間，且由其解釋事實及不能協議之理由後，方得特許該申請人實施專利權。

第十四條（廠商最低之權利）

政府取得發明或創作之專利權後，原則上應予廠商可撤銷、非專屬的、免權利金、可行使國際之授權，廠商取得之授權及於其國內之同一法人。非經機關同意，廠商不得將專利授權讓與他人，但廠商有合併或繼續情事者，不在此限。

政府依申請人實施專屬的專利權，爲於期間內完成廠商申請實施之程序，得依法令撤銷或修改廠商國內之專利權。如廠商已提出實施之申請且已有增進公益之效果，則政府不得撤銷其申請。

第十五條（廠商申請較多權利）

政府取得發明或創作之專利權後，廠商或其僱用之發明人或創作人得於規定期限內向政府提出申請取得較原申請更多之權利。如機關首長決定廠商之申請符合國家利益及可增進公益，得同意其申請。機關首長於決定同意廠商申請時，應考量之目標包括：

一、可促進發明或創作之被利用。

二、確保發明或創作之使用可促進充分及公平競爭及自由企業。

三、可促進由國內產業及勞力所爲之發明或創作可供公眾利用。

四、可確保政府之需求得以滿足，並應避免該發明或創作不被使用或不當地被使用。

第十六條（爲發明人或創作人保留專利權）

如廠商放棄選擇取得專利之權利，機關得於與其協商後，同意發明人或創作人申請專利。

第十七條（政府於公務人員發明或創作時之專利權讓與）

政府公務員於執行採購契約時係共同發明或創作人，且廠商爲內國小型企業或非營利組織，公務員所隸屬之機關得將其專利權讓與廠商。

第十八條（其他要求）

廠商取得專利權後，機關認有必要，得要求廠商提供下列文件或履行下列事項：

一、於履約期間將所有應予揭露之發明或創作定期向機關提出報告。

二、於履約期間屆滿前將所有發明或創作列冊，並向機關提出報告。

三、提供專利申請書影本、專利證書號數、核准日期及在外國之申請日及受理該申請之國家。

四、如政府公務員於執行採購契約時係共同發明或創作人，則廠商同意機關得派員檢查並抄錄專利申請書。

機關認有必要，得要求廠商提供其分包廠商之上列文件或履行上列事項。

廠商應將政府可取得之專利權造具清冊向機關提出報告，並同意機關得檢查並抄錄專利申請書。廠商應於提出專利申請書後六個月內向機關提出報告。

第十九條（對廠商最低權利之撤銷或修正）

機關得因授權實施而撤銷或修正廠商最低之專利授權，但機關應予撤銷或修正所予廠商之授權前，以書面通知廠商並予其於三十日內說明其授權實施不應被撤銷或修正之理由，廠商並得依法提起救濟。

第二十條（專利實施之作法）

機關於實施專利權時，應以書面通知廠商，如廠商於三十日內未表示異議，則機關得實施專利權，如廠商於三十日內表示異議，則機關得於收受廠商異議後六十日內決定是否實施專利權。機關實施專利權之作法如下：

一、採購機關首長應以書面通知廠商及其被授權人，說明機關使用專利權之理由、範圍及法令依據及程序。

二、如廠商於收受機關之通知後三十日內對通知之理由表示異議，則機關應進行事實調查，以期發現眞實。

三、機關應依公布之規定調查事實，廠商得請求機關核發紀錄之謄本，製作謄本費用由廠商負擔。機關對於調查程序應予保密，但經廠商或其被授權者同意揭露者，不在此限。

四、機關應於調查結束後九十日內作成是否特許實施專利權之處分，並將處分書送達廠商。

第二十一條（由其他機關訂立採購契約）

機關請求其他機關代辦採購時，得要求代辦機關將對廠商所要求之專利事項列為採購契約條款。委託機關應以書面將欲修改、拋棄、或刪除之專利事項條款通知代辦機關，並於徵詢代辦機關之意見後委請代辦機關為之。代辦機關非經請求機關之同意，不得逕為專利契約條款之修改、刪除或拋棄權利。除經代辦機關之同意者外，委託機關應負責專利之公開措施，包括專利之申請、監督及授權等。

第二十二條（工程契約）

機關於辦理具試驗、發展或研究性質之工程，或工程之測試、評估，或政府設施之設計，或新穎結構、機器、產品、材料、程序或裝備之設計時，應於採購契約中載明政府專利權之條款。

若廠商所實施者僅係標準工程式樣，或僅係沿用已發展工程建築物之形狀、僅規模或容量不同、使用傳統性結構、僅係藝術或美學之建築配置且不具受新式樣專利或著作權法保護者，則不需於採購契約中載明政府專利權之條款。

第二十三條（分包廠商）

得標廠商之分包廠商，或分包廠商之各級分包廠商於執行試驗、發展或研究工作時，均應使用本辦法所規定之專利權契約條款以符合專利權之政策及程序。

第三章　著作權

第一節　技術資料

第二十四條（機關為著作人－著作權發生於履約過程中）

著作權發生於廠商履約過程中，機關享有著作權。除契約另有規定者外，廠商不需政府同意，對於履約過程中公開發表之著作享有著作權，但如契約有特別規定者，廠商應以書面徵求機關同意其享有政府著作權，政府非有必要之理由應同意之。

廠商應於資料中依契約規定載明著作權所屬機關，廠商應讓與機關或其指定之人已付費、非專有、不可撤銷、世界有效之著作權。但如著作係電腦程式，機關不得將重製物公然散布。廠商於採購過程中得提出不需機關同意便可享用著作權之申請，機關得同意廠商之申請。

廠商以書面向政府提出申請時，應載明欲享有著作權之範圍、理由及公開播送或傳輸之方法，並於資料明顯處記明係由政府資金完成，著作權人為政府等通知，於決標前或履約中申請之。機關受理廠商申請時，應考量政府之情況，給予其不同授權或限制其享有之範圍，廠商應將機關授權之種類及範圍於資料的封面明顯處記載之，如資料係電腦程式，則廠商應將機關授權之種類及範圍於資料的最明顯處記載之。

第二十五條（廠商著作權發生於履約過程外）

如廠商著作發生於履約過程之外，則廠商並無交付資料之義務。如廠商依約必須交付政府部分權利資料或限制性權利資料時，應記明「本資料係未公開發表之著作，全部權利均受著作權法保護」等文字，如廠商未作如此之記載，機關應予其補正機會。如資料中並無上述文字之記載，該資料得視為已公開發表之著作，並得公開散布之。

第二十六條（招標文件及採購契約中對智慧財產權利之規定）

採購機關應將同意廠商對政府智慧財產權之產製、供應、獲得及機關取得之權利及其他等要求，規定於招標文件及採購契約之中，以拘束採購機關及廠商。

非經廠商同意，機關不得於招標文件或於廠商協商時，使用廠商未經機關招標程序，而主動提供機關企劃書內之任何資料，以保護廠商之營業秘密。

機關對於廠商未經招標程序，且主動交付之資料，得因評估之目的，而交付政府外之人員使用。

第二十七條（廠商行使政府之著作權）

廠商履行採購契約，需由政府提供資料，或代表政府履行契約時，則廠商應獲政府同意，並依照資料中對於著作權說明之記號規定行使著作權，但經機關特別授權者，不在此限。廠商行使著作權時，不得違反出口管制及國家安全之法令。

第二十八條（廠商為著作人 - 不予授權）

廠商得不授權採購機關使用其智慧財產權，但廠商應明確告知採購機關不予授權之智慧財產權，並應提供具形式、適當及功能性之資料以替代未予授權之智慧財產。

第二十九條（廠商在文件上加列權利之說明）

廠商或其分包廠商於資料載明權利之種類共分下列五種：

一、一般標示之指導：廠商及其分包廠商應於資料儲存之容器上或文件內之每頁上，以明顯文字列明權利之種類。

二、政府目的權利之記號。

三、部分權利之記號。

四、特殊授權之記號。

五、先前已授權之記號。

為政府目的權利之記號應包括：契約號碼、名稱、廠商地址、期滿日及權利之內容，限制性權利之記號應包括：契約號碼、名稱、廠商地址及權利之內容，特殊授權記號應包括：契約號碼、授權證號碼及任何重製物均應標示該記號。

第三十條（部分權利資料之使用限制）

採購機關非經廠商之同意，不得將部分權利資料以生產為目的而使用之，亦不得散布於機關之外。但政府為達特殊目的者不在此限，政府的特殊目的包括下列情形：

一、負責維修工作之廠商有使用之需要時，但不得有製造之行為。

二、非政府機關或組織進行評估時。

三、其他廠商因履行政府採購契約而將該廠商所履行之契約列為履約之一部分時，但不得有製造之行為。

四、緊急維修或翻修。

五、中華民國政府認有交付資料或程式予外國政府或組織以供其進行評估、緊急維修或翻修之需要時。採購機關並應要求使用者不得散布該資料。

第三十一條（限制性權利資料之使用限制）

機關應經廠商之同意，使用、重製或發表所列之限制性電腦程式，但政府有下列之情形，得不經廠商之同意逕行使用或重製所列之部分權利資料：

一、使用或重製隨附於電腦使用之軟體。

二、為備用電腦之使用而重製軟體。

三、為安全或備用存擋目的而重製電腦程式。

四、因配合機關所使用機器之需要，而修改、調整或結合電腦程式並限於機關內使用。

五、負責維修工作之廠商有使用之需要時。

六、替換電腦時，使用或重製電腦軟體。任何對於電腦程式之使用限制，均應於採購契約中明確規定之，又任何電腦程式重製物內均應載明本通知。

載明權利之說明可以劃上圓圈、底線或註解等方式為之。

第三十二條（其他特別授權之記號）

採購機關和廠商經由協商結果，廠商同意給予機關特別之授權，則應於資料上記明資料獲得特別授權。

第三十三條（錯誤記號之處理）

機關發現廠商錯誤記號後，應以書面通知廠商，要求廠商於三十日內以書面說明其所作記號之理由，若廠商未於三十日內以書面說明，或機關認其理由不正當，則機關首長應以書面通知廠商，並得更正或刪除錯誤之記號，但廠商於接獲通知後九十日內提出訴訟或仲裁，則機關不得更正或刪除錯誤之記號，應受記號之拘束，並應依法院判決或仲裁判斷處理廠商之資料。

第三十四條（政府取得技術性資料之全部權利）

機關對於下列技術性資料取得全部權利：

一、完全由政府經費所發展者。

二、採購契約中規定廠商應實施研究、分析、測試，則廠商於履約過程中所產生之研究、分析、測試資料或相似之資料。

三、契約並未要求發展、製造、營建，或生產品項、零附件、製法，但廠商於履行採購契約過程中，完全使用政府經費所創作之資料。

四、具形式、適當及功能性質之資料。

五、為安裝、操作、維護或訓練目的所必需之資料。但詳細之製造或製程之資料除外。

六、廠商將機關交付之技術資料予以改正或變更之部分。

七、一般公眾可取得或由廠商及其分包廠商所散布，並無使用限制之資料。

八、機關經由協商程序與廠商簽訂之其他採購契約中，已取得該資料全部權利者。

九、廠商或其分包廠商依契約規定交付機關之資料中，所規定之政府目的使用權利或部分權利及限制性權利之期間已期滿者。

第三十五條（政府取得部分權利之資料）

機關對於下列資料取得部分權利：

一、完全由廠商自費發展之品項、組件或製法，並經加記為部分權利記號者。

二、契約並未要求廠商應發展、製造、營建品項、組件或製法，而廠商於履約過程中所自費創作之資料。

採購機關應通知部分權利資料的使用者，若已完成緊急修理，則應立即銷毀上述資料並通知廠商。

中華民國政府為國家利益及為達成評估或訊息之目的，而將非製造或製法之資料交付外國政府。如政府欲將部分權利之資料洩露或授權他人使用時，應即通知廠商。廠商授權政府對其資料享有部分權利時，政府應要求使用者簽訂不得散布資料之契約。

廠商及其分包廠商依約並無交付部分權利資料以外資料之義務，但如機關另需要部分權利以外之權利時，則廠商應同意立即與機關進行協商。

第三十六條（政府取得限制性權利電腦軟體）

機關對於廠商應依約交付，並由其自費發展之非商業性質的電腦軟體取得限制性權利。

機關取得於一部電腦使用一電腦程式之權利。非經權利人同意，機關不得於數終端機或中央處理機同時使用該一電腦程式。

機關得不經授權者之同意，將該電腦程式移轉至其他政府機關使用，但移轉之機關應將該電腦程式及其重製品銷毀之，被移轉之程式仍適用本規定。

如機關爲安全或檔案、備份或修改理由而需重製該電腦程式時，應以最少之份數重製之。

機關得因配合其所使用機器之需要，修改其程式。但限於該機關自行使用。非經廠商之同意，機關不得將修改之程式散布於他人。

機關得爲因應緊急戰術需求，或以適應、結合其他電腦程式爲目的，同意廠商或其分包廠商爲診斷或更正電腦程式缺失，而修改其程式。但應將散布於他人之情形立即通知授權廠商。

機關得爲緊急維修財物或所採購之標的物，而同意廠商或其分包廠商修改電腦程式，但機關應要求承包廠商或其分包廠商不得將電腦程式散布於他人，亦不得使用還原工程分解電腦程式。

第三十七條（政府取得商業性財物或製程之權利）

凡廠商所交付具商業性質之品項、組件或製程，推定由廠商自費發展，機關得於機關內部使用、修改、重製、散布、公開展示資料。非經廠商同意，機關不得製造資料，亦不得將資料交付第三人，但緊急修繕者則不在此限。

第三十八條（政府取得政府目的權利之資料）

機關對於下列資料取得政府目的權利：

一、政府與廠商共同出資發展品項、組件或製法，但不包括政府享有全部權利之資料。

二、契約並未要求發展、製造、營建或生產品項、組件或製法，廠商與政府共同出資於履約期間所發展之資料。

機關取得政府目的權利以使用資料之期間原則上係五年，自履行契約時起算，但得另以契約訂之。機關於五年之期間過後，應取得資料之全部權利，機關得將資料交付他人，故廠商爲保護資料，可提出延長五年期間之請求，經機關同意延長之。

機關於行使政府目的權利之期間，不得自行或授權他人將列有政府目的權利記號之資料供作商業使用，但他人於政府交付或洩露資料前，同意簽訂依約定使用並不得散布資料之承諾，或係政府採購之履約廠商已使用該資料者，不在此限。

機關應將廠商必須簽訂依約定使用並不得散布資料契約之要求，於採購公報公告之。

機關或廠商應確認政府目的權利資料，並於資料載明政府目的權利之記號。

第三十九條（政府取得特別授權之資料）

機關認爲全部權利、政府目的權利或部分權利不能滿足機關需求，或機關欲取得更多

之授權者，則機關與廠商得經特別協商，獲得所需之授權。授權之內容應包括機關得使用、交付或洩露資料予他人之權利，或授權他人使用資料之權利。

機關與廠商進行協商以獲得特別授權時，如採購成本超出預期獲得之效益時，應考量下列因素：

一、該特別授權由廠商交付之具形式、適當及功能性之資料所取代。

二、獲得廠商以書面保證機關可以公開招標或選擇性招標方式採購所需資料。

三、使用還原工程或請其他廠商以還原工程方式獲得所需的資料。

第二節　電腦程式

第四十條（政府取得商業性電腦程式或其文件之權利）

機關應依照廠商授權公眾之規定行使，如授權之內容與機關所需者相異，則機關與廠商應進行協商。

機關採購商業類的電腦程式應使用確定固定價金契約，並原則上經由廠商以競價方式採購。

機關不得要求廠商提供非供應公眾之商業電腦程式或文件，但廠商依招標文件由政府提供經費修改商業電腦程式者不在此限。非經廠商同意，機關不得要求廠商提供修改、重製、公開表演、展示、發表商業電腦程式或文件之權利。

第四十一條（政府採購非商業性電腦程式或其文件之程序）

機關採購非商業類之電腦程式時，應於招標文件或契約中詳列廠商應交付之品項、價金、時程表、機關的受領程序、所獲授權之內容等。機關不得將廠商應交付已自費發展之電腦軟體列為決標條件，亦不得將之列為招標文件中的要求項目之一，但政府已取得全部權利之電腦程式不在此限。

第四十二條（政府取得電腦程式或其文件之全部權利）

機關對於下列電腦程式或其文件取得全部權利：

一、完全由政府經費所發展之電腦程式。

二、廠商依採購契約應交付之電腦程式文件。

三、廠商將機關交付之電腦程式或電腦程式文件予以改正或變更之部分。

四、廠商或其分包廠商已將其電腦程式或電腦程式文件公開發表，並未對其使用、散布予以限制者。

五、機關經由協商程序與廠商簽訂之其他採購契約中，已取得電腦程式或電腦程式文件之全部權利者。

六、廠商或其分包廠商交付機關之電腦程式或電腦程式文件中，所規定之政府目的權

利或部分權利或限制性權利之期間已期滿。

第四十三條（對電腦程式的政府目的權利）

中華民國爲履行與國際或多國國防組織簽訂合作協議之義務，得行使下列權利：

一、政府於政府內享有無限制地使用、修改、重製、散布、公開演出、公開發表或公開展示電腦程式或電腦程式文件之權利。

二、爲達成政府目的，於政府外交付或散布電腦程式，或授權他人使用、修改、重製、散布、公開演出、公開發表或公開展示電腦程式或電腦程式文件之權利。

機關於行使政府目的權利之期間，不得將列有政府目的權利記號之電腦程式供作商業使用或授權他人作商業使用。

政府與廠商共同出資發展電腦程式時，政府取得該電腦程式之政府目的權利。政府目的權利之存續期間原則上是五年，自採購契約履約之日起算，但機關得視需要與廠商另以特約約定之，期滿後政府對該電腦程式取得全部權利。

廠商應於電腦程式或電腦程式文件中載明政府目的權利之記號，再由機關或廠商確認之。

非經他人同意簽訂不得散布電腦程式之約定者，機關不得將電腦程式交付該他人。機關於行使政府目的權利之期間，得授權其他廠商將列有政府目的權利記號之電腦程式，供作履行採購契約時使用。但該廠商應於政府交付電腦程式前，簽訂不得散布之承諾。機關應將廠商必須簽訂不得散布電腦程式或電腦程式文件之要求，於採購公報中公告之。

第四十四條（政府對電腦程式的限制性權利）

機關對於廠商應交付且自行出資發展之非商業性電腦程式享有限制性權利。當機關需要電腦程式之其他授權時，應與廠商協商之。機關應於契約中詳列機關對電腦程式享有之權利。

機關於使用限制性電腦程式或其文件時，應於一部電腦使用一電腦程式，不得於數終端機或中央處理機同時使用該一電腦程式；機關得不經授權者之同意，將該電腦程式移轉至其他政府機關使用，但移轉之機關應將該電腦程式銷毀之。

第四十五條（經特別協商所取得之授權）

機關與廠商同意變更標準授權，或機關欲取得原未獲授權之電腦程式時，應於契約內明定廠商授權之內容。授權契約中應規定機關使用、修改、重製、散布、公開演出、公開發表或公開展示電腦程式或電腦程式文件之權利及授權他人行使等之權利。

第四十六條（衍生電腦程式及其文件之權利）

　　機關對於廠商依約交付之電腦程式或其文件中未變更部分，仍享有契約規定之權利。

第四章　附則

第四十七條（招標文件及採購契約中對智慧財產權利之規定）

　　機關應將欲取得之權利及其他等要求，規定於招標文件及採購契約之中。

　　廠商應於投標時，應通知機關有關資料之權利種類及範圍，並將之列為投標文件之附件，若廠商並未提交該附件或未完成該附件，機關應給予其在限定期間內補正或更正之機會，如廠商投標文件內容仍不符合招標文件之規定，則不得決標予該廠商。

第四十八條（分包廠商）

　　廠商應確保其授予分包廠商或供應商之權利係合法且受保護之權利。

　　廠商為成交付政府具非商業品項性質之技術資料，而向其分包廠商或供應商獲得上述之資料時，應於與其分包廠商或供應商契約中使用相同之條款。機關、廠商、較高層次分包廠商或供應商不得有任何其他增減在該分包廠商或供應商權利之行為。

　　分包廠商通常均將智慧財產交付較高層次之廠商、分包廠商或供應商。但如分包廠商於其主契約中約定，應交付機關限制性權利或部分使用權利之資料，則該分包廠商得依約逕將資料交付機關。

　　廠商及其較高層次分包廠商或供應商不得利用決標之權利，從分包廠商或供應商之技術資料中獲得商業性之權利。

　　廠商不得以保護其分包廠商或供應商智慧財產之義務為理由，而免除其對機關之責任。

第四十九條（檢查權）

　　機關得於招標文件中要求廠商同意由機關派員至廠商處所，檢查廠商對於不予授權之資料、部分權利資料或限制性權利資料之主張是否屬實，或檢查其履約情形。但契約中另有特別規定不應檢查之品項者，不適用之。

　　前項檢查之權利應於機關自受領全部資料之日起三年內為之。若廠商證明檢查之人員有應利益迴避之虞時，則機關應另派遣人員進行檢視。

第五十條（施行日期）

　　本辦法自中華民國　　年　　月　　日施行。

第四節　論技術性資料、電腦軟體及資料庫之採購方法及法律保護[489]

本文所研究者係以專利權、著作權及營業秘密等三種法律，探究技術性資料、電腦軟體及資料庫之保護，及其採購之規定，除援引相關美國法院判決及美國審計長之判斷外，並參酌美國聯邦獲得規則及國防部等發布之相關規定，提出我國政府採購法修正草案及機關採購電腦軟體及技術性資料辦法草案，以供參考。

第一款　前言

政府採購之技術性資料及電腦軟體可分為二種：第一種是商業成品或非研發性之產品，所謂非研發性之產品係指廠商已為市場製造之產品，政府當然可採購並使用之；第二種是具研發性質之資料及軟體，由於商業成品可在公開市場中購得，廠商間之競爭將使成品之價格合理，故政府應以採購商業成品為原則。但若政府所需者係研發之新產品，則政府獲得硬體及軟體後，便需要廠商提供資料或服務以滿足其維修、保養及後續採購所需[490]，機關所需之資料（data）[491]，種類繁雜，包括：技術規格、圖說、技術報告、維護手冊、操作手冊、零件清單、電腦軟體及其他型式之紀錄等。機關於採購上列資料時，經常遭遇二類困難：其一是需要從廠商獲得何種權利，即政府取得所獲資料之全部權利（unlimited rights）？部分權利（limited rights）？政府目的權利（Government purpose rights）？或限制性權利（restrictive rights）[492]？其二是如何獲得該等資料，即採購資料之方法為何。第一種困難是屬智慧財產權種類及保護的問題，第二種困難是如何採購資料的問題，該等問題均涉及廠商及機關間之權利義務，不可能獨立存在或發生，故採購機關必須克服上列困難後方可達成採購之任務。本文所欲研究者，即機關對資料所取得的權利及其採購之方式。

----

[489] 本節內容曾發表於「智慧財產權月刊」2009 年 9 月第 129 期及同年 10 月第 130 期中。

[490] Kevin Deasy and Anne Crawford Martin, *Seeking the Balance between Government and Industry Interests in Software Acquisition*, 14 Rutgers Computer & Technology Law Journal 160 (1988).

[491] 美國聯邦獲得規則 Federal Acquisition Regulations（FAR）27.401 規定：資料「data」可分為技術性資料（technical data）及電腦軟體（computer software）兩種，蓋技術性資料及電腦軟體之性質不完全相同，政府取得之權利亦不完全相同，故有分別規定之必要。本文依據政府採購法第 1、3 及 6 條之規定，所敘述之「機關」係指政府辦理採購之機關，由於機關係為政府採購技術性資料及電腦軟體，故本文兼用「政府」一詞。

[492] 工程採購契約範本第 18 條、財物採購契約範本第 15 條及勞務採購契約範本第 14 條之(三)均規定：廠商履約結果涉及智慧財產權者，機關可取得「永久無償利用該著作財產權」、「部分權利」、「全部權利」、「授權」等，惜均未予以定義或說明。有關政府採購中政府及廠商智慧財產權之歸屬及保護等問題之探討，參見唐克光，政府採購中智慧財產權之研究——以美國聯邦政府為例（上），軍法專刊，第 53 卷第 2 期，2007 年 4 月，頁 86-95，及政府採購中智慧財產權之研究——以美國聯邦政府為例（下），軍法專刊，第 53 卷第 3 期，2007 年 6 月，頁 75-80。

　　機關必須經過政府採購法所規定的程序獲得所需之標的，但若機關對於採購標的並無權利將其繪製成規格或圖說，並使之作為招標文件，則機關應如何進行採購？又技術性資料及電腦軟體之性質與一般財物之性質並不完全相同，採購機關應了解電腦軟體及技術性資料中何者受智慧財產權之保護，是否須經獲得計畫之程序？廠商應如何於投標文件中載明價金？機關應如何訂定規格？可否要求保固？等問題，政府採購法及其子法並無相關規定，國內亦無專文論述，因此引發研究之動機。

　　採購機關以契約採購所需的財物、勞務、工程及製造財物所需之方法及技術等，政府採購法已規定「機關委託研究發展作業辦法」，另發布「政府機關委託研究發展作業手冊」等，行政院及其所屬部會署亦發布相關研究發展之辦法，唯經檢視上列文件對於機關採購所需之資料，包括技術性資料及電腦軟體等，並未有特別規範者，政府採購資料時，除一般之採購程序及規定外，是否可從智慧財產權保護之角度探究，並改進採購資料之程序，以符合「公平、公開之採購程序，提升採購效率與功能」，並維護公共利益及公平合理之原則[493]，此乃本文所欲研究者。

　　資料之採購涉及廠商之公平競爭及智慧財產權之保護，政府必須依照此二前提下進行採購，缺一不可，然何種採購程序或方法可達到最有採購效率之目標？本文分別就智慧財產權之保護、廠商之競爭及採購程序之設計等方面研究之。同時從美國聯邦採購法制對於智慧財產權之規範，及其審計長（the Comptroller General of the United States）之決定或法院判決以探究機關採購資料之本質，以作為我國政府採購法制之借鏡。本文之所以以其為探討中心，係因美國保護智慧財產及採購之法令已行之逾百年，不僅體系健全，更經其行政機關之實踐[494]，兼具理論與實務基礎，我國近年來屢屢修正保護智慧財產權的法律，其中參考美國立法例者甚多；再者美國係世界貿易組織（the World Trade Organization, WTO）之締約國，必須遵守「與貿易相關之智慧財產權協定」（Agreement on Trade-Related Aspects of Intellectual Property Rights, TRIPS）之規定，此外美國係 WTO 中政府採購協定（Agreement on Government Procurement, GPA）之締約國，因其採購之相關法規及實踐均須接受 WTO 之貿易檢視[495]，故須符合 GPA 之規範亦即符合世界貿易組織之規範，正當性實不容置疑。我國廠商如欲拓展商機，則充分瞭解美國聯邦政府之採購制度實屬必要，故美國採購法之制度頗有參考價值，因此本文即以美國聯邦政府之採購制度為研究中心，並就其現行之法令、學說或判決等予以探討。

　　本文首先說明技術性資料、電腦程式及電腦資料庫之定義及機關取得權利之範圍，

---

[493] 政府採購法第 1 條及第 6 條第 1 項。

[494] FAR 1.104.

[495] WTO, Trade Policy Review Mechanism, The Results of the Uruguay Round of Multilateral Trade Negotiations 434-7 (1995).

再說明採購機關應遵守之基本法令，其次研究技術性資料及電腦程式等法律權利之保護，再研究機關於採購上述標的物時，促使廠商競爭的方法，及機關採購資料之程序及法律要求，最後，對我國政府採購法及其相關子法缺漏部分提出建議，冀望能提供學術及實務界參考。

　　有關智慧財產權之歸屬及行使與本文研究主題——技術性資料及電腦軟體之法律保護及採購方法具有密不可分關係，智慧財產權歸屬及行使之諸多法律問題，包括：全部權利、部分權利、部分權利資料、限制性權利等定義、專利授權及同意、專利權利金、政府取得專利權之情形、政府之授權實施專利權、專利實施之作法、機關取得著作權之情形、廠商取得著作權之情形、廠商如何行使政府之著作權、廠商決定不授權機關使用其著作、廠商如何在文件上加列權利之說明、部分權利資料之使用限制、限制性權利資料之使用限制、政府取得技術性資料之全部權利、部分權利、限制性權利電腦軟體、特別授權資料之條件、政府取得商業性電腦程式或其文件權利之條件、政府取得電腦程式或其文件之權利之條件、政府對電腦程式的限制性權利、政府經特別協商所取得之授權等，在我國政府採購法令中理應明確規範，惜皆付諸闕如，但因本文篇幅有限，不予討論[496]。

第二款　法律體系

　　規範美國聯邦政府採購規定之「聯邦政府獲得規則」（Federal Acquisition Regulations）FAR, 之 FAR 27.401 規定，所謂資料「data」係指經記錄之資訊（information），不論以何種形式或工具記錄之方法，均屬之，可分為技術性資料（technical data）及電腦軟體（computer software）。但不包括隨附於履約之資料，例如財務、行政、成本或計價或管理之資訊。所謂「技術性資料」係指具科學性或技術性質之資料，但不包括電腦軟體。廠商之「電腦軟體」係指由廠商自費發展具商業性、財務性及秘密性等營業秘密之電腦軟體，或為公開發表且受著作權法保護之電腦軟體，對於電腦軟體之輕微修改部分亦屬該電腦軟體。由於技術性資料及電腦軟體之保護及採購等主要規定於 FAR Part 27，但僅作一般性規定，因此各行政部門必須自行發布採購規定，以補充 FAR 之不足，而美國聯邦政府各部門中以其國防部制定之「國防部聯邦獲得規則補篇」（Department of Defense FAR Supplement, DFARS）最為詳細且完整，因此本文即主要以 FAR 及 DFARS 作為論述之參考依據。

　　DFARS 252.227-7014(a)(4) 將「電腦軟體」定義為電腦軟體、原始碼、原始碼目錄、目的碼目錄、細部設計內容、演算法、處理程序、流程圖、公式及足以使電腦軟體重

---

[496] 詳見唐克光，政府採購中智慧財產權之研究——以美國聯邦政府為例（下），同註492，頁81-91。

製、改作或重編譯之相同媒介物者。但電腦軟體不包括電腦資料庫或電腦軟體說明文件。「電腦資料庫」係指將業經轉為電腦能處理形式的資料紀錄集，且此名詞不包括其中的電腦軟體[497]。「電腦軟體說明文件」（computer software documentation）係指所有者手冊、使用者手冊、安裝指示、操作指示、或其他相似之品項，且不受儲存方式之限制，凡能解釋電腦軟體之能力（capabilities）或具提供使用軟體之指示者，均屬之。

由於 FAR 及 DFARS 對於一般技術性資料與電腦軟體所規定之保護方法有別，因此均分別予以規定。DFARS 依採購標的不同，區分為一般商業品項（commercial items）[498]及非商業品項（noncommercial items）二類，而分別規定政府的權利[499]。凡廠商所交付具商業性質之品項、組件或製程，推定由廠商自費發展，機關得於機關內部使用、修改、重製、散布、或公開展示資料。非經廠商同意，機關不得製造資料，亦不得將資料交付第三人，但緊急修繕者則不在此限[500]，因此較無爭議，也較無研究價值。以下所分析之技術性資料係指具非商業性質者[501]。

第一目　技術性資料

機關取得技術性資料之權利可分為四種：

一、全部權利

DFAR 227.7103-5(a) 規定機關應取得廠商全部權利之情形共九種，包括：

1. 完全由政府經費所發展。
2. 採購契約中規定廠商應實施研究、分析、測試，則廠商於履約過程中所產生之研究、分析、測試資料或相似之資料。
3. 契約並未要求發展、製造、營建，或生產品項、零附件、製法，但廠商於履行採購契約過程中，完全使用政府經費所創作之資料。

---

[497] "Computer software" means computer programs, source code, source code listings, object code listings, design details, algorithms, processes, flow charts, formulae, and related material that would enable the software to be reproduced, recreated, or recompiled. Computer software does not include computer databases or computer software documentation. "Computer database" means a collection of recorded data in a form capable of being processed by a computer. The term does not include computer software. 我國著作權法第 5 條第 1 項第 10 款規定：「本法所稱著作，例示如下：十、電腦程式著作。」本文為尊重美國原始資料之用詞，仍使用「電腦軟體」一詞。

[498] 商業品項係指廠商非為政府研發，而可供出賣、出租或授權一般公眾之財物、勞務或工程。FAR 2.101.

[499] DFARS 227.7102 規定商業性技術性資料及程序，227.7103 規定非商業性技術性資料及程序，而 227.7202 規定商業性電腦軟體及其文件，227.7203 規定非商業性電腦軟體及其文件。

[500] DFARS 227.7102; 227.7202.

[501] 有關政府對於技術性資料及電腦軟體之權利，詳見唐克光，政府採購中智慧財產權之研究（上），前註 492，頁 86-95。

4. 具形式、適當及功能性質之資料。

5. 為安裝、操作、維護或訓練目的所必需之資料（但詳細之製造或製程之資料除外）。

6. 廠商將機關交付之技術性資料予以改正或變更之部分。

7. 一般公眾可取得或由廠商及其分包廠商所散布，並無使用限制之資料[502]。

8. 機關經由協商程序與廠商簽訂之其他採購契約中，已取得該資料全部權利者。

9. 廠商或其分包廠商依契約規定交付機關之資料中，所規定之政府目的使用權利或部分權利及限制性權利之期間已期滿者。

所謂「全部權利」是指政府得以任何方式、為任何目的，而使用、散布、重製、改作成衍生性著作、向公眾散布重製物、公開表演及公開展示並同意他人如此行為之權利。

廠商同意機關使用其智慧財產，該財產權仍歸廠商所有，蓋廠商所同意機關取得者為全部權利（unlimited rights），並非專有（exclusive）之權利，故廠商在同意機關使用其權利之時，仍得繼續享有所有權[503]。

二、政府目的權利

依據 DFARS 252.227-7013 之規定，所謂「政府目的權利」（Government purpose rights）係指美國政府得於無限制之情況下，於政府內使用、改作、重製、散布、演出、上映或發行之權利，或政府得對政府外經授權者同意其使用、改作、重製、散布、演出、上映或發行之權利。美國政府與外國政府或組織進行軍事合作或售予時，得行使此權利，但不得用作商業用途或授權他人用作商業用途。此權利之行使，除另有協定規定外，自廠商開始履行契約之日起存續期間不得超過 5 年。

政府有下列情形之一者，應取得資料之政府目的權利：1. 政府與廠商共同出資發展品項、組件或製法，但不包括政府享有全部權利之資料；2. 契約並未要求發展、製造、營建或生產品項、組件或製法，而廠商與政府共同出資於履約期間所發展之資料。機關取得政府目的權利以使用資料之期間原則上係 5 年，自履行契約時起算，但得另以契約訂之。機關於 5 年之期間過後，應取得資料之全部權利，機關得將資料交付他人。廠商為保護資料，可提出延長 5 年期間之請求，經機關同意後延長之。

機關於行使政府目的權利之期間，不得自行或授權他人將列有政府目的權利記號之

---

[502] 即非廠商之營業秘密，參看我國營業秘密法第 2 條所規定營業秘密之要件，若為公眾皆可取得者，顯不符營業秘密之要件。

[503] *Regents of the Univ. of Colo. v. K.D.I. Precision Prods., Inc.*, 488 F.2d 261 (10th Cir. 1973).

資料供作商業使用，但他人於政府交付或洩露資料前，同意簽訂依約定使用並不得散布資料之承諾，或係政府採購之履約廠商已使用該資料者，不在此限。

三、部分權利

　　機關有下列情形之一者，取得對資料之部分權利：1. 廠商自行出資發展品項、組件或製法，但不包括政府已取得全部權利之資料；2. 契約並未要求廠商必須進行發展、製造、營建或生產品項、組件或製法，而廠商以自費於履約中，所發展之資料。非經廠商之同意，機關於機關外不得使用、交付或洩露部分權利資料。但有下列情形之一者，機關得不受此限制：1. 為緊急維修所需；2. 美國政府為國家利益及為達成評估或資訊目的之所必需，而將非製造或製法之資料交付外國政府。如政府欲將部分權利之資料洩露或授權他人使用時，應即通知廠商。享有智慧財產權之廠商授權政府對資料享有部分權利時，政府應要求使用者簽訂不得散布資料之契約[504]。

四、經協商所取得之特別授權（**specially negotiated license rights**）

　　如廠商之全部權利、政府目的權利或部分權利不能滿足機關需求，或機關欲取得更多之授權者，則機關與廠商得經特別協商，獲得所需之授權，但機關所需之授權不得低於部分權利。授權之內容應包括機關得使用、交付或洩露資料予他人之權利，或授權他人使用資料之權利。

第二目　電腦軟體

　　DFARS 對於採購機關所獲電腦軟體之授權因其來源不同，可分為二種[505]：商業類及非商業類。對於商業類的電腦軟體或其文件，DFARS 227.7202-1 及 -3 規定機關應依照廠商授權公眾之規定訂定取得之權利，如廠商授權之內容與機關所需者相異，則機關與廠商應進行協商。機關採購商業類的電腦軟體應使用確定固定價金（firm-fixed-price）[506]契約，並原則上經由廠商以競價方式採購。機關不得要求廠商提供非供應公眾之商業電腦軟體或文件，但廠商依招標文件由政府提供經費修改商業電腦軟體者不在此限。非經廠商同意，機關不得要求廠商提供修改、重製、公開表演、展示、發表商業電腦軟體或文件之權利。相較於商業類電腦軟體，非商業類電腦軟體較為複雜，且易生爭議，因此本文以下所分析之電腦軟體係指具非商業性質者。

----

[504] DFARS 227.7103-5(c).

[505] DFARS 227.7200.

[506] 有關固定價金契約，詳見唐克光，政府採購中成本計價型契約之種類及其適用──以美國聯邦政府為中心，軍法專刊，第 51 卷第 11 期，2005 年 11 月，頁 2。

　　針對非商業類之電腦軟體需求[507]，機關應於招標文件或契約中詳列廠商應交付之品項、價金、時程表、機關的受領程序、所獲授權之內容等。機關不得將廠商應交付已自費發展之電腦軟體列為決標條件，亦不得將之列為招標文件中的要求項目之一，但政府已取得全部權利之電腦軟體不在此限[508]。機關之權利區分為下列五種[509]：

一、全部權利

　　全部權利係指政府享有以任何方式，全部或部分使用、修改、重製、散布、公開演出、公開發表、公開展示或散布電腦軟體或電腦軟體文件之權利，或授權他人使用、修改、重製、散布、公開演出、公開發表或公開展示電腦軟體或電腦軟體文件之權利[510]。

　　政府有下列情形之一者，取得全部權利：1. 完全由政府經費所發展之電腦軟體；2. 廠商依採購契約應交付之電腦軟體文件；3. 廠商將機關交付之電腦軟體或電腦軟體文件予以改正或變更之部分；4. 廠商或其分包廠商已將其電腦軟體或電腦軟體文件公開發表，並未對其使用、散布予以限制者；5. 機關經由協商程序與廠商簽訂之其他採購契約中，已取得電腦軟體或電腦軟體文件之全部權利者；6. 廠商或其分包廠商交付機關之電腦軟體或電腦軟體文件中，所規定之政府目的權利或部分權利或限制性權利之期間已期滿。

二、政府目的權利

　　「政府目的」（Government purpose）是指美國與國際或多國國防組織簽訂合作協議所採取之措施，政府在行使此權利時，不得從事商業目的之行為，亦不得授權他人有商業目的之行為。而「政府目的權利」（Government purpose rights）係指下列權利：1. 政府於政府內享有無限制地使用、修改、重製、散布、公開演出、公開發表或公開展示電腦軟體或電腦軟體文件之權利。2. 為達成政府目的，於政府外交付或散布電腦軟體，或授權他人使用、修改、重製、散布、公開演出、公開發表或公開展示電腦軟體或電腦軟體文件之權利[511]。

　　政府與廠商共同出資發展電腦軟體時，政府取得該電腦軟體之政府目的權利。政府目的權利之存續期間原則上是 5 年，自採購契約履約之日起算，但機關得視需要與廠商另以特約約定之，期滿後政府對該電腦軟體取得全部權利。廠商應於電腦軟體或電腦

---

[507] 例如：供指揮、管制、通訊、情報、武器系統及航太偵測等使用之電腦軟體。
[508] DFARS 227.7203-1 Policy.
[509] DFARS 227.7203-5 Government rights.
[510] DFARS 252.227-7014(a)(15).
[511] DFARS 252.227-7014(a)(11), (12).

軟體文件中載明政府目的權利之記號，再由機關或廠商確認之。機關於行使政府目的權利期間，不得將列有政府目的權利記號之電腦軟體供作商業使用或授權他人作商業使用。非經他人同意簽訂不得散布電腦軟體之約定者，機關不得將電腦軟體交付該他人。機關於行使政府目的權利之期間，得授權其他廠商將列有政府目的權利記號之電腦軟體，供作履行採購契約時使用。但該廠商應於政府交付電腦軟體前，簽訂不得散布之承諾。機關應將廠商必須簽訂不得散布電腦軟體或電腦軟體文件之要求，於採購公報中公告之。

三、限制性權利

機關對於廠商應交付且自行出資發展之非商業性電腦軟體享有限制性權利。當機關需要電腦軟體之其他授權時，應與廠商協商之。機關應於契約中詳列機關對電腦軟體享有之權利。

機關於使用限制性電腦軟體或其文件時，應於一部電腦使用一電腦軟體，不得於一部以上終端機或中央處理機同時使用該一電腦軟體；機關得不經授權者之同意，將該電腦軟體移轉至其他政府機關使用，但移轉之機關應將該電腦軟體銷毀之[512]。

四、經特別協商所取得之授權

機關與廠商同意變更標準授權，或機關欲取得原未獲授權之電腦軟體時，應於契約內明定廠商授權之內容。授權契約中應規定機關使用、修改、重製、散布、公開演出、公開發表或公開展示電腦軟體或電腦軟體文件之權利及授權他人行使等之權利。

五、衍生電腦軟體及其文件之權利

機關對於廠商依約交付之電腦軟體或其文件中未變更部分，仍取得契約規定之權利[513]。

第三目　電腦資料庫

DFARS 252.227-7014(a)(2)(4) 將「電腦資料庫」定義為：係指將業經轉為電腦能處理形式的資料紀錄集。電腦資料庫不包括電腦軟體，同時亦規定將「電腦軟體」之內容排除了電腦資料庫。相較於 FAR 27.401 之規定，電腦軟體之內容包括電腦資料庫，

---

[512] DFARS 252.227-7014(a)(14).

[513] DFARS 252.227-7014 及 227.7203-5(e) 對於衍生電腦軟體之權利有相同之規定。我國著作權法第 6 條規定：「就原著作改作之創作為衍生著作，以獨立之著作保護之。衍生著作之保護，對原著作之著作權不生影響。」故除契約另有約定者外，衍生著作應屬廠商之權利。

兩者顯有不同，蓋美國國防部自 1995 年後認為電腦資料庫係技術性資料，而非電腦軟體。目前除能源部（Department of Energy, DOE）同意 DFARS 之規定外，其餘各聯邦機構仍依 FAR 規定辦理[514]。

第三款　採購機關應遵守之基本法令

第一目　行政命令

有鑑於保護智慧財產權之重要性，美國總統於 1998 年 9 日 30 日發布第 13103 號行政命令（Executive Order）說明，「美國聯邦政府係全球最大的電腦相關服務及財物之買受者，每年採購金額超過 200 億美元。」並要求所有機關、其廠商及受補助者（grantee）均應遵守著作權法中有關保護電腦軟體的規定，該行政命令要求：

(a) 各機關均應發布行政程序以確保於獲得、重製、散布或傳送電腦軟體時，不得違反相關著作權法之規定。

(b) 各機關均應發布行政程序以確保依相關著作權法之規定使用並呈現電腦軟體，該等程序應包括：(1) 於機關電腦中建立並呈現軟體之清單；(2) 機關經授權得使用軟體之範圍；(3) 發展並維護適當之登錄系統。

(c) 各廠商、受聯邦政府資金補助者，包括受讓人、受貸人，均應具備系統以確保於使用聯邦政府資金以獲得、操作或維護電腦軟體時，不得違反著作權法。如機關知悉廠商或受聯邦政府資金補助者有使用聯邦政府資金，違反著作權規定以獲得、操作或維護電腦軟體，並確認已違反法令時，得經機關首長依法同意後，使用書面通知該廠商及受補助者。

該命令要求機關應採行保護電腦軟體著作權之措施，但並未規定電腦軟體亦可能受專利法的保護，蓋若專利權人取得電腦軟體之專利保護，則該電腦軟體應受專利保

---

[514] DOE Acquisition Regulation (DEAR) at C.F.R. § 927.409；Ralph C. Nash, Jr., Steven L. Schooner, Karen R. O'Brien, The Government Contracts Reference Book 110 (1998). FAR 及 DFARS 規定之所以不同，係因美國聯邦各機關對於電腦資料庫之保護應如何規範，迄今尚無統一規定，美國著作權辦公室（U.S. Copyright Office）曾於 1997 年 8 月提出「電腦資料庫保護之報告」（Report on Legal Protection for Databases）發現美國普遍認為國會應訂定新法保護電腦資料庫，但因涉及憲法條文之限制及憲法第一次修正案之價值等因素，困難仍待克服，該報告並說明各相關產業已採取了包括：強化契約內容、改變電腦資料庫之結構及使用防護技術等方法，以強化電腦資料庫之保護。見 US Copyright Office, Report on Legal Protection for Databases August 1997，網址：http://www.copyright.gov/reports/db4.pdf，查詢日期：2009 年 8 月 11 日。本文從美國國防部之見解及作法，蓋其規定較為詳細及周全。

護，該命令似亦應包括保護電腦軟體之專利權[515]。

第二目　採購規則之規定

　　廠商具備技術能力者，便會擁有技術性資料並且希望該等資料受保護，該等資料可使廠商具備競爭力，甚至是生存與否之所繫，故均不願資料被揭露，即便依規定必須揭露，亦希望受相關智慧財產權法律的保護。然政府機關則需要大量的軟硬體資料以完成任務，並且希望廠商彼此間能充分而且公開地競爭，政府才能獲得比較利益及競爭利益，節省公帑，提升採購效率[516]。

　　FAR 27.402 規定採購機關之立場係：

(a) 政府各機關為達成其任務及目標，必須依據契約由履約過程中獲得各種資料。機關應獲得上述各種資料俾使：廠商充分競爭、適當地散布機關活動之訊息、確保研究、發展及實證結果之被利用，包括公布科技訊息以培養未來的科技發展及依法令行使職權。機關為達成國防之目的，應獲得上述之資料以滿足特殊採購之所需並確保後勤補給。

(b) 各機關應明瞭廠商對於自費發展之資料享有合法財產利益（例如財產權或其他合法之經濟利益），保護廠商之資料並防止廠商的商業利益被妨害，為確保廠商的財產權及經濟利益之必要條件，且可避免機關不當地使用資料，亦可鼓勵合格之廠商參與政府採購並運用創新之概念於採購事務，故機關應於政府需求及廠商合法財產利益之間求得平衡。

　　依據 (a) 之規定，各採購機關得依契約或法律要求廠商交付機關所需之資料，但各機關因任務不同，需要廠商提供資料之多寡及使用授權亦有不同，例如美國國防部不僅要研發新武器系統，尚應提供全球各國所需的操作、維護及支援等服務，故對於廠商智慧財產之要求相對繁瑣。又依據 (b) 之規定，各機關必須保護廠商智慧財產，但在實務上，若干廠商及其分包廠商為維護其利益或基於不信任政府之理由，仍不願交付政府資

---

[515] 美國克林頓 William J. Clinton 總統 1998 年 9 月 30 日發布 Executive Order 13103 之 "Section 1. Policy". 網址：http://www.bsagovernment.com/downloads/guidelinesForImplimenting.pdf，查詢日期：2008 年 10 月 10 日。Ralph C. Nash, Jr. and Leonard Rawicz, Computer Software, Information, and Contract Remedies 31 (2001).

[516] 董珮娟，由政府採購協定及美國政府採購法論我國公共工程採購制度——以競爭促進為核心，國立臺灣大學法律研究所碩士論文，頁 27，1997 年 5 月。該文認為政府採購應採取充分競爭的原則，盡可能使較多的廠商參與競爭，競標人數越多時，得標價格會越低，也就是使之最適競爭化，方符法律之公平性及經濟之效率性，並以美國聯邦政府之立法例及其他證據證明廠商在最適競爭後，採購機關可獲得最大的競爭利益。前揭文，頁 66-109、122。

料，故各採購機關應找尋獲得所需資料之方法。美國國防部對於廠商應交付之智慧財產權發布 2001 年指令（2001 DoD Guide）規定[517]：

> 標準的 DFARS[518] 條文只規定機關及廠商對於資料的權利，並未規定需求。所以機關必須於採購技術性資料或電腦軟體之契約內，載明廠商應交付之客體，包括：
> 1. 內容（例如細節程度或資訊之本質）；
> 2. 記錄及儲存（storage）之格式（format），例如影像檔或文字處理格式；及
> 3. 交付及儲存之媒介物（medium），例如紙、唯讀光碟（CD-ROM）或線上存取（on-line access）。
> 機關另應於契約內載明廠商交付之技術性資料是否具備電腦輔助設計或電腦輔助製造系統之格式以供使用。如機關採購電腦軟體，則應於契約內載明所交付者係人類可讀取之原始碼（source code）或由機器讀取之目的或可執行碼（object/executable code）。機關為解決智慧財產權交付的問題，可採取下列選擇措施：
> 1. 改變交付客體之形式或內容。例如：降低對資料細節的要求標準，包括：要求以廠商所交付「具形式、適當及功能性之資料」[519] 替代細部的設計資料；或要求廠商交付不同格式之軟體，包括電腦輔助設計／電腦輔助生產（Computer-Assisted Design/ Computer-Assisted Manufacturing, CAD/CAM），副影像檔（vice image files）等。
> 2. 與原廠商簽訂產品全週期（life-cycle）維護及支援契約，以降低或消除國防部對於細部設計資料之需求。採購機關得於採購計畫階段將產品全週期支援列為採購要求事項之一，以促使廠商間相互競爭，例如將產品全週期支援列為契約選項之一。

---

[517] Ralph C. Nash, Jr. and Leonard Rawicz, Technical Data Rights 145-6 (2001).
[518] 美國國防部聯邦獲得規則補篇（Department of Defense FAR Supplement, DFARS）。
[519] FAR 52.227-14(g) 將「部分權利資料（limited rights data）及限制性（restricted）電腦軟體之保護」定義為：「廠商為保護其智慧財產權，得不授權採購機關使用其智慧財產權，但廠商應明確告知採購機關不予授權之智慧財產權，並應提供具形式、適當及功能性之資料（form, fit, and function data）以替代未予授權之智慧財產。」而所謂形式、適當及功能性之資料是指與品項、組件或製法相關之資料，該資料應足以使物質性及功能性具互換能力（physical and functional interchangeability），亦應明確指出來源、尺寸、組態（configuration）、配對（mating）及附件特徵（attachment characteristics）、功能特徵及效益要求。廠商所提供之電腦軟體則應明確指出來源、功能特徵、效益要求等資料，但不含軟體之原始碼（source code）、演算法（algorithm）、處理程序（process）、公式（formulae）及流程圖（flow charts）。FAR 27.401.

3. 機關得派員至廠商處檢查其製作之資料及電腦軟體。參見 FAR 52.227-14, Alternate V[520]，雖然該條文係適用於非軍事機關，國防部並不適用，但可參考該條文。

4. 依 DFARS 252.227-7027 之規定[521]，行使展延訂購技術性資料或電腦軟體之權利。

5. 依 DFARS 252.227-7026 之規定[522]，要求廠商展延交付技術性資料或電腦軟體。該權利自受領標的物或契約終止日起 2 年間不行使而消滅。

6. 訂定委託他人保管及管理契約（Third-Party Escrow Arrangements）。商業界普遍使用該契約於處理軟體事務。軟體之製作廠商於約定之期間內應交付標的物至中立的第三者，由其保管，機關於條件成就後，獲得由該第三者交付之標的物，故機關、廠商及該中立的第三者必須達成意思之合致後，方可實施。

　　故依據該美國國防部之指令，各機關首先應與廠商協商以確認所需之智慧財產權，再以最低採購成本，善用不同之契約安排以獲得所需之智慧財產權。

第四款　權利之保護

　　技術性資料及電腦軟體均為智慧財產權，但必須符合法定之要求，方受法律之保護。即凡欲受專利權保護者，必須有發明之事實其發明並具有新穎性及進步性，且該發明應達到具備轉化為具產業上利用性之程度；欲受著作權之保護者，則著作必須具備原創性，著作必須附著於（fixed）實體物（17 U.S.C. § 101, 102(a)）。但政府著作原則上並無著作權（17 U.S.C. § 105）。欲受營業秘密之保護者，則營業秘密之所有人必須以正當方法取得營業秘密，資料必須具備秘密性，常具備新穎性[523]。以上述之要求檢視技

---

[520] FAR 52.227-14, Alternate V 規定機關於製作採購契約時，可將「除契約另有訂定者外，如廠商決定不予政府部分權利及限制性權利資料，而交付具形式、適當及功能性之替代資料時，機關自受領標的物起 3 年內有權派員至廠商處所檢查其履約紀錄，及其主張是否屬實。」等要求列為契約內容。

[521] DFARS 252.227-7027「機關展延訂購技術性資料或電腦軟體」"Deferred Ordering of Technical Data or Computer Software" 規定：除於契約中訂定廠商應交付之技術性資料或電腦軟體外，機關得於廠商履約期間或自受領所有非技術性資料或電腦軟體之品項後 3 年內，訂購於廠商或其分包廠商履約過程中所完成之技術性資料或電腦軟體。機關應給付廠商將電腦軟體轉換成指定之格式以利重製及交付之價金，廠商之分包廠商交付技術性資料或電腦軟體之義務自廠商受領最終交付之品項日起 3 年後消滅。

[522] DFARS 252.227-7026「機關要求廠商展延交付技術性資料或電腦軟體」"Deferred Delivery of Technical Data or Computer Software" 規定：政府得於履約期間或自受領一切品項（技術性資料或電腦軟體除外）之日，或自契約終止之日起 2 年內，以最後日為起算日，要求廠商交付約定之「展延交付」的技術性資料或電腦軟體。上項之規定於廠商之分包廠商準用之。

[523] 有關我國及美國專利權、著作權及營業秘密之要件如下：

術性資料較無困難，但由於科技之日益進步，電腦軟體相較於技術性資料則仍有較多值得探討之處，尤其美國法院之判決，對於電腦軟體中權利之發展具有重要的影響力，深值探究與參考。

<h1 style="text-align:center">第一目　專利</h1>

美國專利商標局（United States Patent and Trademark Office, USPTO）於 1981 年之前並不同意電腦軟體爲得申請專利之項目，因而均不予專利。美國最高法院於 1972 年至 1981 年間，在 *Gattschalk v. Benson*, 409 U.S. 63, 175 U.S.P.Q. 637（1972），*Parker v. Flook*, 437 U.S. 584, 198 U.S.P.Q. 193（1978）及 *Diamond v. Diehr*, 450 U.S. 175, 209 U.S.P.Q. 1（1981）等三案中，以美國聯邦法典（United Stats Code, U.S.C.）規定專利之定義以判斷發明是否符合專利之要件[524]，依 35 U.S.C. 101 規定：

> 凡發明或發現任何創新及有用的製程、機器、製造或物品之組成（process, machine, manufacture, or composition of matter），或任何對事物有創新的及有利用性之改良方法者，得依本章之規定申請取得專利。

美國最高法院曾對得申請專利之事物之認定採取寬鬆原則，但於 *Diehr* 案中認定三種項目不得申請取得專利：科學原理、自然現象及抽象概念（laws of nature, natural phenomena, and abstract ideals）。以下分別就數學演算法及商業方法可否申請專利保護予以探究。

一、專利權：專利之要件，包括產業上利用性、新穎性及進步性，另須符合專利說明書「充分揭露」專利技術內容。我國專利法第 21 條規定：「發明，指利用自然法則之技術思想之創作。」，同法第 22 條第 1 項、第 94 條第 1 項、第 110 條規定發明或創作必須具備「新穎性」，同法第 22 條第 4 項規定必須具備「進步性」，35 U.S.C. § 201(d), (e).

二、著作權：著作權法第 3 條第 1 項第 1 款規定：「著作：指屬於文學、科學、藝術或其他學術範圍之創作。」同法第 5 條規定其保護之種類，著作既爲創作，必須具備創造性或原創性，作者方可取得著作權，所謂原創性係指由作者獨立創造，並非從其他著作物重製者；此外，著作必須附著於實體物，17 U.S.C. § 102(a).

三、營業秘密：營業秘密法第 2 條規定：「本法所稱營業秘密，係指方法、技術、製程、配方、程式、設計或其他可用於生產、銷售或經營之資訊，而符合左列要件者：一、非一般涉及該類資訊之人所知者。二、因其秘密性而具有實際或潛在之經濟價值者。三、所有人已採取合理之保密措施者。」此與美國統一營業秘密法（Uniform Trade Secrets Act, UTSA）第一條規定相符合。均詳見唐克光，政府採購中智慧財產權之研究——以美國聯邦政府爲例（上），頁 73-95，同文（下），頁 71-81，同註 492。

[524] Ralph and Leonard, Computer Software, Information, and Contract Remedies，同註 515，頁 2。

一、數學演算法

　　數學演算法是否為申請專利之項目？美國聯邦巡迴法院迄 1999 年始有較為明確之判決，在 *AT&T Corp. v. Excel Communications, Inc.*, 175 F.3d. 1352（Fed. Cir. 1999）案中，法院認為正如 *State Street Bank & Trust Co. v. Signature Fin. Group, Inc.*, 149 F.3d 1368, 1374-75, 47 USPQ 2d 1596, 1602（Fed. Cir. 1998）之判決所示，35 U.S.C. 101 規定製程是可以申請專利的項目，但若規定數學演算法係不得申請專利之項目，則顯不當地限縮解釋專利項目。在美國專利商標局（USPTO）發布之諸多指導中均認為數學演算法並非為可申請專利之項目，但有鑑於數字之處理已為電腦科技之基礎，且電腦科技日益進步，法院對於數學演算法可否為可申請專利之項目，應採取較為寬廣之態度，法院不應再將數學演算法列為不得申請專利之項目，法院於適用 35 U.S.C. 101 規定時，必須因應現時世界妥適裁判，美國專利商標局（USPTO）以前之指導均不應再適用。

　　在 *Diehr* 案中，最高法院認為廠商之製造程序使用了一個著名的數學方程式，由於廠商並未取得該數學方程式之排他使用權利，而判決該方程式不得取得專利，但若方程式可適用於一種創新且實用之目的，則不應依 35 U.S.C. 101 之規定禁止其申請專利。

　　在 *re Freeman*, 573 F. 2d. 1237, 197 U.S.P.Q. 397（CCPA）案中，法院認為，應先查明於書狀中是否有引用數學演算法之主張，再判斷該演算法是否適用於實體要件（physical elements）或製程，如是，則符合 35 U.S.C. 101 之規定[525]。

　　其他巡迴法院之判決：

㈠ *In Re Alapat* 案

　　In Re Alapat, 33 F.3d 1526, 31 U.S.P.Q.2d 1455（Fed. Cir. 1994）案係聯邦巡迴法院對於電腦軟體可否取得專利問題最重要之判決，Alapat 公司生產之數位示波鏡（oscilloscope）中使用了數學方法，美國專利商標局（USPTO）認為該數學方法僅係抽象的數學概念，而非能用以從事生產具實用、具體性質成果之發明，故不予專利，法院雖認為該數學方法原係供一般目的之數位電腦使用，但該公司之程式設計（programming）實質上已發明了一新機器，本案之軟體設計已將原供一般目的使用之電腦可轉換成從事特殊功能之電腦，故應予專利。

㈡ *In Re Warmerdam* 案

　　In Re Warmerdam, 33 F.3d 1354, 31 U.S.P.Q.2d 1754（Fed. Cir. 1994）案，美國專利商標局（USPTO）認為專利申請人利用找出物體中間軸線（medial axis）之方法，控制機

---

[525] *Arrhythmia Research Technology Inc. v. Corazoniz Corp.*, 958 F.2d 1053, 22 U.S.P.Q. 2d. 1033, 1377（1992）亦採用同樣的檢視方法, Ralph and Leonard, Computer Software, Information, and Contract Remedies，同註 515，頁 2。

器之移動，發展出防撞擊的方法，該等步驟（steps）僅是基本數學之處理，故爲一典型的抽象概念，並不符合 35 U.S.C. 101 之規定，故不予專利，法院認爲美國專利商標局（USPTO）之審定並無不當，原告之訴應予駁回。

(三)*In Re Schrader* 案

在 *In Re Schrader,* 22 F.3d 290, 30 U.S.P.Q. 2d. 1455（Fed. Cir. 1994）案中，Schrader 公司發展出經由電腦軟體之協助，能將廠商對採購標的物，例如機關採購數筆土地，所投出之標做最合適組合之方法，聯邦巡迴法院認爲該公司於申請專利時並未明確載明數學演算法，且其組合方法欠缺組合投標之具體改變、效果或結果（physical change, effect or result），故不予其專利。

五年後，法院在審理 *State Street Bank & Trust Co. v. Signature Fin. Group, Inc.*, 149 F.3d 1368, 1374-75, 47 USPQ 2d 1596, 1602（Fed. Cir. 1998）案時，卻對於能解決企業困難之電腦軟體是否能取得專利，採取完全不同的態度，法院認爲，經由機器經一連串的數學計算將資料轉變成具體的金額數，係將數學演算法、程式或計算法轉換成實用之發明，產生出有用的、非抽象的及實質成果（a useful, concrete and tangible result），該發明非但可供記錄之用，亦可供機關於爾後交易時使用，故應予其專利。*In Re Schrader* 案之見解應予變更。

二、商業方法

在 *State Street Bank & Trust Co. v. Signature Fin. Group, Inc.* 案中，Signature 公司主張「商業方法」並非屬 35 U.S.C. 101 所規定四種得申請專利的項目：程序、機器、製造或物品之組成之任何一項目，故不應予專利，但法院認爲，就常被法院所引用之判決──*Hotel Security Checking Co. v. Lorraine Co.*, 160 F. 467（2d Cir. 1908）而言，該法院之所以不予商業方法之專利權，係因申請之專利缺乏新穎性（novelty）及發明，而非商業方法不得爲申請專利的項目；法院在審理 *In Re Schrader* 一案，其之所以不予商業方法之專利權，係因申請之專利並未明確載明其組合方法之具體行動或目標（physical activity or objects），故不予其專利，而非商業方法不得爲申請專利的項目。就商業方法之本質而言，應屬於 35 U.S.C. 101 所規定「程序」之範疇。

第二目　著作權

欲瞭解電腦軟體是否受著作權法之保護，應先自相關法規面著手，再探討法院判決，方可得知電腦軟體與著作權之關連性。

一、美國著作權法之規定

1980 年發布之 17 U.S.C. § 101 定義「電腦軟體」是一套於電腦內直接或間接被使用之陳述或指令，藉以產生一定之結果。17 U.S.C. § 117 規定，電腦軟體的排他性權利應受到下列的限制：

(a) 第 117 條排他性權利之限制：電腦軟體所有人另行（additional）重製（copy）或製作衍生著作（adaptation）軟體之權利。電腦軟體所有人如有下列情形之一，而重製或製作衍生著作軟體者，並未侵害著作權：

(1) 因配合使用機器之需要而必須重製或製作衍生著作軟體，且無其他方法可供使用者。

(2) 因備用存檔之需要，且軟體所有人應於喪失重製或製作衍生著作軟體之所有權時，將其修改或重製之軟體銷毀之。

本條文不受第 106 條之限制。

(b) 租賃、出賣或其他移轉另行重製或修改軟體之方式。著作原件之智慧財產所有人得出租、出賣或以其他方式移轉該重製或改作之。製作衍生著作軟體之人必須經由著作權人同意後，方得移轉已製作之衍生著作軟體。

由該條文規定之內容以觀，因電腦軟體被視為語文著作（literary works），故電腦軟體受著作權法保護。由於上列條文中 (a) (b) 規定事項仍有許多不清楚之處，例如：可重製修改之範圍如何？修改是否為衍生性著作？等有待法院認定。於 1995 年間巡迴法院於審理 *MAI Sys. Corp. v. Peak Computer, Inc.*, 991 F.2d 551（9th Cir. 1995）一案時判決，Peak 公司雖為電腦維護公司，受其客戶委託維護由 MAI 授權使用之電腦軟體，由於 MAI 公司係原製造廠商，僅授權其客戶使用其電腦軟體，然 Peak 公司為進行維護而將該軟體下載於其電腦之隨機存取記憶體（RAM）之內，已侵害 MAI 之著作權應負賠償責任。由於本案判決並不合理（MAI 公司認為 Peak 公司既非智慧財產所有人，亦非經由著作財產所有人授權，故其應負賠償責任，然 Peak 公司必須操作電腦及電腦軟體，方可進行維護，該公司係為其客戶而使用及重製該電腦軟體，此誠為維護電腦所必須），顯示 17 U.S.C. § 117(a)(b) 之規定仍有不足之現象，故國會於 1998 年通過修正案，增列 (c)(d) 之條文，規定如下：

第 117(c) 條機器維護或修理

如機器所有人或承租人為維護或修理機器之必需，而重製或授權他人重製電腦軟體，且符合下列情形者，則其維護或重製修理軟體之行為，並未侵害著作

權：

(1)該重製物僅用於維護或修理機器，且於維護或修理後立即銷毀者。

(2)機器所有人或承租人非為維護或修理機器之必需，不得存取（access）或使用非為機器運作所必需之電腦軟體或其部分軟體。

本條文不受第 106 條之限制。

(d) 定義

「維護」機器：謂使機器能依據原規格或經變更後之規格運作所提供之勞務。

「修理」機器：謂使機器能回復至依據原規格或經變更後之規格運作所提供之勞務。

二、與電腦相關之美著作權法保護的範圍

㈠語文著作

　　雖然電腦軟體已受著作權法之保護，但保護之範圍則因電腦科技之發展而不斷變化，著作權法對於下列創作提供保護[526]：1. 原始碼及目的碼（source code and object code）[527]；2. 巨集程式（microcode）[528]；3. 系統軟體及應用軟體軟體（system software and applications software）[529]；4. 附著（fixed）於硬碟（hard drive）或軟碟片（floppy disk）之創作[530]；5. 電腦軟體之視覺輸出（visual output）[531]；6. 於符合著作權法之規定情形下，將軟體下載並使之附著於電腦之隨機存取記憶體（RAM）內[532]。

㈡非語文表達

　　法院對於非語文表現之保護範圍並不易認定，若他人雖未重製著作權人所有之電腦軟體碼，但採納其結構（structure）、順序（sequence）、組織（organization）、軟體於螢幕之展視（screen presentation of the program）等，則原著作權人之權利是否受到侵害？17 U.S.C. § 102(b) 有下列規定：「著作權法所保護者僅及於該著作之表現（expression），而不及於其所表達之構想（idea）、程序（procedure）、處理過程（process）、系統、操作方法、概念、原理或發現，且不論其對該創作之敘述、解釋、

---

[526] Ralph and Leonard，同前註，頁 15。

[527] *Apple Computer Inc. v. Franklyn Computer Corp.* 714 F.2d 1240 (3d Cir. 1983).

[528] *NEC Corp. v. Intel Corp.* (N.D. Cal. 1989).

[529] *Apple Computer Inc. v. Formula Int'l Inc.*, 562 F. Supp., 775 (C.D. Cal. 1983).

[530] *Apple Computer Inc. v. Franklyn Computer Corp.*, 714 F.2d 1240 (3d Cir. 1983).

[531] *Atari Games Corp. v. Oman*, 888 F.2d 878 (D.C. Cir. 1989).

[532] *MAI Sys. Corp. v. Peak Computer, Inc.*, 991 F.2d 551 (9th Cir. 1995).

例證（illustrated）或體現（embodied）形式，均不受著作權法之保護。」[533]，但在實務上並不容易區分構想及表現（expression）之差別，況且電腦軟體具有實用之本質，更使二者之差別益趨複雜[534]。

第三巡迴上訴法院於審理 *Whelan Assoc., Inc. v. Jaslow Dental Lab., Inc.*, 797 F.2d 1222（3d Cir. 1986）一案中，認爲電腦軟體中非語文表現之「結構、循序及組織」，及管理牙科診所之「構想」均可受著作權法保護，由於該案之判決不當地擴張了著作權保護電腦軟體之範圍，將軟體中具有功能性之部分亦予以著作權保護，導致和專利權保護產生混淆情形，引起嚴厲批評[535]。但第二巡迴上訴法院於審理 *Computer Assocs. Int'l, Inc. v. Altai, Inc.*, 982 F.2d 693（2d Cir. 1992）案時，並不同意 Whelan Assoc., Inc., 案之判決，改採「抽象—篩選—比較」（Abstraction, Filtration, Comparison）之三階段判斷標準，以判斷電腦軟體應否受著作權法之保護。由於 Computer Assocs. Int'l, Inc. 案已爲大多數的聯邦巡迴上訴法院所接受，影響深遠，因此本文有將該三階段說明之必要：

第一階段：抽象，是將構想自表現中分離出來。抽象法原使用於語文著作，例如小說或戲劇，亦可使用於電腦軟體，抽象法意味所有的創作均包括無限的構想及表現，其首要任務就是判斷軟體中受或不受著作權保護的部分及其「實質相似」部分，法院應採取類似還原工程之作法，將軟體的結構予以剖析，並將各層次之抽象概念區分出來，法院應自程式碼（code）開始著手，至將軟體的終極功能（articulation of the program's ultimate function）結合爲止，即將原設計者之步驟做反方向的追索調查。

第二階段：篩選，持續地將可受著作權保護之「表現」自不受著作權保護之媒介物（material）中分離出來，該階段應檢視電腦軟體各層次之結構，並判斷其是否僅爲「構想」，或是否爲必須附隨於構想之物，如是必須附隨於構想之物，則不應受著作權之保護，如果是屬於公共領域之構想，則亦不應受著作權之保護。

如僅有一種表達構想之方法，則該構想及表現應屬「合併」狀態，爲防止著作權人壟斷該構想，則該表現不應受著作權的保護。在此階段中，亦應考量軟體設計者必須受限於外在之因素，例如爲配合電腦硬體製造廠商之設計標準、電腦硬體規格、電腦產業中廣泛使用之軟體設計作法，而必須限制創作之自由等。總之本階段最重要的任務就是判斷聲請者著作權之範圍[536]。

第三階段：比較。法院於分析軟體之所有元件後，尚應判斷軟體之表達是否應受著作權之保護，換言之，法院應判斷該軟體是否重製其他應受著作權保護之軟體或是否重

---

[533] 17 U.S.C. § 102(b) 與我國著作權法第 10 條之 1 規定雷同。

[534] Ralph and Leonard, Computer Software, Information, and Contract Remedies，前註 515，頁 16。

[535] 馮震宇，智慧財產權發展趨勢與重要問題研究，2003 年 10 月，頁 214-224。

[536] Ralph and Leonard, Computer Software, Information, and Contract Remedies，同註 515，頁 17-8。

製「實質地相似」應受著作權保護之軟體，如是，該重製之軟體便不應受著作權法之保護。

㈢還原工程

在 *Atari Games Corp. v. Nintendo of Am. Inc.*, 975 F.2d 832（Fed. Cir. 1992）一案中，Atari 公司為要獲得原始碼及軟體設計，而將 Nintendo 之物件碼予以反編譯（decompiled），法院認為為瞭解軟體之結構及其構想以發展出新的軟體，而將電腦軟體予以重製並進行分析，其行為並未違法，但發展出之軟體不得有重製其他軟體之行為，法院認為對目的碼施以還原工程，並利用軟體中未受著作權保護之構想的作法應屬合法。第九巡迴法院於審理 *Sega Enters., Ltd. v. Accolade Inc.*, 997 F. 2d 1510（9th Cir. 1992）案時，亦採同樣見解[537]。

第三目　營業秘密

依據美國統一營業秘密法（Uniform Trade Secrets Act, USTA）及侵權行為法整編第757條（Restatement of Torts § 757）對於營業秘密之定義[538]，電腦軟體、電腦資料庫及文件（包括技術性資料）均可為營業秘密。在訴訟實務上，法院必須檢視企業為維護資訊秘密性所採取的保護措施，如資訊不具秘密性，則並無營業秘密之可言，職是之故，該電腦軟體及技術性資料必須具備若干程度之原創性（originality）（依據 17 U.S.C. § 102(a) 之規定，原創性係作者取得創作著作權之要件，而與營業秘密關聯性較小）。法院亦常檢視企業為開發電腦軟體及技術性資料所支付之努力及金錢，以判斷是否應予營業秘密之保護。

法院常受理公司對其離職員工提起侵害公司營業秘密之訴，原告公司支付金錢要求其員工發展電腦軟體，負責之員工於完成工作後，旋即到其他公司服務並另發展相似性質之電腦軟體，由於原服務公司已和該離職員工訂立保密契約，則原告公司主張該離職員工已違反保密及禁止同業競爭之契約，然離職員工則主張其依自己技能發展電腦軟體，故有權使用及揭露該電腦軟體，法院則須於出資發展出營業秘密者及實際創設營業秘密之人的權利間尋求營業秘密之保護[539]。但若被告將受營業秘密保護的軟體及技術性

---

[537] 同上註。

[538] 有關營業秘密之要件等，詳見唐克光，政府採購中智慧財產權之研究（上），同註 492，頁 73-76。

[539] *Structural Dynamics Research Corp. v. Engineering Mechanics Research Corp.*, 401 F. Supp. 1102 (E.D. Mich. 1975). 該案緣起於原告公司訴請法院判決被告共三名員工侵害其營業秘密，被告則抗辯稱因其具有獨特的數學理論知識方得發展該電腦軟體，再者，也未曾受原告公司的協助云云，法院則從員工可更換工作之社會角度考量，對於新雇主而言，彼等之營業秘密未必具吸引力，被告係該營業秘密及創造者及發展者，故被告並未以不正當手段取得該營業秘密。若僱傭契約並無明文規定員工不得使用或揭露該電腦軟體，則員工得於新僱傭關係中使用之。若雇用人指示受雇人從事特定研發工作，並承諾給予

資料與其他軟體或資料融合，則法院之辨識工作並非易事。

　　智慧財產權人若將軟體出賣，則該軟體是否受營業秘密的保護？曾有美學者認為營業秘密之保護與軟體出賣，二者在本質上相互衝突，若智慧財產權人將軟體於公開市場出賣，則該軟體雖仍受營業秘密之保護，但以主張著作權之保護較為適當[540]。

　　營業秘密在實務上有諸多缺陷：主張營業秘密之人不得禁止他人獨立發展出相同之電腦軟體，對於善意取得營業秘密之人亦應尊重，再者以行政措施保護營業秘密需大量成本，且未必有效，但美國電腦軟體產業界，除於公開市場出賣其產品者外，仍普遍使用營業秘密之措施以保護其軟體[541]，其或可能不知如何保護營業秘密，或認為現行法令及契約可提供足夠保護，或心存僥倖之故也。

第五款　促使廠商競爭的方法

第一目　政策

　　廠商間相互競爭，機關才能獲得比較利益，故機關應設計使廠商能充分及公開競爭之機制，以符政府利益。DFARS 217.75-Acquisition of Replenishment Parts（備件之獲得）及國防後勤獲得指令 Defense Logistic Acquisition Directives 第 17.75 節均對促進廠商間之競爭提供規範，DFARS 217.7504（DFARS Procedures, Guidance and Information, PGI 217.7504）[542]規定：

如採購機關對於擬採購之零件並無將其繪製成規格或圖說，並使之競標之權利，應採行下列任一程序進行採購：

(1)採購機關認為並不需相同設計之品項，即可藉充分及公開競爭方式獲得所需之標的物時，可依功能性規格或其他相似之技術要求，或標示訂定招標文件進行採購。機關可使用 (i) 二階段分段開標；及 (ii) 使用公平標示方法

資源及輔導，則雇用人與受雇人間成立一種保密關係（confidential relationship），該關係將禁止受雇人將研究成果予以揭露或使用，但若受雇人使用己力，且未受雇用人大量可感測到的金錢支助或指導或訊息提供，即未受其正常工作外之支助（without any appreciable assistance by way of information or great expense or supervision by the employer, outside of the normal expenses of his job），則受雇人具有使用及揭露該營業秘密之絕對權利（an unqualified privilege）。本案被告已違反契約內禁止揭露之條款，故應為此對原告負賠償責任。有關營業秘密及僱傭之關係，詳見馮震宇，了解營業秘密法——營業秘密法的理論與實務，1998 年 6 月，頁 115-128。

[540] Ralph and Leonard, Computer Software, Information, and Contract Remedies，同註 515，頁 18-9。
[541] 同前註。
[542] 美國國防部長獲得科技及後勤辦公室網址（Office of the Under Secretary of Defense for Acquisition Technology and Logistics）http://www.acq.osd.mil/dpap/dars/pgi/，查詢日期：2008 年 5 月 25 日。

以進行採購[543]。

(2)機關依據FAR Part 6可不使用充分及公開程序進行採購時[544]，得向發展或設計該物品或製程之廠商或其授權廠商進行採購，但該等廠商必須具備足夠之生產能力或能量，且價金必須公平及合理。

(3)另需商源且不適用(1)所列之情形時，得採行下列替代方法：

(i)鼓勵發展該零件之廠商提供其他廠商製造該標的物的授權；

(ii)獲得資料的必需權利；

(iii)當採購標的物需要非常複雜設備，且必需技術協助及資料方可建立其他商源時，依FAR第17.4節之規定，使用領導公司獲得技巧之方式（leader company acquisition techniques）進行採購。

(iv)將價格選項（priced option）列入採購契約內，俾使機關得要求廠商建立第二商源。

(4)使用還原工程法（reverse engineering）[545]並藉公開競爭方式以發展設計性規格。但(i)以具能節省相當成本（significant cost）之證明及(ii)經機關首長核定者為限，方得實施之。機關應於第(1)、(2)、(3)項均不適用時，方得使用本法。

第二目　競爭技巧之分析

廠商於競標時因使用智慧財產權而產生諸多疑問，謹就常見者臚列於下。機關為採購較為單純或簡單之品項，常將之載明於招標文件中，但並未將其相關智慧財產權之消息公布，則在此情形下政府已要求廠商應獲得必需資料。如機關僅於招標文件中載明擬採購品項之原製造商零件號碼（part number），且要求廠商應提出具備製造之能力[546]，或提供競標廠商樣本等[547]，美國審計長認為均不違反競爭之規定。但機關不得違反契約規定將品項交付其他廠商，例如機關不得違反契約規定，將依約租賃之物交付其他競標廠商[548]。

- - - - - - - - - - - - - - - - - - -

[543] 我國政府採購法第26條及第42條亦有相同規定。

[544] 指等同於政府採購法第22條第1項所列各款限制性招標之情形。

[545] 亦有譯為逆向工程者，指將他人之產品分解後，分析其產品之組件、設計或營業秘密，以獨立之研究，開發出相同或類似的資料。廠商為保護其營業秘密，可否防止他人運用還原工程之方法，開發出相同或類似的資料？於美國法院認為還原工程並未侵害他人之營業秘密，美國實務上亦採此見解。詳見馮震宇，了解營業秘密法──營業秘密法的理論與實務，1998年6月，頁159-200。

[546] *Telemechanics, Inc.*, Comp. Gen. Dec. B-203428, 81-2 CPD ¶ 294.

[547] 52 Comp. Gen. Dec. 778 (1973).

[548] *Tele-Dynamics Div. of Ambro Indus., Inc.*, Comp. Gen. Dec. B-187126, 76-2 CPD ¶ 503.

上述招標之方法對於簡單之品項當無困難，但如擬採購之品項複雜且來源係獨家商源，則機關恐難訂定所需之規格[549]，美國審計長有鑑於機關遭遇上述之困難，故鼓勵機關自該獨家商源獲得所需的技術性資料[550]，或限制機關採購獨家製造或供應之品項，除非機關得以公開招標方法獲得該品項[551]。競標廠商爲獲得充分之資訊，常要求機關公布其已獲廠商授權之「限制性權利資料」（restricted rights data）[552]，但機關必須遵守不得將資料交付機關以外人員之規定，而不同意將該資料交付競標廠商。美國審計長認爲機關之作爲並無不法[553]。

如廠商以不正當方法取得技術性資料，例如廠商竊取他人智慧財產，並以該資料作爲投標文件，則該廠商所投之標應爲無效標[554]，但判斷競標廠商究以正當方法或不正當方法取得技術性資料，決非易事[555]。如機關要求廠商說明或證明其對投標文件所附資料均取得合法之授權，然該廠商拒絕說明或證明，則機關得拒絕決標予該廠商[556]。

一、訂定具形式、適當及功能性之規格

如機關依功能或效益訂定招標文件，而不提供詳細的訊息，亦可達到廠商充分競爭且不違反保護智慧財產之規定，DFARS 217.7503(1) 即規定：採購機關可依功能性規格或其他相似之技術要求，或標示訂定招標文件進行採購。在採購實務中，原製造廠商均願提供機關具形式、適當及功能性且無任何財產權標示之資料，機關可以無限制權利（全部權利）方式使用該資料[557]。但可能產生二種實務問題：其一是機關自廠商採購之財物可能和原物不具互換性，則機關必須分別儲存該二種零組件，且增加後勤支援之困難及增加政府成本，美國審計長認爲如機關可能發生此現象，則得使用詳細之圖說（detailed drawings），即便可能使廠商間之競爭受限亦屬合法[558]。其二是機關使用功能或效益訂定招標文件僅適用於採購較爲簡單之品項，並不適用於高度複雜之採購案件，因爲製造廠商不能僅憑具形式、適當及功能性之資料，便據以製造具高度複雜性之

[549] 同上註。
[550] *Metal Arts, Inc.*, Comp. Gen. Dec. B-192901, 79-1 CPD ¶ 191.
[551] *International Harvester Co.*, 61 Comp. Gen. 388, 82-1 CPD ¶ 459.
[552] 限制性權利：謂機關對於廠商應依約交付，並由其自費發展之非商業性質的電腦軟體資料所取得之權利。FAR 27.4. 詳見唐克光，政府採購中智慧財產權之研究（上），同註 492，頁 92。
[553] *Applied Devices Corp.*, Comp. Gen. Dec. B-187902, 77-1 CPD ¶ 362.
[554] *Curtiss-Wright Corp. v. Edel-Brown Tool & Die Co.*, 407 N.E. 2d 319 (Mass. 1980).
[555] Ralph C. Nash, Jr. and Leonard Rawicz, Technical Data Rights，同註 517，頁 151-2。
[556] *Mercer Prods. & Mfg. Co.*, Comp. Gen. Dec. B-188541, 77-2 CPD ¶ 45.
[557] DFARS 252.227-7013(b)(1).
[558] *Christie Elec. Corp.*, Comp. Gen. Dec. B-197481, 80-2 CPD ¶ 273.

品項[559]。

二、直接授權

　　若干採購案件涉及高度複雜之品項，例如武器系統，則政府必須委由廠商負責研發，但研發廠商未必是從事生產的廠商，換言之，政府得將研發成果另尋商源以從事生產，並要求研發廠商應提供生產廠商相關之技術協助以驗證研發成果，政府則依約支付研發廠商成本及技術移轉之權利金等費用，故研發廠商必須與其他廠商競爭以爭取生產或製造之機會。但如廠商係以自費發展出品項或製程，則其智慧財產權當然歸屬該廠商，並得向第三者要求給付因使用智慧財產之權利金或費用[560]。故如技術性資料之智慧財產權歸屬於政府，則機關自得將該等資料列為招標文件並進行招標工作，則廠商間充分競爭之目標應不難達成，但若資料之智慧財產權歸屬於廠商，則廠商為求自身利益，視競標程度之不同而授權其他廠商不同的使用資料之權利，通常取得智慧財產權之廠商並不希望於政府採購案中，尚有其他競爭者存在，故美國審計長發現由廠商直接授權之方式並不能達到廠商間充分競爭之效果[561]，雖然如此，仍有若干機關使用此方法採購所需之品項[562]。

　　機關於交付廠商部分權利成限制性權利資料時，應依 DFARS 227.7103-7 之規定，要求廠商簽署契約並將技術性資料或電腦軟體列為契約附件，契約內容應包括：1. 非經政府同意，不得向任何第三人洩露資料，亦不得授權他人修改、重製、公開展示、公開發表該資料；2. 廠商應依契約規定使用資料，並不得以該資料從事任何商業目的之活動；3. 廠商不得藉任何理由要求機關負損害賠償責任；4. 機關依資料之現況交付廠商，並排除一切保固責任；5. 廠商不得加強（enhance）、分析、分解（disassemble）經載明「限制性權利」之軟體，或以還原工程將該軟體發展新創作，廠商僅得於一電腦機器使用該軟體；6. 如廠商獲准交付他人資料，則廠商亦應要求該他人簽署契約內容相同之契約；7. 廠商應於保證期滿後 30 日內銷毀資料及其重製物，並通知機關相關銷毀事宜；8. 廠商於本契約終止或期滿後，仍應履行契約規定之責任。

[559] Nash and Rawicz, Technical Data Rights，同註 517，頁 153。
[560] 10 U.S.C. § 2320 (a)(2)(G)(iii), 10 U.S.C. § 2320 (a)(1).
[561] Comp. Gen. Rep't B-39995 (1969) cited by Nash and Rawicz, Technical Data Rights，同註 517，頁 154。
[562] 例如美國海軍便使用此方法採購巡弋飛彈之引擎，美國空軍系統指揮部（Air Force Systems Command）甚至製作契約範本以鼓勵廠商直接授權其他廠商以利競標。Nash and Rawicz，同前註。

三、使用領導廠商及跟隨廠商模式

所謂領導廠商及跟隨廠商模式（leader-follower technique）是具獨家商源地位及對採購標的具智慧財產權之廠商與其他競標廠商建立合作關係，由智慧財產權廠商提供無償之製造協助及營業秘密予其他競標廠商，以完成採購所需之品項或系統。FAR 17.4 對於該模式規定如下：

17.401 總論

領導廠商（leader company）以契約約定其跟隨廠商（follower company）共同完成採購標的之採購方式，須依機關採購程序辦理且僅適用於非常時機。領導廠商係指對於採購標的之品項或系統具智慧財產權者或為獨家商源，並同意提供其他一家以上之跟隨廠商協助及營業秘密，以使其成為採購之商源。領導廠商與其跟隨廠商所簽訂之契約須經採購機關核准。本採購方式係為達成下列目標：

(a) 減少交付時間。

(b) 完成供應商之地理散布。

(c) 可將稀少性工具或特殊裝備之使用極大化。

(d) 成就生產之經濟性。

(e) 確保零件之一致性、可靠度、相容性或標準化及組件之互換性。

(f) 解決於使用資料時所產生的困難。

(g) 加速自發展至產製及爾後採購標的物之流程。

17.402 限制

(a) 機關認定於符合下列條件時方得使用本採購方法：

　　(1) 領導廠商具備產製之營業秘密，且能提供跟隨廠商所需之協助者；

　　(2) 非經領導廠商之協助，並無任何其他廠商可滿足政府要求者；

　　(3) 領導廠商所提供之協助須足以使其跟隨廠商能產製該品項者為限；

　　(4) 機關必須依其採購程序使用本採購方法。

(b) 機關得同意領導廠商與跟隨廠商簽訂之契約。

17.403 程序

(a) 機關得決標予：

　　(1) 領導廠商，並要求其應依契約規定協助指定之跟隨廠商產製所需品項；

　　(2) 領導廠商，要求其應依契約規定協助指定之跟隨廠商產製所需品項，但機關得另決標予跟隨廠商，要求其產製所擬採購之品項；

　　(3) 跟隨廠商，並要求其應依契約規定向領導廠商尋求協助。

(b)機關應確保各廠商必須遵守保護智慧財產權廠商之營業秘密、技術設計或概念（concepts）。

　　至於本採購方式之成效如何？依據美國國防部於 1982 年 2 月 4 日向國會預算撥款委員會及調查幕僚所提出「檢討國防部訂約方式與價格競爭程度」（Extent of Price Competition in DoD Contracting）之報告中，說明本採購方法之困難包括：第一，機關確認跟隨廠商可能耗時過久，2 至 3 年的評估及確認時間將妨礙產製時程；第二，確認第二商源之成本較依獨家商源採購為高，或機關可能並未編列確認第二商源所需之預算；第三，經檢討領導廠商與跟隨廠商之競爭後，發現機關之採購仍可能回復至獨家商源之採購方法。以美國陸軍飛彈指揮部採購托式（TOW）飛彈為例，該指揮部便使用此領導廠商及跟隨廠商之採購方式，確認出第二商源，並於飛彈之產製階段中引入競爭機制，但隨後美國政府因軍售外國政府之需求而必須另行採購飛彈時，發現未得標廠商並無競標之能力，機關仍須回復以獨家商源之採購方式進行採購[563]。

四、特殊的獲得

　　另一種採購方式是由政府向智慧財產權廠商購買所擬採購品項之智慧財產權，並以此智慧財產權公開招標，10 U.S.C. § 2320(a)(2)(G) 規定，美國國防部得為發展替代商源之需要，與廠商及其分包廠商協商及訂立契約以獲得技術性資料之權利。DFARS PGI 217.7504(3)(ii) 有同樣之規定。於 1988 年版本之 DFARS 227.402-72(b)(2) 有如下規定：

(2)部分權利之例外──從技術性資料中獲得更多權利
　(i) 如政府取得關於品項、組件或製程智慧財產之部分權利係由廠商自費獨立發展，機關應於考量包括下列之替代方式並認為適當後，方得與廠商及其分包廠商協商及訂立契約，以另行獲得所需之技術性資料及技術協助：
　　(A) 發展替代品項、組件或製程；或
　　(B) 獲得廠商及其分包廠商承諾，同意將協助使其他商源合格化。
　(ii) 機關得就一次付款（a lump sum fee）、權利金、政府目的權利[564]或其他安排等與廠商協商，以獲得更多之權利。機關應將擬採購之權利另列為採購之品項。非符合下列情形者，機關不得另行採購智慧財產權：
　　(A)政府有對外揭露之必要者；且

[563] Nash and Rawicz, Technical Data Rights，同註 517，頁 160-2。
[564] DFARS 252.227-7013(a).

(B) 如特定之技術性資料及權利為公開招標所必需，經估算因廠商競爭
所節省之費用將超過採購技術性資料及權利之成本。

故政府依照本條文規定，因採購該智慧財產權所支付之價金不應高於政府自公開市場中重購該智慧財產權之價格。但在實務中，廠商為其利益考量並不願出賣全部權利予政府，致產生窒礙難行之情形，又機關並不易決定因採購智慧財產權所須支付之價金是否更能節省經費，於是 DFARS 1995 年版本已刪除該條文[565]。

五、還原工程法

所謂還原工程法係指為發展出完整之技術性資料，檢視並分析零組件之程序，以期滿足由其他廠商於製造品項之所需[566]。DFARS 217.7504 規定：機關得藉公開競爭方式招標以發展設計性規格（develop a design specification）[567]。機關必須於符合下列情形時方得使用還原工程法：(1) 經證實可節省相當之成本；(2) 由機關首長核准。

還原工程法必須是由自費發展。但不得藉由不正方法獲得應還原之標的或設計。所還原者即便是他人之營業秘密，亦屬合法[568]。由於機關使用本方法常耗時甚長、費用過鉅，且廠商所發展之技術性資料未必能滿足製造之所需，再者政府於使用廠商資料時易產生糾紛，故美國審計長認為機關於缺乏經費、人員或設備之情形下，得不使用還原工程法[569]。美國各採購機關在實務中甚少使用本法[570]。

第六款　資料之採購

因機關所採購之技術性資料均屬必需且價格昂貴，故資料必須合時，且其價金必須符合經濟要求，廠商則應依約按時交付資料。由於美國大多數的採購機關傳統上均請廠商訂立機關所擬採購之資料，美國國防部等機關有鑑於此，故對於採購資料之措施予以規定，以下就其規範分別研究之。

第一目　計畫

FAR 2.101 明列「獲得計畫」（acquisition planning）係指機關為期能以最有效率、

---

[565] Nash and Rawicz, Technical Data Rights，同註 517，頁 163。

[566] DFARS 217.7506 part 1-103.27.

[567] DFARS 217.7503 所規定機關得發展設計性規格乙節，與政府採購協定第 6 條第 2 項：「採購機關所定之技術規格應在適宜之狀況下：1. 依性能，而非設計或描述性之特性而定（rather than design or descriptive characteristics）」之規定有違，DFARS 不應使用「design specification」一詞。

[568] *Stanley Aviation Corp. v. United States*, 196 U.S.P.Q. 612 (D. Col. 1977).

[569] *Metal Art, Inc.*, Comp. Gen. Dec. B-194180, 79-2 CPD ¶ 15.

[570] Nash and Rawicz, Technical Data Rights，同註 517，頁 168。

最經濟方式滿足政府需求，而整合所有負責採購之人力以發展出之全盤性計畫。FAR 7.102(b) 條規定：「獲得計畫係指所有負責獲得之人員應經整合，以確保採購機關得以在最有效率、最經濟及符合時效性之方式獲得所需。」

　　至於具體之作法，可分下列各點予以闡述：

一、計畫之進行

　　FAR 7.103 及 7.104 明列機關之職責包括：

1. 擬具以系統、個別採購契約或個別訂購爲基礎之採購計畫。
2. 擬訂標準獲得計畫之格式。
3. 因滿足機關緊急需求而採取節省時程之採購方法。
4. 確保廠商於競爭過程中不得有不正當及不合法將採購標的物合併採購之行爲。
5. 依據 40 U.S.C. 11312 之規定，建立使採購資訊技術之效能極大化及控管採購資訊技術危險（risks）[571]之處置流程（process）。
6. 依據 36 CFR 1194[572]所規定之「電子及資訊技術入口標準」（Electronic and Information Technology Accessibility Standards）於招標文件載明需求、圖說、工作陳述（work statements）、規格及其他對採購標的物之敘述。
7. 機關應於需求確定時即著手實行準備採購計畫，並應於會計年度前準備爲原則。
8. 機關應於計畫初期即徵詢需求及後勤人員，以決定採購標的物之型式、品質、數量及交付要求。

二、市場調查

　　FAR 7.102(a) 要求採購機關應履行採購計畫及實施市場調查（market research）以促成商業品項之採購，如商業品項不能滿足採購機關之需求，則應以使用非發展性之品項（non-developmental items）爲原則。採購機關應使廠商能在充分及公開競爭之方式進行採購，如因採購標的性質不適合充分及公開競爭之方式進行採購，則應使廠商競爭極大化。此外 10 U.S.C § 2305(a)(1)(a) 及 41 U.S.C § 253a(a)(1) 均規定採購機關之首長應於擬

---

[571] 「risk」在一般認知係「風險」之意，而在我國法律用詞則係「危險」，此可由我國民法第 150、175、193-3、328、354、373、374、375、497、508、963 等條文均規定「危險」文字可證，由於本文研究廠商及政府機關之權利及義務，故仍將「risk」譯爲我國法律規定之「危險」較爲妥當。

[572] 聯邦規則法典 Code of Federal Regulations（CFR）。

訂需求規格及發出招標文件之前實施市場調查。

FAR 10.002(a) 規定政府應將其需求以文字表達以實施市場調查。FAR 10.002(b) 規定市場調查之範圍因採購之因素例如緊急、預估金額數目、複雜度及過去經驗之不同而有異[573]，市場調查之方法包括：徵詢專家意見、檢閱最近市場研究、從期刊或雜誌徵求意見、檢視政府機關之資料庫、與產業界舉行會議、從商會或其他來源獲得廠商資料、檢視廠商型錄及與可能投標廠商舉行會議等。若採購機關未實施市場調查，而市場中仍有廠商可供應所需之物品，則本採購行為將被認定為不合法[574]。

三、以使用商業品項及非發展性之財物或勞務為原則

FAR 12.101 要求採購機關應 (a) 進行市場調查以決定是否可由商業品項或非發展性之品項滿足其需求；(b) 採購商業品項或非發展性之品項，如該等品項能滿足採購機關之所需；(c) 要求廠商及其分包廠商應將商業品項及非發展性之品項納入為可供應之零組件[575]。所謂「商業品項」係指非為政府之目的，而已向一般公眾或非營利組織出售、出租、授權使用之品項，或已向一般公眾要約以求出售、出租、授權使用之品項。而所謂「非發展性之品項」係指非屬廠商已為政府採購機關所發展出之品項，對於非發展性之品項之些微修改亦屬之[576]。

四、採購計畫之要件

FAR 7.105(a)(b) 將採購計畫中之目標及作為共歸納為 29 個要點，但其中若干部分係針對美國之特殊國情所設計，另有部分條文所規範之事項已含括在政府採購法中，且過於瑣碎，故本文不另討論，僅研究其中具參考價值者如下：

㈠成本

所謂成本係指政府應支出之全部成本，採購機關應規定具體的採購成本目標，以及達成此項目標的理由，並討論相關所使用之成本概念，包括[577]：

---

[573] FAR10.002 (b)(1). 然美國審計長認為若採購機關已於近期日內做過市場調查，確認只有唯一廠商可提供所需之產品，則可免於再實施市場調查。*Lister Bolt & Chain, Ltd.*, Comp. Gen. Dec. B-224473, 86-2 CPD ¶ 305.

[574] *Rocky Mountain Trading Co.*, GSBCA 9569-P, 89-1 BCA ¶ 21, 216. *TMS Bldg. Maintenance*, 65 Comp. Gen. 222 (B-220588), 86-1CPD ¶ 68. *BFI Medical Waste Sys. of Arizona, Inc.*, Comp. Gen. Dec. B-270881, 96-1 CPD ¶ 239.

[575] Ralph C. Nash, Jr., John Cibinic, Jr., Karen R. O'Brien, Competitive Negotiation-The Source Selection Process 19-31 (1999).

[576] FAR 2.101(b).

[577] FAR 7.105(a)(3). 於 1997 年 9 月前 FAR 15.803(b) 曾規定機關應考量採購成本（procurement cost），但該規定已遭刪除，FAR 並未說明刪除之理由，但應與採購成本之估算困難有關。

(i)產品全週期成本（life-cycle cost）。在計畫中應討論如何將產品全週期成本納入考量；若未納入考量，其理由何在。如屬可能的話，並應討論該產品全週期成本所使用之成本模式[578]。產品全週期成本指機關為獲得、作業、維護及處理所購品項所支付之成本[579]。

(ii)設計成本（design-to-cost）。設計成本係指機關於發展新系統時所支付獲得、操作及維護標的物之成本，及機關於發展系統時所預估之成本目標（cost goals）。機關於計畫中應說明設計成本之目標及其所根據之假設，包括：品質、學習曲線以及經濟調整因素等，並應說明相關目標係如何適用、追蹤及執行。機關另應將上列要求納入招標及訂約文件中[580]。

(iii)應列成本（should cost）之適用。應列成本分析是一種專業型式的成本分析，應列成本分析不同於傳統的評估方法，因為應列成本分析方法並不認為廠商之履約成本必然係有效及經濟的作業方式，而應審視廠商現行的工作人力、方法、物料、設施、作業系統及管理，該等審視應由政府的訂約、契約管理、計價、查核及工程等代表共同完成，應列成本分析之目標係改進廠商的經濟性及效率性以節省其履行政府採購契約之成本。採購計畫應對「應列成本」之適用於採購予以分析及說明[581]。

㈡危險

FAR 7.105(a)(7) 要求：機關應在採購計畫中討論技術、成本、時程等危險，並應說明所採取減低危險之計畫，以及未能達成減低危險的結果。若採購機關同時於計畫中進行標的物之發展與生產，則應討論其對成本及時程的影響。

㈢訂定最有利於政府的評審標準（**trade-offs**）

Tradeoffs 之原意係交換、交易，於政府採購事務中，機關必須就成本、功能及時程中決定最有利於政府的採購標的物，例如為求降低成本，而必須降低功能的要求。FAR 7.105(a)(6) 規定：採購機關應討論各種成本、能量或功能及時程目標等項目，作序位或計數之綜合評選，以評定對政府最有利之標[582]。依據美國國防部所頒布之第 5000.2-R 規則第 3.3.3.1 條規定：減少產品全週期成本的最佳時機是在採購進行程序之

---

[578] 參看 Department of Defense Life Cycle Costing Procurement guide（interim）（July 1970）第 1-1 段。

[579] 定義見 FAR 7.101.

[580] Ralph C. Nash, Jr., Steven L. Schooner, Karen R. O'Brien, The Government Contracts Reference Book 186 (1998).

[581] 定義見 FAR 15.407-4(a). 詳見唐克光，論成本計價型契約中成本及利潤之協商——以美國聯邦政府為例，軍法專刊，第 52 卷第 5 期，2006 年 10 月，頁 33。

[582] FAR 15.101-1. 參看羅昌發，政府採購法與政府採購協定論析，2 版，2004 年 10 月，頁 48。

早期階段，機關應於採購完成之前，考量成本之降低，並分析成本及效能間之關係[583]。

㈣採購的效率化（**Acquisition Streamlining**）

所謂採購之效率化係指辦理採購過程中，消除不必要之程序及措施以節省成本之謂。換言之，就是以更有效率之方式使用資源以創造、或產生質量之系統[584]。

FAR 7.105(a)(8) 規定：

採購之效率化。若需求機關明確指定該採購案應納入採購效率化之規範，則在採購計畫中應探討下列計畫與程序：

(i) 利用招標草案、招標前會議以及其他方法，鼓勵廠商在設計及發展的階段即行參與，以使其能建議最適當的引用及修正契約要求。

(ii) 選擇並修訂必要且符合成本效益的要求。

(iii) 說明原屬於指導性（guidance）的技術規格與標準（standards）的時程（timeframe），應變更為具強制性（mandatory）[585]。

採購機關應利用各種機會（包括公聽會、產業會議、市場調查、尋求廠商企劃書、招標前會議、與廠商舉行一對一之會議及現場訪問），以了解廠商之意見及困難，去除採購過程中之阻礙[586]。

五、充分且公開之競爭（**full and open competition**）

FAR 7.105(b)(2) 規定：

2. 競爭。

(i) 採購機關應說明如何於採購過程中，尋求、促進及維持競爭。若未能採取公開競爭，則應依第 6.302 條說明授權依據，確認之商源及無法進行充分及公開競爭之理由。

(ii) 確認主要組件（components）或次系統。討論直接向製造商購買主要組件或次系統之計畫（breakout plans）[587]。機關應說明如何針對該等組件或次系統、尋求、促進及維持競爭。

----

[583] Nash, Cibinic, O'Brien, Competitive Negotiation，同註 575，頁 52。

[584] FAR 15.201.

[585] 參看羅昌發，政府採購法與政府採購協定論析，同註 582，頁 48。

[586] FAR 15.201.

[587] 由機關直接向零附件製造廠商採購，可避免於採購中支付代理商、經銷商或居間廠商之間接製造成本（overhead）及利潤。Nash, Schooner, O'Brien, The Government Contracts Reference Book，同註 580，頁 68。

(iii) 機關應說明如何針對備份（spares）或備份零件（parts）尋求、促進及維持競爭。並應確認影響競爭之重要後勤時程（milestones），例如技術性資料之交付時程。

(iv) 若有效的分包可促使競爭，應說明如何於採購過程中尋求、促進及維持分包之競爭。如分包廠商之競爭出現障礙，則應說明克服該障礙的方法。

第二目　價金

美國國防部規定廠商須將出賣資料之各品項載明於專用的表格「契約資料需求清單」（Contract Data Requirements List, CDRL），即 DD Form 1423 內[588]，並規定應製作契約各項工作分解結構（Contract Work Breakdown Structure），以供機關研判各品項之價金是否合理及是否有重複採購之情形。如其中若干品項係屬尚未研發之資料，則廠商應於該表格中載明該等品項之預估金額，機關得要求廠商提供價金或成本資料以證明所報價格之合理性。

廠商應依國防部發行之三軍訂定價格手冊（Armed Services Pricing Manual, ASPM）對於物料（materiality）之規定，將物料成本列為報價因素之一，機關應將契約資料需求清單列為招標文件，即將之成為契約之一部分，以產生法律效力，機關應依照預估、分析、協商、成本追蹤之順序以議定契約價金。但機關及廠商均應認知：價金協商之目標係達成正確（accurate）成本及切合實際（realistic）價金之意思合致，而非精確（precise）且詳細之會計（detailed accounting）[589]。

廠商應將契約資料需求清單所列之價金區分為四類[590]：

第一類：廠商特別為政府之需求所製作之資料，該資料並不適用於其他契約，則其價金應包括直接成本、間接製造成本（overhead）、一般行政支出及利潤[591]。

第二類：廠商必須修改資料以滿足政府所需，其價金應包括轉換及運送資料所需之直接成本，加計可分擔的間接製造成本、一般行政支出及利潤。

第三類：廠商必須發展資料以滿足其履約所需，但不須實質修改資料之內容、格式、交付頻率、準備及品質者，其價金應僅包括再製造、處理及運送資料之成本，加計間接製造成本、一般行政支出及利潤。

---

[588] 參看 "The Procedures for the Acquisition Management of Technical Data" DoD 5010.12-M, May 1993.

[589] 同前註，第 5 章 "PRICING OF DATA C5.3.2.5"。

[590] 同前註，C5.3.3。

[591] 有關直接成本、間接成本、利潤等之定義等，詳見唐克光，論成本計價型契約中成本及利潤之協商，同註 581，頁 30-43。

第四類：廠商所發展之資料係其商業活動之一部分，政府所需者僅爲資料中之一部分，且成本甚微，該資料之價金應原則上載明爲「免費」，例如機關需要少量的廠商所製作之精簡版使用手冊，廠商之所以製作之精簡版係爲滿足其商業活動，由於成本甚微，尙無需反應成本。

第三目　規格

如果規格未能明確載明需求，則機關不能確保廠商所交付資料之品質，故規格之訂定至爲重要。依據美國國防部第 5000.19 號指令（DOD Directive 5009.19）規定：資料應依功能敘述其規格，功能應屬下列各類別：A 行政管理、E 工程及統合文件、F 財務、H 人因、L 後勤支援、M 技術性出版刊物、P 採購及製造、R 相關的設計需求、S 系統及次系統分析、T 測試、V 招標文件之規定（Provisioning）[592]等。

有鑑於採購機關訂定資料之規格並不容易，美國國防部遂將所有可供發布之規格公告於其所轄之各機關以供參考，但若干採購案之規格甚爲詳細且完整，但部分採購案之規格則並不完整，且有系統地整理大量規格文件並非易事，再者科技日益進步，經公告之規格內的敘述文字未必能符合現今的採購需求，因此各採購機關仍應設法解決訂定適當規格之困難[593]。

以美國國防部於 1977 年 10 月所發布之引擎設計規格爲例，DOD D-B1000, Oct. 28, 1977 指令對於引擎設計提供甚爲詳細之規定，由於內容繁瑣，故僅將最重要的三個層次摘錄於下：引擎之設計依其程序可分爲三層次，第一層次係觀念及發展設計，第二層次係建造原型機及有限生產，第三層次係正式生產。再以技術手冊爲例，大致可區分爲作業手冊及維護手冊二種，美國國防部於 1982 年 2 月所發布 DOD Instruction 4151.9, Feb. 4, 1982 之指令統一要求廠商之技術手冊規格，有下列規定：機關應於契約中要求廠商必須準備內容正確且完整之技術手冊，契約另應規定廠商進行實證之時程表，機關應檢視該時程表之執行情形，並據以要求廠商依進度交付生產之品項[594]。

第四目　技術性資料之保固

採購機關認爲採購資料之保固符合實際需求及成本效益，得採購資料之保固。機關認爲有下列情形之一者，得採購特別保固：1. 瑕疵資料之修理及更換或價金之調整將不足以保護政府權利者。2. 須另行要求損害賠償以防止廠商交付瑕疵資料者。而資

---

[592] Nash, Schooner, O'Brien, The Government Contracts Reference Book，同註 580，頁 423-4。
[593] Nash and Rawicz, Technical Data Rights，同註 517，頁 186。
[594] 同前註，頁 187-8。

料之保固適用於技術性資料及電腦軟體之保固[595]。DFARS 252.246-7001 規定資料之普通保固條款，其中選項 I（Alternate I）適用於固定價金誘因契約（fixed-price incentive contracts）之特別保固，而選項 II（Alternate II）適用於確定固定價金契約（firm-fixed-price contracts）[596]之特別保固。

一、資料之普通保固

　　除契約另有約定者外，廠商保證所有資料於交付機關時符合規格及其他契約條款之要求。除契約另有較長保固期限之約定外，保固之期限始於交付資料日起，以 3 年爲限。廠商於保固期限內，應於發現違反保固之規定時，立即以書面通知機關。

　　機關應以書面通知並要求廠商以其費用，立即修理或更換瑕疵之資料。如機關認爲已無修理或更換瑕疵資料之需要，或機關可修理瑕疵資料時，亦得要求廠商將應給付之價金或利潤予以調整，並應以書面通知廠商。如廠商拒絕或未能於合理期間內修理或更換瑕疵之資料，機關得以契約或其他方法修理或更換瑕疵之資料，並要求廠商給付機關已支付之成本，機關亦得要求廠商將應給付之價金或利潤予以調整。

　　機關除依上項之規定外，不得以任何其他理由行使上項規定外之保固權利。機關對於已被修理或更換之瑕疵資料，亦得要求廠商履行保固之義務。

二、固定價金誘因契約之特別保固

　　廠商對於違反保固規定之行爲應負損害賠償責任。廠商除應負資料之普通保固責任外，尚應賠償目標利潤（target profit），但以不超過目標利潤之 75% 爲限。如採購之瑕疵資料係由廠商之分包廠商所提供，則廠商之賠償責任應不得超過下列規定：

1. 廠商與分包廠商採用確定固定價金（firm-fixed-price）契約時之 10% 的分包契約價金。
2. 廠商與分包廠商採用成本加固定利潤（cost-plus-fixed-fee）或成本加酬金（cost-plus-award-fee）契約時之 75% 的分包契約利潤。
3. 廠商與分包廠商採用固定價金（fixed-price）或成本加誘因費用（cost-plus-incentive-type）契約時之 75% 的分包契約目標利潤。

廠商所應負之損害賠償責任不得列爲應給付之成本（allowable cost）。

---

[595] DFARS 246.708.
[596] FAR 16.204. 有關固定價金契約（fixed-price contracts）及確定固定價金契約（firm-fixed-price contracts）之體系等，詳見唐克光，政府採購中成本計價型契約之種類及其適用，同註 506，頁 2。

三、適用於確定固定價金契約之特別保固

廠商對於違反保固規定之行為應負損害賠償責任。廠商除應負資料之普通保固責任外，其所另負損害賠償責任不得超過契約價金之 10%。如採購之瑕疵資料係由廠商之分包廠商所提供，則廠商之賠償責任應不得超過下列規定：

1. 廠商與分包廠商採用確定固定價金契約時之 10% 的分包契約價金。
2. 廠商與分包廠商採用成本加固定利潤或成本加酬金契約時之 75% 的分包契約利潤。
3. 廠商與分包廠商採用固定價金或成本加誘因費用契約時之 75% 的分包契約目標利潤。

第五目　展延訂購

有鑑於採購機關於採購技術性資料或電腦軟體時，並不能確定爾後之需求，常有浮濫採購之情形，造成浪費公帑之情形，故美國若干行政機關遂發展杜絕浮濫採購機制。以美國國防部為例，DFARS 227.7103-8(b) 規定，採購機關於決標前並不能確定爾後所需之技術性資料或電腦軟體時，但仍有需求之可能者，應使用 DFARS 252.227-7027 所規定之條文[597]：

> 除於契約中規定廠商應交付之技術性資料或電腦軟體外，機關得於廠商履約期滿，自受領全部品項（非技術性資料或電腦軟體）後 3 年內，訂購於廠商或其分包廠商履約過程中所完成之技術性資料或電腦軟體。機關應給付廠商將電腦軟體轉換成指定之格式之成本、重製成本及交付之成本。廠商之分包廠商交付技術性資料或電腦軟體之義務，自廠商受領最終交付之品項日起 3 年後消滅。

故機關應與廠商就交付資料之日期、價金及內容等進行協商以期達成意思之合致。

第六目　確保如期交運

依 DFARS 227.7103-6(e)(2) 或 227.7104(e)(4) 均規定，如機關認有確保廠商依約交付技術性資料及電腦軟體之必要，得於契約中規定[598]：

> 機關得於契約中規定，如廠商未依約於期限內交付技術性資料，或未全部交付，或違反契約規定並未交付限制性權利之技術性資料或電腦軟體者，機關得

---

[597] FAR 52.227-16 有相似之規定。
[598] DFARS 252.227-7030.

保留契約 10% 以下之價金，至機關受領技術性資料或電腦軟體止。但廠商之遲延交付或部分給付係因不可抗力因素所致者，不在此限。機關保留應給付廠商價金之權利並不妨害機關其他權利之行使。

第七款　對我國政府採購之檢討

政府採購法之子法「採購契約要項」並無採購技術性資料及電腦軟體之規定，工程採購契約範本第 18 條、財物採購契約範本第 15 條及勞務採購契約範本第 14 條之 ㈢ 雖均有如下規定：

㈢ 廠商履約結果涉及智慧財產權者：（由機關於招標時載明）
　　☐ 機關有權永久無償利用該著作財產權。
　　☐ 機關取得部分權利（內容由機關於招標時載明）。
　　☐ 機關取得全部權利。
　　☐ 機關取得授權（內容由機關於招標時載明）。
　　☐ 廠商因履行契約所完成之著作，其著作財產權之全部於著作完成之同時讓與機關，廠商放棄行使著作人格權。廠商保證對其人員因履行契約所完成之著作，與其人員約定以廠商為著作人，享有著作財產權及著作人格權。
　　☐ 其他（內容由機關於招標時載明）。

然上開文字並未規定「永久無償利用該著作財產權」、「部分權利」、「全部權利」及「機關取得授權」之定義及其範圍，採購機關恐無所依據，又電腦軟體及技術性資料之涉及之智慧財產權與一般財物涉及之智慧財產權性質顯有不同，採購法規亦無特別之採購規定，顯有疏漏之處；美國聯邦政府對於該等智慧財產權利之保護及採購等，則有健全之理論及實務基礎，法院亦有諸多判決，均應具相當參考價值。適值科技日益進步之今日，政府採購電腦軟體及技術性資料之機會大增，則其中所產生的智慧財產權保護及採購方法等問題將不容忽視，主管機關宜及早規定之。

對於各採購案件之計畫階段作為，除行政院公共工程委員會所發布之「如何防止工程綁標」中於「工程採購各階段可能發生之弊失型態及因應作法」之「規劃設計階段」對於該環節可能發生之弊失型態與因應作法提供規範外，既未要求機關應進行市場調查、成本分析或危險評估，亦未有要求廠商充分競爭之規定，其他政府採購法及其子法亦均無此規定，則對於節省採購之經費及提升採購之效率性等，恐仍有立法缺漏之疑慮。

美國聯邦獲得規定（FAR）之第七部分「獲得計畫」中已將政府採購應如何避免浪

費，應如何在最有效率、最經濟，且最符合時效性之情況下滿足政府之需求，規定甚為詳細。經比較美國聯邦政府與我國之政府採購法令後，不難發現我國之立法確有不足之處，包括：1. 市場調查之要求；2. 以使用商業品項及非研發性之財物或勞務為原則；3. 成本分析之要求（包括產品全週期成本、設計成本、應列成本）；4. 危險評估（包括技術、成本、時程等危險）；及 5. 競爭極大化之要求等均漏未規定，此外，我國政府採購法令對於採購技術性資料與電腦軟體之契約內容、機關無權繪製成規格或圖說之採購方式、廠商報價、保固、廠商損害賠償責任、廠商交運責任等事宜亦皆付諸闕如，顯阻礙採購效率與功能，亦不能確保採購品質[599]，皆有修法予以補正之必要。

第八款　建議（代結論）

技術性資料與電腦軟體性質不同，又因其是否為商業品項產生不同市場競爭之情況，故應分別規定採購機關於採購該等標的物時所取得之權利及採購規定。採購機關應履行採購計畫及實施市場調查以促成商業品項之採購，如商業品項不能滿足採購機關之需求，則應以使用非發展性之品項為原則，以節省成本。政府於採購供指揮、通信、管制、作戰、情報系統或發展尖端科技等使用之財物、勞務或工程時，極可能須自行或交由廠商發展非商業品項之技術性資料與電腦軟體。

由於電腦科技日益進步，美國法院對於電腦軟體是否應予智慧財產權之保護？可歸納為下列幾點，頗值我國實務及理論界參考：

一、專利部分

法院認定三種項目不得申請取得專利：科學原理、自然現象及抽象概念。至於數學演算法及經營方式可否申請專利保護？若電腦軟體可適用於一種創新且實用之目的，則應予專利權之保護，換言之，若經一連串的數學計算將資料轉換成實用之發明，產生出有用的、非抽象的及實質成果，該發明非但可供記錄之用，亦可供機關於爾後交易時使用，則應予其專利。若電腦軟體於本質上係屬經營方法，則得申請為專利。

二、著作權部分

電腦軟體中之語文著作部分，例如原始碼及目的碼等，均受著作權之保護，但保護之範圍則因電腦科技之發展而不斷變化。至於非語文表達部分，例如採納他人之結構、組織等，是否亦應受保護？則應採用「抽象─篩選─比較」之三階段標準，以判斷

---

[599] 政府採購法第 1 條：「為建立政府採購制度，依公平、公開之採購程序，提升採購效率與功能，確保採購品質，爰制定本法。」

電腦軟體應合受著作權之保護。

三、營業秘密部分

　　電腦軟體、電腦資料庫及文件均可為營業秘密，法院必須檢視企業主為維護資訊秘密性所採取的保護措施，如該資訊無秘密性，則無營業秘密可言。

　　電腦軟體及技術性資料之採購，在美國聯邦之採購法制中，有諸多值得參考及借鏡之處，於學理亦屬可行，而我國政府採購法及其子法中則有疏漏之處，謹將其中犖犖大者臚列為如下列之草案，建議於修法時，一併考量及加列：

第一目　政府採購法修正草案

政府採購法修正草案條文對照表		
修正條文	現行條文	說明
第六條　機關辦理採購，應以維護公共利益及公平合理之原則，降低行政作業成本，並確保競爭之機制，對廠商不得為無正當理由之差別待遇。	第六條　機關辦理採購，應以維護公共利益及公平合理為原則，對廠商不得為無正當理由之差別待遇。	一、本條修正。 二、建議加列之文字均加記底線，以求明確。 三、將原「…合理為原則…」改為「…合理之原則…」以確定語意。另加列「降低行政作業成本，並確保競爭之機制」等語，至於其含意及具體作法則宜於政府採購法施行細則中規定。機關應力求降低行政作業成本以節省公帑[600]，在現行政府採購法條文中並未見此類規定，又政府採購必須在廠商於充分而且公開競爭之情況下，方符政府之利益，然現行政府採購法亦無此規定，爰加列如上述之文字。
第十七條之一　機關於辦理採購之前，應製作採購計畫並實施市場調查以確定可能之商源。		一、本條新增。 二、機關於採購計畫階段應即實施市場調查，以期發現市場中是否有政府

---

[600] 至於採購及行政作業成本之關係，見董珮娟，由政府採購協定及美國政府採購法論我國公共工程採購制度，同註516，頁122-6。

採購計畫應包括對採購之成本分析及危險評估等，其內容由主管機關定之。機關應實施市場調查以發現市場中所需之商業成品及非研發性質之標的，以節省採購之成本，並提升採購效能。		所需之商業及非研發性質之標的，以節省採購成本。如無所需之商業及非研發性質之標的，方可採購研發性質之標的。 三、採購計畫之內容應包括成本分析及危險評估等。 四、參考 FAR 7.103, 7.104, 10 U.S.C. § 2305(a)(1)(a) 等之規定。
第七十條第六項　機關辦理技術性資料及電腦軟體採購，應明訂廠商交付之客體及機關取得之權利。其採購辦法由主管機關定之。		一、第六項新增。 ㈠技術性資料及電腦軟體之性質與一般財物、勞務及工程不同，有另訂定採購辦法之必要。 ㈡參考 2001 DoD Guide 及 Executive 13103 部分內容。

第二目　機關採購電腦軟體及技術性資料辦法草案（逐條說明）

條文	說明
第一條（訂定依據） 本辦法依政府採購法第七十條第六項規定訂定之。	本條規定本辦法之訂定依據。
第二條（用詞定義） 本辦法用詞定義如左： 一、資料：謂經記錄之資訊，不論以何種形式或工具記錄之方法，均屬之。資料包括技術性資料及電腦軟體。 二、電腦軟體：謂指由廠商自費發展具商業性、財務性及秘密性等營業秘密之電腦軟體，或為公開發表且受著作權法保護之電腦軟體，對於電腦軟體之輕微修改部分亦屬該電腦軟體。包括電腦程式、原始碼、原始碼目錄、目的碼目錄、細部設計內容、演算法、處理程序、流程圖、公式及足以使電腦軟體重製、改作或重編譯之相同媒介物者。但不包括電腦資料庫或電腦軟體說明文件。	一、本條明定對於客體－資料、電腦軟體、技術性資料、電腦資料庫及電腦軟體說明文件等加以定義。 二、參考 DFARS 252.227-7014(a)227.7103-9、7203-9 及 227.7102 之規定。

三、技術性資料：謂具科學性或技術性質之資料，但不包括電腦軟體。 四、電腦資料庫：謂將業經轉為電腦能處理形式的資料紀錄集。電腦資料庫不包括電腦軟體。 五、電腦軟體文件：謂指所有者手冊、使用者手冊、安裝指示、操作指示或其他相似之品項，且不受儲存方式之限制，凡能解釋電腦軟體之能力或具提供使用軟體之指示者，均屬之。 六、具商業性質之技術性資料：謂廠商非為政府研發，而可供出賣、出租或授權一般公眾之技術性資料。 七、具商業性質之電腦軟體：謂廠商非為政府研發，而可供出賣、出租或授權一般公眾之電腦軟體。	
第三條（採購具商業性質之技術性資料） 廠商所交付具商業性質之技術性資料、組件或製程，推定由廠商自費發展，機關得於機關內部使用、修改、重製、散布、或公開展示資料。 非經廠商同意，機關不得製造資料，亦不得將資料交付第三人，但緊急修繕者則不在此限。	參考 DFARS 227.7102 之規定。
第四條（採購具商業性質之電腦軟體） 機關採購具商業性質之電腦軟體時，應依照廠商授權公眾之規定訂定取得之權利，如廠商授權之內容與機關所需者相異，則機關與廠商應進行協商。 機關採購具商業性質的電腦軟體應使用確定固定價金契約，並原則上經由廠商以競價方式採購。 機關不得要求廠商提供非供應公眾之商業電腦軟體或文件，但廠商依招標文件由政府提供經費修改商業電腦軟體者不在此限。 非經廠商同意，機關不得要求廠商提供修改、重製、公開表演、展示、發表商業電腦軟體或文件之權利。	參考 DFARS 227.7202-1 及 227.7202-3 之規定。
第五條（辦理資料採購應遵循法令） 機關應確保於獲得、重製、散布或傳送技術性資料或電腦軟體時，不得違反相關保護智慧財產權之法令。	本條明定基於對智慧財產權之保護已為普世之價值，機關於採購技術性資料或電腦軟體時，不得違反保護智慧財產權之法令。
第六條（採購資料契約之內容） 機關應於採購技術性資料或電腦軟體之契	一、本條明定機關於辦理採購時，固應使用採購契約要項，然其內容究竟不能完全

約內，載明廠商應交付之客體，包括： 一、內容。 二、記錄及儲存之格式。 三、交付及儲存之媒介物，包括紙、唯讀光碟或線上存取。 四、廠商交付之技術性資料是否具備電腦輔助設計或電腦輔助製造系統之格式以供使用。 五、如機關採購電腦軟體，則應於契約內載明所交付者係原始碼或由機器讀取之目的或可執行碼。 機關認為必要，得於契約內規定下列事項： 一、改變交付客體之形式或內容。 二、由廠商提供產品全週期維護及支援。 三、機關得派員至廠商處檢查其製作之資料及軟體。	適用於技術性資料或電腦軟體之採購，爰將採購契約內之必要及非必要內容予以規定。 二、參考美國國防部 2001 DoD Guide 之規定。
第七條（機關無權繪製成規格或圖說之採購方式） 如採購機關對於擬採購之零件並無將其繪製成規格或圖說，並使之競標之權利，應採行下列任一程序進行採購： 一、採購機關認為並不需相同設計之品項，即可獲得所需之標的物時，可依功能或效益訂定規格進行採購。機關可使用二階段分段開標或使用公平標示方法以進行採購。 二、機關採用限制性招標進行採購時，得向發展或設計該物品或製程之廠商或其授權廠商進行採購，但該等廠商必須具備足夠之生產能力或能量，且價金必須公平及合理。	一、本條明定若機關對於擬採購之零件並無權將其繪製成規格或圖說，以競爭方式採購，則應依政府採購法第二十二條及第二十六條之規定，依其功能或效益訂定規定進行採購，或洽原廠商以限制性招標方式進行採購。 二、參考 DFARS 217.7503(1) 之規定。
第八條（機關無權繪製成規格或圖說之採購方式的替代方法） 機關認為前條第一款之規定並不適用，但仍有採購之必要，得採行下列替代方法： 一、鼓勵發展該零件之廠商提供其他廠商製造該標的物的授權。 二、獲得必需之權利。 三、當採購標的物需要非常複雜設備，且必需技術協助及資料方可建立其他商源時，以有權繪製成規格或圖說之廠商為領導廠商與其他廠商共同得標，以獲得技術並進行採購。 四、將價格選項列入採購契約內，並得要求廠商建立第二商源。	一、本條明定機關採購於採購設計複雜之標的時未必能依功能或效益訂定規格進行採購，則可採行替代方法以完成採購任務。 二、參考 DFARS 217.7504 之規定。

五、使用還原工程法並藉公開招標或選擇性招標以發展規格。但以能節省相當成本或經機關首長核定者為限，方得實施之。	
第九條（廠商報價之要求） 廠商應將出賣資料之各品項載明於投標文件，以供機關研判各品項之價金是否合理及是否有重複採購之情形。如其中若干品項係屬尚未研發之資料，則廠商應於投標文件中載明該等品項之預估金額，廠商另應提供價金或成本資料以證明所報價格之合理性，價金或成本資料應作為投標文件之附件。	一、本條明定廠商必須於採購文件中載明各品項之價金；至於尚待研發之電腦軟體及技術性資料之預估金額及其成本或價金資料均應作為投標文件之附件。 二、參考 DD From 1423 之規定。
第十條（技術性資料及電腦軟體之保固） 除契約另有約定者外，廠商保證所有技術性資料及電腦軟體於交付機關時符合規格及其他契約條款之要求。除契約另有較長保固期限之約定外，保固之期限始於交付資料日起，以三年為限。 採購機關認為保固之採購符合實際需求及成本效益，得採購資料之保固。機關認為有下列情形之一者，得採購特別保固： 一、瑕疵資料之修理及更換或價金之調整將不足以保護政府權利者。 二、須另行要求損害賠償以防止廠商交付瑕疵資料者。	一、參考 DFARS 246.708 之規定。 二、機關得視需要，要求廠商對技術性資料及電腦軟體提供一般保固責任或特別保固責任。
第十一條（廠商違反保固義務之損害賠償責任） 廠商對於違反保固規定之行為應負損害賠償責任。廠商除應依約負保固責任外，其所另負損害賠償責任不應超過確定固定價金型契約價金之百分之十。 如採購之瑕疵資料係由廠商之分包廠商所提供，則廠商之賠償責任應不得超過下列規定： 一、廠商與分包廠商採用確定固定價金契約時之百分之十的分包契約價金。 二、廠商與分包廠商採用成本加固定利潤或成本加酬金契約時之百分之七十五的分包契約利潤。 三、廠商與分包廠商採用固定價金或成本加誘因費用契約時之百分之七十五的分包契約目標利潤。	一、參考 DFARS 252.246-7001 之規定，機關得要求廠商負擔違反保固義務之損害賠償責任。 二、由於我國絕大多數之政府採購契約均使用確定固定價金契約，故本草案省略固定價金誘因契約之特別保固之規定。
第十二條（確保如期交付） 機關得於契約中規定，如廠商未依約於期	一、參考 DFARS 227.7103-6(e)(2) 及227.7104(e)(4) 之規定。

限内交付資料，或未全部交付，或違反契約規定並未交付限制性權利之資料者，機關得保留契約百分之十以下之價金，至機關受領技術性資料或電腦軟體止。但廠商之遲延交付或部分給付係因不可抗力因素所致者，不在此限。 機關保留應給付廠商價金之權利並不妨害機關其他權利之行使。	二、本條明定機關得要求廠商於違反如期交付義務時之損害賠償責任。
第十三條（施行日期） 　本辦法自中華民國年月日施行。	

第五節　跨多年度預算之政府採購[601]

　　臺灣及美國政府使用跨多年度預算契約採購財物及勞務最近已成為一種現象，美國國會之若干報告顯示使用跨多年度預算契約可增加廠商之間的競爭程度並節省政府成本，但該契約如被解除則將造成政府的損失，該契約亦可能限制政府預算之彈性，目前在臺灣鮮少有論文探討該契約之文獻，亦無規範該契約之法令，因此為增進我國使用該契約之實務及程序，實有檢視我國及美國預算合法性及法律及其他行政命令之必要。

　　本文擬先探討美國有關跨多年度預算採購之文獻，再檢視美國國會公布跨多年度預算之政府採購等相關報告，另研究美國及我國之相關規定，以期能了解我國法規缺漏之處，最後謹提供建議，以供立法時一併考量及加列。

第一款　前言

　　由於我國近年政府採購之財務及勞務日趨複雜且金額龐大，顯非於一個會計年度能執行完畢，即以民國 101 年中央政府總預算案歲出機關別預算表中國防部主管事務為例，其所列應於該年度執行之重大投資包括：「裝步戰鬥車」、「F-16 A/B 戰機性能提昇」、「IDF 戰機性能提昇」、「光華六號」及「高效能艦艇研建」等重大案件[602]，編列預算共新台幣 572 億 5,692 萬元，占 101 年國防預算共 3,175 億 459 萬元之 18.03%[603]，該等重大投資案件金額巨大，必須分年編列並執行，然該跨多年度預算之採

---

[601] 本節内容曾發表於「軍法專刊」2013 年 10 月第 59 卷第 5 期中。
[602] 行政院，中華民國 101 年度中央政府總預算案歲出機關別預算表，頁 300-312。
[603] 中央社，「重大軍事投資明年編 572 億」，2011 年 10 月 11 日，網址：http://www.taiwannews.com. tw/etn/news_content.php?id=1732449，查詢日期：2012 年 7 月 19 日。

購（multiyear procurement）案是以分多會計年度分別採購[604]？或以一採購案跨多會計年度辦理所需標的之採購？兩者有何差異？何者較具效率？何者可節省採購成本？又何者較可提升採購標的之品質或性能？試以海軍欲採購 30 艘飛彈快艇為例，究應以分年度分批採購？抑或與廠商簽訂一跨多會計年度之契約以採購所需之 30 艘飛彈快艇？何者較符合政府之利益？又若僅與廠商簽訂一契約以採購所需之 30 艘飛彈快艇，則是否妨害其他廠商參與公平競爭之機會？又採購機關所發出之招標文件是否應要求廠商於投標時必須載明每一艘之價格？或是平均單價？機關審標之標準係以當年度確定採購（已獲得預算者）之快艇價格為比價標準？抑或可以其後年度之快艇價格為比價標準？廠商僅能以固定價金型契約（fixed-price contracts）報價[605]？可否採用經濟價格調整之方式？則又若立法院通過第 1 年或第 2 年預算，但卻拒絕以後年度之預算，機關應否負賠償責任？該責任應如何計算？該等問題是否有符合科學性的解決及規範方法？相關的實務及理論均有待研究，以求機關能發揮最大之採購效益。

　　跨多會計年度採購之預算編列在我國已行之多年，除預算法第 5 條第 1 項規定，除歲定經費以一會計年度得支用之金額為限外，繼續經費應依設定之條件或期限分期繼續支用，而法定經費應依設定之條件，於法律存續期間按年支用；同法第 8 條：「政府機關於未來四個會計年度所需之經費，立法機關得為未來承諾之授權。前項承諾之授權，應以一定之金額於預算內表達。」故編列跨多會計年度採購之預算應無違法之疑慮[606]。然國內卻鮮少有學者探究政府採購中跨多年度預算採購契約之文獻，因此，引發本文探討該型契約之動機。

　　跨多年度預算之政府採購契約在美國被使用已近 60 餘年[607]，經過美國實務之驗

---

[604] 預算法第 5 條：「稱經費者，謂依法定用途與條件得支用之金額。經費按其得支用期間分左列三種：一、歲定經費，以一會計年度為限。二、繼續經費，依設定之條件或期限，分期繼續支用。三、法定經費，依設定之條件，於法律存續期間按年支用。法定經費之設定、變更或廢止，以法律定之。」同法第 11 條：「政府預算，每一會計年度辦理一次。」故我國之一般政府採購案件以當會計年度執行最為普遍，跨多年度預算之採購案件均為標的複雜且金額龐大之案件。

[605] 除固定價金契約外，美國聯邦獲得規則 Federal Acquisition Regulations（FAR）尚規定機關得使用成本償還性契約（cost-reimbursement contracts）、誘因契約（incentive contracts）及不確定交付契約（indefinitive-delivery contracts）等，FAR 16.3-5。

[606] 參見中華民國 101 年度中央政府總預算編製辦法第 9 條規定：「主計處於籌編本年度總預算時，應以行政院核定 101 至 104 年度中程歲出概算額度及中程資源分配方針為基礎，依據最新經濟情勢，辦理全國總資源供需估測與中程預算收支推估，並邀集有關機關會商研擬本年度歲出預算案之額度分配情形，經提報審核會議議定後，由行政院分行各主管機關據以辦理本年度計畫及預算之編報審議作業。」行政院主計處公務預算局，中華民國 101 年度中央政府總預算編製作業手冊（民國 100 年 5 月 2 日），頁 13。

[607] 美國政府自韓戰後，所採購之財物及勞務日益複雜，採購標的之成本亦逐漸增高，美國政府為求降低成本，採取兩種方法：其一是採取廠商充分及公開競爭方式進行採購，另一是提升廠商之生產效能，而採購機關發現使用跨多年度預算之採購契約非但可提升廠商之生產效能，亦可節省公帑，遂逐漸採用之。Raymond M. Saunders, *Competition in Multiyear Contracts*, 20 Public Contract Law Journal, p. 210

證，該種契約可為其採購機關所使用。本文之所以以美國聯邦政府之採購制度為探討中心，係因其採購法已行之逾百年，不僅體系健全更能結合科技、管理、經濟及會計等知識，使理論與實務密切結合，充分發揮引導工商業發展及繁榮社會之效果；再者美國係世界貿易組織（World Trade Organization, WTO）中政府採購協定（Agreement on Government Procurement, GPA）之締約國，其採購之相關法規及實踐均須接受 WTO 之貿易檢視，[608]其符合 GPA 之規範亦即符合世界貿易規範之正當性，實不容置疑。我國廠商如欲拓展商機，則充分瞭解美國聯邦政府之採購制度實屬必要，故美國採購法之制度頗有參考價值，因此本文即以美國聯邦政府之採購制度為研究中心。本文先探討跨多年度預算之政府採購契約中效益之評估，再研究預算法制、契約之分析、投標文件之審查及契約終止或解除問題等，不但從該國國會之報告自實務或學理面予以解釋及檢驗，並以該國法院判決或審計長（Comptroller General）之判斷等以為借鏡，最後，對我國政府採購法及其相關子法中缺漏部分提出建議，冀望能提供學術及實務界參考。

第二款　沿革及效益之評估

第一目　沿革

一、美國聯邦政府

美國聯邦政府各採購機關自 1950 年代起逐漸使用跨多年度預算之採購契約，迄 1962 年美國國會所屬之總會計室（General Accounting Office, GAO）於 to the Secretary of the Air Force 42 Comp. Gen. 272 1962 CPD ¶ 63（1962）案中，審計長認為美國空軍為在威克島（Wake Island）之飛機而向廠商採購為期 3 年之勞務、物料及儀器等契約，已逾越預算授權之範圍，即違反了防止缺陷法（Antideficiency Act）之規定，但審計長已了解美國當時法律有規定不足之處，因此有修法之必要，方可滿足空軍之需要，遂認為美國國防部應遊說國會修法以准許所屬機關得使用跨多年度預算之採購契約，在法律修正前，空軍可以在契約中加列未來採購選擇權（options）條款[609]以獲得所需之勞務及財

(1990-1991).

[608] WTO, Trade Policy Review Mechanism ("TPRM"), *The Results of the Uruguay Round of Multilateral Trade Negotiations*, pp. 434-7 (WTO, Switzerland, 1995).

[609] 有關選擇權條款之使用限制、招標文件、契約等見 FAR 17.2。廠商可經由機關之同意，於契約中記載機關得於未來採購之品項及價格，使契約履約之期限延長，謂之選擇權條款。選擇權條款與跨多年度預算之契約相較，機關對於有選擇權條款之契約，並無採購之義務，然機關對於跨多年度預算條款之契約，則有採購之義務，如因故未能採購，則應負賠償責任。該條款常被使用於各類契約中，故跨多年度預算之採購契約中亦得使用選擇條款。Raymond Saunders, *Competition in Multiyear Contracts*, *supra* note 607, at 213-4. 我國政府採購法第 63 條第 1 項規定之採購契約要項或主管機關公布之各種採購契約範本均無有關選擇權條款之規範，然查選擇權條款於美國採購實務中有其便利性，可供我國參考。

務，後美國國會於 1968 年立法同意機關得使用跨多年度預算之採購契約[610]，但 1968 年之立法卻有諸多限制，包括：該採購契約必須於美國本國領域內履約、僅適用於勞務採購（爲履行勞務所必須之財物亦得採購之）等。

美國國會於 1968 年之所以立法通過機關得使用跨多年度預算之採購契約，其主要之期望有三：1. 降低成本；2. 增加競爭；3. 改善廠商履約。先就 1. 降低成本而言，由於是時國會發現跨多年度預算之契約可使廠商將其應支付之啓動成本（initial costs, startup cost）平均分擔於各生量之批量中，因而降低成本，即契約價金；又採購之標的不限於勞務，亦可適用於財物；與機關得每年辦理採購相較，使用該契約可降低機關行政成本。再就 2. 增加競爭而言，國會又發現原考慮因年年投標之風險甚大而欲放棄投標之廠商，紛紛改變想法，蓋跨多年度預算之採購契約可使廠商應支付之啓動成本分擔於各生量之批量中，降低了其不能收回成本之危險，因此願參與採購案競爭，政府可收強化競爭的效果，另就 3. 改善廠商履約部分，廠商因可獲得該契約，便願僱用隱定之人力從事生產，避免每年召募人力所產生之困擾，因此有利於廠商履約，有利於確保履約成功；國會有鑑於該契約可能帶來之上述利益，考慮擴大其適用範圍[611]。

1982 年國會刪除該採購契約必須於美國本國領域內履約之規定，擴大適用於財物採購，並明確定義「跨多年度預算之採購契約」（multiyear contract）[612]，另規定該契約有最長不得逾 5 年[613]，美國國防部（Department of Defense, DoD）應先提出 5 年防衛計畫再說明該 5 年內之採購計畫，並應獲得國會之同意。

1994 年國會修正 10 U.S.C. § 2306 之條文，將該契約之相關規定增訂於 10 U.S.C.§ 2306b 條文中，該條文規定非軍事機關亦得使用該契約，該契約除使用各會計年度之預算外，亦可使用不分年度預算（no-year fund），並要求國防部及太空總署（National Aeronautics and Space Administration, NASA）等機關訂定法規命令以推廣（promote）本契約之適用，俾能收最大訂約效果[614]，美國聯邦獲得規則（Federal

---

[610] S. Report No. 90-1313, at 2 cited by Keith D. Coleman, *Evolution of the Multiyear Rule Requires Removal of the Five-year Limitation*, 35 Public Contract Law Journal, 624-5 (2006).

[611] *Ibid*, p. 626-7.

[612] 與現在 FAR 17.103 之定義相同。FAR 17.103 對「跨多年度預算之採購契約」之定義：指採購財物或勞務其期間逾 1 年以上、5 年以下之契約，該契約得約定第二年及其後之履約以政府預算之通過作爲停止條件，如預算未通過則契約得約定政府負解除契約之給付責任。跨多年度預算之採購契約與多年採購契約（multiple year contracts）之主要區別是跨多年度預算之採購契約須依據 41 U.S.C. § 254c 及 10 U.S.C. § 2306b 之規定，必須採購 1 年以上之財物或勞務，不得以行使選擇權（option）方式採購第 1 年之後之財物或勞務。

[613] 跨多年度預算之採購契約既有諸多好處，有學者認爲此時可考慮刪除 5 年的限制。Keith D. Coleman, *Evolution of the Multiyear Rule Requires Removal of the Five-year Limitation*, 35 Public Contract Law Journal pp. 621-38 (2006).

[614] 10 U.S.C. § 2306b(b)(1).

Acquisition Regulations, FAR）逐明列該契約之優點[615]作爲推廣之具體措施，然適用於美國軍事採購機關之「國防聯邦獲得規則補充」（Defense Federal Acquisition Regulation Supplement, DFARS）由於必須遵照採購法令，並未重複規定。另 1994 年 FAR 將跨多年度預算之採購契約中政府基於公益理由終止（termination for convenience）及解除（cancellation）契約間的差異性予以明文規定，前者可適用於任何採購契約，包括跨多年度預算之採購契約，機關得於契約期間終止契約之全部或一部，而解除契約僅可於會計年度之間適用，機關得解除計畫年度以後之全部數量[616]。

二、我國

　　由於我國政府採購法並未對於跨多年度預算之採購有任何規定，亦鮮少有與此有關之文獻，故僅能從預算作業制度之發展情形推估該採購契約之起源。早在民國五〇、六〇年我國即依據美國推動之設計計畫預算制度（Planning, Programming, and Budgeting System, PPBS），引進中長程計畫預算之理念，經研議納入民國 60 年修正通過之預算法第 29 條及第 30 條條文中，明定「施政計畫其新擬或變更部分超過一年度者，應附具全部計畫。」及「前條所定之施政計畫及概算，得視需要爲長期之規劃擬編；其辦法由行政院定之。」政府自 85 年度起開始試辦推估 5 年（含當年度）之中程概算規劃，對個別計畫之推估，僅先就跨年度計畫之資本支出需求部分先行實施，透過估列未來 4 年之資本支出計畫經費需求，促使各機關預算編製之妥適性，以使中長程計畫預算觀念之普及化[617]。跨多年度預算之採購自是時起始有預算法之依據。

第二目　效益之評估

　　美國國會所屬之總會計室（GAO）分別於 1987 年、1988 年及 2008 年間就跨多年度預算之採購契約之效益進行評估。

----

[615] FAR 17.105-2 共列 (a)-(h) 八項優點：(a) 較低成本；(b) 增強標準化；(c) 減少訂約及履約之行政負擔；(d) 使生產及履行間產生有效的連續性，可避免每年之啟動成本（startup costs）、生產前之測試成本（preproduction testing costs）、準備之支出（make-ready expenses）及淘汰成本（phase out costs）；(e) 廠商工作能力（contractor work forces）之標準化；(f) 避免每年新廠商必須建立品質保證技術及程序之需求；(g) 增加廠商參與競爭機會，擴大競爭之基礎，以免廠商不願參與特別是需高啟動成本而數量較少之採購案件；(h) 該契約提供廠商下列誘因：廠商經由對其資產、設備及先進技術之投資而改進其生產力。

[616] FAR 17.103; 17.104(d).

[617] 李佩華，行政院主計處第二局，主計專題研究報告，建立政事型特種基金中程計畫預算作業制度之研究，2005 年，頁 12-3。

一、美國國會1987年報告

　　總會計室於 1987 年分析 11 個跨多年度預算採購契約，將其與採購相似財物及勞務之每年度採購契約相比較，結果發現 11 個跨多年度預算採購契約中有 8 個契約之各品項價格較前一年之每年度採購契約價格為便宜，11 個契約中有 9 個契約之各品項價格較前二年之每年度採購契約價格為便宜，故跨多年度預算採購契約確如原預期，可收降低成本之功能[618]。

二、美國國會1988年報告

　　總會計室於 1988 年再就該契約對國防產業（industrial base）[619]之影響進行評估[620]。總會計室共調查 6 家得標廠商，確認跨多年度預算之採購契約是否具有鼓勵標廠商及其分包廠商投資其生產設備之功能，及能否促使分包廠商參與競爭？該研究報告顯示該契約確具有鼓勵得標廠商及其分包廠商從事投資其生產設備之功能，蓋得標廠商表示因為該契約與每年度採購契約相較，可提供廠商更加穩固之營利機會，例如，許多簽訂該契約之得標廠商與簽訂每年度契約之得標廠商相較之下，都較有迅速採購高科技生產設備之意願[621]。

　　由於機關負有採購契約所規定標的及數量之義務，廠商因可獲得機關給付之價金，縱使機關終止或解除契約，廠商仍可請求其已支付之成本，廠商有較穩定之資金來源，有利其從事營利行為，所以願在契約期間內與機關建立更極積之互動關係[622]。

　　又若將跨多年度預算之採購契約與每年度採購契約相較，是否將減少廠商競爭之機會？但該研究報告顯示：在機關採購各種武器系統時，廠商之競爭並未減少，跨多年度預算之採購契約並無限制廠商從事價格競爭之情形，若分包廠商係在充分競爭之情況下獲得分包契約，則得標廠商及採購機關便可獲得合理之契約價格。由於得標廠商可從跨多年度預算之採購契約中獲得更多給付之價金，此原因促使分包廠商間產生更競爭之情

---

[618] U.S. General Accounting Office, GAO/NSIAD-88-5, *DoD Procurement: Multiyear and Annual Contract Costs 1* (1987).

[619] 國防產業（industrial base）指製造業，包括製造零組件之能力，特指國家遭遇緊急情況的產業動員之能力，DoD Regulation 5000.2-R, *Mandatory Procedures for Major Defense Acquisition Programs (MDAPs) and Major Automated Information System (MAIS) Acquisition Programs*, April 15, 2002 C2.9.1.4.4.1.; Ralph C. Nash, Jr., Steven L. Schooner, Karen R. O'Brien, *The Government Contracts Reference Book*, 299 (2nd ed. 1998).

[620] U.S. General Accounting Office, GAO/NSIAD-88-125, *Procurement: Multiyear Contracting and Its Impact on Investment Decisions 1* (1988).

[621] 該研究報告顯示：6 家得標廠商中之 2 家及 263 家分包廠商中之 213 家廠商表示，跨多年度預算之採購契約所產生之利益影響並促使其投資之決定。頁 17，*Ibid*。

[622] 頁 18，*Ibid*。

形[623]。

　　該研究報告另發現：機關固可於每年度採購契約中加列未來採購選擇權（options）條款[624]以延長採購之時限，產生跨年度採購之效果，但年度採購契約之得標廠商考量其未來之投資仍具有不確定性，即其投資未必能悉數回收，因而較不願投資於生產之設備及人力，然而跨多年度預算之採購契約則無此缺點，此正如國會之預期，該研究報告對於機關使用跨多年度預算之採購契約持正面及鼓勵之態度[625]。

三、美國國會2008年報告

　　有鑑於美國國防部每年以跨多年度預算採購契約採購之武器系統金額達 100 億美元，該契約固然可節省公帑，但亦可使政府預算產生排擠現象或喪失調整預算空間[626]，故總會計室於 2008 年再就美國國防部如何決定使用該契約採購，是否有檢討該契約之程序及該契約之成本效益等事宜進行評估，該報告無法檢視全部龐雜之跨多年度預算採購契約採購，僅能對最近才獲准使用該契約之 F-22 猛禽戰鬥機、V-22 魚鷹飛機及其他三項主要武器系統：C-17A 運輸機、F/A-18E/F 戰鬥機及阿帕契（Apache）長弓型直升機等案予以研析，以一般政府審計標準進行逐案檢視，要求必須要有足夠及妥適之證明方可獲得正確結論，俾能向國會報告[627]。

　　報告引用美國國防部所指出以跨多年度預算採購契約採購之武器系統確可節省公帑，自 1982 年至 2008 年 2 月之 26 年間，國防部共有 94 件採購案使用該契約，統計資料可分成二階級：1982 年至 1990 年及 1991 年至 2008 年兩部分，前者每一契約採購之平均品項為 252 件，與使用每年度預算契約之品項價格相比，可節省 10.7%[628]，而自 1991 年起平均品項為 140 件，與使用每年度預算契約之品項價格相比，可節省7.2%[629]。該統計數字顯示節省之比例出現下降之趨勢，此乃因 1991 年之前後法律要求不同所致，於是時之前，跨多年度預算之契約價金應較使用每年度預算契約之價金節省10% 以上，方可獲准使用該契約，而自 1991 年後採購機關如能預期取得「大量節省」（substantial savings），不再受節省 10% 以上之拘束，便得使用跨多年度預算契約，故

[623] Ibid.
[624] 有關選擇權條款之使用限制、招標文件及其與跨多年度預算之採購契約之差別等，見註 609。
[625] General Accounting Office, GAO/NSIAD-88-125, 同註 620, at 14.
[626] U.S. General Accounting Office, GAO-08-298, DOD's Practices and Processes for Multiyear Procurement Should Be Improved, Highlights (2008).
[627] 頁 2、33-4, Ibid。
[628] 1982 年至 1990 年之跨多年度預算採購契約與每年度預算契約之價格相較，可節省金額少於 5% 者共 3 件，節省 5%-10% 金額者共 16 件，節省 10%-15% 金額者共 27 件，節省 15% 金額以上者共 10 件。
[629] 1991 年至 2008 年之跨多年度預算採購契約與每年度預算契約之價格相較，可節省金額少於 5% 者共 7 件，節省 5%-10% 金額者共 19 件，節省 10%-15% 金額者共 8 件，節省 15% 金額以上者共 4 件。

節省之金額有下降趨勢[630]。

　　但該報告認為國防部對於跨多年度預算採購契約之實務及處理程序仍有諸多改進之空間。報告指出，機關必須保存充足及全盤之現時及過去資料方可獲得正確之統計結果，但美國國防部從未建立一套正式評估成本及履約資料之作業程序，國防部既不追蹤履約情況，亦不查證是否已達成節省公帑之結果，也不將所獲得之資訊與其他機關分享，縱有若干承辦採購 F/A-18E/F 戰鬥機之官員已盡力獲取成本及價格資料，以作為申請下次跨多年度預算之依據，彼等作法固屬正確，但與其他採購案之執行相較，究屬少數，例如 F-22A 戰鬥機採購案之各種資料便未被妥善蒐集及保存，以致於在進行進一步分析成本效益時困難重重[631]。

　　將履行跨多年度預算採購契約與每年度預算採購契約之成本相較，以計算出節省之成本，所涉之因素誠屬複雜，例如採購標的之現在價值（present value）與未來價值[632]之差別、契約價金因物價指數調整，而在實務中確有諸多的困難，例如：1. 採購機關於跨多年度預算採購契約履行時，要求廠商變更設計，或變更採購數量者，或要求變更人工率（labor rate），以致於廠商成本非但未減，反而增加者，F/A-18E/F 戰鬥機及阿帕契（Apache）長弓型直升機之採購案均屬此例，該等變更將使每年度預算採購契約成本產生如何之變化？甚難預估[633]；2. 缺乏能與跨多年度預算採購契約相比較之每年度採購契約，既然無每年度採購契約之成本資料或價格資料可供比較，也只能使用假設性之推估數字作為比較基礎；3. 機關未能妥善蒐集及保存各種成及價格資料，故不易分析履行跨多年度預算採購契約成本效益，F-22A 戰鬥機採購案便是一例。故總會計室 2008 年報告認為美國國防部所推估能節省之經費及節省之百分比例，其推估之方法及嚴謹度等均有可疑之處。

　　為求解決上述缺失，該報告建議下列事項：1. 美國國防部應改進並擴大對於跨多年度預算採購契約之行政指導，以利所屬機關判斷適用該契約之採購案作，並作為申請預算之依據；2. 美國國防部應建立由第三公共機構對於跨多年度預算採購契約進行成本資料查證及分析之程序；3. 美國國防部應建立可保存各種有關跨多年度預算採購契約紀錄之資料庫，以利監督及追蹤跨多年度預算武器系統之採購情形；4. 美國國防部應要求所屬機關於跨多年度預算採購武器系統之契約履行完成後，進行效益評估以判定是否達成預估之目標[634]。

---

[630] 頁 22-4，*Ibid*。

[631] 頁 25-6，*Ibid*。

[632] 指進行比較二種契約之價格，頁 13，*Ibid*。

[633] 頁 20，*Ibid*。

[634] 頁 29，*Ibid*。美國國防部於 2008 年 2 月 1 日針對總會計室所提出之四點建議，函覆稱：同意第 1 點建議；

綜合該報告內容，機關使用跨多年度預算採購契約可較使用每年度採購契約節省多少金額？必須要經過精細地計算，但在實務中常受不可預期因素之影響，計算實非易事，一般推估可節省之經費在 5% 至 10% 之間[635]。

第三款　法律分析

機關必須先申請並獲得跨多年度預算採購契約之預算，方可使該契約生效，故先研究美國及我國預算法制，再分析契約之相關法律問題，以探討該契約之合理性及在我國適用之可行性。

第一目　預算法制

一、美國聯邦政府

設計計畫預算制度（PPBS）係由蘭德公司（Rand Corporation）於 1950 年發展而成，由當時國防部長羅勃・麥納瑪拉（Robert McNamara）於 1960 年將之施行於美國國防部，其制度之主要目的係將有限之國防預算以最有效分配方法配置於軍事機關及作戰單位，以期將部隊、裝備及支援做最佳的結合[636]，也就是先確認任務需求，再將之與資源相配合，並轉化為預算方案由總統向國會提出，該制度可使決策者將國家戰略及目標轉化為長程施政計畫及設計指導等以利實施。

PPBS 之第 1 階段係設計（planning），國防部應檢視之前曾公布有關未來特定會計年度提前 2 年之設計指導（Planning Guidance），確認國家於未來 2 年至 20 年內將面臨之威脅，評估國家解決該威脅之能力，並建議應如何建立擊敗該威脅之軍事武力，國防部應於該階段完成「最終防衛設計指導」（Final Defense Planning Guidance, DPG），每 2 年公布 1 次。第 2 階段係計畫（programming），即應將資源的要求與預算限制進行最佳方式之配合，各軍事機關應將任務及目標、替代方案及最有效之資源配置以系統分析（systematic analysis）方式進行分析，並應完成「計畫決策備忘錄」（Program Decision Memorandum, PDM）。第 3 階段係預算（budgeting），當 PDM 完成後，即應

部分同意第 2 點建議，因國防部已設有查證及分析之機制；同意第 3 點建議；有關第 4 點建議：部分同意，但部分恐將窒礙難行，同意仍將評估跨多年度預算採購武器系統契約之效益，但因國防部受諸多不可預期及不確定因素之限制，並不易判定是否每一採購案件均達成預估之目標。總會計室則仍堅持其建議之合理性。頁 30-1、36-8，*Ibid.*

[635] Ronald O'Rourke, Moshe Schwartz, *Multiyear Procurement (MYP) and Block Buy Contracting in Defense Acquisition: Background and Issues for Congress*, Congress Research Service, 3 (2012).

[636] Dennis L. Phillips and Raymond M. Saunders, *Multiyear Contracts for Major Systems*, 22 Public Contract Law Journal, 164-5 (1992). DoD 7110-1M, *Department of Defense Budget Guidance Manual* (May 1990)：劉立倫，國防財力管理——PPB 制度基礎的財務資源管理，2000 年，頁 123-131。

展開預算作業，各軍事機關應將精算之概估預算於每年 9 月向國防部部長辦公室提出報告，經由部長所屬之幕僚機關檢視及部長核准後，送入國會審議[637]。由於當時詹森總統（Lyndon B. Johnson）對於國防部以量化基礎管理國防事務甚為滿意，遂訓令聯邦政府的其他 21 部會必須於 1965 年 8 月 25 日前全面實施[638]。但因長期目標擬定與計畫方案提報之作業繁重，執行結果並不圓滿，於 1971 年不再採行，然設計計畫預算制度之理念仍在其後所推行之「零基預算」（Zero-Base Budgeting, ZBB）及「政府績效及成果法」（Government Performance and Results Act, GPRA）出現[639]。

二、我國

　　我國在民國五〇、六〇年代即依據 PPBS 之設計引進中長程計畫預算的概念，於編製 58 年度中央政府總預算案時，即以該年度預算案為基準，推估未來 3 年財政趨勢，編具「中央政府預算收支四年概算總表」作為總預算案之參考表，後因推估數字流於形式未生實效，自 69 年度宣告結束，後為促使經濟自由化於 81 年 3 月展開新一波有關中長程計畫預算制度之推動，自 85 年度起政府開始試辦推估 5 年之中程概算規劃，行政院於 87 年 6 月訂頒「中程計畫預算作業制度推動方案」分行各有關機關據以實施，復於 90 年 5 月訂頒「中華民國 91 年度中央政府總預算編製辦法」及「行政院所屬各機關施政績效評估要點」等，從計畫之制訂與審議、預算資源之估測與分配、執行績效之考核等均有所依循，現行中央政府總預算中程計畫預算作業程序即係以此作為依據[640]。

第二目　美國聯邦政府跨多年度預算採購契約之分析

一、使用規定

　　美國聯邦獲得規則（FAR）17.105-1 依據 41 U.S.C. § 254c(a) 及 10 U.S.C. § 2306b(a) 之規定，將跨多年度預算採購契約之使用規定明列如下：

(a) 除國防部、太空總署（NASA）及海岸巡防署（Coast Guard）外，如採購機關首長認定有符合下列情形者，採購人員得與廠商訂立跨多年度預算採購契約：

---

[637] Phillips and Saunders, *Multiyear Contracts*，同註 636，頁 164-8。

[638] 劉立倫，國防財力管理，同註 636，頁 124。

[639] 李佩華，建立政事型特種基金，同註 617，頁 3；目前美國國防部之預算作業係依據 DoD Financial Management Regulation 7000.14-R, Volume 2A, 2B（2008），網址：http://comptroller.defense.gov/fmr/，查詢日期：2012 年 7 月 30 日，亦可見到濃厚的 PPBS 色彩。

[640] 李佩華，建立政事型特種基金，同註 617，頁 12-4。

(1) 機關對於財物及勞務有穩固之需求且該需求將持續超過契約期間。

(2) 機關提倡以充分且公開之競爭方法或以促進行政、履行及推展機關計畫之經濟效益，可使美國獲得最大利益者。

(b) 國防部、太空總署及海岸巡防署所屬之採購機關首長認定有符合下列情形者，採購人員得與廠商訂立跨多年度預算採購財物之契約：

(1) 如使用跨多年度預算採購契約，將自履行每年度採購契約中大量節省（substantial savings）預估之成本。

(2) 如減少待採購財物之採購，減量採購財物後之生產率、採購率（procurement rate）及總量，於預定契約期間內並未實質改變。

(3) 待採購財物具備穩定之設計，且該財物所涉之技術風險不得過高。

(4) 如使用跨多年度預算採購契約，機關首長可合理期待將獲得契約之預算並可避免契約被解除。

(5) 如使用跨多年度預算採購契約，對於契約成本及可避免成本之預估係實際可行。

(c) 跨多年度預算採購契約得用於採購財物及勞務。

(d) 如預算不能支援第一年以後之需要，採購機關應解除（cancel）該契約。

FAR 並未規定勞務之種類及範圍，然 10 U.S.C. § 2306C(b) 及國防聯邦獲得規則補充（DFARS）217.171 則明確規範如下：

(1) 設施及裝備之操作、保養及支援。

(2) 飛機、船舶、車輛及其他高度複雜軍事裝備之保養或修改。

(3) 要求高品質教導技能之專業訓練（例如飛行員及機組人員之訓練或外語訓練）。

(4) 基地所需之勞務（例如地面維護、飛機加油、交通車運輸及垃圾之集中及處理）。

(5) 為下列所實施環境整治之勞務：

　(i) 現役之軍事設施。

　(ii) 依據 10 U.S.C. § 2667(h)(2) 之規定，關閉或重新調整軍事設施。

　(iii) 國防部曾經使用之場地。

國會總會計室曾對 FAR 17.105-1 所列之使用規定發布諸多的檢討報告，國會審計長亦有若干決定，該等報告及決定對於影響跨多年度預算採購契約之執行甚巨，頗具參考價值，分述如下。

㈠節省預估之成本

FAR 17.105-1(b)(1) 條文要求聯邦政府中的國防部、太空總署、海岸巡防署等機關「如使用跨多年度預算採購契約,將自履行每年度採購契約中大量節省預估之成本」,然其他機關則不受此限制,何謂「大量節省」?法令並無規定,但總會計室於 1985 年之報告[641]中指出,機關於決定是否使用跨多年度預算採購契約之前,應先考慮如使用該契約採購財物或勞務,該契約為政府帶來之利益(節省成本)高於不利益(增加政府的風險及其他不確定之因素)時,機關方得使用之,即機關應衡量利益及不利益之幅度,再決定是否使用該契約。如果機關認定使用該契約辦理採購,不論政府之需求、預算或標的物之設計均具備穩定性,且對預估之成本亦具信心,則可節省成本,但其幅度將有限;相反地,如果機關認定如使用該契約辦理採購,不論政府之需求、預算或標的物之設計均缺乏穩定性,且預估之成本亦缺乏足夠之佐證資料,則不可預估如使用該契約能節省大幅度之成本。總而言之,機關應考量的因素包括:成本預估之可靠性、需求之穩定性、預算之穩定性及標的物設計之穩定性等[642]。

美國國會亦未明確指示何謂「大量節省」[643],但對於不能大量節省預估成本之跨多年度預算採購契約則不核准其預算,例如美國海軍於 1985 年申請國會同意其以該契約採購 P-3C 巡邏機之預算,海軍預估使用該契約採購可較使用每年度採購契約節省 5.5% 之經費[644],國會認為該節省之百分比相對過低,因此禁止海軍以該契約辦理採購;但同年陸軍欲採購布萊德利裝甲車(Bradley fighting vehicle)傳動系統及 M1A1 戰車機殼,預估使用該契約採購可分別節省 8.9% 及 9.5% 之經費,結果均獲得國會准許以該契約辦理採購[645]。

國會總會計室曾屢次報告:跨多年度預算採購契約之得標廠商以分包方式履約,並不會導致廠商間競爭受限制,然卻可有效降低契約價金,依據總會計室於 1988 年之報告,71% 受訪之分包廠商認為參與跨多年度預算採購契約之競爭程度與每年度預算採購契約相較並未減少,即便得標廠商以非競標方式將採購契約以協商方法分包予其他廠商,86% 受訪之分包廠商願與得標廠商以協商方式簽訂分包契約,協商方式可使分包契約之價格較原投標價減少約 11%,亦可增進產品效能,提高產品可靠度,並確保依時程交付之能力,故得標廠商以協商方式簽訂分包契約亦可提升得標廠商之協商籌碼;95%

---

[641] U.S. Comptroller General Report, *Procurement Analysis of DOD's Fiscal Year 1986 Multiyear Candidates*, GAO/NSIAD-86-1, Nov. 1985.

[642] 頁 6,*Ibid*。

[643] John Cibinic, Jr., Ralph C. Nash, Jr. *Formation of Government Contracts*, 1220 (1998).

[644] Comptroller General Report, *Procurement Analysis*, 同註 641, 頁 3。

[645] Department of Defense Authorization Act, 1986, Public Law No: 99-145, Title I: Procurement - Part A: Funding.

受訪之分包廠商願意接受對得標廠商有利之條件下參與分包契約，因彼等認為參與跨多年度預算採購契約可降低資本投資之風險，亦較可回收從事生產之起動成本，同時擴大參與大型採購案件之能力[646]。FAR 17.106-3(a)(1) 規定：為增廣國防產業之基礎，機關應要求得標廠商應盡可能與分包廠商、供應商及出賣人使用跨多年度預算採購契約。

㈡五年期間之限制

　　FAR 17.103 依據 41 U.S.C. § 254c(d) 及 10 U.S.C. § 2306b(i) 之規定，跨多年度預算採購契約之使用不得超過 5 年，所以機關行使契約規定之未來採購選擇權條款，要求廠商於契約生效後第 6 年或第 7 年交付採購之標的，審計長認為該行為已違反法律規定[647]，但三軍採購申訴審議委員會（Armed Services Board of Contract Appeals, ASBCA）於審查其後之申訴案件中，已逐漸放寬認定標準，例如於 Freightliner Corp., ASBCA. 42982, 94-1 BCA ¶ 26,538 案中，機關於契約規定之第 5 年行使選擇權條款，要求廠商於第 6 年交付採購之標的物，而第 6 年之預算已獲准動支，該委員會判斷機關之行為並未違法；同理，於 Cessna Aircraft Co., ASBCA. 43196, 93-3 BCA ¶ 25,912 案中，機關於契約規定之第 5 年行使選擇權條款，要求廠商於第 6 年至第 8 年交付勞務，亦未違法。由上列三案可知審計長採取較為嚴格之態度，然三軍採購申訴審議委員會則認為若機關已獲得國會通過之預算，縱使因行使選擇權條款要求廠商於第六年以後繼續履行契約，並未損害國家或廠商利益，而採取較具彈性之見解，不能謂無見地。

㈢通知國會之義務

　　FAR 要求機關使用跨多年度預算採購契約中之解除契約賠償額上限逾一定金額時，機關首長應即通知國會，自通知之日起 30 日內不得決標；國防部、太空總署、海岸巡防署之解除契約賠償額上限為美元 1 億 1,450 萬，其他聯邦機關為 1,150 萬時，首長應即通知國會[648]。

二、契約之訂定

　　由於跨多年度預算採購契約係非常複雜之契約，機關必須於決標前謹慎安排採購措施，以利機關及廠商充分了解彼此權利及義務，以下先就機關於決標前應考量或遵守之事項予以分析[649]。

[646] Comptroller General Report, *Procurement Multiyear Contracting and Its Impact on Investment Decision*, GAO/NSIAD-88-125, Nov. 1988 at 42；Comptroller General Report, *Procurement Analysis*，同註 641，頁 13。

[647] *Multiple Launch Rocket Sys. Multiyear Contract*, 64 Comp. Gen. 163 (B-215825) (1984).

[648] FAR 17.108.

[649] Cibinic & Nash, *Formation of Government Contracts*，同註 643，頁 1222。

㈠分擔廠商的風險

　　跨多年度預算採購契約可使用各種計價方式，包括成本償還性型及固定價金型[650]等，其中以固定價金型最爲普遍，廠商於履行該契約之初便投入許多「非重現成本」（nonrecurring costs），該成本雖係於履約之初便陸續支付，但應屬平均分擔於契約第 2 年至第 5 年期間之成本，廠商於機關不能履行契約第 2 年至第 5 年期間之義務時，得向機關請求償還此費用，FAR 17.103 將非重現成本定義如下[651]：

　　非重現成本一般係指基於一次性爲基礎之支出，且包括如工廠或儀器之搬遷、工廠重新排列、特殊工具及特殊測試儀器、預生產之工程、初期瑕疵製品及重作（initial spoilage and rework）及特殊工作能力之訓練。

　　FAR 17.106-1(2) 進一步指出非重現成本尚包括：試運行、可分配之購買或建置設施之成本、裝配訓練之成本、特別專家來往工作地點之成本及未實現之勞動學習（unrealized labor learning）之成本。但上列成本不應包括任何人工或物料之成本或其他支出之費用（上列之成本不在此限）。

　　如廠商接受機關通知：機關無預算可供廠商履行契約規定之任何年度的工作，或機關雖已獲得預算，但並未通知廠商，則廠商得請求機關負損害賠償責任，賠償之範圍包括廠商及其分包廠商已支付之成本、可分攤至契約尚未履行之各年度的非重現成本，並可請求該等成本之利潤[652]。FAR 17.109(b) 另規定跨多年度預算採購契約亦適用經濟價格調整（Economic price adjustment clauses）之條款，而 FAR 17.106-1(b) 則要求機關於使用履約期間長之跨多年度預算採購契約時，應考慮將經濟價格調整之條款列入契約中，以利廠商在機關行使契約變更（changes）之要求及遇有不可抗力事變時，確保廠商可請求人力及物力之成本等[653]。總而言之，跨多年度預算採購契約使政府分擔廠商的風險，

---

[650] 參見註 605 及其隨附之本文。

[651] 「非重現成本」，簡言之，係指廠商已支付且未來不能再支付之成本，參看 Nash, Schooner, & Brien, *The Government Contracts Reference Book*，同註 619，頁 367。

[652] FAR 17.109 (a); 52.217-2. 工程採購契約範本第 21 條、財物採購契約範本第 17 條、勞務採購契約範本第 16 條均有相同規定。

[653] 「經濟價格調整」（economic price adjustment）亦稱 escalation，依據 FAR 16.203-1 之規定，係指於固定價金型契約（Fixed-Price Contracts）中規定若特定事由發生時，契約價金應即向上或向下調整之約定。價金可依廠商實支成本或人工及物料成本之指數（indexes）作爲調整之依據。FAR 16.203-2 另規定機關認爲於未來履約過程中，市場及人工狀況可能有不穩定情形時，或有必要將契約內特定項目依經濟價格調整公式特別予以規定時，均得於契約內規定經濟價格調整之條款（我國工程採購契約範本第五條契約價金之給付條件㈠7 規定契約價金調整時應註明之事項有相同規定），如因政府行爲致廠商生產或履約產生遲延而增加成本時，廠商亦得依契約內經濟價格調整條款之規定請求給付其增加之成本。詳見唐克光，政府採購契約中價金之調整——美國聯邦政府採購及我國法制之比較研究，軍法專刊，第 57 卷第 5 期，2011 年，頁 93-117。

增加廠商參與採購案之意願。

(二)確保政府採購之彈性

　　機關於簽訂跨多年度預算採購契約後，對於第 2 年以後之需求可能因各種因素致使採購數量改變，如採購數量較原契約規定者減少，則廠商可依「機關基於公益理由為終止契約」（Termination for the Convenience of the Government）條款，請求被終止部分之成本及利潤[654]，而如採購數量較原契約規定者增加時，應如何增加價款？FAR 17.107規定：

> 於跨多年度預算採購契約加列選擇權（options）條款可產生利益，如機關加列選擇權條款，應依 FAR 17.2 之規定辦理。選擇權條款不得包括分攤至第 1 年以後各年度之工廠及設備費用，亦不得包括已於契約中規定之其他非重現成本。

　　故機關有決定是否加列選擇權條款之權利[655]。機關不得於賠償廠商損失時，將廠商的非重現成本重複計算而重複賠償。而跨多年度預算採購契約中所列之每一年度均可適用選擇權條款，機關依約於當年度使用選擇權並要求廠商於次年交貨並無不可，例如機關於契約規定之第 5 年行使選擇權條款，要求廠商於第 6 年交付採購之標的物之作法[656]，並未違法。

　　廠商於投標文件中所列之選擇權條款包括選擇權之價格等，各機關通常並不將之列為評選項目，如評選項目不包括選擇權條款，則機關應於招標文件中載明[657]。

(三)競爭之要求

　　機關於訂定跨多年度預算採購契約時，應考慮採購案之各種因素，選擇適用秘密投標、二階段投標或協商方法訂約[658]，例如機關於採購電話勞務時使用該契約，以競標方式決標，契約期間為 3 年，後機關於採購相同勞務時仍使用該契約，契約期間 5 年，卻不以競標方式決標，顯非適法[659]。上述秘密投標、二階段投標或協商等三種方法皆根源於競爭機制，然機關可否具備正當理由而不以競爭之方式簽訂該契約[660]？在 *Lear Siegler Inc.*, Comp. Gen. Dec. B-209524, 83-2 CPD ¶ 285 案中，機關急需 F-16 戰鬥機油箱，

---

[654] 工程採購契約範本第 21 條、財物採購契約範本第 17 條、勞務採購契約範本第 16 條均有相同規定。

[655] *Kings Point Mfg. Co.*, Comp. Gen. Dec. B-220224, 85-2 CPD ¶ 680；Cibinic & Nash, *Formation of Government Contracts*，同註 643，頁 1222。

[656] *Freightliner Corp.*, ASBCA, 42982, 94-1 BCA ¶ 26,538.

[657] FAR 17.208(a); 52.217-3.

[658] FAR 17.106(a).

[659] *Rolm Intermountain Corp.*, Comp. Gen. Dec. B-206327.4, 82-2 CPD ¶ 564.

[660] 例如我國政府採購法第 22 條規定之限制性招標。

採購數量有限，僅有一家廠商可製作該油箱，機關採限制性招標方式簽訂跨多年度預算採購契約，除採購油箱外另採購其他非急需之財物，審計長認爲機關緊急時固得採限制性招標並使用該契約，但不得將非急需之其他財物併同辦理採購。又機關招標文件中使用跨多年度預算採購契約，廠商於投標後，機關認爲廠商間競爭不足，於是廢標並重新招標，審計長判斷機關之行爲並未違法[661]。

㈣投標文件之審查

機關於招標文件中規定使用跨多年度預算採購契約時，機關應以廠商所報單一年度之價格，抑或以跨多年度預算之價格作爲評比基礎？如機關採取逐年採購之方式，機關可否要求廠商於投標文件中載明單一年度之行政成本，以作爲評比基礎？又廠商所報之跨多年度預算採購之單價較逐年採購之單價高時，機關是否應決標？FAR 17.106-2「招標文件」對此有明確之規定：

跨多年度預算採購契約之招標文件，應反映一切評選之項目，包括下列情形：
(a) 一切要求，以財物或勞務爲項目，包括：
　　(1) 第 1 個計畫年度；及
　　(2) 跨多年度預算採購契約，含每一計畫年度之要求。
(b) 機關應載明：用以比較廠商所投第 1 個計畫年度的最低標評選標準至跨多年度的最低標評選標準。
(c) 機關應載明：如政府於決標前決定，僅需要評選第 1 個計畫年度之各種要求，則政府應僅考慮第 1 個計畫年度的價格或預估成本及費用之評估。
(d) 機關應載明：每一個計畫年度解除契約之賠償額上限（以百分比或美元計算）及適用於每一個計畫年度的與解除契約相關之日期（見 17.106-1(c)[662]，(d)）。
(e) 機關應載明：如廠商於投標文件所載之內容低於第一個計畫年度之要求，則機關應不予決標。
(f) 如廠商可合理地確定政府於辦理逐年度採購的行政成本，且機關已於招標文件中載明者，則該行政成本得被列爲評選之項目。
(g) 解除契約之賠償額上限不得列爲評選之項目。

機關以廠商投標文件所載之跨多年度預算採購時之價格，或以單一年度採購時之價

---

[661] *JRW Management Co.*, Comp. Gen. Dec. B-260396.2, 95-1 CPD ¶ 276. 我國政府採購法第 48 條第 1 項規定：「有三家以上合格廠商投標，即應依招標文件所定時間開標決標」，該條文可維持廠商間之競爭。
[662] FAR 17.106-1(c)(3)：機關應確定下列有關解除契約之日期：每一計畫年度內與生產交貨期相關之要求日期，及機關可確定獲得因而所需預算之日期。機關得於時程表內載明上列日期。

格作爲評選基礎，並判定最低標以作爲決標之標準，二種評選方式皆符合招標文件之要求，故機關將單一年度之價格作爲決標基礎，機關作法並無不當[663]。但機關可否將單一年度之價格與跨多年度之價格相較，以決定何者對政府最有利？在 *Mil-Tech Sys.*, Comp. Gen. Dec. B-212385.4, 84-1 CPD ¶ 632 案中，美國陸軍採購通訊天線，於招標文件中敘明機關有二種選項：選項 A，單一年度採購量爲 6,200 具；選項 B，跨多年度採購量爲 9,200 具，投標廠商應分別報價，並由機關決定何者爲最低價，由最低價廠商得標，機關經比較廠商投標文件後，決定於單一年度採購 6,200 具，並宣佈決標，機關認爲廠商對跨多年度採購量所報之價格，對政府並未有節省成本之效果，因此不採用選項 B 以採購天線，即機關將廠商所報單一年度之價格與跨多年度採購量所報之價格相比較，以作爲評選基礎，審計長認爲機關作法並無不當。

　　若機關決定使用跨多年度預算採購契約時，第 1 年度採購之最低標廠商 A 與跨多年度採購之最低標廠商 B 係不同廠商，則機關究應決標予 A 或 B 廠商？在 43 Comp. Gen. 215（B-152286）（1963）案中，審計長認爲跨多年度預算採購契約與附選擇權之契約不同，機關既決定使用跨多年度預算採購契約，則負有義務採購 3 年之數量，故機關決標予跨多年度採購之最低標廠商，而非第 1 年度採購之最低標廠商，並無不當。在 *Engineered Air Sys., Inc.*, Comp. Gen. Dec. B-220392.4, 86-2 CPD ¶ 43 案中，審計長認爲機關在計算廠商所報第五計畫年度之價格時，將通貨膨脹因素列入計算之作法並無不當，故機關在計算廠商所報未來計畫年度之價格時，應將各種影響的因素列入計算[664]。

㈤ **採取同等單項價格法之可行性**

　　機關決定使用跨多年度預算採購契約時，廠商應報跨多年度預算採購時之價格，亦應報單一年度採購時之價格，有鑑於機關於評定廠商所報價格之困難性，FAR 17.106-3(g) 對於同等單項價格法（Level unit prices）規定如下：

> 同等單項價格法。機關依據跨多年度預算採購契約之程序將部分成本分攤於全部標的之數量致使全部採購之財物或勞務的單項均屬相同（同等）價格（但機關使用經濟價格調整之條款時除外）。如同等單項價格法不符合政府利益，機關於已有合法評定廠商投標文件方法之情況下，其首長得准許使用可變量（variable）之單項價格法進行評定。

　　故機關得要求廠商於參與跨多年度預算採購案時，投標文件中應報之價格依招標文件之規定，使用同等單項價格法或可變量單項價格法辦理評比。同等單項價格法之優點

---

[663] *VBM Corp.*, Comp. Gen. Dec. B-182225, 75-1 CPD ¶ 130.

[664] Cibinic & Nash, *Formation of Government Contracts*，同註 643，頁 1222。

在於簡化廠商所報於數計畫年度中價格不一致的情形，所以機關很容易判斷各廠商所報價格之高低，但該方法有其缺點，最嚴重之缺點是增加廠商財務風險，蓋廠商對於契約前期之成本，例如啟動成本及學習成本等，難以精確掌握，而該等成本必須分攤於全部標的，可能致使廠商承擔較高之風險。另一缺點是由於廠商難以精確掌握若干成本，廠商希望將該等成本列為機關應賠償之範圍，而導致機關與廠商協商因解除契約賠償責任之上限時常遭遇重重困難[665]。

機關得於同一採購案件中，要求廠商於投標文件內分別以同等單項價格法或可變量單項價格法報價，例如在 *Keco Indus., Inc.*, Comp. Gen. 48 (B-216396.2), 84-2 CPD ¶ 491 案中，美國陸軍要求廠商於投標時，對於跨多年度預算採購之冷氣機應以同等單項價格法報價，而對於以加列選擇權採購之冷氣機則應以可變量單項價格法報價，蓋以選擇權採購之價金並不屬於「非重現成本」（nonrecurring costs），故不以同等單項價格法計算，審計長認為美國陸軍在招標文件之要求並無不當。

美國陸軍於招標文件中曾要求廠商應於量產冷氣機前，製造二台先導型（preproduction）冷氣機以供驗證，該二台冷氣機應以同等單項價格法報價，然最低標廠商並未依此規定，而獨立載明價格，次低標廠商主張其投標不符招標規定，應為無效標，因而提出申訴，審計長認為最低標廠商雖未依此規定而獨立載明價格，但並不致於對其他競標廠商造成損害，況且若最低標廠商將該二台冷氣機改以同等單項價格法報價僅增加 27,100 美元，與二廠商總報價之差額共 617,883 元相較，顯係微量（*de minimis*），因此申訴無理由。本案對於廠商偶有誤用同等單項價格法或可變量單項價格法之情形，提供應否決標於該廠商之判斷標準[666]。本案陸軍規定廠商應將先導型的二台冷氣機以同等單項價格法報價，似將之歸屬於非重現成本之範圍，即先導型產品係為量產而預作生產及測試，其本質屬於非重現成本，審計長並未反對採購機關的作法。

(六)**對未來採購之影響**

採購機關得否於第 1 個計畫年度內為次年度之採購標的付款？如機關基於公益理由或因其他事由終止契約，賠償責任之範圍如何？FAR 17.106-1(g)(h) 規定如下：

(g) 付款限制。採購機關應將政府之給付責任限於為履約所需之金額，機關應於決標時將第 1 個計畫年度內所需之金額填入契約內，並於獲得次年度及其以後年度預算時，修正應給付之金額。

(h) 終止契約之付款。如政府因不可歸責於廠商之事由終止全部契約，包括符合解除（cancellation）契約之要件，政府給付責任不應超過契約規定之責任

---

[665] *Ibid*, at 1228.
[666] *Ibid*, at 1229.

表中已履約之部分，及政府解除契約責任上限之總額。

故機關若未獲得足夠預算以採購選擇權所適用之標的，自不得行使未來採購選擇權。在 *Cessna Aircraft Co.*, ASBCA. 43196, 93-3 BCA ¶ 25,912 案中，機關於訂立並履行跨多年度預算勞務採購契約的第 5 計畫年度結束前，行使未來 3 年的採購選擇權，但僅獲得未來第 1 年度所需之預算，即第 2、3 年度之預算尚未獲得，採購申訴審議委員會認為機關之作法實質上已將跨多年度預算採購契約延長 3 年，符合 10 U.S.C. § 2306(g) 規定，因此並無不當。

三、終止或解除契約

若機關於跨多年度預算採購契約期間終止[667]或解除該契約[668]，則政府之賠償責任涉及諸多重要的法律問題，頗值分析及研究，以下分別就終止及解除契約分析之。

㈠終止契約

政府基於公益理由終止契約將造成廠商損失，應負賠償責任，廠商得請求 1. 直接成本，包括人工成本、物料成本及其他直接成本。2. 間接成本，凡不能直接歸屬於某一人工或物料之成本，均屬之。3. 利潤之損失。成本必須是可被允許之成本（allowable costs）[669]。其中 1. 直接成本中人工成本係指：廠商證明其支付人工之成本，包括按時給付之費率（total hourly rates of payment）、投入工作之總時數、超時工資、休假工資、失業保險、一般事故責任保險及其他與工時有直接關連性之成本等[670]。而物料成本：廠商對於其所支付之物料均應保存其成本資料，FAR 31.205-26(d) 規定，若物料係由存貨中逕行發出，則任何為一般所認可且適合之計價方式，均可適用之。但以該計價結果係屬公平合理者為限。其他直接成本常發生於廠商必須履行原契約規定外之工作，即契約

---

[667] 政府基於公益理由終止契約（Termination for convenience of the Government），則政府應賠償廠商已完成財物或勞務部分之成本及利潤，即契約價格，對於廠商正履行被終止之部分，政府應賠償廠商成本，FAR 對於廠商成本係採取寬鬆之規定，包括可分攤之起初成本（initial cost）、預備性之支出（preparatory expense），為解決終止之申請所支出的費用，包括會計、法律、文書及其他為準備終止契約或資料蒐集之費用，倉儲、運送被終止標的物之費用及其他支出；各項成本之計算應依 FAR 第 32 章成本原則及程序（cost principles and procedures）辦理。FAR 52.249-2.

[668] 政府解除（cancellation）契約係指政府於簽訂跨多年度採購契約後，解除第 1 計畫年度以外之年度的一切財物或勞務需求。FAR 52.217-2(a). 政府終止契約及解除契約之區別，見後註 680-683 及其隨附之本文。

[669] FAR 31.201-2「決定成本之可被允許性」（Determining allowability）規定：(a) 可被允許之成本應符合下列各款要求：(1) 合理性。(2) 可分攤性（Allocability）。(3) 以適用由成本會計準則委員會發布之標準為原則，否則應適用符合各種情況且為一般所接受之會計原則及實務。(4) 契約條款。(5) 任何依據本節規定之限制。

[670] John Cibinic, Jr., Herman M. Braude, *COST RECOVERY AND MAJOR PRICING ELEMENTS in Construction Contracting*, 717 (1993).

變更之工作，或機關之行為致廠商遭受遲延損害時，因而所支付之人工及物料成本。例如：支付混凝土、油料、供防護物料使用之聚乙烯布料、處理發掘物、維修柵欄等費用，皆得向機關請求返還。2. 間接成本，因可歸責於機關之事由致使廠商之生產或履約發生終止情事，因而增加成本之支出，例如：折舊、工廠維護、暖氣、燈光成本應依一般正常使用率計算，廠商皆得請求此等費用之給付。3. 利潤之損失：FAR 52.249-2(f)(2)(iii) 規定廠商因政府行為致增加成本支出時，可請已完成財物或勞務部分之利潤，FAR 15.404-4(d) 規定採購機關於分析廠商應得之利潤時，應考慮的一般因素包括：1. 廠商努力程度（獲得物料的能力、將原物料製成契約品項之直接人工的能力、與製程相關的間接成本、一般及行政費用之支出等）；2. 廠商承擔契約成本危險的程度，如採購契約係確定固定價金型契約，則廠商承擔最大的成本危險；3. 廠商參與聯邦社會經濟計畫之程度，例如對受傷退役軍人、小型企業、婦女創立之小型企業、節約能源之參與程度；4. 資本投資情形；5. 成本控制及其他過去成就，獨立發展情形，即廠商過去是否接受政府資金以完成契約品項。

㈡解除契約

　1. 應賠償的成本

　10 U.S.C. § 2306b(c) 規定：跨多年度預算採購契約內應包含解除契約條款，「該解除契約條款得包括與廠商依約應交付之產品相關的重現及非重現成本（recurring and non recurring costs）」，FAR 52.217-2 規定該契約中之解除契約條款內容，其中 (f)、(g) 二項明確指出政府應賠償的成本種類：

　(f) 廠商請求賠償之範圍包括：

　　(1) 合理的非重現成本（參看聯邦獲得規則第 15.8 章），該成本適用且可分攤於契約所規定之財物或勞務。

　　(2) 可分攤於為履約而獲得或建置之設施成本，但以廠商依商業習慣使用該設施從事商業工作者為限，且該成本不得為契約之間接費用（overhead）[671]或折舊費用（depreciated）。

---

[671] "overhead" 亦稱間接成本或製造費用，龔毓聊譯，會計辭典，初版，1980 年，頁 265。間接成本係指投入是指除直接投入該履約工作以外之任何成本，即同時履行兩個以上成本目標所支出的成本，故凡不能直接歸屬或立即被辨認為屬於某一物料或勞務之成本均屬之。簡言之，間接成本係支援主要成本（直接成本）之工作，且不能將之直接歸屬於單一契約者。直接成本加間接成本之和便是全部成本。間接成本並不能直接推算至個別成本單位，故應先以合於邏輯的方式彙集至間接成本庫（pool），然後再分攤（allocate）於各個成本目標。廠商彙集間接成本至帳目聚散中心之方式應符合邏輯的要求，然其方式則無限制，較常見的彙集可分為：物料（material）、工程（engineering）、製造（manufacturing）等間接製造成本（overhead）、一般及行政支出（general and administrative expenses, G&A）等四種。唐克光，論成本計價型契約中成本及利潤之協商──以美國聯邦政府採購為例，軍法專刊，第 52

(3) 為支付組裝、訓練及載運專業人員往返於工作地點之運輸成本。

(4) 因解除契約而排除廠商或分包廠商可期待利益，以致不能分攤的成本。

(g)廠商請求賠償之範圍不得包括：

(1) 廠商或分包廠商履行被解除工作所支付之人力、物料或其他費用。

(2) 已支付廠商之任何成本。

(3) 對於被解除工作的期待利益或尚未收取之費用。

(4) 勞務契約中商業性剩餘可用之設備年限（the remaining useful commercial life of facilities），商業性可用之年限（useful commercial life）係指考量設備之地點、特殊性、及過時性等因素之商業效用，並非指該等設備之物理年限。

FAR 52.217-2 顯以寬鬆的立法意旨界定廠商的損害賠償請求權範圍，惟損害賠償請求權範圍是否包含 10 U.S.C. § 2306b(c) 之「重現成本」？ FAR 52.217-2 條文中雖未見此規定，然 FAR 17. 106-3(e) 則有下列之規範：「將重現成本列入政府解除契約損害賠償額上限，係屬通常採購契約財務之例外安排，必須經由機關首長核准方得實施。」故損害賠償請求權範圍原則上並不包括廠商尚未進行生產之人工及物料[672]。

三軍採購申訴審議委員會於實務中，對於廠商損害賠償請求權範圍亦採取寬鬆解釋，例如於 *Continental Elecs. Mfg. Co.,* ASBCA. 14749, 71-2 BCA ¶ 9108 案中[673]，委員會認為機關應賠償廠商之損害包括：(1) 以學習曲線[674]計算之成本（較契約中該品項項成本高）；(2) 先導型產品之成本（較契約訂定之品項價格高）；(3) 機關解除契約後所支付之工程成本。

2. 上限之計算

FAR 17.106-1(c)(1) 規定，機關於第 1 年度履約期間不得解除契約，並應為剩餘之每一年度訂立損害賠償額上限，該賠償額上限須因廠商逐年交付標的之比例而逐年下降。機關應於招標文件中載明各年度之損害賠償額上限，以利競標廠商知悉[675]。

機關應以一般（average）廠商及分包廠商將支付之非重現成本分攤至契約期限內之

卷第 5 期，2006 年，頁 14-46。
[672] 重現成本之定義，見 FAR 17.103。
[673] 摘自 Cibinic & Nash, *Formation of Government Contracts*，同註 643，頁 1233。
[674] 所謂「學習曲線」，是指用以計算當廠商重複地完成某一項產品時，所需的時間及物料等數量的一種方法。廠商所耗費之時間及物料會隨著產品生產數量的增加而逐漸減少，然後會趨於穩定，故亦可稱之為「進步曲線」（improvement curve）。Nash, Schooner, & Brien, *The Government Contracts Reference Book*，同註 619，頁 324。
[675] FAR 17.106-2(d)。

各年度，以計算出損害賠償額上限之數額[676]，但不得包含任何於次年度以後爲履約所需之人力或物料成本或其他支出（但 FAR 17.106-1(c)(2) 所列之非重現成本不在此限）[677]；機關認有必要得於發出招標文件後修正損害賠償額上限之數額，如機關以秘密標進行採購，則修正之行爲應於開標前爲之；如機關以協商方式進行採購，則修正之行爲應於與廠商最後一次協商前及決標前爲之[678]。

損害賠償額上限條款之最主要目的是賠償廠商未分攤之非重現成本，即廠商之非重現成本有可能未被分攤、計算，該條款係用以保護廠商可能支出之未被分攤的非重現成本，機關訂立上限之數額不得過低，於 *Applied Devices Corp. v. United States*, 219 Ct. Cl. 109, 591 F.2d 635（1979）案中，法院逕行提高上限之數額至合理程度以免廠商權利受損，但如跨多年度採購之財物係一般標準型商品，廠商並無非重現成本分之支出，則採購機關於招標文件中未訂定損害賠償額上限條款，審計長認爲並無不當[679]。

3. 政府因故未能採購全部品項

機關僅在「未能獲得預算」或未能將此情形通知廠商時方得解除契約[680]，而若機關因其他因素不能採購全部之財物或勞務時，則廠商得依約終止該契約並請求損害賠償，與解除契約的損害賠償額上限無關；又政府終止契約及解除契約之間的差異，前者可適用於任何採購契約，包括跨多年度預算之採購契約，機關得於契約期間終止契約之全部或一部，而解除契約僅可於會計年度之間適用，機關得解除計畫年度以後之全部數量[681]。

若機關僅獲第 2 及第 3 計畫年度內部分標的之預算，不克採購全部標的，則機關應負終止契約之責任，不適用解除契約的損害賠償額上限之條款[682]。又若機關對於已訂約採購之標的未獲得足夠預算，而且也不再有需求，卻另行採購相似之勞務或財物，則機關應負終止該契約損害賠償之責任？抑爲解除契約的損害賠償額上限之責任？在 *Varo, Inc.*, ASBCA. 13739, 70-1 BCA ¶ 8099 案中，採購申訴審議委員會經審關於該跨多年度預算採購契約之文件後，認爲機關既已簽訂跨多年度預算契約，自有採購全部標的之義務，機關於本案中另行採購相似之勞務或財物，縱因未能獲得足夠預算，不能依契約規定採購全部標的，應係終止契約[683]。

------

[676] FAR 17.106-1(c)(2).
[677] *Ibid.*
[678] FAR 17.106-1(d).
[679] *Big Bud Tractors, Inc.,* Comp. Gen. Dec. B-209858, 83-1 CPD ¶ 127.
[680] FAR 17.103.
[681] FAR 17.104(d).
[682] *Aeronca, Inc.,* ASBCA. 13040, 70-1 BCA ¶ 8278.
[683] Kate M. Manuel, Erika K. Lunder, *Government Procurement on Times of Fiscal Uncertainty*, Congressional

4. 賠償金額之經費來源

一般而言，機關係在已有當年度預算之情況下解除或終止跨多年度採購契約，但解除或終止跨多年度採購契約之經費是否應在當年度獲得通過呢？10 U.S.C. § 2306b(f) 規定：解除或終止跨多年度採購契約之經費的來源包括下列情形之一：(1) 原已通過履約所需之預算；(2) 現有可供採購所需該類財物之預算；(3) 經通過准予支付該經費之預算。該條文僅規範經費的來源，並未說明解除或終止跨多年度採購契約之經費應否在當年度獲得通過。41 U.S.C. § 254c(b) 進一步規定：機關用以支付終止跨多年度採購契約的經費，應於在行使該目的之時已可供使用。FAR 17.104(c) 亦規定：機關用以支付終止跨多年度採購契約的經費，應包含任何可用以支付可能解除或終止契約之費用。由此可知，為避免機關無預算可供支付解除或終止之金額，機關應於獲得支付採購契約的經費時，亦應獲得可用以支付可能解除或終止契約之費用。

第三目　檢討

美國國會長期關注跨多年度採購契約之執行成效，以符合社會科學之研究方法，多次對機關及廠商、分包廠商等進行評估，雖然對最近機關使用該契約辦理國防採購之作法提出懷疑及批評，但仍對該契約可節省國庫經費、增加廠商投入生產之意願等效果，抱持正面態度。審計長對國會之報告中使用訪談、統計及法律分析等方法研究該契約之執行成效，符合該國一貫研究社會科學之方法，即將社會科學研究與法學研究結合[684]，研究之方法、程序及結論頗值相信。

美國聯邦政府對於政府基於公益理由終止契約，及因不能獲得預算執行第 2 計畫年度以後之採購而解除契約，分別有不同的法律責任設計，政府基於公益理由終止契約部分在我國工程採購契約範本第 21 條、財物採購契約範本第 17 條及勞務採購契約範本第 16 條亦有規範，除美國聯邦政府基於公益理由終止契約時必須精算廠商之成本損失外，美國及我國規定之內容大致相符；而美國聯邦政府對於政府於解除契約應負之責任不得超過解除契約賠償責任之上限，則為我國所無，美國聯邦政府獲得規則對於解除契約賠償責任之上限，使用諸多會計學之名辭，例如間接費用（overhead）、非重現成本（nonrecurring costs）等，此仍因政府對於採購涉及之財務或會計事務已有明確之規範，包括 FAR 第 32 章成本原則及程序（cost principles and procedures）、成本會計標準（Cost Accounting Standards, CAS）[685]、三軍計價手冊（Armed Services Pricing Manual, ASPM）[686]

Research Service, p. 29 (2012).

[684] 劉宏恩，法與社會，收錄於王澤鑑主編，英美法導論，2010 年，頁 355-71。

[685] Office of Management and Budget, *Cost Accounting Standards* (2012).

[686] Department of Defense, *Armed Services Pricing Manual* (ASPM), Vol. 1 (1st ed. Chicago: Commerce

等，以跨學門領域之精神解釋並解決此複雜之法律問題，固屬先進，惟與我國現況相較仍存有巨大差異，我國採購之理論及實務界在短時間內並不容易達到美國聯邦政府現有之水準，然自研究社會科學之角度而言，欲合理地計算因政府應負損害賠償責任所造成廠商之成本及利潤損失之數額，即賠償金額，恐不能無財務或會計之專業知識[687]，絕非其中任何單獨一科學門得以完成，因此我國採購之理論及實務界宜將美國聯邦政府之法規及實務列爲長期參考或研究之對象，以期有效地解決正在發生或將發生於我國的社會現象。

跨多年度預算採購契約得與採購選擇權（option）搭配使用，即機關於契約期間內之每一計畫年度皆得行使選擇權，而選擇權所衍生的評選得標廠商、是否超過契約期間等問題，致使跨多年度預算採購契約變得極爲複雜，由於我國採購契約要項及標準契約範本並無採購選擇權條款，可使得跨多年度預算採購契約內容較爲單純，然有鑑於採購選擇權條款在美國採購實務中並非罕見，該條款是否有參考價值，亦值研究。

第四款　我國相關採購制度之檢討

我國自五〇年代即模仿美國 PBBS 制度，目前中央政府仍有諸多跨多年度預算採購計畫正執行中，該等金額常數額龐大，占政府預算相當大比例，直接影響國家發展，然而跨多年度預算之採購究有何利益或缺點？國內鮮少文獻對此進行探討，殊爲可惜；美國國會基於客觀立場所提出之報告，其結果發現此種契約較逐年採購之契約可節省 5% 至 10% 之成本，若以我國 101 年中央政府總預算案中跨多年預算之採購案爲例，推估可節省約 28 億 6,284 萬至 57 億 2,569 萬元公帑，節省之經費不可謂不大，尤其於政府財政緊縮之際，該經費特具價值，美國國會之報告頗值我國參考。但該契約亦將使政府負責連續採購數年之義務，若政府因預算不足或無預算致不能給付第 2 計畫年度以後之經費，則政府應負賠償責任，總而言之，國內採購機關可勇於使用此種契約，非但可降低成本，亦可期待廠商可提供更佳之履約品質。

美國聯邦政府對於政府基於公益理由終止契約、不能獲得預算之解除契約等之損害賠償請求權範圍，規定甚爲詳盡。而我國民法第 216 條第 1 項所規定損害賠償之一般範圍，除法律另有規定或契約另有訂定外，爲「所受損害」（積極損害）及「所失利益」（消極損害）[688]，依我國學者、法院判決及仲裁判斷可歸納「所受損害」及「所失利益」之具體類型如下：「所受損害」部分包括：物品的毀損、權利之喪失或減縮、負

Clearing House, Inc. 1986).

[687] 有關廠商損害賠償額之計算，見唐克光，政府採購契約中價金之調整——美國聯邦政府採購及我國法制之比較研究，軍法專刊，第 57 卷第 5、6 期，2011 年。

[688] 黃茂榮，概論損害賠償之債，軍法專刊，第 53 卷第 2 期，2007 年 4 月，頁 20-28。

擔之費用（租金、管理費、電費、拆除費、清除搬運費、建照執照重新申請費、基礎工程費、監造服務費、稅捐、多負擔之承攬報酬、修復費用）、導致對第三人的違約賠償責任、利息差額的損害、折舊及跌價之損失，「所失利益」部分則包括：另行出售所減少之收益、未能使用收益之損失、營業利益的損失、另行轉售可獲得之利益等[689]，惟不論法律條文或實務中之法院判決或仲裁判斷亦僅提供抽象性規定，均欠缺精確的計算方法，以之計算日益複雜且情形各異的損害賠償金額，容易導致計算方法常見人見智，結果數額亦因人而異，而依其他民法條文（民法第 213 條至第 215 條）亦難計算廠商之直接成本、間接成本及利潤之損失，故若能以會計學方法分析之，當可有效解決該等困難。然國內鮮少有文獻討論如何計算廠商（債權人）所受損害及所失利益之數額計算方法，則美國聯邦採購中有關終止及解除契約之理論及實務已巧妙地整合法律及會計二種學門，能有效解決其複雜及巨量之政府採購案件，自可提供我國符合科學方法的解釋及解決該等問題之方法。

第五款　對我國政府採購之檢討及建議（代結論）

　　跨多年度預算之契約可降低廠商投資風險，使其有較佳的財務保障，因而降低成本並提升履約品質，而政府亦可節省公帑並提升採購效率，因此有必要參考先進國家立法例，將該契約之相關事宜予以規定，以利機關及廠商遵守。跨多年度預算之契約在美國聯邦政府之採購實務上已行之多年，在學理上亦屬可行，在美國聯邦之採購措施中，有諸多值得參考及借鏡之處，而我國政府採購法及其子法中並無任何規範，謹將其中犖犖大者臚列如下列之辦法草案，建議於修法時一併考量及加列：

第一目　政府採購法修正草案

政府採購法修正草案條文對照表		
修正條文	現行條文	說明
增訂第六十三條第三項條文（增定辦法之依據）跨多年度預算採購契約之辦法，由主管機關參酌國際慣例定之。		建議加列採購契約調整價金之辦法之文字，以求明確。

---

[689] 行政院公共工程委員會（工程會）委託研究，政府採購契約之廠商所負損害賠償責任之研究，2006 年，頁 136-144。對於損害賠償之意義、成立、競合及範圍等學理及其體系等，此外，責任原因與損害之間存在相當因果關係，該損害方屬法定賠償範圍，該文有甚為詳盡之敘述，可供參考。

第二目　跨多年度預算採購契約辦法（草案）

條文	理由
第一條（訂定依據） 　本辦法依政府採購法第六十三條第三項規定訂定之。	本條文規定本辦法之訂定依據。
第二條（用辭定義） 　本辦法用詞定義如左： 一、跨多年度預算之採購契約：謂指採購財物或勞務其期間逾一年以上五年以下之契約，該契約得約定第二年及其後之履約以政府預算之通過作為停止條件，如預算未通過則契約得約定政府應負解除契約之責任。 二、解除契約：謂係指政府於簽訂跨多年度採購契約後，因未能獲得預算，或未能將此情形通知廠商，因而解除第一計畫年度以後的一切財物或勞務需求。 三、解除契約賠償額上限：謂指政府解除契約時，廠商得請求給付金額之上限。 四、直接成本：謂為達成一個特定最終成本標的所支付之成本。包括：物料成本、直接人工成本及其他直接成本。 五、間接成本：謂直接投入該履約工作以外之任何成本，即同時履行兩個以上成本標的所支出之成本，故凡不能直接分攤或立即被辦認為屬於某一物料或人力之成本均屬之。間接成本係支援主要成本（直接成本）之工作，且不能將之直接分攤於單一契約者。可分為：物料、工程、製造等間接製造成本、一般及行政支出等四種。 六、利潤：廠商依契約自契約價金中扣除直接及間接成本後所得之金額。	本條文對於解除契約、解除契約賠償額上限、跨多年度預算之採購契約、直接及間接成本及利潤等予以定義。參考 FAR 17.103 及 ASPM, Vol. 1 (1986) 之規定。
第三條（一般規定） 　跨多年度預算之採購契約得適用於秘密投標，或於廠商協商時訂定之。 　機關得於契約期間基於公益之理由終止契約之全部或一部，而解除契約僅可於計畫年度之間適用，機關得解除計畫年度以後之全部數量。 　機關終止或解除契約時，應賠償廠商之損失，包括廠商已支付且可被允許之直接、間接成本及利潤。 　機關用以支付終止跨多年度採購契約的經費，應包含任何可用以支付可能解除或終止契約之費用。	參考 FAR 17.104, 31.201-2, 31.205-26(d), 15.404-4(d) 及 52.249-2 之規定。
第四條（使用） 　採購機關首長認定有符合下列情形者，採購人員得與廠商訂立跨多年度預算採購契約： 一、如使用跨多年度預算採購契約，將自履行每年度採購契約中大量節省預估之成本。 二、如減少標的物之採購，減量採購後之生產率、採購效率及總量於預定契約期間內並未實質改變。 三、待採購財物具備穩定之設計，且該財物所涉之技術風險不得過高。	參考 FAR 31.201-2 之規定。

四、如使用跨多年度預算採購契約，機關首長可合理期待將獲得契約之預算並可避免契約被解除。 五、如使用跨多年度預算採購契約，對於契約成本及可避免成本之預估具備可行性。 跨多年度預算採購契約得使用於採購財物及勞務。 如預算不能支援第一年以後之需要，採購機關應解除該契約。	
第五條（契約之目的） 機關認為使用跨多年度預算採購契約具下列目的者，得使用該契約： 一、較低成本。 二、增強標準化。 三、減少訂約及履約之行政負擔。 四、使生產及履行間產生有效的連續性，可避免每年之啟動成本、生產前之測試成本、準備之支出及淘汰成本。 五、廠商工作能力之標準化。 六、避免每年新廠商必須建立品質保證技術及程序之需求。 七、增加廠商參與競爭機會，擴大競爭之基礎，以免廠商不願參與需要高啟動成本而數量較少之採購案件。 八、該契約提供廠商下列誘因：廠商經由對其資產、設備及先進技術之投資而改進其生產力。	參考 FAR 17.105-2 之規定。
第六條（一般程序） 機關於使用履約期間長之跨多年度預算採購契約時，應考慮將經濟價格調整之條款列入契約中，以利廠商在機關行使契約變更之要求及遇有不可抗力事變時，確保廠商可請求人工及物料之成本。 機關於第一年度履約期間不得解除契約，並應為剩餘之每一年度訂立損害賠償額上限，該賠償額上限須因廠商逐年交付標的之比例而逐年下降。機關應於招標文件中載明各年度之損害賠償額上限。 機關於訂定解除契約賠償額上限時應將下列廠商基於一次性為基礎之成本納入：工廠或儀器之搬遷、工廠重新排列、特殊工具及特殊測試儀器、預生產之工程、初期瑕疵製品及重作、特殊工作能力之訓練、試運行、可分配之購買或建置設施之成本、裝配訓練之成本、特別專家來往工作地點之成本及未實現之勞動學習之成本。 採購機關應將政府之給付責任限於為履約所需之金額，機關應於決標時將第一個計畫年度內所需之金額填入契約內，並於獲得次年度及其以後年度預算時，修正應給付之金額。 如政府因不可歸責於廠商之事由終止全部契約，包括符合解除契約之要件，政府給付責任不應超過契約規定之責任表中已履約之部分，及政府解除契約責任上限之總額。	參考 FAR 17.106-1 之規定。
第七條（招標文件） 跨多年度預算採購契約之招標文件，應反映一切評選之項目，包括下列情形： 一、一切要求，以財物或勞務為項目，包括： 　　(一)第一個計畫年度；及	參考 FAR 17.106-2 之規定。

(二) 跨多年度預算採購契約，含每一計畫年度之要求。 二、機關應載明：比較廠商所投第一個計畫年度的最低標評選標準至跨多年度的最低標評選標準。 三、機關應載明：如政府於決標前決定，僅需要評選第一個計畫年度之各種要求，則政府應僅考慮第一個計畫年度的價格或預估成本及費用之評估。 四、機關應載明：每一個計畫年度解除契約之賠償額上限（以百分比或新台幣計算）及適用於每一個計畫年度的與解除契約相關之日期。 五、機關應載明，如廠商於投標文件所載之內容低於第一個計畫年度之要求，則機關應不予決標。 六、如廠商可合理地確定政府於辦理逐年度採購的行政成本，且機關已於招標文件中載明者，則該行政成本得被列為評選之項目。 七、解除契約之賠償額上限不得列為評選之項目。	
第八條（國防產業之分包要求） 為增廣國防產業之基礎，機關應要求得標廠商應盡可能與分包廠商、供應商及出賣人使用跨多年度預算採購契約。	參考 FAR 17.106-3(a) 之規定。
第九條（同等單項價格法） 機關得依據跨多年度預算採購契約之程序將部分成本分攤於全部標的之數量，致使全部採購之財物或勞務的單項均屬相同（同等）價格（但機關使用經濟價格調整之條款時除外）之方法評定廠商之價格。 如同等單項價格法不符合政府利益，機關於已有合法評定廠商投標文件方法之情況下，其首長得准許使用可變量之單項價格法進行評定。	參考 FAR 17.106-3(g) 之規定。
第十條（通知義務） 機關使用跨多年度預算採購契約中之解除契約賠償額上限逾一定金額時，機關首長應即通知國會，通知之日起三十日內不得決標。 前項賠償額上限之金額由主管機關定之。	參考 FAR 17.108 之規定。
第十一條（施行日期） 本辦法自中華民國年月日施行。	

第五章
採購之履約階段

第一節　機關變更採購契約之行為[1]

　　依據行政院公共工程委員會頒布之工程、財務及勞務採購契約範本中皆規定「契約變更及轉讓」條款，機關得於契約所約定之範圍內通知廠商變更契約，但「契約所約定之範圍內」之解釋基礎何在？如變更不在契約所約定之範圍內將如何？競爭廠商可否抗議機關應另行採購而非逕行行使變更契約之權利？機關是否對該廠商為無正當理由之差別待遇？是否不當限制廠商完全及公開競爭？由於本詞語意並不明確，有賴司法及行政案例解釋方可解決上述爭議。

　　然我國對於機關通知廠商變更契約之行為是否將造成廠商間之不公平競爭等規定仍付諸闕如，故應以理論基礎檢視我國及先進國家包括美國及若干歐盟成員國之相關法律及實務，以研究我國法制是否有應修正之處。本文主要依據美國聯邦法規，包括聯邦獲得規定及審計長之判斷予以論述，以尋求解決方法，首先檢視美國及我國於辦理政府採購時，對於廠商間完全及公開競爭之要求，再自法律層面研究上述歐盟國家採購機關妥適之處理方式，以實證美國採購法制之合法性，本文同時檢視我國內國法令及實務，並研究爭議之掌理機關，俾能了解我國法規疏漏之處，最後謹提供立法之建議，以供參考。

第一款　前言

　　於美國聯邦政府採購實務中常見契約變更情事之發生，例如：1. 原採購契約之規定已不符合機關之利益，即公共利益，若不變更原契約則契約目的不能達成；2. 原採購標的物之零件已不再生產或供應；3. 原採購之電腦軟體已過時，機關不再需要；4. 廠商於整理場地時發現古蹟，工程設計必須大幅調整；5. 或是機關因預算緊縮，若不辦理契約變更則不能進行採購；6. 機關對於標的需求增加，例如入學學生逐漸增加，學校建物必須另加建一層樓以滿足所需等皆屬之；但契約變更之事由亦可能是非法的，例如機關中不肖採購人員與廠商通謀變更契約以謀取利益，總而言之，契約變更之原因各有不同，但其價金往往龐大[2]，特別是機關於辦理工程採購時，幾乎不可避免地必須依據契約

---

[1]　本節內容曾發表於「軍法專刊」2016 年 8 月第 61 卷第 4 期中。
[2]　Omer Dekel, "Modification of A Government Contract Awarded Following A Competitive

變更條款（Changes clause）辦理契約變更，且變更之項目常以千計算，此問題發生已久且於採購實務中屢見不鮮[3]，在我國雖無相關之統計資料，但亦常發生於採購實務中[4]。

自法律觀點而言，若機關與廠商對於契約變更之內容達成意思合致，則雙方辦理修約，即機關通知增加或減少之採購標的，廠商則將成本及利潤等影響回報機關，雙方同意契約變更，似無任何困難可言。但在美國聯邦政府辦理公開招標之採購實務中，則曾發生諸多機關之採購行為是否違反廠商公平競爭之爭議，例如：若機關原採購之機器為汽油引擎，以契約變更方法改為柴油引擎，並要求廠商據以履約[5]，機關之行為是否合符契約變更之規定？原採購契約之性質是否已改變？機關可否在原採購契約可允許之範圍內變更契約內容？如已超出契約規定之範圍，該變更之契約是否為另一採購案件，而必須另行招標，如不再另行招標，即由原廠商繼續履約，原廠商可否主張其係履行與原契約不同，即係一全新之採購契約，必須經其同意，方可成立契約關係？而採購之標的已經契約變更而實質變更，對於原有意競標或已參與競標之廠商是否造成競爭標的之誤判，即影響投標廠商間之公平競爭？類此爭議層出不窮，但聯邦法規對此現象並無規範，而美國法院及聯邦政府各採購申訴審議委員會之各判決及判斷則僅能提供個別解答，本文即以該等影響廠商公平競爭之行為予以分析及歸納，並提出建議，以供我國理論界及實務界參考及借鏡。

由於美國及我國政府迄今並未頒布一套規範契約變更及公平競爭間之準則，故有待自法律及其他所涉學門領域之理論及實務面予以研究，以期解決該問題之必要。再者，國內亦鮮少有學者探究採購中契約變更之文獻，因此引發本文之研究動機，期望探討世界先進國家——美國及歐盟部分成員國對於契約變更之作法，並研究其是否適當，以供我國參考。本文之所以以美國聯邦政府及歐盟部分成員之採購制度為探討中心，係因其採購法較我國政府採購法歷史悠久，不僅體系健全更能結合科技、管理、經濟及會計等知識，使理論與實務密切結合，充分發揮引導工商業發展及繁榮社會之效果；再者該等國家均係世界貿易組織（World Trade Organization, WTO）中政府採購協定（Agreement on Government Procurement, GPA）之締約國，其採購之相關法規及實踐均

Procedure," *Public Contract Law Journal*, Vol. 38, No. 2, p. 402 (2009).

[3] George E. Powell, Jr., "The Cardinal Change Doctrine and Its Application to Government Construction Contracts," *Public Contract Law Journal*, Vol. 24, No. 3, p. 377 (1995). Richard J. Prevost, "Contract Modification vs. New Procurement: An Analysis of General Accounting Office Decisions," *Public Contract Law Journal*, Vol. 15, pp. 455-6 (1985).

[4] 例如：臺灣高等法院 96 年度建上字第 57 號民事判決、行政院公共工程委員會調 88017 號案等均係因機關通知廠商變更契約，而產生履約糾紛。

[5] *American Air Filter Co.*, 57 Comp. Gen.567 (B-188408), 78-1 CPD ¶ 443, 審計長認為廠商必須因而延長 2 倍期間之研發工作，增加 29% 之契約償價金，此變更並非其他競標廠商所得預見，故機關所要求之變更已超出競爭之範圍（the scope of competition），即違反公平競爭之規定。

須接受 WTO 之貿易檢視[6]，其合符 GPA 之規範亦即合符世界貿易規範之正當性，實不容置疑。我國廠商如欲拓展商機，則充分瞭解該等國家之政府採購制度實屬必要，故彼等國家採購法之制度頗有參考價值，又因契約變更之理論及實踐所涉範圍甚為廣泛及複雜，然每一環節均關係廠商及採購機關之權利義務，影響甚大，必須予以嚴謹分析及歸納。

　　本文先以美國聯邦政府制度作為研究目標，先探討契約變更之發生原因及規範方法，再研究美國聯邦實務中認定契約範圍之方法，以該國法院判決或審計長之判斷等予以解釋及檢驗，即自理論及實務分別研究其法制現況，其次將美國採購法之制度與歐盟及其若干成員國之制度進行比較，藉以探究並證實美國採購法制及歐盟之正確性及其是否有缺漏之處，並從我國實務或學理面探究是否值得借鏡，最後，綜合本研究內容，對我國政府採購法及其相關子法中缺漏部分提出建議，冀望能提供學術及實務界參考。

第二款　契約變更之規範

美國聯邦政府及我國採購實務對於契約變更之法令規定及作法分別探討如下。

第一目　美國聯邦採購實務

一、採購法令

　　依據美國採購契約競爭法（the Competition in Contracting Act of 1984, CICA）規定[7]：「行政機關於採購財物或勞務時，應依本法及聯邦獲得規則（Federal Acquisition Regulations）之規定，使用競爭程序以獲得完全及公開之競爭（full and open competition）。」但該法並未規定採購機關得變更契約。而聯邦獲得規則 Federal Acquisition Regulations（FAR）[8]第 50.3 條雖規定機關於下列例示之情況下，得或應辦理契約之調整（adjust）或修正，例如：1. 於發現契約錯誤時，應更正契約[9]；2. 機關得基國防之理由不受對價之拘束而修正（amend）契約[10]；3. 機關因其行為致廠商於履行國防契約時遭受損害，機關應基於公平原則調整採購契約[11]，FAR 50.303 及 50.304 並規定防止

---

[6]　WTO, "Trade Policy Review Mechanism," *The Results of the Uruguay Round of Multilateral Trade Negotiations*, pp. 434-7 (1995).

[7]　41 U.S.C. § 253(a)(1)(A).

[8]　FAR 係由美國國防部等聯邦機關依據 the Office of Federal Procurement Policy Act of 1974 (Pub. L. 93-400), as amended by Pub. L. 96-83 所制定之採購行政命令，凡聯邦採購機關於辦理採購時，均應依 FAR 之規定辦理。FAR 1.101.

[9]　FAR 50.302-2.

[10]　FAR 50.302-1(a).

[11]　FAR 50.302-1(b).

採購機關恣意調整或修正契約之程序，但並未對實務中屢屢發生爭議之變更契約及公平競爭有周全之規範。

　　FAR 對於變更契約則規定於第 52.243 條，因不同類型之採購契約而略有不同其變更規定，FAR 52.243-1[12]規定固定價金型（Fixed Price）[13]契約採購財物之契約變更中，允許機關於契約約定之範圍內（within the general scope of this contract）以書面通知之方式，得就包括下列各款內容辦理契約變更：(1) 如廠商應交付機關之財物係依據圖說（drawings）、設計（designs）或規格，該圖說、設計或規格；(2) 運輸或包裝之方式；(3) 交付地。機關與廠商未能就任何契約調整達成意思之合致，應依爭議條款（Dispute）處理，但廠商不得藉任何理由拒絕執行。FAR 52.243-2 規定機關於使用成本計價型[14]（Cost-Reimbursement）契約採購時，得就下列各款內容辦理契約變更：(1) 圖說、設計或規格；(2) 運送或包裝之方法；(3) 交付之地點。FAR 52.243-3(a) 規定機關於時間暨原物料（Time-and-materials contracts）契約或按時計價之勞務（Labor-hour contracts）[15]契約時，得於契約約定之範圍內就包括下列各款內容辦理契約變更：(1) 應履行勞務之敘述；(2) 履約之期間（例如一天幾小時，一星期幾天等）；(3) 履行勞務之地點；(4) 圖說、設計或規格；(5) 運送或包裝之方法；(6) 交付之地點；(7) 政府所提供財產之數量。

　　由於 FAR 並未規定何為「契約約定之範圍」，因此有賴採購實務之案例予以說明[16]。在美國聯邦政府之採購實務中，法院或審計長[17]判斷機關所發出之契約變更通知

---

[12] 48 CFR § 52.243-1.

[13] FAR 16.2，有關各種採購契約之類型及其適用，見唐克光，政府採購中成本計價型契約之種類及其適用——以美國聯邦政府為中心（上），軍法專刊，第 51 卷第 11 期，2005 年 11 月，頁 2-15。

[14] 成本計價型契約：採購機關與廠商於訂立採購契約時，僅預估廠商所需之總成本，並不具體約定契約價金，廠商不論工作完成與否，採購機關皆應依約給付其履約時所支付之合理成本。機關支付廠商之成本或利潤，非經機關另行同意，以契約規定者為限之謂。成本計價型契約包括：成本契約、成本分擔契約、成本加誘因費用契約、成本加固定利潤契約、成本加酬金契約及不確定交付契約。有關各種成本計價型契約之類型及其適用，見唐克光，論成本計價型契約之體系及條款——以美國聯邦政府採購為例，政大法學評論，第 110 期，2009 年 8 月，頁 115-211。

[15] 時間暨原物料契約係指機關於採購財務及勞務時，將 1. 工資、管理費、間接成本及利潤計入直接勞力時數（direct labor hours），及 2. 含料處理費（material handling costs）之物料成本等計價之契約；按時計價之勞務契約係屬期間暨原物料契約之一種，係以某一固定分類之勞力（specified classes of labor）並以時計價之契約。Ralph C. Nash, Jr., Steven L. Schooner, Karen R. O'Brien, *The Government Contracts Reference Book*, 2nd ed., George Washington University Press, 516-7, 320 (1998). FAR 16.6。

[16] Ralph C. Nash, Jr., *"Changes and Claims," in Construction Contracting*, Vol. 1, pp. 504-6 (1993).

[17] 有關美國聯邦政府採購爭議，廠商應依 CICA 之規定循二種解決程序：聯邦巡迴上訴法院（U.S. Court of Appeals for the Federal Circuit, CAFC）或審計長（the Comptroller General）。Omer Dekel, "Modification of A Government Contract," 前揭註 2，頁 414；行政院公共工程委員會，公共工程委員會處理政府採購爭議事件成效評估及修法事宜之研究，2010 年，頁19-27。聯邦採購政策辦公室（Office of Federal Procurement Policy, OFPP）依據契約爭議法（Contract Disputes Act）於 1979 年規定部分聯邦機關應設置採購申訴審議委員會（Boards of Contract Appeals）處理其機關與小型企業間發生之

的法律效力，是以該變更是否依據在契約約定之範圍內作爲判斷基礎，如是，則機關所發出之契約變更通知是依法或依約有據，該契約變更仍受原契約約定之拘束，即機關有權利通知廠商辦理契約變更，但如果不是在契約規定之範圍內，機關不得變更該範圍，即已構成「基本的變更」（cardinal change），廠商可主張機關已違約，蓋機關之行爲已產生一個不同於原採購契約的全新法律關係，必須經由契約雙方同意方可成立[18]；而機關於招標時，凡未得標之廠商或可能參與競爭之廠商均得以機關違反採購契約競爭法規定之完全及公開之競爭程序爲理由，請求法院撤銷機關所爲變更契約之行爲。

有關契約變更在採購程序之流程，可圖示如下：

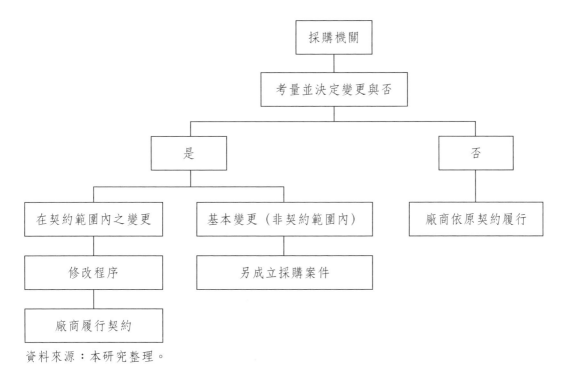

資料來源：本研究整理。

在採購實務中，若廠商主張採購機關未在原契約約定之範圍內變更或已基本變更契約之性質而提出爭議，並主張機關之變更行爲已產生一個不同於原採購契約的全新法律關係，必須經由契約雙方同意方可成立，然採購機關則認爲該變更仍屬契約約定之範圍

採購爭議事項。Frederick J. Lees, "Consolidation of Boards of Contract Appeals: an Old Idea Whose Time Has Come?" *Public Contract Law Journal,* Vol. 33, No. 3, p. 506 (2004).

[18] John Cibinic, Jr., Ralph C. Nash, Jr., James F. Nagle, *Administration of Government Contracts,* 4th ed., Wolters Kluwer, 390 (2006). Powell, Jr., "The Cardinal Change Doctrine ," 前揭註 3 文，頁 378。

內,即此變更係屬非採購履約爭議,則採購申訴審議委員會究應依採購申訴審議規則第 11 條第 8 款之規定予以不受理之決議?抑或如採購機關之認定,係屬非採購履約爭議,採購申訴審議委員會有權受理?由於目前我國法院已採行雙階理論[19],廠商若提出申訴,則採購申訴審議委員會得認定該爭議爲非採購履約爭議,予以受理之決議,亦得認定該爭議爲採購履約爭議,予以不受理之決議;廠商亦得另提訴訟,由法院受理之。

二、契約範圍之認定

聯邦或州法院及採購申請審議委員會於判斷系爭之事由是否屬於契約約定之範圍(scope of contract)時[20],並無一明確之基準線,但可從其判決或判斷中歸納出若干事由不得構成契約之基本變更,然若干事由則可以構成基本變更,本文分述之。

㈠不影響基本變更之事由

機關所發出契約變更之次數多寡並非爲判斷基本變更之主要因素,較爲重要之案例係 *Air-A-Plane Corp. v. United States*, 187 Cl. Ct. 269, 408 F.2d 1030(1969),採購機關——美國陸軍化學兵群(Army Chemical Corps)於採購煙霧製造機時,採固定價金契約(a fixed-price contract)[21],共通知廠商應履行近 1,000 次變更,41 份圖說必須更換,聯邦上訴法院[22](Court of Federal Claims)經查原契約後,原契約規定:採購機關得通知廠商變更契約,但不得進行基本變更(a cardinal change),該法院指出,如機關之指示已改變應行建造事物之本質(nature),則該變更爲基本變更,變更之程度各採購案均不相同,必須判斷其變更之全盤性(totality)、大小(magnitude)及品質(quality),…契約變更之次數多寡並非爲判斷基本變更之標準。原判斷機關——三軍採購申訴審議委員(Armed Services Board of Contract Appeals, ASBCA)之審議判斷已充分地考量此問題,但法院並未逕行作出是否爲基本變更之判決,而是發回原申訴審議委員並要求其再查明事實[23]。與 *Air-A-Plane Corp.* 案相似的判決尚有 *Aragona Constr. Co. v. United States*,

---

[19] 參閱臺北高等行政法院 89 年度訴字第 985 號及第 1325 號判決、最高行政法院 93 年度裁字第 625 號裁定、95 年度判字第 1996 號判決、臺北高等行政法院 93 年度訴字第 1287 號判決、最高法院 93 年 2 月份庭長法官聯席會議(二)討論之意見及司法院釋字第 540 號解釋。

[20] 亦有未得標廠商主張機關恣意通知廠商變更契約將違反「競爭的範圍」(scope of the competition)者,廠商認爲機關應依據契約規定辦理契約變更,若違反契約規定,便未遵守公平競爭之要求,見 *AT&T Communications, Inc. v. WilTel, Inc.*, 1 F.3d 1201(Fed. Cir. 1993),法院認爲「契約約定之範圍」與「競爭的範圍」兩者之差別在於主張者不同,前者爲廠商所主張,而後者則爲參與競標廠商所主張,但法院在檢驗兩者的標準上並無不同,有重疊之情形。

[21] FAR 16.2.

[22] Court of Federal Claims 已於 1983 年改稱爲聯邦巡迴上訴法院(U.S. Court of Appeals for the Federal Circuit, CAFC)。

[23] Powell, Jr., "The Cardinal Change Doctrine," 前揭註 3,頁 378-80.

165 Ct. Cl. 382（1964），本案緣因二次世界大戰之爆發，採購機關——退伍軍人事務部（Department of Veterans Affairs）要求廠商改變契約規定，不得使用銅等建材，改用其他罕用建材，另醫院建築物之地點亦須變更（仍在同一城市），法院判決契約變更是否為基本變更之標準係廠商所履行之工作是否在本質上（essentially）與機關決標時所訂立之契約其工作內容相同，本案採購機關雖無數次地要求廠商將材料變更，但醫院建築物之大小及地面區劃並無改變，故該等變更仍屬契約約定範圍內之變更[24]。

　　該等案影響深遠，其判決理由常為各採購申訴審議委員會遵守，例如在 Coley Propperties. Corp., PSBCA 291, 75-2 BCA ¶ 11,514, recons. Denied, 76-1 BCA ¶ 11, 701, rev'd on other grounds, 219 Ct. cl. 227, 593 F.2d 380（1979）案中，郵政採購申訴審議委員會認為機關雖發出 100 次契約變更，但採購機關未曾怠於處理變更事宜，再者變更所生之費用約僅占機關預估成本的 10%，機關並無其他恣意行為，該等變更並未改變原契約標的物之基本結構、效用或品質，故仍在契約約定範圍之內。同理，在 Action Support Servs. Corp., ASBCA 46524, 00-1 BCA ¶ 30,701 機關變更規格 797 次；Combined Arms Training Sys., Inc., ASBCA 44822, 96-2 BCA ¶ 28,617 共 277 次工程變更；Reliance Ins. Co. v. United States, 20 Cl. Ct. 715（1990），aff'd 931 F.2d 451（Fed. Cir. 1991）共 200 次變更，各採購申訴審議委員會及法院均認為多次契約變更之行為並不影響其仍屬契約範圍內之性質[25]。

　　如機關因要求多次就建築契約變更，致廠商遭受損失，該等損失並非為判斷基本變更之惟一因素，例如在 Wunderlich Construction Co. v. United States, 351 F.2d 956（Ct. Cl. 1965），採購機關——美國陸軍工兵群（Army Corps of Engineers）於採購一座具 500 病床之醫院時，契約總價為 789 萬 8 千元，共通知廠商應履行近 35 次變更，但大部為諸如改變顏色、降低天花板高度、大門框架修改等，廠商因此增加 150 萬元成本支出，約占原契約總價之 20%，且因此多增加 50% 的履約期間（原契約完工日期為 540 日，但廠商遲延 318 日），法院判決該等變更仍屬採購機關得實施契約變更之範圍內[26]，但機關應支付廠商的直接成本損失。

　　若機關於招標文件中開立具瑕疵之規格，致廠商支付之費用增加，則廠商可否主張機關之變更設計（契約變更）係基本變更？此應視變更設計之性質而定，不可一概而

----

[24] Cibinic, Jr., Nash, Jr., Nagle, *Administration of Government Contracts*，同註 18，頁 382-3；Reginald M. Jones, "Lost Productivity: Claims for the Cumulative Impact of Multiple Change Orders," *Public Contract Law Journal,* Vol. 31, No. 1, pp. 1-17(2001).

[25] Cibinic, Jr., Nash, Jr., Nagle, *Administration of Government Contracts*，同前註，頁 385。

[26] Powell, Jr., "The Cardinal Change Doctrine," 前揭註 3，頁 383-5。Reginald M. Jones, "Lost Productivity," 前揭註 24，頁 21-2。

論；例如在 *Edward R. Marden Corp. v. United States*, 194 Ct. Cl. 799, 442 F.2d 364（1971）案中，政府設計之飛機機庫規格具有瑕疵，致興建中之機庫崩塌，廠商支付近兩倍之金額以完成重建，法院認為廠商因為瑕疵規格而履行增加之工作，並非原契約規範之事項，故已超出契約範圍，屬基本變更；*Luria Bro.s & Co. v. United States*, 177 Ct. Cl. 676, 369 F.2d 701（1966）亦是因機關開立之規格具有瑕疵，必須變更設計，因而廠商支付之費用增加，故得主張其履行之工作已超出契約範圍。相較於 *American Line Builder, Inc. v. United States*, 26 Cl. Ct. 1155（1992）案，法院則認為廠商履行之相似工作均屬契約範圍內之工作，非屬基本的變更[27]。故法院係就各案變更設計之性質而為判定。

㈡**影響基本變更之事由**

影響基本變更之事由甚多，例如機關所發出之招標文件是否載明契約變更之可能，便為判斷契約變更性質之依據之一，而在機關要求廠商變更契約之中，可從要求其工作之本質、成本及對契約所規定工作之妨礙等情形，判斷契約變更是否為基本的變更。

1. 招標文件之敘述

招標文件中是否載明未來變更契約的可能性，及參與競標者是否能預見變更契約的可能性，皆為判斷機關所為變更契約行為是否在競爭的範圍之重要依據。例如在 *National Data Corp.*, Comp. Gen. Dec. B-207340, 82-2 CPD ¶ 222 案中，採購機關於招標文件中已警告本契約可能發生得標廠商將分擔額外增加之遠程處理（teleprocessing）工作，後機關果然以契約變更的方法要求得標廠商增加工作，審計長（Comptroller）判斷該契約變更並未逾越競爭範圍，即無不公平競爭之情形。同理，在 *Phoenix Air Group, Inc. v. United States*, 46 Fed. Cl. 90（2000）案中，招標文件中工作條款（the statement of work, SOW）[28]已載明本契約可能發生得標廠商將分擔另外增加之工作，故該契約變更並未逾越競爭範圍。但若招標文件中載明契約不採用某一特定之勞務，或契約將無變更之可能，然機關卻於後來通知廠商要求契約變更，則該等變更不屬於原契約約定之範圍[29]。

2. 規格之變更

機關於決標後如變更規格，容易引起競標廠商對競爭公平性之質疑，即廠商競爭地位可能受到不利影響，例如在 *Webcraft Packaging, Div. of Beatrice Foods Co.*, Comp. Gen. Dec. B-194087, 79-2 CPD ¶ 120 案中，機關於招標文件中載明規格將變更，其所開立之

---

[27] Cibinic, Jr., Nash, Jr., Nagle, *Administration of Government Contracts*, 前揭註 18，頁 384。

[28] FAR 稱 SOW 為 Work Statement，在研發型契約中敘明履約工作之時間、地點、範圍、數量及規格等要求。FAR 35.005.

[29] *Sprint Communications Co.*, Comp. Gen. Dec. B-278407.2, 98-1 CPD ¶ 60; *Astronautics Corp*. of Am., 70 Comp. Gen. 554 (B-242782), 91-1 CPD ¶ 531.

紙張規格甚難取得，後以契約變更方式將規格改為市場上既有的紙張，審計長認為此變更已超越了原競爭的範圍，蓋若機關於競標之初就使用新規格，原不得參與競標之諸多廠商將競標。同理，在 *Dynamic Corp.,* Comp. Gen. Dec. B-252800, 93-2 CPD ¶ 37 案中，機關以契約變更方式要求得標廠商增加若干工程勞務，審計長亦認為此變更已超越了原競爭的範圍，因為原競標廠商並不能預見有此變更，若干未參與競爭之廠商如能預見機關將增加該工程勞務，將可能參與競標[30]。

在 *Allied Materials & Equip. Co. v. United States*, 215 Ct. Cl. 406, 569 F.2d 562（1978）案中，法院認為機關所發出的契約變更通知已劇烈地改變原契約的內容，廠商所必須履行之工作與原契約規定者已有重大地（material）不同；在 *Airprep Tech., Inc. v. United States*, 30 Fed. Ct. Cl. 488（1994）案中，法院認為原契約要求以金屬薄板盒製成的空氣過濾設備必須變更為以較厚金屬並現場製成的圓柱狀設備取代，該變更已構成基本的變更；在 *Information Sys.& Networks Corp.*, ASBCA 46119, 02-2 BCA ¶ 31,952 案中，三軍採購申訴審議委員會認為原契約規定無線電通訊之範圍僅限於華府地區，但機關要求將範圍變更至全球，該變更已構成基本的變更[31]。

機關將招標文件中之規格以契約變更方法刪除或降低其中最困難部分，此變更方法已超出競爭範圍，蓋其已擴大了廠商間爭競爭範圍。例如原契約規定禁止使用之方法，機關於訂約後竟同意廠商以契約變更方法使用此方法，顯已超出競爭範圍[32]；原契約規定應使用某種較不易取得之木材製作家具，後機關於訂約後同意廠商以契約變更方法使用較容易取得之木材以供製作[33]，均屬之。

有鑑於機關於決標後如變更規格，容易引起競標廠商對競爭公平性之質疑，故美國審計長於 *Midland Maint. Inc.,* Comp. Gen. Dec. B-1842740, 76-2 CPD ¶ 127 案中，便建立一規則：若機關於招標文件中載明規格將必須變更，且於決標時已謹慎地考量並確認變更規格之必要性，則機關不得辦理決標[34]，但審計長於 2001 年時將此規則修正為：若該變更能重大地改變（materially alter）工作，則此規則不適用之，即機關得決標之[35]。

3. 成本及對契約所規定工作之妨礙

廠商因機關之變更通知而增加之成本及導致妨礙履約工作之進行（work disruption）等，皆為法院或採購申訴審議委員會判斷該變更是否構成基本的變更之檢驗標準，但不

---

[30] 相似案件尚有 *Techplan Corp.,* Comp. Gen. Dec. B-232187, 88-2 CPD ¶ 580.

[31] Clbinic, Jr., Nash, Jr., Nagle, *Administration of Government Contracts*，前揭註 18，頁 382-3。

[32] *Avtron Mfg., Inc.,* 67 Comp. Gen. 404 (B-229972), 88-1 CPD ¶ 458, *recons. denied*, 67 Comp. Gen. 614 (B-229972.2), 88-2 CPD ¶ 458.

[33] *Marvin J. Perry & Assocs.,* Comp. Gen. B-2777684, 97-2 CPD ¶ 128.

[34] 相似案件尚有 *A & J Mfg. Co.,* 53 Comp. Gen. 838 (B-178163), 74-1 CPD ¶ 240.

[35] *RS Info. Sys., Inc.,* Comp. Gen. Dec. B-287185.2, 2001-1 CPD ¶ 98.

是唯一的標準。一般而言，實務之判決或判斷均較不利於廠商之主張，但若廠商履行變更之工作已將原契約產生重大改變，則實務之判決或判斷仍認為該變更是基本的變更[36]。例如 *Peter Kiewit Sons' Co. v. Summit Constr. Co.*, 422 F.2d. 242（8th Cir.1969）案中，機關要求分包廠商必須與其他分包廠商將土石回填，致妨礙廠商履約工作之進行，廠商增加超過 200% 之回填成本，法院認為該變更已超出契約範圍，屬基本的變更。*Axel Elecs., Inc.*, ASBCA 18990, 74-1 BCA ¶10,471 案中，廠商因錯誤解讀規格，致支出契約價款之 170%，因此要求價格調整，採購申訴審議委員會判斷該變更仍在契約範圍內，駁回廠商之請求。在 *Perry and Wallis, Inc. v. United States*, 427 F.2d 722（Ct. Cl. 1970）案中，法院認為機關所發出的契約變更通知雖導致廠商增加 38% 價金，但經查所交付之標的物和原契約所訂立者是相同的，因此駁回廠商的請求。在 *Rumsfeld v. Freedom N.Y., Inc.*, 329 F.3d. 1320 *reh'g denied*, 346 F.3d 1359（Fed Cir.2003），*cert. denied*, 541U.S. 987（2004）案中，縱然機關曾不當地拒絕及遲延給付契約價金、不當干涉廠商獲得財務來源、遲延交付政府應提供之機具及設備及不當要求測試，但法院認為機關要求之變更仍在契約規定之範圍內，因此並不構成基本的變更。

4. 標的數量之變更

契約規定之主要品項數量因契約變更致增加，該變更是否在契約規定之範圍內？一般而言，法院或審計長均認為該變更已超越契約規定之範圍；例如機關於採購工程建築時，要求承包商增建獨立建築物便是[37]。又機關於採購碼頭工程時，要求承包商變更契約以加倍運送物料，該變更便已逾越契約中變更條款之範圍[38]。但機關可否依契約規定之變更條款要求廠商增加約中非主要品項之數量？審計長認為除非變更之數量非常巨大致改變交易性質，否則機關得依契約變更條款變更數量[39]。

至於契約規定之主要品項數量因契約變更致減少，該變更是否在契約約定之範圍內？法院或審計長均認為該變更已超越契約約定之範圍。例如機關於採購工程建築時，要求承包商刪除其所興建七棟獨立建築物之一棟便是，蓋此刪除已非圖說或規格之變更，法律並未授權採購機關得刪除一整棟建築，機關應獲得廠商之同意，否則已構成基本變更（a cardinal change）[40]。機關於採購財物時，亦受此原則拘束[41]。若契約中非主要品項之數量，可否依契約規定之變更條款要求廠商減少其數量？法院認為除非變更之數

---

[36] Cibinic, Jr., Nash, Jr., Nagle, *Administration of Government Contracts*，前揭註 18，頁 384。

[37] 15 Comp. Gen. 573 (A-66501) (1935).

[38] *P.L. Saddler v. United States*, 152 Ct. Cl. 557, 287 F.2d 411 (1961).

[39] *Symbolic Displays. Inc.*, Comp. Gen. Dec. B-182847, 75-1 CPD ¶ 278.

[40] *General Contracting & Constr. Co. v. United States*, 84 Ct. Cl. 570 (1937).

[41] *Doughboy Indus., Inc.*, FAACAP, 67-3, 66-2 BCA ¶ 5712.

量非常巨大致改變交易性質，否則機關得依變更條款變更數量[42]。同理，機關大量以契約變更方式減少勞務採購之工作，包括鑽孔[43]、清潔勞務[44]、安裝電源插座[45]及建築創新設計[46]等，亦不在契約約定之範圍內，但若雖機關刪除一部分廠商應提供之勞務，然機關與廠商間已達成調整價金之意思合致者，則依該意思合致定之[47]。

5. 履約期間之變更

履約期間之變更可分為二種：履約期間縮短，即加速履約；另一為履約期間延長，可能係機關通知廠商部分或全部暫停執行，亦可能是基於其他理由而同意廠商延長交付或完成履約工作，分述之如下：一、履約期間縮短。機關要求廠商以變更契約之方式將交付日提前或縮短履約期限，該變更是否是在契約範圍內之變更？亦即是否在競爭範圍內？此誠具爭議性。過去一般持否定見解，但 FAR 52.243-4(a)(4) 允許將履約工作之加速列為契約變更之因素，顯已採取不同見解，應係考量履約工作之加速本質上與規格之變更相似所致[48]。二、履約期間延長。對於廠商履約期間之延長，各採購申訴審議委員會及法院審查之重點均置於履約工作是否已被變更及成本增加之數額，如因機關之指示致廠商成本增加，則廠商得依暫停執行（Suspension of Work clause）[49]條款或契約變更條款（Changes clause），主張其權利[50]，但若機關要求廠商全力完成一建築物，暫停其他工程之履行，此履約順序之變更，即履約方法變更，所致之遲延不可依暫停執行主張之，而應以變更條款主張之[51]。

審計長於其判斷中認為機關以契約變更方法同意延長廠商之履約期限，係屬競爭範圍內之行為，例如在 *Saratoga Indus., Inc.*, Comp. Gen. Dec. B-247141, 92-1CPD ¶ 397 案中，機關開立之規格有瑕疵，因此同意廠商以契約變更方法延長其履約期限；又在 *Ion Track Instruments, Inc.*, Comp. Gen. Dec. B-238893, 90-2CPD ¶ 31 案中，機關同意廠商於履行研發契約時，以契約變更方法延長其 5 年的履約期限，由此可見審計長趨向寬鬆之

---

[42] *J.W. Bateson Co. v. United States*, 308 F.2d 510 (5th Cir. 1962).

[43] *Manis Drilling*, IBCA 2658, 93-3 BCA ¶ 25,931.

[44] *Toke Cleaners*, IBCA 1008-10-73, 74-1 BCA ¶ 10,633.

[45] *Capital Elec. Co.*, GSBCA 5300, 81-2 BCA ¶ 15,281.

[46] *P.J. Dick, Inc. v. General Servs. Admin.*, GSBCA 12215, 95-1 BCA ¶ 27,574, *modified on recons.*, 96-1 BCA ¶ 26,017. Cibinic, Jr., Nash, Jr., Nagle, *Administration of Government Contracts*，前揭註 18，頁 392。

[47] *Robinson Contracting Co. v. United States*, 16 Cl. Ct. 676 (1989), *aff'd*, 895 F.2d 1420 (Fed. Cir. 1990).

[48] Cibinic, Jr., Nash, Jr., Nagle, *Administration of Government Contracts*，前揭註 18，頁 393。

[49] 我國工程採購契約第 21 條㈩、財物採購契約第 17 條㈧及勞務採購契約第 16 條㈧均規定：因非可歸責於廠商之情形，機關通知廠商部分或全部暫停執行，得補償廠商因此而增加之必要費用，並應視情形酌予延長履約期間。但暫停執行期間累計逾 6 個月（機關得於招標時載明其他期間）者，廠商得通知機關終止或解除部分或全部契約。大致與 FAR 42.13 條文相同。

[50] Cibinic, Jr., Nash, Jr., Nagle, *Administration of Government Contracts*，前揭註 18，頁 393。

[51] *Commercial Contractors, Inc.*, ASBCA 30675, 88-3 BCA ¶ 20,877.

判斷，認爲機關以契約變更方法延長廠商履約期限的作法，並未給予得標廠商於競爭中，較其他競爭者取得更爲有利之競爭地位。但在 *CTP Corp.*, Comp. Gen. Dec. B-211464, 84-1CPD ¶ 606 案中，機關以契約變更方法顯著地（significantly）改變原契約之要求並延長廠商履約期限，審計長認爲並不屬競爭範圍內之行爲。

若工作之本質並未改變，則該契約變更應屬契約範圍內之變更，即使廠商履約期間延長，尚不構成基本的變更。例如在 *Wunderlich Contracting Co. v. United States*, 173 Ct. Cl. 180, 351 F.2d 956（1965）案中，法院認爲機關雖然要廠商履行諸多細微的契約變更，履約期間因此延長逾 50%，但仍未超越契約範圍，在 *Contact Int'l, Inc. v. Widnall*, 106 F.3d 426（Fed. Cir. 1997）案中，法院認爲原契約之履約期間遭變更，較契約規定者延長，但契約內容並未受影響，故非屬基本的變更。

6. 履約方法之變更

FAR 52.243-4(a) 及 43.205(d) 規定機關於採購工程時，得於契約所約定之範圍內就 (1) 規格；(2) 履行工作之方法或習慣（in the method or manner of performance of the work）；(3) 政府提供之財產或勞務；(4) 加速履約等進行契約變更，其立法之理由係機關除契約另有禁止變更之規定者外，應具有變更廠商履約方法之權利。該條文已明確規定履行工作方法之變更係屬契約範圍內之事項，即機關有權變更履約之方法，但何謂「契約所約定之範圍」或「履行工作之方法或習慣」，有待自實務中內容龐雜之判決或判斷予以查明。例如機關以契約變更方法改變駐地之辦公室[52]，改變儲藏履約用物料之地點[53]，同意廠商得以分包方式履約[54]，及同意廠商改變履約工作之時程等[55]。機關亦得授權廠商以其他適當之履約方法履行契約，例如：同意廠商改變履約工作之順序[56]。在 *Contel Advanced Sys. Inc.*, ASBCA 49072, 02-1 BCA ¶ 31,808 案中，採購申訴審議委員會認爲僅變更建築物之位置並非基本的變更。

7. 政府提供之財產[57]

FAR 52.243-4(a) 規定機關於採購工程時，得就包括政府提供之財產（government-furnished property, GFP）或勞務辦理契約變更，財產自應包括設備、儀器及物料等，故

---

[52] *Melrose Waterproofing Co.*, ASBCA 9058, 1964 BCA ¶ 4119.

[53] *John McShain, Inc.*, GSBCA 3541, 73-1 BCA ¶ 9981.

[54] *Liles Constr. Co. v. United States*, 197 Cl. Ct. 164, 455 F.2d 527 (1972).

[55] *Atlantic Dry Dock Corp.*, ASBCA 42609, 98-2 BCA ¶ 30,025, *recons. Denied*, 99-1 BCA ¶ 30,208.

[56] *H.E. Johnson Co.*, ASBCA 48248, 97-1 BCA ¶ 28,921.

[57] 我國政府採購法令亦有機關供應廠商財產之規定，工程採購契約範本第 8 條㈣規定：「由機關供應之材料、機具、設備，廠商應提出預定進場日期。不任於預定日期進場者，應預先書面通知廠商；其因此致廠商須全部或部分停工時，廠商得向機關申請展延工期。」財物採購契約範本第 8 條㈢及勞務採購契約範本第 8 條㈤亦有「機關提供財物」之規定。

機關依此條文規定具有寬廣之變更政府提供財產的權利，但若機關於契約中承諾提供GFP，但卻未能提供時，則政府之行為並非本條文規定之事項，亦已超出契約所約定之範圍[58]。

若機關交付之政府財產具有瑕疵，在 *Wayne Constr., Inc.,* AGBCA 242, 70-2 BCA ¶ 8443 案中，農業部採購申訴審議委員會判斷應依「契約變更」（Changes）條款處理，而若機關遲延交付政府財產，則應依「暫停執行」（Suspension of Work）條款處理，前後兩者之法律關係並不相同。然在 *Koppers/Clough, A Joint Venture v. United States,* 201 Ct. Cl. 344（1973）案中，法院則認為採購契約中並未有關政府提供財產之條文規定，機關遲延交付政府財產，應依契約變更條款處理[59]。

8. 國家利益

在 *General Dynamic Corp. v. United States,* 218 Ct. Cl. 40, 585 F.2d 457（1978）案中，廠商為海軍興建核子動力潛艦，價金為 6,000 萬美元，但因美國海軍另一艘服役之潛艦長尾鮫號（Thresher）於 1963 年沉沒，海軍發現原設計存有許多瑕疵，立即通知廠商應作甚多的重要設計變更，廠商面臨諸多困難包括船體長度、建造期程衝突及興建設備不足等，該等變更預判將另行支付 1 億美元，法院認為長尾鮫號之沉沒係國家災難，機關變更契約之次數及範圍皆具正當性，蓋國家之生存必須納入考量，再者因為廠商應具備建造核子動力潛艦之高科技，而設計變更係在契約所約定之範圍內，海軍並未違約，廠商必須依約履行[60]。

三、小結

美國聯邦獲得規則（FAR）規定機關得於所列之範圍內行使契約變更之權利，但該規則僅提供原則性之規定，並未明列不得違反之事項，因此有賴實務之諸多案例以闡明合法及違法之界限，各法院及採購申訴審議委員會則認為機關行使契約變更之範圍必須在契約所約定之範圍內作為基礎，不得有逾越該範圍之變更，亦即不得有非契約範圍內之基本變更，以免妨礙廠商間之公平競爭，而認定基本變更之標準係判斷變更工作之重要性，即將原契約規定與變更後之工作相比較，以檢視機關是否曾為基本的（cardinal）或重大（material）的變更，而非從變更之次數予以判斷，判定變更之事由或範圍因各案件之不同而異，並無一個絕對明顯的判斷界線，亦難予以計量化，例如各法院及採購申訴審議委員會甚難認為機關之變更部分如超過契約工作的若干百分比即構成基本變

---

[58] *Allied Materials & Equip. Co. v. United States,* 215 Ct. Cl. 406, 569 F.2d 562 (1978).

[59] Cibinic, Jr., Nash, Jr., Nagle, *Administration of Government Contracts*，前揭註 18，頁 395。

[60] Powell, Jr., "The Cardinal Change Doctrine," 前揭註 3，頁 387-8；Nash, Jr., *"Changes and Claims,"* 前揭註 16，頁 505。

更，即妨礙廠商間之公平競爭[61]，但皆不外將變更之工作與契約所約定之工作相較，以檢視兩者本質之差異性作爲判斷標準。

　　因爲判斷機關變更契約之標準甚爲複雜且不易計量化，故可從構成契約基本變更之事由予以歸納及分類，包括：1. 招標文件之敘述；2. 規格之變更；3. 成本及對工作之妨礙；4. 標的數量之變更；5. 履約期間之變更；6. 履約方法之變更；7. 政府提供之財產；8. 國家利益之因素等，從上列繁瑣之事由及法院判決或審計長之判斷中可再歸納成三個抽象的檢驗標準：1. 採購程序之正義；2. 經濟之效率；3. 確保公平競爭[62]，然機關應如何裁量三者之權重？則應依各採購案件之性質而定，難有絕對固定之公式可資適用。

　　如機關變更契約之行爲已超出契約所約定之範圍，亦即已超出廠商競爭範圍，得標廠商得主張機關已違約，且無履行該變更部分之義務，對於有意或已參與競爭之廠商而言，機關之行爲亦將造成不公平競爭之情形[63]，故機關不得有超出契約所約定範圍的變更契約行爲。然事實上，機關受各種因素影響，甚難不行使契約變更之權利，而通知廠商變更契約卻易引起妨礙公平競爭之質疑，又契約變更亦可能對未變更之部分產生複雜的損害賠償的問題[64]，故機關除非有 FAR 52.243 所列之事由，應禁止行使契約變更之權利[65]，即採取原則禁止，例外同意之原則，較可維持契約變更之合法性。

第二目　我國實務

　　政府採購法第 12 條[66]對契約變更即予以規範。依據行政院公共工程委員會所頒布之採購契約要項及工程、財務及勞務採購契約範本中均規定「契約變更及轉讓」條款[67]，該條款皆規定：機關於必要時得於契約所約定之範圍內通知廠商變更契約（含新

---

[61] Powell, Jr., "The Cardinal Change Doctrine," 前揭註 3，頁 398-9。

[62] Omer Dekel, "Modification of A Government Contract," 前揭註 2，頁 416-7。Omer Dekel, "The Legal Theory of Competitive Bidding for Government Contracts," *Public Contract Law Journal*, Vol. 37, No. 2, 240 (2008).

[63] 美國聯邦政府審計長認爲有意或已參與競爭之廠商均得提出爭議，Richard J. Prevost, "Contract Modification vs. New Procurement," 前揭註 3，頁 454-5、462。

[64] 機關通知廠商變更契約時，對於廠商未變更之部分亦可能造成工作受阻之損失，例如廠商生產力之減損（disruption of productivity）、生產秩序紊亂、人力閒置或吃緊等，在美國聯邦政府採購實務中，曾有法院及採購申訴審議委員會同意廠商主張契約未變更部分之損失。*Utah Mining & Construction Company v. United States*, 384 U.S. 394, 395 (1966); *Coates Indus. Piping, Inc.*, VABCA No. 5412, 99-2 BCA ¶ 30,479, 150,586; *Charles G. Williams Constr., Inc.*, ASBCA No. 33766, 89-2 BCA ¶ 21,733. 見 Reginald M. Jones, "Lost Productivity," 前揭註 24，頁 1-22、45。

[65] Omer Dekel, "Modification of A Government Contract," 前揭註 1，頁 425-6。

[66] 政府採購法第 12 條第 2 項規定：「機關辦理未達查核金額之採購，其決標金額達查核金額者，或契約變更後其金額達查核金額者，機關應補具相關文件送上級機關備查。」

[67] 見採購契約要項之參、契約變更（第 20 條至第 23 條）；工程採購契約範本第 20 條、財物採購契約範本第 16 條、勞務契約範本第 15 條及採購契約要項第 20 條、第 21 條，該等條文內容均相同。

增項目），廠商於接獲通知後，應向機關提出有關契約內容須變更之相關文件，機關則應補償廠商所增加之必要費用。機關通知廠商變更契約係屬單方行為，若採購契約約定之採購標的，有下列情形之一者，廠商方得敘明理由，並於徵得機關同意後，辦理契約變更：1. 契約原標示之廠牌或型號不再製造或供應；2. 原分包廠商不再供應或拒絕供應；3. 因不可抗力原因必須更換；4. 較原契約標示者對機關更有利。故契約範本對於廠商所提出之契約變更建議，必須符合契約規定之條件且徵得機關同意後，方得辦理契約變更，故機關通知廠商變更契約約定之範圍顯較寬廣。

　　就歷年公共工程委員會討論契約變更所作之函釋以觀，其內容不外有主管機關回覆各採購機關對於契約變更之疑難者，例如：機關通知契約變更時，有新增非屬原契約數量清單內所列之工程項目者，該新增工程項目單價編列之方式[68]；工程契約按實作數量計價之項目與契約數量不符時，需否辦理契約變更事宜[69]；機關通知契約變更時，契約原有項目之單價得否重新議訂[70]。亦有主管機關基於公共利益而發布之法規命令，例如：縮短公共工程工期之招標決標策略[71]；採購契約變更或加減核准監辦備查規定一覽表等，大抵均涉及機關於變更契約後如何調整價金[72]等疑難，然尚未見涉及公平競爭之核心問題者，包括：機關變更契約行為之合法性的認定方法，即契約所約定範圍內之變更抑或為基本性（重大性）變更的認定標準。

　　由主管機關公布之研究報告中並未呈現有該類（違反公平競爭爭議）案件發生[73]，而由政府相關機關公布之歷年爭議案件處理彙編中[74]，就其中犖犖大者之中二件與競爭有關之案件臚列並予以分析如下：

　　1. 臺北市政府捷運工程局 CN258 標案——臺北市政府捷運工程局於辦理 CN258 標明挖覆蓋工程時，雖有意將 BL15 至 BL16 潛盾施工路段採用變更追加方式予珠

68　公共工程委員會（公程會）95.9.19 工程企字第 09500361690 號函。

69　公程會 90.9.7(90) 工程企字第 90033154 號函。

70　公程會 95.11.24(90) 工程企字第 09500459150 號函。

71　公程會 98.10.12(90) 工程企字第 09800451890 號函。

72　有關廠商得請求調整價金之範圍及計算方法等，見唐克光，政府採購契約中價金之調整——美國聯邦政府採購及我國法制之比較研究（上），軍法專刊，第 57 卷第 5 期，2011 年 10 月，頁 93-117。

73　公共工程委員會，政府採購爭議處理事件案源及問題類型分析，2003 年 12 月，頁 141-8。

74　網址：http://www.pcc.gov.tw/pccap2/TMPLfronted/ChtIndex.do?site=002，查詢日期：2013 年 5月 25 日。行政院公平交易委員會，機關招標採購適用公平交易法相關案例彙集（增訂二版），1996 年 2 月；行政院公平交易委員會，機關招標採購適用公平交易法相關案例彙集（增訂三版），1997 年 12月；行政院公共工程委員會，公共工程爭議處理案例彙編（Ⅰ），1997 年 11 月；公共工程爭議處理案例彙編（Ⅱ），1997 年 12 月；公共工程爭議處理案例彙編（Ⅲ），1998 年 6 月；政府採購申訴案例彙編（一），2000 年 12 月；政府採購申訴案例彙編（二），2002 年 4 月；政府採購申訴案例彙編（三），2005 年 1 月；政府採購申訴案例彙編（四），2007 年 4 月；司法院，公平交易法及政府採購法裁判要旨選輯，2007 年 11 月。

江公司承作，以縮短工期，避免違約責任，但因涉及非屬 CN258 標合約範圍之 310 公尺潛盾隧道，審計單位於 1993 年 11 月 2 日表示「目前工程招標廠商投標踴躍，競爭激烈，該擬變更追加部份若交與本案承商議價，因無競爭對象，難保該商不藉機抬價致協議不成延誤工期…，本案請檢討儘速辦理招標。」故決定不採用變更追加方式予珠江公司承作，而重新公開招標，遭交易相對人申訴，公平交易委員會則回覆略以：「…，次從市場上之效能競爭是否受到侵害加以觀察，本案涉及之改變甚大，已非一般之變更設計而已，倘業主有權可就最有利之方式規劃辦理，且 BL15 至 BL16 潛盾施工路段採行公開招標，使具有潛盾工程能力之承包商參與競標，尚能發揮市場上之效能競爭，故本案尚未合致欺罔或顯失公平之違法要件。」駁回珠江公司申訴[75]。本案公平交易委員會所稱之「已非一般之變更設計而已」應係契約規定範圍外之變更，用法並無違誤。

2. ○○局○○橋梁新建工程適用擬制變更原則契約爭議案——○○營造工程股份有限公司於承作○○橋梁工程時，因該橋工地近出海口，施工島之填築高度皆高於漲潮時之水位，於開挖時發生砂湧現象，此現象既未在原圖說內明載，又非雙方訂約時所可預知，廠商要求辦理變更設計，並將橋梁基礎之開挖由明挖改為以鋼鈑樁圍堰方式施工，增加打鋼鈑樁作為圍堰之費用，未為○○局接受，經雙方同意向公共工程委員會申請調處，該會核查契約價目單內並無「鈑樁」子項目，廠商於訂約時在合理及其知識範圍內不能則斷有砂湧現象，該現象為一地下所隱藏之實際物理條件與契約文件之規範不一致，其因此所須配合施作之工作項目或方式如有不同，所增加之費用，本諸民事上「誠信原則」及「擬制變更原則」由○○局辦理合約變更加以負擔，符合一般工程慣例，故○○局應辦理合約變更並負擔費用。本調處案漏未敘明以鋼鈑樁圍堰方式施工是否尚未超出契約範圍，抑或已改變原契約之本質，屬基本變更，而應另行招標，便逕同意廠商之請求，似有缺失之處。

我國最高法院及高等法院審理之民事案件中，不難發現契約變更之採購爭議案件確為數甚多[76]，機關通知契約變更之情形繁瑣，例如採購機關（新北市立麗林國小）將原契約規定四樓國小教室變更為二樓案[77]，臺北市立育成高中於興建校舍時增加多項隨附

---

[75] 行政院公平交易委員會，86 年 9 月 5 日 (86) 公貳字第 3156 號函及 3156 號函。

[76] 司法院網站 http://jirs.judicial.gov.tw/FJUD/，查詢日期：2013 年 12 月 25 日。

[77] 臺灣高等法院 97 年度建上易字第 2 號民事判決。

之設備案[78]，國防部軍備部爲因應新訂消防法規變更消防感知器規格案[79]，交通部臺灣區國道新建工程局變更契約完工日期，要求廠商趕工完成案[80]，惟大抵均係廠商於履約中請求給付數額之爭議，尚未見機關與廠商因違反契約所約定範圍或超出契約範圍或違反公平競爭之訴訟案件，亦未見競爭廠商因機關變更契約而主張其違反公平競爭之規定而起訴機關者，故在國內實務甚爲罕見廠商主張機關因契約變更而違反公平競爭之爭議，但該等爭議既已發生於國外，恐終將發生於我國，故宜及早因應。

第三款　公平競爭理論之比較及檢討

美國及我國之政府採購法規均規定應維持廠商公平及競爭的核心精神，我國政府採購法第 6 條第 1 項：「機關辦理採購，應以維護公共利益及公平合理爲原則，對廠商不得爲無正當理由之差別待遇。」此與公平交易法第 19 條第 2 款：「有左列各款行爲之一，而有限制競爭或妨礙公平競爭之虞者，事業不得爲之：二、無正當理由，對他事業給予差別待遇之行爲。」及同法第 24 條：「除本法另有規定者外，事業亦不得爲其他足以影響交易秩序之欺罔或顯失公平之行爲。」相較，內容相符，而美國 10 U.S.C. 2304, 41 U.S.C. 253 均規定政府採購契約之締結必須透過廠商競爭程序爲之，FAR 6.101 並要求政府採購機關除依法令另有規定外，必須於招標及決標程序中，促進及提供完全且公開之競爭，兩國法規均促進並提供完全且公開之競爭。

而機關因故通知廠商契約變更，應如何進行採購，方符合經濟之效率性？頗值得探究。若機關遇有須辦理契約變更之情形時，一律以另行招標並以競爭方法辦理，則機關內部管理成本（包括審查各項文件、開標之成本等）將增加[81]，採購時程亦將延後，常有不經濟之情況發生，政府另須賠償廠商巨額損失，此顯非符合經濟效益之作法；又若機關遇有須辦理契約變更之情形時，一律不得辦理修約或契約變更，即依原契約履行，則契約目的將遭扭曲或機關需求將不克滿足，此亦非妥適之作法；故機關依其需求變更契約內容應最符合政府利益[82]。

但機關依其需求變更契約內容之方法是否就一定符合經濟之效率性？誠有疑問，蓋

78 臺灣高等法院 97 年度建上字第 110 號民事判決。相似之案件尚有基隆深美國民小學建校工程建築工程案中增列多項隨附之設備，臺灣高等法院 98 年度建上字第 84 號民事判決；內政部土地重劃工程處「高鐵台南車站特定區區段徵收公共工程第一標」增列多項隨附工程案，最高法院 100 年度臺上字第 676 號民事判決。
79 臺灣高等法院 97 年度建上字第 20 號民事判決。
80 最高法院 99 年度臺上字第 201 號民事判決。
81 董珮娟，由政府採購協定及美國政府採購法論我國公共工程採購制度——以競爭促進爲核心，臺灣大學法律學研究所碩士論文，1997 年，頁 122-3。
82 Omer Dekel, "Modification of A Government Contract," 前揭註 2，頁 406-7。

機關辦理契約變更係以與廠商協商（並未以競爭）之方法進行，機關是否已以最低價格或最有利條件獲得所需之標的，即其最佳經濟效益，甚難評估，再者，廠商於履約過程中所獲得之資訊常較機關多，即機關易處於資訊不對稱的劣勢之中，對機關不利，此等質疑不能謂絕無理由，綜括上述之利弊分析，同意機關得有條件地變更契約內容雖有1. 未以競爭之方法進行採購；及 2. 資訊不對稱的潛在缺點，但較重新招標或不得招標之效益為佳，換言之，即須視機關變更之內容是否為契約所約定之範圍以判斷該變更為合法或違法，因此等措施常有其正當性，並非必然不當限制競爭或妨礙公平競爭。

政府採購有關之行為確有涉及競爭秩序者，依據 1998 年 12 月 21 日公平交易委員會及公共工程委員會之決議，政府採購法已有規範者，由政府採購法主管機關或相關權責機間依政府採購法處理[83]，此乃兩會分工之所在，自學理及實務層面而言尚未見有重大爭論之處。

第四款　與歐盟及其成員國之比較

美國及我國之採購法令對於契約變更可能造成違反公平競爭之後果均缺乏規範，但美國之採購實務中則有甚多案例提供了採購機關的行為標準。歐盟之各成員國已注意此現象並展開長期討論，但其採購法令對此仍無規定[84]。機關之採購行為若未能妥適規範，結果恐將導致機關可恣意變更契約，而徹底破壞公平競爭之目標，例如採購機關便可能動輒以國家安全或公共利益為理由而逃避規範之拘束，故應如何規範機關之變更契約行為誠屬困難，但機關面對於廠商履約時所可能遭遇之不可預見情況日益增多，實益加需求完備之立法規定以供其遵守。

依現行歐盟發布有關採購財物、工程及勞務的指令中[85]，較與契約變更有關之規定，當推 93/37 號工作指令（the Works Directive）[86]之第 7 條 (3)，該條條文規定機關要求廠商施行契約約定外之工作，於不超過契約價金 50% 之範圍內，得與廠商以協商方式決標予該廠商，然該指令之內容與我國政府採購法第 22 條規定之限制性招標內容大致相同，係指採購機關得採行非公開招標，而以協商方式進行另一採購案件之情形，此與契約變更之情形不同，蓋機關於通知廠商契約變更時，未必成立或進行另一採購案

---

[83] 行政院公平交易委員會，認識公平交易法，2007 年，11 版，頁 20-1。

[84] Vito Auricchio, "The Problem of Discrimination and Anti-competitive Behaviour in the Execution Phase of Public Contracts," *Public Procurement Law Review*, 129 (1998).

[85] 1993 的 Directive 93/36/EC 及 Directive 93/37/EC，以及 1992 年的 Directive 92/50/EC 加上其 1997 年之修正指令 Directive 97/52/EC。見行政院公共工程委員會，歐盟政府採購制度簡介（94/10/06），網址：http://www.pcc.gov.tw/pccap2/BIZSfront/MenuContent.do?site=002&bid=BIZS_C00007027，查詢日期：2014 年 5 月 21 日。

[86] Vito Auricchio, "The Problem of Discrimination," 前揭註 84，頁 122。

件，若契約變更之內容並非基本變更，則該變更仍屬於契約所約定範圍內之變更，機關並不須另行招標，該指令對契約變更之立法參考價值不高。

再就歐盟各成員國之立法情形而言，以法國為例，其民法典第 1794 條（Civil Code, Article 1794）及公共建築法典之規定，機關（買受人，purchaser）不得要求廠商從事與原契約的基本性質不同之工作，而行政法院（Conseil d'Etat）已建立出「新工作」（new work）或契約外（extra-contractual）工作及「減少工作標的」（reduction of the object of the works）之判例[87]，所謂新工作，或契約外工作，係指契約變更後之工作與原契約所約定內容並無關連性者，例如變更原契約之採購標的，且變更工作地點達 3 公里之遠；原契約規格規定應使用石頭作為建築物基礎，機關變更為強化水泥便是。而所謂減少工作標的者，係指機關將採購之財物或勞務數量減少之謂，廠商得依損害賠償之規定，請求未履約部分之期待利益，例如廠商原承包 Lille 市之電纜鋪設，但其中有關運動設施部分遭刪除，致使廠商鋪設工作減少，工程部（the Minister for Public Works）所持理由係減少之工作並未逾原契約規定工作之 20%，廠商並無請求理由，但行政法院認為工程部之行為已實質減少工作標的，判決工程部敗訴，並要求採購機關必須以協商方式進行契約變更[88]。

依據義大利 109/94 法（公共工程契約基本法）第 25 條規定：

機關於聽取設計者及工作主任之意見後，得於廠商履約時變更契約，但以有下列情形者為限：(a) 基於立法或法令變更之理由；(b) 有法令規定之不可抗力事件發生；(c) 於履約過程中因錯誤或忽略所致，…3. 如契約變更之金額超過契約金額之 1/5，機關及廠商應速協商以求解決契約之方法或另開始招標程序…[89]。

由於該條文具體明列機關得變更契約之情形，在各國立法中具有首創性質，可有效規範該國在工程採購中日益頻繁之契約變更情形，亦可供其他國家作為立法參考，然契約變更之金額不得超過契約金額 1/5 之限制已引起採購機關抱怨太過嚴格，主張該限制應依歐盟 93/37 號工作指令第 7(3)(d) 條規定，放寬至原契約價格之 50%[90]。

依據比利時皇家履行公共工程及工程和解之一般法令（the Royal Decree on the

[87] 同前註，頁 118。
[88] 同前註，頁 118-9。
[89] 公共工程契約基本法（framework law governing public works contracts），同前註，頁 116-7。
[90] Vito Auricchio, "The Problem of Discrimination," 前揭註 84，頁 116-7。歐盟指令允許各成員國訂立其採購法令，但該等採購法令不得違反歐盟指令之立法目的，例如歐盟指令要求在招標文件中所規定之門檻，各成員國得降低門檻之要求。Jean-Jacques Verdeaux, "Public Procurement in the European Union and in the United States: a Comparative Study," *Public Contract Law Journal,* Vol. 32, No. 4, p. 725 (2003).

subject of General Rules of Execution of public works and public works concessions）第 7 條規定[91]：「機關於契約目標不變及應賠償廠商之情形下，得單方變更原契約規定之工作範圍。機關於變更原契約時不受原契約計價方式之影響。」故機關得依此規定要求廠商加速履約、變更建築之建材及加大其間間隔等。又依其通用契約條款（the General Conditions of Contract）第 42 條規定[92]：「廠商應執行機關於履約階段被通知之增加、減少及改變之指示，但該指示應符合採購契約之目標，並須於契約範圍內（within its boundaries）始生效力。如因變更契約致增加金額逾契約金額 50% 者，廠商對於超過之部分得不履行之。」本條款對於契約變更之金額予以限制，以免機關逃避重新招標之義務，比利時行政法院（Conseil d'Etat）即依此規定，要求對於契約變更之金額逾契約金額 50% 者，均應重新招標。

　　綜觀歐盟、法國、義大利及比利時之採購法制，均面臨機關於通知廠商契約變更時，可能引起違反公平競爭的問題，其中法國、義大利及比利時之法院實務亦採取契約變更之範圍應予限制之見解，即如契約變更超出契約約定之範圍，則機關應另行招標，此見解與美國聯邦政府採購法制之見解相同。義大利及比利時更於法令或通用契約條款中規定，如契約變更之金額超過契約金額之一定比例，機關及廠商應速協商以求解決契約之方法或另開始招標程序，美國聯邦政府採購法制則無此見解及作法[93]。

　　我國政府採購事務之主管機關雖依其職權發布「採購契約變更或加減價核准監辦備查規定一覽表」[94]，然經查其內容主要係規範於採購契約變更時之核准、監辦及備查等事宜，對於契約變更及公平競爭之關聯性則未有任何規範，因此機關於通知廠商契約變更時，所可能引起違反公平競爭的問題，更宜及早研究並謀求因應之方法。

第五款　建議

　　契約變更之限制及規範在美國聯邦政府之採購實務上已行之多年，在學理上亦屬可行，在美國聯邦及歐盟成員國之採購措施中，有諸多值得參考及借鏡之處，而我國政府採購法及其子法中則有疏漏之處，謹將其中犖犖大者臚列如下列之辦法草案，建議於修法時併予考量及加列：

---

[91]　Vito Auricchio, "The Problem of Discrimination," 前揭註 84，頁 119-21。

[92]　同前註。

[93]　如契約中規定：機關變更之金額超過契約金額之一定比例時，必須另行招標，則此限制金額之規定可能引起機關於必須進行多次必要變更時之困擾，蓋多次必要變更所支付之金額可能超出該一定比例之上限，機關必須另行進行採購程序，喪失採購效率。Nash, Jr., "Changes and Claims," 前揭註 16，頁 513。

[94]　行政院公共工程委員會 91.3.29(91) 工程企字第 91012359 號令。

第一目 政府採購法修正條文（草案）

條　文	理　由
第十二條第四款 （契約變更之立法授權） 契約變更實施辦法，由主管機關定之。	一、本條新增。 二、載明立法之授權。

第二目 契約變更實施辦法（草案）

條　文	理　由
第一條（訂定依據） 　本辦法依政府採購法（以下簡稱本法）第十二條第四款規定訂定之。	一、本條新增。 二、載明立法之授權。
第二條（契約變更之適用時機） 　機關於通知廠商契約變更時，非有下列情形之一，不得為之： 一、於發現契約錯誤時，且有更正之必要。 二、基國防之理由必須修正契約。 三、機關因其行為致廠商於履行採購契約時遭受損害。 四、其他機關認為必要時。	一、參考下列案件： 　1. *Edward R. Marden Corp. v. United States*, 194 Ct. Cl. 799, 442 F.2d 364 (1971)： 　2. *General Dynamic Corp. v. United States*, 218 Ct. Cl. 40, 585 F.2d 457 (1978)： 　3. *Utah Mining & Construction Company v. United States*, 384 U.S. 394, 395 (1966); *Coates Indus. Piping, Inc.*, VABCA No. 5412, 99-2 BCA ¶ 30,479, 150,586; *Charles G. Williams Constr., Inc.*, ASBCA No. 33766, 89-2 BCA ¶ 21,733 等案。 二、為授予機關認定必要時得變更契約之權利，故予以一般性之規範。
第三條（契約變更之範圍） 　機關通知廠商契約變更時，變更之內容以下列為限： 一、圖說、設計或規格。 二、運輸或包裝之方式。 三、交付地。 四、履行工作之方法。 五、政府提供之財產或勞務。 六、加速履約之進行。	參考 FAR 50.3 之規定。

第四條（契約變更之範圍限制） 　　機關通知廠商契約變更時，變更之內容不得逾越契約所約定之範圍或改變契約之性質。 　　機關應依下列事項判斷契約變更是否逾越契約規定之範圍或已改變契約性質： 一、招標文件之敘述。 二、規格之變更程度。 三、對成本及對契約工作之妨礙。 四、標的數量之變更程度。 五、履約期間之變更程度。 六、履約方法之變更程度。 七、政府提供財產之改變。 八、國家利益之維護。	一、參考 *Air-A-Plane Corp. v. United States*, 187 Cl. Ct. 269, 408 F.2d 1030（1969）訂定第一項之規定。 二、參考下列案件及規定，訂定第 2 項之規定： 1. *National Data Corp.*, Comp. Gen. Dec. B-207340, 82-2 CPD ¶ 222； 2. *Webcraft Packaging, Div. of Beatrice Foods Co.,* Comp. Gen. Dec. B-194087, 79-2 CPD ¶ 120； 3. *Peter Kiewit Sons' Co. v. Summit Constr. Co.*, 422 F.2d. 242 (8th Cir.1969)； 4. *P.L. Saddler v. United States*, 152 Ct. Cl. 557, 287 F.2d 411 (1961)； 5. FAR 52.243-4(a)(4)；*Saratoga Indus., Inc.,* Comp. Gen. Dec. B-247141, 92-1CPD ¶ 397； 6. FAR 52.243-4(a)；43.205(d)； 7. *Koppers/Clough, A Joint Venture v. United States*, 201 Ct. Cl. 344 (1973)； 8. *General Dynamic Corp. v. United States*, 218 Ct. Cl. 40, 585 F.2d 457 (1978)。
第五條（契約變更之金額限制） 　　如契約變更之金額超過契約金額之二分之一，機關及廠商應速協商以求解決契約之方法或由機關另開始招標程序。	參考歐盟 93/37 號工作指令（the Works Directive）之第 7(3) 條之規定。
第六條（其他顯失公平行為之禁止） 　　除本法另有規定者外，機關不得為其他顯失公平之行為。	參考美國 10 U.S.C. 2304, 41 U.S.C. 253, FAR 6.101 及我國政府採購法第 6 條第 1 項之規定予以一般性之規範。
第七條（施行日期） 　　本辦法自中華民國　　　年　　　月　　　日施行。	

第六款　結論

綜觀美國、歐盟、法國、義大利及比利時對於機關變更契約之裁量標準，缺乏明文規範，惟有從採購實務之案例中方可歸納出機關得通知廠商契約變更之範圍及裁量標準，如機關變更契約之行為已超出契約規定之範圍，亦即已超出廠商競爭之範圍，得標廠商得主張機關已違約，且無履行該變更部分之義務，對於有意或已參與競爭之廠商而言，亦將造成不公平競爭之情形，故機關不得有超出契約規定範圍的變更契約行為。然事實上，機關受各種因素影響，甚難不行使契約變更之權利，而機關通知廠商變更契約之行為卻易引起妨礙公平競爭之質疑，故機關除有符合規定條件之情形外，應禁止行使契約變更之權利，即採取原則禁止，例外同意之原則，方可維持契約變更之合法性。

由於契約變更之範圍及裁量標準甚難有明確之區分界限，也難全部以計量方法證實，這正是契約變更所產生問題中最複雜及最困難克服之處，由於裁量標準不易完全以具體文字表明，故難免使用較為抽象文字予以敘述。但為防止機關恣意行使契約變更之權利，破壞公平競爭，應有研擬契約變更之實施法令並予以公布之必要，尤其是履約期間較長或研發類型之採購案件更為明顯，藉以確保機關與廠商間公平交易。

契約變更誠屬採購實務中不克避免的現象，各國立法例均允許機關得通知廠商契約變更，但必須符合適用時機之條件，至於是否應對契約變更予以金額限制？例如契約變更之金額超過契約金額之 1/5 或 1/2 時，機關應另開始招標程序？目前各國立法例並不一致，義大利及比利時有此限制，美國聯邦採購法令則無，此立法例應有利弊參半之結果，利是嚴格限制機關通知廠商契約變更之金額，使其不得無限制地行使契約變更之權利，弊端則是機關為求國家安全，顧及其他競標廠商究竟未若原廠商熟悉履約條件，機關不得不支付巨額之契約變更費用時，卻必須另行開標，履約效果大打折扣，產生弊端大於利之情形。由於我國採購案件中較少見研發型者，故我國似可考慮對契約變更之金額予以限制。

第二節　政府採購契約中價金之調整[95]

依據我國政府採購法中「工程、財物及勞務採購契約範本」之規定，政府採購機關認有必要時，得於契約所約定之範圍內，通知廠商變更契約，廠商於接獲通知後，應向機關提出契約標的、價金等或其他契約內容須變更之相關文件。廠商因機關要求變更契約，或因機關違約，造成廠商損害時，固得請求因此而增加之人工及物料成本，但在實

[95] 本節內容曾發表於「軍法專刊」2001 年 10 月第 57 卷第 5 期及 12 月第 57 卷第 6 期中。

務中則有諸多價金調整之爭議值得分析及解決，例如：契約之價金應如何調整？同意成本之標準爲何？成本應如何分類？廠商因此而使用辦公室，或需要會計服務，可否請求政府支付此金額費用？可否請求機具設備之折舊率？廠商必須向他人借款方可完成履約，廠商可否請求利息費用？上述問題均有待以科學性之理論及實務予以解決。

　　然我國對於廠商應如何主張契約償金調整之規定仍付諸闕如，故應以理論基礎檢視我國及美國聯邦政府相關法律及實務，再研究我國法律是否有應增定或修正之處。本文主要依據美國聯邦法規，包括聯邦法典及獲得規則等，及其各採購申訴審議委員會之判斷予以論述，並自法律理論予以檢討。本文首先檢視美國聯邦政府於辦理採購時，對於廠商價金調整之基本原則，包括調整價金、損害賠償及按值計酬，再自法律層面研究調整價金之效力及調整價金之標的及證明之方式，本文並檢視兩國內國法令及實務，俾能了解我國法規疏漏之處，最後謹提供建議，以供修法時併予考量及加列。

第一款　前言

　　採購機關與廠商訂立採購契約以採購所需之工程、財務或勞務，但履約過程中常有須調整契約價金之事由發生，例如採購契約範本中所規定之「契約變更」條款[96]便是，其他情形尚包括：由機關供應之材料、機具、設備發生遲延或具有瑕疵[97]、暫停執行（stop-work order）[98]、廠商履行工程採購案時遭遇異常工地狀況（differing site condition）[99]等，機關若要求廠商改變履約方法，則廠商可能因此增加成本之支出，自可

----

[96] 工程採購契約第 20 條、財物採購契約第 16 條及勞務採購契約第 15 條均規定：「㈠機關於必要時得於契約所約定之範圍內通知廠商變更契約（含新增項目），廠商於接獲通知後應向機關提出契約標的、價金、履約期限、付款期程或其他契約內容須變更之相關文件。契約價金之變更，其底價依採購法第 46 條第 1 項之規定。㈢機關於接受廠商所提出須變更之事項前即請求廠商先行施作或供應，其後未依原通知辦理契約變更或僅部分辦理者，應補償廠商所增加之必要費用。」行政院公共工程委員會，網址：http://erp.pcc.gov.tw/pccap2/BIZSfront/MenuContent.do?site=002&bid=BIZS_C09804055，查詢日期：2010 年 6 月 14 日。

[97] 工程採購契約第 8 條㈣、財物採購契約第 8 條㈠及勞務採購契約第 8 條㈠條均有機關交付廠商與履約有關標的規定。

[98] 我國工程採購契約第 21 條㈩、財物採購契約第 17 條㈧及勞務採購契約第 16 條㈧均規定：「因非可歸責於廠商之情形，機關通知廠商部分或全部暫停執行，得補償廠商因此而增加之必要費用，並應視情形酌予延長履約期限。但暫停執行期間累計逾六個月（機關得於招標時載明其他期間）者，廠商得通知機關終止或解除部分或全部契約。」

[99] 所謂「異常的工地狀況」係指：1. 工地地下或隱藏的物理條件有別於契約之規定者；2. 工地地下具有不可知且非尋常之狀況，與契約所規定或一般工程所認知之性質不同者。見美國聯邦獲得規則 Federal Acquisition Regulation (FAR) 52.236-2。廠商於履行工程契約，遇有異常的工地狀況時，可主張民法之情事變更原則，並援引民法第 227 條之 2 第 1 項之規定，向定作人（機關）請求所增加的費用。如廠商實際報酬超過預估概數甚巨時，得依同法第 506 條規定，向機關請求其賠償相當之損害。李永然、施盈志，工程承攬契約——政府採購與仲裁實務，2005 年 2 月，頁 51-4。

要求機關給付其增加之成本[100]，廠商或以機關違反契約之規定而請求損害賠償，或以公平調整價金之理論請求契約價金之調整，其實兩者在計算廠商應獲得之價金調整方法上並無不同，即均請求獲得價金之向上調整，然美國聯邦法規對於如何計算價金之調整並無明確規範，而美國各法院及採購申訴審議委員會皆以後者，即以公平調整價金之理論解決爭議，究其原因，不難發現價金調整之理論及實踐已融合法律及會計等專業知識，非但兼顧機關及廠商之責任及權利，更能以科學方法計算機關應給付廠商之調整金額，由於該理論及實踐具備客觀性、公正性及實用性，故不僅為聯邦政府採購契約採用，非聯邦政府採購契約亦採用之[101]。

　　我國政府採購法對於契約價金之調整條件及應如何相對應調整，亦欠缺詳細規範；行政院主計處發布之「政府會計準則公報」[102]及其他行政法令亦漏未規定；審計法第60條雖規定：「各機關營繕工程及定製財物，其價格之議訂，係根據特定條件，按所需實際成本加利潤計算者，應於合約內訂明；審計機關得派員就承攬廠商實際成本之有關帳目，加以查核，並將結果通知主辦機關。」雖規定「成本加利潤計算」，然並未定義「成本」及「利潤」，其他中央[103]或主計法規[104]均未對之有任何定義或解釋，無法規範複雜的價金調整之法律關係，縱然採購契約範本中「契約變更」條款係藉由「廠商於接獲通知後應向機關提出契約標的、價金、履約期限、付款期程或其他契約內容須變更之相關文件。」即由機關與廠商對契約償金之變更達成意思之合致，然事實上廠商對於將來應支付之費用亦不能確定，則意思之合致恐不易達成，因此容易造成機關及廠商間見解不同而產生爭執，故若能有一套準則藉以規範價金調整事宜，將廠商實際支付之成本予以歸類，並適用該準則判定機關應否支付廠商該費用，及是否應支付全部數額等[105]，必將有利於履約工作之進行，又該成本認定之準則非但可適用契約變更時，作為

---

[100] 採購契約要項第32條（契約價金之調整）：「契約價金係以總價決標，且以契約總價給付，而其履約有下列情形之一者，得調整之。但契約另有規定者，不在此限。㈠因契約變更致增減履約項目或數量時，得就變更之部分加減帳結算。㈡工程之個別項目實作數量較契約所定數量增減達百分之十以上者，其逾百分之十之部分，得以變更設計增減契約價金。未達百分之十者，契約價金得不予增減。㈢與前二款有關之稅捐、利潤或管理費等相關項目另列一式計算者，依結算金額與原契約金額之比率增減之。」

[101] 美國各州州政府亦有引用聯邦法令對於價金調整規定之情形，例如：*Fattore Co. v. Metropolitan Sewerage Comm'n*, 505 F.2d 1 (7th Cir. 1974)，該案訴訟主體並非聯邦政府機關，但法院引用聯邦法院有關價金調整之判決。John Cibinic, Jr., Herman M. Braude, *COST RECOVERY AND MAJOR PRICING ELEMENTS in* Construction Contracting 686 (1993).

[102] 行政院主計處，政府會計公報，網址：http://www.dgbas.gov.tw/lp.asp?ctNode=260&CtUnit=156&BaseDSD=7，查詢日期：2010年6月14日。

[103] 全國法規資料庫，網址：http://law.moj.gov.tw/，查詢日期：2010年6月16日。

[104] 主計法規及相關規定查詢 http://law.dgbas.gov.tw/，查詢日期：2010年6月16日。

[105] John Cibinic, Jr., Ralph C. Nash, Jr., James F. Nagle, Administration of Government Contracts, pp. 659-60 (2006).

計算或判定廠商已支付成本是否爲可允許成本（allowable costs）之用，亦適用於機關使用成本計價型契約（cost-reimbursement contracts）[106]，於歸類及判定廠商已支付成本之性質時，作爲規範之依據[107]，可有效疏導及減少訟源。

　　由於美國及我國政府迄今並未頒布一套規範政府採購中價金調整事宜之準則，而在我國採購實務中，特別是工程採購，並未有完全一致之作法，故有待自法律及其他所涉學門領域——會計學之理論及實務面予以研究，以期解決該問題之必要。再者，國內亦鮮少有學者探究採購中廠商價金調整之文獻，因此引發本文之研究動機，期望探討世界先進國家——美國對於價金調整之作法，並研究其是否適當，以供我國參考。本文之所以以美國聯邦政府之採購制度爲探討中心，係因其採購法已行之逾百年，不僅體系健全更能結合科技、管理、經濟及會計等知識，使理論與實務密切結合，充分發揮引導工商業發展及繁榮社會之效果；再者美國係世界貿易組織（World Trade Organization, WTO）中政府採購協定（Agreement on Government Procurement, GPA）之締約國，其採購之相關法規及實踐均須接受WTO之貿易檢視[108]，其合符GPA之規範亦即合符世界貿易規範之正當性，實不容置疑。我國廠商如欲拓展商機，則充分瞭解美國聯邦政府之採購制度實屬必要，故美國採購法之制度頗有參考價值，因此本文即以美國聯邦政府之採購制度爲研究中心。

　　價金調整之理論及實踐所涉範圍甚爲廣泛及複雜，然每一環節均關係廠商及採購機關之權利義務，影響甚大，然本文囿於篇幅有限，故並不討論價金調整之價金協商及稽核。本文先自美國聯邦採購法制之層面探討價金調整中之發生原因，即機關行爲所導致廠商增加額外支出費用之原因，再研究因契約變更、遲延等原因所增加之直接成

---

[106] 成本計價型契約（cost-reimbursement contracts）亦稱之成本償還契約，係指採購機關與廠商於訂立採購契約時，僅預估廠商所需之總成本，並不具體約定契約價金，廠商不論工作完成與否，採購機關皆應依約給付其履約時所支付之合理成本。機關支付廠商之成本或利潤，非經機關另行同意，以契約規定者爲限之謂。該型契約在美國聯邦採購理論及實務甚爲重要，美國自第一次世界大戰起，便大量使用成本計價型契約從事研發及製造軍事裝備；有關成本計價型契約之種類、體系及條款，見唐克光，論成本計價型契約之體系及條款——以美國聯邦政府採購爲例，政大法學評論，第110期，2009年8月。

[107] 見美國白宮所屬管理暨預算辦公室（Office of Management and Budget)於2004年5月10日發布之第A-87號通告（OMB CIRCULAR A-87 Revised 05/10/04）中"A. Purpose and Scope"，網址：http://www.whitehouse.gov/omb/circulars_a087_2004/，查詢日期：2010年7月14日。該通告要求各聯邦及州政府所屬機關應遵照其所規定之可被允許成本（allowable costs）的認定標準，以提升政府施政品質。

[108] WTO, Trade Policy Review Mechanism, The Results of the Uruguay Round of Multilateral Trade Negotiations, pp. 434-7 (1995).

本[109]、間接成本[110]及利潤之補償，財務融資成本及價金調整之證明方法等履約問題等，以該國法院判決或審計長之判斷等以爲借鏡，本文再從我國實務或學理面予以解釋及檢驗，最後，對我國政府採購法及其相關子法中缺漏部分提出建議，冀望能提供學術及實務界參考。由於本文將自成本及利潤二層面討論損害賠償與價金調整之關係，即損害賠償之請求範圍，與我國民法第 216 條第 1 項所規定損害賠償之一般範圍，除法律另有規定或契約另有訂定外，爲「所受損害」及「所失利益」是否有背？故本文之預期成果不僅適用於政府採購中損害賠償之計算，即使非政府採購之交易亦可參考適用。

第二款　發生原因

廠商因機關行使契約變更（Change）[111]、暫停執行（Suspension of Work）[112]及異常的工地狀況（Differing Site Conditions）[113]等條款之規定，致使廠商履約成本增加，則廠商得請求公平調整契約價金。在實務中常見者係廠商因機關行使上列規定致使其發生生產

---

[109] 直接成本可區分為直接原料（direct materials）及直接人工（direct labor）二部分，直接成本及製造費用（factory overhead）合稱製造成本（manufacturing costs），而非製造成本則包括：行銷或銷售成本（marketing or selling costs）及管理成本（administrative costs）等。此成本分類方式最被廣泛使用，但亦可用其他方法將成本予以分類者，例如：產品成本（product costs）及期間成本（period costs）等。陳美月，管理會計，4 版，2001 年 5 月，頁 26-9；Ray H. Garrison & Eric W. Noreen, Managerial Accounting, 9th edition 原著，莊雅妃、郭淑芬、蘇志泰譯，管理會計，2001 年，頁 41-3；Charles T. Horngren, George Foster, Strikant M. Datar, Cost Accounting: A Managerial Emphasis, 8th edition 原著，王美蘭、黃提豐、顏信輝、林各峻譯，成本會計，上冊，2004 年，頁 48。亦有學者將非製造成本區分為：行銷成本、行政成本、研究發展成本（research and development cost）及財務成本（financial cost）者，王怡心，成本與管理會計，2006 年，頁 62-5。

[110] 間接成本係指投入是指除直接投入該履約工作以外之任何成本，即同時履行兩個以上成本標的所支出的成本，故凡不能直接歸屬或立即被辨認為屬於某一物料或勞務之成本，均屬之。簡言之，間接成本係支援主要成本（直接成本）之工作，且不能將之直接歸屬於單一契約者。直接成本加間接成本之總和便是全部成本。FAR 31.203(a)(b). Department of Defense, Armed Services Pricing Manual (ASPM), 6.1, Vol. 1, 1986. 龍毓聃譯，會計辭典，1980 年，頁 342-3、359。間接成本並不能直接推算至個別成本單位，故應先以合於邏輯的方式彙齊至間接成本庫（pool），然後再分攤（allocate）於各個成本標的。廠商彙齊間接成本至帳目聚散中心之方式應合符邏輯的要求，然其方式則無限制，較常見的彙集可分為：物料（material）、工程（engineering）、製造（manufacturing）等間接製造成本（overhead）、一般及行政支出（general and administrative expenses, G&A）等四種，FAR 31.203(b), ASPM 6.1-2. 廠商彙齊之基期，通常以廠商的會計年度為準。如廠商能有效控制間接成本，則該成本應被控制在一定範圍之內。採購機關應評估廠商所報間接成本支出及分擔之合理性及必要性，並應檢視其分擔的數據基礎（bases）及方法（methods）之合理性。至於詳細的分攤方法則規定於 ASPM 第 6 章及成本會計準則（Cost Accounting Standards, CAS）CAS 410 及 CAS 418。

[111] FAR 52.243-4.

[112] FAR 242-14.

[113] 我國工程採購契約範本第 17 條(五)規定：機關及廠商因下列天災或事變等不可抗力或不可歸責於契約當事人之事由，致未能依時履約者，得展延履約期限；不能履約者，得免除契約責任：13. 其他經機關認定確屬不可抗力者。FAR 52.236.2.

及履約遲延之情形，因而增加成本之支出，則廠商得請求調整契約價金，然值得注意的是廠商得請求公平調整契約價金之事由，其增加之成本係發生於政府行為之後，並非發生於政府行為之前。若致使廠商發生生產及履約遲延之情形係發生於契約變更之前，例如機關開立瑕疵規格造成廠商成本增加[114]，或廠商施工時因遭遇異常的工地狀況，等待機關指示致履約遲延[115]，則廠商應依機關違反契約（breach of contracts）或暫停執行等理由請求調整契約價金，而非依契約變更之理由請求，以免其請求遭駁回[116]。

調整政府採購契約價金之發生原因，自美國法院歷年判決、其審計長之決定及各採購機關採購申訴審議委員會之判斷，可歸納成三項[117]，即一、依照契約條款之規定調整價金；二、損害賠償[118]；三、按值計酬等。分別說明如下：

第一目　依照契約條款之規定調整價金

依各標準契約相關條款之規定，因政府之行為或天災、事變等事由對廠商之成本產生影響，須要契約對價金予以調整，美國法院常用「公正調整（equitable adjustments）」一詞[119]，採購法規則使用「調整（adjustments）」[120]，均係指「價金調整」。價金之調整之基本原則應係「依契約履行所產生合理成本及變更後履約所生合理成本之差價」（the difference between what it would have reasonably cost to perform the work as originally required and what it reasonably cost to perform the work as changed.）[121]，此可稱為「依約履行所生合理成本」規則（"would have cost" rule），例如在 *Admiral Corp.,* ASBCA 8634, 1964 BCA ¶ 4161 案中，政府採購電池箱，原契約價金每只係 7.52 美元，後政府採購機關變更規格，每只電池箱價金之成本上漲為 11.63 元，廠商報價係 12.48 美元／每只，機關主張政府可自 12.48 元扣除 0.85 元，即 12.48 元減 11.63 元等於 0.85 元之差額，但三軍採購申訴審議委員會認為機關之主張並無理由，廠商應獲得之價格係 11.63 元減 7.52 元後之 4.11 元，加上管理費用（general and administrative expense）及利潤[122]。

而法院必須考量契約價金之增加與契約變更具關連性之因素後，判定應調整之價

---

[114] *J.W. Hurst & Son Awnings,* Inc., ASBCA 4167, 59-1 BCA ¶ 2095.

[115] *Beauchamp Constr. Co. v. United States,* 14 Cl. Ct. 430 (1988).

[116] *Model Eng'g & Mfg. Corp.,* ASBCA 7490, 1962 BCA ¶ 3121.

[117] Cibinic, & Braude, *COST RECOVERY AND MAJOR PRICING ELEMENTS*，同註 101，頁 685-701。

[118] Cibinic, Nash and Nagle, Administration of Government Contracts，同註 105，頁 678-85。

[119] *General Builders Supply Co. v. United States*, 187 Ct. Cl. 477, 409 F.2d 246 (1969).

[120] 例如：FAR 52.212-12 "the Suspension of Work".

[121] *Modern Foods, Inc.,* ASBCA 2090, 57-1 BCA ¶ 1229.

[122] Cibinic, Nash and Nagle, Administration of Government Contracts，同註 105，頁 664。

金[123]。價金之調整可區分為二種：一是對停止履約工作部分之調整價金，契約價金應調降，而另一種則是增加履約工作，則契約價金應調升，分述如下：

一、對終止履約工作部分之調整價金

㈠計算之原則

對於廠商履行因契約變更部分所生之成本固產生價金之調整，然對於契約未變更部分，則應依原契約規定之價格計價，但若廠商能舉證原契約未變更部分之效能因此產生不利的影響，則該不利的影響亦得成為請求價金調整之理由。契約中已完成部分，雖可能因契約之變更而失其功能，但機關仍應依契約規定之價格給付廠商。至於廠商因部分履約工作遭終止，則其可請求之調整金額應依其節省之成本計算[124]，若廠商之部分履約工作雖被終止，但並未因此減少成本之支出，則不得請求價金調整[125]。若廠商因此減少支出成本，則調整之金額應係以若履約工作未被終止時，其所支付之成本與為履行變更契約後之成本差價為計算標準，而非預估之成本（cost estimates），廠商若能證明其若履行契約之成本將高於投標或契約金額者[126]，則應以廠商所能舉證之成本為計算標準；在 *S.N. Nielsen Co. v. United States*, 141 Ct. Cl. 793（1958）案中，機關原採購將電線管線埋設於地下，廠商得標價是 60,800 元，後因機關變更設計，改成高架配電系統，應支付 19,180 元之成本，法院同意政府所主張以 60,800 元減去 19,180 元之 41,620 元作為從契約價金扣除之數額。

廠商對於契約變更的估價並非必然被各採購機關或採購申訴審議委員會所接受，如其認有更精確或更具價值之證據，自當可優先被採用，例如：採購申訴審議委員會認為分包廠商於契約變更前所提出之報價，較廠商提出之變更的估價優先採用[127]；廠商交付他人與被終止履約標的相同之收據，該收據之證據效力應較原廠商提出之變更的估價優先採用[128]。但若機關或廠商不能提出更具價值之證據，則廠商提出之變更的估價亦可被採信，例如：原廠商提出之契約變更的估價較機關及廠商後提出之估價更值採信[129]；原廠商提出之契約變更的估價可被採信，但應調整成包含間接成本及利潤[130]。此外，機關提出與被終止履行標的相同之成本資料，較廠商所主張之該產業的一般平均值更值採

---

[123] *Pacific Architects & Eng'rs, Inc. v. United States,* 2003 Ct. Cl. 499, 491 F.2d 734 (1974).

[124] *Fordel Films West.,* ASBCA 23071, 79-2 BCA ¶ 13,919.

[125] *Temsco Helicopter, Inc.,* IBCA 2594-A, 89-2 BCA ¶ 21,796.

[126] *Skinker & Garrett, Inc.,* GSBCA 1150, 65-1 BCA ¶ 4521.

[127] *J.S. Alberici Constr. Co.,* GSBCA 10306, 91-2 BCA ¶ 23,846.

[128] *Atlantic Elec. Co.,* GSBCA 6016, 83-1 BCA ¶ 16,484.

[129] *State Mechanical Corp.,* VABCA 2797, 91-2 BCA ¶ 23,830.

[130] *Select Contractors, Inc.,* ENGBCA 3919, 82-2 BCA ¶ 15,869.

信[131]。綜之，採購申訴審議委員會可依據廠商或機關所提出之成本估價判斷是否具說服力，決定採信與否。

(二)例外情形

由各採購申訴審議委員會之判斷尚可歸納出，彼等於依據「依約履行所生合理成本」規則（"would have cost" rule）計算調整之價金之時，有下列例外之情形。

1. 各分項標的之價金明確

在 *Gregory & Reilly Assocs., Inc.*, FAACAP 65-30, 65-2 BCA ¶ 4918 案中，聯邦民航局（Federal Aviation Administration）於招標時將契約標的分成四階段，後因契約變更，刪除其中一階段，由於廠商在投標文件中將各階段分列為各項，並載明各單價，雖然各階段之單價有超過成本者，亦有不足成本者，此於建築產業中係普遍存在之現象，該局仍以該單項價金作為調整契約價金之基礎。該局採購申訴審議委員會（Federal Aviation Agency Contract Appeals Panel, FAACAP）並認為尚應從履約標的之性質、招標文件內容及契約主體之真意等判斷該單價是否可自總契約價金中分別計算，若招標文件要求單項標的之單價並不適合再分別列明價金者，方可以該單項價金作為調整契約價金之基礎[132]。

2. 規格不明

招標文件之規格並不明確，致廠商因信賴該規格而支出超過正常履約之費用，則廠商得請求因此所受之損害或請求價金調整。價金調整應以其投標價作為計算基礎[133]，同理，若機關於開立具瑕疵之規格後，廠商據以履約，後機關發現該瑕疵，要求契約變更，則廠商所得請求之價金調整，應以其若未履行瑕疵規格之費用及實際支付之成本加計管理費及利潤等之差額作為計算之標準[134]。

3. 特別契約規範

機關與廠商於訂立契約之時，已於契約內約定變更契約價金調整的方式，則該約定自有拘束力，例如在 *Batson-Cook Co.*, GSBCA 4069, 74-2 BCA ¶ 10,801 案中，契約規定，若有契約變更發生，則以契約所列之標的單價作為價金計算之基礎。在 *Military Service, Inc.*, ASBCA 21595, 79-1 BCA ¶ 13,614 案中，契約亦規定廠商於變動區域外供應餐食之價金計算基礎，自應依約計算價金之調整。

---

[131] *Harrison Western/Franki-Denys(JV)*, ENGBCA 5506, 93-1 BCA ¶ 25,406. Cibinic, Nash and Nagle, Administration of Government Contracts，同註 105，頁 664-5。

[132] 參見 *Askenazy Constr. Co.*, HUDBCA 78-2, 78-2 BCA ¶ 13,402.

[133] *Bern Kane Prods. Inc.*, ASBCA 8547, 1963 BCA ¶ 3,823.

[134] *National Mfg., Inc.*, ASBCA 15816, 74-1 BCA ¶ 10,580.

4. 細小品項之刪除

在 *Pacific Contractors, Inc.*, ENGBCA PCC-29, 79-2 BCA ¶ 13,998 案中，陸軍工兵司令部（Army Corps of Engineers）採購申訴審議委員會判斷，本案應依廠商在投標文件所列之單價作爲調整之計算基礎，但有鑑於廠商之成本無前例可供參考，且機關及廠商爲此協商將耗時耗力，故刪除細小品項，此作法尚未違反該產業之習慣。

二、對增加履約工作部分之調整價金

廠商必須有因成本增加而且支付該成本之事實，方得請求價金之調整[135]。在廠商尚未支付成本以履行契約變更之前，自應預估將增加之成本，而履行契約後之所實支付之成本便成爲計算應調整價金之基礎。由於如何計算廠商已支付之成本及如何調整價金，涉及公平性之探求，美國法院、審計長及採購申訴審議委員會等實務之見解甚多，見本文參、肆部分之分析。

第二目　損害賠償

一、損害賠償與價金調整之區別

美國法院及各採購申訴審議委員會均認爲，如採購契約內有價金調整之約定，則廠商僅得依該約定辦理，不得請求損害賠償[136]，故實務上極少廠商提出損害賠償之請求[137]。在 *William Green Constr. Co. v. United States*, 201 Ct. Cl. 616, 477 F.2d 930, *cert. denied*, 417 U.S. 909（1974）案中，法院有如下之結論：至於廠商請求公平價金調整與依普通法請求損害賠償，兩者在本質上並無不同，廠商請求公平價金調整雖屬行政救濟，但可完全及被允許的（full and permissible）替代依普通法上之救濟，對於受害人的保護實無二致[138]。除此之外，在 *Big Chief Drilling Co. v. United States*, 26 Ct. Cl. 1276（1992）案中，

---

[135] *Lectro Magnetics*, *Inc.*, ASBCA 15971, 73-2 BCA ¶ 10,112.

[136] 例如：*Ideker, Inc.*, ENGBCA 4389, 87-3 BCA ¶ 20,145; *Johnson & Son, Erectors*, ASBCA 24564, 81-1 BCA ¶ 15,082, *aff'd*, 231 Ct. Cl. 753 (1982).

[137] Cibinic, Nash and Nagle, Administration of Government Contracts，同註105，頁678-9。

[138] 在該判決中，法院認爲廠商請求公平價金調整與依普通法請求損害賠償，在計算數額上有實質區別，在前者（廠商請求公平價金調整）不含原告預期但尚未獲得之利益（anticipated but unearned profits），而廠商若依後者則可請求預期但尚未獲得之利益。各法院均認爲於政府採購案件中，廠商不得請求尚未獲得之利益。縱使廠商依普通法，亦不得請求企業的一般損失、廠商全部淨值之損失及非與履約工作相關之損失，蓋損害賠償不能太間接或無關（And even in a common-law suit there would be no recovery for general loss of business, the claimed loss of the entire net worth, and loses on the non-federal work-such damages are all deemed too remote and consequential.）。廠商請求公平價金調整雖屬行政救濟，可完全及被允許的取代依普通法上之救濟（A full and permissible substitute for the award of damages under the former "breach" claim.）。有關契約違約之救濟，見楊楨，英美契約法

法院對於因機關開立瑕疵規格造成廠商損害，其損害賠償之計算，不論依公平價金調整或依普通法請求損害賠償方法，兩者結果完全相同。[139]若干法院在判決廠商請求公平價金調整時，亦使用「損害」（damages）一詞[140]。但事實上二者仍存有一些不同，如法院受理廠商請求損害賠償，未必依據 FAR 規定的成本原則（Cost Principles）辦理，而逕交由陪審團決定（jury verdict determination）間接成本等金額[141]。

二、計算損害賠償之方法

至於損害賠償之範圍，在 *Northern Helex Co. v. United States*, 207 Ct. Cl. 862, 524 F.2d 707（1975）, *cert. denied,* 429 U.S. 8669（1976）案中，法院認為應依美國法律整編契約法彙編第 329 條（*Restatement of Law*, Contracts § 329）之規定，即加害人應以最少成本的方式賠償被害人回復至履行原契約之情況時所遭受之損失，但該損失以在原告訂約時可合理地預見被告違約可能結果者為限。又依同法第 335 條規定：

> 如被告之違約行為節省原告免除其相對履行契約或免除其履行約定之條件，則該節省之數額應自原告得請求之損害賠償額內扣除之[142]。

依據美國法律整編契約法第二次彙編第 344 條（*Restatement of Law, Second, Contracts* § 344）之規定，計算損害賠償之方法有下列三種：

> 本法律彙編所規定之損害賠償係用以保障被承諾人下列其中一項或數項之法律權利：
>
> (a) 其「預期利益」（expectation interest），指被承諾人若履行契約時所可獲得之利益；
>
> (b) 其「信賴利益」（reliance interest），指被承諾人可請求其於訂立契約時因信賴所致之損失；
>
> (c) 其「回復原狀」（restitution interest），指被承諾人可請求返還其給與他方當事人利益。

論，修訂再版，1999 年，頁 319-335。

[139] *Luria Bros. & Co. v. United States,* 177 Ct. Cl. 676, 369 F.2d 701 (1966).

[140] *Joseph Pickard's Sons Co. v. United States*, 209 Ct. Cl. 643, 532 F.2d 739 (1976), Cibinic, Nash and Nagle, Administration of Government Contracts，同註 105，頁 692-4。

[141] *Meva Corp. v. United States*, 206 Ct. Cl. 203, 511 F.2d 548 (1975).

[142] Section 335: "If the defendant's breach of contract saves expense to the plaintiff by discharging his duty of rendering a performance in return or by excusing him from the performance of a condition precedent, the amount of this saving is deducted from the damages that would otherwise be recoverable."

以下分別就此三種損害賠償之方法分析之：

㈠期待利益之損失

依據彙編第 350 條至第 351 條規定，受害人必須符合三要件方得請求預期利益之損失：即 (1) 可避免性（avoidability），指若受害人能避免損害之發生，但卻未避免者，則不可請求期待利益之損失；(2) 可預見性（foreseeability)，指契約主體於訂約時可預見損害之發生。但賠償之範圍應避免「過當賠償」（disproportionate compensation）之發生；(3) 損害因果關係之當然性（certainty），指受害人應證明損害之原因及結果間必須存在合理之當然性（reasonable certainty）。

由於廠商欲請求從屬損失（consequential damages），必須證明其對於損害具有可預見性及損害發生之相當因果關係，但此舉證絕非易事，因此廠商不易請求從屬損失。早於 1897 年，在 *Myerle v. United States*, 33 Ct. Cl. 1（1897）案便已設立了廠商請求從屬損失的標準，該判決指出：

> 我們認為廠商僅能獲得因政府行為所造成損害之賠償。廠商遭受何種損害並不容易確定，該損害必須直接肇因於事件，在肇因事件及損害之間不得有事件介入，以免混淆其間的確定性，事由必須不可避免地及自然地發生結果，而非可能地發生結果。契約主體雙方必須在損害發生前已預見損害之發生，亦應已知悉該情況、知悉該契約及事件之發生，…

迄今尚未有政府應負責賠償廠商請求之從屬損失之案例[143]，故若廠商請求因政府之變更契約，導致其企業消滅[144]，喪失商業機會[145]，或喪失其他政府採購契約之利潤[146]，均被法院或採購申訴審議委員會駁回[147]。

㈡信賴利益之損失

依據彙編第 349 條規定，受害人因信賴利益所遭受之損失，係指受害人得請求因準備履行契約及因履行契約所支付之費用，減除受害人若因履行契約所遭受之損失，但不得包括任何利潤（profit）；迄今尚未有政府應負責賠償廠商請求信賴利益之損失的案例。[148]

---

[143] Cibinic, Nash and Nagle, Administration of Government Contracts，同註 105，頁 681-2。

[144] *David J. Tierney, Jr., Inc.*, GSBCA 7107, 88-2 BCA ¶ 20,806, *recons. denied*, 88-3 BCA ¶ 20,906.

[145] *H.H.O. Inc. v. United States*, 7 Cl. Ct. 703 (1985); *Nevada Skylines, Inc.*, ASBCA 92-167-1, 92-3 BCA ¶ 25,089.

[146] *CCM Corp. v. United States*, 15 Cl. Ct. 670 (1988).

[147] Cibinic, Nash and Nagle, Administration of Government Contracts，同註 105，頁 681-3。

[148] 同前註。

(三)回復原狀之損失

回復原狀係指被承諾人可請求返還其給與他方當事人之利益，在實務中係以廠商支付之成本作為計算標準[149]，此和計算信賴利益之損失的方法相同，被害人亦不得請求任何利潤，廠商因此均不願據此請求機關負損害賠償責任。

綜觀彙編第 329 條、第 344 條、第 350 條至第 351 條等條文之規定，相較於我國民法第 216 條第 1 項規定，損害賠償之範圍，除法律另有規定或契約另有訂定外，應填補債權人所受損害（積極損害）及所失利益（消極損害），同條文第 2 項並規定：「依通常情形，或依已定之計畫、設備或其他特別情事，可得預期之利益，視為所失利益。」而請求賠償所失利益，應依通常情形或依已定之計畫設備或其他特別情形可得預期之利益計算[150]，又發生之原因與結果間必須有相當因果關係，此與美國法律「期待利益之損失」相符合，至於廠商所失利益部分，依美國法律所規定之「信賴利益」及「回復原狀」之損失，均不得請求利潤之損失，我國民法並無此規定，可供參考。

第三目　按值計酬

所謂「按值計酬」（Quantum Meruit）係指受害人曾向受益人提供對受益人有利之勞務或財物，而得向受益人請求給付合理價金之謂。此請求權並非根據原契約之規定，而係依據默許之一種承諾（implied a promise），用以避免受益人因無法律上之原因而受勞務或財物之不當得利（unjustly enriched）[151]。然應如何計算受益人所受之利益？依美國法律整編契約法第二次彙編第 371 條規定，政府應償還廠商政府所受之利益，而政府所受之利益可由下列二種方式計算其價值：1. 依聲請人為獲得該標的所支付之合理費用；2. 依契約相對人財產價值所增加之程度或其他利益計算之。法院常以政府所受利益之市場價格作為計算之基礎[152]。

但若市場價格無法得知時，且廠商所支付之成本係屬合理，則早期有法院以廠商所支付之成本作為計算之基礎。例如在 *Acme Process Equip. Co. v. United States*, 171 Ct. Cl. 324, 347 F.2d 509（1965）, *rev'd on other grounds*, 385 U.S. 138（1966）案中，法院認為計算受益人（政府）所受勞務利益最佳之方法，在缺乏有力證據之情況下，除以廠商已支付之成本作為計算依據外，甚難再以其他方式予以計算。但若機關能證明廠商有不當浮濫支用成本之情形，則該利益之合理價金應予調降。但近期法院則認為以廠

---

[149] *Acme Process Equip. Co. v. United States*, 171 Ct. Cl. 324, 347 F.2d 509 (1965), *rev'd on other grounds*, 385 U.S. 138 (1966).

[150] 最高法院 54 年度臺上字第 519 號及第 737 號民事判決。

[151] 楊楨，英美契約法論，同註 138，頁 334-335。

[152] *Barrett Ref. Corp. v. United States*, 242 F.3d 1055 (Fed. Cir. 2001), *on remand*, 50 Fed Cl. 567 (2001).

商所支付之成本作為計算之基礎，並不可取，例如在 *Cities Serv. Gas Co. v. United States*, 205 Ct. Cl. 16, 500 F.2d 448（1974）案中，法院之判決計算受益人所受之利益，並非根據受害人所支付之成本，亦非根據出賣人期待其所投資之合理報酬（a reasonable return on investment of the seller），而係在出賣該勞務或財務之市場中合理的價值。由上述二判例可知，法院判定政府所受利益之標準，應以廠商在出賣該勞務或財務之市場中合理的價值作為計算標準，蓋政府所受之利益未必等於廠商所支付之成本也[153]。

第三款　調整價金之效力

調整價金之給付，簡言之，即機關要求廠商變更契約後，廠商因此所遭受之影響，包括履行不必要的工作、改變作業程序、使用無效率的履約方法、停止工作等，致生廠商成本增加，而得請求機關調整價金之給付。政府變更契約時，致使廠商發生生產及履約遲延之情形，因而增加成本之支出，該等成本可分兩類：一、遲延成本（delay costs），指因廠商不能繼續履約而增加之成本；二、影響成本（impact costs），指因廠商繼續履約而增加之成本，廠商可能因遲延履約而增加成本，亦可能未遲延履約而增加成本，然只要因而增加成本支出，均得請求機關給付所增加之成本，故廠商可請求該二類成本之價金調整；至於廠商因履行契約中未變更之部分而增加成本者，亦得請求調整契約價金[154]。又若政府為數行為皆致使廠商成本增加，即均產生直接且累積性之影響（direct and cumulative impact），且該等成本之增加係廠商可得預見者，則廠商得請求機關給付其增加之成本支出[155]。

在聯邦採購實務中，則常見機關與廠商爭執問題不休，產生之爭端不計其數者[156]，例如：廠商請求賠償或補償之數額及範圍為何？可否包括生產力的損失？人工及物料閒置之損失？等，由於因契約變更而調整價金之事由甚多，且所涉法律問題龐雜，因此可歸納為下列數層面予以分析：即契約變更對其他履行標的之影響、人工及物料之閒置、效率之損失、人工率及物料價格之自動調整條款（escalation of labor rates and material prices）及不同性質的成本等。

---

[153] *Chris Craft Indus. v. United States*, 209 Ct. Cl. 700 (1976).

[154] *Luria Bros. & Co. v. United States,* 177 Ct. Cl. 676, 369 F.2d 701 (1966)；*Paul Hardeman, Inc. v. United States*, 186 Ct. Cl. 743, 406 F.2d 1357 (1969).

[155] *Ingalls Shipbuilding Div., Litton Sys., Inc.*, ASBCA 17579, 78-1 BCA ¶ 13,038, *recons. denied*, 78-1 BCA ¶ 13,216; *Pittman Constr. Co.*, GSBCA 4897, 81-1 BCA ¶ 14,847, *recons. denied*, 81-1 BCA ¶ 15,111, *aff'd*, 2 Cl. Ct. 211 (1983). 影響成本（impact costs）可區分為直接影響成本（direct impact costs）及累積性之影響成本（cumulative impact costs）二種，由於廠商不易證明政府行為與累積影響成本之發生具相當因果關係，因此廠商之請求常被駁回，例如 *J.A. Jones Constr. Co.*, ENGBCA 6348, 00-2 BCA ¶ 31,000.

[156] Cibinic, Nash and Nagle, Administration of Government Contracts，同註 105，頁 711-6。

第一目　對其他履行標的之影響

　　因契約變更而調整價金之事由包括：依據契約變更、異常的工地狀況、暫停執行及違約行爲等，然因機關要求變更契約，廠商可否請求其他契約所受之損害賠償？認定之標準爲何？等機關與廠商容易發生爭執，在 *Northern Helex Co. v. United States,* 207 Ct. Cl. 862, 524 F.2d 707（1975），*cert. denied*, 429 U.S. 866（1976）案中，法院判決中明確指出請求損害之範圍：「廠商依普通法之違約提起訴訟請求賠償，則損害發生原因及結果關係遙遠之損害（remote damages）[157]及從屬損害（consequential damages）[158]等均非屬請求範圍。…這在廠商請求美國政府依普通法負損害賠償時，更應作如是觀。」又例如在 *General Dynamics Corp. v. United States,* 218 Ct. Cl. 40,585 F.2d 457（1978）案中，廠商於麻州昆西（Quincy）一地承建美國政府訂購之二艘潛艇，由於廠商在昆西擁有具良好經驗的工人，故廠商經政府同意將另二艘於康乃迪克州葛羅頓（Groton）正爲政府建造之潛艇移至昆西履行，廠商因此請求公平調整其增加之影響成本（impact costs），法院於判決中指出，廠商惟有在因政府行爲所引起之「例外情況」（exceptional circumstances），亦即可歸責於機關時，方得請求因履約而影響其他採購契約所增加之成本，故不同意本案廠商請求機關調整其增加之成本。在其後之採購申訴審議委員會所作之判斷，均持相同之見解，即若無「例外情況」發生，廠商不得請求因影響其他採購契約所增加之成本[159]。

第二目　人工及物料之閒置

一、人工成本

　　廠商可能因政府機關要求暫停執行，或機關承諾提供之財產不能及時交付廠商，或因機關要求契約或工程變更，導致人工或設施閒置，造成損失，廠商能否因此請求調整契約價金？應視其是否已實施減少損害之程度而定，若已實施，則廠商可依其成本增加之程度獲得價金調整之金額。例如在 *ardeman-Monier-Hutcherson (JV)*, ASBCA 11785, 67-1 BCA ¶ 6210 案，機關通知廠商應履行契約之變更，由於指定履約之地理位置非常偏遠，廠商必須要遠從澳洲重聘技術工人至美國履約，而儀器及物料己運送至甚遠之

---

[157] 判斷損害賠償之給付與違約間之關係是否過遠（too remote），見楊楨，英美契約法論，同註138，頁321。

[158] 從屬損害係指非因契約主體直接行爲所致之損害，出賣人違約而應負之從屬損害包括：欠缺出賣人於訂約時可預先知悉之行爲，違反保固條款（warranty）所生之損害等。Black's Law Dictionary 390 (6th ed., 1990).

[159] *Sermor, Inc.,* ASBCA 30576, 94-1 BCA ¶ 26,302; *Alabama Dry Dock & Shipbuilding Corp.,* ASBCA 36839, 90-2 BCA ¶ 22,758.

處，也須運回，再因廠商須等待鋼料以施工，因此增加其成本。經查此時廠商不能將上述人工及物料改作其他工作，故廠商及其分包廠商得因人工及物料之閒置，請求調整價金。

廠商應實施減少損害之行為，例如將人工或物料改作其他勞務，如廠商未降低或減少損害，機關將不對其增加之成本負責，由於各採購案件情況不同，仍必須依各案件判斷，例如在 *Boublis Elec., Inc.*, ASBCA 34056, 89-3 BCA ¶ 22,094 案，廠商無法說明其繼續支付電工長達 305 天之久的原因，但在 *Edwards Mfg. Co.*, ASBCA 26936, 84-1 BCA ¶ 17,205 案中，由於機關不斷通知廠商將立即提供政府財產，交由其使用，廠商因此仍繼續僱用工人準備從事生產，則廠商得請求因此增加之成本。又廠商將減省之人工轉向他處服勞務所取得之利益，機關得自契約價款中扣除之[160]。

二、物料成本

廠商因契約變更等因素致閒置其設備，則計算調整金額之方法有兩種：1. 依廠商實支成本計算；2. 依契約或手冊規定之設備使用率計算。FAR 31.105(d)(2)(i) 規定：

(i) 可被允許之所有（ownership）及操作成本應依下列規定認定：
　(A) 依據廠商會計紀錄，計算並決定廠商所有或使用單一設備或一組設備之實支成本。如採購機關不能認定實支成本，則得依契約規定之比率表藉以決定廠商支付之所有及使用該工程設備之成本。但機關不得將不被允許之成本列入該比率表，而使之成為可被允許之成本。…
　(B) 依據已規定之工程設備使用率表（predetermined schedules of construction equipment use rates）（例如依據美國陸工兵指揮部，the U.S. Army Corps of Engineers，出版之工程設備所有及使用支出表、各產業資助之工程設備成本指導、或商業性有關工程設備使用成本表之出版品）所提供之工程設備平均所有及使用率…

故機關得於採購契約中選用適合的使用率表，如契約內無此約定，則須依廠商實支成本計算出因設備閒置所應調整之金額[161]。機關及廠商得約定並依據由不同機關或法人公布之設備使用率表計算增加之物料成本，例如，有約定使用美國聯合廠商協會（Associated General Contractors of America, AGC）所公布之設備使用率表者[162]，亦有使

---

[160] *Laburnum Constr. Corp. v. United States*, 163 Ct. Cl. 339, 325 F.2d 451 (1963). 此與我國民法第 487 條規定相同。

[161] *Charles D. Weaver v. United States*, 209 Ct. Cl. 714 (1976).

[162] *C.L. Fairley Constr. Co.*, ASBCA 32581, 90-2 BCA ¶ 22,665.

用加州政府所公布之使用率表者[163]，均無不可。在實務中法院或採購申訴審議委員會常將依手冊規定之使用率表減除 50% 之價金，作爲給付廠商因其設備遭閒置所應獲調整之金額[164]。

　　廠商於請求因政府行爲致其設備遭閒置而應獲調整之金額時，必須證明該設備於契約需要時可隨時供使用，如廠商未能證明，則不能獲得調整之金額[165]。又廠商之儀器設備係以租賃取得，廠商得請求租賃費用，但必須證明其己減少損害之發生，且該儀器設備不能供作其他目的之使用[166]。

第三目　效率之損失

　　所謂「效率之損失」係指因可歸責於政府之事由致使廠商生產力低於正常或預期之情形，因而增加廠商成本。常指：1. 增加履約工時，例如廠商工人必須超時工作[167]，或一周工作 60 小時[168]；2. 於較惡劣天候下工作[169]；3. 必須聘用較不熟稔或較不成熟的工人[170]；4. 破壞廠商生產程序，例如廠商不能同時啓動另外生產線[171]，導致其他工作停止[172]等。

　　廠商得請求因效率損失所造成之損害，但應符合二條件：一、效率之降低或損失係可歸責於政府；二、效率之降低或損失導致廠商成本增加。故若廠商不能證明其增加之成本係因機關行使契約變更之行爲所致[173]，或廠商成本因此而增加[174]，均不得請求機關調整契約價款。

　　廠商應如何證明其生產效率之損失？在 *Paccon, Inc.*, ASBCA 7890, 1963 BCA ¶ 3659, *recons. denied*, 1963 BCA ¶ 3730 案中，採購申訴審議委員會比較正常效率時及降低或損

---

[163] *Granite-Groves (JV)*, ENGBCA 5674, 93-1 BCA ¶ 25,475.

[164] *Luria Bros. & Co. v. United States*, 177 Ct. Cl. 676, 369 F.2d 701 (1966); *Tom Shaw, Inc.*, DOTBCA 2106, 90-1 BCA ¶ 22,580. FAR 並未規定機關應依手冊規定之使用率表減除 50% 之價金，作為給付廠商因其設備遭閒置所應獲調整之金額，然 Defense Acquisition Regulation（DAR）15-402.1(c)（已於 1984 年被 FAR 取代）則有此規定；Cibinic, Nash and Nagle, Administration of Government Contracts, 同註 105, pp. 728-30.

[165] *J.D. Shotwell Co.*, ASBCA 8961, 65-2 BCA ¶ 5243.

[166] *Folk Constr. Co. v. United States*, 2 Cl. Ct. 681 (1983).

[167] *Casson Constr. Co.*, GSBCA 4884, 83-1 BCA ¶ 16,523.

[168] *Continental Consolidated Corp.*, ENGBCA 2743, 68-1 BCA ¶ 7003, *modified*, 200 Ct. Cl. 737 (1972).

[169] *Warwick Constrc. Inc.*, GSBCA 5070, 82-2 BCA ¶ 9554.

[170] *Algernon-Blair, Inc.*, GSBCA 4072, 76-2 BCA ¶ 12,073.

[171] *Louis M. McMaster*, AGBCA 76-156, 79-1 BCA ¶ 13,701.

[172] *International Aircraft Servs., Inc.*, ASBCA 8389, 65-1 BCA ¶ 4793.

[173] *Joseph Pickard's Sons Co.*, ASBCA 13585, 73-1 BCA ¶ 10,026, *aff'd*, 209 Ct. Cl. 643, 532 F.2d 739 (1976).

[174] *Metro Eng'g*, AGBCA 77-121-4, 83-1 BCA ¶ 16,143.

失之成本差異，作為調整價金之依據，並未因廠商不能提出經稽核之會計資料而判斷其不得請求給付增加之成本；在 *Costal Dry Dock & Repair Corp.*, ASBCA 36754, 91-1 BCA ¶ 23,324 案，採購申訴審議委員會認為其可依詳密之預估值判定廠商增加之成本，因而判斷機關應給付廠商因效率損失之金額[175]。各採購申訴審議委員會常比較正常效率時及降低或損失效率時之成本差別[176]，以推算差別預估值[177]，亦可以廠商實支成本資料進行比較[178]，廠商應有說明及提出證明之義務，若廠商不能說明或提出證明，則機關得判斷其不得請求契約價金之給付[179]，然若廠商不能充分說明或提出完整證據時，則採購申訴審議委員會得判斷是否採信廠商之主張[180]。

第四目　人工率及物料價格之經濟價格調整條款

所謂「經濟價格調整」（economic price adjustment）亦稱 escalation，依據 FAR 16.203-1 之規定，係指於固定價金型契約（Fixed-Price Contracts）中規定若特定事由發生時，契約價金應即向上或向下調整之約定。價金可依廠商實支成本或人工及物料成本之指數（indexes）作為調整之依據。FAR 16.203-2 另規定機關認為於未來履約過程中，市場及人工狀況可能有不穩定情形時，或有必要將契約內特定項目依經濟價格調整公式特別予以規定時，均得於契約內規定經濟價格調整之條款[181]。然因政府行為致廠商生產或履約產生遲延而增加成本時，廠商是否得依契約內經濟價格調整條款之規定請求給付其增加之成本？在 *Excavation-Construction, Inc.*, ENGBCA 3858, 82-1 BCA ¶ 15,770, *recons. denied*, 83-1 BCA ¶ 16,338 案中，機關被判斷應給付廠商之人工、物料及分包廠商成本每月 1% 之價金調整。又在 *Berkeley Constr. Co.*, VABCA 1962, 88-1 BCA ¶ 20,259 案中，廠商共遲延 1,462 天，但其中 813 天係因政府行為所致，即應由政府負責，則廠商得依此比例請求經濟價格之調整[182]。

----

[175] Cibinic, Nash and Nagle, Administration of Government Contracts, 同註 105, pp. 730-3.

[176] *Elliott Constr. Co.*, ASBCA 23483, 81-2 BCA ¶ 15,222 *recons. denied*, 82-1 BCA ¶ 15,625 建築物二側各用不同效率的施工法（一種為原契約規定者，另一為變更工法），以計算差額。

[177] *Batteast Constr. Co.*, ASBCA 35818, 92-1 BCA ¶ 24,697.

[178] *Therm-Air Mfg. Co.*, ASBCA 15842, 74-2 BCA ¶ 10,818; *Southwest Marine, Inc.*, ASBCA 39472, 93-2 BCA ¶ 25,682.

[179] *Continental Consol. Corp.*, ASBCA 14372, 71-1 BCA ¶ 8742.

[180] 例如 *Warwick Constrc. Inc.*, GSBCA 5070, 82-2 BCA ¶ 16,091，因天候惡劣影響廠商及其分包廠商，雖然廠商及其分包廠商提出之說明及證明有限，但採購申訴審議委員會仍判斷廠商分別損失 40% 及 60% 之效率。

[181] 我國工程採購契約範本第 5 條契約價金之給付條件㈠7 規定契約價金調整時應註明之事項。

[182] Cibinic, Nash and Nagle, Administration of Government Contracts，同註 105，頁 748。我國政府對於物價指數調整訂有詳細規定，包括：中央機關已訂約工程因應國內營建物價變動之物價調整處理原則、機關已訂約施工中工程因應營建物價變動之物價調整補貼原則計算範例、依「機關已訂約施工中工

第五目　其他成本損失

廠商因政府行為致其生產或履約產生遲延或增加成本，而成本的範圍因法院或採購申訴審議委員會之判決及判斷而逐漸確定，例如廠商因僱用、動員及遣散人工之成本[183]，各州及地方稅等[184]，均得請求機關給付其增加之成本。但若廠商為求籌備履約用資金而出賣其設備，則其增加之成本因與政府變更契約並無直接及可預見之關係，故不得請求之[185]。

第四款　調整價金之標的

調整價金之標的可分為成本及利潤等二部分[186]，而成本可區分為直接成本（direct costs）[187]及間接成本（indirect costs, overhead）[188]，其中間接成本及利潤常以占成本之百分比率（percentage rates）予以計算，FAR Part 31 契約成本原則及程序（Contract Cost Principles and Procedures）對於成本的可被允許性（allowability）及分攤性（allocability）有詳細規定，而 FAR 15.404-4 則詳細規定利潤百分比率的政策、限制及分析等依據。以下先就廠商之成本予以探討，再就直接成本、間接成本、利潤及較生爭議之準備資料之成本及資金成本等分別分析之。

第一目　廠商之成本

廠商契約價金之公正調整應以其所支付之成本作為計算基礎；若廠商以「公平市場價值」（fair market value）或其他廠商在相同情況下之成本舉證為自己的成本，則法院通常將駁回此聲請，在 *Bruce Constr. Corp. v. United States*, 163 Ct. Cl. 97, 324 F.2d 516（1963）案中，法院指出：廠商之損害不得以機關所受領或獲得之價值（value）作為

程因應營建物價變動之物價調整補貼原則」給付物價調整補貼款協議書範本、機關已訂約工程因應營建物價下跌之物價指數門檻調整處理原則等，見行政院公共工程委員會網站，網址：http://www.pcc.gov.tw/pccap2/TMPLfronted/ChtIndex.do?site=002，查詢日期：2009 年 9 月 8 日。

[183] *Marlin Assocs., Inc.*, GSBCA 5663, 82-1 BCA ¶ 13,066.

[184] *Folk Constr. Co., v. United States*, 2 Cl. Ct. 681 (1983).

[185] *Sermor, Inc.*, ASBCA 32824, 94-1 BCA ¶ 26,301.

[186] Department of Defense, Armed Services Pricing Manual (ASPM), Vol. 1 (1986): 3-1. 利潤係指廠商依契約自契約價金中扣除直接及間接成本後所得之金額。Ralph C. Nash, Jr., Steven L. Schooner, Karen R. O'Brien, The Government Contracts Reference Book (1998): 414.

[187] 直接成本係指為達成一個特定最終成本標的（a particular final cost objective）所支付之成本。FAR 31.202. 包括：物料成本、直接人工成本及其他直接成本，ASPM，同上註，pp. 5-1 to 5-66.

[188] 有關成本之分類及機關分析方法等，見唐克光，論成本計價型契約中成本及利潤之協商──以美國聯邦政府採購為例，軍法專刊，第 52 卷第 5 期，2006 年 10 月，頁 16-34。

計算標準，而應以廠商爲因應契約之變更所作具關連性之行爲（或成本）作爲計算標準，若以其他廠商在相同情況下之成本，即所謂「合理成本」（reasonable cost），舉證爲該廠商自己的成本，則該「合理成本」尚難認爲係客觀且能爲普遍接受之標準；檢驗成本是否合理應具備二要件：1. 廠商於該特別情況下已支付其成本；2. 廠商基於其商業判斷而支付成本。由於本案強調廠商支付成本之客觀要件，其後之各機關申訴審議委員會之判斷均受該案拘束[189]。故廠商爲履行契約變更，因而必須履行危險之工作，其爲調整履行該標的所支付之成本便可請求調整其價金[190]。又雖然其他廠商已執行相同的契約變更，且價格較申訴廠商爲低，但採購申訴審議委員會仍認爲應以申訴廠商履行變更之成本作爲計算調整之基礎[191]。

一、調整價金之計算

機關固應以廠商爲履行該變更所支付之成本作爲計算價金調整之標準，但若廠商因此而喪失經濟上之利益，則縱使廠商並未增加成本或履行契約規定之外之義務，該利益之喪失亦爲其支出之成本，在 *Norcoast Constructors, Inc.*, ASBCA 12751, 72-2 BCA ¶ 9699, *aff'd*, 201 Ct. Cl. 695, 477 F.2d 929（1973）案中，廠商因契約變更，其所有之數個儲存槽遭機關帶走並使用，雖廠商之成本並無增加，但其已喪失經濟上之利益，而該利益可能有利於契約之履行並降低其成本，故應可請求價金之調整。又在 *Xplo Corp.*, DOTBCA 1409, 86-3 BCA ¶ 19,280 案中，廠商依約執行拆除工作，但因可歸責於機關之遲延，導致廠商遭受廢料價值減少之損失，則廠商可請求機關調整契約價金。

廠商可否主張以型錄中所載標的之價金作爲市場之價格，並據以之作爲請求價金調整之計算基礎？由前述之 *Bruce Constr. Corp. v. United States* 案判決可知此法之適用應受限制，蓋型錄中所載標的之價金係公平市場價值，然價金調整之計算基礎應以廠商實際支付之成本作爲計算標準，故機關應仔細檢視廠商因履行契約變更，包括生產及交付標的所支付之成本資料，並加計其應得之利潤，依廠商所應得之數額據以判斷型錄中所載標的之價金是否合理[192]。

----

[189] Cibinic, Nash and Nagle, Administration of Government Contracts，同註 105，頁 670-2。

[190] *Cottrell Eng'g Corp.*, ENGBCA 3038, 70-2 BCA ¶ 8,462.

[191] *Ensign-Bickford Co.*, ASBCA 6214, 60-2 BCA ¶ 2817.

[192] *Software Designs, Inc.*, ASBCA 23616, 82-2 BCA ¶ 16,073, *recons. denied*, 83-1 BCA ¶ 15,260. 然卻有若干採購申訴審議委員會曾判斷，廠商所列之價格係用以計算其履行契約成本之最佳方法，見 *Mit-Con, Inc.*, ASBCA 43021, 92-1 BCA ¶ 24,632.

二、可被允許之成本

　　美國聯邦獲得規則（Federal Acquisition Regulation, FAR）於 1984 年公布施行時，並未規範機關將契約價金予以調整時，是否應適用其第 31 篇有關契約成本原則及程序（Part 31-Contract Cost Principles and Procedures）之規定，而留由各行政機關自行裁量於 FAR 之補篇中規定，目前已有包括美國國防部發布之 FAR 補篇（Department of Defense FAR Supplement, DFARS）252.243-7001、總務署發布之獲得規則（General Services Administration Acquisition Regulations, GSAR）552.243-70、衛生及人類服務部（Department of Health and Human Services）發布之該部獲得規則（Health and Human Services Acquisition Regulations, HHSAR）352.270-4 及郵政獲得手冊（United States Postal Procurement Manual）B.2.1 均規定，採購機關將契約價金予以調整時，應依 FAR Part 31 所規定之成本原則及程序辦理。其他行政部門得規定特定之採購契約應依 FAR Part 31 辦理[193]。FAR 31.201-2「決定成本之可被允許性」（Determining allowability）規定：

> (a) 可被允許之成本應符合下列各款要求：
>
> (1) 合理性。
>
> (2) 可分攤性（Allocability）[194]。
>
> (3) 以適用由成本會計標準會員會發布之標準為原則，否則應適用符合各種情況且為一般所接受之會計原則及實務（Standards promulgated by the CAS Board[195], if applicable, otherwise, generally accepted accounting principles and practices appropriate to the circumstances）。
>
> (4) 契約條款。
>
> (5) 任何依據本節規定之限制。（Any limitations set forth in this subpart）[196]。

----

[193] 例如：*Hardrives, Inc.*, IBCA 2319, 94-1 BCA ¶ 26,267; Cibinic, Nash and Nagle, Administration of Government Contracts, 同註 105, p. 673.

[194] 成本之可歸屬性係指下列三種情形：1. 廠商為履行採購契約所支付之成本；2. 廠商支用該成本同時履行採購契約及其他契約，但採購契約受利益之比率可予分辨；3. 該成本之支出係維持廠商整體運作所必需。FAR 31.201-4.

[195] 成本會計標準（Cost Accounting Standards）共分 19 類，其內容甚為龐雜，包括分攤成本的一致性、不被允許成本之會計、折舊、退休金成本、資金成本、直接及間接成本、及保險成本等，Richard D. Lieberman, Karen R. O'Brien, Elements of Government Contracting (Chicago: CCH, 2004): 125-6，有關其歷史及摘要，可見美國聯邦航空局（Federal Aviation Administration）計價手冊（Pricing Manual）第 14 章內容，網址：http://fast.faa.gov/archive/v1198/pguide/98-30C14.htm，全文內容可查 National Archives and Record Administration，網址：http://ecfr.gpoaccess.gov/cgi/t/text/text-idx?c=ecfr&tpl=/ecfrbrowse/Title48/48cfr9904_main_02.tpl，查詢日期：2009 年 7 月 14 日。

[196] FAR Part 31 契約成本之原則及程序 "Contract Cost Principles and Procedures" 主要規範於契約協商及廠商履約時，何種成本係屬可被允許，其內容包括各項成本之原則及程序，Subpart 31.2 係規範機

　　由於 FAR 並未要求機關將契約價金予以調整時，是否應適用其有關契約成本原則及程序之規定，故若採購契約內並未約明有關價金調整應依 FAR 之規定辦理，則機關於判斷廠商所支付之成本是否爲可被允許之成本時，可能有見解不一致之情形[197]，故爲徹底避免適用法律不明之困擾，採購契約應載明契約價金之調整須依 FAR 規定之成本原則及程序辦理。同理，廠商與其分包廠商間之契約亦應有如此約定，蓋機關與廠商並無法律關係，若機關與廠商間有契約變更等情事發生，廠商必須通知其分包廠商，以利其分包廠商按變更後之契約履行，並調整其成本之支出，而廠商則應將各分包廠商價金調整情形予以計算，並提交成本資料由機關審查後，決定成本是否具備允許性，若廠商未盡善良管理人之監督、稽核等責任[198]，或未能取得分包廠商之價金調整之資料[199]，則機關不得同意契約價金之調整。

第二目　直接成本

一、人工

　　廠商證明其支付人工成本之方式包括：按時給付之費率（total hourly rates of payment）、投入工作之總時數、超時工資、休假工資、失業保險、一般事故責任保險及其他與工時有直接關連性之成本等，在實務中，廠商大多保存良好紀錄，但於證明何部分工時係爲契約變更而支付時，則常易與機關發生爭執[200]，此有待法院或採購申訴審議委員會之調查並認定之。

　　廠商請求機關應給付因契約變更而生之人工成本時，應以原契約規定以完成履行標的之人工成本，與廠商因契約變更而生之人工成本之差額，求出其超支之人工成本。而欲計算出平均工資率（average wage rates）之差額，即一般所稱「每小時工資率差額」（per hour differential in wage），應依下列四步驟計算之[201]：

關與商業組織間之契約。機關使用固定計價型契約（fixed-price contracts）、分包契約及修正契約（modifications to contracts），並實施成本分析或需要成本之協商或決定時，應依 Part 31 辦理，FAR 31.102；又機關與廠商訂立成本計價型契約時，亦應依該等規定辦理，FAR 52.216-7.

[197] 如採購契約並未規定契約價金之調整須依 FAR 規定之成本原則及程序辦理，各採購申訴審議會大致仍認爲廠商之成本仍應按 FAR 辦理。Cibinic, Nash and Nagle, Administration of Government Contracts，同註 105，頁 674-5。

[198] *Fireman's Fund Inc.*, ASBCA 39666, 91-1BCA ¶ 23,372；*Sentry Inc. a Mutual Co.*, VABCA 2617, 91-3 BCA ¶ 24,094.

[199] *Edward R. Marden Corp.*, ASBCA 10725, 65-2 BCA ¶ 5204.

[200] Cibinic & Braude, *Cost Recovery*，同註 101，頁 717。

[201] *Id.*, p. 721-2. 設廠商：

式 1.

1. 實際人工成本率（Actual labor rate）

以總人工成本（Total labor costs）除以原契約及延長履約期間之人工小時（Total Manhours for Original and Extended Time）衡量。

2. 預期人工成本率（Expected labor rate）

以原預期每一期間之人工小時（Manhours originally expected for each period）乘以每一工資期間實際工資後（Actual wage rate for each wage period），再除以原預期完成契約之總人工小時（Total manhours originally expected for contract work）衡量。

3. 每人工小時之成本率差額（Average wage rate per manhour differential）

以實際人工成本率（Actual labor rate）減除預期人工成本率（Expected labor rate）衡量。

4. 原契約應調整增加之人工成本（Total wage escalation for original contract work）

平均人工小時之成本差額（Average wage rate differential）乘以原預期完成契約工作之人工總時數（Number of manhours originally expected for contract work）衡量。

二、物料

廠商對於其所支付之物料成本通常均保存其成本資料，故與人工成本之支出時舉證不易之情形相較，較不易發生訴訟。廠商依規定分別維持因契約變更之成本資料，固無認定之困難，但若未分別維持時，仍可依與原契約相較法，推算出因契約變更所生之

$$\frac{因履行契約（原契約及契約變更）所支付之總人工成本為 15000 元}{總人工小時為 10000 小時}$$
= 實際人工成本率為 15 元／每人工小時

式 2.

$$\frac{原預期完成契約之總人工小時為 9000 小時 \times 每小時工資為 14 元}{9000 小時}$$
= 每人工小時 14 元（預期人工成本率）

式 3.

實際人工成本率 15 元／每人工小時－預期人工成本率 14 元／每人工小時
= 1 元／每人工小時（每人工小時之成本率差額）

式 4.

1 元／每人工小時 ×9000 小時 = 9000 元（原契約應調整增加之人工成本）

物料成本[202]。唯若廠商不能取得收據證明或逕行從存貨中提出並使用，則仍應取得供應商證實是時各單價之證明；FAR 31.205-26(d) 規定，若物料係由存貨中逕行發出，則任何為一般所認可且適合之計價方式，均可適用之。但以該計價結果係屬公平合理者為限[203]。又廠商履行變更之契約時，因物價波動、遲延完成履約標的所增加之成本皆得請求依比率請求價金之調整[204]。

三、其他直接成本

其他直接成本常發生於廠商必須履行原契約規定外之工作，即契約變更之工作，或機關之行為致廠商遭受遲延損害時，因而所支付之人工及物料成本。例如：支付混凝土、油料、供防護物料使用之聚乙烯布料、處理發掘物、維修柵欄等費用、廠商履約工作因故遲延，所支付之額外保險費、又遲延至嚴冬時，為提供熱能或防寒之費用，均得向機關請求返還[205]。若廠商必須因此另行支付額外之工程保證金，則該保證金之費用亦屬得請求返還之費用[206]。

第三目　間接成本

因可歸責於機關之事由致使廠商之生產或履約發生遲延等情事，因而增加成本之支出，廠商可請求機關調整契約價金，包括其中間接成本之調整，由於應調整之間接成本常因廠商延長履約期間、暫停履約工作或機具閒置等原因而發生，與原契約規定之間接成本不同，因此在實務中常稱之為「延長性間接成本」（extended overhead）或「非吸收性間接成本」（unabsorbed overhead）[207]，廠商得向機關請求價金之調整[208]。在 *Therm-Air Mfg. Co.*, ASBCA 15842, 74-2 BCA ¶ 10,818 案中，審議委員會認為廠商的非吸收性間

---

[202] Cibinic & Braude, *Cost Recovery*，同註 101，頁 732。機關要求廠商減少履約標的時，則廠商因此所節省之物料成本及其間接成本、利潤等應自總價金中扣除之，可以預估該等成本及利潤方式行之。*G & M Elec. Contractors Co.*, GSBCA 4771, 78-2 BCA ¶ 13,452.

[203] FAR 31.205-26(d): "If material is issued from stores, any generally recognized method of pricing such material is acceptable if that method is consistently applied and the results are equitable."

[204] *Excavation-Constr., Inc.*, ENGBCA 3858, 82-1 BCA ¶ 15,770.

[205] *Luria Bros. & Co. v. U.S.*, 369 F.2d 701 (Ct. Cl. 1966).

[206] *Fidelity Constr. Co.*, DOTCAB 1113, 81-2 BCA ¶ 15,345.

[207] Cibinic, Nash and Nagle, Administration of Government Contracts，同註 105，頁 720-6。"absorb" 係「吸收」或「納入」之謂，龍毓聃譯，會計辭典，頁 2，同註 15；高造都主編，會計學名詞辭典，2005 年，頁 92。"unabsorbed overhead" 係指因政府實施契約變更，廠商原採購契約之直接成本減少或不再支出，而間接成本亦因而不再由該原契約支付，即不再由該契約所「吸收」，必須從廠商履行其他標的以分攤其間接成本之謂。Nash, Schooner, & Brien, The Government Contracts Reference Book，同註 186，頁 526。

[208] *Carney Gen. Contractors, Inc.*, NASABCA 375-4, 79-1 BCA ¶ 13,855, *recons, denied*, 80-1 BCA ¶ 14,243.

接成本係因政府過失所引起，故原契約之固定性間接成本例如：折舊、工廠維護、暖氣、燈光成本應依一般正常使用率計算，廠商皆得請求此等費用之給付。

非吸收性間接成本常發生於工程採購案件，廠商請求法院或採購申訴審議委員會計算其在辦公室或工場應支付之成本，常由於廠商規模較小，未具足夠會計能力，其成本資料不能通過稽核，或因其他理由無法取得實支成本資料以資證明時，必須使用推算的方法計算廠商的間接成本，而該計算的方式起始於 Eichleay Corp., ASBCA 5183, 60-2 BCA ¶ 2,688, recons. denied, 61-1 BCA ¶ 2894 案，該法稱為「Eichleay 法」（Eichleay formula），迄今仍為法院或採購申訴審議委員會所引用，聯邦巡迴法院並判決此為唯一計算工程採購案中非吸收性間接成本的方法[209]，該方法分三步驟：

1.
$$\frac{\text{本契約價金（Total contract billings）}}{\text{廠商於該履約期間之一切採購案件金額（Total company billings）}}$$
× 履約期間之全部間接成本（Total overhead incurred during contract）
= 分開至本採購契約之間接成本（Overhead allocable to the contract）

2.
$$\frac{\text{契約之間接成本（Allocable overhead）}}{\text{實際履約天數（Actual days of contract performance including delay days）}}$$
= 分攤至每日之間接成本（Overhead allocable to contract per day）

3.
每日間接成本（Daily overhead）× 遲延日數（Number of days of delay）
= 非吸收性間接成本（Unabsorbed overhead）

[210]

---

[209] *Wickham Contracting Co. v. Fischer*, 12 F.3d 1574 (Fed. Cir. 1994). Nash, Schooner, & Brien, The Government Contracts Reference Book, 同註 186，頁 208。

[210] 試舉一例證明如下：機關辦理某一工程採購案件，契約規定 220 日曆天完工，價金 270 萬元，但廠商履約後，機關行使工程變更，廠商實際履約期間為 265 日曆天，即遲延 45 日，在此期間，廠商共承包 5 件工程，總金額為 1,000 萬元，所支付之間接成本共 25 萬元，則 (1) 分攤至本採購案之間接成本為 270 萬元除以 1,000 萬元後，再乘以 25 萬元為 67,500 元；(2)67,500 元除以 265 日為 254.72 元／每日，即本採購案每日間接成本；(3)254.72 元／每日乘以 45 遲延日為 11,462 元（本採購案件之非吸收性間接成本）。Construction Experts, Inc., Eichleay Formula Calculations, 網址：http://www.constructionguy.com/litigation/eichleay.htm，查詢日期：2009 年 8 月 27 日；Federal Construction Contracting Blog, Eichleay Formula, 網址：http://federalconstruction.phslegal.com/Eichleay_Formula.pdf，查詢日期：2009 年 8 月 27 日。有關間接成本分攤到產品之計算方法，見陳美月，管理會計，4 版，2001 年 5 月，頁 199-211。

在 *Luria Bros. & Co. v. United States*, 177 Ct. Cl. 676, 369 F.2d 701（1966）案中，聯邦調查局（Federal Bureau of Investigation, FBI）辦理工程採購案，經稽核廠商共履約 818 天，其中 300 天係契約規定之履約期間，518 天係超過期間，契約間接成本為 171,228.68 美元，則分攤至 518 日之間接成本為 108,430.87 元，法院判決政府（FBI）應為 518 日中 420 日負責，則 171,228.68 美元分攤至 518 日之間接成本為 108,430.87 美元，扣除廠商已收取之 11,350 元間接成本費用及另收取之 19,366.88 美元，餘 77,713.99 美元，再乘以 420 / 518（以 81% 計），故廠商可請求之調整金額為 62,948.33 美元。

Eichleay 法不僅係工程採購案中計算非吸收性間接成本的方法，對於財物及勞務採購亦可適用，各採購申訴審議委員會常依該法計算財物及勞務採購案中應調整之價金[211]。若廠商因政府變更契約而延長履約期間，但仍於契約規定期限內完成，若廠商證明其原可於契約規定期限內提前完成，則廠商仍得請求延長或非吸收性間接成本[212]。又採購機關得於契約內規定間接成本的上限，聯邦巡迴法院判決該等約定自有法律效力[213]，迄今只有退伍軍人事務部（the Department of Veterans Affairs）有間接成本的上限規定，但該規定僅限於因政府變更契約時適用之，若政府要求廠商暫停履約工作時則顯不適用，故廠商唯有依 Eichleay 法請求調整價金，方有獲得政府賠償之可能[214]。

第四目　利潤

廠商因政府行為致增加成本支出時，可請求公平調整契約價金，而利潤屬價金之一部，故廠商亦可請求調整利潤部分之金額[215]。FAR 15.404-4(d) 規定採購機關於分析廠商應得之利潤時，應考慮的一般因素包括：1. 廠商努力程度（獲得物料的能力、將原物料製成契約品項之直接人工的能力、與製成相關的間接成本、一般及行政費用之支出等）；2. 廠商承擔契約成本危險的程度，如採購契約係確定固定價金型契約（firm-fixed-price contracts），則廠商承擔最大的成本危險；3. 廠商參與聯邦社會經濟計畫之程度，例如對受傷退役軍人、小型企業、婦女創立之小型企業、節約能源之參與程度；4. 資本投資情形；5. 成本控制及其他過去成就，獨立發展情形，即廠商過去是否接受政府資金以完成契約品項。機關另得加列特殊考量因素以分析廠商利潤之合理性。機關應考量上列因素，發展並使用結構性分析法（structured approaches）以判斷廠商利潤之合理

[211] 例如：*Bristol Elecs Corp.*, ASBCA 24792, 84-3 BCA ¶ 17,543, *recons. denied*, 85-1 BCA ¶ 17,821. Cibinic, Nash and Nagle, Administration of Government Contracts，同註 105，頁 724。
[212] *Interstate Gen. Gov't Contractors, Inc., v. West*, 12 F.3d 1053 (Fed. Cir. 1993).
[213] *Reliance Ins., Co., v. United States*, 932 F.2d 981 (Fed. Cir. 1991).
[214] Cibinic, Nash and Nagle, Administration of Government Contracts，同註 105，頁 725。
[215] *General Builders Supply Co., v. United States*, 187 Ct. Cl. 477, 409 F.2d 246 (1969).

性。

　　故機關行使變更契約權利，將原契約規定之履行標的改為困難度較高，或廠商因此負擔較高之危險者，機關得給予其較原採購契約規定高之利潤[216]，反之，機關得給予其較原採購契約規定低之利潤[217]。廠商對於因契約變更而已支付之直接成本，固得請求利潤之給付，對於已支付之間接成本亦得請求給付利潤[218]。但廠商必須有履行契約變更而支付成本之行為，方得請求利潤之給付，換言之，若無履行契約變更，亦無因而支付成本，則不得請求利潤[219]。

　　FAR 15.404-4(c)(4) 規定各採購契約的利潤比率不得超過的上限：1. 採購實驗、發展或研究工作，且以成本加固定利潤契約（cost-plus-fixed-fee contract）計價者，利潤不得逾契約預估成本之 15%；2. 採購工程之設計、計畫、製圖及規格等勞務，利潤不得逾契約預估成本之 6%；3. 其他以成本加固定利潤契約計價之採購，利潤不得逾契約預估成本之 10%。故該條文仍給予各採購機關決定契約利潤之權利。若契約未另特別規定利潤之比率，則10%之利潤比率似為實務上較常見[220]。因為迄今各機關尚無統一的計算利潤比率公式，再者，FAR 15.404-4(b)(2) 授權各機關得使用結構性分析法訂定計算利潤比率的公式，故若干機關自行頒布權重指標（weighted guidelines）以計算廠商利潤，例如美國國防部[221]及內政部[222]等。

第五目　準備資料之成本

　　廠商因契約變更致履行時增加成本，該成本（包括廠商準備及協商價金調整之成本）係因政府要求契約變更所致，廠商得請求調整價金，但若廠商為此向機關提出採購申訴，或向法院提起訴訟，而支付之準備資料、聘請律師或會計師等費用是否是可被允許的成本？在 *Texas Instruments, Inc. v. United States*, 991 F.2d 760（Fed. Cir. 1993）案，雖然廠商主張該訴訟費用係因政府違約所導致，但法院認為除非法律另有規定，否則廠商不得主張訴訟費用之給付。FAR 31.205-47(b)(f) 規定，廠商對政府提出之訴訟及行政救濟或為防禦政府所提出之訴訟、行政爭訟而支付之任何相關直接費用，包括聘請律

---

[216] *American Pipe & Steel Corp.*, ASBCA 7899, 1964 BCA ¶ 4,058.

[217] *Varo, Inc.*, ASBCA 15000, 72-2 BCA ¶ 9717.

[218] *Kemmons-Wilson, Inc.*, ASBCA 16167, 72-2 BCA ¶ 9689.

[219] *Big Chief Drilling Co. v. United States*, 26 Cl. Ct. 1276 (1992).

[220] *Campbell Indus.*, ASBCA 40436, 94-2 BCA ¶ 26,760. Cibinic, Nash and Nagle, Administration of Government Contracts，同註 105，頁 739。

[221] *Texas Instruments, Inc.*, ASBCA 27113, 90-1 BCA ¶ 22,537.

[222] *Hardrive, Inc.*, IBCA 2319, 94-1 BCA ¶ 26,267.

師、會計師或其他員工等，均屬不被允許的成本[223]。

但若政府要求契約變更，廠商為準備契約變更而製作、交付契約標的、價金、履約期限及其他內容須變更之相關文件，該成本是否屬於可被允許的成本？在 *Allied Materials & Equip. Co.*, ASBCA 17318, 75-1 BCA ¶ 11,150 案，採購申訴審議委員會認為廠商為準備契約變更所支付之成本，顯然不是作為對機關提出訴訟或行政救濟之用，調整價金之主張應有價值（meritorious），故該成本屬直接成本，為可被允許的成本。二年後之聯邦巡迴法院在 *Singer Co., Librascope Div. v. United States,* 215 Ct. Cl. 281, 568 F.2d 695（1977）引用並同意 *Allied Materials & Equip. Co.* 案之判斷。又在 *Hewitt Contracting Co.*, ENGBCA 4596, 83-2 BCA ¶ 16,816 案，該會判斷系爭之發生於廠商履行契約變更期間，非關訴訟之法律費用，故該等成本為直接成本，屬可被允許的成本。

第六目　資金成本

廠商為履行政府要求契約變更之指示，可能須增加成本方可完成該變更，但如廠商資金不足，其向第三人借款所支付之成本，可否請求機關給付之？FAR 31.205-20（利息及其他財務成本）對此規定如下：因借貸金錢所生之利息，公司發行債券時給予債權人之折扣（bond discounts）、籌措資金之成本、公司準備發起書所需之法律及其他專業服務費用、準備及發行股權之成本，均屬不被允許之成本。但由於該條文並未規定對於機關辦理價金調整時是否適用，故各採購機關得依其採購法令之規定，決定是否給付廠商所支付之資金成本，職是之故，如廠商資金不足，而向第三人借款所支付之成本，仍有向機關請求其給付之可能，例如美國郵政總局（Postal Service）在 *Automation Fabricators & Eng'g Co.*, PSBCA 2701, 90-3 BCA ¶ 22,943 案中，在於廠商簽訂之契約內價金調整條款中僅將 FAR 31.205-20 規定為指導（guide），因此機關必須給付廠商因借貸資金所支付之成本。但大多數採購機關仍認為 FAR 31.205-20 應適用於因契約變更而調整價金之情形，故均駁回廠商申訴[224]。

第五款　價金調整之證明

諸多關於價金調整之申訴或訴訟案件中，最常見者為價金數額證明之爭端，甚多廠商常未將歸因於調整事由之成本予以區分，並按正確的計價理論予以分類及計算，蓋因契約變更或遲延時，對於成本之影響應予區別並計算，但若缺乏精確之成本資料

---

[223] 參見我國民事訴訟法第 78 條：「訴訟費用，由敗訴之當事人負擔。」司法院院字第 205 號解釋明確解釋「當事人所支出之律師費用，自不在訴訟費用之內。」則廠商聘請會計師及其他員工之費用亦宜解釋為不在訴訟費用之內。

[224] Cibinic, Nash and Nagle, Administration of Government Contracts，同註 105，頁 772-3。

時，便易發生爭端，因此本文就美國實務上最常見之舉證責任、證明方法及各機關採購申訴審議委員會或法院之審議判斷或判決等探究應如何以科學方法解決之。

第一目　舉證責任

機關或廠商對於自己有利主張應負舉證責任，即其應主張成本之合理性及成本與事由間具有因果關係[225]，在 *Wunderlich Contracting Co. v. United States*, 173 Ct. Cl. 180, 351 F.2d 956（1965）案中，法院認為雖然廠商不須證明其損害之絕對存在，亦不須證明其損害賠償數額之絕對精確，但仍應證明其合理的正確性（reasonably correct approximation of the damages），廠商並不能免除其計算損害賠償之合理性，及事實與損害賠償之因果性等責任，故廠商僅提出契約較原契約完成日期慢了 318 天，機關已造成廠商損失等主張，顯係基於泛泛之空洞推論，證據顯有不足，故應駁回其聲請。

以下分別自因果關係及所主張數額之合理性等予以說明。

一、因果關係

因價金調整之事由發生，導致成本之增加或減少，即事由與成本之增減間具有因果關係（causation）[226]，然何謂因果關係？在 *Delco Elecs. Corp. v. United States*, 17 Ct. Cl. 302 （1989）, *aff'd*, 909 F.2d 1495（Fed. Cir. 1990）案中，法院認為在政府採購事務中，因果關係於若干程度內，在觀念上相等於可分攤性（allocability），因政府行為變更契約致產生可被允許之成本（allowable costs），該成本可稱為具分攤性。本案從成本之可分攤性解釋因果關係，固屬創新見解，然並未更進而說明因果關係之定義或要件，然法院或申訴審議委員會亦未予以說明[227]，因此保留由各法院或審議委員會依自由心證之法則就個案判定之。

二、合理之數額

所謂「合理的數額」係指「不得逾越由正常誠實之人於競爭市場中所支付之數

---

[225] 此與我國民事訴訟法第 277 條：「當事人主張有利於己之事實者，就其事實有舉證之責任。但法律別有規定，或依其情形顯失公平者，不在此限。」之規定相符。*S.W. Elecs. & Mfg Corp.*, ASBCA 20698, 77-2 BCA ¶ 12,631, *aff'd*, 228Ct. Cl. 333, 655 F.2d 1078 (1981).

[226] *Environment Consultants, Inc.*, IBCA 1192-5-78, 79-2 BCA ¶ 13,937.

[227] Cibinic, Nash and Nagle, Administration of Government Contracts，同註 105，頁 688-9。

額」[228]，然各採購申訴審議委員會給予廠商甚大之自由裁量支付經費之權利[229]，除非廠商有濫用自由裁量之情形，否則其支付成本之行為應認為均屬合理[230]。由於在實務中各採購案件之情形不同，因此各採購申訴審議委員會必須依照「競爭市場」之市場法則判斷廠商成本之合理性，例如在 *Stewart Avionics, Inc.*, ASBCA 21361, 78-1 BCA ¶ 13,130 案中，廠商並未到市場以更低廉價格購買所需零件，而係自行生產該零件，故廠商之成本並不合理；在 *Pennsylvania Drilling Co*, IBCA 1187-4-78, 82-1 BCA ¶ 15,697 案中，廠商於履約時遭遇異常的工地狀況，然其所支付之成本與承接之廠商所費成本相較顯不合理，審議判斷認為原廠商應使用現時可用之工程技術，其履行方法並不具效率性，故其成本不合理。同理，若廠商耗費過多人工履行工作，經判斷其並未有效地履約，故其人工成本（labor costs）應刪減至合理程度[231]；又若廠商購買瑕疵之零組件，則其成本並不合理[232]。

第二目　證明方法

廠商應提交有關成本之證據以證明其所支付成本之合理性。然由於證明之方法甚多，可從二方面予以分析：一、實支成本資料；二、預估法。

一、實支成本資料

若廠商能提交實支成本資料以證明其因契約變更後實際支付經費情形，此當然為證明成本合理性最佳方法[233]，而資料又以具正確、完整及合時（accurate, complete, and current）性質時，最易為機關、法院或採購申訴審議委員會所採信[234]。FAR 52.243-6 規定，聯邦政府機關辦理具高度技術複雜性（significant technical complexity）之工程、財

---

[228] "A cost is reasonable if, in its nature or amount, it does not exceed that which would be incurred by an ordinary prudent person in the conduct of competitive business." *Bruce Construc. Corp. v. United States,* 163 Ct. Cl. 97, 424 F.2d 516 (1963).
[229] *Teledyne Indus., Geotech Div.,* ASBCA 18049, 73-2 BCA ¶ 10,088.
[230] *DeMauro Constr. Corp.,* ASBCA 12514, 73-1 BCA ¶ 9,830.
[231] *Jet Boiler Servs. GmbH,* ASBCA 24168, 82-2 BCA ¶ 15,934.
[232] *Condor Reliability Servs., Inc.* ASBCA 40538, 90-3BCA ¶ 23,254.
[233] 我國民事訴訟法第 341 條：「聲明書證，應提出文書為之。」另參見同法第 342 條至第 363 條規定書證之意義及種類。*American Line Builders, Inc. v. United States,* 26 Cl. Ct. 1155 (1992).
[234] 美國誠實協商法 Truth in Negotiations Act, TINA（10 U.S.C. § 2306a）規定採購機關於 1990 年 12 月 5 日後與廠商簽訂價金逾 50 萬美元之契約，或因使用契約修訂、工程變更條款，該價金逾 50 萬美元，應於招標文件中要求廠商以提供企劃書（Request for Proposals, RFP）方式提供成本或價金資料，而廠商應出具保證書證明其所提供係正確、完整及合時的資料，足證廠商於主張公平價金調整時，其所交付之成本或價金資料仍應符合此要求。唐克光，論成本計價型契約中成本及利潤之協商——以美國聯邦政府採購為例，同註 188，頁 21-2。

物、研發採購時，得於採購契約內使用下列之條款：

契約變更指示之會計

採購人員於辦理契約變更，且該變更之預估金額高於 10 萬美金之採購案時，得要求廠商實施契約變更指示之會計（change order accounting）。廠商對於任何契約變更皆應以分批成本制度（job order）[235]或以其他合適之會計程序分別製作帳目。帳目之內容包括一切因契約變更應予歸類、已支付、已變更及未變更部分應分別記列之直接成本（扣除可分攤之債權）之工作[236]，…

又何謂「應分別記列」之直接成本（segregable direct costs）？FAR 43.203(b) 有如下說明：

下列直接成本依「契約變更指示之會計」條款原則上（normally）應分別記列（segregable and accountable）：

(1) 非循環的成本（Nonrecurring costs）（例如：技術成本及廢止或再履行工作之成本）（e.g., engineering costs and costs of obsolete or reperformed work）。

(2) 因契約變更之指示所增加之成本（例如新增分包廠商工作、新製原型機器、或標的翻新、新增工具）。

(3) 循環工作的成本（例如：人工及物料成本）。

成本會計標準（Cost Accounting Standard, CAS）405[237]亦有相同規定，該成本會計標準並無對未遵守該規定者有任何處罰明文，若廠商未按該標準，則是否有請求公平調整契約價金之權利？在 *Harrison Western/Franki-Denys,* ENGBCA 5577, 90-3 BCA ¶ 22,991 案中，審議委員會認為廠商既已為機關提供履約服務，自應有求償之權利，但因廠商未提

---

[235] 分批成本制度（job order）和分步成本制度（Process Costing）係成本制度中不同之類型，二者有顯著區別，分批成本制適用於依據不同顧客指定規格以生產產品的行業，例如機器製造業、服務業、國防工程承包業常用此成本制度，此類行業的產品通常具有不同的特性，因此每一批次需要之直接原料、直接成本及製造費用亦不同，故有記錄及成本分攤之要求；而分步成本制適用於連續生產大量相同產品之行業，例如水泥業、麵粉業、電力業等，由於每一單位產品彼此無法區別，因此當期每一單位產品具有相同的平均成本。陳美月，管理會計，4 版，2001 年 5 月，頁 60；莊雅妃、張玲玲譯，管理會計，Ray H. Garrison & Eric W. Noreen, Managerial Accounting, 10th edition 原著，滄海書局，2003 年 4 月，頁 114-6。

[236] FAR 52.243-6：CHANGE ORDER ACCOUNTING " The Contracting Officer may require change order accounting whenever the estimated cost of a change or series of related changes exceeds $100,000. The Contractor, for each change or series of related changes, shall maintain separate accounts, by job order or other suitable accounting procedure, of all incurred segregable, direct costs (less allocable credits) of work, both changed and not changed, allocable to the change…"

[237] 48 CFR § 9904.405-40(d).

供成本資料，則廠商可視爲請求最低程度（at a low level）之價金調整。相較於 *Charles D. Weaver v. United States*, 209 Ct. Cl. 714（1976）案中，廠商已有成本資料，但拒不提出公平調整契約價金之請求者，則視爲抛棄請求之權利。

　　若廠商已按該標準將成本資料予以分別記列，並於協商時提出，則機關自應考量[238]。若契約內並未規定廠商應將其成本資料分別予以記列，廠商仍有請求公平調整契約價金之權利，在 *Neal & Co. v. United States*, 17 Cl. Ct. 511（1989）案中，法院判決廠商之成本資料雖不足以證明其請求之數額，但機關不得處罰廠商。在 *Celesco Indus., Inc.*, ASBCA 22251, 79-1 ¶ 13,604 案，審議委員會認爲各項成本資料既經機關查核通過，自應爲政府所接受。但若僅在成本資料上予以標示，卻缺乏足夠證據證明廠商所請求之詳細成本支出情形，則該等資料尙未具備充足證據[239]。

二、預估法

　　於無廠商成本資料可資證明其實支成本時，只有以預估法求證廠商的成本，廠商仍應提供詳細且實體性資料（detailed and substantiating data），即機關可依資料之準備是否充足、精確、適當、專業及與其他預估值或成本資料是否矛盾等各種方法以評估資料的可信度。[240] 故若資料缺乏履約事證或無確切證據[241]，或廠商說明不具說服性[242]，或無法證實之預估[243]等，均屬不可採信。

　　在實務中預估法可歸納爲下列方法：專家證言法及統計法等兩種方法[244]。

(一)專家證言法

　　專家證言對於協助機關判斷預估值之可信度，當具積極正面效果，但若專家證詞顯不具信服力，則採購申訴審議委員會得不採信之[245]，機關應將專家證言與實支或預估之成本資料比對，以證明其間關係，故若專家之證言缺乏可靠來源或其採用資訊並非合法，則不應採信[246]；若僅係其個人意見，則證據力尙未充足[247]；若純屬臆測之詞，且與

---

[238] 有關契約價金之協商，參見唐克光，論成本計價型契約中成本及利潤之協商——以美國聯邦政府採購為例，同註 188，頁 14-46。

[239] *Mar-Pak Corp.*, ASBCA 14398, 71-2 BCA ¶ 9034, *aff'd*, 203 Ct. Cl. 718 (1973).

[240] *Paccon, Inc.*, ASBCA 7890, 65-2 BCA ¶ 4996, *recons. denied*, 65-2 BCA ¶ 5227.

[241] *Leopold Constr. Co.*, ASBCA 23705, 81-2 BCA ¶ 15,277.

[242] *Rice v. United States*, 192 Ct. Cl. 903, 428 F.2d 1311 (1970).

[243] *C.W. Stack & Assocs.*, DOTCAB 3337, 72-4, 72-1 BCA ¶ 9313.

[244] 參見我國民事訴訟法第 324 條至第 340 條對於證據鑑定之規定。Cibinic, Nash and Nagle, Administration of Government Contracts，同註 105，頁 698。

[245] *Petro-Chem Mktg. Co. v. United States*, 221 Ct. Cl. 211, 602 F.2d 959 (1979).

[246] *Pittsburrgh-Des Moines Corp.*, EBCA 314-3-84, 89-2 BCA ¶ 21,739.

[247] *Luria Bros. & Co. v. United States*, 177 Ct. Cl. 676, 369 F.2d 701 (1966).

事實不符，則不應探信[248]，若專家之證言與實支成本資料並無關連，且顯有錯誤，亦不應探信[249]。

　　專家應保持立場公正，如顯有偏頗，亦不應探信，例如 *Gulf Contracting, Inc.*, ASBCA 30195, 89-2 BCA ¶ 21,812, *recons. denied*, 90-1 BCA ¶ 22,393 案，申訴審議委員會認為廠商管理不善，亦應為履約不良負責，證人卻將一切遲延歸責於採購機關，因此其證言不予探信。又採購機關非但可聘請第三人擔任專家，亦可採信廠商員工之證詞，因該員工預估之證言具備邏輯性及證據力，機關不應以專家證人係第三人或機關或廠商員工而有差別[250]。然廠商員工縱使深具經驗及專業知識，但若其證言顯與客觀標準不同，亦不應採納，例如廠商領班工人對粉刷房屋之工時預估顯較當地產業工會出版之預估值低，則該領班工人證言不予探信[251]。

㈡統計法

　　所謂「統計法」是利用廠商現有可供利用之實支成本資料，以統計方法計算其成本之方法，最常以「學習曲線」（learning curve）法[252]計算或預計廠商為生產所支付之直接人工或物料數量[253]，但實務上常須以專家證言支持預計數量的合理性[254]。然機關仍得依採購案件之特性，決定是否使用本法，例如機關認為依當地產業工會出版之手冊所載數值較學習曲線值於預估及計算調整之價金時更具合理性，而決定使用之[255]，或經證實學習曲線法並不適用於該採購案件之持殊情形[256]等，各採購申訴審議委員會認為均屬合理。

三、全部成本法

　　所謂「全部成本法」（total cost method）係以廠商履行契約變更之實支成本扣除廠

---

[248] *Cosmic Constr. Co.*, ASBCA 24014, 88-2 BCA ¶ 20,623.

[249] *Hemphill Contracting Co.* ENGBCA 5698, 94-1 BCA ¶ 26,491.

[250] *Illinois Constructors Corp.*, ENGBCA 5827, 94-1 BCA ¶ 26,470.

[251] *Arthur Painting Co.*, ASBCA 20267, 76-1 BCA ¶ 11,894.

[252] 所謂「學習曲線」，是指用以計算當廠商重複地完成某一項產品時，所需的時間及物料等數量的一種方法。廠商所耗費之時間及物料會隨著產品生產數量的增加而逐漸減少，然後會趨於穩定，故亦可稱之為「進步曲線」（improvement curve）。Nash, Schooner, & Brien, The Government Contracts Reference Book，同註 186，頁 324。

[253] *Monroe Garment Co.*, ASBCA 14465, 75-2 BCA ¶ 11,569；*Ortronix. Inc.*, ASBCA 12745, 72-2 BCA ¶ 9564.

[254] 例如於 *Algernon Blair, Inc.*, GSBCA 4072, 76-2 BCA ¶ 12,073 案中，機關請專家證明統計數值之正確性及合法性，然該專家（計算基礎所依據之論文作者）因故拒絕證明，故總務署採購申訴審議委員會認為該等統計數值均不得採用。Cibinic, Nash and Nagle, Administration of Government Contracts，同註 105，頁 709。

[255] *A. Geris, Inc.*, DOTCAB 75-25, 72-2 BCA ¶ 9481.

[256] *Ets-Hokin Corp.*, AECBCA 70-5-70, 72-2 BCA ¶ 9606.

商投標所列之成本後之數值，再加列利潤後所得之總值。故契約標的之各品項必須能分別列記時才得適用本法，但由於該法不能精確地指出何者係肇因於契約變更、遲延、異常的工地狀況等所生之成本數目，實務上頗有爭議。

（一）**不應優先採用**

如尚有其來有其他更可靠的計算調整價金方法，則不應使用本法[257]。在 *Ingalls Shipbuilding Div., Litton Sys., Inc.*, ASBCA 17579, 78-1 ¶ 13,038, *recons. denied*, 78-1 BCA¶ 13,214 案中，三軍採購申訴審議委員會判斷如下：所謂全部成本法之使用並未曾遭禁止，但因本方法本身含有危險性，機關不能僅因廠商實支成本及投標所列之成本有差額，便應負責賠償該差額；目前已有數種可用以計算調整價金數額之合理計算方法可供使用，如法院及採購申訴審議委員會認為別無其他更合適之計算調整價金方法，並符合適用條件（proper safeguards exist），且有正當理由確認該數額合理，則可給予廠商價金調整之合理數額。故判斷該機關應計算每一成本項目，並應重新計算各增加之成本後，方得以確定價金調整之數額。

若廠商所提出之成本資料並不完全，或廠商並未製作精確之成本支用紀錄，則採購申訴審議委員會認為調整價金之計算不能使用全部成本法。[258]又若廠商對於履行契約變更所增加之成本提出數個調整價金之請求，均不為機關所採納，則採購申訴審議委員會認為廠商之請求使用本計算法並不適當[259]。但全部成本法亦可能被合理使用，例如機關因可歸責於己之理由，致必須對廠商溢支之成本負責，則廠商得使用本方法計算因契約變更所支付之人工成本[260]。

（二）**適用之要件**

在 *WRB Corp. v. United States*, 183 Ct. Cl. 409（1968）案中，法院判決全部成本法之使用必預符合並證明下列四個要件，本案已成為以後各法院所依循之案例：一、因廠商所受損害之性質特殊，不可能或高度不切實際地（highly impracticable）判斷廠商所受損害之精確成本數額[261]；二、廠商之投標或預估係實際的（the bid or estimate was

---

[257] *Wunderlich Contracting Co. v. United States*, 173 Ct. Cl. 180, 351 F.2d 956 (1965).

[258] *Cen-Vi-Ro of Texas, Inc.*, IBCA 718-5-68, 73-1 BCA ¶ 9903, *aff'd in part, denied in part*, 80-2 BCA ¶ 14,536; *S. W. Elecs. & Mfg. Corp.*, ASBCA 20698, 77-2 BCA ¶ 12,631, *aff'd*, 228 Ct. Cl. 333, 655 F.2d 1078 (1981).

[259] *Great Lakes Dredge & Dock Co.*, ENGBCA 5606, 91-1 BCA ¶ 23,618.

[260] *Diversified Marine Tech, Inc.*, DOTBCA 2455, 93-2 BCA ¶ 25,720.

[261] 例如在 *Hewitt Contracting Co.*, ENGBCA 4596, 83-2 BCA ¶ 16,816 案，採購申訴審議委員會認為該案之成本係因無數相互「糾纏、重複之事件」（intertwined, overlapping events）而發生，無法將成本予以分類，故同意使用本方法計算價金調整之數額。Cibinic, Nash and Nagle, Administration of Government Contracts，同註 105，頁 700-1。

realistic）[262]；三、廠商實支之成本係屬合理[263]；四、廠商所增加之費用係招標文件所未規定者（it was not responsive for the added expenses）[264]。即廠商必須證明該四要件後，方得以全部成本法計算調整之價金。

第三目　法院自由心證

一、適用條件

所謂「法院自由心證」（jury verdict）[265]係指當法院或採購申訴審議委員會於決定價金調整之數額時發現證據相互衝突，或證據不完全，或證據力不足時，由法院或採購申訴審議委員會逕行判斷之方法。在 *WRB Corp. v. United States*, 183 Ct. Cl. 409（1968）案中，法院判決：

法院在使用「法院自由心證」法之前，首應決定下列三件事情：
(1) 清楚地證明損害存在；(2) 無其他判斷損害的可靠方法；(3) 法院因充足之證據而可進行公平及合理的損害判斷。

故本案法院使用自由心證判斷之方法並非用以取代其他證據或契約主體之舉證責任[266]，若廠商有正當理由未能完全舉證成本資料之合理性及真實性時，法院或採購申訴審議委員會得使用自由心證之方法判斷成本之數額[267]，若廠商未提供任何成本資料，則法院駁回其聲請[268]。價金調整固然以向上調整為多，但亦有向下調整數額者，即法院或採購申訴審議委員會同意機關之聲請[269]。

---

[262] 例如在 *R .C. Hedreen Co.*, GSBCA 4841, 78-2 BCA ¶ 13,475 案，採購申訴審議委員會認為廠商應證明投標文件預估成本之合理性，然廠商未能提出證明，又廠商主張人工成本係 14,107 美元，但同樣亦未能提供文件或證明，因此，不同意本案使用全部成本法計算應調整之金額。由本案判斷可知，廠商應證明其標單所載之預估數額的合理性，法院方同意使用本法計算調整之金額。

[263] 例如在 *Penn York Constr. Corp. v. United States*, 215 Ct. Cl. 899（1977）案，法院認為廠商未能證明其支付成本之合理性，因此不同意使用本法計算應調整之金額。

[264] 例如在 *C-Ran Corp.*, ASBCA 37643, 90-3 BCA ¶ 23,201, *recons. denied*, 91-2 BCA ¶ 23,752 案，採購申訴審議委員會認為廠商受領瑕疵零組件，致多支付工時及成本，廠商應對增加之成本負責，故不同意使用本法計算應調整之金額。

[265] 按 "jury verdict" 係指陪審團的裁判，由於我國民事訴訟及行政救濟並無陪審團制度，而係由法院判決，本文使用「法院自由心證」一詞。

[266] 參看我國民事訴訟法第 222 條亦有相似之規定。*Dawco Constr., Inc. v. United States*, 930 F.2d 872 (Fed. Cir. 1991).

[267] *Joseph Pickard's Sons Co. v. United States*, 209 Ct. Cl. 643, 532 F.2d 739 (1976).

[268] *Dawco Constr., Inc.*, ASBCA 42120, 92-2 BCA ¶ 24,915.

[269] *Karcher Envtl., Inc.*, PSBCA 4085, 00-1 BCA ¶ 30,843, *aff'd*, 15 Fed. Appx. 863 (Fed. Cir. 2001).

二、適用時機

若採購契約主體提出之證據均具證據力但相互矛盾，則法院或採購申訴審議委員會得依職權判決因契約調整之價金數額[270]。在 *Johnson, Drake & Piper, Inc.*, ASBCA 9827, 65-2 ¶ 4868 案中，對於法院裁決之性質有如下精闢見解：

目前並無一套單獨或精確能用以計算出價金調整數額的方法，本委員會尋求能計算出價金調整之成本數額的方法，該數額係由具合理效能之廠商於履行契約變更時所計算者，證明該數額之證據可從履約的實支成本中發現，亦可從專家證人本於其專業經驗及知識所預估之價格中發現該合理之數額，但此預估或推算之數額若未經合法之討論恐皆不能使政府或廠商滿意，…所以，我們必須判斷契約調整之價金數目以結束爭議。法院常以心證方式判斷該數額。…

故廠商提出成本證據之說服力不足，但卻足以令人相信其已支付增加之成本時，採購申訴審議委員會得逕行判斷廠商應獲得之補償價金[271]。又當廠商所提出之證據不充足，即廠商所提出之成本資料雖有限，但足以判斷其應獲得之補償價金時，法院或採購申訴審議會得使用此法，逕行判斷廠商應獲得之補償價金[272]。但若廠商所提出之成本資料有限，不足以判斷其應獲得之補償價金時，法院或採購申訴審議會亦得使用此法，逕行判斷廠商不應獲得任何補償價金[273]。在 *Freeman Gen, Inc. v. United States*, 918 F.2d. 188（Fed. Cir. 1990）案中，法院認為原採購申訴審議委員會未能就廠商所提出之證據判斷廠商應獲得之補償價金，竟拒絕給付廠商任何補償，顯有不當，而應逕行判斷廠商應獲得之補償價金。同理，若廠商雖提出成本資料，但未分別記列，則採購申訴審議委員得逕行判斷廠商應獲得之補償金額[274]。

三、心證之方法

各法院或採購申訴審議委員會常依據廠商或機關提出之成本資料，自行判斷並算定廠商應獲得之補償金額，例如 *O.K. Johnson Elec. Co*, VABCA 3464, 94-1 ¶ 26,505, 退伍軍人事務部採購申訴審議委員會同意依政府預估低價（Government estimate），另加 20% 效率喪失之賠償，共 5,011.59 美元作為補償金額[275]；*Batteast Constr. Co.*, ASBCA 35818,

[270] *Delco Elecs Corp v. United States*, 17 Ct. Cl. 302(1989), *aff'd*, F.2d 1495 (1990).
[271] *J.F. Shea Co.*, IBCA 1191-4-78, 82-1 BCA ¶15,705.
[272] *Tayag Bros. Enter., Inc.*, ASBCA 42097, 94-3 BCA ¶ 26,962.
[273] *G..Q.Carmichael Surveyors & Eng'rs, Inc.*, ASBCA 86-186-1, 92-1 BCA ¶ 24,743.
[274] *Central Colo. Contractors, Inc.*, IBCA 1203-8-78, 83-1 BCA ¶ 16,405.
[275] 各採購申訴審議委員會常依據機關預估低價作為判斷契約調整之價金，例如：*Michael Inc.*, ASBCA

92-1 BCA ¶ 24,697 案中，三軍採購申訴審議委員會依據廠商因喪失勞工效率及物料損失等因素，依據精算結果判斷契約調整之金額為 451,282.77 美元。

亦有申訴審議委員會自機關及廠商所主張之調整金額中，判斷機關應給付廠商一個約略整數（round number）者，然卻未解釋理由。例如：*Delco Elecs Corp. v. United States*, 17 Cl. Ct. 302（1989），*aff'd*, 909 F.2d. 1495（Fed. Cir. 1990）案中，法院判決廠商可獲得其請求金額三分之二數目之調整金額，蓋廠商並未保存因契約變更的成本資料；在 *Wackenhut Corp.*, IBCA 2311, 91-1 BCA ¶ 23,318 案中，廠商請求 777,318 美元，判斷同意給付 550,000 元。

申訴審議委員會得依廠商成本之若干百分比判斷機關應支付之數額，例如在 *David J. Tierney Jr., Inc.*, GSBCA 7107, 88-2 BCA ¶ 20,806, *recons. denied*, 88-3 BCA ¶ 20,906 案中，判斷廠商可獲得其請求金額之 40% 作為契約調整之價金，因為採購申訴審議委員會同意該 40% 之金額係因契約變更而支付。

第六款　對美國聯邦採購制度的檢討

機關要求廠商履行契約變更時，因而造成廠商成本增加或減少，必須經由計算方可得出該成本數額，雖然聯邦採購法規僅對成本之會計有原則性規範，但對於計算調整價金之公式或方法並未有詳細規定，然法院及各機關採購申訴審議委員會之判決或判斷已逐漸形成一套體系以計算調整之價金，可解決實務中經常發生的申訴或訴訟。

所謂公正價金調整與政府違反契約法所依據之法理並無不同，然各法院及各機關採購申訴審議委員會均使用公正價金調整以解決此類爭端，此乃因其採購契約中有價金調整條款之規定所致，另一原因則是 FAR 所規定之契約成本原則及程序（Contract Cost Principles and Procedures）顯為廠商及機關接納，蓋該成本原則及程序之規定，具客觀性、實用性及公正性，此應為其被接受之主因。也因上述原因，法院甚少受理政府違反契約法之訴訟案件，而產生疏導司法訟源的效果。

FAR 所規定之成本原則內容甚為繁瑣，而白宮所轄管理暨預算辦公室所發布之成本會計標準亦甚龐雜，均涉及會計專業知識，皆為 FAR 所引用，故美國聯邦採購制度實已整合法律及會計等領域知識，對於解決諸多日益複雜之履約爭議，顯然具備科學性及周延性，值得吾國借鏡。FAR 將價金區分成直接成本（指具單一及最終會計標的之成本）、間接成本（指具 2 個以上會計標的之成本）及利潤（以廠商努力程度給予，並以成本作為計算基礎），廠商必須提出成本資料或令人信服之成本預估值，用以計算其

35653, 92-1 BCA ¶ 24,412；*E.W. Eldridge, Inc.*, ENGBCA 4332, 89-1 BCA ¶ 23,080.

因契約變更所應調整之金額，包括廠商所受損害及所失利益[276]，而其計算方法，包括使用「Eichleay 法」以計算廠商的非吸收性間接成本或延長性成本等，符合成本會計之理論亦能精確計算應調整之數額，在美國聯邦採購實務中已被普遍接受。因機關對於廠商所受之人工及物料閒置之損失、效率之損失及其他成本損失，機關均應負調整價金或賠償之責任，如可適用人工率及物料價格之經濟價格調整條款者，尚得以該條款計算應調整之金額，由諸多廠商提出申訴及訴訟之案件以觀，證明其調整價金給付之理論及實踐確具合理性。除此之外，機關應否給付廠商準備資料之成本及籌措資金之成本，在實務中亦屬可能發生之現象，美國聯邦採購法規之規定及實務作法等，亦值得參考。

第七款　我國政府採購相關爭議問題的探討

就我國司法實務及政府採購中廠商申請調解案件觀察，廠商確有諸多因政府要求停工或機關未能訂立精確圖說及其他事由等，致廠商遭受損害而請求補償或賠償者，由於本文篇幅有限，故僅能就主要之司法判決[277]及行政院公共工程委員會受理之爭議案例[278]中，分別分析如下：

第一目　司法判決

最高法院 47 年台上字第 1771 號判決即明確指出，因情事變更為增加給付之判決，法院應依客觀之公平標準，審酌一方因情事變更所受之損害，及一方因之所受之利益，及其他實際情形，以定其增加給付之適當數額，惟該判決並未說明數額之計算方法。經查臺灣高等法院及最高法院最近十年內民事判決中，以探求法院對於價金調整之見解及作法，大抵均係因物價調整而生之爭議（例如最高法院 99 建上更（一）字第 32 號、99 台上字第 1908 號、臺灣高等法院 98 年度上字第 11 號民事判決等），鮮少就廠商所支付之成本及利潤予以分析。惟下列案件仍可證明法院並不反對廠商可請求管理費、利潤及人工費用：

臺灣高等法院 96 年度建上字第 57 號民事判決
本案緣於台電公司以 1500 萬將「協和—深美線 10 座鐵塔構材更換工程」發包予臺灣佐藤電通股份有限公司（佐藤公司），該公司旋以 1,350 萬元轉包予睿盈實業股份有限公司（睿盈公司），睿盈公司於 92 年 1 月後先後完成四座整

---

[276] 民法第 216 條第 1 項：「損害賠償，除法律另有規定或契約另有訂定外，應以填補債權人所受損害及所失利益為限。」

[277] 司法院法學資料檢索系統，網址：http://jirs.judicial.gov.tw/FJUD/，查詢日期：2011 年 1 月 7 日。

[278] 行政院公共工程委員會（工程會）委託研究，政府採購爭議處理事件案源及問題類型分析，2003 年。網址：http://www.pcc.gov.tw/pccap2/TMPLfronted/ChtIndex.do?site=002，查詢日期：2011 年 1 月 7 日。

座及五座三番以下構材更換之工程，此部分應給付的工程款為 6,620,074 元，然睿盈公司於 92 年 3 月間施工至接線部分，由於台電公司無法於夏日停電供睿盈公繼續施工，且台電公司不能一次供料，以致停工超過三個月以上，因此主張佐藤公司應給付勞工安全衛生管理費、工地安全保險費、工具折舊費、承包管理及利潤按施作比例請求 80%，合計 554,813 元，另外因換下之舊料必須搬運至台電公司倉庫，尚應給付搬運費 2,181,158 元，及僱工看守物料 144 天，合計工資 345,600 元等費用，然法院認為睿盈公司所主張之 554,813 元部分，「依據為何未明，並不足採。」對於睿盈公司所主張之看守物料之工資 345,600 元部分，則以「未提出其他證據以資證明，此部分之請求，亦非可採。」又認為「本件工程係由台電公司以總價決標，被上訴人（按：佐藤公司）交由上訴人（按：睿盈公司）亦係以全部工程總價承攬，契約詳細表僅係列明各項工程項次，以做為單價調整、追、加、減工程計價之用，並非於承攬總價外另行允許承攬人就該契約詳細表所訂之金額得另行主張或請求。」因而駁回睿盈公司之上訴。

本判決實有討論之餘地：首先，法院未查政府採購法第 65 條第 1 項「得標廠商應自行履行工程、勞務契約，不得轉包。」之規定，理應依民法第 71 條前段「法律行為，違反強制或禁止之規定者，無效。」規定，判決該轉包契約無效，竟同意佐藤公司因轉包而賺取 150 萬元之轉包「利潤」。即便退一萬步而言，承攬人佐藤公司「將契約中應自行履行之全部或主要部分」自行履行，並非政府採購法第 65 條第 2 項之轉包，然次承攬人睿盈公司之未能依約履行係因台電公司之未能斷電及未能適時供料所致，並無過失可言，自得依約請求調整價金，故其請求勞工安全衛生管理費、工地安全保險費、工具折舊費、承包管理、利潤、搬運費、僱工看守之工資等費用並非無理由，法院並不反對睿盈公司有此主張之權利，只是認為該公司「施作比率請求 80%，如何計算而來，亦未見其舉證證明之，實難遽以採信。」「上訴人亦未提出其他證據以資證明」，因而駁回其上訴，換言之，若睿盈公司能善盡舉證責任，則當可獲得求償。

第二目　主管機關受理之採購爭議案件

在廠商所提出之申訴及調解之案件中，依據其主張的理由，可歸納為下列五種類型以說明價金調整的必要性：

一、採購機關未履行契約義務

在工程採購實務中，機關所提出之圖說常有標示不清或設計不當，致廠商施工發生

錯誤，並增加成本之支出；亦有機關未能如期提供建照，或依約協助廠商取得證照，或提供工作場地，致廠商工期延宕，並增加費用者[279]。

政府採購法及其子法並未規定採購機關應如何賠償或補償廠商所增加之成本，「採購契約要項」第 69 條第 1 項規定：「契約得訂明因非可歸責於廠商之情形，機關通知廠商部分或全部暫停執行，得補償廠商因此而增加之必要費用。」工程採購契約範本第 21 條㈩亦已納入前開契約要項之規定，惟應如何補償？則付諸闕如。

二、因不可歸責於廠商事由致履約期限展延

在工程採購中常見之爭議者，即因不可歸責於廠商事由致履約期限展延而增加費用之支出，究應由機關或廠商負擔？例如在實務中，廠商常因數項工程同時存在、相互關聯或相互干擾，因而延宕履約進度，亦常因遭遇高壓電線、通訊電路或自來水管遷移等問題，影響施工進度或必須停工，該等現象通常係屬不可歸責於廠商之事由所致；又廠商亦常遭遇豪雨、地震、颱風及民眾抗爭等因素，致使履約進度停滯，然可否向機關請求支付其增加之費用？政府採購契約中或對此並無規定，或有部分機關規定廠商不得請求索賠，僅有極少數契約設有補償之規定，致此等索賠爭議日漸增多[280]，行政院公平交易委員會 86 年 11 月 28 日 (86) 公貳字第 8605226-005 號函認為，如有可歸責於主辦機關卻使交易雙方所負擔之風險顯不對等，而超過承商可預期之完工風險，倘又不能就同一情事要求補償，將涉有顯失公平之虞。雖然「採購契約要項」第 69 條第 1 項訂有補償廠商所增加必要費用之規定，但並不能完全解決廠商請求履約期限展延及費用補償之爭議，故採購機關宜訂定合理之工期展延及費用補償條款，以減少爭議。

三、契約變更

在採購實務中，機關常因某些因素要求廠商變更契約，該等因素包括：機關政策變更（例如高速公路工程增設交流道等）、負責設計的廠商設計錯誤、廠商施工困難、費用過高或法令變動（例如地震區域劃分震區係數提高）等，常見於工程契約的變更設計，因採購契約所估計之數量並非絕對精確，往往於廠商施作後，方察覺實作數量與預估數量有差異之情形，又於工程採購實務中，因機關指示變更契約，廠商必須變更工序，非但影響工期展延，亦涉及契約價金之增減，常生爭議。由於契約變更後，機關與廠商之權利及義務亦隨之改變，然民法承攬節對於承

---

[279] 工程會委託研究，政府採購爭議處理事件案源，同上註，頁 103-4。
[280] 幾乎所有廠商為求機關同意展延履約期限，皆放棄因履約期限延長而增加費用之求償，以作為退讓條件。工程會委託研究，政府採購爭議處理事件案源，同上註，頁 104-21。

攬契約之變更設計並無規範，採購契約要項第 32 條規定：「契約價金係以總價決標，且以契約總價給付，而其履約有下列情形之一者，得調整之。但契約另有規定者，不在此限。㈠因契約變更致增減履約項目或數量時，得就變更之部分加減帳結算。㈡工程之個別項目實作數量較契約所定數量增減達百分之十以上者，其逾百分之十之部分，得以變更設計增減契約價金。未達百分之十者，契約價金得不予增減。㈢與前二款有關之稅捐、利潤或管理費等相關項目另列一式計價者，依結算金額與原契約金額之比率增減之。」工程採購契約第 3 條第 2 項亦有相似之規定。

雖然採購契約要項已列有基本規範，然對於新增工作項目之報酬、單價如何訂定或其原則等並未規範，機關與廠商仍常有爭議發生，例如：1. 機關往往要求廠商以總價承包，而認定該新增工作項目應由廠商無償施作，廠商無權另行要求新增工作項目之費用[281]；2. 廠商施作之項目並非原採購契約所定之工作範圍，而係由機關另行追加之新增者，機關與廠商常無法對於單價達成意思之合致，因而引發爭議；3. 機關要求變更設計部分過多，致工程費用減少達原契約金額之某比例，機關必須終止契約，而廠商無法獲得預期報酬或遭受損失，因此要求機關調高已施作工程部分之單價、給付報酬、賠償履約費用及差額保證金超支之利息等，惟機關則主張各項單價已訂明於投標須知，而拒絕廠商請求，時生爭議。由於現行法令對於契約變更仍有疏於規範之處，自有重新全盤檢討並予規範之必要[282]。

四、異常工地狀況

在工程實務中，常遇有工程圖說所預估之地質狀況與現地地質狀況大相逕庭之情

---

[281] 試以公共工程委員會 88017 號案為例說明之：申請廠商承建主辦機關「東西向快速公路○○線第二標（TO2）工程」，申請廠商認主辦機關之變更設計，及颱風、豪雨等因素，影響工期，其中因機關變更設計要求廠商應將擋土牆增加 207.53M 及加深基礎 435M，故廠商請求展延工期 52 天，採購機關則主張：「擋土牆增加長度部分係工地工程司依工地實際現況要求施作，且工程結算數量較合約數量並未增加，故未符合工期核算要點」故不同意廠商展延工期之請求。公共工程委員會則認定：

因豪雨造成土壤大量流失致地形、地貌改變，經雙方會勘後，主辦機關就已超出原合約圖說施作之範圍指示增長擋土牆及加深基礎之變更設計，此一事實既為雙方所不否認；雖主辦機關稱工程結算數量較合約數量並未增加，未符臺灣省政府住宅及都市發展處辦理工程工期核算要點第 10 點第 3 項「因變更設計增加工程數量時，得按實際需要展延工期」之規定，惟本件既為實作數量結算工程，合約之數量僅為參考，仍應以實際竣工圖為依據，…

廠商僅請求工期之延長，並未請求契約價金之調整，而公共工程委員會顯然採用「按值計酬」之方式解決爭論，符合公平價金調整之理論及實踐，應稱公允。

[282] 工程會委託研究，政府採購爭議處理事件案源，同上註，頁 108、141-8。惟該研究報告建議「工程會就此等事項於採購契約要項或採購契約範本予以訂明，以杜爭議。」本文則認為新增工作項目之報酬、單價如何訂定或其原則及其他法令未規範之問題應一併全盤檢討及研究，由主管機關訂定統一之法規命令，可免除於採購契約要項及工程採購契約範本重複規定價金調整之條文，顯較具效率。

形，究其發生之主因，乃因判斷工址之地質狀況具有高度複雜性及不確定性，往往不能事先完全正確預估所致，如施工時所遇之困難係不可歸責於廠商，則廠商因而增加施作之費用可否請求機關負擔？採購契約要項及工程採購契約範本對此均未規範[283]，更遑論調整價金之計算方法，因此有待訂定規範，以免爭議。

五、暫停執行契約

機關於簽約時因未預見之事由，例如機關為辦理變更設計而停工、民眾抗爭並阻擾施工、機關經費不足或政策變更等，致契約無法繼續履行而指示廠商暫停執行契約。採購契約要項第 69 條規定：「契約得訂明因非可歸責於廠商之情形，機關通知廠商部分或全部暫停執行，得補償廠商因此而增加之必要費用。前項暫停執行，機關得視情形，酌予延長履約期限。」工程採購契約第 21 條㈩、財物採購契約第 17 條㈧及勞務採購契約第 16 條㈧亦有相同之規定，但加列「但暫停執行期間累計逾六個月（機關得於招標時載明其他期間）者，廠商得通知機關終止或解除部分或全部契約。」在採購實務中，機關與廠商對於暫停執行契約或停工之補償條款或契約價金之計算基礎，常有因認知不同而生爭議者，例如，採購契約內已規定暫停執行或停工時，廠商不得請求賠償，廠商是否仍得請求賠償？暫停執行契約或停工之補償範圍如何？政府採購法及其子法、採購契約要項及採購契約對此皆未規範，因而爭議仍然不止[284]。

---

283 工程會委託研究，政府採購爭議處理事件案源，同上註，頁 110、152-4。

284 工程會委託研究，政府採購爭議處理事件案源，同上註，頁 164-5。試以公共工程委員會 88030 號案為例說明之：申請調解人○○建築無限公司承攬○○線路基拓寬工程案，工程總價新台幣 6,930 萬元，工程自 87 年 3 月 5 日開工，機關要求廠商自 87 年 12 月 18 日起停工，旋又要求自 88 年 5 月 5 日前復工，廠商共停工 158 天，因此請求機關補償該期間之工程管理費 1,041,220 元，廠商主張之理由如下：
依民法第 491 條第 2 項「未定報酬額者，按照價目表所定給付之，無價目表者，按照習慣給付」之規定，本案擬按照習慣給付，採用比例法來計算延長工程之管理費。常見之方式為：以契約約定之管理費除以契約原訂之工期之總日數後得出每日之管理費，再以每日之管理費乘以因可歸責於業主之故所延之工期總日數，做為計算應給付給承包商（○○公司）之管理費。
本案請求金額計算公式如下：
擬按項目分別比率 15%（內分，稅捐占 5%，包商利潤占 5%，管理費占 5%，共計 15%）：
管理費補償 52,719,039×5%÷ 工期 400 天 = 每天需要管理費 6,590 元；
因停工配合管線工程准展延 158 天 ×6,590 元 =1,041,220 元。
行政院工共工程委員會雖認為「惟有鑑於前揭停工期間，申請廠商必須按時調度人、物料以處理施工處所相關維護管理工作，因而確有增加額外支出，就該部分應基於衡平原則予合理補償。」並認為實際停工日數為 138 天，又「有關工地現場看管之勞工費，以最多兩員及六個月基本工資為限」精神，○○局四工處應核實補償○○公司實際支出之工地管理費用新台幣 27 萬 6 千元整，計算公式如下：
NT$60,000（工地主任每月薪資）× 4.6 月（相當於 138 天）= NT$276,000… 」。
綜之，本案廠商主張依 Eichleay 法請求調整價金，其所主張者係管理費（G&A），主張理由及計算金額並無錯誤，然公共工程委員會認為該費用係「工地現場看管之勞工費」，顯不當限縮廠商之損害賠償請求權，包括其他人工、物力、間接成本及利潤等損失。

第三目　檢討

　　廠商向採購機關請求價金調整之理由，自民法條文分析，可區分為下列幾類：1. 基於契約關係而生的報酬請求權，例如機關基於採購契約範本中所規定之「契約變更」條款所為之變更或要求廠商暫停執行，則廠商可依民法第 153 條規定請求報酬；2. 基於不當得利關係而生的利益返還請求權，例如機關訂定之技術規格或指示不明，致廠商因多給付而受損害，則廠商可依民法第 179 條規定請求返還機關所受利益；或 3. 基於可歸責於機關（定作人）之履行不能的損害賠償請求權，例如由機關供應之材料、機具、設備發生遲延或具有瑕疵，致廠商遭受損害，則廠商可依民法第 230 條、第 231 條及第 507 條、第 509 條之規定請求損害賠償；4. 如果廠商履行工程採購案時遭遇異常工地狀況，例如工地發生風災、水災等事由，導致工期延展，則廠商可能因此增加成本之支出，可主張民法之情事變更原則，並援引民法第 227 條之 2 第 1 項之規定，向機關請求所增加的費用。如廠商實際報酬超過預估概數甚巨時，得依同法第 506 條規定，向機關請求其賠償相當之損害；5. 因非可歸責於廠商之事由，廠商依機關指示暫停執行契約或停工，則廠商得依民法第 227 條之 2 規定之情事變更原則、同法第 225 條第 1 項及第 266 條第 1 項關於不可歸責於債務人事由所致給付不能之規定，主張終止契約、請求補償或賠償、或請求返還履約保證金。

　　民法第 216 條第 1 項所規定損害賠償之一般範圍，除法律另有規定或契約另有訂定外，為「所受損害」（積極損害）及「所失利益」（消極損害）[285]，依我國學者、法院判決及仲裁判斷可歸納「所受損害」及「所失利益」之具體類型如下：「所受損害」部分包括：物品的毀損、權利之喪失或減縮、負擔之費用（租金、管理費、電費、拆除費、清除搬運費、建照執照重新申請費、基礎工程費、監造服務費、稅捐、多負擔之承攬報酬、修復費用）、導致對第三人的違約賠償責任、利息差額的損害、折舊及跌價之損失，「所失利益」部分則包括：另行出售所減少之收益、未能使用收益之損失、營業利益的損失、另行轉售可獲得之利益等[286]，惟不論法律條文或實務中之法院判決或仲裁判斷亦僅提供抽象性規定，均欠缺精確的計算方法，以之計算日益複雜且情形各異的損害賠償金額，容易導致計算方法常見人見智，結果數額亦因人而異，而依其他民法條文（民法第 213 條至第 215 條）亦難計算廠商之直接成本、間接成本及利潤之損失，

---

[285] 黃茂榮，概論損害賠償之債，軍法專刊，第 53 卷第 2 期，2007 年 4 月，頁 20-28。

[286] 行政院公共工程委員會（工程會）委託研究，政府採購契約之廠商所負損害賠償責任之研究，2006 年，頁 136-144。對於損害賠償之意義、成立、競合及範圍等學理及其體系等，又責任原因與損害之間存在相當因果關係，該損害方屬法定賠償範圍，該文有甚為詳盡之敘述，可供參考。又英美法之「衍生性損害賠償」（consequential damages）在我國民法體系中的地位若何？該研究認為兩者的損害賠償範圍相似，頁 151-4。

故若能以會計學方法分析之，當可有效解決該等困難。然國內鮮少有文獻討論如何計算廠商（債權人）所受損害及所失利益之數額計算方法，或基於其他報酬請求權（例如廠商主張機關有不當得利之情形）的價金調整之方法，則美國聯邦採購中有關價金調整之理論及實務已巧妙地整合法律及會計二種學門，能有效解決其複雜及巨量之政府採購案件，自可提供我國符合科學方法的解釋及解決該等問題之方法。

綜觀我國司法及主管機關處理案件，可知廠商對其主張之損害賠償未必皆能以直接成本、間接成本及利潤詳予分析，恐因此而喪失若干部分之請求權利，至於機關是否具備正確及充足的調整契約價金之知識及作法，亦不無疑問。究其原因不外政府迄未頒布諸如成本原則或成本會計標準之法規，致機關未能積極建立其成本會計之知識及運用能力，而廠商在無法令可供遵守之情況下，亦不了解惟有具備足夠的會計能力及習慣方可保障其權利，若廠商未能具備該等知識及能力，則其於承包固定價金型或成本計價型採購案時，恐不能運用人工率及物料價格之經濟價格調整條款，以精確計算其因契約變更所遭受之損失，更遑論計算其遭受之人工及物料閒置之損失、效率之損失及其他成本損失，則其權利之損失不可謂不大，例如廠商本可請求監工費用、建築物折舊、未參加生產工作人員（即管理人員、辦事處、會計人員、維護人員）之間接費用，均得按比率請求，若主管機關能經立法授權，訂定法規命令予以規範，而非於契約要項或採購範本中於多處重複規定，則機關及廠商皆受此拘束，自可建立健全之採購法制，而廠商果能提出明確、具體、合符邏輯性之損害賠償或契約價金調整之請求者，法院或機關自無不許之理。

適值我國已於 2008 年 12 月 9 日正式加入 GPA 之時，我國廠商可能承包美國聯邦政府採購案件，若不了解其制度，又無會計能力，則一旦有因美國聯邦政府指示變更契約內容或因其他不可歸責於廠商之事由發生致其成本增加，則權利恐受損害。又因我國已簽署 GPA，我國政府必須允許外國廠商在符合採購金額門檻及條件情況下參與政府採購，若政府能建立諸如成本原則或成本會計標準之法規，並了解美國聯邦政府有關價金調整之運作，則可駁回外國廠商恣意要求直接成本、間接成本及利潤之請求，以保護國家權益。

至於舉證責任部分，民事訴訟法第 277 條規定：「當事人主張有利於己之事實者，就其事實有舉證之責任」，若請求損害賠償之一方僅以「簽約前內部評估報告書」或「年報」證明其所失利益，法院判決認為上述主張並不足證明其所失利益[287]。同法第 222 條第 2 項規定：「當事人已證明受有損害而不能證明其數額或證明顯有重大困難者，法院應審酌一切情況，依所得心證定其數額」，故若廠商、機關、法院或仲裁庭能

---

[287] 工程會委託研究，政府採購契約之廠商所負損害賠償責任之研究，同上註，頁 144-5。

有一客觀的計算價金調整之基準，且廠商依循機關指示之會計作業，自較能獲得公正之判決或判斷，並免除爭議。

<h2 style="text-align:center">第四目　建議</h2>

　　正由於機關及廠商對於價金之調整缺乏了解，致未能充分保障雙方權利，因此有必要參考先進國家──美國的立法例，將價金調整事宜予以規定，俾利機關及廠商遵守。契約價金之調整在美國聯邦政府之採購實務上已行之多年，在學理上亦屬可行，在美國聯邦之採購措施中，有諸多值得參考及借鏡之處，而我國政府採購法及其子法中則有疏漏之處，謹將其中犖犖大者臚列如下列之辦法草案，建議於修法時併予考量及加列：[288]

一、政府採購法修正草案

政府採購法修正草案條文對照表		
修正條文	現行條文	說明
增訂第六十三條第三項條文（增定辦法之依據）採購契約調整價金之辦法，由主管機關參酌國際慣例定之。		建議加列採購契約調整價金之辦法之文字，以求明確。

二、機關辦理採購契約價金之調整辦法（草案）

條　　文	理　　由
第一條（訂定依據） 本辦法依政府採購法第六十三條第三項規定訂定之。	本條文規定本辦法之訂定依據。
第二條（用辭定義） 本辦法用詞定義如左： 一、價金：謂全部成本加利潤之總和。 二、全部成本：謂直接成本加間接成本總和。 三、直接成本：謂為達成一個特定最終成本標的所支付之成本。包括：物料成本、直接人工成本及其他直接成本。	本條文對於調整之客體－價金、全部成本、直接成本、間接成本及利潤等予以定義。參考 FAR 31.203(a)(b) 及 ASPM, Vol. 1 (1986) 3-1 之規定。

---

[288] 採購契約要項之參、契約變更（第20條至第24條）內容與工程、財務及勞務採購契約範本之契約變更及轉讓條款相同，皆未規範應如何調整契約價金，故若工程會能將價金調整事宜以法規命令予以規定，則採購契約要項及採購契約範本亦應據以加列其內容，以維護廠商及機關之權利。

四、間接成本：謂直接投入該履約工作以外之任何成本，即同時履行兩個以上成本標的所支出的成本，故凡不能直接分攤或立即被辨認為屬於某一物料或勞務之成本均屬之。間接成本係支援主要成本（直接成本）之工作，且不能將之直接分攤於單一契約者。可分為：物料、工程、製造等間接製造成本、一般及行政支出等四種。 五、利潤：廠商依契約自契約價金中扣除直接及間接成本後所得之金額。	
第三條（廠商請求機關調整契約價金之時機） 　廠商因機關有下列情形之一者，得請求機關調整契約價金： 一、指示廠商變更契約。 二、指示廠商暫停執行。 三、於履行工程採購案時遭遇異常工地狀況。但以不可歸責於廠商者為限。 四、機關無法律上原因而受利益，致廠商受損害。 五、機關供應之材料、機具、設備發生遲延或具有瑕疵，致廠商遭受損害，增加其支付之成本。 　廠商應證明其已支付增加之成本。	參考 FAR 52.243-4、242-14、52.236-2 及民法第 225 條第 1 項、266 條第 1 項、227 條之 2 第 1 項、230 條、179 條、507 條、509 條及民事訴訟法第 277 條之規定。
第四條（可被允許之成本） 　機關認定可被允許之成本應符合下列各款要求： 一、合理性。 二、可分攤性。 三、以適用由政府發布之標準為原則，亦得適用符合各種情況且為一般所接受之會計原則及實務。 四、契約條款。 　廠商對政府提出之訴訟及行政救濟而支付之任何相關直接費用，包括聘請律師、會計師或其他員工等，係不被允許的成本。 　廠商因借貸金錢所生之利息、籌措資金之成本、公司準備發起書所需之法律及其他專業費用、準備及發行股權之成本，係不被允許之成本。	參考 FAR 31.201-2 之規定。
第五條（機關指示契約變更之會計） 　機關於辦理契約變更，且該變更之預估金額為公告金額以上之採購案時，得要求廠商實施變更指示之會計。廠商對於任何契約變更皆應以合適之會計程序分別製作帳目。帳目之內容包括一切應歸類變更、已支付、且應分別記列已支付直接成本（扣除可分攤之債權）之工作。	參考 FAR 52.243-6 之規定。
第六條（廠商已支付直接成本之工作） 　廠商應分別記列已支付直接成本之工作，例示如左： 一、非循環的成本（例如：技術成本及廢止或再履行工作之成本）。	參考 FAR 43.203(b) 之規定。

二、因契約變更之指示所增加之成本（例如新增分包廠商工作、新製原型機器、或標的翻新、新增工具）。 三、循環工作的成本（例如：人工及物料成本）。	
第七條（利潤之計算標準） 　　機關給付廠商利潤之標準，應以左列各項情形定之： 一、廠商努力程度。 二、契約成本危險。 三、廠商參與協助社會弱勢團體之程度。 四、資本投資。 五、成本控制及其他過去成就。 六、獨立發展。 　　廠商未履行契約變更時，機關不得支付其該契約變更部分之利潤。	參考 FAR 15.404-4(d) 之規定。
第八條（間接成本及利潤之計算） 　　機關得以間接成本及利潤占成本之百分比率計算之。	參考 FAR 15.404-4(d) 及採購契約要項第 32 條第 3 項之規定。
第九條（施行日期） 　　本辦法自中華民國　　年　　月　　日施行。	

第八款　結論

　　以美國法律整編契約法第二次彙編所規定的各種損害賠償方法（期待利益之損失、信賴利益之損失及回復原狀之損失）或按值計酬之抽象法理，並不能提供理論或實務界具體的方法以解決價金調整的問題，法院及採購機關並不能依該等抽象的法律規定計算出廠商應得之價金，因此法院及採購申訴審議委員會自會計學的方法解釋並解決價金調整的問題，以彌補抽象的法律規定之不足，並適用美國聯邦獲得規則（FAR）第 31 篇有關契約成本原則及程序（Part 31-Contract Cost Principles and Procedures）之規定（按：FAR 對於計算調整價金之公式或方法並未有明確規定），即以跨越法律學門，結合會計學的方式解決此問題，結果符合科際整合的概念，可精確地計算出廠商可得請求的價金，兼顧廠商及機關之權利，FAR 相關條文廣為法院、採購申訴審議委員會、廠商及機關所接納，可作為我國借鏡。

　　自我國民法觀點而言，廠商對機關所主張的損害賠償請求權或因不當得利等理由而主張的報酬請求權，皆可以契約價金調整之方式達成，而民法條文並不能給予具體及精確的計算方法，致法院缺乏明確的判決依據，採購機關的審議判斷及調解決定亦未必有完全精確的作法，甚至有不合學理之處，影響廠商權益甚巨，亟待改正。政府採購法及其子法對此並未有明確的規範，若廠商與機關不能運用成本與會計等理論予以分析及解釋，則其間之權利及義務（特別是廠商的報酬請求權之確定及損害賠償範圍之認定）恐

仍將處於不易算定之狀態，而美國聯邦採購實務的學理見解及作法已提供調整價金之基準，應可對我國法制有所建樹。特別在我國已簽署 GPA 之際，我國政府必須允許外國廠商在符合採購金額門檻及條件情況下參與政府採購，若政府能建立諸如成本原則或成本會計標準之法規，並了解美國聯邦政府有關價金調整之運作，則可駁回外國廠商恣意要求直接成本、間接成本及利潤之請求，以保護國家權益。

第三節　採購機關未經廠商同意使用其智慧財產權之損害賠償責任[289]

凡未經智慧財產權人之同意而使用其智慧財產權，自應負損害賠償責任，然若政府基於公共利益理由，必須於未經智慧財產權人之同意情況下，使用其智慧財產權，或授權或同意履約廠商使用該智慧財產權，則政府所應負之損害賠償責任是否應有特別規定？又可否免除假處分？履約廠商於知悉政府被提起民事訴訟或被申訴請求損害賠償時，是否有通知及協助政府之義務？本文主要依據美國聯邦法令及法院判決或審計長之判斷予以論述，藉以研究採購機關未經廠商同意使用其智慧財產權之損害賠償責任。

本文先研究美國及我國對於侵害智慧財產權損害賠償責任之規定，就理論基礎檢視其法令及實務，再探討我國立法是否有不同及疏漏之處，本文同時檢視政府基於公益理由之立法是否適合於我國政府採購法，最後，謹提供政府採購法修法草案，建議於修法時一併考量及加列。

第一款　前　言

美國政府採購機關（採購機關以下簡稱機關）未經智慧財產權人之同意而使用其智慧財產權，自應負損害賠償責任，然美國聯邦法律對此卻有特別規範，美國聯邦法典28 U.S.C. § 1498(a)[290]規定：

---

[289] 本節內容曾發表於「智慧財產權月刊」2010 年 10 月第 142 期中。

[290] 28 U.S.C. § 1498(a): Whenever an invention described in and covered by a patent of the United States is used or manufactured by or for the United States without license of the owner thereof or lawful right to use or manufacture the same, the owner's remedy shall be by action against the United States in the United States Court of Federal Claims for the recovery of his reasonable and entire compensation for such use and manufacture. Reasonable and entire compensation shall include the owner's reasonable costs, including reasonable fees for expert witnesses and attorneys, in pursuing the action if the owner is an independent inventor, a nonprofit organization, or an entity that had no more than 500 employees at any time during the 5-year period preceding the use or manufacture of the patented invention by or for the United States. Notwithstanding the preceding sentences, unless the action has been pending for more than 10 years from the time of filing to the time that the owner applies for such costs and fees, reasonable and entire compensation shall not include such costs and fees if the court finds that the position of the United States was substantially justified or that special

美國政府於未經專利權人授權或同意而使用受美國政府保護之專利之發明，或從事製造，專利權人應向聯邦巡迴上訴法院（U.S. Court of Appeals for the Federal Claims）[291]請求其合理及完全之損害賠償（reasonable and entire compensation）。若專利權人為獨立發明人、非營利組織或為美國政府使用或製造專利之發明前 5 年內員工人數在 500 人以下之機構，其合理及完全之損害賠償應包括專利權人之合理成本，包括因本案而聘請專家證人及辯護律師的費用。但若訴訟自起訴起至專利權人聲請賠償此成本及費用已逾 10 年，且法院認定美國政府實質符合公平原則，或判決被告給付此成本及費用將顯失公平者，則合理及完全之損害賠償不應包括上述之成本及費用。

廠商、分包廠商、或任何自然人、公司經美國政府授權或獲得美國政府同意，使用受美國政府保護之專利之發明或從事製造，應推定為為美國政府使用該發明或從事製造。

28 U.S.C. 1498(b) 規定有關美國政府侵害廠商著作權之損害賠償責任如下：

受美國著作權法保護之著作被美國政府、或為美國政府所有，或受美國管轄之公司、或被為美國政府為法律行為之廠商、分包廠商、或任何自然人、合夥人或公司且獲得美國政府之授權或同意者所侵害，則著作權人得向聯邦巡迴上訴法院請求美國政府給付其合理及完全之損害賠償（reasonable and entire compensation），包括依聯邦法典 17 U.S.C. 504(c) 規定之最小損害。

聯邦政府公務員得依本條文規定請求美國政府給付其損害賠償，但該公務員命令、影響或誘使美國政府使用該著作者不在此限。美國政府公務員受僱於美國政府或為美國政府服務，且該著作係依其職掌所為，或使用美國政府之時間、物料或設備者而為著作者，該著作權人或其受讓人不得依本條文提起訴訟。若為美國政府所有，或受美國管轄之公司或美國政府機關之首長，依職權與著作權人達成侵害著作權之和解者，該著作權人或其受讓人亦不得依本條文提起訴訟。

---

circumstances make an award unjust.

For the purposes of this section, the use or manufacture of an invention described in and covered by a patent of the United States by a contractor, a subcontractor, or any person, firm, or corporation for the Government and with the authorization or consent of the Government, shall be construed as use or manufacture for the United States.

[291] 聯邦上訴法院（Court of Federal Claims）已於 1982 年改稱為聯邦巡迴上訴法院（U.S. Court of Appeals for the Federal Circuit, CAFC）。*Black's Law Dictionary*, 6th ed. (West Publishing Co., 1990) p. 355-6.

除法律另有規定外，著作權人不得請求起訴前逾 3 年之損害賠償。但著作權人與美國政府所有，或受美國管轄之公司或美國政府機關之首長，達成侵害著作權之和解者，不在此限。

則專利權人及著作權人請求之範圍侷限於「合理及完全之損害賠償」，但不得請求禁止命令（injunctive relief），[292]換言之，機關仍得使用該智慧財產權，此則與一般智慧財產權之侵害中，若智慧財產權人請求假處分，則侵害人不得再使用該智慧財產權之情形顯不相同。我國專利法第 76 條第 1 項對於特許實施雖有如下之規定：「為因應國家緊急情況或增進公益之非營利使用或申請人曾以合理之商業條件在相當期間內仍不能協議授權時，專利專責機關得依申請，特許該申請人實施專利權；其實施應以供應國內市場需要為主。但就半導體技術專利申請特許實施者，以增進公益之非營利使用為限。」但特許實施與本文研究主題──政府未經廠商同意使用其智慧財產權之損害賠償責任，亦有不同，我國並未對政府未經廠商同意使用其智慧財產權之損害賠償責任有特別立法規範，故本文針對美國 28 U.S.C. § 1498(a)(b) 之特別立法，檢視其理論及實務，再研究其是否具參考及引用之價值。

若政府基於公益理由，必須於未經智慧財產權人之同意情況下，使用其智慧財產權，則政府所應負之損害賠償責任是否應有特殊規定？又可否免除假處分？除首應研究我國及美國對於侵害智慧財產權損害賠償責任之規定，並應了解政府採購之基本性質究為私法抑為公法，以研究政府基於公益理由排除被侵害廠商聲請假處分之適用。本文主要依據美國聯邦法令及法院判決或美國審計長之判斷予以論述，藉以研究機關未經廠商同意使用其智慧財產權之損害賠償責任。本文同時檢視我國之內國法令及實務，俾能了解我國採購法規疏漏之處，最後，謹提供政府採購法修法草案，建議於修法時一併考量及加列。

本文之所以以美國聯邦政府之採購制度為探討中心，係因其採購法已行之逾百年，不僅體系健全更能結合科技、管理、經濟及會計等知識，使理論與實務密切結合，充分發揮引導工商業發展及繁榮社會之效果；再者美國係世界貿易組織（World Trade

---

[292] Ralph C. Nash, Jr., Leonard Rawicz, *Computer Software, Information, and Contract Remedies,* 5th edition (Riverwoods: CCH INCORPORATED, 2001) p. 242. "injunction relief" 應屬類似於民事訴訟法保全程序之假處分，馮震宇，了解營業秘密法，再版，永然文化出版，1998 年 6 月，頁 153-4。民事訴訟法第 532 條規定：「債權人就金錢請求以外之請求，欲保全強制執行者，得聲請假處分。假處分，非因請求標的之現狀變更，有日後不能強制執行，或甚難執行之虞者，不得為之。」專利權人對侵害人除聲請假處分外，可依同法第 522 條聲請假扣押，即就金錢請求或得易為金錢之請求，欲保全將來之強制執行，可申請法院裁定扣押債務人之財產而禁止其處分。此外，尚可利用同法第 368 條至第 376 條之 2 之證據保全手續，以保全有利之證據。楊崇森，專利法理論與應用，初版，三民書局，2003 年 7 月，頁 513-5。

Organization, WTO）之會員，必須遵守「與貿易有關之智慧財產權協定」（Agreement on Trade-Related Aspects of Intellectual Property Rights, TRIPS）之規定，此外，美國係 WTO 中政府採購協定（Agreement on Government Procurement, GPA）之簽字國，其採購之相關法規及實踐均須接受 WTO 之貿易檢視，[293]其合符 TRIPS 及 GPA 之規範亦即合符世界貿易規範之正當性，實不容置疑。我國廠商如欲拓展商機，則充分了解美國聯邦政府之採購制度實屬必要，故美國採購法之制度頗有參考價值，因此本文即以美國聯邦政府之採購制度為研究中心。

　　國內已有諸多文獻研究美國及我國侵害智慧財產權之損害賠償責任，主要為論述侵害之損害賠償責任，對於損害額之算定方式敘述甚為詳盡，頗具價值，然彼等研究範圍均在一般智慧財產權之侵害，並未注意侵害人係政府機關時是否應有所差異，而本文研究之重點則強調機關（政府）未經具智慧財產權人授權，而使用或授權或同意履約廠商使用該專利、營業秘密及著作權等所應負之損害賠償責任，及免受假處分聲請之可行性分析；有鑑於一般侵害智慧財產權之賠償責任和政府所應負之賠償責任，本質上均屬侵害性質，不能謂無相同性，蓋政府若侵害智慧財產權，並無免除其賠償責任之法理及法條依據，因此本文併予論述。又何謂機關之「授權或同意」？亦極易產生爭議，機關被智慧財產權人訴請賠償時，履約廠商是否有通知及協助義務？均值研究。本文先研究美國政府對專利、營業秘密[294]及著作權之賠償責任及其理論基礎，再探討我國政府採購之法律性質，是否有公共利益原則之適用，另探討有關我國侵害智慧財產權，包括專利、營業秘密及著作權等之損害賠償責任，並提出兩國法律之差異性以供參考。

　　至於廠商因未經智慧財產權人授權或同意使用其智慧財產權，於履行採購契約時侵害智慧財產權，應負責賠償政府所受之損失，由於我國政府採購法之契約要項中已規定侵害智慧財產權之賠償條款[295]，且與美國聯邦政府採購法規內容大致相同，並無研究價值，故本文對此部分不予討論。

第二款　美國聯邦政府之損害賠償責任

　　美國政府侵害智慧財產權之損害賠償責任，必須經由法院依法律判決，故法院判決

---

[293] WTO, "Trade Policy Review Mechanism" ("TPRM"), *The Results of the Uruguay Round of Multilateral Trade Negotiations*, 434-7 (1995).

[294] 28 U.S.C. § 1498(a) 規範之內容係 "invention"（發明），然該發明亦可能係營業秘密法第 2 條規定之營業秘密，該法第 2 條：「本法所稱營業秘密，係指方法、技術、製程、配方、程式、設計或其他可用於生產、銷售或經營之資訊，而符合左列要件者：一、非一般涉及該類資訊之人所知者。二、因其秘密性而具有實際或潛在之經濟價值者。三、所有人已採取合理之保密措施者。」故本文研究範圍包括營業秘密。

[295] 工程採購契約範本第 18 條 (一)(二)、財物採購契約範本第 15 條 (一)(二) 及勞務採購契約範本第 14 條 (一)(二)。

及相關法律規定便決定美國聯邦政府之損害賠償責任。由於智慧財產權以專利、著作權及營業秘密較爲常見，因此本文就該三類分論之。

<h2 style="text-align:center">第一目　專利</h2>

美國國會於 1918 年 7 月 1 日通過 28 U.S.C. § 1498(a) 立法，係因 *Cramp & Sons v. International Curtis Marine Turbine Co.*, 246 U.S. 28（1917）一案中，得標廠商爲美國政府製造財物時，因專利權利人聲請禁止命令（假處分），致使生產工作停止，影響美國政府利益，國會爲使得標廠商不致停止生產，遂訂立此條文。[296]本條文之所以不賦予智慧財產權人得請求假處分之權利，係因國會基於美國政府應具備優位權利之理論（eminent domain theory）所致。但仍允許專利權人得請求合理及完全之損害賠償。[297]若美國政府使用未經專利權人授權或同意之專利，或授權履約廠商使用該專利，則係未經授權使用專利之發明，立法者認爲此與侵害專利權有別，28 U.S.C. § 1498(a) 刻意避免使用「侵害專利權」（patent infringement）一詞，足徵立法者意圖將兩者予以區分，立法者並意圖使美國政府強制性地取得使用專利之發明之權利。至於美國政府未經授權使用專利之發明與一般侵害專利權之損害賠償責任是否不同？若係前者法律責任，損害賠償範圍限於「合理及完全之損害賠償」，但美國政府仍可繼續使用未經廠商同意授權之專利，若係後者（非美國政府侵害專利權），則損害賠償範圍包括所受損害及所失利益等，若經專利權人聲請假處分，侵權人則不得再繼續使用該專利。[298]由於專利權人得聲請「合理及完全之損害賠償」，此與被侵害人得請求所受損害及所失利益之賠償，兩者並無不同，因此本文將美國政府機關爲侵權人之法院判決，及非政府機關爲侵權人之案件，併予分析，俾了解美國政府機關應負之損害賠償責任。

由於 28 U.S.C. § 1498(a) 特別規定美國政府未經專利權人同意而使用之損害賠償責任，而一般侵害專利權之損害賠償責任應依美國聯邦法典 35 U.S.C. § 284 之規定辦理，[299]該條文規定：

> 法院判決原告勝訴時，應判給原告足以彌補其被侵害之賠償，該賠償不得少於侵權人支付該發明之合理權利金，並應判決原告應獲得利息及訴訟費用。如法院陪審團未能發現損害，法院應發現之。如有上列二情形之一，法院得增加損

---

[296] Ralph C. Nash, Jr., Leonard Rawicz, *Computer Software, Information*，同註 292，頁 241。
[297] *Richmond Screw Anchor Co. v. United States*, 275 U.S. 331 (1928); *Crozier v. Krupp*, 224 U.S. 290 (1912) cited by Ralph C. Nash, Jr., Leonard Rawicz, *Computer Software, Information*，同註 292，頁 242。
[298] Ralph C. Nash, Jr., Leonard Rawicz, *Computer Software, Information*，同註 292，頁 242。
[299] *Leesona Corp. v. United States*, 220 Ct. Cl. 234, 599 F.2d 958, 202 U.S.P.Q. 424, *cert. denied*, 444 U.S. 991, 204 U.S.P.Q. 352 (1979).

害賠償額至原發現金額之 3 倍。增加之損害賠償額不適用本章第 154(d) 之規定。法院得接受專家意見以決定合理權利金之金額。

美國最高法院在 *General Motors Corp. v. Devex Corp.* 461 U.S. 648, 654-655（1983）案中，認為受侵害人得依 35 U.S.C. § 284 規定，請求因侵害所產生的一切損害，以下從 1. 損害之判斷依據；及 2. 合理權利金之計算等二層面說明專利權人受侵害之損害賠償。

一、損害賠償之判斷依據

美國最高法院在 *Aro Manufacturing Co. v. Convertible Top Replacement Co.* 377 U.S. 476, 507（1964）案中，認為受侵害人僅得請求之「損害」，係指金錢損失，不論侵害人是否因此受利益，因此損害係指受侵害人（專利權人及專利受讓人）於受侵害前後之差價，而受侵害人應舉證其因此所受之經濟損失，方得請求賠償，[300] 受侵害人得請求其所失利益之賠償，但應用「若無測試法」（but for test）證明可獲得之利益，[301] 即應證明若侵害未發生，受侵害人得有更多銷售利益，該銷售利益係由侵權人所獲得者。受侵害人應以優勢證據（preponderance of the evidence）證明其所失利益之事實。

專利受侵害人得請求之所失利益包括：1. 銷售量損失（lost sales），價格下降（price erosion）；2. 預期利益之損失（projected lost profits）；3. 商譽的損害（injury to business reputation）；4. 增加的成本（increases costs）等，[302] 例如：專利受侵害人為與侵權人在市場上競爭，不得不降低價格求售，此降低的價格便是所受實際的損害。[303] 但由於影響專利權人在市場中預期利益的因素很多，包括市場中是否有其他新競爭者加入、顧客需求的改變及市場因素等，又若專利權人提高產品價格，將可能導致顧客轉而購買替代產品，而若降低產品價格，卻可使銷售量增加，因而可能彌補因價格下降所產生之損失，故專利權人於請求未來預期利益之舉證責任，較其請求實際所失利益時高。[304]

目前美國法院並未採用一絕對標準以計算專利受侵害人所失之利益，但常使用「若無測試法」，而法院亦常採用 *Panduit Corp. v. Stahlin Brothers Fibre Works*, 575 F.2d（6th Cir. 1978）案中所建立的四項測試要素，以判斷受侵害人得否請求所失利益之損害

---

[300] *Minco, Inc. v. Combustion Engineering, Inc.*, 95 F.3d 1109, 1118 (Fed. Cir. 1996).

[301] *Paper Converting Mach. Co. v. Magna-Graphics Corp.*, 745 F.2d 11, 21 (Fed. Cir. 1984).

[302] Skenyon, J. et al., *Patent Damages Law and Practice* (West Group, 1999), pp. 2-6. 摘自陳佳麟，專利侵害損害賠償之研究：從美國案例檢討我國專利損賠制度之設計與實施，交通大學科技法律研究所碩士論文，2002 年 7 月，頁 7-8。

[303] *Lam, Inc. v. Johns-Manville Corp.*, 718 F.2d 1056, 1067 (Fed. Cir. 1983); *Boesch v. Graff*, 133 U.S. 697, 706 (1890).

[304] 陳佳麟，專利侵害損害賠償之研究，同註 302，頁 8。

賠償，受侵害人應證明於專利受侵害期間：1.市場中有對專利產品之需求量（demand for the patented product）；2.市場中並無非侵權替代物之存在（absence of acceptable non-infringing substitutes）；3.專利權人具備拓展市場需求之製造及行銷能力（manufacturing and marketing capability to exploit the demand）；4.可估算所失利益之金額（the amount of the profit it would have made）。[305]

法院常用 *Panduit* 測試法以檢測專利權人是否可請求所失利益，但此法並非係唯一測試方法，[306] 在 *State Industries, Inc. v. Mor-Flo Industries, Inc.*, 883 F.2d 1573（Fed. Cir. 1989）, *cert. denied*, 493 U.S. 1022（1990）案中，專利權人能證明若無侵害發生，則可銷售侵權物一定比例之專利產品，該相當比例之數量即可推定為所失利益之損害。[307]

(一)利息之賠償

美國最高法院於 *Waite v. United States*, 282 U.S. 508 U.S. 508（1931）案中，判決美國政府應給付廠商自未經授權使用廠商專利起，至美國政府依判決支付金額止之法定利息，蓋此利息係屬「合理及完全之損害賠償」之一部分。[308]

(二)賠償之計算基礎

損害賠償之計算基礎係以全部系統，或以專利之發明部分做為計算基礎？法院應詳查專利在整體技術所占之重要性，並以之做為計算損害賠償金額之基礎，[309] 法院另應考量專利強化全部系統之程度、採購之數量、專利之合法效力、廠商為相關發明所支付之權利金、美國政府為該發明所支付之研發成本等因素，以算定合理之賠償金額。[310]

如機關使用專利之發明，而該專利之發明與採購之其他物品產生關連性，則專利權利人常主張「完全市場價格」（entire market value），請求法院應將非專利物品與專利物品一併列為賠償之範圍；此時法院應檢視專利物品與非專利物品之相互依賴性，例如，專利物品是否可為非專利物品創造出新市場，[311] 換言之，即專利權利人如出賣該專利物品，則其合理期待出賣具相關連性非專利物品之情況，以算定非專利物品應否與專利物品同列為賠償之範圍。[312] 故如廠商為專利權人，出賣專利物品予機關，則其合理期待同時出賣非專利物品之可行性，便成為法院判決是否應將非專利物品列為賠償範

---

[305] 其中第四要素應包括：1.決定因受專利侵害而生影響之銷售量；及 2.計算出受影響銷售量之所失利益。同上註，頁 8-11。

[306] *Carella v. Starlight Archery & Pro Line Co.*, 804 F.2d 135, 141 (1986).

[307] 陳佳麟，專利侵害損害賠償之研究，同註 302，頁 11。

[308] Ralph C. Nash, Jr., Leonard Rawicz, *Computer Software, Information*，同註 292，頁 251-4。

[309] *Waite v. United States*, 69 Ct. Cl. 153, 4 U.S.P.Q. 397 (1930).

[310] *Breese Burners, Inc. v. United States*, 140 Ct. Cl. 9, 115 U.S.P.Q. 179 (1957).

[311] *ITT Corp. v. United States*, 17 Cl Ct..199, 11U.S.P.Q. 2d 1657 (1989).

[312] *Badowski Corp. v. United States*, 150 Cl Ct. 482, 278 F.2d 934, 125 U.S.P.Q. 656 (1960).

圍之重要依據。[313]在 *Hughes Aircraft Co. v. United States*, __Fed. Cl.__, No. 426-73, 1994 WL 220345, *3（Fed. Cl. April 29, 1994）案中，[314]美國政府與西德及英國共同發展 AMPTE 太空計畫，依該計畫應發射三枚人造衛星——UKS, CCE 及 IRM，Hughes 公司在 CCE 人造衛星中擁有一種控制人造衛星飛行高度的專利，法院認定美國政府未獲等該公司授權或同意而使用該專利技術，Hughes 公司主張 CCE 人造衛星與 IRM 人造衛星具有協同關係，故主張 IRM 人造衛星亦應作為賠償其損失之計算基礎，但法院認定 IRM 人造衛星係由西德政府發展成功，西德政府自應負設計之責，且西德政府亦未與 CCE 人造衛星的製造商未具任何契約關係，故判決縱使 Hughes 公司為 CCE 人造衛星系統採購案中之得標廠商，仍對於 IRM 人造衛星之利益並未具合理期待性，即不同意將 IRM 技術作為損害賠償之計算基礎，因此駁回 Hughes 公司請求。

二、合理權利金之計算

如市場中已有交易該權利金之案例，則該權利金之計算方式應推定為授權契約之專利權利金。[315]權利金之計算並非完全基於廠商應得之利潤，[316]而是基於專利權人與被授權人在侵權發生時，假設性地協商所合意的權利金。權利金可高於侵權人所獲之利益。其金額應由各受理法院決定。[317]聯邦巡迴上訴法院（U.S. Court of Appeals for the Federal Circuit, CAFC）迄今並未採納單一計算權利金的方法。但大致上可歸納為下列類型：

㈠專利權人與被授權人合意法（hypothetical willing buyer-willing seller approach）

如市場中並無前既成之案例可供查考權利金之金額，則法院應採用假設性的協商中，具相當知識性、智慮的專利權人及被授權人（knowledgeable, prudent businessmen）所合意之權利金金額，[318]法院可藉由此法了解專利權人及被授權人於協商授權權利金之各因素，以估算精確之權利金金額。聯邦上訴法院在 *Tektronix, Inc. v. United States*, 213 Ct. Cl. 257, 552 F.2d 343, 193 U.S.P.Q. 385（1977）案中，採用 *Georgia-Pacific Corp. v. U.S. Plywood-Champion Paper, Inc.*, 446 F.2d 295, 170 U.S.P.Q 369（2d. Cir.），cert. denied,

---

[313] *Del Mar Avionics v. Quinton Instrument Co.*, 836 F.2d 1320 (Fed. Cir. 1987).

[314] 摘自 Ralph C. Nash, Jr., Leonard Rawicz, *Computer Software*，同註 292，頁 249。

[315] *Hughes Aircraft Co. v. United States*, _Fed. Cl. _, No.426-73, 1994 WL 270412, 1 (Fed. Cl. June 17, 1994)；*Decca, Ltd. v. United States*, 225 Ct. Cl. 1, 326, 640 F.2d 1156, 209 U.S.P.Q. 52 (1980), *cert. denied*, 454 U.S. 819, 214 U.S.P.Q. 584 (1981)；*Tektronix, Inc. v. United States*, 213 Ct. Cl. 257, 552 F.2d 343, 193 U.S.P.Q. 385 (1977).

[316] *Rite-Hite Corp. v. Kelley Co.*, 56 F.3d 1538, 1555 (Fed. Cir. 1995) (en banc), *cert. denied*, 516 U.S 867 (1995).

[317] *Stickle v. Heublein, Inc.*, 716 F.2d 1550, 1563 (Fed. Cir. 1983).

[318] *Hughes Aircraft Co. v. United States*, _Fed. Cl. _, No.426-73, 1994 WL 270412, 1 (Fed. Cl. June 17, 1994).

404 U.S. 870, 171 U.S.P.Q 322（1971）[319]判例計算權利金，首先算出侵權人之毛利（gross profit）[320]，於扣除成本後，再扣除其通常利潤（normal profit），所得之餘額（residual share），即為權利金。[321]

(二)比較權利金法（comparative royalty approach）

聯邦上訴法院在 *Leesona Corp. v. United States*, 220 Ct. Cl. 234, 599 F.2d 958, 202 U.S.P.Q. 424, *cert. denied*, 444 U.S. 991, 204 U.S.P.Q. 352（1979）及 *Penda Corp. v. United States*, 29 Fed. Cl. 533, 573, *aff'd.* 44 F.3d 967（Fed. Cir. 1993）案中，均採用本法以計算權利金之金額，並以本法證明或檢視權利金之合理性及公平性（reasonableness and fairness），本法係假設性地由權利人及美國政府在進行談判時，從下列方式：1. 權利人（廠商）所失利益；及 2. 美國政府因使用未經授權專利所節省之成本，以計算出權利金之金額。

1. 權利人所失利益

如並無交易該權利金之案例可供參考，法院可以廠商所失之利益做為廠商損害賠償之標準，但此法必須在廠商已實施專利權，且未授權他人使用其專利時，方有適用，故若廠商並未實施其專利，亦未將專利授權他人，則便無本法之適用，[322]廠商必須證明如已銷售其專利物品則可獲得之利益。[323]法院迄今並不常使用本法。[324]

2. 美國政府因使用未經授權專利所節省之成本

如廠商並不克請求其所失利益，且並無該權利金之案例可供參考，則法院便可使用此法以計算廠商之損害賠償金額。本法常用於專利物品僅係採購標的物系統之一部，且難以計算專利之發明之成本者，法院應從美國政府機關使用未經授權專利全部系統所節省之成本或其他利益，並按該專利在全部系統中所占之比例，以計算廠商（權利人）所失之利益，[325]法院應優先適用「已有交易該權利金案例」之方法以算定機關應負之賠償

---

[319] 有關 *Georgia-Pacific Corp.* 所建立之十五項要素，參看周漢威，專利侵權損害賠償——論「合理權利金」之增訂及法理依據，銘傳大學法學論叢，第 5 期，2005 年 12 月，頁 143-168。法院在本案中建立之十五項各種考量因素中，以第 1 項「權利人曾收受收之權利金，並應提出權利金存在之證明。」最為重要。詳見陳佳麟，專利侵害損害賠償之研究，同註 302，頁 13-4。

[320] 毛利係指售價與成本之差額，含所得稅（income taxes）及作業支出（operating expenses）。*Black's Law Dictionary*，同註 291，頁 703。

[321] 法院判決侵權人應給付之權利金常較專利侵害發生前，專利權人同意授權之權利金為高，或較產業標準權利金為高。陳佳麟，專利侵害損害賠償之研究，同前註 302，頁 12。

[322] *De Graffenried v. United States*, 25 Cl. Ct. 209, 24 U.S.P.Q.2d 1594 (1992).

[323] *Waite. v. United States*, 69 Ct. Cl. 153, 4 U.S.P.Q. 387 (1930), *rev'd on the grounds*, 282 U.S. 508 (1931) cited by Ralph C. Nash, Jr., Leonard Rawicz, *Computer Software*，同註 292，頁 247-8。

[324] Ralph C. Nash, Jr., Leonard Rawicz, *Computer Software*. 同上註。

[325] *Marconi Wireless Tel. Co. v. United States*, 99 Ct. Cl. 1, 53 U.S.P.Q. 246 (1942), *aff'd in part and vacated in part*, 320 U.S. 1, 57 U.S.P.Q. 471 (1943).

責任，換言之，唯於該方法不能適用時，方得使用本法（計算節省成本法）。[326]本法亦可用於以專利權人與被授權人合意法計算機關應負之賠償責任時使用之。[327]

三、美國政府授權或同意

美國政府授權或同意之方式可分為明示及默示二種。[328]

㈠明示

廠商適用 28 U.S.C. § 1498(a) 必須符合二要件：一、為美國政府而使用或製造未經授權使用之專利；二、須經美國政府授權或同意使用或製造該未經授權使用之專利。機關應使用聯邦獲得規則 Federal Acquisition Regulation（FAR）中標準採購契約內之「授權或同意」條款（Authorization or Consent Clause）明定該二要件於採購契約內。[329]

FAR 52.227-1 規定一般「授權或同意」條款如下：

(a) 美國政府授權並同意廠商及其分包廠商，得使用及製造依照美國專利法取得之發明，該等發明應符合下列二條件之一：

　(1) 該發明具體表現於物品之架構或組成，且美國政府同意依契約約定受領該物品者；

　(2) 該發明係由廠商及其分包廠商依據 (i) 契約規定之規格或書面條款，或 (ii) 由機關以書面指示廠商履約之方式，而使用於機器、工具或方法。

美國政府所負侵害美國專利之責任，應依本契約或任何分包契約內規定之賠償條款辦理。美國政府所負擔之其他侵害責任範圍應以所授權者或同意者為限。

(b) 廠商與其分包廠商之契約金額在簡易採購金額門檻以上者，[330]應於契約內規定本條款之主要內容。但若刪除本條款或契約金額未滿簡易採購金額門檻者，並不排除美國政府授權或同意之責任。

---

[326] *Decca, Ltd. v. United States*, 225 Ct. Cl. 1, 326, 640 F.2d 1156, 209 U.S.P.Q. 52 (1980), *cert. denied*, 454 U.S. 819, 214 U.S.P.Q. 584 (1981).

[327] *Leesona Corp. v. United States*, 220 Ct. Cl. 234, 599 F.2d 958, 202 U.S.P.Q. 424, *cert. denied*, 444 U.S. 991, 204 U.S.P.Q. 352 (1979).

[328] 依民法第 153 條第 1 項規定，意思表示亦可以默示為之。

[329] 「授權或同意」條款（Authorization or Consent Clause）與 FAR 27.203 規定之標準採購契約內「專利賠償」（Patent Indemnity Clause）條款不同，後者係適用於廠商因履行採購契約致侵害專利權時，應賠償政府所受損失，二條款並無衝突或矛盾之處，由於專利賠償條款與我採購契約要項中所規定者大致相同，並無研究價值，本文因此不予討論。

[330] "the simplified acquisition threshold" 係指 3,000 美元（微型採購門檻 Micro-purchase threshold）以上未滿 100,000 元之採購案件，FAR 2.101, 13.003(b)。

依 FAR 27.201-2(a)(2) 規定，若美國政府使用研究及發展契約採購時，應於招標文件及契約內使用 FAR 52.227-1 所規定選項 1（alternate 1）之文字，即僅規定「美國政府授權並同意廠商及其分包廠商，得使用及製造依照美國專利法取得之發明」便可，刪除其餘文字，蓋研究及發展之標的可能並未有具體物品之產出，又依 FAR 27.201-2(a)(3) 規定，若美國政府採購通訊服務（communication services），且使用一般載具（common carrier），關稅表並未載列或未規定其價金時，應於招標文件及契約內使用 FAR 52.227-1 所規定選項 2（alternate 2）之文字，即將一般「授權或同意」條款略作調整，將通訊服務納入採購標的，其餘部分相同。故機關有決定是否授權或同意廠商之權利，同時機關亦有準備契約規格，以決定是否負擔賠償責任之權利。

㈡默示

美國政府授權或同意之方式亦可以默示為之，然何種機關行為構成默示授權或同意並不容易判別，廠商常因此提起訴訟，實務上可歸類如下：[331]

1. 機關已知悉廠商正使用專利之發明，且未明示反對其使用該發明。[332]
2. 機關因廠商使用專利之發明而受直接利益。[333]
3. 機關於招標文件中載明系爭之物品或同等品係專利權人之產品，例如指明某品牌及型號。[334]
4. 廠商依採購契約為求最大量生產，造成產品中含有專利之成分，且機關知悉上情。[335]
5. 採購契約中未載明機關「授權或同意」條款，但機關同意受領被主張侵害專利權之標的物。[336]
6. 採購契約中載明機關「授權或同意」條款，但於其分包廠商契約中並無此條款之訂定，機關仍應負責。

四、廠商之通知及協助

FAR 27.201-2 規定採購金額在簡易獲得門檻（simplified acquisition threshold）金額以上之招標文件及採購契約中，均應載明 FAR 52.227-2「有關專利及著作權侵害之通知及協助」之契約條文，該條文規定如下：

---

[331] Ralph C. Nash, Jr., Leonard Rawicz, *Computer Software*，同註 292，頁 271。
[332] *Wood v. Atlantic Gulf & Pacific Co.*, 296 F. 718 (S.D. Ala. 1924).
[333] *Allgrunn. v. United States*, 67 Ct Cl. 1 (1929).
[334] *Stelma, Inc. v. Bridge Electronics Co.*, 300 F.2d 761, 1322 U.S.P.Q. 665 (3rd Cir. 1962).
[335] *Bereslavsky v. Esso Standard Oil Co.*, 175 F.2d 148, 82 U.S.P.Q. 334 (4th Cir. 1949).
[336] 同上註。

(a) 廠商應於知悉因履行契約而侵害專利及著作權被提起訴訟時，立即以合理詳盡之書面方式通知機關。

(b) 如廠商因美國政府之授權或同意履行財物及勞務契約，致侵害專利及著作權而美國政府被提起訴訟或被申訴時，廠商應即提供一切所有之相關證據及資料。美國政府應支付廠商提供該證據及資料之費用。但廠商同意支付者，不在此限。

(c) 廠商與其分包廠商之契約金額大於簡易獲得門檻金額時，將應將本條文規定載明與其分包廠商之契約內。

　　若機關與廠商簽訂之契約內並無此條款之訂定，而廠商依本條文通知機關時，推定其已主張機關默示其使用未經授權之專利之發明。[337]

第二目　營業秘密

　　機關未經廠商授權或同意而洩漏或使用廠商所有之營業秘密，在採購出現錯誤之態樣有二種：一、機關於採購程序中將所知悉或持有廠商之營業秘密，洩漏予其他競爭廠商，例如機關於招標文件中洩漏廠商的營業秘密，或將廠商營業秘密儲存於電腦資料庫，致其他廠商均得知悉該資訊；二、機關未遵守依採購契約中所約定有關使用營業秘密之限制，例如機關未依廠商營業秘密僅供內部使用之契約約定，而將之提供為生產使用，縱使廠商營業秘密之商業價值並未受侵害，廠商仍得請求損害賠償。[338]

　　廠商為防止機關於未經授權或同意情形下，洩漏或使用廠商所有之營業秘密，可向法院聲請禁止命令，禁止接受營業秘密之人使用該營業秘密，[339]亦可聲請法院禁止機關使用該營業秘密。[340]

　　由於美國成文法典中並未明確規定營業秘密受侵害時，損害賠償責任之計算方法，因此法院必須依各案件事實分別判決損害賠償責任，歷年美國法院對於侵害營業秘密之損害賠償責任可區分為二大類：一、競標廠商應負之賠償責任；及二、美國政府應負之賠償責任。

---

[337] Ralph C. Nash, Jr., Leonard Rawicz, *Computer Software*，同註 292，頁 286。

[338] 參看營業秘密法第 10 條第 1 項：「有左列情形之一者，為侵害營業秘密：一、以不正當方法取得營業秘密者。二、知悉或因重大過失而不知其為前款之營業秘密，而取得、使用或洩漏者。三、取得營業秘密後，知悉或因重大過失而不知其為第一款之營業秘密，而使用或洩漏者。四、因法律行為取得營業秘密，而以不正當方法使用或洩漏者。五、依法令有守營業秘密之義務，而使用或無故洩漏者。」同條第 2 項：「前項所稱之不正當方法，係指竊盜、…違反保密義務…或其他類似方法。」

[339] *Curtiss-Wright Corp. v. Edel-Brown Tool & Die Co.*, 407 N.E. 2d 319 (Mass. 1980).

[340] *Scanwell Labs., Inc. v. Shaffer*, 424 F.2d 859 (D.C. Cir. 1970).

一、競標廠商應負之賠償責任

　　營業秘密所有人得請求侵害其營業秘密之競標廠商應負之賠償責任共三種：1. 營業秘密所有人所失利益；2. 侵害人所獲得之利益；3. 被侵害營業秘密之價值。為求營業秘密所有人之完全損害賠償請求權，該三種請求權應合併計算。[341]

㈠營業秘密所有人所失利益

　　在 *Sperry Rand Corp. v. A-T-O, Inc.*, 447 F.2d 1387, 171 U.S.P.Q. 775（4th Cir.）, *cert. denied,* 405 U.S. 1017（1971）案中，法院判決侵害人應負責賠償營業秘密所有人於美國政府採購案中應得之利益。故如營業秘密所有人能證明侵害人因侵害營業秘密而獲得交易機會，則可以所失利益作為請求賠償之基礎。

㈡侵害人所獲得之利益

　　侵害人因侵害所獲得之利益，即為營業秘密所有人所可請求之賠償，本方法適用於侵害人並非與營業秘密所有人為交易時，計算侵害人所獲得之利益。計算方法有二種：一為營業秘密所有人可自交易中獲得之利益，[342]另一種方法是以「比較測試之標準」法（standard of comparison test）算定侵害人所獲得之利益，即法院比較侵害人未使用營業秘密之成本及不正當使用營業秘密之成本，二者之差額即為營業秘密所有人之損害。[343]

　　然營業秘密所有人所受之侵害究係其所失利益，抑或為侵害人所獲得之利益？只能二者選擇其一？或是二者皆為營業秘密所有人之損失？在 *Telex Corp. v. IBM*, 510 F.2d 894, 184 U.S.P.Q. 521（10th Cir.）, *cert. denied*, 423 U.S. 802（1957）案中，法院判決營業秘密所有人所受之侵害包括其所失利益及侵害人所獲得之利益，換言之，全部之損害賠償包括其所失利益及侵害人所獲得之利益，並非僅能擇一請求賠償，此亦無重複賠償之疑慮。此後 *TRI-Tron Int'l v. Velto*, 525 F.2d 432, 188 U.S.P.Q. 177（9th Cir. 1975）案中，法院亦採同樣見解。[344]

㈢被侵害營業秘密之價值

　　第三種計算損害賠償的方法是計算營業秘密所有人所失營業秘密之價值。本法適用於營業秘密因被散布而滅失，或無法以其他計算方法賠償時使用之。在 *Precision Plating & Metal Finishing, Inc. v. Martin-Marietta Corp.*, 435 F.2d 1262, 168 U.S.P.Q. 257（5th

---

[341] Ralph C. Nash, Jr., Leonard Rawicz, *Computer Software*，同註 292，頁 329-33。

[342] *Sperry Rand Corp. v. A T O, Inc.*, 447 F.2d 1387, 171 U.S.P.Q. 775 (4th Cir.), *cert. denied*, 405 U.S. 1017 (1971).

[343] *Telex Corp. v. IBM*, 510 F.2d 894, 184 U.S.P.Q. 521 (10th Cir.), *cert. denied*, 423 U.S. 802 (1957).

[344] *Telex* 及 *TRI-Tron Int'l* 兩案法院之判決，符合我國民法第 216 條規定：「損害賠償，除法律另有規定或契約另有訂定外，應以填補債權人所受損害及所失利益為限。依通常情形，或依已定之計畫、設備或其他特別情事，可得預期之利益，視為所失利益。」

Cir. 1970），*cert. denied*, 404 U.S. 1002（1972）案中，法院判決中對於被侵害營業秘密之價值有明確之說明：

> 本案標的並無既定之市場價格，但可發現若干相同或相似標的之交易，有意願之買受人及出賣人意思合致之價金（the price at which willing buyers and sellers would act），即反映該標的之價格。買受人依各種事實、情況及資訊決定其買受之價格，即爲等同於該營業秘密之公平市場價格（fair market value）。

法院亦可以計算「合理權利金」（reasonable royalty）算定損害賠償金額，在 *University Computing Co. v. Lykes-Youngstown Corp.*, 504 F.2d 518, 183 U.S.P.Q. 705（5th Cir. 1974）案中，法院認爲本案營業秘密之價值並未因遭散布而滅失。計算合理權利金之方法係營業秘密被授權人與所有人合意法（willing buyer-willing seller test）。但若以侵害人使用該營業秘密以改進其製造程序或作成其全部產品內之成分，則侵害人因出賣侵權物品所獲得之利潤，即爲營業秘密所有人所受損害，此計算損害賠償之方法未必公平，蓋侵權人可能僅使用營業秘密於其產品之一部分。侵權人應以出賣侵權物品所獲全部利潤，依其成功行銷侵權物品之努力所獲利潤之比例，算定因使用營業秘密所應獲得之利潤，以此賠償營業秘密所有人所受損失，但實際上該比例並不易算定，故應以被告出賣侵權物所應支付之權利金作爲賠償金額，該權利金係依侵害人因使用侵害物所創造之價值與出賣產品之金額比例算定之。[345]法院因此必須考量原告所支付之發展成本及其他因素，以計算營業秘密所有人可獲得之損害賠償。[346]

二、因美國政府侵害所應負之賠償責任

美國政府機關迄今只受理一件因美國政府侵害營業秘密所有人之營業秘密而應負賠償責任之案件，即 *Compudyne Corp.*, ASBCA 14556, 72-1 BCA ¶ 9218 案，機關將廠商營業秘密列爲招標文件中並予公告，致廠商遭受損害，三軍採購申訴審議委員會引用 *Precision Plating* 案例以算定被侵害營業秘密之價值，即廠商所受損害。

---

[345] "Because no actual apportionment of profits based on what percentage of success of the marketing of the machines was due to the plaintiff's device could be shown, the court held the proper measure of damages would be a reasonable royalty on defendant's sales, thereby creating an apportionment of profits based on an approximation of the actual value of the infringed device to the defendant."

[346] "... we believe a broader measure of damages is needed. This broader measure should take into consideration development costs, but as only one of a number of different factors."

第三目　著作權

由於 28 U.S.C. 1498(b) 規定美國政府未經著作權人同意而使用其著作權案件繫屬之法院係聯邦巡迴上訴法院，美國審計長（the Comptroller General）因此不應受理該類案件。法院受理此類案件並不多見，最著名者為 *Williams & Wilkins Co. v. United States*, 203 Ct. Cl. 74, 487 F. 2d 1345, 180 U.S.P.Q. 49（1973）, *aff'd,* 420 U.S. 376（1975），美國國立醫學圖書館（the National Library of Medicine）應使用者請求，將廠商文獻複製於醫學期刊之行為，法院判決係屬合理使用範圍。

由於本條文規定，履約廠商必須獲得美國政府授權或許可，美國政府方承擔著作財產權人所請求之賠償責任，但廠商及機關對於何謂「授權或許可」則常有不同見解，例如機關將部分建築設計圖交予廠商，但廠商並未使用該建築設計圖，法院認為並不構成授權或許可之結果。[347] 又機關授權或同意廠商使用著作權之範圍，固應依各機關發布之管理內部之行政規則辦理，即為美國政府之目的而使用著作，但不得授權或同意他人基於商業目的重製或散布受著作權保護之著作。[348]

第三款　我國政府之損害賠償責任

美國聯邦法典 28 U.S.C. § 1498(a) 之規定，顯係自公共利益角度著眼，限制智慧財產權人之損害賠償範圍，然公共利益之設計係公法特色，與私法注重自治之性質並不相同，故應先自政府採購之法律性質研究其是否有公共利益立法之適用，再研究我國政府侵害專利、營業秘密及著作權之損害賠償責任。

第一目　政府採購之法律性質

公法與私法之區分就具體個案並不易以單一標準以判斷之，其區別標準包括：利益說、從屬說、舊主體說及新主體說（特別法規說）及新特別法規說，現時德國學者多採特別法規說，國內學者包括蔡茂寅及陳愛娥亦採此見解。[349] 而行政契約與私法契約之區別，應以其發生公法或私法上權利義務變動之效果為依據，即包括權利義務之設定、變

---

[347] *Secure Servs. Technology, Inc. v. Time & Space Processing*, Inc., 722 F. Supp. 1354 (E.D. Va. 1989).

[348] *Respest Incorporated & Coleen Mast. v. Committee on the Status of Women*, 1993 Copyright Law Dec. ¶ 27,074 (N.D. Il 1993).

[349] 吳庚，行政法之理論與實用，增訂九版，三民書局總經銷，2005 年 8 月，頁 29。蔡茂寅，醫院、市場委託經營管理法制及實務問題之探討──以行政契約之判斷相關問題為中心，收錄於臺北市地方法制研討會選輯 2003──委託經營管理法制行政法規影響評估，臺北市政府法規委員會，初版，2003 年 12 月，頁 35。陳愛娥，臺北市市有社會福利與文化設施委託經營管理之法律問題──以委託經營管理契約的法律歸屬為主軸，收錄於臺北市地方法制研討會選輯 2003，頁 67-74。

更及消滅而言，惟此項變動究應從契約標的抑契約目的為判別標準？吳庚認為原則上應以契約標的為準，如仍無法解決其法律性質時，則兼採契約目的以認定之（目前德國行政法院及聯邦（最高）法院及學者通說均採此見解）。[350]惟何謂契約標的？吳庚並未提出說明，而學者林明鏘則認為契約標的包括契約目的在內。[351]儘管上述學者們已就契約主體（採主體說）及客體（採契約標的與目的判別）提出見解，不過其他學者們則仍有不同之學說，包括私法行為說、公法行為說及雙階理論說。茲分述如下：

一、私法行為說

機關如以私法形態方式取得財物或勞務時，機關與人民係立於平等地位，同受私法（即民事法規）之規範，至於機關辦理採購時必須遵守諸多內部之規範，然與已簽立之私法契約性不生因而有無效力之問題，此說認為政府採購係國庫行政（fiskalische Verwaltung）之私法形態之輔助行為，故機關與人民間受「契約自由原則」之支配。持此見解者包括：廖義男、[352]李嵩茂、[353]吳庚、[354]蕭文生。[355]

然現今政府採購行為中並非全然屬於行政輔助行為，故行政機關為推行行政事務需要之財物或勞務，如採購公務用品、蓋辦公大樓等，固屬私經濟行為，然若係為直接達到公行政目的之行政給付行為，例如蓋療養院、蓋博物館，則帶有直接且強烈行政目的之採購行為，甚至對締約對象之選擇有其特殊之考量，難謂不具公法之性質。[356]

二、公法行為說

機關辦理採購時，所依循之政府採購法、審計法及其他法令，對於招標、決標、履約管理、驗收、爭議處理等均詳細規定方法及標準，採購契約之締結須符合法定程序，整個採購過程均係以公權力介入，凡事依法行政，已非全私法契約可比擬，故認其具有行政契約之本質。[357]又政府之行政輔助行為與行政營利行為，其所追求的早已不再

---

[350] 吳庚，行政法之理論與實用，同上註，頁 429。

[351] 林明鏘，行政契約，收錄於翁岳生編行政法，2 版，翰蘆圖書公司總經銷，2002 年，頁 635。

[352] 廖義男，公共工程公開招標與議價法律問題研究，公共建設與行政法理，自版，三民書局總經銷，1994 年 2 月，頁 177。

[353] 李嵩茂，政府採購招標爭議處理制度之研究，東吳大學法律研究所碩士論文，1997 年 7 月，頁 99-106。李嵩茂，政府採購招標爭議之法律性質與政府採購法草案招標爭議處理制度之評析，經社法制論叢，第 22 期，1998 年 7 月。

[354] 吳庚，行政法之理論與實用，同註 349，頁 12-13。

[355] 蕭文生，國家經濟行為與公平交易法，公平交易季刊，第 4 卷第 1 期，1996 年 1 月，頁 37。

[356] 蕭文生，同上註，頁 39。

[357] 劉倩妏，政府採購之救濟制度——以政府採購之法律性質為中心，國立政治大學法律學研究所碩士論文，1997 年 6 月，頁 64。陳櫻琴，公共工程締約之法規範控制，月旦法學雜誌第 18 期，1996 年 11 月，頁 23。林騰鷂，行政法總論，2 版，三民書局發行，2000 年 10 月，頁 593。

是單純的行政輔助、財政或營利目的，而多少帶有計畫、控制、引導、分配與照顧等公益色彩，故應屬公法行為，行政機關所享有的主要特權包括：有關契約的監督與指導及契約的單方終止等。[358]

若採公法行為說，則所有履約爭議均為行政契約之爭議，須依行政訴訟以解決履約爭議，而不得依傳統之仲裁及民事訴訟解決，則職司疏解訟源之仲裁、調解機構卻無法發揮其應有之功能，並不合符世界貿易之習慣，恐亦不符 GPA 第 20 條之 6 所規定：廠商除法院外，另得尋求一個公正及獨立之檢視團體（an impartial and independent review body）解決之本意。再者就實際層面而言，行政法院可否負荷突如其來之眾多履約爭議案件？實值憂慮。

學者許宗力認為不可因「行為內容帶有公益色彩就一概否認其私法性質，難免遭受『把小孩連同洗澡水一起倒掉』之譏。」[359]

三、雙階理論說

本理論最早係由 Hans P. Ipsen 於 1956 年提出，原僅對經濟輔助行為有其適用，其將國家之經濟輔助行為區分為兩個階段：第一階段係國家決定是否給予私人輔助，屬公法行為；第二階段，若政府允許輔助，則國家與受輔助人間之法律關係，仍保持私法契約之性質，受私法之支配，本理論後來逐漸擴大其適用範圍至整個給付行政領域，惟其理論上具有先天上之缺陷，於 1960 年後遭受諸多學者之質疑，其主要之缺陷有二：第一是後階段契約為虛擬產物，也就是實際上並無後段之契約行為存在，例如：人民在申請輔助貸款時，行政機關在決定是否准許輔助時，即已決定貸款之金額、利率、期限、條件等，然人民申請輔助之行為，視為借貸契約之要約，而機關核准之行為應解釋為承諾，雙方因而訂立契約，其實行政機關核准之決定應為行政處分，故上述之契約予人一種虛構之印象。第二，是有害於法安定性——本理論將單一之生活關係割裂為公法與私法關係，如發生爭議時，分屬行政法院與普通法院審理，如法院間有不同之見解時，恐生困擾。又如當事人一方請求履行，他方根本否認法律關係之存在時，究屬確認私法關係不存在抑或確認行政處分之不存在、不生效或無效？究屬普通法院或行政法院管轄？即生爭議。[360]部分學者包括林三欽等人認為政府採購程序之性質應分為二階段，以決標為分界點，決標（含）之前之政府採購性質為公法性質，決標（不含）之後之程

---

[358] 陳為祥，英國公契約之研究——兼論英國公共服務外包制度，國立中興大學法律研究所碩士論文，1995年 6 月，頁 52-59。

[359] 許宗力，法與國家權利，初版，元照出版公司出版，1999 年 10 月，頁 58。

[360] 廖義男，國家賠償法，三民書局經銷，1994 年 3 月二刷，頁 33-5。許宗力，法與國家權利，同上註，頁 34、35、56-9。

序則為私法性質。[361]

　　惟雙階理論之缺陷並非不可解決，首先，有關後階段之契約為虛構之印象，脫離社會現實之質疑，本文認為法律學本身即是將具體之社會現實情狀不斷地抽象化後，成為法律原則及條文，並不足奇，在政府採購中，機關於決標後之簽約行為，難謂為純屬虛擬而無實質意義之要約與承諾，採購契約具有拘束契約主體之效力自不待言。再就第二個缺陷──法安定性之質疑而言，法院判決兩歧之狀況廣泛存在各行政法院間或各普通法院間，應不只發生在雙階理論下才有；此外行政訴訟法第 177 條、第 178 條分別規定訴訟程序應停止之情形，故行政法院與普通法院縱有權限爭議，亦應聲請司法院大法官解釋，因此不致發生有礙法安定性之問題。目前法院已採行雙階理論；[362]職是之故，雙階理論不失為現今解決問題之可行方法；行政院公共工程委員會 89.9.17(89) 工程法字第 89023741 號函所載「…採購行為，其性質屬私經濟行政，…」一語，即有商榷之必要。

第二目　專利

　　專利權人發現其發明專利權受侵害時，得依專利法第 84 條規定請求賠償損害，[363]並依第 85 條[364]第 1 項所列 2 款之規定，擇一計算其損害，該二款之損害賠償方式自學

---

[361] 林三欽，交通設施之委託經營管理法制及實務問題之探討，收錄於臺北市地方法制研討會選輯 2003，臺北市政府法規會，初版，2003 年 12 月，頁 62。

[362] 參閱臺北高等行政法院 89 年度訴字第 985 號及第 1325 號判決、最高行政法院 93 年度裁字第 625 號裁定、95 年度判字第 1996 號判決、臺北高等行政法院 93 年度訴字第 1287 號判決、最高法院 93 年 2 月份庭長法官聯席會議（二）討論之意見及司法院釋字第 540 號解釋。

[363] 專利法第 84 條規定：「發明專利權受侵害時，專利權人得請求賠償損害，並得請求排除其侵害，有侵害之虞者，得請求防止之。
　　專屬被授權人亦得為前項請求。但契約另有約定者，從其約定。
　　發明專利權人或專屬被授權人依前二項規定為請求時，對於侵害專利權之物品或從事侵害行為之原料或器具，得請求銷毀或為其他必要之處置。
　　發明人之姓名表示權受侵害時，得請求表示發明人之姓名或為其他回復名譽之必要處分。
　　本條所定之請求權，自請求權人知有行為及賠償義務人時起，二年間不行使而消滅；自行為時起，逾十年者，亦同。」

[364] 專利法第 85 條：「依前條請求損害賠償時，得就下列各款擇一計算其損害：
　一、依民法第二百十六條之規定。但不能提供證據方法以證明其損害時，發明專利權人得就其實施專利權通常所可獲得之利益，減除受害後實施同一專利權所得之利益，以其差額為所受損害。
　二、依侵害人因侵害行為所得之利益。於侵害人不能就其成本或必要費用舉證時，以銷售該項物品全部收入為所得利益。
　　除前項規定外，發明專利權人之業務上信譽，因侵害而致減損時，得另請求賠償相當金額。
　　依前二項規定，侵害行為如屬故意，法院得依侵害情節，酌定損害額以上之賠償。但不得超過損害額之三倍。」

理可歸納成四種學說，[365]又第 85 條第 2 項規定：「除前項規定外，發明專利權人之業務上信譽，因侵害而致減損時，得另請求賠償相當金額。」，第 3 項規定：「依前二項規定，侵害行爲如屬故意，法院得依侵害情節，酌定損害額以上之賠償。但不得超過損害額之三倍。」，可稱之爲「酌定損害賠償說」，分述如下：

一、具體損害說

專利法第 85 條第 1 項第 1 款前段規定：「依民法第二百十六條之規定。」而民法第 216 條之規定：「損害賠償，除法律另有規定或契約另有訂定外，應以填補債權人所受損害及所失利益爲限。依通常情形，或依已定之計畫、設備或其他特別情事，可得預期之利益，視爲所失利益。」依最高法院 77 年度台上字第 2514 號民事判決，損害賠償「須填補債權人所受損害（積極損害），與所失利益（消極損害）。…據此規定，凡依外部情事，足認其已有取得利益之可能，因責任原因事實之發生，致不能取得者，即爲所失之利益，應由債務人賠償，而不以有取得利益之絕對確實爲必要。」故若僅有取得利益之希望或可能，或僅係推估的，均非所失利益。[366]於侵害專利權案件中，專利權人並無積極損害可言，僅有所失利益，然應證明其所受損害及所失利益與專利侵害有相當因果關係。[367]

二、差額說

此即專利法第 85 條第 1 項第 1 款但書「但不能提供證據方法以證明其損害時，發明專利權人得就其實施專利權通常所可獲得之利益，減除受害後實施同一專利權所得之利益，以其差額爲所受損害。」

所謂「實施專利權通常所可獲得之利益」係指專利權人實施專利權所能獲得之利潤，但學者蔡明誠認爲，造成利益差額之因素很多，例如市場中有新競爭者加入、經濟榮枯、天災、事變等，若不察損害賠償責任成立與範圍之因果關係，則此計算方法非但粗糙且不準確，因此法院應要求專利權人證明其差額之計算未有其他因素涉入，或其他因素所造成之損害可被排除。[368]

---

[365] 蔡明誠，發明專利法研究，3 版，臺灣大學法學院圖書部，2000 年 3 月；陳佳麟，專利侵害損害賠償之研究，同註 302，頁 22-33；張林祐均，專利侵權損害賠償計算之研究——兼論專利權損害賠償訴訟程序及證據法則之適用，東華大學財經法律研究所碩士論文，2007 年 7 月，頁 77-91。

[366] 最高法院 79 年度台上字第 249 號民事判決；陳佳麟，專利侵害損害賠償之研究，同註 302，頁 22-3。

[367] 最高法院 89 年度台上字第 1754 號民事判決。

[368] 蔡明誠，發明專利法研究，同註 365，頁 234。「差額說」並未考慮產品生命週期之因素，設侵害專利之行為發生於產品成長期，而非衰退期，則產品銷售量不降反升，若採本說計算被害人損失，將會發現根本沒有損害可言。張容綺，專利侵害損害賠償制度之檢討與重構——以美國法作為比較基準，世新大

三、總利益說

此即專利法第 85 條第 1 項第 2 款前段:「依侵害人因侵害行爲所得之利益。」將侵權人所得之金額,扣除實施該專利之成本及必要費用所得之利益,即爲損害賠償額,例如以侵權人實際銷售營業額扣除成本便是損害賠償額,此計算損害賠償額之方法並不考慮專利權人是否眞受損害,而悉依侵害人因侵害行爲所得之利益爲判斷基礎,有違損害塡補之原則,再者,於調查侵權物品數量時,若納入專利權人並未銷售專利產品之地區的侵權物品數量,則有使專利權人不當得利之可能,況且,本方法完全排除侵權人所實施難以量化之行銷等成本,對侵權人並不公平,因此,此法違反民法損害請求救濟之規定。[369]

四、總銷售額說

此即專利法第 85 條第 1 項第 2 款後段:「於侵害人不能就其成本或必要費用舉證時,以銷售該項物品全部收入爲所得利益。」本方法忽略侵權人對於侵權物品之銷售所投入難以量化及舉證之人力成本,例如行銷策略及開發通路等,而侵害人常因帳目不清,或不能就其成本或必要費用舉證,將使專利權人不當得利;又本計算方法並未考慮專利權人是否眞受損害,而悉依侵害人因侵害行爲所得之利益爲判斷基礎,亦有違損害塡補之原則,故與「總利益說」相同,均有違反民法損害請求救濟規定之缺點。[370]

由於上述四種計算損害賠償的方法中,差額說、總利益說、總銷售額說均有其缺點,我國似可採取美國聯邦巡迴上訴法院之作法,即專利權人若可證明銷售損害,可以「若無測試法」計算損害賠償之範圍,法院得以 *Panduit* 測試法檢測專利權人是否可請求所失利益,[371]若專利權人不能證明其所失利益,則可使用專利權人與被授權人合意法及比較權利金法代替損害賠償額。[372]

學法學院碩士論文,2005 年 6 月,頁 93-4。

[369] 陳佳麟,專利侵害損害賠償之研究,同註 302,頁 26-8。

[370] 同上註。

[371] *Panduit* 測試法之四項測試要素:受侵害人應證明於專利受侵害期間:1. 市場中有對專利產品之需求量;2. 市場中並無非侵權替代物之存在;3. 專利權人具備拓展市場需求之製造及行銷能力;4. 可估算所失利益之金額。同註 16 及其隨附之本文。有關 *Panduit* 測試法理論之演變及美國法院最近相關案例之介紹,參看汪渡村,專利侵權損害計算標準之研究——以所失利益爲中心,銘傳大學法學論叢第 2 期,2004 年 6 月,頁 125-169。學者許忠信將合理權利金法稱為「類推授權報酬說」,由於「此說對權利人具有不必舉證證明因果關係之優點,因而在德國實務上此種計算方式最受歡迎。」許忠信,從德國法之觀點看我國專利權侵害之損害賠償責任,臺北大學法學論叢,第 61 期,2007 年 3 月,頁 98-103。

[372] 有關合理權利金之計算,如前註 315-327 及其隨附之本文。周漢威,專利侵權損害賠償——論「合理權利金」之增訂及法理依據,同註 319,頁 143-168。我國法院已有依民法第 179 條、辦理民事訴訟事件應行注意事項第 87 條及民事訴訟法第 222 條第 2 項等規定,以合理權利金作為核定損害賠償額之參考

五、酌定損害賠償說

侵害行為如屬故意時，法院得依侵害情節，酌定損害額以上之賠償。但不得超過損害額之 3 倍，其主要目的不在於賠償被害人，而係懲罰侵害人惡意之行為，並受美國 35 U.S.C. § 284 規定影響所致，法院得斟酌一切情狀，例如侵害情節、專利權人與侵權人之財力等，裁量提高損害賠償之額度。[373]

第三目　營業秘密

機關因辦理採購案件而知悉或持有廠商之營業秘密，自不得使用或無故洩漏之。[374]營業秘密法第 10 條規定侵害營業秘密之情形，侵權人若有侵害營業秘密者，必須負損害賠償之責任。[375]營業秘密法第 13 條採取與專利法第 85 條相同之損害賠償計算方法，[376]則專利法中對於計算損害賠償方法之缺點，同樣出現於營業秘密法，而觀諸美國聯邦巡迴上訴法院之判決，就損害賠償之計算方法，同專利權受侵害之計算方法，即若營業秘密所有人不能證明其所失利益，則可使用比較權利金法及營業秘密所有人與被授權人合意法代替損害賠償額。

第四目　著作權

著作權法第 88 條採取與專利法第 85 條、營業秘密法第 13 條大致相同之損害賠償

　者，張林祐均，專利侵權損害賠償計算之研究，同註 365，頁 91-3。

[373] 陳佳麟，專利侵害損害賠償之研究，同註 302，頁 76-84；許忠信，從德國法之觀點看我國專利權侵害之損害賠償責任，同註 371，頁 103-4。

[374] 營業秘密法第 9 條第 1 項規定：「公務員因承辦公務而知悉或持有他人之營業秘密者，不得使用或無故洩漏之」。

[375] 有關營業秘密法第 10 條之規定，如註 338。

[376] 營業秘密法第 13 條：「依前條請求損害賠償時，被害人得依左列各款規定擇一請求：

　一、依民法第二百十六條之規定請求。但被害人不能證明其損害時，得以其使用時依通常情形可得預期之利益，減除被侵害後使用同一營業秘密所得利益之差額，為其所受損害。

　二、請求侵害人因侵害行為所得之利益。但侵害人不能證明其成本或必要費用時，以其侵害行為所得之全部收入，為其所得利益。

　依前項規定，侵害行為如屬故意，法院得因被害人之請求，依侵害情節，酌定損害額以上之賠償。但不得超過已證明損害額之三倍。」

計算方法，[377]則專利法中對於計算損害賠償方法之缺點，同樣出現於著作權法。[378]

第四款　檢討及建議

美國聯邦法典 28 U.S.C. § 1498(a)(b) 規定，若美國政府於未經智慧財產權人授權或同意而使用受美國政府保護之專利之發明，或從事製造，智慧財產權人得請求其「合理及完全之損害賠償」，與侵害人為非美國政府時所負之賠償責任相較，兩者算定損害賠償之方式並無不同，唯一不同者，係受侵害廠商不得請求禁止命令，換言之，機關仍得使用該智慧財產權，此則與侵害人為非美國政府時，若智慧財產權人請求假處分，則侵害人不得再使用該智慧財產權之情形顯不相同。此係基於美國政府優位權利之理論，即基於公法中公共利益之基礎所致。

我國學術及實務界對於政府採購性質，究屬公法抑或私法？爭論已久，然目前在司法實務採用雙階理論，則政府採購應具公法性質，自可有基於公共利益之立法，故若於政府採購法中規定如 28 U.S.C. § 1498(a)(b) 之條文，應無不可。

目前美國法院並未採用一絕對標準以計算專利受侵害人所失之利益，但常使用「若無測試法」，而法院亦常採用 *Panduit Corp.* 案中所建立的四項測試要素，以判斷受侵害人得否請求所失利益之損害賠償，由於法院判斷侵害之事實與結果間必須有相當因果連結關係，合符法邏輯性。若專利權人不能證明其所失利益，則可使用專利權人與被授權人合意法及比較權利金法代替損害賠償額。又損害賠償之計算基礎究係以全部系統，或以專利之發明部分做為計算基礎？美國法院認為應詳查專利在整體技術所占之重要性，並以之做為計算損害賠償金額之基礎，即應考量專利強化全部系統之程度、採購之數量、專利之合法效力、廠商為相關發明所支付之權利金、美國政府為該發明所支付之研發成本等因素，以算定合理之賠償金額，該等見解亦具參考價值。

專利法、營業秘密法及著作權法對於損害賠償之規定大致相同，可歸納成：具體損害說、差額說、總利益說、總銷售額說及酌定損害賠償說，其中差額說、總利益說、總銷售額說等三種計算方法皆有違反民法損害賠償法理之虞，且有可能使權利人不當得

---

[377] 著作權法第 88 條：「因故意或過失不法侵害他人之著作財產權或製版權者，負損害賠償責任。數人共同不法侵害者，連帶負賠償責任。

前項損害賠償，被害人得依下列規定擇一請求：

一、依民法第二百十六條之規定請求。但被害人不能證明其損害時，得以其行使權利依通常情形可得預期之利益，減除被侵害後行使同一權利所得利益之差額，為其所受損害。

二、請求侵害人因侵害行為所得之利益。但侵害人不能證明其成本或必要費用時，以其侵害行為所得之全部收入，為其所得利益。

依前項規定，如被害人不易證明其實際損害額，得請求法院依侵害情節，在新臺幣一萬元以上一百萬元以下酌定賠償額。如損害行為屬故意且情節重大者，賠償額得增至新臺幣五百萬元。」

[378] 許忠信，著作權侵害之損害賠償責任，政治大學法律研究所碩士論文，1994 年 6 月，頁 157-168。

利，因此，我國可考量採用美國司法實務之專利權人與被授權人合意法及比較權利金法，較能正確算定損害賠償之金額。

　　由於政府採購財物、勞務及工程等，攸關國家重大建設，影響全民福祉至巨，若因故未經廠商授權，使用其智慧財產權，而遭該廠商聲請假處分，除須負損害賠償責任外，採購恐須延宕，甚至中止，因此有排除廠商聲請假處分之必要，試擬具政府採購法修正草案如下，以供參考。

政府採購法修正草案

條　文	理　由
第九十三條之二（政府侵害智慧財產權） 　政府於未經智慧財產權人授權或同意而使用受依法保護之發明或著作，或從事製造，智慧財產權人得請求損害賠償。 　廠商及其分包廠商，或任何自然人、法人經政府授權或獲政府同意，使用受依法保護之發明或著作，或從事製造，應推定為政府使用該發明或著作，或從事製造。 　具智慧財產權之廠商不得聲請民事訴訟法之保全程序。 　第二項之政府授權或同意廠商及其分包廠商，使用或製造受專利法保護之發明，該等發明應符合下列條件之一： 一、該發明具體表現於物品之架構或組成，且機關同意依契約約定受領該物品者。 二、該發明係由廠商及其分包廠商依據採購契約規定之規格或條款，或由機關以書面指示廠商履約之方式，而使用於機器、工具或方法。 　政府所負侵害專利之責任，應依採購契約或分包契約內規定之賠償條款辦理。政府所負擔之其他侵害責任範圍應以所授權或同意者為限。 　廠商應於知悉因履行經政府授權或同意之契約，而侵害他人專利、營業秘密或著作權，被提起民事訴訟或被申訴請求損害賠償時，立即以詳盡之書面方式通知機關，並即提供一切所有之相關證據及資料。政府應支付廠商提供該證據及資料之費用。但廠商同意支付者，不在此限。	一、本條新增。 二、參考 28 U.S.C. § 1498(a)(b)、FAR 52.227-1, Authorization or Consent Clause、FAR 27.201-2, Notice and Assistance Regarding Patent and Copyright Infringement 等條文增訂之。

第四節　美國聯邦採購法規中保證狀之規範[379]

　　政府採購法第 106 條第 1 項第 2 款規定：「駐國外機構辦理或受託辦理之採購，因應駐在地國情或實地作業限制，且不違背我國締結之條約或協定者，得不適用下列各款規定。但第二款至第四款之事項，應於招標文件中明定其處理方式。二、第三十條押標金及保證金。」本條文授權我國駐外採購機關於必要時得不適用該法有關押標金及保證金的規定，而我國駐外採購機關可能同意於採購契約中以華盛頓特區或各州之一的法律為準據法，因此規範美國聯邦政府採購中各種保證金的法令對於我國採購機關亦具法律上的拘束力。

　　美國法令對於押標金、履約保證金及付款保證之要求為何？美國政府、得標廠商或其分包廠商應採取何等措施以確保保證金能發揮保護機關的功能？美國聯邦政府是否曾調查過任何保證金涉及詐偽的案件？保證人之資訊是否公開？採購機關應如何避免保證狀中保證人並不存有或無履行其義務之能力等困擾？本文為求了解押標金、履約保證金及付款保證之實踐，首先探究美國聯邦法典、聯邦獲得規則及行政解釋等以求解決上述問題。

　　政府採購法及押標金保證金暨其他擔保作業辦法對於押標金、保證金及其他擔保已有明確規範，但本文仍檢視我國法令疏漏之處，最後謹提供我國駐外採購機關避免未來因誤信詐偽的保證狀而受害之建議，以供參考。

第一款　前言

　　由於我國每年都必須向美國聯邦政府以巨資採購軍用及非軍用之財物，以國防部為例，便在美國設立中華民國駐美國軍事代團辦理軍售及商售等事宜，由於駐外機構辦理採購事務要求投標廠商必須繳納押標金及保證金時，並非必須遵守政府採購法之規定[380]，駐外機構為因應駐在地（美國）國情，可能沿用當地政府採購法令之相關規定，然我國駐外採購機關未必熟悉美國聯邦政府採購案件中廠商所繳納押標金及保證金之程序及作法，更遑論其中可能發生的弊端及風險，本文為此擬就美國聯邦採購法規、法院判決及學者見解等，特別著重於我國的採購利益，即將美國聯邦採購法規、法院判決及

---

[379] 本節內容曾發表於「軍法專刊」2018 年 8 月第 64 卷第 4 期中。

[380] 政府採購法第 106 條：「駐國外機構辦理或受託辦理之採購，因應駐在地國情或實地作業限制，且不違背我國締結之條約或協定者，得不適用下列各款規定。但第二款至第四款之事項，應於招標文件中明定其處理方式。一、第二十七條刊登政府採購公報。二、第三十條押標金及保證金。三、第五十三條第一項及第五十四條第一項優先減價及比減價格規定。四、第六章異議及申訴。前項採購屬查核金額以上者，事後應敘明原由，檢附相關文件送上級機關備查。」

學者見解中對於其押標金及保證金實務中曾出現之弊端予以探討，以提供駐外採購機構及其上級機關參考。由於押標金及保證金在法律理論及實務上有諸多的爭論，包括保證金之性質究係損害賠償之違約金或債權之擔保？保證人清償與債務承擔之範圍是否包括承做得標廠商應承做而未作之工作，及已作部分之瑕疵補正等問題，由於國內學者已有諸多討論及最高法院之實務見解可供研究及參考[381]，對於探究美國聯邦政府採購案件中廠商之押標金、保證金暨其他擔保之法律性質固屬重要，然本文因篇幅受限，不再對此贅言，僅對於最近該國聯邦政府採購中廠商之押標金、保證金暨其他擔保在實務中發生的漏洞或弊端事件予以研究，以供我國採購機關，特別是駐美採購機關，明瞭該國的相關規定並採取防範措施，以確保我國權利。

　　本文先以美國聯邦政府制度作為研究目標，先探討其押標金及保證金之法律規定，及其發生原因及規範方法，再研究美國聯邦實務中認定範圍之方法，以該國法院判決或審計長之判斷等予以解釋及檢驗，即自理論及實務分別研究其法制現況，其次將美國採購法之制度我國之制度進行比較，藉以探究並證實美國採購法制及我國之正確性及其是否有缺漏之處，並從我國實務或學理面探究是否值得借鏡，最後，綜合本研究內容，對美國及我國政府採購法缺漏部分提出建議，冀望能提供學術及實務界參考。

第二款　美國聯邦政府之規範

　　美國聯邦政府及我國採購實務對於押標金及保證金之法令規定及作法分別探討如下。

第一目　美國聯邦政府之法令

一、米勒法案

　　米勒法案（the Miller Act of 1935）[382]規定凡承攬政府之契約金額 10 萬美元以上[383]工程採購的廠商應保證於履約過程中能盡各種契約義務，廠商應於得標後繳納履約保證金（performance bond），又廠商為能對其提供勞務及財物之分包廠商盡其付款之義務，廠商應於得標後繳納付款保證金（payment bond），如得標廠商之分包廠商或供應商於給付勞務、財物或工程後 90 日內未獲給付之價金，得請求法院自付款保證金中給付應得之價金，40 U.S.C. § 3132 授權聯邦獲得規則（Federal Acquisition Regulations, FAR）規定，聯邦政府採購機關得對於 2 萬 5,000 元以上，10 萬元以下之工程採購案件，要求得

---

[381] 朱玉葉，政府採購履約保證金之研究，國立政治大學法學院碩士論文，2009 年 7 月，頁 111-190。

[382] 40 U.S.C. § 3131(b)(2).

[383] FAR 28.102-2(b) 規定 15 萬美元。

標廠商對其已給付勞務及財物之分包廠商提供其他非付款保證金之替代性保護措施；履約保證金及付款保證金皆係由保證人（surety）簽發，保證人可分為二種：法人保證人（corporate sureties）及自然人保證人（individual sureties）[384]，廠商亦可依 FAR 28.204 之規定，提供其他替代物包括不可撤銷信用狀、美國政府債券或國庫票據（United States bonds or notes）、經金融機構保兌或銀行開立之支票、匯票、本票或現金（certified or cashier's checks, bank drafts, money orders, or currency）等。經過一百餘年的演進，保證人在實務上大都由專業之法人負責，該等法人具備審核廠商履約資格及能力之功能[385]。雖然該法係為聯邦政府之各機關而規範，但美國華盛頓特區及各州紛紛立法仿效，制定其「小米勒法案」(State Little Miller Acts)[386]。

二、美國聯邦獲得規則

　　美國聯邦獲得規則（FAR）對於機關採購之保證金等有詳盡的規定，故本文先自其規定開始研究。美國聯邦政府要求廠商參與聯邦政府採購案件，在投標或履約或提供保固服務或其他承諾時，必須提供採購機關足夠之財務擔保，以利一旦廠商違約時，採購機關可自該財務擔保獲得賠償，該等擔保包括押標擔保（bid guarantees）、由投標廠商或得標廠商（contractor, the principal）或他方（保證人 surety 或 sureties）以採購機關或政府為受益人（obligee），所繳納的保證狀（bond）、替代性的付款保障、保證狀之擔保（security for bonds）及保險等中求償[387]。FAR 28.001 規定保證金之種類分為：頭期款還款保證金（an advance payment bond）、年度押標金（an annual bid bond）、年度履約保證金（an annual performance bond）、專利權侵害保證金（a patent infringement bond）、付款保證金（a payment bond）、履約保證金（a performance bond）及押標金（a bid bond）[388]等共 7 種，其中以押標金、履約兼付款保證金及付款保證金最為常見，而其他保證狀於採購實務中亦屬重要，分述如下：

----

[384] FAR 28.201 (a)(1).

[385] 相較於我國的保證金制度大抵係以現金為主，在實務常使用之銀行保證方式，只能證明廠商的財務能力，缺乏對廠商履約能力的審核能力。朱玉葉，政府採購履約保證金之研究，同註 381，頁 72-73、211-212。

[386] Wikipedia, "Miller Act"，網址：https://en.wikipedia.org/wiki/Miller_Act，查詢日期 2016 年 8 月 12 日，Douglas L. Patin, BONDS, in John Cibinic, Jr., et al., *Construction Contracting*, published by George Washington University Government Contracts Program, 1991, pp. 1309a-1309r.

[387] FAR 28.000.

[388] Bond 在美國聯邦政府採購之原意為保證狀，Ralph C. Nash, Jr., Steve L. Schooner, Karen R. O'brien, *The Government Contracts Reference Book*, George Washington University (1998), p. 66，故 a bid bond, a performance bond 理應譯為押標保證狀及履約保證狀，為配合我國「押標金保證金暨其他擔保作業辦法」之用語，本文分別稱 a bid bond 為押標金或押標保證狀，a performance bond 為履約保證金或履約保證狀。

一、押標金

　　押標擔保係用以確保廠商於指定期間內不得撤回其所投之標，其於得標後不得拒不簽約，並應繳納如招標文件或契約規定必需之保證金（bonds）[389]。各種保證金各有其使用之目的，例如押標金與履約保證金及付款保證金的使用目的及承擔風險係各自獨立並且互不相同，若廠商於履約過程中違約，則機關應使用履約保證金而非自押標金求償，故不可混淆其使用時機[390]。

　　美國聯邦獲得規則 28.101-1 對於機關要求廠商應否繳納保證金之政策，有如下之規定：機關除已要求廠商應繳納履約保證金或履約及付款保證（a performance bond or a performance and payment bond）外，不得要求廠商繳納押標擔保；由此可知，押標擔保與履約保證金或履約及付款保證金具有同時並行之要求[391]。而採購依標的不同可區分為財物、勞務及工程採購，保證金究應適用於何種採購？FAR 28.101-1 規定：機關可於採購財物、勞務時要求廠商擇定其中任何一種押標擔保並繳納之，但惟有機關在採購工程時，方得要求在同一採購案件中廠商必須分別繳納押標擔保。押標擔保之金額係由採購機關決定，應足以保障機關於廠商拒不履行招標文件所載義務時之損失，其額度不得低於投標金額之 20%，並不得逾美元（以下同）300 萬元，若機關以押標金金額之百分比作為機關的損失總額（penal sum）時，機關得以具體之數字規定之。

二、履約保證狀

　　FAR 28.001(6) 規定履約保證狀係用以確保廠商依據契約之規定履行契約義務，機關應將 FAR 52.228-15 規定之契約內容及第 25 號標準表格（STANDARD FORM 25）所示之履約保證狀列為招標文件，依據該履約保證狀的內容，保證人（surety）承諾與義務人（Principal）連帶地且分別地（jointly and severally）對義務人之違約行為負責，其負責之金額之上限已載明於該保證狀，如該保證狀並未載明保證人負責之金額之上限，則保證人負責之金額即為賠償總額。然機關除得要求保證人支付賠償金外，FAR 49.404(b) 向授權採購機關得考量政府之利益，接受保證人所提出的完成履行工作之建議，即接受由保證人接手（surety-takeover）原廠商未完成之工作。至於保證人與採購機

---

[389] 我國公共工程委員會 104.7.17 公布之「投標須知範本」第 55 條對於機關不發還或追繳押標金之情形規定共八種，大致與 FAR 規定相同。

[390] *Chas. H. Tompkins Co. v. Lumbermens Mut. Casualty Co.*, 732 F. Supp. 1368, 1373 (E. D. Va. 1990).

[391] 我國政府採購法規並未規定：押標擔保與履約保證金或履約及付款保證具有同時並行之要求，參看「押標金保證金暨其他擔保作業辦法」第 2 章、第 3 章及「投標須知範本」第 55 條等規定，我國政府採購法規授予機關較大的裁量權利，即機關可決定僅要求廠商繳納押標擔保而不須繳交履約保證金或履約及付款保證。

關間尚可就保證責任之履行達成其他內容之協議，包括：1. 由保證人提供義務人財務援助以期完成契約；2. 採購機關重新招標，並向保證人請求賠償，包括差價之賠償；3. 由保證人支付金額，將契約工作交由權利人完成，保證人免除保證責任等，雖未在聯邦政府獲得規定中明文規範，但在實務上均屬可行之方法[392]。

保證人除可主張免責之抗辯外，尚可主張：1. 免除權（exoneration），即保證人因保證狀而被請求賠償時，保證人得要求保證狀之義務人以其財產支付該賠償之金額；2. 求償權（indemnity），即保證人因保證狀而支付該賠償之金額後，得向義務人請求返還其所受之損失；3. 代位權（subrogation），即保證人因保證狀而履行賠償責任後，保證人得要求取得義務人對採購機關及得標廠商之分包廠商之一切權利[393]。

對於採購機關要求廠商繳納履約及付款保證之繳納金額門檻規定分成二類：工程採購類及非工程採購類。1. 有關工程採購的規定：FAR 28.102-1 及 28.102-2 要求，依據 40 U.S.C. chapter 31 規定，除有特別規定外，機關辦理金額逾 150,000 元之工程採購時，應要求廠商繳納履約及付款保證，廠商應於履約前繳足該等保證，至於保證金額即為原契約之價格，如契約價格因故增加，則該等保證亦應足額增加。2. 有關非工程採購的規定：FAR 28.103-1 規定，機關除另有特別規定外，對於非工程採購原則上不得要求履約及付款保證。但如採購機關決定要求廠商交納履約及付款保證符合美國政府之利益，得要求廠商交納之。保證金額即為原契約之價格，如契約價格因故增加，則該等保證亦應足額增加。

年度押標金僅適用於非工程採購，係用於賠償一切採購契約之賠償總額，如採購契約之賠償總額可能等於或大於保證金額時，採購機關應要求廠商補納足夠之保證金額[394]。

除此之外，機關對於特殊的財物及勞務採購，認定為保護政府之利益，得要求廠商繳納其他種類的保證金包括預付款還款保證及專利權侵害保證金，其使用之要件規定於 FAR 28.105。

三、付款保證狀

付款保證狀（payment bond）係由保證人對提供得標廠商勞務（labor）及財物（materials）之分包廠商於未能自得標廠商獲得其契約價款時，由保證人負責支付分包廠商應得之償金，廠商於參與美國聯邦政府之金額 10 萬美元以上之工程採購時，採購

---

[392] 朱玉葉，政府採購履約保證金之研究，同註 381，頁 83-84。
[393] 朱玉葉，政府採購履約保證金之研究，同註 381，頁 86-87。
[394] FAR 28.104.

機關應將之列為投標文件[395]。該保證狀之受益人為得標廠商，分包廠商視為第三受益人[396]。美國聯邦最高法院於 *Clifford F. MacEvoy Co. v. U.S. ex rel. Calvin Tomkins Co.*, 322 U.S. 102（1944）案中，將米勒法案所保護之主體區分為二種：1. 包括與得標廠商有直接交易或訂立契約之勞務或財物廠商（materialmen）、分包廠商（subcontractors）及供應商（suppliers），學者稱之為第一層（the first tier subcontracts）分包廠商；2. 包括與第一層分包廠商有直接交易之勞工、財物商及分包廠商，學者稱之為第二層主體（the second tier subcontracts）分包廠商[397]；美國聯邦最高法院於 *J. W. Bateson Co. v. U.S. ex rel. Board of Trustees of the National Automatic Sprinkler Indus. Pension Fund*, 434 U.S. 586（1978）案中基於米勒法案之立法歷史，判決得標廠商的第三層之供應商及分包廠商並非米勒法案所保護之主體。分包廠商得檢具申請書並於繳納規費後，向訂約機關之首長申請付款保證狀及契約之影本[398]。

四、其他保證狀

如採購契約於履約過程中經機關與廠商同意修約，並增加契約金額，而原保證狀擔保之金額不足；或廠商所交之保證狀於履約過程中因故不能為機關所接受；或不可撤銷之信用狀於指定之擔保期限屆滿前將失效；或保證人未能依機關指示於指定期限內提供其財務狀況之報告，則機關為保障政府及分包廠商利益，得再要求廠商提交保證狀[399]，而該保證狀得由廠商提交保證人出具之保證狀（surety bonds）行之，該保證人出具之保證狀保證之範圍應含括原保證狀之責任，並可替代原保證狀，但須經採購機關之首長同意[400]。

五、擔保

機關為確保採購財物、勞務及工程之利益，應要求廠商繳納足夠之擔保或保證金。確保之方式包括：1. 法人或自然人的擔保（corporate or individual sureties）；2. 美國政府債券或國庫票據（United States bonds or notes）、經金融機構保兌或銀行開立之支票、匯票、本票或現金等[401]。FAR 對於法人或自然人提供的擔保有較為詳盡的規範，分述如

---

[395] 40 U.S.C. § 3131(b)(2).

[396] 朱玉葉，政府採購履約保證金之研究，同註 381，頁 89。

[397] Thomas J. Kelleher Jr., *Smith, Currie & Hancock's Federal Government Contracts: A Practical Guide for the Industry Professional*, 2010, p. 380.

[398] 40 U.S.C. § 3133(a).

[399] FAR 52.228-2; 28.106-4.

[400] FAR 28.106-2.

[401] FAR 28.201. 見註 385 及其隨附之本文。

下：

1. 由法人提供的擔保：廠商依採購契約在美國國境內履約必須提供法人擔保時，該法人必須名列於財政部公布第 570 號通報「持有聯邦債券並經合格授權之擔保公司及合格之再保險公司」（U.S. Department of Treasury Circular 570, "Companies Holding Certificates of Authority as Acceptable Sureties on Federal Bonds and Acceptable Reinsuring Companies"）[402]之公司名單內方為合格公司，該法人就該保證金擔保之總金額（the penal amount of the bond），不應超過第 570 號通報所載明之金額為原則，但如擔保之總金額不足契約價款，則廠商應提供共同保險或再保險之證明文件，廠商應於機關招標文件規定期限內，即自履約開始日起 45 日內，執行並向機關繳納必需的共同保險或再保險文件，並應填報第 273 號或第 274 號或第 275 條號標準表格（Standard Form 273, Standard Form 274, Standard Form 275）[403]。如機關於接獲通知，原提供的擔保之法人經中止其合格之地位，則機關應即要求廠商提供第 570 號通報中載明之合格公司所開立之擔保[404]。

2. 由自然人提供的擔保：廠商得以自然人所提供之擔保作為各種保證金，機關應確認該擔保所提供之財產（pledged assets）足以承擔保證金之義務，該抵押財產之價值應相同或超越保證金之金額，廠商應填報第 28 號標準表格（Standard Form 28），並執行該表格所示之內容，如抵押財產之價值等同或超越保證金之金額，則該擔保足以確保保證金之執行。廠商得為任一保證金至多提供三項擔保，該三項擔保之總金額應超越保證金之總額。如機關認定廠商所繳納由自然人提供的擔保未達可接受之標準，則該廠商之投標文件係不合格文件，但機關得給予該廠商一段合理期間將不合格文件更正或補正為合格之文件。機關於評定自然人提供的擔保時，得請求聯邦政府財政部下之財務管理局（Financial Management Service）[405]予以協助。如採購機關發現廠商所繳納由自然人提供的擔保有可能是虛偽或犯罪行為之證據時，應轉知適當之政府機關[406]。

　　FAR 28.203-1, 2 進一步詳細地規範自然人提供的擔保之可接受之財產，係指以採購機關名義於業經聯邦認可已保險之金融機構所設立之帳戶（an escrow account），且採購機關有權自該帳戶領取金額、現金、存款證明、與現金等值之物、聯邦政府之債券或

---

[402] Department of the Treasury, Bureau of the Fiscal Service，網址：https://www.fms.treas.gov/e570/，查詢日期：2016 年 9 月 2 日。

[403] FAR 28.202.

[404] FAR 28.202(c).

[405] Financial Management Service 已與公共債務局（the Bureau of the Public Debt）合併為 Bureau of the Fiscal Service，同註 402。

[406] FAR 28.203(a), (b).

股票、設定政府爲不動產抵押權人、不可撤銷之信用狀、爲自然人持有並曾於全國證券交易市場交易過之股票及債券等。FAR 28.203-3 規範不動產抵押權之估價標準及程序。

第二目　實務經驗之檢討

有關押標金及保證金之擔保可從提供者係法人或自然人分別分析如下。

一、由法人提供的保證狀

在美國境內幾乎所有的押標金及保證狀皆由專業的公司承辦，經由保險人或保證人或爲擔保人身分簽字後，再交由廠商使用[407]，該等公司應依其住所地所在之各州法律登記設立並執行業務，即成爲保證人，該等公司並應符合最低資本額及定期每季向財政部報告其財務狀況，則採購機關、得標廠商及其分包廠商即有義務適時向各州政府之主管機關查對該等公司是否爲經核定准許執行業務，以確保保證狀的合法性及有效性，然在實務中卻有非經財政部核准之公司所發出的保證狀遭誤用的情形，例如財政部公布第 570 號通報中特別註明：International Fidelity Insurance Company（NAIC# 11592）係明列的合格公司，但有其他非合格公司使用非常相似之名子——"International Fidelity & Surety Ltd." 並有詐欺行爲，而遭起訴者，因此財政部提醒查閱者應確認通報中所列該公司名子及設立地點[408]，以免錯誤。在新罕布什爾州的保險部（New Hampshire Insurance Department）於 2009 年 4 月 29 日公布之聽證會報告指出：受處分人 Leo M. Rush，其住所：25 Old Lawrence Road in Pelham, New Hampshire，於同住所成立二家公司「Eastern Shores Casualty & Indemnity Ltd.」、「Continental Surety Company Ltd.」由於並未依法申請並取得經營執照，所發行之保證狀都屬無效[409]，Leo M. Rush 又於 2009 年另設立「Great Northern Bonding Company」並於美國數州，包括羅德島州，發行之無效之保證狀，由於該等公司與合格公司「Continental Insurance Company」及「Great Northern Insurance Company」之名稱甚爲相似，陸續有數不知情廠商受害，2010 年羅德島州商業規範部（Rhode Island Department of Business Regulation）下令該公司停止營業並強制解散[410]，美

---

[407] Edward G. Gallagher & Mark H. McCallum, "The Importance of Surety Bond Verification", *Public Contract Law Journal*, Vol. 39, N0. 2, 271 (2010).

[408] Department of the Treasury's Listing of Approved Sureties (Department Circular 570), Footnotes 8, 網址：https://www.fiscal.treasury.gov/fsreports/ref/suretyBnd/footnotes.htm#8，查詢日期：2015 年 9 月 2 日。該非合格公司 Internal Fidelity & Surety, Ltd. 已發出若干無效的保證金及擔保，Edward & Mark, "The Importance of Surety Bond Verification"，同註 407，頁 271。

[409] State of New Hampshire Insurance Department, ORDER ON HEARING, Docket No. Ins. No. 08-046-EP, 網址：https://www.nh.gov/insurance/legal/enforcement/documents/08-046-ep.pdf，查詢日期：2016 年 9 月 2 日。

[410] Indepentri.com, "Unlicensed company sought to bond URI projects", 網址：http://www.

國各州仍發現有類似不肖公司繼續發行無效之保證狀，並公布於其網站，但仍有不少廠商受害。

又縱使法人之名稱係財政部第 570 號通報中公布之合格保證人，但受益人仍應查證法人之其他登記事項以免受騙，2009 年聯邦調查局（Federal Bureau of Investigation, FBI）公布一則犯罪案件，一位麻里蘭州居民 William Raymond Miller 自 2005 年起至 2008 年間，多次冒用合法保證公司之名稱開立保證狀，其金額共 5 億 3,500 萬元，而該人共收得 2,250 萬元之保證費用，其詐欺之行為後經查獲，遭美國聯邦法院判刑十年一月徒刑[411]。

財政部公布第 570 號通報中所列之合格公司必須接受由獨立經營之第三者私營公司評估其財務狀況，如發行保證狀之公司並未能通過該等評估公司之評估，則該保證狀未具清償能力，保證狀之受益人對於發行保證狀之公司有任何疑問，均可向 570 號通報中所載之指定聯絡窗口詢問[412]。

二、由自然人提供的保證狀

美國各州的保險法允許具備合格資格之自然人得擔任押標金、履約保證金或還款保證金之保證人[413]，然聯邦政府則另要求該等自然人必須將與保證金等值之現金、現金等值之物交由全國性的金融機構保管（in escrow）、或將不動產設定抵押權，並以政府為抵押權人，以確保保證金的價值[414]。FAR Part 28 規範有關擔保之規定，FAR 28.102-1(a) 規定機關辦理金額在 150,000 美元以上之工程採購，應要求廠商提出履約保證金或還款保證金，如由自然人擔任押標金、履約保證金或還款保證金之保證人，該自然人必須填具第 28 號標準表格「自然人保證金確認書」（Standard Form No. 28 "Affidavit of Individual Surety"），然事實上常有廠商在填寫確認書時，故意為虛偽或或提供擔保品不足或不實的陳述[415]，於 1990 年 2 月 26 日 FAR 第 28 章修正前，FAR 並未要求廠商提供現金、現金等值物或將不動產交付信託，以確保保證金的價值，然依據美國國會所屬總會計室（U.S. Government Accountability Office, GAO）於 1989 年報告中揭露，由於廠

---

independentri.com/independents/south_county/south_kingstown/article_8fb13919-ed9f-56be-b8e5-cff059e02c35.html，查詢日期：2016 年 9 月 2 日。

[411] Federal Bureau of Investigation, FBI, "Maryland Man Sentenced for $535 Million Surety Bond Fraud Reaching Florida and Beyond"，網址：https://archives.fbi.gov/archives/jacksonville/press-releases/2009/ja061809.htm，查詢日期：2016 年 9 月 2 日。

[412] Gallagher & McCallum, "The Importance of Surety Bond"，同前註 407，頁 272-273。

[413] Gallagher & McCallum, "The Importance of Surety Bond"，同前註 407，頁 273。

[414] FAR 28.203-1(b), 28.203-3.

[415] 例如 United States v. Bradshaw, Nos. 96-6364, 96-6508, 145 F.3d 1333, 1998 WL 279370 (6th Cir. May 20, 1998).

商於「自然人保證金確認書」為不實的陳述情況非常氾濫，致使美國政府及廠商及分包廠商的權益受損[416]。1990 年版 FAR 因此授權採購機關要求廠商於參與政府採購，特別是工程採購時，除必須填具第 28 號標準表格外，亦應提供等值的擔保[417]。

　　然應如何檢視廠商所提供之現金等值物或不動產擔保的價值？是否有主管政府機關具備鑑定其價值之能力或功能？FAR 對此並無規範，則採購機關應負責評鑑該等擔保之價值，此非但增加採購機關的行政負荷，亦高估其專業知識，第 28 號標準表格「自然人保證金確認書」雖有規定廠商對擔保品應詳加說明之要求，但仍有廠商利用各種技倆企圖矇騙採購機關，例如在 *United States ex rel. Fuller v. Zoucha* 一案[418]中，Polaris International, LTD. 授權被告 Zoucha 為其代理人（Power of Attorney），Zoucha 得簽發 150 萬美元以下之保證金，Zoucha 遂開立 150 萬美元之保證金，然不為採購機關所接受，法院判決被告並無動產或不動產擔保其開發保證金之價值，因此不合採購法令之要求。又在 *United States ex rel. JBlanco Enterprises Inc. v. ABBA Bonding, Inc.* 案[419]中，Morris C. Sears 先生成立 ABBA Bonding, Inc. 公司，該公司於 2005 年遭阿拉巴馬州保險部命令其停止其營運並解散，然 Morris C. Sears 為參與聯邦政府於科羅拉多州實施之採購案，於是提交以 ABBA Bonding, Inc. 公司為保證人之 1 億 2,600 百萬元保證狀，並於表格中載明 ABBA Bonding, Inc. 公司之淨資產逾上述之金額，然實際上並無擔保，顯不符合 FAR 之規定，總務局（the General Services Administration, GSA）未能查覺，竟同意接受該保證金，Morris C. Sears 旋即向阿拉巴馬州法院聲請破產保護，2009 年由破產法院指定破產管理人管理 Sears 之財產，並依破產法第 7 章規定進行清算。在 *Tip Top Construction v. United States*[420]案中，Tip Top Construction 公司試圖參與美國聯邦高速公路局（Federal Highway Administration）在維京群島（Virgin Islands）之工程採購，並以自然人為保證人之保證狀進行投標，然採購機關認為保證人係以蘊藏於礦場之煤作為擔保物，雖然 Tip Top Construction 公司主張該蘊藏於煤礦之煤具有市場價值，然該煤係

------

[416] U.S. Government Accountability Office, "Small Business: Individual Sureties Used to Support Federal Construction Contract Bonds", RCED-90-28FS: Published: Oct 3, 1989，網址：http://www.gao.gov/products/RCED-90-28FS，查詢日期：2016 年 9 月 20 日。

[417] 53 Federal Register 44, 564 cited by Gallagher & McCallum, "The Importance of Surety Bond"，同前註 407，頁 275。

[418] *United States ex rel. Fuller v. Zoucha,* No. CIV.S-05-00325-DFL-DAD, 2005 WL 2604174, at *3 (E.D. Cal. Oct. 12, 2005) cited by Gallagher & McCallum, "The Importance of Surety Bond"，同前註 407，頁 275。

[419] *United States ex rel. JBlanco Enterprises Inc. v. ABBA Bonding, Inc.* No. 07-cv-01554-REB-CBS, 2009 WL 765875 at *1-2 (D. Colo. Mar. 20, 2009).

[420] *Tip Top Construction v. United States*, No. 08-352-C, 2008 WL 3153607, at *1-27 (Fed. Cl . Aug. 1, 2008) *recons. denied*, 2008 WL 4210463 (Fed. Cl. Sept. 12, 2008).

屬有投機性質的資產（speculative asset），以該煤作爲擔保並不符合 FAR 28.203-29(c)(7) 的規定，聯邦法院（the U.S. Court of Federal Claims）認爲該煤藏之煤只是煤渣，價值不高，再者自然人之保證未經第三人代管（escrow），亦不符合 FAR 的規定，採購機關之處分並無不當，判決 Tip Top Construction 公司敗訴。本案上訴至聯邦巡迴上訴法院（the U.S. Court of Appeals for the Federal Circuit），該法院認爲煤不若現金、股票、保證金…等之流動性，且取得不易，品質亦不可知，故其價值實非確定，仍維持原聯邦法院之判決。2015 年版 FAR 28.203-2(c)(7) 已將有投機性質的資產例如採礦權（speculative assets (e.g. mineral rights)）列爲不合格之資產。

　　採購機關對於以自然人爲保證人所提供之擔保務必善盡查證之能事，以免權益受損，2014 年在 *Encon International, Inc. v. Garrahan*[421] 一案，美國環境保護署（Environmental Protection Agency, EPA）將位於坎薩斯州（Kansas）受污染土壤之修復案招標，由 Encon 公司以 500 萬美元得標，由於該公司未曾具有提供政府保證金之經驗，遂經由 The Barbour Group（TBG）之聯繫，由 Linda Garrahan 女士答應其將提供其位於內華達州之數筆不動產爲擔保，並填具「自然人保證金確認書」，向環境保護署提供擔保，詎該女士嗣後稱其於設定擔保之過程中遭遇不可抗力因素之遲延，致不克如期完成，此舉引起環境保護署警惕，Encon 公司發覺該女並非擔保不動產之所有人，遂提起訴訟聲明該女士違約並請求損害賠償，聯邦地方法院判決原告應再補足證據，雖未於判決中確認該女士是否爲內華達州之數筆不動產之所有人，但就其於訴訟中屢屢採取拖延戰術，及不配合法院之行爲以觀，有學者稱一般人咸認爲其並非供擔保不動產之所有權人[422]，堪稱合理。

　　由於對於以自然人爲保證人之保證狀的判斷是否合符法規之要求，涉及諸多財務及法律等專業知識，採購機關常因稍有不愼未能善盡查證之責，或對於保證狀之規定認知不足，致使美國政府及分包廠商受害[423]，自 1990 年起 FAR 已要求如廠商以自然人爲保

---

[421] No. 11-2137-KGS (D. Kan. Mar. 28, 2014), 網址：https://ecf.ksd.uscourts.gov/cgi-bin/show_public_doc?2011cv2137-321，查詢日期：2018 年 2 月 15 日。

[422] Martha L. Perkins, "Battling Surety Bond Fraud: Why Bond Verification Is So Important" *Fidelity & Surety Law Committee Newsletter* (fall 2014), p. 17. 網址：http://www.nasbp.org/viewdocument/part-1-battling-sure，查詢日期：2018 年 2 月 15 日。

[423] Martha L. Perkins, "INDIVIDUAL SURETIES AND MORE FRAUDULENT SCHEMES PERPETRATED" *Fidelity & Surety Law Committee Newsletter* (Winter 2015), pp. 9, 28, 29-30. Martha L. Perkins 於文中列舉 *Employees' Retirement System of the Government of the Virgin Islands v. Best Construction,* No. ST-08-CV-490, 2011 WL 4436290 (V.I. Sept. 13.2011) 及 *United States ex re. Russel Sigler, Inc. v. Associated Mechanical, Inc.* No. 2:09-cv-01238-RLH-GWF, 2010WL 5100913（D. Nev. Dec. 8, 2010）等兩案，證明以在美國政府採購案中，以自然人爲保證人之保證狀常存有損害美國政府及分包廠商利益之風險。網址：http://www.nasbp.org/HigherLogic/System/DownloadDocumentFile.ashx?DocumentFileKey=815ee5ba-554f-4c8e-9012-ecf41370ce6d，查詢日期：2018 年 2 月 15 日。

證人之保證狀，則該擔保或保證金必須具有與保證金額相等之價值，現行的 FAR 條文確已強化對以自然人為保證人之保證狀的各種要求，使採購機關、廠商及其分包廠商獲得更佳的保障，美國財政部就曾於 2006 年發布通告要求各採購機關務必遵守 FAR 第28 章（Part 28）對於擔保及保證狀之各條文規定，然對於各條文則無任何補充或修正之說明[424]，足徵現行法規具備其完整性。至於未來的採購案件是否仍有可能發生廠商提供擔保物價值不足或其他不符 FAR 規定之情形？部分美國學者認為 FAR 有關擔保及保證狀之規定甚為專業，採購機關是否具有熟稔該等規定之能力？又採購機關是否具備查證廠商所提供之現金等值物或不動產擔保的價值之能力？仍抱持懷疑態度，並不認為未來該等現象之得以完全根除[425]。

第三款　我國之法規及實務

　　政府採購法第 30 條第 1 項：「機關辦理招標，應於招標文件中規定投標廠商須繳納押標金；得標廠商須繳納保證金或提供或併提供其他擔保。」第 3 項規定：「押標金及保證金應由廠商以現金、金融機構簽發之本票或支票、保付支票、郵政匯票、無記名政府公債、設定質權之金融機構定期存款單、銀行開發或保兌之不可撤銷擔保信用狀繳納，或取具銀行之書面連帶保證、保險公司之連帶保證保險單為之。」行政院公共工程委員會發布之「押標金保證金暨其他擔保作業辦法」對於保證金、押標金、履約保證金、其他保證及擔保等更進而規範，由於上述之擔保基本上係根源於現金而設計，實務上常見銀行之書面連帶保證，對於其性質在理論及實務上確有不同見解，但究無窒礙難行之處。

　　目前較值得學理及實務界注意的是保險公司之連帶保證保險單之法律適用問題，由於上開條文規定保險公司之連帶保證保險單得作為押標金及保證金，而保險法第 95 條之 3 規定「以債務人之不履行為保險事故之保證保險契約」，則保證保險單之法律性質究為保證抑為保險，影響理賠方式及範圍，關係重大，可先就其性質判斷如下：1. 保證保險單之要保人（廠商）最終仍須對損害負責任，即保險人於賠償被保險人（採購機關）後，得向廠商求償，顯無將損分攤消化於共同團體，不符保險制度之本質，應認其為保證；2. 保險法強調「損害填補」原則，但在政府採購法中保證金擔保之內容並不以損害為限，尚應包括懲罰性違約金，故若將廠商賠償採購機關之範圍限定於損害，並不符合

---

[424] U.S. Department of Treasury, "Special Informational Notice to All Bond-Approving (Contracting) Officers, Important Information Regarding the Use of Individual Sureties on Federal Bonds" (Feb. 3, 2006)，網址：https://www.fiscal.treasury.gov/fsreports/ref/suretyBnd/special_notice.pdf，查詢日期：2018 年 2 月 14 日。

[425] Gallagher & McCallum, "The Importance of Surety Bond"，同前註 407，頁 280-281。

政府採購法之立法意旨，故應將保證保險單認為係保證，在實務案例中，法院認為保險人出具之保證保險單與採購機關間成立連帶保證關係，採購機關請求權時效並不適用保險法所定之 2 年消滅時效之規定[426]。

　　保險公司擬具之保證保險有數種類型，但並非全部皆為行政院公共工程委員會（工程會）認可並接受，例如財團法人工程保險協進會於 2001 年研擬之履約保證金連帶保證保險單，其版本規定損失之認定「須有客觀事實的認定」，工程會則認定「定作人主觀認定」，而工程保險協進會版本規定賠償方式為「損害賠償」，工程會則認定為「定額給付」，均不為工程會所接受，並於 2008 年公布解釋函[427]同意財政部核准之「預付款保證金保證保險」及「保固保證金保證保險」所出單之保險單，凡廠商以保險公司之保證保險單繳納押標金或保證金時，其保證保險內容不符合政府採購法規定者，均不得接受。由於工程會與保險業者意見不同，而實務及主要學術界皆認為保證保險之本質為保證，將保證保險於保險法中規範並不適當，因此建議刪除保險法第 95 條之 1、之 2 及之 3 等有關保證保險共三條文，並仿照美國 Surety bonds 制度[428]將保證保險定位為保證[429]，由銀行保證方式行之，較符合政府採購法及我國並無專業保證公司之現況。

第四款　建議

　　我國法令對於保證金、押標金、履約保證金、其他保證及擔保等規範明確，採購機關適用的程序較美國聯邦採購法令所規範者簡易，有利於採購機關及廠商遵守，在實務上尚未見有廠商將上述之擔保作為訛詐或犯罪工具之案件，反觀美國聯邦採購法令對於保證狀之規範雖然廣泛，但過於專業及繁瑣，採購機關必須非常審慎查核各種保證狀之合法性，甚至必須徵詢法律及財經專家之意見，方得判斷廠商或保證人財產之價值，增

---

[426] 臺灣高等法院 95 重上更（一）字第 195 號判決。朱玉葉，政府採購履約保證金之研究，同註 381，頁 176-195。

[427] 行政院公共工程委員會 97 年 3 月 31 日工程企字第 09700134500 號函：「主旨：重申機關辦理採購，遇廠商以保險公司之保證保險單繳納押標金或保證金時，其保證保險內容須符合政府採購法規定，始得接受。說明：一、關於政府採購法第 30 條第 2 項「保險公司之連帶保證保險單」，本會業依「押標金保證金暨其他擔保作業辦法」第 34 條規定訂定各種保險單條款內容（公開於本會網站（http:\\www.pcc.gov.tw）＼政府採購＼政府採購法規＼招標文件範本及表格），屬法規之一部分。二、另按本會 90 年 9 月 10 日 (90) 工程企字第 90034891 號令（公開於本會網站），目前僅財政部 90 年 8 月 6 日台財字第 0900750741 號函核准之「預付款保證金保證保險」（編號：C88122002）及「保固保證金保證保險」（編號：C88122003）所出單之保險單，得允許用以繳納預付款還款保證及保固保證金。三、為免機關於接受廠商提出之保險公司之保證保險單，有不符前揭保單條款內容，致機關遭受損害，爰提請注意。」

[428] 見前註 399、400 及隨附之本文。

[429] 林咏榮，保險法上保證保險的增設及其問題，法令月刊，第 45 卷第 9 期，1994 年 9 月，頁 3；朱玉葉，政府採購履約保證金之研究，同註 381，頁 212-213。

加行政作業之困難度，結果反而容易產生錯誤及損失，我國現行法規既無模糊不清或窒礙難行之處，況且較為簡易，採購機關不易被訛詐或發生其他錯誤，因此目前並無修改之必要。

值得注意的是我國派駐於美國或其他國家的採購機關對於極為繁瑣的美國聯邦政府採購中之各種保證狀，在並不熟稔之情況下，應避免適用其相關之法規，我國與美國聯邦政府採購中之各種保證狀仍有不同之處，例如美國履約保證狀之賠償金額為契約價款，而我國「履約保證金之額度，得為一定金額或契約金額之一定比率，由機關於招標文件中擇定之。前項一定金額，以不逾預算金額或預估採購總額之 10% 為原則；一定比率，以不逾契約金額之 10% 為原則。」[430]又美國之米勒法案規定，凡承攬政府之契約金額 10 萬美元以上工程採購的廠商應保證於履約過程中能盡各種契約義務，廠商應於得標後繳納履約保證金及付款保證金，我國則並無付款保證金的制度。此外，美國的各種保證狀均由保證公司提供，亦與我國現況不同。故我國駐外採購機關及其上級機關於訂立採購契約時宜規定：「有關本契約之押標金保證金暨其他擔保應適用中華民國之法令。」並避免於契約的準據法條款中全盤接受美國華盛頓特區或其他州之法律，換言之，至少應有針對押標金保證金暨其他擔保之排除適用美國準據法條款，俾免未來發生錯誤及損失。

第五款　結論

押標金保證金暨其他擔保係用以保障採購機關，使採購機關於廠商違約時得實現機關債權，我國及美國聯邦政府採購法制的立法目的並無不同，但實施方法則有區別，我國政府採購法規定的各種保證金及擔保係以現金為主，實務上較常見銀行保證，以證明廠商的財務能力並供機關審查，在理論及法院實務方面對於各種保證金的性質雖有不同意見，但並無窒礙難行之處，採購機關依法行政尚未見重大困難，例如遭廠商訛詐、機關不能查證各種保證金及擔保之財力等情形，目前工程會與保險業者對於保險公司之連帶保證保險單持不同意見，工程會僅核准「預付款保證金保證保險」及「保固保證金保證保險」所出單之保險單，但不同意「履約保證金連帶保證保險單」，經探究國內實務及主要學術界皆認為保證保險之本質為保證，將保證保險於保險法中規範並不適當，因此有學者建議刪除保險法第 95 條之 1、之 2 及之 3 等有關保證保險共三條文，並仿照美國 Surety bonds 制度將保證保險定位為保證，方為正本清源的作法，誠為的論。

美國聯邦政府採購法制規定的保證狀大抵由專業的保證公司提供，履約保證狀之賠償金顯即為契約價格，又米勒法案規定機關要求履約保證狀時，得標廠商亦應提出付款

---

430 押標金保證金暨其他擔保作業辦法第 15 條第 1、2 項。

保證狀，以保障工程採購中提供得標廠商勞務及材料之分包廠商，免於不能獲得價金給付之情形，上述之現象與法令規範與我國並不相同，美國聯邦政府採購法制實踐的結果，採購機關必須熟悉法律及財務專業知識及程序方克勝任，機關必須查明提供保證狀之保證公司是否經該州核准設立，是否是財政部所列合格清單內之公司，如保證保險單是由保證公司提供，則機關應確認該保證公司是否經該州核准設立並持有證明文件為憑，同時亦應確認該保證保險單之內容符合法令要求；如保證狀係由自然人提供，並以其財產作為擔保時，機關應確認是否有現金或與現金等值之物存放於指定的金融機構供作擔保，是否以機關為受益人，該金融機構是否業經合法立案等相關法令規定，由於該等規定甚為專業及繁瑣並非全部機關能力所及，故常有機關遭騙之報導，我國駐外採購機關於訂立採購契約時，不宜於準據法條款中全盤接受美國華盛頓特區或其他州之法律，蓋我國機關對保證狀的專業及繁瑣法令規範並不易明瞭，又是否值得耗費巨大資源確認各種保證狀之合法性及效力亦值三思，若因談判結果必須於採購契約中接受美國華盛頓特區或其他州之法律為準據法時，則我採購機關應善盡查證之職責，並尋求法律及財務之諮詢，方能保障我國權利。

第六章
美國聯邦政府採購與公平競爭

第一節　從公平競爭觀點探討機關對廠商過去履行經驗及實績之評分[1]

　　我國採購機關評定最有利標的方式中，依據最有利標作業手冊之規定，不論採取總評分法或序位法，均將廠商過去履約績效或將其承辦相當標的物之經驗及其履約結果列為評選項目，配分 10 分（總滿分 100 分），然若廠商從無承辦之經驗，或因法律或契約規定等原因，不克取得過去履約績效者，該得分顯為 0 分，對該廠商頗為不利，則機關是否對該廠商為無正當理由之差別待遇？是否為不當限制廠商完全及公開競爭？又廠商過去履約經驗與實績之區別何在？倘若機關能不給予該廠商任何有利或不利之評定，或予其中性之評定，則當可避免上述無正當理由之差別待遇及不當限制競爭之爭議。

　　然我國對於廠商無相當經驗之規定仍付諸闕如，故應以理論基礎檢視相關法律及實務，再研究其是否有應修正之處。本文主要依據美國聯邦法規及審計長之判斷予以論述，並自法律經濟理論予以檢討。本文首先檢視美國及中華民國於辦理政府採購時，對於廠商間完全及公開競爭之要求，再自法律及經濟層面研究採購機關妥適之評定方式，本文同時檢視兩國內國法令及實務，俾能了解我國法規疏漏之處，最後謹提供建議，以供修法時併予考量及加列。

第一款　前言

　　採購機關於採購所需之工程、財務或勞務時，當力求降低履約之危險，若要求廠商應具備過去承辦採購標的物之經驗，自能提升順利獲得標的物之確定性，然若廠商從無承辦之經驗，或因法律或契約規定之原因，不克取得過去履約績效者，則機關於評分時，對該廠商顯頗為不利，機關是否對該廠商為無正當理由之差別待遇？因此，美國聯邦法典 41 U.S.C. § 405(j)(2) 規定：

　　若投標廠商無過去履約資料（no information on past contract performance），或未能提供過去履約資料，則採購機關不得在該評選項目下對該廠商給予有利及不利之評分[2]。

1　本節內容曾發表於「公平交易季刊」2010 年 1 月第 18 卷第 1 期中。

2　"(j)(2) In the case of an offeror with respect to which there is no information on past contract

　　美國聯邦獲得規則 Federal Acquisition Regulation, FAR 15.305(a)(2)(iv) 亦有相似之規定[3]，然刪除採購契約 "contract" 一字，改以「未具相關過去履行之紀錄」（without a record of relevant past performance）[4]取代「無過去履約資料」（no information on past contract performance），擴大了紀錄或資料的範圍。美國國會審計長 Comptroller General 於 *Advanced Data Concepts, Inc.*, Comp. Gen. Dec. B-277801.4, 98-1 CDP ¶ 145 案中，認為因法律並未要求投標廠商有將相關履行經驗機向機關報告之義務，申訴廠商未能證明採購機關將未具過去履約經驗之廠商評定為中性 "neutral" 係屬不公平競爭，因此決定採購機關將未具過去履約經驗之廠商評定為中性係屬妥適。於 *Engineering & Computation, Inc.*, Comp. Gen. Dec. B-275180.2, 97-1 CDP ¶ 47 案中，決定機關將具過去履行經驗甚佳（excellent）之廠商評定較「中性」之廠商，即未具過去履行經驗之廠商，獲得較高分數，機關之作為並無不當。在 *Excalibur Sys., Inc.*, Comp. Gen. Dec. B-280645.2, 98-2 CDP ¶ 74 案中，若機關將未具過去履約經驗之廠商評定為中性，係避免該廠商因此遭受處罰，並可強化廠商間之競爭。在 *Phillips Indus., Inc.*, Comp. Gen. Dec. B-280645.2, 98-2 CDP ¶ 74 案中，採購機關認為申訴廠商未具過去履行經驗，將增加履行危險（performance risk），或加大決標時之危險（great risk），但審計長認為若廠商未具過去履約經驗，便遭判定為不合格廠商之作法，實有違 FAR 及機關招標文件之規定，即違反 FAR 15.305(a)(2)(iv)「採購機關不得在該評選項目下對該廠商給予有利及不利之評分」之規定，審計長認為採購機關將具最佳過去履行經驗，但價格較高之廠商評定為得標廠商，作法並無不當。

　　然審計長迄今並未明確指出中性之分數應如何配分方屬正確，而相關採購法規亦未說明「經驗」與「實績」之區別，又機關可否以廠商未具經驗與實績，而認定其為不合格廠商？本文因此擬就理論及實務之層面研究，並嘗試自經濟理論研擬妥適之評分或評選方法，以解決該理論及實務之困擾。

----

　　performance or with respect to which information on past contract performance is not available, the offoror may not be evaluated favorably or unfavorably on the factor of past contract performance." 就本條文規定「廠商無過去履約資料」，例如廠商過去履約資料因不可抗力事件，包括：颶風、地震、戰爭、洪水…等原因而滅失，故不能提交資料予採購機關；而「未能提供過去履約資料」，例如依採購契約規定，廠商不得將涉及國家安全或國防機密之採購案件洩露予任何第三人，亦不得承認或否認該採購案件之存在，故亦不能提交資料予採購機關。若給予該等廠商不利之評分，顯不公平，恐降低廠商參與涉及國家安全或國防機密採購案件之誘因。

[3]　FAR 15.305(a)(2)(iv): In the case of an offer or without a record of relevant past performance or for whom information on past performance is not available, the offer or may not be evaluated favorably or unfavorably on past performance.

[4]　將 past performance 直譯為「過去履行」固符英文原意，然因配合政府採購法第 36 條第 1 項及投標廠商資格與特殊或巨額採購認定標準第 1 項第 1 款將「經驗」及「實績」予以區分之文字，故本文將之翻譯為「廠商過去履行經驗」。

　　本文之所以以美國聯邦政府之採購制度爲探討中心，係因其採購法已行之逾百年，不僅體系健全更能結合科技、管理、經濟及會計等知識，使理論與實務密切結合，充分發揮引導工商業發展及繁榮社會之效果；再者美國係世界貿易組織（World Trade Organization, WTO）之締約國，係 WTO 中政府採購協定（Agreement on Government Procurement, GPA）之簽字國，其採購之相關法規及實踐均須接受 WTO 之貿易檢視[5]，其合符 GPA 之規範亦即合符世界貿易規範之正當性，實不容置疑。我國廠商如欲拓展商機，則充分瞭解美國聯邦政府之採購制度實屬必要，故美國採購法之制度頗有參考價值，因此本文即以美國聯邦政府之採購制度作爲比較之中心。

　　國內尚無特別研究廠商之過去履行經驗之文獻，本文研究之重點有下列 4 點：1. 若對未具過去履行經驗或實績之廠商，給予不利之評分，是否違反公平競爭理論？2. 又如何區分廠商履行經驗及實績？3. 如何就理論及實務之層面，研擬對廠商無履行經驗之評分或評選方法？4. 廠商不克提交機關其過去履行經驗或實績之原因固多，包括：前曾參與涉及國家安全或國防機密之採購案，受限於保密規定，不能向機關證明其履行經驗、廠商過去履約資料因不可抗力事由而滅失、外國廠商於國內設立新公司以參加國內採購案等原因，但其中因受限於保密規定係基於法令或契約之正當理由，與其他事由顯不相同，爲求整體社會福利之最大化，是否應予特別考量及規範？至於採購機關是否應採信廠商之過去履行經驗，及機關所獲得資料與廠商履行經驗之關聯性等，亦極易產生爭議，均値研究。本文並提出兩國法規之差異性以供我國參考。

第二款　廠商過去履行經驗之意義

第一目　美國聯邦法規

　　聯邦採購法規要求採購機關必須以完全且公開之競爭方式進行採購，41 U.S.C. 253a(c)(1)(A) 進一步規定機關製作招標文件時，應就其所需標的之品質明確指出評選之項目，包括技術能力、管理能力、以前實績（prior experience）及投標廠商之過去履行經驗（past performance）情形等；同條文並規定價格、成本亦爲評選要素，機關另得將其他因素列爲評選項目[6]。

　　FAR 42.1501 將「過去履行資訊」（past performance information, PPI）定義如下：

　　過去履行資訊係指廠商曾得標之相關訊息，廠商爲投標而將該訊息提供機關，

---

[5]　WTO, "Trade Policy Review Mechanism", *The Results of the Uruguay Round of Multilateral Trade Negotiations*, pp. 434-7 (1995).

[6]　41 U.S.C. 253a(c)(1)(B)(C); 10 U.S.C. 2305(a)(3)(2009).

該訊息例示如下：廠商符合契約要求及優良施工標準之紀錄、廠商預估及控制成本之紀錄、廠商履行契約、對契約時程之遵守程度、廠商曾為滿足顧客所採行之合理及合作行為、廠商遵守正直及企業倫理之紀錄，及其關係企業（business-like concern）通常為顧客利益著想之紀錄。

FAR 9.104-2 規定，機關為辦理特殊採購，應訂定投標廠商之特定標準，並載明於招標文件。FAR 9.104-3 例示「特定標準」種類，並解釋其標準之一的「可被接受的履行紀錄」（satisfactory performance record）係指：

若投標廠商迄投標日止，有嚴重不完全履約或履約有嚴重瑕疵之情形，應推定為不合資格。但若採購機關認定該情況並非廠商能力所能及，或廠商已採取適當防制之措施者，不在此限。若廠商過去紀錄證明其未能有足夠之堅持及毅力以完成履約工作，將推定為不合格廠商。機關應以廠商是否達到契約規定之品質要求，作為判斷其是否具良好的履行紀錄之重要指標。機關於決定廠商履約情形時，應考量其所涉契約之數量及不完全履約之程度。

機關以最有利標評選廠商時，廠商的過去履行資訊係重要的評選項目之一，具良好履行紀錄之廠商可增加機關對履約成功的信心，所謂履行資訊係指廠商最近完成及正在履行與機關採購標的相同或相似之勞務、工程或財物，機關之蒐集並運用廠商的過去履行紀錄，將使廠商設法改進其履約工作，即增加其履約誘因，若廠商履行紀錄特別良好，則其能準時交付採購標的及能控制成本之機率亦高，故機關應蒐集並評定廠商過去履行紀錄，以作為評選廠商之依據[7]。FAR 42.1502 規定凡採購金額在 10 萬美元以上之採購案履約完成後，機關應製作廠商履行該契約之紀錄，以供爾後機關辦理採購時，作為評選之依據。

然美國各聯邦法規並未區分廠商「過去履行經驗」與「實績」（experience）之不同，有鑑於此，美國國防部於 2003 年發布「蒐集及使用廠商過去履行經驗資訊之指導文件」（A Guide to Collection and Use of Past Performance Information）則指出「廠商過去履行」係指廠商過去已將契約履行好到什麼程度（how well），即依其投標文件履行績效之程度[8]，係指廠商而「實績」係指廠商是否（whether）具備在某一特殊專業領域內之事實，例如廠商已有 20 年從事軟體之事實便是，換言之，即廠商以前曾否從事相

---

[7]　Office of the Under Secretary of Defense for Acquisition, Technology and Logistics, *A Guide to Collection and Use of Past Performance Information* (Version 3) May 2003, p. 1. 網址：http://www.acq.osd.mil/dpap/Docs/PPI_Guide_2003_final.pdf，查詢日期：2009 年 1 月 4 日。

[8]　就「廠商過去履行」之定義而言與「廠商過去履行經驗」定義相符。

似之工作。機關得以廠商實績作為評選合格廠商之項目，機關於決標時，應評估廠商過去履行經驗及實績。但為免兩者遭混淆而重複評分，機關應於招標文件中明確定義兩者內容之區分之處[9]。

第二目　我國法規

我國各採購法規雖多次規定「經驗」及「實績」，然並未說明其定義及彼此區別。政府採購法第36條第1項規定：「機關辦理採購，得依實際需要，規定投標廠商之基本資格。」同條第2項：「特殊或巨額之採購，須由具有相當經驗、實績、人力、財力、設備等之廠商始能擔任者，得另規定投標廠商之特定資格。」同法第37條第1項規定：「機關訂定前條投標廠商之資格，不得不當限制競爭，並以確認廠商具備履行契約所必須之能力者為限。」同條第2項前段：「投標廠商未符合前條所定資格者，其投標不予受理。」

投標廠商資格與特殊或巨額採購認定標準第5條第1項規定：「機關辦理特殊或巨額採購，除依第二條規定訂定基本資格外，得視採購案件之特性及實際需要，就下列事項擇定投標廠商之特定資格，並載明於招標文件：一、具有相當經驗或實績者。其範圍得包括於截止投標日前五年內，完成與招標標的同性質或相當之工程、財物或勞務契約，其單次契約金額或數量不低於招標標的預算金額或數量之2/5，或累計金額或數量不低於招標標的預算金額或數量，並得含採購機關（構）出具之驗收證明或啓用後功能正常之使用情形證明。」同條文第2項前段規定：「前項第一款及第三款所定期間、數量、金額或比例，機關不得縮限。但得視採購之性質及需要予以放寬。」最有利標評選辦法第5條第6款規定：「最有利標之評選項目及子項，得就下列事項擇定之：六、過去履約績效。如履約紀錄、經驗、實績、法令之遵守、使用者評價、如期履約效率…等情形。」最有利標作業手冊參、一，將「廠商過去承辦建築工程之經驗及其履約結果說明（包括驗收結果、扣款、逾期、違約、工安事件等情形）給予配分10分（總滿分100分）」[10]。

政府採購法及其相關子法對於投標廠商之基本及特定資格限制，和美國聯邦採購法規相較大致相同，然政府採購法對於「經驗」及「實績」並未定義，易生重複評分之困擾，影響廠商公平競爭。

[9] Office of the Under Secretary of Defense for Acquisition, Technology and Logistics, *A Guide to Collection and Use of Past Performance Information*，同註7，頁6、16。
[10] 行政院公共工程委員會編印，最有利標作業手冊，2003年12月，頁5-7。

第三目　政府採購協定之規定

政府採購協定（1994）第 8 條之 (b) 規定：

供應商之資格：⋯資格審查程序應符合下列規定：(b) 參加投標之條件，應以為確認廠商履行契約所必需之能力為限。供應商應具備之參加投標條件，包括財務保證、技術資格及證明供應商財務、商業與技術能力所必要之資料，以及資格之確認，其適用於其他締約國供應商者，不得較適用於國內供應商之條件不利，且不得對其他締約國之供應商之間，實施差別待遇。供應商之財務、商業與技術能力，應根據該供應商之全球性商業活動以及其在採購機關所在領域之活動加以判斷，並考慮供應組織間之法律關係。

故政府採購協定規定採購機關得要求廠商應具備之商業與技術能力等證明，自得要求過去履行經驗及實績，但不得對其他締約國廠商有差別待遇之行為。

GPA 給予各締約國得要求廠商提供履行經驗及實績之廣泛權利，但並未規定具體執行程序，美國聯邦政府及我國政府採購法規均規定機關得要求廠商提供履行經驗及實績，但美國 41 U.S.C. 253(b) 及 10 U.S.C. 2305(b) 已考量機關應對未能提供履行經驗之廠商給予其競爭的機會，即機關不得僅因該廠商未具相關履行經驗，而判定其符合資格或不符合資格，我國則無此規定。

第三款　實務見解

第一目　美國聯邦實務

一、完全及公開之競爭

10 U.S.C. 2304, 41 U.S.C. 253 均規定政府採購契約之締結必須透過廠商競爭程序為之[11]。FAR 6.101 要求政府採購機關除依第 FAR 6.2 及 6.3 之規定外，必須於招標及決標程序中，促進及提供完全且公開之競爭（full and open competition）。FAR 6.102 進一步指出完全且公開之競爭程序係指下列四種情形之一：1. 秘密標（sealed bids）；2. 競爭性的企劃標（competitive proposals），限於不能使用秘密標時使用之；3. 合併性之競爭程序（combination of competitive procedures），亦限於不能使用秘密投標時使用之，例如二段秘密標方式；4. 其他依據 40 U.S.C. 1102 或 41 U.S.C. 259(b)(3)(A) 等規定之競爭程序。

---

[11]　10 U.S.C. 2304, 41 U.S.C; 253, FAR 6.101(a) (2009).

　　FAR 9.104 將廠商資格區分為一般資格及特殊資格，一般資格係指投標廠商應具備：1. 足夠履約所需之財務資源；2. 依時程交付或履行標的之能力，採購機關應考量該廠商同時與企業及機關之履約情形；3. 良好的履行經驗。除 FAR 9.104-2 另有規定外，機關不得僅因該廠商未具相關履行經驗，而評定其符合資格或不符合資格（responsible or nonresponsible）[12]；4. 良好的正直及企業倫理紀錄；5. 必要之組織、實績、會計和實作控制及技術能力；6. 必要之生產、建造及科技性之儀器設備；7. 依法令得為得標廠商者。而特殊資格係指機關為達成特殊採購目標，經由專家之協助，而特別訂定之合格廠商認定標準。若機關認為廠商應具備特殊之技術或設備方能完成履行工作者，得於招標文件中要求廠商應具特殊之履約標準。

　　採購機關所擇定之評選項目、配分及權重以能反應評選的結果為設計主旨，機關得決定將何種廠商履行經驗列為評選項目及子項，除應保持評選廠商現時之資料，即保持更新資料外，評選項目及子項必須與採購標的具邏輯的關聯性（relevancy），評選項目例示如下：廠商履行工作之地點、廠商營業範圍、履行標的所需之科技層級、契約類型、物料及生產程序、履行標的（財物或勞務）、工作範圍或複雜程度、提供勞務所需之技術等。評選結果得以下列文字及定義表示：1. 不滿意的／非常高履行危險（performance risk）[13]；2. 末端的／高履行危險；3. 滿意的／中等履行危險；4. 非常好／低履行危險；5. 持殊的／非常低的履行危險；6. 履行危險不明等 6 種，機關應對各評選項目設定權重百分比例，權重或配分應足能適當反應該項目之重要性，而評選項目之配分或權重應載明於招標文件[14]。

　　「履行危險不明」（unknown performance risk）係指廠商不能提供過去履行經驗，機關常亦不能發現或證明其過去履行經驗之情形。廠商無履行經驗者，既無積極加分效果，亦無負向扣分效果，為保持機關於評定廠商之公正性，對於不能提供履行經驗之廠商，機關不得給予其有利及不利的評選結果[15]。

----

[12] 41 U.S.C. 253(b), 10 U.S.C. 2305(b) 規定採購機關不得決標於不合資格廠商。Ralph C. Nash, Jr., Steven L. Schooner, Karen R. O'Brien, *The Government Contracts Reference Book* (2nd ed. Washington, D.C: George Washington University Press, 1998): 448.

[13] 「risk」在經濟名詞係「風險」之意，而在我國法律用辭則係「危險」，此可由民法第 150、175、191-3、328、354、373、374、375、497、508、963 等條條文均規定「危險」文字可證，自經濟學觀點而言，「危險」通常對應英文字「hazard」，故自經濟及我國法律名詞而言，「risk」之翻譯並不相同，本文兼用「危險」及「風險」。但論及廠商及政府機關之權利及義務時，仍將「risk」譯為我國法律規定之「危險」。「履行危險」係指機關對於投標廠商是否能達成招標文件所規定要求之可能性評定，機關應以廠商過去及現時、經查證且與採購標的具相關聯性之資料作為評定範圍。「履行危險」得以「信任程度」（confidence levels）取代之。Office of the Under Secretary of Defense for Acquisition, Technology and Logistics, *A Guide to Collection and Use of Past Performance Information*，同註 7，頁 8-10、17。

[14] 同上註，頁 9。

[15] 同上註，頁 10。

二、廠商過去履行經驗

FAR 15.304(c)(3)(i) 規定凡須與廠商協商之採購案件，其金額在簡易採購金額門檻（simplified acquisition threshold）以上者，即美元 10 萬以上之採購案件[16]，均應要求廠商提供過去履行經驗以供審查，由於廠商對機關實施該規定之措施有諸多意見，曾提起極多之申訴，但美國國會審計長則決定，審查廠商過去履行經驗係屬採購機關裁量權範圍，除機關對廠商之評分有不合理情事外，機關之裁量權均應維持[17]。故機關給予廠商履約不佳之評分，廠商固無申訴理由[18]，若機關認為廠商提供之機具因其設計不良，致機關人員不易使用，亦屬不佳的履行經驗[19]。若廠商因履約不良，遭機關行使終止契約之權利，機關基於「對廠商有不良履行之合理理解」（reasonable perception of inadequate prior performance），而給予廠商低下之評分，亦應予維持[20]。

廠商常申訴其他競標廠商履約經驗不佳，而主張決標結果不公，例如在 *BFI Waste Sys. of Nebraska, Inc.,* Comp. Gen. Dec. B-278223, 98-1 CPD ¶ 8 案中，廠商以得標廠商現履約情形不佳，主張機關決標結果違誤，審計長認為機關係依各投標廠商過去 5 年至 6 年之履約經驗而評定其應得之分數，並無不當，故駁回廠商申訴。

FAR 15.305(a)(2)(ii) 規定機關應於招標文件中，詳列評定廠商過去履約經驗之方法，廠商應說明其過去履行經驗中所遭遇的困難及克服方法，廠商得自其他機構獲得其所需的履約經驗報告，機關亦得自其他機構獲得廠商履約經驗報告，並評定廠商應得之分數，所謂其他機構包括聯邦、州、當地政府及私法人等，機關於要求廠商提供過去履約經驗報告時，應依平等原則，給予各投標廠商公平提出報告之機會，故若違反招標規定，允許其中某一廠商得特別提出更多履行經驗紀錄之機會，便不合符公平競爭原則[21]。

聯邦政府採購法規及審計長並未要求機關應查證全部廠商過去履行資料之來源[22]，審計長則認為機關有權對部分競標廠商或對任何廠商提供之履行報告進行查證[23]，然若機關已善盡聯絡及查證之努力，仍不能獲得資料之來源者，則得給予該廠商不佳之評

---

[16]　FAR 13.003(2009).

[17]　*HLC Indus. Inc.,* Comp. Gen. Dec. B-274374, 96-2 CPD ¶ 214.

[18]　*H.F. Henderson Indus. Inc.,* Comp. Gen. Dec. B-275017, 97-1 CPD ¶ 27.

[19]　*Precision Echo, Inc.,* Comp. Gen. Dec. B-276740, 97-2 CPD ¶ 114.

[20]　*MAC's General Contractor,* Comp. Gen. Dec. B-276755, 97-2 CPD ¶ 29.

[21]　*Aerospace Design & Fabrication, Inc.,* Comp. Gen. Dec. B-278896, 98-1 CPD ¶ 139.

[22]　Ralph C. Nash, Jr., John Cibinic, Jr., Karen R. O'Brien, *Competitive Negotiation- The Source Selection Process,* (2nd ed., Washington, D. C.: the George Washington University, 1999) 596. *See also U.S. Technology Corp.,* Comp. Gen. Dec. B-278584, 98-1 CPD ¶ 78.

[23]　*IGIT, Inc.,* Comp. Gen. Dec. B-275299.2, 97-2 CPD ¶ 7.

分[24]。至於廠商證明其過去履行之方法，可以提交曾與之交易之採購主體所出具之證明文件，或回答機關準備之問卷等方式行之；若廠商使用前者方法（提交曾與之交易之採購主體所出具之證明文件），為該交易之採購主體所出具之證明文件顯較其他廠商文件詳盡，審計長認為應無違反公平之原則[25]；若廠商使用後者方法（回答機關準備之問卷）並評定分數，則是否必須提交證明文件？審計長認為廠商縱未提交證明文件，亦屬合法或有效[26]。機關於使用成本加計酬金（cost-plus-award-fee, CPAF）型契約時，亦得要求廠商提供過去履行經驗[27]。

美國國防部為達成 FAR 所規定之要求，於 2003 年發布「蒐集及使用廠商過去履行經驗資訊之指導文件」（*A Guide to Collection and Use of Past Performance Information*），規定評定廠商履行之方式及敘述方法，該指導文件將廠商歸類為 7 種：系統、勞務、資訊科技、作業支援、工程、建築技術勞務（architect-engineering services）及科技等，明列評分項目，並由國防部提供之大型電腦資料庫供運算、評定並查證廠商過去履行資訊，可供各聯邦採購機關查訪。[28]

三、實績

FAR 9.104(e) 規定：若機關於招標文件中要求廠商應提交實績以供審查，則廠商應提實績，否則將由機關認定為不符合招標文件要求（not responsible），而被判定為不合格標。例如審計長在 *High Country Contracting*, Comp. Gen. Dec. B-278649, 89-1 CPD ¶ 39 案中，招標文件規定廠商應於問卷中載明現時及過去 3 年內已從事或完成之實績及其契約金額，機關認定申訴廠商僅具備有限的建築實績，採購案仍有履行危機，不決標予該廠商，因此審計長決定原機關之處分並無不當[29]。在 *Dual, Inc.*, Comp. Gen. Dec. B-279295, 98-1 CPD ¶ 146 案中，機關認定申訴廠商並未對招標文件中指定的項目提出實績證明，因而認定該廠商未達技術要求標準，不決標予該廠商，審計長維持原機關之處分。在 *ECG, Inc.*, Comp. Gen. Dec. B-277738, 97-2 CPD ¶ 153 案中，雖然申訴廠商所提出之實績報告係年支出 72 萬美元，並僱用 10 位員工，但未達招標文件中指定的工程規模、內

----

24 *Consolidated Eng'g Servs., Inc.*, Comp. Gen. Dec. B-277273, 97-2 CPD ¶ 86.
25 *Mid-Atlantic Design & Graphics*, Comp. Gen. Dec. B-276576, 98-1 CPD ¶ 132.
26 *Continental Serv. Co.*, Comp. Gen. Dec. B-274531, 97-1 CPD ¶ 9; *Boeing Sikorsky Aircraft Support*, Comp. Gen. Dec. B-277263.2, 97-2 CPD ¶ 91.
27 *Oceaneering Int'l, Inc.*, Comp. Gen. Dec. B-278126, 98-1 CPD ¶ 133. CPAF 型契約係成本計價型契約（cost-reimbursement contracts）其中一種，詳見 FAR 16.305。
28 *A Guide to Collection and Use of Past Performance Information* (Version 3)，同註 7，頁 6、20-23、33-4。
29 Ralph C. Nash, Jr., John Cibinic, Jr., Karen R. O'Brien, *Competitive Negotiation The Source Selection Process*，同註 22，頁 605。

容及複雜度，而其中分包廠商之一則符合招標文件內要求，因此機關給予該申訴廠商「可接受」（satisfactory），而非甚佳（excellent）之評定結果，審計長亦維持原機關之處分。至於機關對於未依招標文件詳列實績內容及複雜度之廠商，評定其不予得標[30]，或廠商僅具備有限的實績，被評定為「平常的」（fair）未能如得標廠商獲得「甚佳」（excellent）之評定結果[31]，或廠商係新設立之公司，未具實績，因此不能若得標廠商被評定為「甚佳」，而僅能獲得「中性」評定結果[32]，均屬正當。

第二目　我國實務

經查我國尚未有廠商為機關要求廠商過去履行經驗而提起申訴或訴訟者[33]，然曾有廠商為機關要求其提供實績而申訴，行政院公平交易委員會於 1994 年間函覆臺北市政府環境保護局，便對招標機關要求廠商提出實績證明是否有差別待遇之適用乙節，有明確及剴切解釋：[34]

> 貴局於投標規範中就廠商之資格訂有「在規格標開標之日前內製造或銷售至少五百台垃圾子車，並須提供經製造商所在國家當地公證單位或我國駐外機構公證之實績證明」之限定，有無公平交易法第十九條第二款[35]差別待遇之適用，須視有無正當理由及是否妨礙公平競爭而論。所謂有無正當理由依公平交易法施行細則第二十三條規定，應審酌㈠市場供需情況，㈡成本差異，㈢交易數額，㈣信用風險與㈤其他合理之事由。至於有無妨礙公平競爭之虞，須同時或交錯考量其商業倫理非難性及對市場自由競爭之減損，加以綜合判斷，並須視具體個案而定。

同理，臺北市公共汽車管理處於 1993 年至 1994 年間委託中央信託局標購整體式冷氣大客車 150 輛，投標須知規定：投標商，即製造商均應具備整車完整設計能力、具有

---

[30] *WECO Clearning Specialists, Inc.*, Comp. Gen. Dec. B-279305, 98-1 CPD ¶ 154.

[31] *Centra Technology, Inc.*, Comp. Gen. Dec. B-274744, 97-1 CPD ¶ 35.

[32] *Engineering & Computation, Inc.*, Comp. Gen. Dec. B-275180.2, 97-1 CPD ¶ 47.

[33] 行政院公平交易委員會，機關招標採購適用公平交易法相關案例彙集（增訂 2 版），1996 年 2 月；行政院公平交易委員會，機關招標採購適用公平交易法相關案例彙集（增訂 3 版），1997 年 12 月；行政院公共工程委員會，政府採購申訴案例彙編（一），2000 年 12 月；政府採購申訴案例彙編（二），2002 年 4 月；政府採購申訴案例彙編（三），2005 年 1 月；政府採購申訴案例彙編（四），2007 年 4 月；司法院，公平交易法及政府採購法裁判要旨選輯，2007 年 11 月。

[34] 行政院公平交易委員會 83.4.25(83) 公貳字第 61904 號函，摘自行政院公平交易委員會，機關招標採購適用公平交易法相關案例彙集（增訂 2 版），1996 年 2 月，頁 12-3。

[35] 公平交易法第 19 條第 2 款：「有左列各款行為之一，而有限制競爭或妨礙公平競爭之虞者，事業不得為之：二、無正當理由，對他事業給予差別待遇之行為。」

自有品牌與量產紀錄、3 年內大客車（整車自有品牌）銷售實績達 250 輛以上，國內廠商申訴是時國內廠商無法符合上述資格限制，致實際上已遭排除參與競標，有違公平競爭原則，案經公平交易委員會認定該等實績規定並不合理，蓋是時國內尚無整車註冊自有品牌的作法與制度，致在臺北市公共汽車管理處所訂的實績核算前提下，國內既存之底盤、車體等業者並無參與競標資格，故系爭實績之核算基準「整車及自有品牌」，有生排除國內廠商競標之實乙項，亦合致無正當理由差別待遇行為之構成要件，至於臺北市公車處主張「確保採購車輛之品質，避免公車處成為車輛試驗場所」，則尚難認符公平交易法施行細則第 23 條所稱「正當理由」[36]。又臺北市政府捷運工程局辦理捷運工程新店線 CH227 標招標作業時，所訂招標之投標資格限制，有關實績之計算方式，對併計在建工程之估驗金額僅限於承建臺北市政府各項工程之在建金額，致申訴廠商被排除於投標資格之外，已實質上造成差別待遇，而依該局所作之說明，僅以程序上認計求證有困難，應不能認為其理由為正當，違反公平交易法第 19 條第 2 款之規定[37]。

自政府採購法於民國 87 年 5 月 27 日公布後，公平交易委員會與公共工程委員會於 87 年 12 月 21 日召開「公平交易法與政府採購法之適用問題」協商會議決議，政府採購法施行後，與政府採購有關之行為涉及競爭秩序，政府採購法已有規範者，由公共工程委員會依政府採購法處理[38]。而就公共工程委員會歷年所受理申訴案之判斷以觀，除適用法條改用政府採購法及其相關子法外，實仍承接公平交易委員會維持公平競爭原則，謹臚列舉舉大者如下：

1. 公共工程委員會採購申訴審議委員會認定某科學教育館遷建工程採購案係屬巨額採購工程，招標機關依政府採購法第 36 條第 1 項、第 2 項規定，自得訂定其基本資格與特定資格，其資格之訂定應依「投標廠商資格與特殊或巨額採購認定標準」所規定方式為之，故本案招標文件中，有關空調投標廠商實績部分，規定「單一契約承包金額為八千萬元，累積契約承包金額為二億元」應係依照上開認定標準第 5 條第 1 項第 1 款加以訂定，於法並無不合，又招標機關於成案前，曾經其工程專案管理顧問公司市場調查，並提出符合本案規定廠商資格者有 8 家以

---

[36] 行政院公平交易委員會 84.9.4 公貳字第 6800 號處分書，摘自行政院公平交易委員會，機關招標採購適用公平交易法相關案例彙集（增訂 2 版），同註 33，頁 65-71。另參看同會 85.2.3.(85) 公貳字第 8407366-002 號函復說明，政府機關辦理工程招標，訂有空調保養實績資格限制，不得不當排除相關事業參與競爭，即不得為無正當理由之差別待遇行為，若有合致「妨礙公平競爭之虞」要件，核屬違反公平交易法第 19 條第 2 款之規定。同會，機關招標採購適用公平交易法相關案例彙集（增訂 3 版），同註 33，頁 1。

[37] 行政院公平交易委員會 83.3.16 公貳字第 61270 號處分書，摘自行政院公平交易委員會，機關招標採購適用公平交易法相關案例彙集（增訂 2 版），同前註 33，頁 24-5。

[38] 行政院公平交易委員會，認識公平交易法，增訂第 11 版，2007 年 11 月，頁 20。行政院公共工程委員會，政府採購法逐條釋例彙編（一），2000 年 10 月，頁 36-2、114-10。

上之證明，故有關空調工程實績金額之訂定，並無不合理嚴苛之限制。惟查招標機關於廠商實績證明中，規定須以「軍公教或公、私立學校」之工程實績為限，涉有不當限制競爭之情事，違反政府採購法第 6 條第 1 項與第 37 條第 1 項及投標廠商資格與特殊或巨額採購認定標準第 14 條之規定[39]。

2. 公共工程委員會採購申訴審議委員會認定採購機關於辦理「○○機動無線電汰換更新」採購案時，其 5 項主要設備包括轉播機，基地台、固定台、車裝台及手攜台等，招標文件均規定其規範，且明定須經整合測試之程序，以確認其整體功能，然機關於招標及投標須知均要求主要設備均須由投標商研發設計、製造、銷售實績之規定，並無必要，已間接不當限制競爭，違反政府採購法第 37 條第 1 項「機關訂定前條投標廠商之資格，不得不當限制競爭，並以確認廠商具備履行契約所必須之能力者為限。」規定[40]。

第四款　兩國法制之比較

美國與我國有關廠商過去履行經驗及實績之法制比較，可從下列 3 層面予以分析，即 1. 公平競爭理論；2. 廠商履行經驗或實績之區分；3. 對廠商無履行經驗之評分或評選方法。

第一目　公平競爭之理論

美國及我國之政府採購法規均規定應維持廠商公平及競爭的核心精神，我國政府採購法第 6 條第 1 項：「機關辦理採購，應以維護公共利益及公平合理為原則，對廠商不得為無正當理由之差別待遇。」此與公平交易法第 19 條第 2 款：「有左列各款行為之一，而有限制競爭或妨礙公平競爭之虞者，事業不得為之：二、無正當理由，對他事業給予差別待遇之行為。」相較，內容相符，而美國 10 U.S.C. 2304, 41 U.S.C. 253 均規定政府採購契約之締結必須透過廠商競爭程序為之，FAR 6.101 並要求政府採購機關除依法令另有規定外，必須於招標及決標程序中，促進及提供完全且公開之競爭，兩國法規均促進並提供完全且公開之競爭。

而機關對於廠商過去履行經驗及實績之要求，係為評定廠商履行危險，提升其履行品質所必須，故此等措施有其正當性，並非必然不當限制競爭或妨礙公平競爭，至於機關是否為差別待遇，須視其有無正當理由及是否妨礙公平競爭而論，即依公平交易法施行細則第 26 條規定，應審酌 1. 市場供需情況；2. 成本差異；3. 交易數額；4. 信用風險；

---

[39] 行政院公共工程委員會訴 88130 號判斷書，政府採購申訴案例彙編（一），同註 33，頁 81-9。

[40] 行政院公共工程委員會訴 89017 號判斷書，政府採購申訴案例彙編（一），同註 33，頁 102-20。

與 5. 其他合理之事由，且難謂採購機關非屬公平交易法第 2 條之事業，而排除公平交易法之適用。[41]政府採購法及其子法雖未有如公平交易法施行細則第 26 條之規定，機關仍應依此規定辦理採購，以求適法[42]。主管機關可考量於政府採購法或其相關子法增訂如上之規定。

第二目　廠商履行經驗或實績之區分

我國各採購法規並未說明「經驗」及「實績」定義及彼此區別。美國國防部指導文件指出「廠商過去履行紀錄」係指廠商過去已將契約履行好到什麼程度（how well），即依其投標文件履行好到之程度，而「實績」係指廠商是否（whether）具備在某一特殊專業領域內之事實，其指導應具參考價值。主管機關可考慮於投標廠商資格與特殊或巨額採購認定標準第 5 條或最有利標作業手冊中，將二者予以定義，以免發生重複評分之現象。

第三目　對廠商無履行經驗之評分或評選方法

採購機關所擇定之評選項目及子項必須與採購標的具邏輯的關聯性[43]，兩國規定並無二致。但美國國防部規定評選結果得以下列文字、權重或配分表示，然我國最有利標評選辦法第 7 條規定：「機關訂定評選項目及子項之配分或權重，應能適當反應該項目或子項之重要性。」此外，最有利標作業手冊中規定評定最有利標之方式，不論採總評分法、評分單價法及序位法，尚未見可用文字給予評定結果者，以配分或權重評定結果固可收明確及具體之功效，但廠商因故不能提供履行經驗時，機關亦常有不能證明廠商履約經驗之情形，機關必須以「履行危險不明」處理之，為保持機關於評定廠商之公

---

[41] 公權力機關從事國庫行為（非公權力行為）參與市場競爭者，與私人一樣，同受公平法之拘束。賴源河，公平交易法新論，月旦出版公司，1995 年，頁 106-7、135。

[42] 政府採購法及其子法係為政府採購而為特別規定之法規，依中央法規標準法第 16 條：「法規對其他法規所規定之同一事項而為特別之規定者，應優先適用之。其他法規修正後，仍應優先適用。」自應優先於其他法規而適用，然政府採購法對於差別待遇行為僅第 6 條第 1 項有「機關辦理採購，應以維護公共利益及公平合理為原則，對廠商不得為無正當理由之差別待遇。」及第 37 條第 1 項「機關訂定前條投標廠商之資格，不得不當限制競爭，並以確認廠商具備履行契約所必須之能力者為限。」之規定，缺乏明確具體之詳細規範，仍有規範不足之情形，而查政府採購行為之本質係屬提供具市場經濟價值之財物、勞務或工程為業務或目的，所引起之需求行為，則採購機關即屬公平交易法所規範之事業，採購機關之私法行為自不得違反公平交易法第 19 條第 2 款及同法施行細則第 26 條，故若機關對於他事業給予差別待遇之行為，須視有無正當理由及是否妨礙公平競爭而論，故應受公平交易法及其施行細則之規範。行政院 82 年 10 月 30 日台 82 經字第 38208 號函、行政院公平交易委員會 82 年 12 月 6 日 (82) 公貳字第 06401 號函同同 83 年 1 月 5 日 (83) 公貳字第 60046 號函參看，摘自行政院公平交易委員會，機關招標採購適用公平交易法相關案例彙集（增訂 2 版），同前註 33，頁 8-10。

[43] 最有利標作業手冊，同註 10，頁 13。

正性，機關不得給予其有利及不利的評選結果，即不予其正面或負面之評定，具體言之，即應給予中性分數，不宜以零分計。

　　招標機關可將投標廠商之實績證明規定為特定資格，凡不能提出實績證明之廠商即為不合格廠商[44]。

第五款　經濟理論之檢討

第一目　前言

　　實績與履約經驗在的意義上有確實有相重疊的部分，要區分此兩個項目的範圍或實證相關之計分效能，則有模糊語意與績效評估的建構的研究。然針對前揭分析內容可知，實績的意義傾向指過去履約個案或累積案件數量與契約金額，而履約經驗則指履行的內容及情況，也可以說實績為形式的審查，而履行經驗偏重實質內容的表述。在績效評估應用於最有利標設計的機制上，這樣形式與實質的分別，即適合將採購目標建構為總目標、次目標及標的準則的階層結構，俾能符合採購機關的需求[45]。此外項目除了要避免重複性外（nonredundantly），從高階層分解至低階層的分層設計，使評估項目與流程得以明確化。因為在評分項目中，避免使用不確定的語言文字，否則還必須用模糊邏輯（Fuzzy Logic）之模糊推論法則運算。因此實績與履約經驗如果能加以區別，並層級化進行判斷，即可建構邏輯化的範圍與階層架構。

　　其次是在履約經驗的危險不明確時，以一個中性值來評量，是否有助於公平競爭以及目標之達成？從經濟觀點來看，招標機關對於已經提出實績，但缺乏詳細履約經驗的廠商，也是訊息不對稱。也就是參與的一方（機關）不知道或不完全知道對方的訊息。這樣的問題，常常為誘因機制（又有稱為激勵機制）所設定之前提，誘因機制的基本方法係以委託─代理問題來分析，即在不能直接衡量代理人的努力程度之時，獎勵努力結果的激勵機制能夠誘使代理人往既定目標前進；因此在政府採購制度中設計一個可以獎勵履行能力強，履行管理優良的廠商參與投標，增加這類廠商投標的意願，並避免履約經驗不佳的廠商來魚目混珠發生道德風險[46]，實為政策欲達到之目標。在委託─代理問題上，一個委託人（機關）想使代理人（投標廠商）按照前者的利益選擇行動，但委託

44　投標廠商資格與特殊或巨額採購認定標準第 5 條第 1 項第 1 款，FAR 9.104.

45　王隆昌、李金來、蔡修毓、廖軒邑、藍杏娟，最有利標評選制度之理論基礎與危機根源，營建創新科技研討會，125，2004。

46　道德風險與逆向選擇問題不同，如果一方在契約簽訂之後隱藏某些行為，使另一方的利益面臨風險，稱為道德風險（moral hazard），道德風險廣泛存在於各種市場。同逆向選擇一樣，道德風險的存在也會影響市場的正常運作。安陽師範學院，網址：wlzy.aynu.edu.cn/jj/wlkc/xfjjxl/ppt/5.15/15.ppt，查詢日期：2009 年 5 月 7 日。

人不能直接觀測到代理人選擇了什麼行動，委託人的問題是如何根據觀測到的資訊，來獎懲代理人，以激勵他選擇對委託人最有利的活動。因此本文模擬參與競賽者的狀況，分析在履約經驗發生資訊不對稱的情況發生時，將履約經驗當作一項信號，除了要避免隱藏資訊的道德風險，並計算策略是否符合經濟效率。

第二目　基礎模型說明

機制設計理論（mechanism design theory）爲應用於公共政策分析的一種方法，係以賽局理論爲基礎，設計一套規則，讓參與者都能爲達到己身的利益而參加。[47]而觀諸政府採購亦屬於公共政策的領域，如何形成經濟最佳化，應爲機制設計之目標[48]。因此在傳統之委託─代理問題分析時，是計算當某一個中性分數來評估投標者時，是其所獲得之利益 a_2 較過去給 0 分所獲得之利益 a_1 的差，較其所負擔的成本 c_2x 爲高，即 $(a_2 - a_1) > c_2x^*$ 時，x^* 表示選擇這項策略。然而考公共公政策的目標，是在於達成整體社會福利的最大化，因此本文參考西方經濟學[49]一書中關於單純委託─代理問題分析時兩造利益的分析方法，並加以修正爲以整體社會福利之分析方式。

第三目　履約危險不明時評分設計的模型

本文將廠商歸納成下列三種：

1. A 廠商，過去有實績且履約經驗良好，於競標時據實告知，爲優良之廠商。因此本文假設對於這種廠商過去履約經驗分數可得 10 分。如果得標，對整體社會之福利（採購者產生之消費者剩餘及生產者本身之生產者剩餘合計）爲 π_A。

2. B 廠商，包括過去有實績，但過去履約經驗礙於國家安全或國防機密之規定或不可抗力等原因無法確實告知者，或者是外國績優廠商於國內新設立之公司等，無

---

[47] 維基百科對賽局理論及機制設計之關係說明如下：In economics and game theory, mechanism design is the study of designing rules of a game or system to achieve a specific outcome, even though each agent may be self-interested. This is done by setting up a structure in which agents have an incentive to behave according to the rules. The resulting mechanism is then said to implement the desired outcome. The strength of such a result depends on the solution concept used in the rules. It is related to metagame analysis, which uses the techniques of game theory to develop rules for a game… 網址：http://en.wikipedia.org/wiki/Mechanism design，查詢日期：2009 年 5 月 7 日。

[48] 瑞典皇家科學院 2007 年諾貝爾經濟學獎頒獎頌詞：「由赫維茲開創，經麥斯金與邁爾森進一步發展的機制設計理論，已大幅提升我們對最佳配置機制的理解，並解釋個人動機與私人資訊對資源分配的影響，讓經濟學者、政府與企業人士區別出什麼情況下市場能運作良好，那些則否。」吳惠林，「麥斯金機制設計 讓市場最佳化」，經濟日報 /A5 版 / 話題新聞，2008-04-16。

[49] 黎詣遠、蘇紅順主編，龍志和、陳通、陳迅、張宗益、李雪松、曹桂全、蘇紅順、黎詣遠編寫，西方經濟學，第五篇不確定性決策第十五章信息論，高等教育出版社，二版，中國，2009，安陽師範學院，網址：wlzy.aynu.edu.cn/jj/wlkc/xfjjxl/ppt/5.15/15.ppt，查詢日期：2009 年 5 月 7 日。

法獲得過去履約經驗的資訊，亦即在此情況為資訊不對稱，屬履約風險不明廠商，依現行法規應評為 0 分。假設這種廠商如果得標，對整體社會之福利為 π_B。

3. C 廠商，屬過去履約經驗不佳之廠商，為不良之廠商，依現行法律規定為 0 分。這種廠商如果得標，對整體社會之福利為 π_C。

三種廠商得標時，社會政體福利分別為 π_A、π_B、π_C，其關係依常理判斷，應是 C 廠商得標時，整體社會福利 π_C 為最小，但是 B 廠商得標時社會所獲利益卻未必小於 A 廠商得標時，因此 π_A、π_B 之大小關係則不確定。

本文透過三個廠商的得標機率與整體社會福利關係，可以求出整體社會福利的期望值。因此先求目前制度下，履約風險不明時仍給與 0 分的狀況，假設三種廠商投標得標機率分別為 $P_A(0)$、$P_B(0)$、$P_C(0)$，其中：

$0 \leq P_A(0)$、$P_B(0)$、$P_C(0) \leq 1$，各個廠商得標機率質都必須小於 1，

且 $P_A(0) + P_B(0) + P_C(0) = 1$，先不考量發生廢標或不予決標之情形，因此所有廠商得標機率機總為 1。

故整體社會之預期福利為（期望值 ＝ Σ 機率 × 利益）：

$$E(0) = P_A(0)\pi_A + P_B(0)\pi_B + P_C(0)\pi_C \qquad\qquad 式（一）$$

接下來，本文要討論履約經驗不良之廠商，在競賽關係中詐欺而影響到整體社會福利之狀況。因此令 C 廠商，據實填寫的機率為 R_H，$0 \leq R_H \leq 1$，此時在過去履約經驗分數仍得到 0 分，三種廠商得標的機率分別為 $HP_A(X)$、$HP_B(X)$、$HP_C(X)$，各別得標機率必須小於 1，且全部參與者得標機率合計必須等於 1，此不論廢標或不與決標等如上述，故：

$0 \leq HP_A(X)$、$HP_B(X)$、$HP_C(X) \leq 1$，

且 $HP_A(X) + HP_B(X) + HP_C(X) = 1$

計算整體社會之預期福利為：

$$HE(X) = HP_A(X)\pi_A + HP_B(X)\pi_B + HP_C(X)\pi_C \qquad\qquad 式（二）$$

而 C 廠商不據實填寫的機率為 $R_L(R_H + R_L = 1)$，此時在過去履約經驗分數得到 X 分，三種廠商得標的機率分別為 $LP_A(X)$、$LP_B(X)$、$LP_C(X)$，其中：

$0 \leq LP_A(X)$、$LP_B(X)$、$LP_C(X) \leq 1$，

且 $LP_A(X) + LP_B(X) + LP_C(X) = 1$

故整體社會之預期福利爲

$$LE(X) = LP_A(X)\pi_A + LP_B(X)\pi_B + LP_C(X)\pi_C \qquad\qquad 式（三）$$

因此，若評定過去履約經驗分數時，履約風險不明廠商，一律給 X 分，整體社會之預期福利爲 C 廠商誠實的機率乘上 C 廠商誠實時之預期整體社會福利，加上 C 廠商詐欺機率乘上 C 廠商詐欺時之預期整體社會福利：

$$E(X) = R_H HE(X) + R_L LE(X) \qquad\qquad 式（四）$$

選擇 X，使 E(X) 達到最大，即爲政策目標。

依常理判斷，X 愈高，B 廠商得標機率愈大，故

X 與 $HP_B(X)$ 成正向關係。

而 C 廠商誠實時，得標機率因 B 廠商的提高而降低，故

X 與 $HP_C(X)$ 成負向關係。

且 $HP_B(X) \geq P_B(0)$，當 C 廠商不據實填寫時，得到 X 分，得標的機率大於據實填寫，故 $LP_C(X) \geq HP_C(0)$，而 A、B 廠商會因 C 廠商的得標機率提高而降低，當 C 廠商據實填寫時，而 A、C 廠商會因 B 廠商的得標機率提高而降低，故

$$LP_A(X) \leq HP_A(X) \leq P_A(0) \qquad\qquad 式（五）$$
$$P_B(0) \leq LP_B(X) \leq HP_B(X) \qquad\qquad 式（六）$$
$$HP_C(X) \leq P_C(0) \leq LP_C(X) \qquad\qquad 式（七）$$

此外，C 廠商誠實時，X 對 B 廠商影響較大，故

$$\frac{dHP_B(X)}{dX} \geq \frac{dLP_B(X)}{dX}$$

第四目　利用假設數值導入說明政策方向

因爲實證數據導入並非法律論文的範疇，因此本文根據上述式（五）規則以假設的數值導入，然必須強調的是，假設數值導入之結果值本身不是經濟模型的結論，而是一個方向的發現，也就是這個立論的方向是否正確而具價值。先看社會整體福利 E(X) 會受 X 評分如何的變化，令 $\pi_A = 10$；$\pi_B = 10$；$\pi_C = 1$，也就是 B 廠商其實履約能力與 A 廠商同，但在現行法規中，B 廠商評爲 0 分，則在其他條件相同情形下，B 廠商與 C 廠商得標機率一樣，因此三個廠商得標機率分別爲：

$$P_A(0) = 0.6；P_B(0) = 0.2；P_C(0) = 0.2$$

其次求當履約風險不明，評為 X 分時，其得標機率的變化：

一、C廠商誠實時

$HP_B(X)$ 假設為 X 及 $P_B(0)$ 的線型函數，即 $HP_B(X) = P_B(0) + 0.02X$ 此即當評分為 X 分時，C 廠商誠實，B 廠商得標機率因此而增加，此式符合上述式（六）。同理，$HP_C(X)$ 假設為 X 及 $P_C(0)$ 的線型函數，即 $HP_C(X) = P_C(0) - 0.01X$，此符合上述式（七）又，$HP_A(X)$ 的機率是 1 減 B 廠商及 C 廠商機率之合，故

$$HP_A(X) = 1 - HP_B(X) - HP_C(X)$$

二、C廠商詐欺時

$LP_B(X)$ 假設為 X 及 $P_B(0)$ 的線型函數，即 $LP_B(X) = P_B(0) + 0.01X$，此符合上述式（六）$LP_C(X)$ 假設為 X 及 $P_C(0)$ 的線型函數，即 $LP_C(X) = P_C(0) + 0.01X$，此符合上述式（七）

$$LP_A(X) = 1 - LP_B(X) - LP_C(X)$$

R_L 為 C 廠商詐欺的機率，假設為 $LP_C(X)$ 及 $HP_C(X)$ 的線型函數，即

$$R_L = K[LP_C(X) - HP_C(X)]$$

其中 K 應為正數，表示 C 廠商在評分為 X 的狀況下，對於詐欺與誠實間得標機率差異的一個比例數值，假設 K = 3，經過演算結果如下：

X	E(X)
0	8.2000
1	8.2792
2	8.3368
3	8.3728
4	8.3872
5	8.3800
6	8.3512
7	8.3008
8	8.2288
9	8.1352
10	8.0200

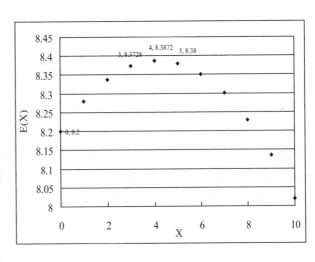

即只考慮 X 為整數時，最大值發生在 X = 4 時。

因此可將 E(X) 表示成 X 的函數（二次），故整體是社會福利 E(X)

$$
\begin{aligned}
E(X) &= R_H HE(X) + R_L LE(X) \\
&= (1 - R_L)(HP_A(X)\pi_A + HP_B(X)\pi_B + HP_C(X)\pi_C) \\
&\quad + R_L(LP_A(X)\pi_A + LP_B(X)\pi_B + LP_C(X)\pi_C) \\
&= (1 - 0.06X)[10(0.6 - 0.01X) + 10(0.2 + 0.02X) + 1(0.2 - 0.01X)] \\
&\quad + 0.06X[10(0.6 - 0.02X) + 10(0.2 + 0.01X) + 1(0.2 + 0.01X)] \\
&= -\frac{27}{2500}\left(X - 4\frac{1}{6}\right)^2 + 8\frac{31}{80}
\end{aligned}
$$

即當 $X = 4\frac{1}{6}$ 時，E(X) 有最大值。

第五目　考量國家安全或國防機密變數而導入假設數值

今為何有 B 廠商存在，究其原因，可能為廠商雖有實績，但礙於之前涉及國家安全或國防機密採購契約規定必須保密，故無法提供履約經驗給招標單位。例如承接國防機密採購案，採購契約內訂有保密條款，要求廠商不得承認或否認該採購案，更不得提交履約資料予任何第三者。今若此 B 類廠商，在一般招標時，於過去履約經驗分數被評 0 分，會因維護國家安全或國防機密之利益，卻降低未來廠商承接國家安全或國防機密採購案件之意願，反而產生劣幣驅逐良幣後果。假設涉及國家安全或國防機密之採購案若完成，帶來的國家安全或國防機密利益為 M，而 B 類廠商承接的意願或機率 P_M，為在過去履約經驗分數被評為 x 分時的函數，可表示為 $P_M(X)$，X 愈大，$P_M(X)$ 愈大，故涉及國家安全或國防機密之採購案所帶來之社會福利預期值為 $P_M(X)M$，故整體社會福利預期值為：

$$
W(X) = E(X) + P_M(X)M
$$

政策目標為滿足 W(X) 之極大。

仿上一節，吾人先以任意數字代入，令 M = 1

$P_M(X)$ 為 X 的線型函數，設 $P_M(X) = 0.02X + 0.7$，$0 \leq X \leq 10$，$0.7 \leq P_M(X) \leq 0.9$

則 $W(X) = -\frac{27}{2500}\left(X - 5\frac{5}{54}\right)^2 + 9\frac{389}{2160}$

即當 $X = 5\frac{5}{54}$（最接近的整數為 5）時，W(X) 有最大值。

將此使 W(X) 有最大值之整數 X，稱做 X*。在此例，X* 為 5。

試算結果如下：

X	W(X)
0	8.9000
1	8.9992
2	9.0768
3	9.1328
4	9.1672
5	9.1800
6	9.1712
7	9.1408
8	9.0888
9	9.0152
10	8.9200

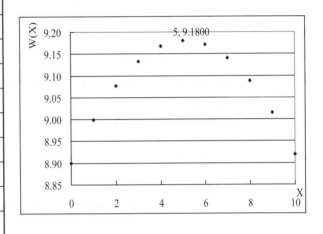

第六目　比較靜態分析

根據上述所任意帶入之數字，本文可從事以下分析：每一次都只更動一個變數，其他變數則仍和前二節相同，藉此觀察可使 W(X) 最大的整數 X 值，稱作 X*，有何變化。

1. 若三種廠商不論誰得標，對整體社會福利差異不大，則 X* 變大。例如當由 1 變成 5 時，X* 由 5 變成 6。

2. 當涉及國家安全或國防機密之採購案所帶來之社會福利變大時，X* 變大。例如當 M 由 1 變成 2 時，X* 由 5 變成 6。

3. 當 C 廠商更容易不誠實時，X* 變小。例如當 K 由 3 變成 5 時，X* 由 5 變成 3。

第七目　模型中的誘因問題

本模型中，重要的誘因問題有二：

1. B 廠商是否有意願承接涉及國家安全或國防機密之採購案。若是類採購案件至為重要，即其所帶來的社會福利極大，為提高 B 廠商承接意願，機關應於辦理採購案件招標及評分時，就履約風險不明廠商之過去履約經驗分數予以提高。

2. C 廠商是否誠實。C 廠商的決策，取決於不誠實可能得到的利益，與欺騙可能帶來的法律責任等風險。今以 K 值和 W(X) 的最大值 W(X*) 作比較如下：

K	X*	W(X*)
2	8	9.3192
3	5	9.18
5	3	9.068
10	2	8.976

由於 K 愈大，即 C 廠商愈容易不誠實，W(X*) 即能達到的社會最大福利愈小，故政策目標上應讓 C 廠商欺騙的機率 R_L 愈小愈好。此處即使將 X 範圍擴大爲 0 至 10 之間的實數，K 和 W(X*) 的關係仍不變，即若將 W(X*) 視爲 K 的函數，$\frac{dW(X^*)}{dK} \leq 0$。本模型簡化 R_L 爲 $LP_C(X)$ 及 $HP_C(X)$ 的線型函數，及一個常數 K。事實上，若 C 廠商得標時的總社會福利爲 π_C，其中 C 廠商所得之生產者剩餘爲 π_C 的 $\frac{1}{T}$，而 C 廠商不誠實時可能被抓到的機率爲 P_N，被抓到時應負的法律責任爲 N，則 R_L 爲 $\frac{\pi_C}{T}[LP_C(X) - HP_C(X)]$、$P_N$、N 的函數，可表示爲

$$R_L = R_L\left\{\frac{\pi_C}{T}, LP_C(X), HP_C(X), P_N, N\right\},$$

其中政府可控制的爲 P_N、N，而 $\frac{dR_L}{dP_N} \leq 0$，$\frac{dR_L}{dN} \leq 0$。

第八目　小結

標案的機制設計已成爲經濟學中一個重要的議題。法律與經濟上的思考如下：首先，對於受法令或契約限制而不得提出其實績或過去履約經驗的狀況，給予 0 分是否符合法律上公平競爭要求？以及經濟分析上是否足以誘使廠商參與並達到社會最大福利？其次，當廠商因法規與契約限制而不得提出其履約經驗時，給予其 0 分，是否達到履約危險的控制，抑或反而誘使參與者欺騙、借牌？其三，評分 0 分之狀況，是屬公平的對待，抑或反而爲一個更大的風險值？最後，在特殊的情況下，已知廠商係爲遵守保密規定，而不提交機關其過去履約經驗，在這種情況下，該項目給予 0 分，形同一種類似「競業禁止」之情形，而有法律上懲罰的寓意？在我國法院對競業禁止的判決中[50]，也有著從法律經濟的觀點出發，納入補償的法理，認爲除非另有針

---

[50] 臺灣臺北地方法院 85 年勞訴字第 78 號判決認爲，雇用人須有填補勞工因競業禁止之損害之代償措施，補償措施之有無，亦爲判斷競業禁止是否違反公序良俗之重要基準，若於勞工競業禁止時有補償或津貼之情形，即很難認爲係違反公序良俗。而臺灣高等法院 80 年上字第 1499 號判決謂：「西德商法固規定

對競業（本文中之保密限制）另外給與相對的報酬，否則即屬不公平。因此，給予履約風險不明之廠商中性的評分，不但在法律制度上有其「規範—效果」意義的達成，在經濟學理上亦為一個正確的方向。

　　由以上之經濟簡易模型計算，證明為達社會福利之最大，對於履約風險不明之廠商，於履約經驗項下，予以一個中性的數值代替，確實較能趨近於整體社會福利的最大化。為提高廠商承接涉及國家安全或國防機密之採購案，機關應於辦理採購案件招標時，就履約風險不明廠商之過去履約經驗分數予以提高。雖然以上數字均為簡易假設，實因實證數據研究並非法律專題討論之範疇。但根據模型的結論，在履約實績項目上，針對廠商履約風險不明時，給予其 4 至 5 分能符合社會福利的最大效益，此與美國聯邦政府對履約風險不明之廠商給予「中性」評分之作法接近，而達到經濟最佳化，可看出中性給分與經濟利益之方向是正確的，此亦為機制設計之目標。

第六款　結論

　　一、機關對於廠商過去履行經驗及實績之要求，係為評定廠商履行危險，提升其履行品質所必須，故此等措施有其正當性，並非必然不當限制競爭或妨礙公平競爭，至於機關是否為差別待遇，須視其有無正當理由及是否妨礙公平競爭而論，即依公平交易法施行細則第 26 條規定，應審酌：1. 市場供需情況；2. 成本差異；3. 交易數額；4. 信用風險；與 5. 其他合理之事由，政府採購法及其子法並未有此規定，顯見其規範不足，機關仍應依公平交易法施行細則第 26 條之規定辦理採購，以求適法。主管機關亦可考量於政府採購法或其相關子法增訂如上之規定。

　　二、政府採購法第 36 條第 1 項及投標廠商資格與特殊或巨額採購認定標準第 5 條第 1 項第 1 款，均同時規定機關得依廠商之經驗及實績訂定投標廠商之特定資格，為免二者定義不明，產生重複評分之困擾，主管機關可考量於政府採購法或其相關子法增訂其定義如下：

1. 經驗：廠商過去承辦與採購標的相同或相似工作之績效。例示如下：廠商符合契約要求及優良施工標準之紀錄、廠商預估及控制成本之紀錄、廠商履行契約、對契約時程之遵守程度、廠商曾為滿足顧客所採行之合理及合作行為、廠商遵守正直及企業倫理之紀錄，及其關係企業通常為顧客利益著想之紀錄。

2. 實績：廠商曾經或現時仍履行與採購標的相同或相似之工作。

　　三、由本文之經濟簡易模型計算，證明為達社會福利之最大，對於履約風險不明之

　　資方對勞方因不競爭所受損失應負補償責任，惟此規定尚未為世界上多數國家所採，難認已成為法理，而援用於我國」。顯見關於競業禁止一事，都已納入經濟與法律的考量。

廠商，於過去履約經驗項下，予以一個中性的數值代替，確實較能趨近於整體社會福利的最大化。故廠商無過去履約資料或不能提供過去履行經驗時，應推定其係「履行危險不明」，為保持機關於評定廠商時之公正性，不得給予其有利及不利的評選結果，具體言之，即應給予中性分數，不宜以零分計；又採購機關對於參與國家安全或國防機密採購案件之廠商，該等廠商因基於法令或契約之拘束，不能提交其過去履行經驗或實績者，可給予較中性分數為高之分數，以為補償，並提高其爾後參與國家安全或國防機密採購案件之誘因。

第二節　美國政府自冷戰結束後對於國防產業廠商結合之管制[51]

美國自冷戰結束後，由於國防部的採購預算急遽減少，導致國防廠商尋求結合，在國防產業的水平結合不斷增加，垂直整合亦持續增多，其主管機關必須決定是否應質疑國防產業的結合案，其國防部認為在主管機關審查結合案時有共同參與之必要，俾確認該等結合能保護國家安全及財務資源，然主管機關對於國防部所提供有關國家安全及結合申請對競爭之影響分析，是否有採納之必要？國防部在何種方面可扮演具建設性之角色？國防部部長下之國防科學委員會奉命對國防部之參與結合審查事宜，須自反托拉斯立法之角度提出建言以解決上述問題，歷經多次聽取有關國防事務、國防產業的經濟問題及反托拉斯審查程序之專家意見後，該委員會於 1994 年對國防廠商之水平結合提出專案報告，1997 年則對廠商之垂直結合提出專案報告，該二報告皆先說明法律背景，再研究各種國防產業結合的問題，最後提出明確可行的建議。

我國並無國防產業結合的文獻，故應檢視我國及美國有關國防產業結合的法律及實務，以了解我國防產業結合是否有應改進之處，本文對美國國防產業結合管制之研究主要係依據國防科學委員會所提出之報告予以論述，並自美國法院判決予以探討。本文最後謹提供建議，以供改進我國實務之參考。

第一款　前言

我國政府所需之國防財物、工程及勞務或可向國外採購，亦可向國內廠商採購，然若國內廠商有結合之情形發生，例如海軍光華三號計畫之 500 噸級原型巡邏艦原由廠商——聯合造船廠建造，然該廠旋為中信造船所合併，海軍於辦理後續總值 78 億元預算之 11 艘巡邏艦之採購時[52]，若競標廠商減少一家，是否可能造成「限制競爭之不利

---

[51] 本節內容曾發表於「公平交易季刊」2016 年 4 月第 24 卷第 2 期中。

[52] 維基百科網站，「錦江級巡邏艦」，http://zh.wikipedia.org/wiki/%E9%8C%A6%E6%B1%9F%E7%

益」[53]，而由主管機關（公平交易委員會）禁止其結合？國防部或海軍被徵詢關於廠商結合之意見時，為符合政府利益，應持何種立場及意見？由於政府所需之國防財物、工程及勞務種類繁多，數量龐大，供應廠商極多，而廠商間結合之情事屢屢發生，則國防部對之自應有明確之立場及適當作為，以保障整體經濟利益，本文試圖探究該等問題及其解決之方法。

　　國防廠商結合的現象在美國甚為普遍，美國自冷戰結束後，由於國防預算大幅刪減[54]，國防廠商為求生存紛紛另行發展產業，或尋求與他公司結合[55]，然國防廠商之結合是否有國家安全之疑慮？是否導致國防軍品市場缺乏競爭，產生國防預算增加及預算排擠之現象？美國國防部認有探究之必要，於是由其所屬之國防科學委員會（Defense Science Board, DSB）[56]經過調查及分析後，分別於 1994 年 4 月及 1997 年 5 月發布「自反托拉斯層面探究國防產業結合」（Antitrust Aspects of Defense Industry Consolidation），以下簡稱「1994 DSB 專案報告」（"1994 DSB Task Force Report"），及「垂直結合及廠商決定」（Vertical Integration and Supplier Decisions）[57]，以下簡稱「1997DSB 專案報告」（"1997 DSB Task Force Report"），共兩份專案報告，1994 年專案報告係針對國防廠商水平結合之現象而提出，而 1997 年報告則係研究國防廠商垂直結合之結果，該二報告之研究目的、方法及結果等，是否有值得我國借鏡或參考之處？由於我國迄今幾乎未曾有探究有關國防廠商結合之文獻或裁判[58]可供比對，該二報

B4%9A%E5%B7%A1%E9%82%8F%E8%89%A6，查詢日期：2015 年 8 月 1 日。

53　公平交易法第 13 條第 1 項：「對於事業結合之申報，如其結合，對整體經濟利益大於限制競爭之不利益者，主管機關不得禁止其結合。」若國內具備造軍艦能力之廠商並不多，而參與本案之競標廠商過少時，將可能造成競爭利益之減少，有損採購機關之利益。

54　自 1987 至 1997 年美國國防人員作業維持費減少 33%，自 1985 至 1995 年軍事採購預算減少 68%。Defense Science Board, "Report of the Defense Science Board Task Force on Antitrust Aspects of Defense Industry Consolidation," 網址：http://www.dtic.mil/get-tr-doc/pdf?AD = ADA278619，查詢日期：2014 年 8 月 1 日。

55　與他公司結合可減少產能過剩的問題而有效運用人力並減少人員、法律及會計等間接成本之支出，廠商因此減少成本，政府亦可於採購案中減少成本，美國國防部統計 6 件結合案於 5 年內可為國防部節省 32 億 3,000 萬美元。Office of the Secretary of Defense, "Report on the Effects of Mergers in the Defense Industry," 網址：http://www.dtic.mil/get-tr-doc/pdf?AD = ADA323934，查詢日期：2014 年 8 月 1 日。

56　國防科學委員會隸屬於國防部掌管獲得及科技事務次長辦公室下，其設立之目的係提供國防部有關各種國防事務之獨立建言。Defense Science Board, "History" and "Charter," 網址：http://www.acq.osd.mil/dsb/reports2000s.htm，查詢日期：2014 年 8 月 1 日。

57　Defense Science Board, "Defense Science Board Task Force on Vertical Integration and Supplier Decisions," 網址：http://www.dtic.mil/get-tr-doc/pdf?AD = ADA324688，查詢日期：2014 年 8 月 1 日。DSB 除前揭註 55 與該份兩份報告外，未曾再發布其他有關結合之報告。

58　廖義男，「公平交易法施行二十年來指標性之行政法院裁判」，公平交易法季刊，第 20 卷第 3 期，2012 年，頁 8-15、23-25。

告益顯其參考性，再者，美國一直是我國國防財物及勞務最主要的提供國，該國廠商結合是否直接或間接影響我國獲得軍品之價格？使我國遭受經濟之不利益？其重要性不言而喻，因而引發本文研究之動機。

　　本文主要探討內容是冷戰後美國國防廠商結合情形，本研究之次序及範圍包括：本文先自其法院對著名結合案件之判決著手，以了解管制機關及法院之見解，再探討是否尚有其他不受反托拉斯審查之結合案件，又從該國結合管制之準則中與國防廠商結合相關之部分，探討其行政機關分析及評估結合之依據，再檢視其國防科學委員會 1994 及 1997 年報告之內容，最後探討是否有可供我國借鏡之處。至於冷戰前有關美國反托拉斯法制之演變，自屬重要，本文乃將其重點予以引述，藉以瞭解其原委；本文因受限於篇幅，不克對 1992 及 2010 水平結合準則之差異給予太詳細之論述，此誠為本文研究之限制。本文之所以限定研究之國家為美國，是因為美國反托拉斯法立法悠久，其理論及實務見解皆屬健全，故頗有研究之必要，而歐洲共同體（European Community）競爭法中有關國防廠商結合部分，雖亦有研究之價值，但歐洲國防廠商目前究非我國軍品之主要供應來源，因此不在本文研究範圍。

第二款　國防產業之界定

　　聯邦交易委員會（Federal Trade Commission, FTC）在其歷年的年度報告中從未對國防產業或國防廠商提出定義[59]，國防科學委員會所提出之 1994 DSB 專案報告及 1997 DSB 專案報告亦未明確定義國防產業或國防廠商，此誠與大多數美國公司提供之產品並不侷限於民用或軍用之性質有關[60]，FTC 審查國防產業廠商結合案件時，主要係以廠商產品在國防事務之重要性作為其審查重點，而與該廠商之產品主要係供民用或軍用並無直接關連。

　　雖然實際上美國結合行業並無國防產業的分類，但仍可從美國政府公布之報告及其他文獻探究其國防產業之梗概。以下分別從其國防產業結構、產業發展概況及趨勢、美國國防部要求國防產業轉型等予以分析：

第一目　國防產業結構

　　美國國防支出之經費龐大，2008 年為 6,290 億 950 萬美元，約占世界總國防支出

---

[59] Federal Trade Commission, "Annual Highlights 2014", 網址：https://www.ftc.gov/reports/annual-highlights-2014/enforcement，查詢日期：2015 年 11 月 15 日。

[60] 主管機關並不容易認定事業之結合是否為國防產業廠商之結合。前揭註 54。

41.5%，2011 年爲 6,895 億 9,100 萬美元[61]，2014 年爲 6,100 億美元[62]，遠超越其他國家。美國亦是世界最大的軍火出口國，2008 年爲 6,288 億，2010 年爲 8,641 億美元，非其他國家所能比擬[63]。

　　美國國防產業基本上可區分爲研究、生產及維修等三大部分，國有研究機關在研發領域占有重要地位，而私營廠商則在國防產業居主導的位置；在研發領域：國防部的 1/3 研究計畫由其研究機關負責，NASA 承擔大量民用航空研究任務，能源部（Department of Energy, DOE）承擔核子武器及核能的設計及製造等任務，而廠商則承擔 1/3 研究及驗證等工作[64]。在生產領域：國防產業中的航空、船舶、電子部分，大多由廠商承擔，海軍 4 家船廠負責維修及改造任務，陸軍部所屬工廠生產彈藥及槍砲，但其中多採取國有民營之方式運作，能源部所屬工廠生產核子武器。在維修領域：各軍種皆有維修基地，但自冷戰結束後，部分維修基地關閉，裝備之維修及升級等業務改由廠商承擔[65]。

第二目　產業發展概況及趨勢

　　美國在冷戰時期，國防預算屢創新高，於 1986 年達到顛峰，經過 1990 年冷戰結束至 1995 年長期持續地限縮，不啻大廠商受影響，其分包廠商亦難倖免，國防廠商爲求生存，必須經歷戲劇性的轉變，轉變的方式甚多，包括經營範圍之改變，許多廠商不再從事國防產業，或由單純的國防產業跨足民生產業[66]；國防廠商同時紛紛減少僱用員工，導致成千上萬名員工失業，由 1987 年的 354 萬 4,000 人減至 2002 年 154 萬 3,000 人；國防廠商亦積極結合，導致從事國防事業之廠商數目急劇減少，例如從事戰術飛彈的廠商由原 1990 年的 13 家減至 2002 年 4 家，海面船隻的廠商由原 8 家減至 5 家，固定翼飛機的廠商由原 8 家減至 3 家，旋轉翼飛機的廠商由原 4 家減至 3 家，人造衛星的廠商由原 8 家減至 5 家，彼等經營事業之方式亦隨之調整，影響深遠[67]，可自廠商及美國政

---

[61] Stockholm International Peace Research Institute, "The SIPRI Military Expenditure Database-USA," 網址：：http://milexdata.sipri.org/result.php4，查詢日期：2015 年 12 月 6 日。相較於我國 2008 年爲 89 億 3,200 萬，2011 年爲 88 億 8,800 萬美元。

[62] Wikipedia, "List of countries by military expenditures," 網址：https://en.wikipedia.org/wiki/List_of_countries_by_military_expenditures，查詢日期：2015 年 12 月 6 日。

[63] 維基百科網站，「國防工業」，https://zh.wikipedia.org/wiki/%E5%9C%8B%E9%98%B2%E5%B7%A5%E6%A5%AD，查詢日期：2015 年 12 月 6 日。

[64] 毓敏，美國國防工業發展概況及趨勢，新時代國防，2008 年 5 月號，2008 年，頁 12。

[65] 同上註。

[66] Erik Pages, "Defense Mergers: Weapons Cost, Innovation, and International Arms Industry Cooperation" in Ann R. Markusen & Sean S. Costigan edited *Arming the Future: A Defense Industry for the 21st Century*, 1st ed., Council on Foreign Relations Press, pp. 207-211 (1999).

[67] 美國自冷戰結束後，國防預算緊縮之現象，自 2001 年恐怖攻擊事件發生後始發生變化，國防預算

府二個領域予以分析。

一、新廠商難以參進市場

由於美國國防廠商結合意願高，結合情形普遍，故廠商數目減少，即國防廠商有集中化的現象，全美國前五大國防廠商占市場銷售總額之比例，由 1990 年的 22% 升至 2002 年的 31%，前十大國防廠商占市場銷售總額之比例，由 37% 升至 51%，前十五大國防廠商占市場銷售總額之比例，由 48% 升至 63%，該等廠商擁有經濟規模龐大及競爭力強之優勢[68]，又因為國防產業具有資本密集的特性，廠商必須具備雄厚資金方可完成企劃案、建立高科技的生產能力（例如：精密導引及匿蹤能力等日趨複雜的科技），及僱用高科技人力，再因新廠商預期國防契約數量不會增多，甚至會減少，參進國防市場之困難度愈來愈高，所以幾乎無新廠商願意參進國防市場[69]。

二、廠商之因應方法

廠商為節省研發及生產成本，避免重複性的投資，除採取結合方法外，亦可採取策略聯盟，簽訂共組團隊之協議書（teaming arrangements）共同投標、報價，或合資企業（joint ventures）的方式，其合作之廠商並不限於美國廠商，亦可包括外國廠商，主要是歐洲廠商；於 1991 年至 1994 年由於美國及歐洲並無軍事威脅，即無大規模戰爭發生之可能，再加上廠商規模大小懸殊，科技能力不同，彼此也都有保護國家安全之考量，所以幾無廠商發生橫跨大西洋而結合之情形，至 1998 年此現象始有改變，英國廠商 GEC 購併美國軍用電子廠商 Tracor，2000 年美商洛克希德公司（Lockheed Martin）所屬兩個軍用電子部門被英商 BAE Systems 購併，2001 年至 2003 年間歐洲廠商為求進入美國國防市場，仍努力設法購併美國廠商，但效果有限，美國廠商則認為歐洲國防市場較小，顯得較無意願，但彼此之間仍有小規模廠商結合之情形發生[70]。

雖然美國大型規模的國防廠商與歐洲廠商結合之情形並不多見，但廠商願採取其他較具彈性之作法，特別是合資企業，此與受政府間推動之計畫相關聯，例如美國波音公司（Boeing）與英國 BAE 之合作便是一例，此外尚有若干廠商簽訂跨大西洋的共組團

逐年增加。Erik Kopa , "Defense Industry Restructuring: Trends in European and U.S. Defense Companies," 13(2) *Transition Studies Review,* pp. 9-10 (2006).

[68]　*Id.*, 5.

[69]　*Supra* note 66, pp. 211-212.

[70]　*Supra* note 67, pp. 6-8. 有關 1986 年至 1995 年期間，美國與歐洲廠商間購併及合資企業之詳細分析，見 Richard A. Bitzinger, "Globalization in the Post-Cold War Defense Industry: Challenges and Opportunities" in Ann R. Markusen & Sean S. Costigan edited *Arming the Future: A Defense Industry for the 21st Century*, 1st ed., Council on Foreign Relations Press, pp. 305-333 (1999).

隊之協議書，此現象仍在持續發生中[71]。

三、美國政府之憂慮

　　由於國防廠商數目減少，導致能在各種不同專業領域滿足國防需求的廠商可能只剩一家或二家，廠商在市場競爭壓力減少情況下，降低其價格之壓力亦隨之減低，此正是美國國防部所憂慮的現象，在其於 1996 年對國會的報告中指出：「結合為國防部帶來風險，國防部將不能再享受國防廠商競爭的利益，包括促使廠商降低價格、改進品質及激勵創新等利益。」[72]，美國國防部的憂慮絕非空穴來風，其憂慮可從下列各層面予以探究：

㈠確保競爭性之價格

　　國防部期待廠商之結合可提升效能並節省經費，然國防部所屬採購機關則認為廠商之結合造成競爭壓力減少，不利於節省經費及按時程交付軍品，如在政府採購之特定軍品市場僅存有一家或二家廠商，則該等廠商所受降低價格的市場壓力就會減少，依現行政府採購法令強調充分及公開競爭的政策及程序[73]，固然可收競爭之利益及效能，但廠商可能依其專業，擁有不對稱的專門知識，政府與其協商契約內容及價格時，結果往往有利於廠商，現行政府採購法令並非完美，未必能達成預期理想，所以政府可採取不同促進廠商競爭的方式，包括要求第三者組成設計團隊、要求參與結合廠商處分其資產、要求廠商提供各種能達成國防任務之勞務、甚至採購外國分包廠商生產之軍品等措施[74]，以促成廠商競爭[75]。有學者認為在未來十年內軍品市場內應可維持充分競爭[76]，但另有學者認為廠商之結合將不利於競爭，亦不利於節省國防經費[77]。

㈡確保科技之領先

　　廠商結合對於科技的創新，是否將帶來負面的影響？美國國防部的決策者確有此類憂慮，蓋在特定的軍品市場中僅存的唯一或唯二廠商可能認定如投入創新新的科技，則

---

[71] *Supra* note 67, pp. 6-8.
[72] Historical Office of the Office of the Secretary of Defense, "FY 1996: Annual Report to the President and the Congress", http://history.defense.gov/HistoricalSources/SecretaryofDefenseAnnualReports.aspx, last visited on date: 2015/12/27.
[73] Federal Acquisition Regulations, 6.000, 6.101.
[74] 向外國購買價廉之軍品，固然可降低成本，但易引起政治性的爭論。Ann R. Markusen & Sean S. Costigan, "Policy Choices in Arming the Future" in Ann R. Markusen & Sean S. Costigan edited *Arming the Future: A Defense Industry for the 21st Century*, 1st ed., Council on Foreign Relations Press, pp. 412-413 (1999).
[75] *Supra* note 66, pp. 211-213, 220.
[76] William E. Kovacic & Dennis E. Smallwood, "Competition Policy, Rivalries, and Defense Industry Consolidation," *8(4) Journal of Economic Perspectives*, pp. 91-110 (1994).
[77] *Supra* note 66, pp. 218-220.

可能損及其既得利益，因而鎖定舊科技，不願再創新，也就不會有新的武器問世，廠商沒有新科技就可能沒有了商機，恐將被迫離開軍品的市場。但事實證明決策者的憂慮並未真正發生，廠商為求生存，無不在激烈的競爭中爭取政府的採購契約，例如美國正研發適合空軍、陸戰隊及海軍通用的聯合打擊戰鬥機 Joint Strike Fighter，各主要飛機製造商皆投入競爭，縱使最大的飛機製造商——波音及洛克希德馬丁公司（Lockheed Martin）亦擔心如未參與研製該戰鬥機，恐將無法在未來的戰鬥機供應市場中存活[78]。

四、美國政府之措施

美國政府除對於國內廠商之結合予以管制外，尚採取下列措施：

㈠推動軍用民用產業之整合

美國於冷戰期間，由於國防預算經費充足，軍事研究及發展的成果豐碩，可為民生產業帶來利益，但自 1990 年冷戰過後，國防預算經費逐年減少，國防部為節省開銷，已無力再全力支持以純軍事用途為基礎的計畫，也期望民生產業的先進技術能嘉惠國防產業，故應打破當時許多從事國防產業的廠商不曾跨足民生產業，而從事非國防產業的廠商卻又不願與國防部訂約之現象，於是採取二種具體作法：一、簡化政府採購程序，刪除繁瑣的報告及稽察程序，以吸引民用產業之廠商參與政府採購，另減少開立軍用規格，以利裝置商用零組件在武器系統中；二、同意支持軍民通同的研發計畫，例如由國防部所屬之國防高等研究暨計畫署（the Defense Advanced Research and Projects Agency, DARPA）連續數年支持 Sematech 機購發展半導體製造計畫，以利發展民用及軍用科技。國防部希望經由上述措施，每年能節省 100 億至 200 億的經費[79]。

㈡推動與外國盟邦之國際防衛合作計畫

美國國防部部長培瑞（William James Perry）於 1994 年至 1997 年間曾致力推動與其歐洲及亞洲盟邦簽訂國防工業合作計畫，但執行結果遠不如預期，此乃因美國及歐洲各國的國防廠商熱衷於與本國廠商結合，導致各國對於國防產業普遍存有保護主義，再因各國國防預算均有緊縮情形，購買本國國防產品之壓力日增，如確需他國的軍品，則可以邀請外國廠商公開競爭的方法獲得，所以培瑞計畫幾乎不可能完成，例如英國長久以來一直購置美國廠商生產的軍品，但於 1996 年決定採購其國內廠商生產的飛彈及反

----

[78] Id., p. 217.

[79] Id., pp. 214-215. 然有學者認為推動軍民通用科技之政策有其隱憂，即有可能發生技術之出口管制、政府對貿易之過當管制、國家安全之漏同等問題，但如美國政府仍決定推展此政策，則美國應保有軍用科技之核心技術，Judith Perry, "Dual-Use Technology: Back to the Future?" in Ann R. Markusen & Sean S. Costigan edited *Arming the Future: A Defense Industry for the 21st Century*, 1st ed., Council on Foreign Relations Press, pp. 280-281 (1999).

裝甲武器等軍品,最後邀請本國、美國及歐洲公司公開競標,並與得標廠商簽訂價值
62 億美元之契約。逐漸增多的歐洲廠商結合情形,恐不利於美國廠商進入歐洲國防市
場[80]。

闫審查美國與外國廠商之結合

依據艾克森─弗若理歐修正案(The Exon-Florio Amendment)[81]對國防生產法
(Defense Production Act of 1950)第 721 條之修正,如美國政府認為外國廠商與本國廠
商之結合將影響國家安全,得審查該結合之申請,如認定該結合將損害國家安全,且該
結合不能依法律解決時,則美國總統得禁止該結合,即國防部認定被購併之美國廠商擁
有不應洩漏於敵手之尖端科技時,得禁止該結合之申請。

第三目　美國國防部近期對國防產業轉型之要求

2002 年美國國防部部長倫斯斐 Donald H. Rumsfeld 有鑑於當時美國正於世界各地進
行反恐的持久自由軍事行動(Operation Enduring Freedom, OEF),美國國防產業應如
何共同達成保護國土及基地安全、保護網路訊息之安全、強化指揮、管制、通信、資
訊、情報、監視和偵查(command、control、communications、computers、intelligence、
surveillance、reconnaissance, C4ISR)互通性等議題,遂令所屬研究對策,2003 年 2 月
美國國防部公布「國防工業基礎轉型路線圖」(Transforming the Defense Industrial Base:
A Roadmap)報告[82],以利國防廠商了解未來至 2020 年時國防產業之發展趨勢,該報告
經訪查 24 家國防廠商後,認為未來戰爭型態將不斷轉變,建議國防部之行動應以效能
為基礎(effects-based operations, EBO),並應評估廠商科技及產業能量,而以網路為
中心的作戰模式(Network Centric Operations, NCO)可將各武器之感應系統串聯,使戰
鬥人員保持相互聯絡,故此勢將成為產業轉型的有力跳板,該報告並建議強化化學及
生物感應能力、飛彈防禦及現有戰鬥機、運輸機之有效運用,以克服未來挑戰,而美
國的國防產業為要確保領導目標,必須於若干特定科技中,包括太空梭等,取得領先
(Be Ahead)地位,並於若干特定科技中,包括飛彈防禦等,取得遙遙領先(Be Way
Ahead)地位[83]。

---

[80] *Supra* note 66, p. 218.

[81] 50 U.S.C. app. 2107.

[82] Department of Defense, "Transforming the Defense Industrial Base: A Roadmap," 網址:http://
www.dtic.mil/get-tr-doc/pdf?AD = ADA492918,查詢日期:2015 年 12 月 8 日。

[83] 同上註。並非美國所有科技都須保持在領先或遙遙領先地位,若干科技只要保持與敵手相同(Equal)
水平即可,另有與敵手不相關的(Neutral)科技。Department of Defense, "Defense Industrial
Base Capabilities Study: Force Application," 網址:http://www.dtic.mil/get-tr-doc/pdf?AD =
ADA431904,查詢日期:2015 年 12 月 8 日。

　　由於「國防工業基礎轉型路線圖」所提供者係概念性質，僅提供了工業基礎轉型路線圖，至於落實的具體規劃則待另案提出，國防部遂於 2004 年至 2005 年間陸續推出一系列針對國防工業基礎能力的研究報告（Defense Industrial Base Capabilities Study），共五份，依序爲戰場識別（Battlespace Awareness）[84]、指揮及控制（Command & Control）[85]、武力運用（Force Application）[86]、保護（Protection）[87]及重點後勤（Focused Logistics）[88]等，由於該等報告內容龐雜，大致可歸納爲下列重點：

一、聯合作戰概念之強化

　　未來作戰將是聯合作戰的型態，所以國防部必須要建立並貫徹聯合作戰的概念（joint Function Concept, JFC），應有效使用包括全球鷹（Global Hawk）等裝備以完成戰場識別任務，有效使用包括空中作戰中心武器系統（Air Operations Center Weapon Systems, AOC-WS）等裝備以完成指揮及控制任務，有效使用包括 F/A-22 型戰鬥機等裝備以完成武力運用任務，有效使用包括愛國者三型飛彈（PAC-3）等裝備以完成保護任務，有效使用包括 C-130 型運輸機等裝備以完成重點後勤任務，爲達成上述任務，國防部應檢視國防廠商是否具備所需之科技以利生產新的系統及武器。國防部應特別注意與潛在敵手對抗時能占有領先地位，亦應利用有限資源有效達成聯合作戰之能力，務期各項聯合作戰之能力保持在領先及遙遙領先之狀態，所以國防部應從報告內臚列之數量龐大科技名稱中，確認應優先達成聯合作戰之各項關鍵科技，再徵詢廠商是否具備發展的能力，如廠商的工業基礎能力不足，協助解決其資金等困難，但如唯有外國廠商擁有該等科技，則應於引入時實施若干風險控管的措施[89]。

二、確保廠商間的競爭

　　國防部於採購國防所需之勞務、財務及工程時，爲確保採購市場中有足夠廠商之競爭及其創新能力，對於申請結合之廠商，應與司法部（Department of Justice, DOJ）及聯邦交易委員會協調，依據哈特—史考特—羅迪諾反托拉斯促進法（Hart-Scott-Rodino

[84] Department of Defense, "Defense Industrial Base Capabilities Study: Battlespace Awareness," 網址：http://www.dtic.mil/get-tr-doc/pdf?AD = ADA431915，查詢日期：2015 年 12 月 8 日。
[85] Department of Defense, "Defense Industrial Base Capabilities Study: Command & Control," 網址：http://www.dtic.mil/get-tr-doc/pdf?AD = ADA431914，查詢日期：2015 年 12 月 8 日。
[86] *Supra* note 83.
[87] Department of Defense, "Defense Industrial Base Capabilities Study: Protection," 網址：http://www.dtic.mil/get-tr-doc/pdf?AD = ADA431913，查詢日期：2015 年 12 月 8 日。
[88] Department of Defense, "Defense Industrial Base Capabilities Study: Focused Logistics," 網址：http://www.ebookdb.org/item/32294/，查詢日期：2015 年 12 月 8 日。
[89] *Supra* note 83.

Antitrust Improvement Act）[90]提供意見，例如國防部在雷神公司（Raytheon）申請購併索利希斯公司（Solipsys）時，為確保國防部所需之協同作戰能力科技（Cooperative Engagement Capability, CEC）不致成為獨占科技，要求雷神公司於結合前，必須簽定索利希斯公司得移轉其關鍵技術至其他公司之同意書，方准許其結合，以利未來國防部採購此種科技時，廠商間能維持競爭[91]。1997年洛克希德馬丁公司申請購併羅斯諾普格魯曼公司（Northrop Grumman），國防部認為全美只有該二公司具備機載預警（airborne early warning, AEW）雷達技術，全美只有雷神公司及羅斯諾普格魯曼公司具備活動式電子掃描陣列（active electronically scanned array, AESA）雷達技術，如同意彼等結合，克希德馬丁公司將具備AEW及AESA雷達技術，不利於未來供應雷達廠商之競爭，因此表示不同意該結合申請[92]。

三、使用現成的商用品

自冷戰結束後，由於國防預算減少，參與政府國防採購的競爭廠商數量減少，競爭態勢變弱，然國防部需要具備成熟技術之武器裝備，因此使用具備現成技術的商用產品（commercial off-the-shelf, COTS）[93]不僅可節約研發費用，且技術成熟度高，並通過消費者之驗證，自然成為國防廠商依靠之方法[94]，例如海軍於潛艦使用的靜音系統，便具有其優越性[95]，無人飛行載具（UAV）中亦大量使用現成的商用品[96]。

美國國防產業產品先進，且廠商規模龐大，足以供應其陸、海、空軍之所需，甚至以軍售或商售方式支援其友邦，橫跨國防與非國防等民生產業，具有國際競爭力，即使其市場僅界定在美國國內，仍具有可觀的規模。而我國國防產業僅少數廠商投入，主要係因國防採用預算不足，以及多採取外購武器政策，因此國內廠商多跨足民生產業，故兩國國防產業發展規模顯有差距，然縱使目前我國從事國防產業廠商之規模較小，我國的國防預算亦不若美國國防預算雄厚，所幸若干主管國防產業之有識之士已決定將巡邏艦等武器交由國內廠商負責研發及製造，國內廠商仍有為追求利益而有結合之行為，例如光華三號計畫預算即達78億，錦江級原型艦之建造廠商——聯合造船廠於2003年被中信造船廠併購，此乃因二國國防廠商追求利益之性質則並無不同，再者自國家安全之確保及產業競爭秩序之維持等角度而言，美國及我國對於國防產業之界定並無重大差異。

---

[90] 15 U.S.C. § 18a (2015); *supra* note 83.
[91] *Supra* note 87.
[92] *Supra* note 87; *supra* note 89.
[93] 現成的商用品（commercial off-the-shelf）之採購作業規定於Federal Acquisition Regulations 12.103。
[94] 前揭註64，頁12-13。
[95] *Supra* note 84.
[96] *Supra* note 83.

由上述美國國防產業之結構及發展趨勢等分析，不難歸納出凡從事各級軍品相關研製維修活動之公司或工商行號應可認定為國防產業廠商，而軍品則係指國防部執行國家安全及國防目的直接相關並符合軍用規格之武器彈藥及作戰物資，武器彈藥係指各式具殺傷力之槍、砲、火箭、炸彈、飛彈、水雷、魚雷、動能武器等與搭載發射之車輛機艦載具，以及支援前揭系統及載具之指揮、管制、通訊、資訊、情報、監視與偵查設備。作戰物資係指糧秣、被服、燃料、陣營具、醫療器材、藥品、個人防護裝備等，製造或使用武器彈藥所需之材料或儀器準用之。資訊網路攻防之硬軟體應視為武器彈藥，而通用個人電腦與行動裝置應視為作戰物資[97]，而軍品應不限於財物，尚應包括勞務及工程。

第三款　結合管制之依據

結合管制之依據應從立法、司法及行政等三權分別敘述，有關美國反托拉斯法制之演變，即立法部分，由於坊間已有諸多論述之文獻可供參閱，故本文將僅引述其重點，以下先從重要的法院判決、其他不受反托拉斯審查之案件及行政機關公布之結合管制標準等三方面予以研析，即從司法及行政管制等實體內容予以分析，以期能全盤了解美國結合管制之依據。

迄 1994 DSB 專案報告公布止，聯邦交易委員會共審查三百多件結合申報案，大都給予同意結合之處分，但 FTC 認為有四件申報案有害於競爭，該四案件後皆由法院受理[98]，分述如下。

第一目　法院判決

一、*Grumman v. LTV Corporation*

Grumman 公司於 1981 年發覺 LTV 公司打算透過其控股之 CKH 公司以每股高於

<hr/>

[97] 立法院網站，「振興國防產業條例草案」，http://misq.ly.gov.tw/MISQ/IQuery/misq5000QueryBillDetail.action?billNo = 1040921070200300，最後瀏覽日期：2015/11/15。該草案中有關武器裝備及作戰物資之定義，係參照國防部公布之特殊軍事採購適用範圍及處理辦法訂定，該草案將軍品依其機敏性與獲得困難度之不同，分類為一般軍品、三等列管軍品、二等列管軍品、一等列管軍品及外購列管軍品等。參見美國國防大學（National Defense University）所屬三軍工業學院（Industrial College of the Armed Forces, ICAF）於 1996 年公布其派員訪視及評估全美各種國防工業能力之結果，以作為支持美國國家安全戰略之依據，共分 18 組：高級製造、高級材料、農業、飛機、生物技術、建築、教育、電子、能源、環境、財務、醫療、資訊、地面作戰系統、彈藥、造船、太空、運輸等產業，範圍亦屬寬廣且相似，Gerald Abbott, *In Touch with Industry: ICAF Industry Studies, Academic Year 1996*, 1st ed., Industrial College of the Armed Forces, National Defense University (1996).

[98] Joseph Kattan, "The Declining Defense Sector and Federal Antitrust Enforcement," *23(1)Public Contract Law Journal*, p. 34 (1993). *supra* note 54.

市價一倍之價格，即每股 45 美元，於市場中收購 70%Grumman 公司之普通股股票，另打算再收購剩餘 30% 股票，認為 LTV 公司違反克萊登法（the Clayton Act, 15 U.S.C. § 18 (1976)）第 7 條之規定，向法院提起禁止 LTV 公司收購股票之行為，聯邦交易委員會（FTC）亦向該法院聲請暫時禁止令（preliminary injunction）制止 LTV 公司之行為[99]，地方法院認為 LTV 公司之收購股票行為將在艦載飛機、主要飛機機身組件及引擎機艙之產品市場上，將造成減少競爭之實質損害，因而禁止 LTV 公司之行為，案經上訴至第 2 巡迴法院，第 2 巡迴法院認為縱使海軍暫無向 LTV 公司購買 A-7 海盜 II 式艦載攻擊機之計畫，該公司未來的競爭重要性（competitive significance）係受限的，但證據顯示美國國防部所屬之空軍國民警衛隊（Air National Guard）仍甚有可能向該公司購買 A-7 式攻擊機，LTV 公司透過其子公司在艦載機市場占有率為 7.7%，Grumman 公司 41.5%，法院認有防止市場過度集中之情形，又該公司自我評估結果認定其在未來的艦載飛機市場中具有競爭性，維持地方法院禁止 LTV 公司收購股票之行為，故巡迴法院認為該公司仍應於未來的艦載飛機市場中提供競爭性，因而駁回 LTV 公司主張撤銷地方法院禁止其之收購 Grumman 公司股票之聲請[100]。

法院並未通知美國國防部派遣證人到場，亦未要求國防部提出書證，然地方法院曾通知兩位退役之海軍高階軍官到場作證，該二位前海軍高階軍官咸認為：LTV 公司之收購股票行為將減少競爭，而減少競爭將影響武器的品質及價格，公眾利益應高於 LTV 公司之收購股票行為，法院同意採納彼等意見[101]。

二、FTC v. PPG Industries, Inc.

聯邦交易委員會於 1986 年向法院聲請暫時禁止令禁止 PPG 公司合併 Swedlow, Inc. 公司之行為，PPG 公司是時為全球最大之航空用玻璃透明物體（窗戶、駕駛艙檔風玻璃、座艙罩）之製造商，亦製造玻璃及壓克力合成透明物體，Swedlow 公司則為空用壓克力透明物體之製造商，該二公司皆主張其產品材質不同，並無相互競爭之現象，而應具備互補之功能，但 FTC 反駁並證明在產品市場（product market）中，該二公司產品具有相互競爭性，至於地理市場（geographic market）則限於美國本地；地方法院認為雖然該二公司生產的材質並不相同，但都可供應軍用及商用飛機所需之透明物體，二種材質各有優劣之處，未來可能互相替代，在高科技的空用透明物體產品市場中，係居

[99] *Grumman v. LTV Corp.*, 527 F. Supp. 86 (E.D.N.Y. 1981).
[100] *Grumman v. LTV Corp.*, 527 F. Supp. 86 (E.D.N.Y.), aff'd, 665 F.2d 10 (2d Cir. 1981).
[101] 二位證人：Elmo R. Zumwalt. Jr. 海軍上將，曾為美國國防部聯席會議成員；George Spangenberg 先生曾任海軍部評估部門主管。前揭註 54。

於直接競爭者之地位，又二公司結合前市場集中度 HHI 指數[102]已超過 1800，係屬高度集中之市場，結合後市場將更集中，此正是 FTC 認為結合行為將造成反競爭之結果，而違反克萊登法（the Clayton Act）第 7 條，又高度市場進入之困難（high market-entry barriers）恐將再造成市場的更集中而不利競爭，然地方法院認為合併 Swedlow 公司，可解決其財務困難，並免遭其他外國公司合併，及強化該公司之研發能力等理由，未同意 FTC 聲請之暫時禁止令，僅判決該二公司仍應各自獨立經營[103]，但華盛頓特區上訴巡迴法院則認為該二公司係處於競爭狀態，不僅在投標時是如此，甚至早在提出企劃書之階段時，便試圖研發新透明物體以影響未來機身組件之設計，又該二公司結合將改變市場結構，並對競爭造成嚴重傷害，故應同意 FTC 聲請之暫時禁止令，該案發回地方法院[104]。

　　地方法院及華盛頓特區上訴巡迴法院之判決中並未敘述任何美國國防部之意見或立場。其間美國海軍競爭倡導官（Competition Advocate）Stuart F. Platt 少將曾同意到場表示其反對結合之意見並作證，然是時美國國防部法律總顧問（General Counsel）反對 Platt 少將作證，故國防部未能對本結合案表示其立場[105]。

三、*FTC v. Imo Industries, Inc.*

　　Imo Industries Inc.（Imo）公司於 1989 年提出合併 Optic-Electronic Corporation（OEC）公司之申請，FTC 向法院聲請暫時禁止令禁止其結合，法院同意發出暫時禁止令。Imo 及 OEC 公司為全美具備生產精密夜視影像增強筒（image intensifier tubes）能力的五家廠商中之二家，是時美國國防部正採購最後一批第二代 25mm 影像增強筒，地理市場限定於美國，惟有美國廠商方得投標，以跨多年度預算方式[106]辦理，法院認為該結合將可能產生實質的反競爭效果，法院採信並引述國防部官員 Mark Farr（夜視鏡之技術主管）的證言，證明結合案將使政府支付更多價金，但法院亦考量該結合可改進第三代之產品，而有利強化國防之效果，法院考量並引述國防部官員 Martin Michlik 上校（掌管夜視系統之研究及獲得）的證言，證明結合案可使其第三代產品更具競爭力，另國防部掌理夜視及光電系統之助理專案經理 John Greshem 先生亦曾作證並表示，結合案有利

102 依據是時司法部（Department of Justice）及 FTC 會銜公布之水平結合準則（Horizontal Merger Guidelines）係以該市場中所有廠商占有率的平方和之指數。U.S. Department of Justice, "Herfindahl-Hirschman Index," 網址：http://www.justice.gov/atr/herfindahl-hirschman-index，查詢日期：2015 年 12 月 8 日。
103 *FTC v. PPG Indus., Inc.*, 628 F. Supp. 881 (D.D.C. 1986).
104 *FTC v. PPG Indus., Inc.*, 628 F. Supp. 881 (D.D.C.) *aff'd* in part, 798 F.2d 1500 (D.C. Cir. 1986).
105 *Supra* note 54。
106 跨多年度預算採購（multiyear procurement）規定於 Federal Acquisition Regulations, 17.105。

於 Imo 公司及 OEC 公司互相分享技術，亦可強化其財務能力，但法院經考量結合之全盤利弊後，最後認定結合之優點並不能超越保留競爭之利益，且 Imo 公司於結合後，有證據證明其可能提高售價，故同意 FTC 之聲請而發出暫時禁止令禁止其結合。唯有關第三代產品之研製事宜，FTC 主張 Imo 公司及 OEC 公司可以簽定協力契約（teaming agreements）方式互相分享技術，但法院認為該二公司在研製第二代產品時，曾簽定協力契約，但卻未能達成分享技術的結果，故該二公司在研製第三代產品時結合符合公共利益，法院並未同意 FTC 意見[107]。

Imo 及 OEC 公司各自努力在國防部的跨多年度預算採購案中競標，事實證明 FTC 之聲請的確撙節公帑，原國防部預估每只二代影像增強筒決標價為 1,450 美元，Imo 公司得標（另二廠商因專注於研發第三代產品而表示不參與投標或未能得標）價為每只 950 元，採購機關共節省 2,250 萬元[108]。

採購機關於決標後，Imo 公司仍向 FTC 申報結合文件，希望合併 OEC 公司，此時 FTC 已不再拒絕結合案，即同意結合案將可使其第三代產品更具競爭力之主張[109]。

四、*FTC* v. *Alliant Techsystems, Inc.*

美國陸軍於 1993 年預算編列採購 M1A1 及 M1A2 戰車所需 120mm 彈藥之經費，自 1994 年起以跨五年度契約執行之，由唯一得標廠商負責交付，地理市場限於美國本地，是時全美僅有二廠商具有生產該彈藥能力，即 Alliant Techsystems, Inc. 及 Olin 公司的彈藥部門（Olin Corporation's Ordnance Division），該二公司各自擁有一種獨家技術。為求獲得政府的採購契約，遂由 Alliant 公司於政府採購機關招標前向 FTC 申報合併 Olin 公司的彈藥部門之結合文件，若結合申請經同意，則美國國內將僅存唯一製造廠商，採購機關自不能以競標方式辦理採購，縱使陸軍於招標時僅一廠商投標，尚不致違反契約競爭法（Competition in Contracting Act, CICA）[110]之規定，但藉結合以免除競爭程序，恐有不適法之疑慮；依法院之認定，因為該二公司之不再競爭，將可能提高契約價金 5% 至 23%，或 2,500 萬至 1 億 1,500 萬美元，而陸軍事實上又不能自行生產該款彈藥，或引進其他廠商競標，也無能力控制成本，顯然造成國防部的經濟不利益：然 Alliant 公司主張若結合案獲得同意，可使人員及設備發揮更高效率，可有效降低生產成本，若結合案未獲同意，則兩公司間不克相互交換先進彈藥的科技將導產品品質下降及

---

[107] *FTC* v. *Imo Industries, Inc.*,1992-2 Trade Cas. (CCH) ¶ 69,943 (D.D.C. Nov. 22, 1989).

[108] Dennis A. Yao & Susan S. DeSanti, "Antitrust Analysis of Defense Industry Mergers," 23 *Public Contract Law Journal*, p. 387 (1994).

[109] *Id.*

[110] 10 U.S. Code § 2304 (1988).

延遲交付，致有損國家安全，法院固然同意國防安全高於其他公共利益，但國防部作證認定：縱使兩公司間不克相互交換先進彈藥的科技，其風險亦不高，故法院採信國防部意見，認為不同意其結合之處分及判決尚不致影響國防安全，經綜合考量結合之利弊後，認為 Alliant 公司之主張顯有投機之意圖，故同意 FTC 所聲請 Alliant 公司及 Olin 公司之結合將實質上減少競爭並造成獨占，而違反克萊登法（the Clayton Act）第 7 條規定之主張，同意發出暫時禁止令，Alliant 公司及 Olin 公司不得結合[111]。

　　本案有五位國防部證人，四位是陸軍官員，另一位則是國防契約稽核局（Defense Contract Audit Agency, DCAA）官員，其中兩位——Franklin Y. Hartline 上校（時任戰車裝甲系統之專案經理）及 Stephen K. Conver 先生（陸軍助理部長）贊成結合，主張結合有利國防部獲得標的物，陸軍對於價金上漲應有自我保護之道，但不為法院所採納；另二位官員（分別為戰車彈藥之研發主管及 DCAA 官員）則主張再好的稽核機制不能取代競爭機制，競爭可帶來無限的利益，包括品質及創新之提升，縱使只有一次競爭之機會，該二廠商亦將努力創新以求得標，至於國防部的官方立場是沒意見，既不贊成亦不反對結合[112]。

五、評論

　　經分析上述四判決中，可歸納兩個重要意義：1. 法院判決充分考量競爭利益；2. 國防部意見之重要性，分述如下。

㈠法院判決充分考量競爭利益

　　法院於審理 Imo 及 Alliant 案，判決是否同意結合時，皆考量結合後之廠商是否將於競標過程中提高其產品之售價，由於未來採購案係分別以簽定跨多年度預算之契約方式辦理，FTC 可從標價之提高程度評估其對市場之影響。法院於審理 Alliant 案時，尚考量獨家廠商可能提高契約價金之特殊情況，而禁止其結合[113]。審理 Imo 案的法院考量採購機關在辦理第二代及第三代夜視影像增強筒採購時，廠商競爭程度並不相同，在採購最後一批第二代產品時，實質競標廠商只有二家，若允許其結合，則投標廠商僅剩一家，該廠商甚有可能提高售價，而機關採購第三代產品時，實質競標廠商至少有三家，廠商提高售價之可能性相較為低，故法院不同意廠商在辦理第二代產品投標時結合。假設採購機關仍將賡續採購第二代產品（並非最後一批採購），則各廠商參與第二代產品標案之誘因增加，結合之廠商將提高售價可能性相對較低。

---

[111] *FTC* v. *Alliant Techsystems, Inc.* 808 F. Supp. 9 (D.D.C. 1992). *supra* note 108, pp. 387-389.

[112] *Supra* note 54, pp. 13-14.

[113] *Supra* note 108, p. 389.

　　兩廠商因結合可能導致競爭之實質減少，此種單方效果（unilateral effects）於廠商獨占市場時最為明顯[114]，例如法院在審理 *Alliant Techsystems, Inc.* 案時，認定 Alliant 公司及 Olin 公司之結合將實質上減少競爭並造成獨占，而違反克萊登法第 7 條規定，故禁止 Alliant 公司及 Olin 公司結合，同理，法院於審理 *Imo Industries, Inc.* 及 *PPG Industries, Inc.* 時，亦考量結合是否對競爭造成傷害，即造成反競爭結果，廠商間充分之競爭可使政府獲得比較及競爭利益。

　　競爭可促使廠商創新，FTC 可從廠商結合後其創新誘因之多寡評估其研究及發展能力之趨勢，所謂研究及發展能力係指改進成品或另創造新品的能力[115]，此可自市場中具研發能力的廠商的數目、其各別研發能力及是否願參與投標等現象，評估有關創新的獨立競爭情形，但值得注意的是廠商間可能以簽定協力契約（teaming agreements）方式互相競爭，但在實務上廠商研發的成果可能充滿不確定性，再者，國防部對於新一代採購標的物的功能可能因作戰任務需求之變化或未來預算之多寡而改變該標的物的規格或功能，故研判廠商創新能力或競爭力並非易事[116]，例如在 *Imo* 及 *Alliant* 案中 FTC 及法院便難以判斷廠商結合後其產品之競爭力如何，故以之作為同意或不同意其結合之依據恐失之武斷。

(二)國防部意見之重要性

　　FTC 及法院於管制或審查結合案時，必須重視產品買受人之意見，由於國防部是國防廠商的產品的唯一買受人，故國防廠商結合時，國防部意見顯得格外重要。首先，由國防部決定產品市場及地理市場的範圍，例如在 *Imo* 及 *Alliant* 案中，FTC 及法院皆尊重並採納國防部基於其需求而表示之意見，將產品的地理市場限於美國；由於國防部具有與國防廠商多次訂約及履約經驗，對於各廠商的成本結構及技術能力亦較為熟稔，故其對於市場中是否有代替物之研判當然較具可信性，同時亦可控制或監督廠商之成本[117]，確保契約價格及履約品質[118]。

　　其次，國防部可依契約競爭法（Competition in Contracting Act, CICA）決定廠商競爭程度之強弱，即依該法所列公開及限制招標之規定辦理招標，由於限制性招標未經公告程序，則競爭程度當然不若公開招標強，又在諸多的公開招標採購案件中，國防部甚

[114] Federal Trade Commission, "Horizontal Merger Guidelines (2010)," 網址：https://www.ftc.gov/sites/default/files/attachments/merger-review/100819hmg.pdf，查詢日期：2015 年 12 月 8 日。

[115] *Id.*

[116] *Supra* note 108, pp. 389-391.

[117] 例如成本計價型契約（cost reimbursement contracts）之履約過程中，採購機關可監督廠商支出的成本。Federal Acquisition Regulations, Subpart 16.3.

[118] *Alliant* 案聯邦華盛頓特區地方法院判決書中指出：縱使國防部有確保契約價格及履約品質之優勢，但絕不可因此而替代競爭之機制。*FTC v. Alliant Techsystems, Inc.* 808 F. Supp. 16, *supra* note 111.

至可於招標文件中載明外國合格廠商亦可參與競標，則廠商更易進入市場，更有利於競爭；國防部亦可決定自行生產或製造所需之財物、勞務或工程而限制進入市場[119]；一般學者普遍認為競爭可促使廠商提升品質，降低價格，廠商在競爭壓力下將會使其產品及生產程序不斷創新[120]。

　　另外尚值得注意的一個現象，國防部不若一般公司完全基於營利之目標而採購所需之標的，國防部可能基於確保國家安全的理由，特別重視若干標的可靠度、品質及適合野戰、廠商履約及交付時程等特性而採購，價格之高低可能並非惟一的考量因素，而各種需求可能都有其特殊性，因此從事國防產業的廠商結合是否妨礙國防部的任務需求，是否影響國家安全？國防部意見自應有其重要性[121]。

第二目　通過結合審查之案件

　　若將未通過結合審查與通過結合審查之案件數量相較，則前者所占之比率甚微，但欠缺精確的統計數字，此係因各方對何謂國防產業之定義看法不一所致，*Grumman*、*Imo*、*Alliant* 案中廠商製造之產品主要供軍用，此認定尚無爭議，然 *PPG* 公司所製造航空用玻璃透明物體卻是軍、民通用，PPG 公司並不直接出售其產品予國防部，故 PPG 公司打算合併 Swedlow 公司之行為是否為國防產業廠商之結合？並不容易界定。自 1980 年至 1994 年間至少有 300 件國防產業之結合案獲得同意，其中不乏著名國防產業公司的結合，例如休斯（Hughes Aircraft）公司併購通用動力公司飛彈部門（General Dynamics' Missiles Division）便是[122]。

第三目　國防科學委員會之專案報告

一、1994自反托拉斯層面檢視國防產業廠商結合之報告

　　國防廠商結合是否將造成實質競爭之減少，導致結合後廠商的市場支配力（market power）增加，也就是提高其售價的力量增加，這將增加公帑的支出，但國防產業的競爭究與一般產業不同，國防部所需之物品中部分是軍民通用的，例如辦公用品、生活用品等，但也有是專供軍用目的，且價格極昂貴者，例如飛機、聲納系統等，國防科學專案委員會特別針對當時生產純軍用物品之廠商結合，而提出本專案報告。本報告係依當

---

[119] *Alliant* 案中，美國陸軍表示其無自行生產戰車彈藥的能力，法院採信之，*FTC* v. *Alliant Techsystems, Inc.* 808 F. Supp. 9 (D.D.C. 1992).

[120] William E. Kovacic, "Merger Policy in a Declining Defense Industry," *36 Antitrust Bulletin*, pp. 543, 579 (1991).

[121] *Supra* note 108, pp. 393-395.

[122] *Supra* note 54, pp. 14-15.

時司法部（DOJ）及聯邦交易委員會（FTC）共同發布之「1992 水平結合準則」（1992 Horizontal Merger Guidelines）為檢視標準而提出，該準則適用於各種產業，但 FTC 得針對各結合案之特殊事實及情況合理地及彈性地適用該準則[123]。

1992 水平結合準則係於 1992 年發布，後於 1997 年修正其有關效率（Efficiencies）內容，2010 年 DOJ 及 FTC 將 1992 版水平結合準則增修後，另發布新版「2010 水平結合準則」（2010 Horizontal Merger Guidelines），在 1992 年版水平結合準則定義所謂結合行為之主管機關（Agency）係 FTC[124]，但在 2010 年版則將主管機關（Agencies）定義為 DOJ 及 FTC[125]，本文從 2010 年版的定義，將一併敘述及分析。

(一)概觀

廠商結合可能使廠商產生或強化其市場支配力，造成實質競爭之減少，可提高其售價，或降低產品品質，即產生了反競爭效果，但結合亦可能使廠商效率增加，而降低售價或提升產品品質，產生競爭利益，主管機關應調查各種證據予以分析，並決定是否同意結合之申請。調查或審查之要件係多面向的，絕非單一要件便可畢其功於一役，例如結合後市場占有率及集中度之數據（concentration data）就只是分析競爭影響之啟始點[126]。

(二)市場之定義

分析結合對市場結構之影響，首應界定相關產品市場及相關地理市場，最高法院於 *Tampa Elec.* Co. v. *Nashville Coal Co.*[127]案中，將相關市場定義為「出賣人經營及買受人可實際獲得該產品之地域」，市場是由需求端決定，而於市場確定後，供應端則常被用以確認市場參進者之主要依據[128]。結合行為對於競爭之影響必須在所受影響之市場內予以評估[129]，以下分述該二種市場。

---

[123] DOJ 及 FTC 為求審查結合案件之程序更加透明及促使反托拉斯立法更易為人（特別是從事反托拉斯法的律師及商業界人士）所瞭解，於 2006 年發布「水平結合準則之註釋」（Commentary on the Horizontal Merger Guidelines），該文件係以 1992 水平結合準則（1997 年修正版）為基礎而撰寫，內容皆以實務為導向，較原準則更為細緻及具體。Federal Trade Commission, "Horizontal Merger Guidelines (1992)," 網址：https://www.ftc.gov/sites/default/files/attachments/merger-review/hmg.pdf，查詢日期：2015 年 12 月 8 日。

[124] *Id.*

[125] *Supra* note 114. DOJ 之 Antitrust Division 為負責執行單位。Federal Trade Commission, "The Enforcers," 網址：https://www.ftc.gov/tips-advice/competition-guidance/guide-antitrust-laws/enforcers，查詢日期：2015 年 12 月 8 日。

[126] *Supra* note 54; *supra* note 123.

[127] *Tampa Elec.* Co. v. *Nashville Coal Co.*, 365 U.S. 320, 327 (1961).

[128] *Supra* note 54; *supra* note 123.

[129] 林心怡，論全球化時代美國與歐體國際結合管制差異與衝突之緩和，國立臺灣大學法律研究所碩士論文，2004 年，頁 50。

1. 相關產品市場

1992 水平結合準則從買受人（顧客）角度定義所謂相關產品市場，假設性的獨占廠商將提高產品「微小但顯著且非短暫方式」之價格（small but significant and non-transitory increase in price, SSNIP），2010 水平結合準則更精確指出係以結合前之標價（benchmark prices）為標準作比較[130]，一般為增加 5%，但仍應視產業本質之不同而調整該等百分比，則顧客將改買其他替代產品，出賣人的銷售量將減少，利潤也將喪失，該等次佳替代品（next best substitute）將納入相關產品市場[131]。

國防部從市場中獲得其所需之軍品（含武器）時，該等軍品可分成兩類：第一類是市場中已有的現貨，第二類是市場中並無現貨，有待廠商研發，國防部為達成其各別任務而必須採購特殊軍品，該特殊軍品可能有替代品，但也可能無替代品，即惟有一種軍品方可滿足需求，或一種正在研發的軍品可滿足需求，則該軍品的相關產品市場就無其他產品可以替代。由於國防部是這兩類軍品的惟一顧客，具備較專業知識，故可提供有關產品市場之資訊交由主管機關參考，例如兩種聲納系統是否是在同一相關產品市場？國防部便可表示該兩種聲納系統之功能是否相同、可否互為替代品、多少合格廠商可參與競爭等之意見以供參考；至於結合後廠商對新軍品之研發能力是否能滿足國防部的需求？主管機關固然可從廠商申報結合的文件中予以評估，但國防部之意見，包括：是否將採購該新軍品、相關產品市場之情形等，應具有相當重要性[132]。

2. 相關地理市場

所謂地理市場係指假設性的獨占廠商將在某一區域提高「微小但顯著且非短暫方式」之產品價格，則顧客將到其他區域改買該產品，出賣人的銷售量將減少，利潤也將喪失，該區域謂之地理市場。主管機關評估相關地理市場之方法與評估相關產品市場之方法相同，皆以上述假設性的獨占廠商測試法（the hypothetical monopolist test）測試之[133]。

在國防部獲得軍品的實務中，縱使外國廠商亦有產製能力，但為維持國內機動生產能力，保障本國勞工就業機會及鼓勵國內廠商研發高科技軍品，都將外國廠商屏除在外，不准其投標，也就是將相關地理市場限制於美國，外國廠商惟有成為美國主承包商之分包廠商方可參與國防部的採購案[134]，除非美國國內國防廠商不斷減少或基於節省成

[130] *Supra* note 114.
[131] TFC 可從顧客將改買其他替代產品所增加支付之成本以研判其是否將改購其他替代品，即使用假設性的獨占廠商測試法（Hypothetical Monopolist Test）予以評估。*Supra* note 114.
[132] *Supra* note 54.
[133] *Supra* note 54; *supra* note 123.
[134] *Supra* note 54.

本等因素之考量[135]，原則上都將相關地理市場限制在美國。

(三)市場參進者及市場占有率

1992 Horizontal Merger Guidelines § 1.3 認為參進市場的廠商（participants）之確認及各參進廠商在相關市場之占有率等，係構成市場集中度的二個重因素，而市場集中度則為衡量廠商結合是否將產生或易於行使市場支配力（market power）之重要因素。

參進市場的廠商係指在正在生產或銷售相關產品或具備快速且容易生產能力之廠商，參進市場的廠商尚應包括「未進入廠商」（uncommitted entrants），未進入廠商係指有能力於 1 年內進出生產相關產品行列，且不須支付相當沈沒成本（sunk costs）之廠商。國防部應可協助主管機關確認某廠商是否為參進市場者，抑或為未進入廠商，市場中是否尚有其他進入廠商，國防部可提供如下資訊：有關廠商的機器設備、人員及研發能力、滿足交付時程的能力、是否有能力於 1 年內進出生產相關產品行列的能力等。該等訊息對於辨識該特殊市場的參進者應具重要參考價值，對於若干正在研發武器系統的廠商結合案件，由於主管機關不易獲得查證資訊，國防部的確認及建議應更具建設性及可信性[136]。

市場集中度係用於分析一特定市場之大小及廠商數目，以 HHI 指數計算之，1000 以下者為非集中市場，1000 至 1800 者為中度集中市場，1800 以上者為高度集中市場[137]。由於 HHI 指數係依過去的市場資料而計算所得出之數據，故該指數有可能低估或高估廠商或其結合之競爭影響性[138]，國防廠商的 HHI 指數更是容易被低估或高估，蓋若干廠商雖有極大的市場占有率，但或因無法突破高科技的研發，或因考量國防預算日益緊縮，不願在誘因減少之情況下再參與國防購案，繼續投標，則其 HHI 指數容易被高估，而其他廠商的 HHI 指數則容易被低估，故 HHI 指數並非完全值得信賴，此時若國防部能提供結合廠商及其他廠商的財務能力及研發能力之資訊，當較 HHI 指數更具價值性。

---

[135] 美國於 2005 年向我國購買 1 億顆子彈，另看上我國廠商宏基電腦的飛行控制器、和盛陶瓷的防彈裝甲、控創電腦的軍用電腦、方碟科技的鐳射瞄準器和測距儀、能元科技的鋰電池、微精科技的感應器和億威電子的軍用通話器。華夏經緯網站，http://big5.huaxia.com/zt/js/05-097/541539.html，查詢日期：2015 年 8 月 11 日。

[136] Supra note 54.

[137] Supra note 102; supra note 114 則將指數分別修正為下列：非集中市場：低於 1500、中度集中市場：介於 1500 至 2500 之間及高度集中市場：2500 以上；於中度集中市場中，廠商結合後之增加指數大於 100，主管機關應推定該結合將引起重大的競爭疑慮，應予以檢視；於高度集中市場中，廠商結合後增加之指數介於 100 至 200 間，主管機關應推定該結合將引起重大的競爭疑慮，並應檢視其結合，如於高度集中市場中，廠商結合後之指數高於 200，主管機關應推定該結合將可能強化其市場支配力（market power）。

[138] Supra note 54.

㈣參進市場之障礙

　　新廠商參進市場可防止原在市場之廠商提高售價，即防止其使用市場支配力，如參進市場的廠商於結合後與結合前相較不能提高售價以維持其利潤，則該結合並無削減競爭之疑慮，如廠商依其規模、特性及經營範圍可及時、可能且具足夠規模地威懾或阻擾其他廠商的競爭影響力，則參進市場應屬容易[139]。

　　1992 水平結合準則§3.2 規定，所謂「及時參進」市場是指自最初計畫參進起 2 年內應完成進入之行為，此規定對於國防廠商而言並不適當，蓋國防部的採購案可能於 3 年後才辦理，但亦可能半年後就要辦理，故國防廠商「及時參進」顯然不應受 2 年內完成之限制，2010 年版水平結合準則已刪除「2 年」之規定[140]，改以較抽象「快速」一字代之，顯予行政機關較多之裁量權。

　　所謂「可能參進」市場是指廠商結合後並參進市場時，其可擁有足夠銷售量，且以結合前的市場價格計價為標準，可獲得利潤之可能性；故如可獲得利潤之可能性高，則廠商結合後參進市場之可能性亦高，至於國防產業廠商之「可能參進」市場情況如何？一般咸認為新廠商參進該市場之障礙甚高，再者，由於美國國防預算屢遭刪減，亦可能減少廠商參進市場之誘因，而不願參進市場[141]。美國國防部可選擇僅研發或製造若干重要武器系統，以撙節國國防預算，則該等從業之廠商當仍有足夠參進市場之誘因。所謂「具足夠規模地參進」市場是指廠商參進市場時其規模不能太小，必須能將市場價格回復到廠商結合前的水準，故如新廠商參進市場後，其產品並非結合廠商之代替品，因此不能防止原在市揚之廠商提高售價，此便是不具足夠規模地參進市場[142]。

㈤競爭效率

　　1992 水平結合準則§2.1 及 2.2 載明二種因結合而損害競爭的現象：1. 經由協調的互動行為致減少競爭；2. 經由單方效果致減少競爭，以下分述之。

　　1. 經由協調的互動行為致減少競爭[143]

　　廠商結合後可能與仍在市場中的其他廠商以默示或明示勾結，以行使市場支配力，致產生減少競爭之結果。故經由協調的互動行為應予以規範。

---

[139] "Entry is that easy if entry would be timely, likely, and sufficient in its magnitude, character and scope to deter or counteract the competitive effects of concern." *supra* note 54.

[140] *Supra* note 123.

[141] *Supra* note 54.

[142] *Supra* note 114.

[143] *Supra* note 123 對於廠商的勾結行為（collaborations）僅提供綱要性的敘述，有鑑於勾結行為日趨複雜，主管機關（DOJ 及 FTC）認為有統一釐清之必要，於 2000 年公布「競爭者間勾結行為之反托拉斯準則」（Antitrust Guidelines for Collaborations Among Competitors），該準則對於勾結行為有精細之規範。

　　造成市場中反競爭現象之原因很多，如市場中少數廠商占有巨大的銷售量，則該等廠商便能相互勾結並達成協議，例如採取提高售價或減少產量之行為等，俾能行使市場支配力，此現象可稱之為協調的互動行為理論（the coordinated interaction theory），而該協議之內容應包含對於不貫徹該協議廠商致降低獲利能力的調查及處罰等方法[144]。在非國防產業的市場中，大部分遭受主管機關調查之結合案皆屬廠商勾結致減少競爭類型的案件[145]。

　　在國防產業的市場中，依據協調的互動行為理論，市場集中度僅為調查範圍之一部分，其他有待調查之範圍尚包括下列事項：1. 各廠商的產品是同類或是異類；2. 買受該產品人數之多寡，及買受人採購方法；3. 買受人購買廠商產品之頻率及數量大小；4. 各競爭廠商是否皆有相似之成本控管及技術能力。在諸多廠商結合案中，因廠商勾結致影響競爭之情形甚為罕見，縱使在高度集中的市場中，少數競爭者因結合而消滅之情況下亦然，此乃因高科技的精密武器系統採購案中，各競爭廠商的成本控管及科技能力不一，因此不易達成勾結的協議，再者，國防部可使用競標的機制防止廠商勾結的情事發生，例如使用跨多年度預算之採購（multi-year procurements）契約且僅限一得標廠商，加大廠商相互競爭之誘因，同時亦增加廠商違背該勾結協議之誘因（指如已達成勾結協議之情形），此外，由於國防預算自冷戰結束後大幅減少，很多採購案可能不實施，或減少或延後實施，則廠商為追求利潤便會各自投標，並無需要勾結協議[146]，又退一步而言，縱使國防產業的市場中確有勾結協議之存在，但非協議成員廠商有可能得標，則廠商並無必要參與勾結協議，總之，在國防產業的市場中並不易產生廠商勾結的情事[147]。

　　2. 經由單方效果致減少競爭

　　結合之廠商可能發現除與其他廠商勾結互動之方法外，只要單方改變其行為以提高售價及減少產出方法亦可獲利，而產生減少競爭之結果。但若結合廠商之市場占有率低於 35%，則難以實施市場支配力，2010 水平結合準則則將 35% 修正為「實質銷售量之比率」（substantial share of the sales）[148]。單方效果（unilateral effects）源自芝加哥學派學者所提出之理論，可分為異質產品市場及同質產品市場二種情形，若廠商結合而其產品具有高度替代性，而市場中並無其他高度替代性之產品，則該結合後之廠商便能提高售價以獲利，另一種情形是廠商結合後而其產品在市場中尚有其他高度替代性之

---

[144] *Supra* note 123.

[145] *Supra* note 54.

[146] 非國防業市場的顧客是多元的，廠商之產品已在市場中銷售，消費者購買的數量並不大，而國防產業市場的顧客只限國防部，國防部所需的產品可能尚待研發，目前並無成品，廠商在投標時可能要通過資格標、價格標或最有利標的重重考驗，在國防產業市場中比較不易達成勾結協議。

[147] *Supra* note 54.

[148] *Supra* note 114.

產品與之競爭，則較不易以提高售價方法獲利，但若能以產能（capacity）獲得競爭優勢，則仍可提高售價方法及減少輸出產品而獲[149]。如市場中存在強力買受人（powerful buyers），則該買受人常與廠商談判而有降低廠商提高售價之可能性[150]。

在實務中，依據單方效果之理論，若生產某國防產品的市場中僅存的二廠商打算結合，或雖市場中有許多廠商，但投標價格最低的二廠商計畫結合，則國防部確有可能因此減損應獲得之競爭利益。1992 及 2010 水平結合準則所稱之市場支配力係以廠商提高售價或減少輸出的方法獲利之現象爲觀察重點，但國防產業往往更重視產品之品質及研發科技，在採購機關爲若干全新武器系統之設計招標時，最爲明顯，此時非價格項目，包括品質及創新等常較價格所占之評分權重更多。若廠商尋求結合，則國防部可能將面臨廠商所報價格上揚，品質較差，科技較落伍，選項較少等現象，特別在兩家技術最佳的二廠商企圖結合，而該二廠商之品質及產能又超越其他廠商甚多時，國防部在面對此因單方效果所生的反競爭利益時，或可將所持立場通知結合管制機關或法院，以求競爭利益的最大化。由於國防部所需之各種軍品大多非同質，故結合之廠商難以產能獲得競爭優勢而得標。

國防部可利用其在採購的特殊地位，降低廠商結合所產生的負面效應，蓋國防部的採購與一般消費者之採購情形並不相同，國防部常是若干軍品的唯一買受人，或是最重要的買受人，預算較雄厚，可能重複採購該軍品，國防部在廠商履約階段可稽核其支出之成本，亦可行使變更[151]契約內容等權利以監督國防廠商之履約情形，故國防部談判籌碼顯較一般消費者強大，可發揮「強力買受人」的談判力量，以求降低廠商售價並提升其交付之品質[152]。

㈥廠商所持效率之主張[153]

廠商於結合時大都以效率將提升當成理由，主張結合後將有利技術移轉，提升研發能力，強化管理能力及節約成本等各種益處，因此可以節省成本，即節省公帑，但美國最高法院於 *FTC v. Procter & Gamble Co.*[154] 曾明白宣示：「因結合所可能帶來的經濟上

------

[149] *Supra* note 123. 參前揭註 129，頁 54。

[150] *Supra* note 114.

[151] 變更（change）係政府採購契約中之一條款，採購機關變更契約內容時，廠商常請求調整價金以彌補其損失及利益，唐克光，政府採購契約中價金之調整——美國聯邦政府採購及我國法制之比較研究，軍法專刊，第 57 卷第 5、6 期，2013 年。

[152] *Supra* note 54.

[153] 1994 DSB Task Force Report 對於廠商所主張效率（efficiencies）之抗辯係以 1992 Horizontal Merger Guidelines § 4 版本爲基礎而撰寫，然該版本 § 4 部分業經 DOJ 及 FTC 於 1997 年修正，故本文之分析原則上係採用 1997 年修正版，至於 2010 年版本 § 10"Efficiencies" 與 1997 年修正版 § 4 相較，內容大致相同。

[154] *FTC v. Procter & Gamble Co.* 386 U.S. 568 (1976).

撙節不得作為非法之抗辯理由，…它破壞了保護競爭之平衡。」近年下級法院已不採納最高法院見解，而願檢視結合案之效率問題，並考量結合後之效率與是否准許結合之關連性[155]，即行政機關應將結合後效率之提升與結合之反競爭性一併考量。國防廠商於結合時尚有可能主張結合行為可強化國家安全，此時國防部對於廠商陳述之意見是否贊成應具相當重要性。

結合固然可帶來顯著效率，包括對既有資產的更佳利用，可有效降低成本、改良品質，因為邊際成本（marginal cost）的降低，有利新廠商之產生，所以廠商經由協調的互動行為致減少競爭之情形比較不會發生，而在單方效果方面，廠商也因成本下降而不敢提升售價，有利於競爭，結合尚可使廠商生產出新產品，增加其競爭性，但是結合亦可能帶來減少競爭而產生反競爭之後果。

廠商於申報結合時必須證明唯有結合方可引起之效率，該效率謂之「結合特定效率」（merger-specific efficiencies），至於若無結合亦可產生之效率或其他具反競爭效果之效率皆非所稱之「結合特定效率」，負責審查結合之機關應調查結合特定效率之真實性，但效率並不易量化亦不易調查，所以該等主張仍應由廠商負舉證責任，1992 水平結合準則（1997 修正版）仍列舉若干情形下，廠商所主張之效率較易辨識也較易查證，例如廠商因結合將原分散各處的生產線予以變更，因而降低邊際成本，該效率便易於查證，至於研發能力之提升，其本質上可能有反競爭之效果，也較不易查證。

如廠商主張結合可降低其生產成本，包括直接成本及間接成本，而使消費者受益，國防部對於此主張應予以查證[156]，若調查結果認為結合行為可降低廠商間接成本或若干直接成本，則可肯認降低成本係結合效率因素之一，但國防部是否因此而受惠？應另須查證之。又有鑑於國防廠商結合仍可能產生傷害競爭的後果，國防部可允許廠商採用其他替代結合之方法辦理採購，例如允許廠商共同承攬、分包、直接外購或遲延同意廠商結合等，既可收結合之效率利益，亦可免除結合可能傷害競爭的疑慮[157]。

㈦國家安全之抗辯

國防廠商結合時是否將影響軍品之價格及品質？如價格較結合前升高，則產生預算排擠效應，壓縮其他軍品之獲得，又如品質降低，則無法滿足作戰需求，故價格及品質影響國家安全，反之，則對國家安全有正面助益。國防廠商於申報結合時，常以結合

---

[155] *FTC v. University Health Inc.* 938 F.2d 1206, 1222 (11th Cir.1991); *United States v. United Tote Inc.*, 768 F. Supp. 1064, 1084-85 (D. Del. 1991) cited by 1994 DSB Task Force Report, 30.

[156] 國防部辦理的採購案中，一般公開招標採購案的投標價已包括直接及間接成本，以最低標或最有利標方式決標，國防部不須分析其成本，但如使用成本計價型契約（cost reimbursement contracts）辦理的採購，則可能必須進行成本分析，故應具備查證廠商成本之經驗及能力。Federal Acquisition Regulations, 15.404.

[157] *Supra* note 54.

有利國家安全為理由。1992 水平結合準則並未對國家安全一詞給予任何定義及敘述[158]，國家安全之主張宜認定為一種「效率」的主張，正如同效率一樣，並不易量化亦不易調查[159]，廠商對於國家安全的主張仍應負舉證責任，但若國防部願證明廠商的結合對於某項重要武器系統之研發及製造確屬必需，結合後的廠商可降低價格，提升品質，充分運用其資產及人員，產製更精良的產品，在緊急情況下，甚至結合廠商應擴大生產該武器系統以滿足國防安全之需求，則該國家安全至上之重要性有可能高於其他反競爭後果等因素，而廠商的結合申請便應獲准許，但類此特殊案件恐將甚為罕見[160]。

最高法院在 *National Society of Professional Engineers* v. *United States*[161]案中，不同意全國職業工程師協會（the National Society of Professional Engineers）所主張競爭將違反其內規，而其內規符合「公共利益」（public interest）之抗辯理由，最高法院認定其內規顯然違反競爭法之規定，應屬違法，然卻未能闡釋公共利益的內容；但爾後的下級法院則願檢視國家安全與結合主張之關聯性，例如在 *FTC* v. *Alliant Techsystems, Inc.* 案[162]中，Alliant 公司主張若結合案獲得同意，可使人員及設備發揮更高效率，若未能結合將威脅國家安全，國家安全的重要性高於「公共利益」中的競爭利益，並主張法院應拒絕暫時禁止令之聲請，然國防部並未表示結合後對國家安全之增進高於其他結合利益之意見，最後法院認為，廠商未能證明國家安全受威脅，此外，國家安全不得作為結合所生反競爭結果之抗辯理由，故判決 Alliant 公司及 Olin 公司不得結合。由本案不難發現國家安全一詞具有內容的不確定性，正如同公共利益一詞，其範圍及內容並無統一見解。其他法院也未曾同意廠商所提出國家安全之抗辯，而同意其結合[163]。

㈧垂危廠商之抗辯

若廠商經營失敗，必須退出市場，則市場中將減少一競爭者，故不如允許其結合，使其繼續存活於市場中以利競爭[164]。1992 水平結合準則§ 5.1 對於垂危廠商之抗辯設有嚴格的條件：1. 該垂危廠商在短期內難以負起財務責任；2. 該垂危廠商不能依破產法第11 章之規定成功地重整；3. 該垂危廠商已善良地尋求其他合理的被收購條件以保存其資產於市場中，卻未能成功；4. 若不經結合，則該垂危廠商之資產將自市場中退出[165]。

---

[158] *Supra* note 114，亦未對國家安全有任何敘述。
[159] 反托拉斯法的主管機關並無能力評估非價格因素的重要性。Joseph Kattan, *supra* note 98, p. 34.
[160] *Supra* note 54.
[161] *National Society of Professional Engineers* v. *United States*, 435 U.S. 679 (1978).
[162] 808 F. Supp. 9 (D.D.C. 1992); *supra* note 111.
[163] *Supra* note 54.
[164] *United States* v. *General Dynamic Corp.*, 415 U.S. 507 (1974).
[165] 1992 水平結合準則§ 5.1 認定垂危廠商之的四個條件中，2010 水平結合準則§ 11 保留前三個要件，但將第四要件修正為：該垂危廠商已善良地尋求其他合理的被收購條件，該條件較原所申報的結合所生的反競爭風險為低，卻未能成功。

該等嚴格條件適用於所有產業，但卻引起國防廠商的憂慮，蓋自冷戰結束後，國防預算遭大幅削減，諸多廠商的產能過剩，普遍有機具閒置，人力效能不佳的現象，若此現象不能改善，則該等廠商之資產包括研發能力恐將退出市場，故國防科學委員會認爲水平結合準則對於垂危廠商之抗辯條件可適度放寬限制，特別是影響國家安全的國防廠商，實需要較爲寬鬆的結合條件，以免其生產及研發能力退出市場，不過國防科學委員會並未提出具體的修正條文，僅建議國防部可將軍品市場需要某重要國防廠商之理由及建議向主管機關表達。

與一般私營企業相較，國防部對於相關國防廠商的生產、研發能力及財務情況較爲熟悉，但應不具備檢視廠商全盤財務情況之專業能力，故可向主管機關或法院盡可能提供相關資訊及證據[166]，國防部亦可將其對結合後之存續或新設廠商的預測通知主管機關或法院以供其參考。

(九)檢討及建議

DSB 除以 1992 水平結合準則作爲基礎外，並引用歷年法院對於國防產業結合現象之判決而發布 1994 DSB 專案報告，該專案報告除對國防產業結合予以結構性的分析外，另提出具體的建議如下。

國防部必須獲得軍品以維護國家安全，較其他機關或公民營事業更了解廠商結合後的各種能力（生產、研發、降低成本、提升品質等能力）及影響力（交付時程、任務完成、國家安全等影響），故國防部應將其對結合之意見及證據通知主管機關或法院以供其參考。因申請結合廠商必須申報相關資料，主管機關對於結合行爲，爲求能掌握全盤的法律及經濟層面的資訊，必須善盡調查職責，同時考量國防部所提供資訊之專業性，而作出同意或不同意結合的處分。若主管機關與國防部能分工辦理，避免重複耗費資源，便可發揮最高效力，故有待彼此協調之。主管機關於調查結合行爲之初便與國防部協調，將可有效地進行案件之調查。

國防部應培養熟悉反托拉斯法的人員。有鑑於結合涉及法律、經濟、科技及財務等各面向問題，國防部應建立內部具分析反托拉斯法案件的能力，國防科學委員會建議主持人由具備法律背景之人擔任，協調並綜整其他專長領域之人的意見，這樣的安排係屬任務性的編組，爾後可適時檢討其成效，將不會增加政府的人事成本，卻可以發揮最大效能。國防部所屬人員之素養不須達到主管機關中專家之水準，因爲主管機關的專家都具備深入、獨立及全盤分析結合案件的能力，再者，主管機關大量培訓專家乃其職掌，國防部不須浪費資源，只要能建立內部具備分析並能適時協助主管機關完成調查的人力即可滿足需求。

---

[166] *Supra* note 54.

資訊分享的法律問題。主管機關於調查結合案件時，如將廠商申報的資料包括廠商的敏感性財務及商業資訊等交付國防部，依資訊自由法（Freedom of Information Act, FOIA）5 U.S.C. § 552(b)(4) 規定：「經授權所獲得之營業秘密及商業或財務的資訊得豁免公開。」[167]故國防部除法律另有規定外應保守秘密[168]，若國防部將廠商的資料交付主管機關，則主管機關亦應保守秘密。

二、1997垂直結合及廠商決策之報告

(一)審查標準

國防科學委員會依司法部於 1984 年發布之 1984 結合準則（1984 Merger Guidelines）中第 4 章「非水平結合之水平效應」[169]為基礎而撰寫本報告，非水平結合包括垂直結合及多角結合[170]，由於法院及主管機關對於非水平結合皆採寬鬆的審查態度，鮮少質疑此結合，該章內容迄今仍然有效[171]，其中 §4.13 規定：司法部於審查非水平結合案件時應使用一套客觀的方法以檢視廠商之結合是否可能產生反競爭的危害，司法部於審查非水平結合所造成的二種反競爭效果時，應使用與審查水平結合之架構式分析方法相同，依潛在競爭理論（the theory of potential competition）該二種反競爭效果皆屬對潛在競爭之危害，分別是「被察覺之潛在競爭」（perceived potential competition）危害及「實質之潛在競爭」（actual potential competition）危害，以下分述之。

潛在競爭理論是指於若干情況下，以非水平方式由一家潛在參進市場的廠商（結合廠商）結合一家已在市場的廠商（被結合廠商）將可能對市場造成反競爭效應。若該結合有效地使結合廠商離開該市場，則可造成二種反競爭之危害[172]：一、被察覺之潛在競爭危害：該結合因為消除市場中廠商的重大競爭威脅而可能導致市場競爭之立即惡化，市場中的獨家廠商或其他廠商勾結，抑制彼等售價以阻卻新廠商加入市場。由於結合廠商參進市場之威脅並不存在，市場中的廠商可能提高售價，市場競爭因而受到危害[173]。二、實質之潛在競爭危害：結合將造成了喪失增加一個競爭者來改進市場的機會，導致

---

[167] 我國政府資訊公開法第 18 條第 1 項第 7 款有相似的規定：「政府資訊屬於下列各款情形之一者，應限制公開或不予提供之：七、個人、法人或團體營業上秘密或經營事業有關之資訊，其公開或提供有侵害該個人、法人或團體之權利、競爭地位或其他正當利益者。」

[168] *Supra* note 54.

[169] Section 4 "Horizontal Effect from Non-horizontal Mergers".

[170] 1984 Merger Guidelines, footnote 25.

[171] Christine Siegwarth Meyer & Yijia Wang, "Determining the Competitive Effects of Vertical Integration in Mergers," 11 *Economics Committee Newsletter*, pp. 7-11 (2011). 前揭註129，頁 57。Wikipedia, "Merger guidelines," 網址：http://en.wikipedia.org/wiki/Merger_guidelines，查詢日期：2015 年 8 月 21 日。

[172] *Supra* note 170, § 4.11.

[173] *Supra* note 170, § 4.111.

其他更具競爭效果的方法之喪失（包括單獨參進市場或以結合小廠商作為立足點之喪失）[174]。1984 結合準則對於上述的二種潛在競爭危害在反競爭效果之評估上並無二致，即都必須經下列五種條件的檢查，若符合該五種條件，則司法部將對非水平結合提出質疑：一、被結合廠商的市場集中度高於 1800HHI 指數[175]；二、參進市場並非容易，反言之，若進入市場容易，則市場中廠商的行為並不致受影響[176]；三、垂直結合廠商參進市場之優勢少於 3 家廠商所享有[177]；四、司法部對被結合廠商的市場占有率低於 5% 者將不提出質疑，至於被結合廠商的市場占有率增加高於 5% 者，司法部將可能出質疑，被結合廠商的市場占有率超過 20%，則司法部將可能對被結合廠商的結合提出質[178]；五、至於結合後的效率問題，則應與檢視水平結合之效率方法是相同[179]。

㈡國防廠商垂直結合之情況

由於美國國防預算的大幅刪減，各國防廠商紛紛尋求整合機會以發展多重能力，並期望減少成本及增加銷售機會，廠商數目逐年減少，整合結果即為水平結合及非水平結合，廠商尋求水平結合之機會明顯遠大於非水平結合[180]。但國防廠商為求獲得購案，仍常併購其他廠商之獨立生產部門，包括電子、通訊、槍砲及軟體等製造部門以求強化競爭力[181]，此垂直結合行為將可能產生反競爭之疑慮，例如，1.垂直結合廠商可建立垂直能力以排除其他廠商參與之機會，結合廠商常要求內部部門製造軍品，不再向外採購，則其他廠商便不能有競爭的機會，但垂直結合廠商將考慮此作法是否符合成本效益；2. 垂直結合廠商可使其他廠商處於競爭之劣勢，即垂直結合廠商不給予其他廠商任何獲知重要軍品或技術之機會，使其他廠商處於競爭之劣勢，但事實上，廠商為求降低成本常與其他廠商共同合作研發，而非長期處於競爭狀態；3. 垂直結合廠商可利用其設計以強化垂直競爭力，即結合廠商利用設計軍品系統的機會，由其內部部門自行製造次系統或零組件，巧妙地將其他廠商排除，由於新武器系統需要昂貴研發成本、複雜技術及軟硬體的整合，例如匿蹤武器系統便是典型例子，非有合作無間之團隊恐難完成任務，垂直結合廠商具備此競爭優勢，可較有效率地整合研發及生產部門，故常獨立自行完成任務。

國防產業從另一層面而言卻必須面臨環境的快速變化，驅使垂直結合廠商向其他廠

---

[174] *Supra* note 170, § 4.112.

[175] *Supra* note 170, § 4.131.

[176] *Supra* note 170, § 4.132.

[177] *Supra* note 170, § 4.133.

[178] *Supra* note 170, § 4.134.

[179] *Supra* note 170, § 4.135.

[180] *Supra* note 57.

[181] *Supra* note 57.

商尋求合作機會，或不得不與其他廠商競爭，致緩和垂直結合所造成的反競爭影響，這些變化包括：1. 任務及科技的快速變化，例如電子科技常只有 3 至 5 年的市場壽命，新科技很快取代舊科技，若垂直結合廠商拒絕與其他廠商合作，分享技術，恐將遭受淘汰命運；2. 基於成本或技術考量，結合廠商開放其次系統或零件之採購由其他廠商競標，換言之，結合廠商未必交由其內部部門從事研發及生產；3. 國防部採取引進更多市場參與廠商之措施，例如鼓勵各機關使用商用品，開放國外廠商競標，則市場將出現更多競爭廠商[182]。

1997 年國防科學委員會專案報告中認為，國防產業中雖然出現垂直結合的現象，而垂直結合容易引起市場中反競爭結果，然結合廠商為節省成本及降低因改變供應商所造成的風險，未必會要求內部部門從事生產，故尚未發現產業界中垂直結合已造成系統性的問題[183]。然該報告發現國防部官員對於垂直結合潛在競爭問題未具適當的觀察能力，此乃因主辦獲得軍品的官員未能與廠商的分包廠商有任何互動行為，又對全部產業亦欠缺充分了解，例如市場中是否有其他競爭廠商及重要廠商的市場占有率等，致使在評估市場是否出現垂直結合之反競爭行為時缺乏足夠資訊及證據，故若能對負責獲得的官員加強有關經驗的累積及專業知識的灌輸，則可有效發現及監視垂直結合行為所帶來的反競爭行為[184]。又國防部亦可研究並發布垂直結合的各種現象及觀察重點，例如市場中已少於三廠商或廠商在企劃書中表示其對某種軍品的自製比例與昔日之自製比例相較，突然大幅成長，則國防部應特別觀察該廠商是否有結合行為及結合行為之影響等[185]。

第四款　1992 及 2010 水平結合準則之異同

美國司法部及聯邦交易委員會為負責結合管制的主管機關，為闡述其分析結合之技術、實務及執法政策等，由司法部於 1968 年、1982 年及 1984 年公布結合準則，後再由該二機關於 1992 年會銜公布水平結合準則，水平結合準則雖無法律拘束力，然卻為行政機關執法的重要法源，由於諸多結合申請案件在行政程序時便結案，並未進入司法訴訟程序，水平結合準則在行政審查時極具重要性[186]，而法院於審理結合案件時亦多依照該等準則所列之分析架構進行審查[187]，自 1992 年至 2010 年共 18 年間，美國司法部及

---

[182] *Supra* note 57.
[183] *Supra* note 57.
[184] *Supra* note 57.
[185] *Supra* note 57.
[186] *Supra* note 114.
[187] 前揭註 129，頁 44-50。

聯邦交易委員會將若干有關水平結合準則之新觀念引進 2010 水平結合準則，新引進之觀念對於國防廠商的水平結合行為將不無影響，以下將 1992 及 2010 水平結合準則之相同及不同之處分述如下：

第一目　相同之處

一、審查結合之理念未變

1992 及 2010 水平結合準則之審查理念均為審查結合行為是否使結合廠商具有創造力，增加市場占有力，若結合導致一家廠商或數廠商提高價格、降低產量、減少創新或以其他方式損害消費者，則主管機關應檢視其結合情形。

二、審查結合之考量因素並無重大改變

2010 水平結合準則雖未若 1992 水平結合準則之採用線性分析方式，但仍將 1992 水平結合準則之諸多考量因素更予以細緻化，並加列若干調整的因素以利審查結合案件[188]。

第二目　不同之處

一、**2010水平結合準則具靈活的實用性**

2010 水平結合準則之概論即載明：水平結合之分析並非僅為單一方法之統一適用（uniform application of a single methodology），而應由主管機關本於廣泛經驗，使用各種分析工具以檢討具體事實，2010 水平結合準則所提供之原則僅屬例示性質，並不排斥相關原則之適用[189]。2010 水平結合準則 §2 引入「反競爭效應之證據」，主管機關依其過去經驗介紹如何研判結合時競爭效果的證據，及該等證據之分類法。§3 引入「目標客戶與差別取價」藉以說明該二概念與後續章節之關連性[190]。

二、市場之界定

1992 水平結合準則係以市場定義作為分析結合行為之核心，2010 水平結合準則 §4 則認為主管機關在分析結合行為時，未必非從市場之定義著手，但市場之界定仍然為必要步驟，§4 更新「假設性的獨占廠商測試法」之敘述，即以假設性的獨占廠商將提高

---

[188] 邱德儒，美國水平結合指導原則之修正對於我國水平結合管制之啟示，國立東華大學財經法律研究所碩士論文，2012 年，頁 57-58。

[189] *Supra* note 114.

[190] 前揭註 188，頁 58-59。

於市場上至少一產品「微小但顯著且非短暫方式」之價格以界定相關產品市場及地理市場，此測試法可於測試任何相關市場時適用之，但此測試法並非測試結合的唯一方法，§4 修正並詳列諸多驗證該測試法的方法。§5 將市場結構分為三部分：「市場參與者、市場占有率、市場集中度」市場參與者旨在說明市場參與者之特殊種類，而市場占有率及市場集中度係水平結合分析之一部分，在查明結合所造成競爭效果方面均屬有效方法，主管機關在計算及解讀市場占有率的資料時，常使用以年為基礎建立之資料，但若結合行為之性質係屬龐大且非尋常者，則主管機關應蒐集並使用更多更久之資料以利分析；主管機關在計算及解釋現時廠商市場占有率之資料時，應考慮未來市場的變化，例如新科技對未來市場的長期影響，現時市場占有率高的廠商未必其具有未來的高度競爭力[191]。

　　HHI 指數並不能準確地判斷該結合是否會有反競爭效果，而主管機關應注意該水平結合是否會有反競爭效果；2010 水平結合準則修正市場集中度之指標，原結合後非集中市場（HHI 指數低於 1000），中度集中市場（HHI 指數介於 1000 及 1800），且結合後 HHI 指數增加高於 100，高度集中市場（HHI 指數高於 1800），且結合後 HHI 指數增加高於 50，修正為非集中市場（HHI 指數低於 1500），中度集中市場（HHI 指數介於 1500 及 2500），且結合後 HHI 指數增加高於 100，高度集中市場（HHI 指數高於 2500），且結合 HHI 指數增加介於 100 及 200 之間，則主管機關應評估結合後競爭效果，如結合 HHI 指數增加高於 200，則主管機關應推定廠商已強化其市場支配力，但有足夠證據證明不能增加廠商市場力量者，不在此限[192]。

三、單方效果之重視

　　主管機關依據多年之經驗，發現單方效應實際上單方效應較勾結效應常見，勾結效應並非如此容易發生，故增加對單方效應之觀察，減少對勾結效應之討論，2010 水平結合準則重新敘述單方效應及勾結效應，分別在 § 6, 7 對該等效應有更深入的敘述，同時補正或修正 1992 水平結合準則的部分內容，例如在 § 6.1「差異化產品之定價」部分以「移轉率」（diversion ratios）及「向上定價壓力」（upward pricing pressure）等經濟學工具檢驗反競爭效果是否出現[193]，此外，2010 水平結合準則注重非價格效果（non-price effects）之考量，例如在 § 6.4 加入結合後創新及產品多樣化對競爭之影響，在 § 10 加入競爭對效率之影響，在 § 7.1 允許主管機關在未具備具體證據的情況下仍可質疑

---

[191] *Supra* note 114.

[192] *Supra* note 114. 前揭註 137 及隨附之本文。

[193] 有關「移轉率」等經濟學工具之內容，詳見前揭註 188，頁 60-61。

廠商的結合行為，蓋該結合可能有勾結行為以致危害競爭。

四、其他部分之修改

　　參進市場之困難程度，如廠商可及時、可能而且足夠地參進市場，則結合廠商不易行使市場支配力，即提高售價，2010 水平結合準則除簡化 1992 年版之分析方法外，特別強調主管機關應重視廠商參進相關市場的歷史，以作為評估之重要依據[194]。2010 水平結合準則另加入強力買受人（powerful buyers）[195]、競爭的買受人結合行為（mergers of competing buyers）[196]、部分併購（partial acquisitions）[197]等敘述。

　　總而言之，2010 水平結合準則與 1992 年版相較，2010 年版之內容較能反映行政機關的實務運作情形，二者相似度非常高，2010 年版可謂為 1992 年版之進化版，而非革新版[198]。DSB「1994 DSB 專案報告」及「1997 DSB 專案報告」之立論基礎雖係 1992 水平結合準則及 1984 結合準則中第 4 章「非水平結合之水平效應」，但與 2010 水平結合準則之內容相較，差別仍屬有限，DSB 的兩份專案報告仍具參考價值。

第五款　我國之借鏡

　　我國公平交易委員會發布之「公平交易委員會對於結合申報案件之處理原則」（以下簡稱「處理原則」）對於事業之水平結合、垂直結合及多角化結合皆有規範，如將該處理原則與 2010 水平結合準則及 1984 結合準則中第 4 章「非水平結合之水平效應」之內容相較，2010 水平結合準則及 1984 結合準則中第 4 章之內容顯較抽象及繁瑣，且不具法律效力，然處理原則授權主管機關對於結合案件之諸多情形，包括市場占有率等皆有認定之權利，顯賦予主管機關較大且有彈性的執行權限，另其規定較明確易於執行，但綜括而言，處理原則與 2010 水平結合準則及 1984 結合準則中第 4 章之內容基本上似乎大致相同，然果爾？又 DSB「1994 DSB 專案報告」及「1997 DSB 專案報告」係針對美國國防廠商之結合而提出，雖然美國國防部在該二報告公布前，並不了解其在廠商結合時應有之地位，該二報告分析並建議美國國防部可採取之措施，對於行政機關之

---

[194] *Supra* note 114.

[195] *Supra* note 114.

[196] *Supra* note 114.

[197] *Supra* note 114.

[198] Chadbourne & Parke, "Revised Horizontal Merger Guidelines Issued by FTC, DOJ, 2010," http://www.chadbourne.com/files/Publication/ad33dd92-4ef5-4ec6-b945-ade1634834f3/Presentation/PublicationAttachment/9b405157-9048-4f10-bc1d-b5f98022236a/Horizontal%20Merger%20Guidelines_Client%20Alert.pdf，查詢日期：2015 年 8 月 21 日。

行政行為產生建設性的影響，貢獻卓著[199]，但是否在我國亦將發生或適用？此等問題應分二部分予以分析：法制之比較及國防產業之比較，有關法制之比較部分，本文將我國公平交易法之立法目的、事業結合之規範包括意義、申請、許可之審酌等與美國反托拉斯的法制相比較，如二國相關法制並無衝突或矛盾之處，則可推論二國對於事業結合之規範母法本質上是相同的，而 1992 及 2010 水平結合準則及 1984 結合準則中第 4 章之內容係附麗於美國主管機關之職權，處理原則係公平交易委員會依職權發布之行政規則，二者方有相同之可言，則 DSB「1994 DSB 專案報告」及「1997 DSB 專案報告」對我國方具法律上之參考價值，但兩國的國防產業是否相同？若不相同，該二報告仍不具參考價值，以下分別探討之。

第一目　法制之比較

一、公平交易法之立法目的

公平交易法第 1 條規定：「為維護交易秩序與消費者利益，確保自由與公平競爭，促進經濟之安定與繁榮，特制定本法。」從立法體例予以分析，該法可分為三大部分：一、處罰事業有違反商業善良行為之不正競爭法，二、保護消費者的消費者保護法，三、要求事業相互競爭之反托拉斯立法[200]，本文研究國防廠商之結合行為係反托拉斯法所規範，並不包括不正競爭法及消費者保護法。

美國反托拉斯法（競爭法）自 1890 薛曼法（Sherman Act 15 U.S.C. § 1-7）立法迄今已逾百年，但美國學者們對於反托拉斯法的立法目的，並無一致見解。各家學說大致可區分為傳統學派（traditionalist, realist, populist）及芝加哥學派（the Chicago School）兩類，美國自薛曼法立法之初，法院及學術界主要受傳統學派主導，自 1970 年代中期芝加哥學派掀起反托拉斯法制的思想革命，美國上訴法院及最高法院漸採芝加哥學派的見解[201]，傳統學派主張反托拉斯法之制定係為保障競爭秩序，消除脅迫及剝削的市場行為，維護一個競爭者得以對抗之狀況，該法促進效率，並不禁止生產效率之提升，最強的效率誘因是競爭，故競爭與效率可並存；芝加哥學派則認為反托拉斯法之制定係為增進市場效率，因為反競爭行為減低效率，故應禁止反競爭行為，反托拉斯法應該只禁止非效率的行為，幾乎所有的廠商行為皆是合乎效率的，只有在單純取得市場支配力時才是無效率的，效率是可測量的[202]；自芝加哥學派興起後，美國法院漸採其見解，將反托

---

[199] *Supra* note 66, p. 213.

[200] 賴源河，公平交易法新論，2 版，月旦出版社，1995 年，頁 21。

[201] 有關傳統學派（哈佛學派）之變革及芝加哥學派的興起與影響，參前揭註 129，頁 29-34。

[202] 前揭註 200，30-31。

拉斯法的目的由多數競爭者維持市場結構轉向增進效率以追求消費者利益之極大化，行政機關亦不斷採納其見解，屢屢修正結合管制制度[203]。至於垂直交易限制是否將反競爭？傳統學派主張垂直交易限制通常是反競爭的，而芝加哥學派則認為垂直交易限制很少會反競爭，縱使廠商提高價格，亦會加強服務，因而提高生產者及消費者的共同利益，1984 結合準則第 4 章之內容揚棄鞏固理論（entrenchment theory）[204]，該準則認為除非多角及垂直結合造成市場支配力，該結合將不違反競爭秩序，顯已受芝加哥學派之影響。主管機關 FTC 認為反托拉斯法係旨在保障經濟自由及企業自由之體系，並執行競爭性市場之規則（反托拉斯法）[205]。

　　公平交易法第 1 條所規定之「為維護交易秩序與消費者利益，確保自由與公平競爭」係高度抽象文字，其內容應包含反托拉斯立法，而「促進經濟之安定與繁榮」之目標必須經由廠商間競爭達成，故難謂我國公平交易法之立法目的與美國反托拉斯立法有顯著不同。

二、事業結合之規範

㈠意義

　　公平交易法第 10 條規定：

本法所稱結合，謂事業有下列情形之一者而言：
一、與他事業合併。
二、持有或取得他事業之股份或出資額，達到他事業有表決權股份總數或資本
　　總額三分之一以上。
三、受讓或承租他事業全部或主要部分之營業或財產。
四、與他事業經常共同經營或受他事業委託經營。
五、直接或間接控制他事業之業務經營或人事任免。

---

[203] 前揭註 129，頁 32-33。
[204] 指「在多角結合後透過效率的提升，產品多元性或是財務資源之擴充等方式鞏固市場上既存優勢力量，並使市場上其他小廠商難以生存，以致於侵害市場競爭之現象」。林心怡，論全球化時代美國與歐體國際結合管制差異與衝突之緩和，公平交易季刊，第 13 卷第 2 期，2005 年，頁 136。*Federal Trade Commission v. Procter & Gamble Co.*, 386 U.S. 568 (1967). 該案係美國最高法院首次對多角結合所為之判決，最高法院認為此結合案將實質降低產品在市場之競爭而駁回 P&G 聲請，理由包括：1. 該結合將提高漂白劑商品進入市場的障礙；2. 由於漂白劑商品高度集中，該結合將終止 P&G 的潛在競爭效果，並認為可能的經濟效益不能作為結合案之抗辯理由。前揭註 129，頁 41-42。
[205] Federal Trade Commission, *"Competition Counts,"* http://www.ftc.gov/search/site/competition%20counts，查詢日期：2015 年 9 月 6 日；FTC, *Guide to Antitrust Laws*, 網址：http://www.ftc.gov/tips-advice/competition-guidance/guide-antitrust-laws，查詢日期：2015 年 9 月 6 日。

計算前項第二款之股份或出資額時，應將與該事業具有控制與從屬關係之事業及與該事業受同一事業或數事業控制之從屬關係事業所持有或取得他事業之股份或出資額一併計入。

美國法律除克萊登法第 7 條（Clayton Act Section 7）[206]外，並未對結合有明確定義，然一般總稱之為「merger」，例如歷年 DOJ 及 FTC 所發布之結合準則（Merger Guidelines），即以該字統稱結合行為[207]。該條文第 1、2 項規定如下[208]：

若取得股票、股份資本或資產之行為將在本國任何一地區，對任何一種商業型態或影響商業之活動造成實質競爭的減少或可能導致獨占，則任何從事商業或影響商業活動之人不得直接或間接取得另一從事商業或影響商業活動之人之全部或一部之股票或股份資本，且任何受聯邦交易委員會管轄之人，不得取得另一從事商業或影響商業活動之人之全部或部分資產。

若取得股票、股份資本或資產之行為或使用該股票以行使表決權或授權代理表決權或其他方式，將在本國任何一地區對任何一種商業型態或影響商業之活動造成實質競爭的減少或可能導致獨占，則任何人不得直接或間接取得一個或多個從事商業或影響商業之人之全部或一部之股票或股份資本，且任何受聯邦交易委員會管轄之人，不得取得一個或多個從事商業或影響商業之人之全部或部分資產。

公平交易法第 10 條與克萊登法第 7 條規定相較，前者規定之分類較為精確，易於執行，然後者對於適用範圍則採概括性之敘述，兩者實質差異不大。

(二)申報

公平交易法將申報規定作如下之規定：1. 將結合管制原第 11 條所採行之「事前許可制」改為「事前申報異議制」，並增訂「第一項第三款之銷售金額，得由主管機關擇定行業分別公告之。」；2. 第 12 條規定，不適用事業結合申報之情形（指事業結合對市場競爭機能並無減損之情形）；3. 主管機關對於事業結合得附加附款（第 13 條第 2 項）及違反附加條件或負擔之法律效果（修正第 13、39 條條文）[209]。故事業結合符合公平交易法第 10 條第 1 項所列五種情形之一，並達到第 11 條第 1 項所列之市場占有率或銷售金額者，應先向主管機關提出申報，公平交易法施行細則第 8 條規定申報之主體。

----

[206] 15 U.S.C. § 18.

[207] 前揭註 129，頁 21。

[208] 同條文第 3 項至第 6 項為結合之除外適用規定。前揭註 129，頁 37。

[209] 沈麗玉，事業結合之管制與變革——兼論公平交易法之最新修正，公平交易季刊，第 11 卷第 1 期，2003 年，頁 56。

　　美國於 1976 年制定哈特—史考特—羅迪諾反托拉斯促進法（Hart-Scott-Rodino Antitrust Improvement Act）[210]，規定符合一定門檻金額以上的結合應向主管機關（DOJ 及 FTC）申報，若干購併或公開收購案件須俟等待期間過後，始得實施結合，DOJ 及 FTC 為便於分工，會利用「釐清程序」（interagency clearance process）決定受理機關[211]。故我國及美國對於事業結合之申報皆採事前申報異議制，由主管機關負責受理事業之申報，但申報門檻及申報程序則各依其法令辦理。

㈢許可之審酌

　　公平交易法第 13 條規定：「對於事業結合之申報，如其結合，對整體經濟利益大於限制競爭之不利益者，主管機關不得禁止其結合。主管機關對於第十一條第八項申報案件所為之決定，得附加條件或負擔，以確保整體經濟利益大於限制競爭之不利益。」公平交易委員會為使結合申報案件審查標準更臻明確，於 2015 年 4 月 13 日發布修正之「公平交易委員會對於結合申報案件之處理原則」，俾利事業遵循。美國克萊登法第 7 條規定，事業結合後，影響商業之活動造成實質競爭的減少或可能導致獨占者，不得為之。其主管機關歷年來已多次發布結合準則，臚列諸多審查之要項包括：市場占有率、市場集中度…等，我國的處理原則與 2010 水平結合準則及 1984 結合準則中第 4 章之內容基本上並無顯著地重大差異。

第二目　國防產業之比較

　　我國公平交易委員會每年依法受理結合案件之申報，1999 年共 1,064 件，核准 1,032 件，2000 年共 1,187 件，核准 1,177 件，2001 年為例共受理申請結合案 1,090 件，占該年受理案件之 42.641%，核准 1,087 件[212]，被檢舉者行業別結構中製造業占 17.20%，然在行業別之分類中並無國防產業類，同時期美國主管機關（DOJ 及 FTC）於 1999 年共受理 4,642 件，2000 年共 4,926 件，2001 年 2,376 件，2001 年其中聯邦交易委員會未直接許可結合申報者 23 件，司法部未直接許可者 32 件，在申報結合行業別之分類中製造業占 33.5%，然並無國防產業之分類[213]。該二國可能將國防產業納入製造業或其他產業中，故無法一窺國防產業的結合申報案數量。

　　美國國防產業中之廠商不乏舉世聞名者，其產品自潛艇、戰艦、車輛、飛彈至飛機

---

[210] 15 U.S.C. § 18a (2015).

[211] 前揭註 209，頁 62-65。

[212] 公平會網站，貳、業務執行提要分析，http://www.ftc.gov.tw/cgi-bin/search/query.cgi，查詢日期：2014 年 8 月 31 日。

[213] FTC & DOJ, "*Annual Report to Congress Fiscal Year 2001*," 網址：http://www.ftc.gov/sites/default/files/documents/reports_annual/24th-report-fy-2001/hsrarfy/2001_0.pdf，查詢日期：2014 年 8 月 31 日。

無所不包，該等廠商規模龐大，常跨足於國防產業及民生產業，於各種市場中充分競爭以追求利潤，使美國國防產業成為領先世界各國之頂尖產業，雖然美國國防產業自冷戰結束後面臨預算緊縮之窘境，主管機關仍採取結合管制，廠商終能渡過考驗，而我國的國防產業廠商除中船、中鋼、漢翔、聯勤各兵工廠及中山科學研究院等曾有自製國防裝備之紀錄外，其他廠商於國防產業所占之比率有限，此與政府常決定外購武器有關，國內廠商們眼見可爭取之國防採購預算不足以產生足夠誘因使其從事軍品之研發及製造，紛紛跨足民生產業並以之為營業主要項目[214]，然若民用成品之功能優異且可滿足國防所需，則亦可能被國防產業廠商所採用，國內廠商並非全然不具備生產國防產品之工業基礎能力，一旦政府重視並決定自行籌建所需之國防武器或裝備，則國內廠商在強大誘因之吸引下，應有再投入國防生產之意願，例如海軍決定將巡邏艦及飛彈快艇等交由國內廠商負責研發及製造便是一例，而廠商為追求利益，其間結合管制的問題自應受到重視。

綜上所述，簡言之，美國從事軍品生產之廠商常跨足民生產業及國防產業，為追求利益，而發生結合的情形，我國目前從事軍品生產之廠商則大多從事民生產業，然一旦政府強化彼等從事國防生產之誘因，廠商為追求利益，自然會投入國防產業，未來亦可能會有結合之情形，故國防部及公平交易委員會宜及早準備因應之道。

美國國防科學委員會所提出報告的發現及結論在我國亦可能發生或適用，果能在我國經過廣泛調查及嚴謹分析之程序以評估改進之可行性，實為最佳之方法，然我國政府從未有類此調查及研究，學術界亦無探究，殊為可惜，此或因該調查之範圍甚為廣泛，涉及法律、科技、產業經濟及國防等專業，非有充沛之人力、物力實難完成，我國未來是否有此意願及能力從事該調查及研究，不無疑問，因此可參考美國相關法制及實務經驗，期求國防產業結合之公平競爭，促進產業發展並厚植國力。

第六款　結論

美國自冷戰結束後由於國防預算大幅刪減，國防廠商為求生存常尋求與他公司結合，然國防廠商之結合是否有反競爭之疑慮？法院於審理結合之訴訟案件時，係以結合對整體經濟利益及限制競爭之不利益作為判決之核心準繩，而國防科學委員會於1994年及1997年發布1994及1997二篇專案報告，分別依「1992水平結合準則」及1984結合準則中第4章「非水平結合之水平效應」為基礎並詳細檢視其國防廠商結合之情形而撰寫，1994專案報告內容包括相關產品市場及地理市場之定義、市場參進者及市場

---

[214] 徐強、陳振燊，從清清楚楚到模模糊糊臺灣國防工業何去何從？，全球防衛雜誌，第245期，2005年，頁90-97。

占有率、參進市場之障礙、競爭效率、經由協調行為致減少競爭、經由單方效果致減少競爭、效率之抗辯、國家安全之抗辯、垂危廠商之抗辯等，司法部及聯邦交易委員會在審查結合案時，常請國防部提供專業意見以供參考，國防部意見甚為重要。至於 1997 垂直結合之報告中發現當時廠商尋求水平結合之機會明顯遠大於非水平結合，垂直結合廠商可利用其設計以強化垂直競爭力，即結合廠商利用設計軍品系統的機會，由其內部部門自行製造次系統或零組件，巧妙地將其他廠商排除，由於新武器系統需要昂貴研發成本、複雜技術及軟硬體的整合，例如匿蹤武器系統便是典型例子，非有合作無間之團隊恐難完成任務，垂直結合廠商具備此競爭優勢，可較有效率地整合研發及生產部門，故常獨立自行完成任務。當時該國國防廠商垂直結合之情況並無系統性的風險，但宜注意垂直結合可能造成的反競爭現象。

　　我國公平交易委員會發布之「公平交易委員會對於結合申報案件之處理原則」對於事業之水平結合、垂直結合及多角化結合皆有規範，如將該處理原則與 2010 水平結合準則（2010 水平結合準則係 1992 水平結合準則之改進版，2010 年版之內容較能反映行政機關的實務運作情形，二者相似度非常高，2010 水平結合準則將 1992 水平結合準則之諸多審查因素予以更細緻化之論述）及 1984 結合準則中第 4 章「非水平結合之水平效應」之內容相較，並無顯著的重大差異。若將公平交易法之立法目的、事業結合之規範包括意義、申請、許可之審酌等與美國反托拉斯的法制相比較，不難發現二國相關法制並無明顯衝突或矛盾之處，故可推論二國對於事業結合之規範母法本質上是相同的，則美國國防部所屬國防科學委員會發布之「1994 專案報告」及「1997 專案報告」對我國具法律上之參考價值。

　　由於國防部必須獲得軍品以維護國家安全，較其他機關或公民營事業更了解廠商結合後的各種能力（生產、研發、降低成本、提升品質等能力）及影響力（交付時程、任務完成、國家安全等影響），故國防部應將其對結合之意見及證據通知主管機關或法院以供其參考。此外，國防部應培養熟悉公平交易法的人員，有鑑於結合涉及法律、經濟、科技及財務等各面向問題，國防部應建立內部具分析競爭法案件的能力，俾能適時協助主管機關完成調查，主持人宜由具備法律背景之人擔任，協調並綜整其他專長領域之人的意見，此種安排當可發揮最大效能。

第三節　機關搭購之行為[215]

　　採購機關為求提升行政之效率及節省成本，常將數種較小之採購契約搭購或包裹於

---

[215] 本節內容曾發表於「軍法專刊」2017 年 8 月第 63 卷第 4 期中。

較大之採購契約中，搭購行為可能使政府獲得實質利益，但政府必須獲得「可測量性之大量利益」時，該搭購行為方屬必需及正當，採購機關是否因此限制小廠商參與完全及公開競爭之機會？機關是否造成小廠商之不公平競爭？又何謂可測量性之大量利益？

　　有鑑於現無法令規範政府可獲得之可測量性大量利益及其測量方法，因此有檢視美國及我國法令及實務之必要，藉以研究我國法令是否有應修正之處。本文主要依據美國聯邦法典、聯邦獲得規則及審計長之相關判斷予以論述，以尋求解決方法。本文首先檢視美國及中華民國於辦理政府採購時，對於廠商間完全及公開競爭之要求，再分析實務中測量大量利益之妥適作法，本文亦檢視美國及我國有關政府採購之法令及實務以彌補我國法規疏漏之處，最後謹提供建議，以供修法時一併予以考量及加列。

第一款　前言

　　採購機關於辦理政府採購時理應依循公平及公開之採購程序[216]，但機關常因各種理由，必須將數項採購標的合併（consolidate）[217]於一採購案進行採購，以提升採購效率或確保採購之品質，即採取契約搭購（contract bundling，或稱 bundling）[218]方式採購，難免因此限制或剝奪了若干廠商參與採購之機會，該等機關之行為常易引起廠商爭議。

　　於美國聯邦政府採購實務中常見搭購之現象，採購機關或基於採購方便之理由，而採取下列措施，例如：1. 採購機關於決定採購標的中，常要求廠商應交付若干不易完全供應之標的，致大部分小型廠商皆因不能供應全部標的物，無法投標；小型規模廠商若不能獲得購案，則在爾後參加政府採購競標時，採購機關於評選廠商項目中之以前實績（prior experience）及履行經驗（past performance）二項目[219]自不能獲得理想分數，該等小型廠商之競爭機會因此而不當地遭受限制；2. 將機關所需標的之設計及製造兩個

---

[216] 政府採購法第 1 條：「為建立政府採購制度，依公平、公開之採購程序，提升採購效率與功能，確保採購品質，爰制定本法。」；41 U.S.C. § 253(a)(2).

[217] "consolidate" 指採購機關將兩個以上之需求（requirements）以一招標文件要求廠商提供投標文件以訂定一個契約或一個複數決標契約之謂。Section 801, National Defense Authorization Act for Fiscal Year 2004.

[218] Federal Acquisition Regulations (FAR) 2.101(b) 及 Small Business Act (SBA) (15 U.S.C. § 632(o)). 關於搭購之定義，詳如註 228 至 235 及隨附之本文。又「bundling」一詞亦指出賣人將二種以上產品以包裹方式（in a package）出賣之謂，一般謂之「搭售」或定價組合，Stefan Stremersch & Gerard J. Tellis, "Strategic Bundling of Products and Prices: A New Synthesis for Marketing," *Journal of Marketing*, p. 1 (2002), 例如戲院販售季票便是。李元恕，定價組合策略對消費者認知與購買意願之影響，輔大管理評論，第 14 卷第 2 期，2007 年，頁 93；公平交易委員會於 97.12.11 發布「如何判斷事業的搭售行為，有無違反公平交易法第十九條第六款之規定？」解釋函。本文則研究「搭購」行為。

[219] 41 U.S.C. § 253a(c)(1)(B)(C), 10 U.S.C. § 2305(a)(3)(2009). 41 U.S.C. § 253a(c)(1)(A) 另規定機關製作招標文件時，應就其所需標的之品質明確指出評選之項目，包括技術能力、管理能力、以前實績及投標廠商之過去履行經驗情形等；同條文並規定價格、成本亦為評選要素，機關另得將其他因素列為評選項目。

程序，基於節省採購成本之理由，將兩個本應分別採購之案件合併或包裹爲單一採購案，則具備設計能力之廠商未必具有製造能力，而具製造能力之廠商亦未必具有設計能力，因而限制廠商的競爭機會[220]；上述案件中，機關將所需標的合併於單一採購案之行爲，究屬適當之合併採購（consolidating）行爲抑屬不當限制競爭之搭購（bundling）行爲？常易引起爭議，法院或審計長究應以機關節省採購成本或其他理由，同意機關之搭購行爲？抑或爲維護廠商的公平競爭機會，撤銷原單一採購案，而要求機關分別招標？其理論基礎及實務見解實值研究以供我國借鏡及參考。

　　由於美國聯邦政府之採購機關長久以來常以搭購方式進行採購，致使小廠商逐漸喪失競標機會[221]，與小型企業法（the Small Business Act）[222]規定政府應確保小型企業（廠商）參與政府採購機會並使之得標之立法目的相違背，常引起諸多爭議及討論，而搭購行爲與公平競爭間之關係若何？實待自法律及其他所涉學門領域之理論及實務面予以研究，以期解決該問題之必要。再者，國內亦鮮少有學者探究採購機關實施搭購行爲之文獻，因此引發本文之研究動機，期望探討世界先進國家——美國對於機關搭購行爲之見解及作法，並研究其是否適當，以供我國參考。本文之所以以美國聯邦政府之採購制度爲探討中心，係因其採購法較我國政府採購法歷史悠久，不僅體系健全更能結合科技、管理、經濟及會計等知識，使理論與實務密切結合，充分發揮引導工商業發展及繁榮社會之效果；再者美國家係世界貿易組織（World Trade Organization, WTO）中政府採購協定（Agreement on Government Procurement, GPA）之締約國，其採購之相關法規及實踐皆須接受WTO之貿易檢視[223]，其合符GPA之規範亦即合符世界貿易規範之正當性，實不容置疑。我國廠商如欲拓展商機，則充分瞭解該等國家之政府採購制度實屬必要，故彼等國家採購法之制度頗有參考價值，又因搭購行爲之理論及實踐所涉範圍甚爲廣泛及複雜，然每一環節均關係廠商及採購機關之權利義務，影響甚大，必須予以嚴謹

---

[220] Daniel D. Pangburn, "The Impact of Contract Bundling and Variable-Quantity Contracts on Competition and Small Business," *Public Contract Law Journal,* Vol. 25, No. 1, p. 76 (1995).

[221] 由於機關使用搭購之方式進行採購，嚴重影響小型企業之權利，依據美國白宮所屬執行辦公室之管理及預算辦公室所轄聯邦採購政策辦公室（Executive Office of the President, Office of Management and Budget, Office of Federal Procurement Policy）於2002年發布之報告，1991年小型廠商參與聯邦政府採購得標之金額由86,243美元降至2001年34,261元，而得標之次數亦急劇減少，由1991年26,506次降至2000年11,651次；自1992至1999會計年度，每100個搭購之採購契約中，小型廠商喪失106個訂約機會（包含分包之機會），此現象引起美國總統之重視，因此要求該辦公室研擬禁止搭購行爲之策略。"Contract Bundling: A Strategy for Increasing Federal Contracting Opportunities for Small Business" (October 2002). 網址：http://www.ago.noaa.gov/ago/acquisition/docs/contract_bundling.pdf，查詢日期：2016年6月30日。

[222] Public Law 85-536.

[223] WTO, "Trade Policy Review Mechanism," *The Results of the Uruguay Round of Multilateral Trade Negotiations*, pp. 434-7 (1995).

分析及歸納。

本文先以美國聯邦政府制度作為研究目標，先探討搭購行為之定義、發生原因及法令規範，再研究美國聯邦實務中認定搭購行為合法性之方法或標準，以該國法院判決或審計長之判斷等予以解釋及檢驗，即自理論及實務層面分別研究其法制現況，其次將美國國會對該行為之評論進行比對，藉以證實美國採購法制對於機關搭購行為之正確性及探究其是否有缺漏之處，並從我國實務或學理面探究是否值得借鏡，最後，綜合本研究內容，對我國政府採購法及其相關子法中缺漏部分提出建議，冀望能提供學術及實務界參考。

第二款　採購標的搭購之規範

第一目　美國聯邦實務

一、緣起

美國聯邦政府採購機關將各種採購標的合併或包裹為單一採購案，最早起始於1965 年美國空軍對 C-5A 型飛機之後勤維修，美國空軍將多種採購標的物合併於單一採購案中實施，此採購方法逐漸為其他機關接受，然卻引起國會及小型企業局（the Small Business Administration, SBA）之關切，認為該方法對於不能完全供應標的物之廠商而言，有引起限制其競爭之疑慮，可能違反採購契約競爭法（the Competition in Contracting Act of 1984, CICA）中：「行政機關於採購財物或勞務時，應依本法及聯邦獲得規則（Federal Acquisition Regulations, FAR）之規定，使用競爭程序以獲得完全及公開之競爭（full and open competition）。」之規定[224]，亦有可能違反小型企業法（the Small Business Act of 1953, SBA）中，保留採購機會予小型企業之規定[225]，國會於 1992年要求小型企業局就採購機關之搭購行為對於小廠商之影響提出報告，然該局所提出之報告坦承其並無能力判斷該衝擊，僅承諾願再研究。國會旋於 1994 年要求其所屬之審計長（the Comptroller General）就美國國防部之包裹或合併數個標的物於單一採購案之作法是否妥適提出報告，然審計長回覆稱：由於缺乏足夠有關機關合併採購標的物、規模及對採購成本之影響等實證資料，因此不能提供有關美國國防部實施合併或搭購採購標的物之影響報告，但建議應可發展出蒐集有關資料之機制[226]。然美國陸軍部（the Department of Army）則要求其所屬各採購機關，應注意將數採購標的合併採購時

---

[224] 41 U.S.C. § 253(a)(1)(A).
[225] 15 U.S.C. § 631.
[226] Pangburn, "The Impact of Contract Bundling," 同前註 220，頁 94-5。

對小廠商之影響，即機關於決定以合併採購之方法採購標的時，不得超出小廠商業之能力[227]。

俟國會於 1997 年通過小型企業再授權法（the Small Business Reauthorization Act of 1997）[228]以修正小型企業法後，始對採購機關之「搭購」行為予以明確定義，並規定機關得行使搭購方法之條件，即採購機關所屬之採購策略小組（acquisition strategy team）必須進行利益分析（benefit analysis），且該利益必須是達到機關可獲得「可測量性的大量利益」時（measurably substantial benefits），方可行使搭購方法[229]，小型企業法之相關法規命令[230]於 2000 年 7 月 26 日生效，而 FAR 亦同時修正並準用該法規定，於同日公布施行[231]。但該等法規皆未規定各機關應如何以計量方式計算「可測量性的大量利益」，因此有待各機關自行規範之。

(一)**搭購之定義及通知義務**

1. 定義

FAR 2.101(b) 及 SBA（15 U.S.C. § 632(o)）規定搭購 "bundling" 之定義相同：

「搭購」係指：

(1)採購機關基於下列原因，將二種以上曾分屬於不同較小型契約（separate smaller contracts）之財物或勞務的需求，合併於單一之招標文件及採購契約中，致使不適合於小型企業得標：

　(i) 經特定履約要件之差異性、規模或專業本質；

　(ii) 預期得標之總金額價值；

　(iii) 履約地點之分散性；或

　(iv) 有本項定義所列 (i)、(ii) 及 (iii) 款中所列之二種以上原因。

(2)前項所列「不同較小型契約」係指已由一個或數個小廠商履行之契約，或適於一個或數個小廠商得標之契約。

故 FAR 及 SBA 並非絕對禁止搭購行為，但以政府有可能因實行搭購行為而獲得實質或大量之利益（substantial benefits）者為限，機關之搭購行為對於小型企業參與政府採購有其潛在衝擊，機關首長應進行市場研究以決定搭購行為之必要性及正當性，

---

[227] 同上註。

[228] Public Law 105-135.

[229] *McSwain and Assocs., Inc.*, Comp. Gen. Dec. B-281353, 99-1 CPD ¶ 25.

[230] 13 CFR Parts 121 and 125.

[231] Diane M. Canzano, A Lawyer's View of "Contract Bundling", Contract Law Division, Office of Assistant General Counsel for Finance and Litigation, Department of Commerce, 1 (June 6, 2002). 網址：http://www.ogc.doc.gov/ogc/contracts/.../Bundling0602.pdf，查詢日期：2012 年 1 月 28 日。

如市場研究顯示政府將因搭購行為之實行，而獲得可測量性的大量利益（measurably substantial benefits）時，則該搭購行為係屬必要及正當[232]。然何謂「可測量性的大量利益」？FAR 7.107(b) 進一步規定：

> 可測量性的大量利益得包括下列各種情形之一：成本之節省[233]或價格減少、可節省時間、或改進或增強履約或效率之品質改進（quality improvements）、獲得週期時間之減少（reduction in acquisition cycle times）、較佳之契約條款及任何其他利益。機關應將上列之利益予以量化，並說明該利益係屬可測量性的大量利益之理由。除本條文 (d) 項[234]之規定外，如機關將獲得可測量性的大量利益相等於下列情之一者，則可認定搭購行為係屬必要及正當：
>
> (1) 與未實施搭購行為相較，如預估契約或訂購之價額未滿 8,600 萬美元，可獲得其中 10% 之利益者；或
>
> (2) 與未實施搭購行為相較，如預估契約或訂購之價額為 8,600 萬美元以上，可獲得其中 5% 之利益或 860 萬美元，以金額多者為先。

但美國國防部所屬之部分採購機關得基於達成任務之必要性，且已提供小廠商最大參與競爭之機會時，得不受上列金額之限制[235]。依 FAR 7.107(f) 規定，機關應於採購策略或計畫的文件中載明實施搭購行為之理由。故機關應將上列之利益予以量化，並說明該利益係屬可測量性的大量利益之理由。

如機關發出之招標文件中係以搭購之方法進行採購，則機關應將廠商允許得將工作分包予小廠商之比率，及將過去曾允許小廠商參與分包工作之履約經驗等，列為評選項目[236]。又 2 個以上之小廠商成立合資企業（joint venture）並參與政府採購，若小廠商之身分並未改變，則該合資企業並無不法[237]。

2. 通知義務

如機關考慮以搭購之方法進行採購，於進行市場研究時，得徵詢小型事業局採購中心代表（procurement center representative, PCR）之意見。機關於發出招標文件之 30 日前，應將機關考慮以搭購之方法進行採購之情形，以書面附加採購文件並說明施行搭購

---

[232] FAR 7.107(a); 15 U.S.C. § 644(e)(2).
[233] FAR 7.107(g)：機關於評估如實施搭購是否將節省成本時，應考量小型企業於履行相同或相似工作中，已支出之成本及可能支出之成本。已支出之成本應以資料證明之。
[234] FAR 7.107(d)：除可節省之成本可達預估契約或訂購之價額（包括選項）至少 10% 外，機關不得以僅行政或人力成本之減少作為搭購行為之正當理由。
[235] FAR 7.107(c).
[236] 15 U.S.C. § 637(d)(4)(G)(ii).
[237] 13 CFR Part 121.103(h)(3).

之理由。另亦應通知受影響之小廠商，並通知其得向小型企業局採購中心代表聯絡之方法[238]。

　　小型企業局採購中心代表於收到機關之通知後，得於15日內對下列事項提出建議：1. 另行將工作之全部或一部保留（setting aside）[239]予小廠商俾供其參與。2. 另行提出合格之小廠商名單。3.另行提出採購標的之組件清單[240]。如該採購中心代表認為機關所提出之採購案不利於小廠商得標，得另行提出可增加小廠商得標機會之替代訂約方法[241]。如機關之採購承辦人員拒絕小型企業局採購中心代表之建議，應於收到建議後5日內通知該代表，該代表得於收到採購承辦人員通知2日內，將理由向採購機關之首長提出報告，採購機關之首長應於7日內將其決定回覆該提出報告之代表，如機關之首長未能於7日內回覆，應即暫停採購程序[242]。

(二)1997年修法前審計長審查搭購行為之標準

　　合併採購之合法性係爭論已久之問題，從歷年來美國國會審計長（the Comptroller General）之諸多判斷中應可了解其裁定之標準，亦即實務上認定各採購案件之搭購行為是否合法之標準，可將之歸類兩大類：1997年小型企業法修法前及1997年修法後；審計長於修法前，即法律對搭購行為並無明確規範情形下，依何標準審查複雜之採購爭議案件？頗值研究，自1997年小型企業法修法後，雖有明確之法律規範，實務上仍可能有爭議案件發生，本文於探究搭購行為之程序及分析要件時，再予探討，因篇幅受限，僅能將其中犖犖大者臚列於下。

1. 避免重複支出成本

　　採購機關將數個標的合併於一採購案時，自可減少因分數次採購程序之招標及訂約的行政及管理成本[243]，此現象在機關將維護及修理工作合而為一採購契約之標的時特別明顯，審計長常認為對廠商競爭影響極少或並不限制廠商競爭，而判斷機關之作為並無不當[244]，但若機關以行政之便利性為理由而實施搭購行為，又未提出可避免重複支出成本之證據，則審計長認為機關之行為係不當地限制競爭，並不同意機關行為之合法性[245]，例如在 *Pacific Northwest bell telephone company et al* B-227850.3, June 6, 1988, 67

[238] FAR 10.001(c), FAR 19.202-1(e)(1), (2).
[239] Ralph C. Nash, Jr., Steven L. Schooner, Karen R. O'Brien, *The Government Contracts Reference Book*, 2nd ed. Washington, D.C: George Washington University Press, 468 (1998). 15 U.S.C. § 644(i).
[240] FAR 19.402-1 (c)(1).
[241] FAR 19.402-1 (c)(2).
[242] FAR 19.505(a), (b).
[243] *Caption Ctr.,* Comp. Gen. Dec. B-220659, 86-1 CPD ¶ 174.
[244] *Eastman Kodak Co.,* Comp. Gen. Dec. B-231952, 88-2 CPD ¶ 455.
[245] *Richard M. Milburn High School,* Comp. Gen. Dec. B-244933, 91-2 CPD ¶ 496；*Pacific Sky Supply Inc.,* B-228059, 87-2 CPD ¶ 504.

Comp. Gen. ¶ 442 一案中，總務局（General Services Administration, GSA）將在瀕臨太平洋六個州的電話勞務合併於一採購契約，申訴廠商僅能服務其中一州，總務局認為將標的分為數採購案非但耗時，而且不能收集中管理之效能，但未能提供證明，審計長認為申訴廠商之加入並不會延誤時程，亦不會增加管理之負擔，該局所辯顯係基於行政之便利性（administrative convenience）之理由，廠商主張機關違反契約競爭法 41 U.S.C. Sec. 253（Supp. III 1985）應予同意，故機關應撤銷該採購並賠償廠商損失。但若機關因欠缺管理契約之人力，而合併數個維護工作於一個採購契約，審計長則同意其主張[246]。

再就廠商履約階段而言，採購機關將數個標的合併於一採購案時，廠商必須負責各系統或零組件之整合及協調、發覺問題、修理故障，機關可節省因此而產生之行政成本[247]。蓋若機關可因實施合併採購而節省重複性的成本支出，亦屬正當之理由，例如美國陸軍部將傳真及電傳設備之維護勞務合併於一個契約採購，可減少廠商數目及履約管理之工作，採購另可因要求得標廠商訓練其員工維護各種不同機器，省去重複支出之成本[248]。同理，若機關實施合併採購較分別採購可節省廠商交付時程，亦屬正當之採購方法，例如美國海岸巡防署將船舶之維護及修理等勞務合併採購合一辦理，則甲板上下同時維修耗時 156 日，較分別採購及維修耗時 192 日，可節省 36 日，審計長駁回廠商主張機關應分別採購之申訴[249]。

2. 強化競爭之效能

若機關主張並能證明其合併採購行為可強化廠商競爭，則審計長通常允許機關之行為[250]，例如在 *Precision photo Lab., Inc.,* Comp. Gen. Dec. B-251719, 93-1 CPD ¶ 359 案中，航太總署（NASA）以一個採購案採購空用照相底片，共分成 50 個品項，指定廠牌，亦允許同等品，不採取複數決標方式（multiple awards）[251]，因申訴廠商不能完全供應，故主張 NASA 搭購行為已不當限制競爭，NASA 則辯稱採取合併採購方式可使競爭廠商降低總價，強化原製造商及其他廠商之競爭，相較採取複數決標方式可降低總價金，五年可節省 1 萬 1 千美元，審計長同意機關未違反採購契約競爭法 10 U.S.C. § 2305(a)（1988）完全及公開競爭之規定，駁回廠商之申訴。同理，於 *Savin Corp.* Comp.

---

[246] *Servicemaster All Cleaning Serv., Inc.,* Comp. Gen. Dec. B-223355, 86-2 CPD ¶ 216；*Sequoia Group, Inc.,* Comp. Gen. Dec. B-252016, 93-1 CPD ¶ 405.

[247] *Southwestern Bell Telephone Company,* Comp. Gen. Dec. B-231822, 88-2 CPD ¶ 300.

[248] *Secure Engineering Services, Inc.,* Comp. Gen. Dec. B-202496, 81-2 CPD ¶ 2. 然本案之申訴廠商及採購機關皆未提出明確數據證明其主張，果能以明確量化數字強化主張，當更具證據力。

[249] *Great Lakes Towing Co.,* Comp. Gen. Dec. B-235023, 89-1 CPD ¶ 570.

[250] Pangburn, "The Impact of Contract Bundling," 同前註 220，p. 78.

[251] FAR 16.504(c); 我國政府採購法第 52 條第 1 項第 4 款規定：「採用複數決標之方式：機關得於招標文件中公告保留採購項目或數量選擇之組合權利，但應合於最低價格或最有利標之競標精神。」

Gen. Dec. B-232560, 88-2 CPD ¶ 562 案中，陸軍部以一採購契約爲其分散於 13 個駐地之單位採購影印機及維護勞務，申訴廠商主張每個駐地應單獨成立一契約，故應分割成 13 個契約，陸軍部則認爲 13 個契約非但不能節省行政成本及管理費用，亦不能滿足使用者要求更新之需求，另亦因較小契約之金額過低，不能吸引更多廠商參與競爭，故應採合併採購方式促進競爭，審計長同意機關未違反採購契約競爭法 10 U.S.C. § 2305(a)（Supp. IV 1986）完全及公開競爭之規定，駁回廠商意見。

但若機關合併採購標的物，致使價格上揚，則難獲審計長同意。例如在 *Allfast Fastening Systems, Inc.,* Comp. Gen. Dec. B-251315, 93-1 CPD ¶ 266 案中，美國國防部所屬之採購機關一次採購 97 種鉚釘，依其材質、鉚釘頭部式樣及製造商等分爲四批次，並認爲此種分類方式可降低廠商報價。申訴廠商則反駁採購機關之作法，主張機關所區分的四批鉚釘中都包括至少一種難以供應之鉚釘，致使該廠商遭排除競爭，屬不當限制競爭之行爲，且證明如按以前之區分批次方式，廠商之報價可至少可低 25%，或可省 375,000 元，審計長判斷同意機關行爲已違反採購契約競爭法 10 U.S.C. § 2301(a)（1988）完全及公開競爭之規定，廠商申訴有理由。

3. 減少數家廠商間之履約歧異

機關過去未採取合併採購，而數廠商同時履約結果經證明其效果不佳，機關改採用合併採購方法，則審計長通常同意機關之作法。例如在 *Institutional Communications Co.,* Comp. Gen. Dec. B-233058.5, 91-1 CPD ¶ 292 案中，美國陸軍部採購通信數位化之改進工程，陸軍部考量採購內容甚爲複雜，包括工程地點之選擇、施工、軟硬體系統之設計、安裝、整合、測試、人員訓練等，爲免除各廠商間出現彼此推卸責任，整體系統不能運作，必須有一廠商負責整合各系統，不可分別採購，並主張此爲政府之最低要求（government minimum needs），符合採購契約競爭法 10 U.S.C. Sec. 2305(a)(1)(B)（1988）之規定，且無限制廠商競爭之情形，審計長同意其主張，因此駁回廠商要求分別招標之請求。在 *CardioMetrix,* Comp. Gen. Dec. B-244837.2, 93-2 CPD ¶ 64 案中，美國海巡署（Coast Guard）爲其位於東岸之 21 個臨床診實驗診所採購檢驗樣品等之勞務，由於該機關過去並未採取合併採購，致使多家廠商得標，然其解釋檢驗樣品之作法常存有差異，報告結果自然不一致，致使醫生容易產生誤判，所以有統一作法之必要，再者，此種採購方法亦較不經濟，審計長因此引用 *Institutional Communications Co.* 案例駁回廠商要求分別招標之請求。不過值得注意的是審計長逐漸重視機關的舉證責任，如機關不能證明合併採購之必要性，將撤銷其採購行爲。例如在 *National Customer Engineering,* Comp. Gen. Dec. B-251135, 93-1 CPD ¶ 225 案，內政部（Department of Interior）爲其所屬散布於全國 75 處使用 144 個系統之多個機關，採購了補救性及預防性之軟硬體維護，內政部爲免硬體勞務之得標廠商與軟體維護之廠商相互推諉責任，故集中於一個採購案

辦理，遭廠商申訴機關之行為已限制廠商競爭，採購機關雖稱合併軟硬體維護之採購係為統合各系統之最佳方法，但不能提出具體證明，審計長認為其搭購行為並無合理化之理由，已違反採購契約競爭法 41 U.S.C. Sec. 253a(a)(2) 之規定，構成不當限制競爭，應撤銷採購行為，將軟體及硬體維護按系統分別招標。

4. 減少技術層面風險

機關採購之標的為一個系統時，常常面臨如將該標的分成二個以上採購案時，是否較經濟？是否存有技術層面風險？又如存有技術層面風險，但價格較低，應如何處理？等問題。例如在 *Resource Consultants, Inc.,* Comp. Gen. Dec. B-255053, 94-1 CPD ¶ 59 案中，海軍部（Department of Navy）採購 P-3 型反潛飛機之武器訓練系統，該系統包括飛行及戰術兩部分及 4 項履約工作，申訴廠商主張採購機關不當搭購 4 項履約工作於一採購案，有違過去分別採購之作法，造成限制其競爭之結果云云，採購機關則認為如分別採購本系統，係屬技術上重大變更，風險甚大，此乃廠商本應負之責任，不應移轉由政府承擔，依過去相類似之經驗，機關仍須修改及整合各廠商交付之標的物，再者，如本案由二廠商分別履約，將多造成 50% 停機之機率，審計長認為機關將兩種系統整合為一個採購標的物，難免將造成限制競爭，但此情形特殊，機關之行為係為政府利益並無不當，再者，廠商並未被剝奪採購契約競爭法所規定之完全及公開競爭之權利，故廠商主張應予駁回。

相較於 *Resource Consultants* 案並未涉及契約價金是否因分別採購而有降低之情形，在 *Magnavox Electronic Systems Company,* Comp. Gen. Dec. B-258037.2, 94-2 CPD ¶ 227 案中，美國空軍將 AGM-130 型飛彈之導航系統變更案及該型飛彈採購案合併為一採購案，申訴廠商主張機關合併採購之行為係不當地搭購，如分別採購案內標的物，可降低成本[252]，美國空軍則認為飛彈之導航系統係飛彈最重要之部分，應由原製造廠商修改及製造，審計長依據 *National Customer Engineering,* Comp. Gen. Dec. B-251135, 93-1 CPD ¶ 225 等案之理由，判斷申訴廠商之主張並無理由。

在 *Argus Research Corporation,* Comp. Gen. Dec. B-249055, B-249055.2 92-2 CPD ¶ 260 案，海軍採購人員運輸潛艇，採購程序分二部分：第一部分採購初步設計，第二部分採購最終設計及製造之成品，招標文件中載明：唯有通過初步設計者方可進入第二階段，機關基於降低技術風險、避免重複支出成本等理由，且該廠商之設計、生產及交付能力具備相關性，因此將潛艇之最終設計及製造等工作交由初步設計之得標廠商負責，審計長引用 *Great Lakes Towing Co.,* Comp. Gen. Dec. B-235023, 89-1 CPD ¶ 570 等決定，認為

[252] 但本判斷書未具體載明降低成本之金額及計算方法，網址：http://archive.gao.gov/lglpdf66/153109.pdf，查詢日期：2016 年 6 月 30 日。

機關將潛艇設計及製造部分合併採購之作法，應屬適法。

5. 產業習慣

機關於採購案中因商業或產業習慣，拒絕申訴廠商主張應將合併之採購標的分別採購之聲明，審計長於調查若干採購案件時，同意機關之理由。例如在 *J & J Maintenance, Inc.,* Comp. Gen. Dec. B-214209, 84-2 CPD ¶ 488 案中，總務局（General Services Administration）為其位於都會區之商業大樓將其所需之維護及操作等勞務合併採購，申訴廠商主張應將維護及操作勞務分別辦理，總務局認為此種採購方法符合標準商業習慣（standard commercial practice），且申訴廠商無法舉證合併採購之負面影響，審計長判斷機關之行為正當。又在 *Target Financial Corporation,* Comp. Gen. Dec. B-228131, 87-2 CPD ¶ 506 案中，機關為其所需之文字處理器而將電腦硬體採購、軟體維護及人員訓練等標的而合併採購，主張其行為符合當時的產業習慣（industry practice），申訴廠商則主張應將電腦之軟硬體及人員訓練等採購分別辦理，審計長引用 *Caption Center,* B-220659, Feb. 19, 1986, 86-1 CPD ¶ 174 案例，同意機關之主張並駁回廠商申訴。

6. 強化履約品質

機關為確保採購品質，提升採購效率，將數採購標的合併於一採購案，且依招標程序辦理，審計長於若干採購爭議案件中支持機關合併採購之作法。例如在 *Space Vector Corporation,* Comp. Gen. Dec. B-253295.3, 93-2 CPD ¶ 273 案中，美國國防部採購之飛彈試驗計畫必須經過多次測試，採購機關經篩選後認為廠商中僅有一家具此能力（申訴廠商未具於時限內完成測試之能力），為使該廠商之各種履行參數能保持一致性，避免各廠商之參數不同，遂以議價方式將相關測試工作合併於一採購案並決標予該廠商，申訴廠商則主張機關有將該等測試分別採購之必要，審計長同意機關之作法。又在 *Control Data Corporation,* Comp. Gen. Dec. B-235737, 89-2 CPD ¶ 304 案，美國空軍為發展先進空用電腦模組，將 control processing modules（CPM）及 advanced technology insertion modules（ATIM）兩種模組合併採購，該二模組為整合所必需，彼此具備相互關連性，如分別招標將增加政府成本之支出，與合併採購相較，採購作業時間將延長，且交付期限亦將延後，審計長引用 *Caption Center,* B-220659, Feb. 19, 1986, 86-1 ¶ 174 及 *Target Financial Corp.,* B-228131, Nov. 23, 1987, 87-2 CPD ¶ 506 等案例，同意機關合併採購之作法。

二、法令之規範

採購契約競爭法（the Competition in Contracting Act of 1984, CICA）雖然規定：行政機關於採購財物或勞務時，應依本法及聯邦獲得規則之規定，使用競爭程序以獲得完全及公開之競爭，但並未對搭購行為有任何規範，機關、廠商及審計長於適用時難免

有見解不同之處，小型企業協會因此遊說國會，要求對機關之搭購行為予以限制[253]，國會於 1997 年通過小型企業再授權法以修正小型企業法（the Small Business Act of 1953, SBA），規定機關實行搭購行為之要件及相關程序，即機關首長應進行市場研究以決定搭購行為之必要性及正當性，如市場研究顯示政府將因搭購行為之實行，而獲得可測量性的大量利益時，則該搭購行為係屬必要及正當。可測量性的大量利益得包括下列各種情形之一者[254]：1. 成本之節省；2. 品質之改進；3. 獲得週期時間之減少；4. 較佳之契約條款；5. 任何其他利益，機關並應履行通知小型企業局代表或小廠商之義務，若機關未依法進行利益分析[255]，或未通知小廠商[256]，皆遭審計長認定機關之搭購行為係違法或無效。

　　SBA 及 FAR 並未進一步詳細規定測量政府所獲利益之作法，似有意保留由各採購機關自行訂定，2002 年 10 月美國白宮所屬執行辦公室之管理及預算辦公室所轄聯邦採購政策辦公室（Executive Office of the President, Office of Management and Budget, Office of Federal Procurement Policy）應總統之要求，向總統提出增加小型企業參與聯邦採購機會之策略報告（Contract Bundling: A Strategy for Increasing Federal Contracting Opportunities for Small Business）[257]，對於採購機關於實施搭購之行為，提出若干作法上之建議，然該報告對於如何測量該等大量利益之作法著墨不多，況且國會於 2004 年 5 月批評該策略之影響為不確定[258]，故參考價值有限。此後美國國防部所屬之小型企業計畫辦公室（Department of Defense, Office of Small Business Programs）於 2007 年，為此提出「利益分析指導手冊」（Benefit Analysis Guidebook）作為該部採購機關於擬定是否採取搭購策略時之依據[259]，對於如何測量政府可自搭購行為所獲大量利益之作法，有較為明確及

---

[253] Ralph C. Nash, Jr., John Cibinic, Jr., *Formation of Government Contract*, 3rd ed. the George Washington University, Washington, D. C. 371 (1998).

[254] 15 U.S.C. § 644(e)(2).

[255] *Sigmatech, Inc.,* Comp. Gen. Dec. B-296401, August 10, 2005.

[256] *TRS Research*, Comp. Gen. Dec. B-290644, September 13, 2002.

[257] 網址：http://www.ago.noaa.gov/ago/acquisition/docs/contract_bundling.pdf，查詢日期：2016 年 6 月 30 日。

[258] United States General Accounting Office, Report to the Chairman and Ranking Minority Member, Committee on Small Business, House of Representatives, "Contract Management, Impact of Strategy to Mitigate Effects of Contract Bundling on Small Business Is Uncertain" (May 2004). 網址：http://www.gao.gov/products/GAO-04-454，查詢日期：2016 年 6 月 30 日。

[259] Office of Small Business Programs, Department of Defense, *Benefit Analysis Guidebook* (October 2007), 網址：http://docplayer.net/16414809-Benefit-analysis-guidebook.html，查詢日期：2016 年 6 月 30 日。本指導手冊是否具備行政之拘束力？就其封面所載本冊係「供協助國防部獲得策略團隊於分析利益時之參考…」（A Reference to Assist the Department of Defense Acquisition Strategy Teams in Performing a Benefit Analysis…）一語以觀，係供美國聯邦政府公務人員對於業務方式之齊一作法，依我國法之概念，將之歸屬為行政規則之性質較為妥適（行政程序法第 159 條參照）。

詳細之敘述，頗值研究。

三、1997年修法後實施搭購行為之程序及規定

　　由於美國國防部所發布之「利益分析指導手冊」係唯一政府相關文件，其係依採購程序分別敘述，即從市場研究、利益分析等予以探究，本文亦依此順序探討。

㈠市場研究

　　採購機關於製作採購計畫之時應即實施市場研究[260]，以蒐集採購標的之資訊、了解市場中潛在商源之能力、當地之產業實務（business practices）、廠商間是否有足夠競爭可能及可替代搭購行為之採購方法。機關於設計招標文件時得使用招標文件草案（draft solicitations）、招標前會議（presolicitation conferences）及其他方法，促使產業參與之[261]。如機關考慮以搭購之方法進行採購，於進行市場研究時，得徵詢小型事業局採購中心代表之意見。但美國國防部於辦理採購金額為 750 萬以上，太空總署、總務局及能源部（Department of Energy）550 萬以上，其他機關 200 萬以上之採購案件，且有涉及搭購之行為時，應即於擬訂採購計畫之初，徵詢當地小型企業局代表之意見，並確認可減少或降低搭購範圍之替代方案，及不採取該等替代方案之理由[262]。如機關經市場研究後，發現縱使合併數需求於一個採購案，亦適合小型企業參與並得標，則此採購方式並非搭購[263]。

㈡利益分析

　　機關將實施搭購與非搭購計畫相較，能證明自搭購行為中獲得可測量性之大量利益，則該搭購行為係屬必須且具正當性[264]，故利益分析必須以比較之方式進行，與採購契約金額之多寡無關，其計算利益之方式或採取單項計算，即以每一利益為類別計算之，或採取合併計算，即將各利益之金額合計之，皆無不可，但各利益不得重複計算。又利益可分成有形的（tangible）及無形的（intangible）兩種[265]，前者係指可以金錢計算或可易於轉換為金錢計算之價值，反之則為無形的價值[266]。FAR 7.107(b) 所規定之「可測量性的大量利益」中，有形的利益包括：價格減少、成本之節省、行政成本之減少、未來成本之節省（Cost-Avoidance Savings）及人力成本之減少，而無形的利益包括：品質之改進（即技術利益，technical benefits）、縮減採購時程、較佳之契約保障（例

---

[260] FAR 7.107(a).
[261] FAR 7.105(a)(8)(i).
[262] FAR 7.107(e); 7.104(d)(i).
[263] FAR 2.101(b).
[264] 15 U.S.C. § 644(e)(2).
[265] 龍毓聃譯，會計辭典，初版，三民書局印行，1980 年，頁 466。
[266] *Benefit Analysis Guidebook*，同註 259，頁 4-4 (2007)。

如：保固）及其他利益（例如：勞務之改進）[267]等，以下依序探討之。

1. 採購成本之節省或價格下降

採購之標的：財物、勞務及工程中，財物及工程之價格比較並無困難，但對於勞務價格減少則有討論空間，因此本文省略財物及工程之價格計算。

(1) 價格減少或成本之節省——勞務

採購機關將分屬不同之勞務合併辦理採購時，自廠商企劃書中發現若廠商能設立聯合詢問服務台適時解答勞務之困難，則不但可節省成本，而且可提升勞務效率，故辦理合併採購並非不可行，但仍須計算政府可獲得之利益是否符合法令規定，方得決定採取合併採購。例如機關合併採購 11 種有關電腦維護之勞務，依已採購之相同勞務明列各項價格，總價格為 70,855,009 元，A 廠商於企劃書之總報價為 55,035,509 元，B 廠商 62,036,790 元，C 廠商 56,011,410 元，則 A、B、C 廠商平均報價為 57,694,570 元，以已採購之總價 70,855,009 元扣減 57,694,570 元得 13,160,439 元，即為價格減少之數額。但是該數額是否符合法令規定之門檻？若逾 FAR 7.107(b) 所規定之 10%，則機關得合併辦理採購，以 13,160,439 元 ÷57,694,570 元 = 0.228，即機關將有 22.8% 之價格減少利益，已逾 10% 之門檻，政府可因此獲得可測量性的大量利益[268]。

FAR 7.107(b) 規定之可測量性的大量利益尚包括廠商大量節省成本之利益，例如採購機關可參考民間企業將運送勞務外包之作法，合併採購各種物品之運送勞務，例如國防所必需之精密武器（飛彈）、糧秣、槍枝、彈藥及一般用品等運送條件各不相同，廠商於運送中應注意其安全、防震、濕度、溫度等不同條件而採取不同運送方式，但可因將運送方式相同之數種物品合併運送，使原半載之貨物改成整車運送，亦可與其他契約之貨物以同船或同飛機運送，而可節省人力及物力成本。計算成本節省利益之方式與計算價格減少之方式相同[269]。

(2) 行政成本之減少

行政成本係指機關辦理採購案件而支出之行政或本，包括 1. 機關徵詢廠商意見；2. 訂約；3. 受領廠商投標文件；及 4. 會計等成本支出，試以某採購機關以一般採購方式，即以書面方式，每一次採購辦公室用品之預估行政成本為例[270]，其依管理及預算辦公室（Executive Office of the President, Office of Management and Budget, OMB）所發布之第 A-76 號通告（CIRCULAR NO. A-76）計算上列四項行政成本之支出分別為：57.75

---

[267] 同上註，C-3, C-4.

[268] 同上註，Example 1, pp. 1-5. 參看 *Phoenix Scientific Corp.*, Comp. Gen. Dec. B-286817, 2001 CPD ¶ 24.

[269] 參看 *S&K Elecs.*, Comp. Gen. Dec. B-282167, 99-1 CPD ¶ 111.

[270] *Benefit Analysis Guidebook*，同註 259，Example 5, pp. 1-5.

元、97 元、50 元及 50.25 元，合計 255 元[271]，若機關合併採購所需物品，並使用政府採購卡（purchase card）[272]詢問六家小廠商之行政成本之支出分別爲：27.75 元、3 元、5.25元及 19 元，合計 55 元，若年採購量爲 50,000 次，則以傳統之現行（一般）採購方式，機關將支出 1,275 萬元，而若以政府採購卡合併採購物品，機關將支出 275 萬元，節省1,000 萬元，以 1,000 萬元 ÷1,275 萬元 = 0.7843，即機關將有 78.43% 之價格減少利益，已逾 10% 之門檻，政府可因此獲得可測量性的大量利益，機關實施搭購之行爲係屬合法。

(3) 未來成本之節省

未來成本（future cost）之節省係指可避免成本（cost-avoidance）之節省，例如廠商所提出之企劃書中所載明之條件可減少機關未來投資之支出，此即未來成本之節省。試舉一例計算如下[273]：美國聯邦政府各機關每一年度對於實驗室用品之需求甚大，約 3,700萬美元，擬合併採購，並設置一專職人員負責協調事宜，該專職人員必須解答各機關使用人之疑難，並提供訓練，實有設置之必要，經評估屬 GS-13（Step 5）級人員，年薪 81,230 元（2010 年），然大廠商於企劃書中載明願承擔該人員成本，換言之，政府不須負擔該人員成本，但機關所擬之合併採購是否妨礙小廠商之競爭機會？自應計算政府可獲得之利益是否符合法令規定，方得決定採取合併採購。其依管理及預算辦公室（OMB）所發布之第 A-76 號通告計算政府應支付該員之福利費用（fringe benefits）[274]爲薪資之 36.25%，81,230 元乘以 0.3625 得 29,445.875 元，29,445.875 元加 81,230 元得110,675.875 元即爲政府應支付之福利及薪資之合計，而該金額 110,675.875 元尚須乘以 12% 之間接費分攤率（overhead rate）[275] = 13,281.105 元，而政府之負荷（burden）金額爲 110,675.875 元 + 13,281.105 元 = 123,956.98 元，123956.98 元 ÷37,000,000 元 =0.00335019，即 0.335019%，未達 10% 之利益，故機關之搭購行爲並不符合法令規定，機關不得實施搭購行爲。

----

[271] Executive Office of the President, Office of Management and Budget, CIRCULAR NO. A-76 *Revised Supplemental Handbook, Performance of Commercial Activity,* (May 29, 2003). 網址：http://www.whitehouse.gov/omb/circulars_a076_a76_incl_tech_correction，查詢日期：2016 年 6 月 30 日。該通告係規範聯邦政府判斷廠商商業活動之政策，其中對於人力成本之各種因子（factor）規定甚為詳盡，採購機關應以之作為估算人力成本（personnel costs）之標準，但可能因不同採購機關之成本不盡相同，而有可能不同於 255 元之成本。同上註。

[272] FAR 13.301. 我國政府採購法之「電子採購作業辦法」第 19 條亦規定：「機關支付採購價金，得以政府採購卡為之。」

[273] *Benefit Analysis Guidebook*，同註 259，Example 1, pp. 1-5.

[274] 指養老金、退職金、保險費或其他代表為現在或將來給予員工之報酬，該費用既非在薪資內扣除，亦非由員工自行支付。龍毓耼譯，會計辭典，同註 265，頁 220。

[275] CIRCULAR NO. A-76，同註 271，C-20.

(4) 人力成本之減少

若採購機關將每年計 3,000 萬元之財物及勞務採購，由傳統以書面進行採購之方式改以電子上網標賣方式爲之，則預估可從傳統之 55,000 件採購案中節省 10 個採購人員之人力成本，但機關將所需之財物及勞務合併採購，有可能不利小廠商競爭，因此應計算政府可獲得之利益是否符合法令規定，方得決定採取合併採購。如可裁減之人員屬 GS-9（Step 5）級人員，年薪 47,103 元（2010 年），政府應支付該員之福利費用（fringe benefits）爲薪資之 36.25%，47,103 元乘以 0.3625 得 17,074.8375 元，17,074.8375 元加 47,103 元得 64,177.8375 元即爲政府應支付之福利及薪資之合計，而該金額 64,177.8375 元尚須乘以 12% 之間接費分攤率（overhead rate）= 7,701.3405 元，而政府之負荷（burden）金額爲每人 64,177.8375 元 + 7,701.3405 元 = 71,879.178 元，乘 10 人得 718,791.78 元，即政府可裁減 10 人之利益，718,791.78 元 ÷ 30,000,000 元 = 0.02395973，即 2.395973%，未達 10% 之利益，故機關之搭購行爲並不符合法令規定，機關不得實施搭購行爲，但可以電子上網標賣方式採購所需之財物及勞務[276]。

2. 品質之改進

品質之改進係指使財物、勞務及工程品質處於較佳之情況，包括使其可靠度、維修能力、相容性及效率之提升，品質改進後，政府自可受益。試以機關合併採購多種資訊勞務爲例[277]，檢視此種採購方法是否達到法令所規定之門檻。聯邦各機關之電腦常遭遇電訊中斷、系統不相容、安裝困難等困擾，若尋求小廠商協助解決上述困難，常見小廠商僅能提供類似服務台（help-desk）性質之服務，因其不能完全提供軟體及週邊設備，使用者必須另洽大廠商協助解決困難，每年耗費 4,000 萬美元維修，據若干大廠商報告，若機關將所需的各種資訊勞務合併採購，可有效改進資訊之品質並節省 10% 至 15% 之價格，機關並評估可降低 50% 的類似服務台之勞務，但合併採購有可能不利小廠商競爭，因此應計算政府可獲得之利益是否符合法令規定，方得決定採取合併採購。

經機關計算尋求小廠商提供勞務之成本如下：解決訊號中斷共費 208,700 小時、安裝問題 73,000 小時、維護 94,000 小時、人員訓練 12,000 小時，合計 387,700 小時，以每小時 25 美元計共需 9,692,500 元，若依機關可降低 50% 的勞務爲計算基礎，則機關可因此節省 4,846,250 至 9,692,500 元，以 4,846,250 ÷ 40,000,000 = 0.1211，機關可獲得 12.11% 之品質改進，政府可因此獲得可測量性的大量利益，機關實施搭購之行爲係屬合法[278]。

----

[276] 參看 *S&K Elecs.*, Comp. Gen. Dec. B-282167, 99-1 CPD ¶ 111.
[277] *Benefit Analysis Guidebook*，同註 259，Example 8, pp. 1-3.
[278] 參看 *EAI Corp.*, Comp. Gen. Dec. B-283129, 99-2 CPD ¶ 69.

3. 縮減獲得週期時間

FAR 7.107(b) 所規定「獲得週期時間」（acquisition cycle times），係指自機關確認所需之標的至使用者獲得該標的之時間，機關若能以簡化採購程序為方法減少獲得之週期時間，則存貨水平（inventory level）可下降，儲存空間可減少，自然可以節省相關之成本[279]，故採購機關如能縮減獲得之週期時間，使採購之標的及時交付於使用者，政府可能因此而獲得可測量性的大量利益，則機關得實施搭購之行為。

試以某一聯邦機關之大型設施[280]之維護及清理為例說明之，該大型設施目前具備 1 座總供應中心及 22 座分支供應室提供維護及清理所需之財物，然維護工作卻常逾交付期限，並遲延數月方得完成，蓋自總供應中心獲得及運送所需之零件至使用單位平均費時 21 日，尚不包括該單位能獲得專業人員實施作業所需之時間；又總供應中心所儲存者常為低度需求之品項，貨架上之儲存零件占據空間，但不常使用，機關必須另向廠商採購所需之零件，導致延宕時程，俟使用單位獲得所需之零件時，又必須加班裝修，增加人力成本。該機關因此想一改過去以數個當地小廠商為主之維護方式，改以一家大廠商提供及時之勞務，即合併採購所需之勞務，每年預估之契約金額為 480 萬元。

若機關合併採購所需之勞務，預估可節省之成本包括：

(1) 存貨負擔之成本：1 座總供應中心及 22 座分支供應室之存貨成本分別為 106 萬美元及 88 萬元，合計 194 萬元，但機關應以借貸成本（cost of borrowing）計算之，1,940,000 元乘以 6.375%[281] = 123,675 元；

(2) 倉庫成本：以租賃相同品質之倉庫為計算標準，一平方尺 4 美元，6000 平方尺需 24,000 元；

(3) 加班維護費：8,500 小時共 174,620 元；

(4) 運輸成本：49,800 元；

總計全部利益為 372,095 元。以 372,095 元 ÷ 4,800,000 = 0.07751979，即 7.75%，未達 10% 之利益，故機關之搭購行為並不符合法令規定，機關不得實施搭購行為。

4. 較佳之契約保障

如機關實施合併採購或搭購之方式可獲得較佳之契約保障（包括：大廠商承諾給予機關價金折扣、較佳之保固條款、較佳之勞務等），則政府因之受有利益，並依利益之多寡依法令決定是否可以採取合併採購或搭購之行為，產生利益中若屬有形（tangible）的利益（例如：價金折扣）較易判斷，但若干利益則較不明顯，必須將之轉換成具可測

---

[279] *Benefit Analysis Guidebook*，同註 259，Example 9, pp. 1-4.

[280] 我國諸多國營企業之生產工廠亦有維護及清理之需求。

[281] *Benefit Analysis Guidebook* 並未說明 6.375% 之來源依據，應係指利息之計算。同註 259，Example 9, p. 3.

量性的金額數字方能判斷，試以某聯邦機關嘗試以合併採購或搭購之方式，改進契約中的保固條件爲例分析之[282]。

　　某聯邦機關爲維持網路交換器正常運作，分別與三廠商簽約採購所需之勞務，其中二廠商爲大廠商，另一家爲小廠商，三契約（均附有契約期間得延長之條款）金額合計 3,500 萬元，目前 90% 之設施已過保固期限，原製造廠商所提供之保固期爲 12 月，在保固期內之修理收取 100 元之運送費及處理費，如逾越保固期限，則每次修理平均收費 1,500 元再加 100 元費用，僅去年一年機關支付 250 萬以上之修理費，有鑑於機關之設備已漸老化且修理費用昂貴，該機關希望能向單一廠商採購新設備並要求廠商能提供更佳之保固條款。經實施市場調查後，發現有三廠商有製造能力，且願意提供新品 3 年保固，不再另收取費用，該產品在操作使用的平均連續無故障時間（mean time between failure, MTBF）[283]爲 2,000 小時，該三廠商均願意無償提供一名全職人員負責維護。

　　機關希望於 36 月內採購約 3,000 套新系統以取代現存系統，機關評估每套系統平均運行 112 小時，以 112 小時乘 3,000 = 4,032 小時，即 3 年內每套系統之運行總時數，以 MTBF2,000 小時計，每套系統平均將故障 2 次（4,032 小時 ÷ 2,000 小時 = 2 次），全部系統將發生 6,000 次故障。依現在廠商之保固條件，機關必須爲現有設備支付保固期內之修理 3,000 次，每次 100 元，計 300,000 元及保固期外之修理 3,000 次，每次 1,600 元（1,500 元修理費再加 100 元運送及處理費），計 4,800,000 元，合計 5,100,000 元，但新廠商在 3 年保固期內僅收取 600,000 元（100 元乘 6,000 次），機關可收取之利益爲 5,100,000 元減 600,000 元 = 4,500,000 元。4,500,000 元 ÷ 35,000,000 元 = 0.1285，即 12.85%，故機關可獲得 12.85% 之較佳之契約保障（保固），政府可因此獲得可測量性的大量利益，機關實施搭購之行爲係屬合法。

　　5. 其他利益

　　若機關期待可獲得之利益不屬於上列任何利益，則可將該利益歸類於其他利益，例如廠商提升勞務之品質便屬之，但若將之歸類於「品質之改進」事由亦無不可，蓋 15 U.S.C. § 644(e)(2) 並未規定利益之分類方式，然規定機關應實施測量性之利益分析，即以計量方法分析利益之多寡，例如機關認爲搭購行爲可促使某一大廠商提升勞務之品質，則該機關得臚列並分析下列事項：1. 使用者反應不便之成本；2. 調查、處理不便原因之成本；3. 觀察修正情形之成本；4. 使用者因停機待修之成本等，再以總成本除以契

---

[282] *Benefit Analysis Guidebook*，同註 259，Example 10, pp. 1-4.
[283] MTBF（平均故障間隔）是可靠度工程學及製造工程學的名詞。網址：https://zh.wikipedia.org/wiki/ %E5%B9%B3%E5%9D%87%E6%95%85%E9%9A%9C%E9%96%93%E9%9A%94，查詢日期：2016 年 6 月 30 日。

約金額以判斷該搭購行為之合法性[284]。

　　6. 分析技巧

　　機關可使用之分析方法包括：價金分析（price analysis）、成本分析（cost analysis）[285]、估計法（estimation techniques）、扣除及折現法（netting and discounting）[286]等，而估計法又可分為 1. 相似情況下之推論、2. 參數估計（parametric estimation）[287]等[288]。

四、驗證

　　自 1965 年起若干美國聯邦政府實施之搭購行為是否造成小廠商之不利競爭？已引起行政及立法部門諸多討論，如何判斷搭購行為之正當性或合法性，在 1997 年小型企業再授權法通過前，審計長依採購契約競爭法規定之「完全及公開之競爭」作為決定依據，然等該文字究屬抽象之規定，致決定搭購行為之標準不一，包括：避免重複支出成本、強化競爭之效能、減少數家廠商間之履約歧異、減少技術層面風險、產業習慣及強化履約品質等理由，該等理由容易見仁見智，況且若數個理由間彼此內容重疊或機關並非全然受益時，究應如何判斷搭購行為之正當性？畢竟缺乏全面具體之規定，再者審計長之決定缺乏量化之測量基礎，難免有含糊不明之虞慮；俟 1997 年修法後，小型企業法對於機關實施搭購行為能獲得之利益有明確的規定，非但對於利益之種類及通過門檻等規定明確，對於機關通知廠商及目的事業主管機關（SBA）亦規範具體，以防止採購行為不透明之弊病，此外並要求機關應達到機關可獲得「可測量性的大量利益」時，方可行使搭購之方法，但允許美國國防部所屬之部分採購機關得基於達成任務之必要性，且已提供小廠商最大參與競爭之機會時，得不受門檻金額之限制，充分授權機關裁量實施搭購之權利，於完全及公開之競爭之前提下兼顧理論及現實。審計長依該法令作為判斷基礎，其決定之理由顯較前更充分、具體，並更具說服力。經比對審計長在 1997 年小型企業再授權法通過前，及該法通過後之諸多決定，並無明顯相互矛盾之

---

[284] *Benefit Analysis Guidebook*，同註 259，Example 11, pp. 1-4.

[285] 價金分析和成本分析之區別，在於價金分析係指審查並評估廠商之報價，但還不須要評估廠商之成本、利潤等項目，故可就其他報價進行比對，或從公開出版之價格表及市場調查…等進行分析。FAR 15.404-1(b). 而成本分析是就從廠商的投標文件中分析並評估其不同的成本項目及建議之利潤，以判斷其履約之經濟性及效率性，FAR 15.404-1(c)。詳見唐克光，政府採購中成本計價型契約之種類及其適用——以美國聯邦政府為中心，軍法專刊，第 51 卷第 11 期，2005 年，頁 15；論成本計價型契約中成本及利潤之協商——以美國聯邦政府採購為例，軍法專刊，第 52 卷第 5 期，2006 年，頁 14-46。

[286] 洪茂蔚，財務管理，雙葉書廊，2010 年，頁 58-9；徐守德，財務管理，滄海書局，2010 年，頁 52-4。

[287] 參數預估係主要用以預估新品項（財物或勞務）之成本或價格一種計算方法，詳見 International Society of Parametric Analysts, *Parametric Estimating Handbook*, 4th edition (2009).

[288] *Benefit Analysis Guidebook*，同註 259，Appendix D.

處，只是小型企業法及聯邦獲得規則對於搭購行為之限制較前嚴格[289]，審計長之決定更顯客觀、立論更堅實有力同時展現足夠之說服性[290]。

　　然自小型企業再授權法及其相關規定公布施行後，各機關實施搭購行為執行情形如何？亦即該法要求機關可獲得「可測量性的大量利益」時，方可行使搭購之方法，實務上是否可行？美國國會及小型企業局皆曾實施調查並提出報告，2003 年國會所屬總會計室（United States General Accounting Office）於眾議院小型企業委員會作證時指出：1. 監督各機關實施搭購行為之衡量及資訊不足，蓋諸多機關並未提供有關的報告；2. 小型企業局於 2003 年曾提議修改行政命令，要求各機關應提出有關搭購行為更為詳盡的報告，包括搭購文件及合理化之理由、小企業在聯邦政府採購所占之比例等繁瑣之要求，但此建議將增加小型企業局及各機關之人力及經費之負荷，除非調整其人力及經費，否則在執行時將發生困難[291]。國會總會計室於 2004 年於國會報告中[292]，再指出機關實施搭購行為之若干現象：1. 各機關提出之數據資料與聯邦採購資訊系統（Federal Procurement Data System, FPDS）所儲存資料不相符合，評估困難；2.FAR 並未提供計算政府所獲利益之方法，採購人員對於計算之方法有待訓練，因此 FAR 是否已達成修正之目的？甚難評估，又因各機關並非每年皆有搭購之行為，例如 2002 年中 23 個政府機關中 16 個機關並無搭購之行為，故是否促成小廠商參與政府採購之機會？亦難評估，但 FAR 之修正對於消除機關無正當理由之搭購行為具有正面意義；3. 由於缺乏及時且正確之資訊，又法令並未規定政府所獲利益之計算方法，因此不易監督機關是否恣意採取搭購行為及評估各項法令之執行成效。

　　美國小型企業局所屬之檢查長辦公室（Office of Inspector General, OIG）於 2005 年對該局提出一份稽查報告[293]，對於該局執行 FAR 所規定有關搭購行為之情形有甚為詳盡之敘述，該稽查報告指出：1. 該局僅小部分審查由採購機關所提交有關搭購行為之報告，換言之，大部分報告並未經審查，在 2001 年至 2004 年之 220 件可能的搭購案中，

---

[289] Diane, A Lawyer's View of "Contract Bundling," 同註 231，頁 1-2。

[290] Ishak Akyuz, "Bundling into the Millenium: Analyzing the Current State of Contract Bundling," *Public Contract Law Journal*, Vol.30, No. 1, pp. 123-38 (2000).

[291] United States General Accounting Office, Testimony Before the Senate Committee on Small Business and Entrepreneurship, "Small Business Contracting , Concerns About the Administration's Plan to Address Contract Bundling Issues" GAO-03-559T (march 18, 2003). 網址：http://www.gao.gov/new.items/d03559t.pdf，查詢日期：2016 年 6 月 30 日。

[292] United States General Accounting Office, "Contract Management, Impact of Strategy to Mitigate Effects of Contract Bundling on Small Business Is Uncertain," 同註 258.

[293] U.S. Small Business Administration, Office of Inspector General, "Audit of the Contract Bundling Process Audit Report No. 5-20" (May 20, 2005), 網址：http://www.asbl.com/documents/05-20.pdf，查詢日期：2016 年 6 月 30 日。

該局僅審查其中 28 件，其原因包括：部分採購機關並未將可能之搭購行為報告該局、該局缺乏事前監督之能力、該局亦無事後監督之能力、該局並無可追蹤各搭購行為之資訊系統等；2. 該局並未依小型企業再授權法之規定建立有關搭購行為之資料庫，亦未發布有關搭購行為之指導文件，以致所屬人員無從依據；以上缺失皆待改進。

綜上所述，1997 年小型企業再授權法及其相關行政命令固屬立意良善之立法，但施行成果則有待實務檢驗，檢驗工作絕非易事，須賴足夠之人力、物力（資訊系統）及經費方可完成，而機關亦應發布如何測量利益之指導文件以供所屬人員及廠商依循，缺一不可，然美國各機關公布之文獻迄今尚未能具體證明該等法令之執行成效，其是否將於爾後進行驗證，又其驗證之方法及內容如何？均值得後續觀察。

第二目　我國法令規定及實務

一、採購成本與限制競爭之平衡

我國政府採購法第 1 條規定：「為建立政府採購制度，依公平、公開之採購程序，提升採購效率與功能，確保採購品質，爰制定本法。」同法第 6 條第 1 項又規定：「機關辦理採購，應以維護公共利益及公平合理為原則，對廠商不得為無正當理由之差別待遇。」然採購機關為避免重複採購程序，即節省採購成本，或基於其他理由，於各批採購標的之中，均要求廠商應交付若干甚為罕見且不易供應之標的，或將兩個本應分別採購之案件合併或包裹為單一採購案，造成若干廠商因未具備供應能力而不能投標，此是否違反公平競爭之法理？機關於「提升採購效率與功能」時，似與「無正當理由之差別待遇」之規定相違背，影響小型規模的企業（小廠商）之投標機會[294]，此與政府採購應達成社會經濟目標（socioeconomic goals）相違[295]，但從另一角度探討機關實施搭購行為之經濟性，採購機關則可因此避免重複支出成本、強化競爭之效能、減少技術層面風險或強化履約品質，故在節省採購成本與限制競爭兩種力量之相互拉扯間，應如何求得平衡或機關應如何裁量其適法之採購作為，實值研究。

---

[294] 小廠商常具備創新、低成本及效率高等特性，小廠商獲得政府採購案件可使機關、廠商及納稅義務人處於三贏之地位，美國國會通過之小型企業法其主要目的之一係在爭取小型企業參與政府採購，此可由其繁瑣之條文可見一斑，雖然各機關依據小型企業再授權法執行搭購行為之成效如何迄今未明，但該法並未遭受美國理論及實務界之否認或批判，該法對於政府恣意之搭購行為具有積極防止之功能，其對搭購行為之定義、條件及限制等規定仍值參考。

[295] 依據美國小型事業法（the Small Business Act of 1953）15 U.S.C. § 631，美國政府及其得標廠商或其轉包廠商於辦理政府採購時，應保留一定之比例予小型廠商。Daniel D. Pangburn, "The Impact of Contract Bundling," 同註 220，頁 71-2。我國政府採購法亦有與美國保護中小企業等之規定，該法第 97 條規定，機關得扶助中小企業承包或分包一定金額比例以上之政府採購。同法第 98 條規定，得標廠商應於履約期間僱用身心障礙者。

二、我國實務

　　我國對於採購機關施行搭購之實例迄今尚屬罕見，由主管機關公布之研究報告中並未呈現有該類（違反公平競爭爭議）案件發生[296]，而由政府相關機關公布之歷年爭議案件處理彙編中[297]，亦未見有此類爭議出現，然該等採購爭議既在美國聯邦政府採購實務中屢屢發生，自理論而言，亦可能發生於我國，故本文以美國聯邦實務作爲我國的借鏡，冀望能研究因應對策，以符合當今採購之趨勢。

　　我國經濟部所屬之中小企業處對於中小企業依法應予調查、研究、輔導、考核[298]，而防止中小企業參加政府採購時遭受不公平之差別待遇自應列爲輔導之重點，美國小型企業再授權法及 FAR 之立法例值得我國借鏡。

第三款　檢討

　　機關辦理採購應以維護公共利益及公平合理爲原則，美國及我國採購法規均如是規定，然美國小型企業再授權法及聯邦獲得規則均規定，若機關爲求得政府利益並以之爲理由而實施搭購行爲，則可能限制小廠商參與政府採購之機會，若經測量搭購行爲後，證明政府可獲得大量利益，則該搭購行爲具有正當理由，機關所爲之差別待遇即具備阻卻違法之理由，反之若機關不能因搭購行爲獲得大量利益，則該搭購行爲不具正當

---

[296] 公共工程委員會，政府採購爭議處理事件案源及問題類型分析，2003 年，頁 141-8。政府採購法於 87 年 5 月 27 日公布後，公平交易委員會與公共工程委員會於 87 年 12 月 21 日召開「公平交易法與政府採購法之適用問題」協商會議決議，政府採購法施行後，與政府採購有關之行爲涉及競爭秩序，政府採購法已有規範者，由公共工程委員會依政府採購法處理。行政院公平交易委員會，認識公平交易法，2007 年，增訂第 11 版，頁 20。但難謂採購機關非屬公平交易法第 2 條之事業，而排除公平交易法之適用，蓋公權力機關從事國庫行爲（非公權力行爲）參與市場競爭者，與私人一樣，同受公平法之拘束。賴源河，公平交易法新論，月旦出版公司，1995 年，頁 106-7、135。另有學者主張公平交易法與政府採購法本質上規範意旨並不完全相同，況且兩法處罰規定亦不一致，又政府採購法對於機關之不當採購行爲並無處罰規定，而公平交易法則有適用之餘地；政府採購法應無排除公平交易法之適用，二法實具有相互補充關係者，可交互配合，對於採購「機關於辦理採購時危害市場競爭秩序之行爲，由公平交易委員會進行調查與處分，同時再以政府採購法之停止開標等措施，即時有效避免損害擴大，以建立較完整的法律機制。」誠屬的論，洪大植，行政機關採購行爲於公平交易法與政府採購法之適用，軍法專刊，第 57 卷第 6 期，2011 年，頁 89-106。

[297] 網址：http://www.pcc.gov.tw/pccap2/TMPLfronted/ChtIndex.do?site = 002，查詢日期：2016 年 6 月 25 日。行政院公平交易委員會，機關招標採購適用公平交易法相關案例彙集，1996 年 2 月，增訂二版；行政院公平交易委員會，機關招標採購適用公平交易法相關案例彙集，1997 年 12 月，增訂三版；行政院公共工程委員會，公共工程爭議處理案例彙編（1），1997 年 11 月；公共工程爭議處理案例彙編（II），1997 年 12 月；公共工程爭議處理案例彙編（III），1998 年 6 月；政府採購申訴案例彙編（一），2000 年 12 月；政府採購申訴案例彙編（二），2002 年 4 月；政府採購申訴案例彙編（三），2005 年 1 月；政府採購申訴案例彙編（四），2007 年 4 月；司法院，公平交易法及政府採購法裁判要旨選輯，2007 年 11 月。

[298] 經濟部中小企業處組織條例第 2 條。

理由，機關不得有搭購之行爲，其相關條文廣爲國會審計長、廠商及機關所接受，相較於我國對於機關之搭購行爲並無任何規範，美國相關法制可作爲我國借鏡；而該法令要求政府可獲得之利益必須以計量方式測量之，美國各機關公布之文獻迄今尚未能具體證明該等法令之執行成效，值得後續觀察。至於測量利益之方式可以財務管理、製造工程學、會計學等知識領域精確地計算之，符合跨領域整合之科學精神，美國小型企業再授權法及聯邦獲得規則保留各機關得發布行政指導之權利，美國國防部所發布行政指導列舉之案例中，與我國採購金額或規模相較常有過巨之情形，雖未必完全符合我國情勢，其分類及計算方式仍頗具參考價值。

第四款　建議（代結論）

機關的搭購行爲是否將造成廠商間之不公平競爭？如何認定及規範搭購行爲？在美國聯邦之採購法制中，有諸多值得參考及借鏡之處，而我國政府採購法及其子法中則有疏漏之處，謹將其中犖犖大者臚列爲如下列之草案，建議於修法時，一併考量及加列：

第一目　政府採購法修正草案

政府採購法修正草案條文對照表		
修正條文	現行條文	說明
第九十七條第三項 機關辦理採購，除有正當理由外，不得將二種以上曾分屬於不同較小型契約之財物勞務或工程的需求，搭購或合併於單一之招標文件及採購契約中，致使不適合於小型企業得標。	無第九十七條第三項	一、本項新增。 二、建議加列之文字均加記底線，以求明確。 三、參考 FAR 2.101(b) 及 SBA（15 U.S.C. § 632(o)）規定
第九十七條第四項 前項搭購或合併採購契約辦法，由主管機關定之。	無第九十七條第四項	一、本條新增。 二、由於機關合併採購契約之規範事項複雜，應由主管機關定之。

第二目 機關搭購或合併採購契約辦法草案（逐條說明）

條　文	說　明
第一條（訂定依據） 　本辦法依政府採購法第九十七條第四項規定訂定之。	本條規定本辦法之訂定依據。
第二條（用詞定義） 　本辦法用詞定義如左： 一、搭購：謂採購機關基於下列原因之一，將二種以上曾分屬於不同較小型契約之財物或勞務的需求，合併於單一之招標文件及採購契約中，致使不適合於小型企業得標： 　㈠經特定履約要件之差異性、規模或專業本質。 　㈡預期得標之總金額價值。 　㈢履約地點之分散性。 二、不同較小型契約：係指已由一個或數個小廠商履行之契約，或適於一個或數個小廠商得標之契約。	一、本條明定對於搭購及不同較小型契約等加以定義。 二、參考 FAR 2.101(b) 及 SBA（15 U.S.C. § 632(o)）之規定
第三條（搭購行為之正當性） 　除政府因實行搭購行為而可獲得實質或大量之利益者外，機關之搭購行為對於小型企業參與政府採購有其潛在衝擊，機關首長應進行市場研究以決定搭購行為之必要性及正當性，如市場研究顯示政府將因搭購行為之實行，而獲得可測量性的大量利益時，則該搭購行為係屬必要及正當。	參考 FAR 7.107(a) 之規定。
第四條（可測量性的大量利益之情形） 　可測量性的大量利益得包括下列各種情形之一： 一、成本之節省或價格減少。 二、可節省時間。 三、改進履約或效率。 四、獲得週期時間之減少。 五、較佳之契約條款。 六、任何其他利益。 機關應將上列之利益予以量化，並說明該利益係屬可測量性的大量利益之理由。如機關將獲得可測量性的大量利益相等於下列情之一者，則可認定搭購行為係屬必要及正當： 一、與未實施搭購行為相較，如預估契約或訂購之價額未滿＿＿億＿＿千萬元，可獲得其中百分之十之利益者。 二、與未實施搭購行為相較，如預估契約或訂購之價額為＿＿億＿＿千萬元以上，可獲得其中百分之五之利益者。 軍事機關為達成任務，且已提供小廠商最大參與競爭之機會時，得不受前項規定之限制。	參考 FAR 7.107(b)(c) 之規定。

第五條（機關不得僅以行政或人力成本之減少作為搭購理由） 　除可節省之成本可達預估契約或訂購之價額（包括選項）至少百分之十外，機關不得僅以行政或人力成本之減少作為搭購行為之正當理由。	參考 FAR 7. 107(d) 之規定。
第六條（機關應載明搭購行為之理由） 　機關應於採購策略或計畫的文件中載明實施搭購行為之理由。	參考 FAR 7. 107(f) 之規定。
第七條（機關應考量小型企業於履行工作之成本） 　機關於評估如實施搭購是否將節省成本時，應考量小型企業於履行相同或相似工作中，已支出之成本及可能支出之成本。已支出之成本應以資料證明之。	參考 FAR 7. 107(g) 之規定。
第八條（施行日期） 　本辦法自中華民國　　年　　月　　日施行。	

國家圖書館出版品預行編目資料

美國聯邦政府採購法規要論——與我國政府採
購法之比較／唐克光著. -- 初版. -- 臺北
市：五南, 2019.11
　面；　公分
　ISBN 978-957-763-770-3（平裝）

1.政府採購　2.公共財務法規　3.比較研究

564.72023　　　　　　　　108019643

1UE5

美國聯邦政府採購法規要論——
與我國政府採購法之比較

作　　　者 ― 唐克光（175.7）

發 行 人 ― 楊榮川

總 經 理 ― 楊士清

總 編 輯 ― 楊秀麗

副總編輯 ― 劉靜芬

責任編輯 ― 黃郁婷

封面設計 ― 姚孝慈

出 版 者 ― 五南圖書出版股份有限公司

地　　　址：106台北市大安區和平東路二段339號4樓

電　　　話：(02)2705-5066　　傳　　真：(02)2706-6100

網　　　址：http://www.wunan.com.tw

電子郵件：wunan@wunan.com.tw

劃撥帳號：01068953

戶　　　名：五南圖書出版股份有限公司

法律顧問　林勝安律師事務所　林勝安律師

出版日期　2019年11月初版一刷

定　　　價　新臺幣650元

650X